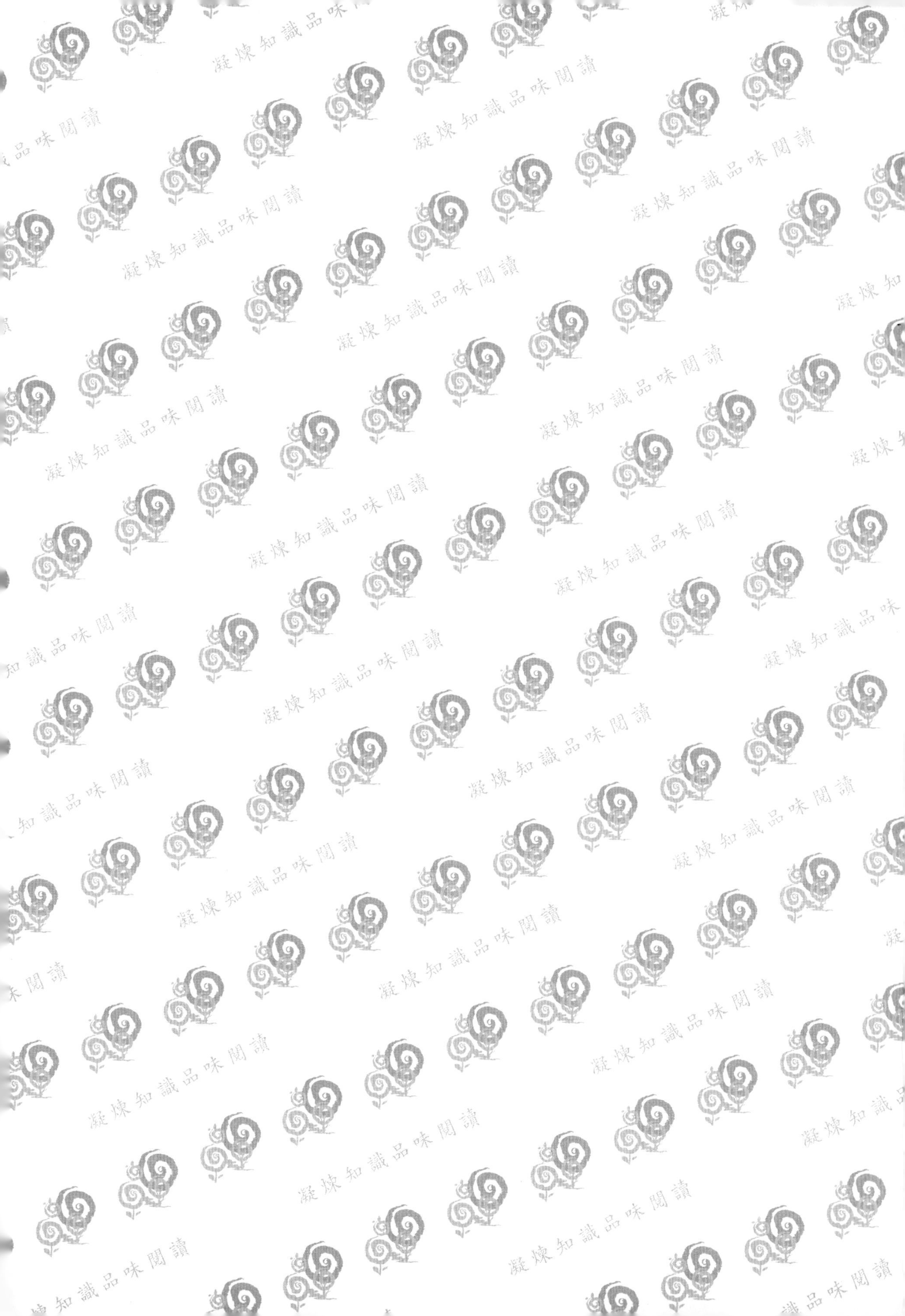

研究&方法

統計分析與R

第二版

陳正昌、賈俊平 合著

五南圖書出版公司 印行

序

精熟應用統計軟體，是研究人員與資料分析人員須具備的基本能力。目前有許多統計軟體可供選擇，然而，多數都需要付費購買，也無法免費升級，通常不是個別人員可以負擔得起。幸好，在商業軟體之外，R 提供了另一個選擇。R 統計軟體不僅免費，而且功能強大，包含眾多的程式套件，提供了絕大多數統計軟體的全部分析方法；此外，R 還可以自行編寫程式完成自建模型的求解和分析。甚至，像 SPSS 或 Stata 等統計軟體也可以直接調用 R，擴充其分析功能。現在，R 正逐步成為統計分析的主流，國外也有大量的專書介紹 R 統計軟體。

《統計分析與 R》是在陳正昌所著《SPSS 與統計分析》和《Minitab 與統計分析》（均由五南圖書出版公司出版）的基礎上，搭配最新版之 R 統計軟體改寫而來。本書包羅了多數的單變量統計方法，以及常用的多變量分析技術，主要提供基礎統計學及進階統計學教學之用，也配合研究生及學者進行量化研究分析與撰寫論文之需。

全書共分為九大部分。第一部分（第 1 章）是 R 的安裝、資料處理，及初步分析之簡介。第二部分（第 2 章及第 3 章）是統計圖表及描述統計。第三部分（第 4 章）是各種機率分配簡介，也是本書各章統計方法的基礎。第四部分（第 5 章及第 6 章）說明平均數之區間估計及統計檢定的基本概念。第五部分（第 7 章至第 15 章）為平均數差異檢定，分別針對 t 檢定及各種變異數分析加以說明。第六部分（第 16 章至第 18 章）是變數間的相關分析，含簡單相關、偏相關、及典型相關。第七部分（第 19 章及第 20 章）為迴歸分析，含簡單及多元迴歸。第八部分（第 21 章及第 22 章）是卡方檢定，進行質性變數的分析。第九部分（第 23 章至第 25 章）則是分析量表的效度及信度。

第 7 章至第 25 章都涵蓋七個重點。首先，每章開頭提醒該種統計方法適用的情境，敘述雖然簡短，卻相當重要。其次，簡要說明基本統計概念，建議讀者仔細閱讀這一節的內容。接著，使用各學科領域的範例資料，並提出研究問題及統計假設。第四，配合 R 進行分析，此部分說明如何使用程式套件及函數進行分析，並針對分析所得的報表逐一解讀，對重要的統計量數也說明計算方法。第五，針對目前各學術期刊都強調的效果量（effect size）加以介紹。第六，將分析發現以 APA 格式寫成研究結果。最後，強調該種統計方法的基本假定，避免誤用工具。

能夠完成本書，首先要感謝五南圖書出版公司慨允出版，侯家嵐主編與李貞錚責任編輯居間聯繫，以及石曉蓉小姐細心校稿。其次，要感謝林素秋老師及黃俊維先生審閱第一版初稿，並提出許多寶貴建議。教學過程中，學生對《SPSS 與統計分析》的回饋及提問，也使《統計分析與 R》能更加完善，在此一併致謝。感謝讀者支持，讓本書有機會再版。此次再版，除了修改部分錯誤，也增加了 t 檢定及變異數分析的無母數替代方法，在多元迴歸分析中增加虛擬變數及變異數分析之比較，驗證性因素分析一章則增加了筆者設計的 AVE 及 CR 函數，以計算平均抽取變異量及構念信度，總計增加了 14 頁篇幅。

本書主要的統計方法及分析結果解讀由國立屏東大學陳正昌負責，中國人民大學賈俊平則負責第 1、4 兩章，及 R 命令的撰寫。書中所有的統計圖形都是由我們親自繪製，也自行完成排版工作。雖然投入許多心力，但是難免會有疏漏之處，敬請讀者不吝來信指教（電子信箱：chencc@mail.nptu.edu.tw）。

由於 R 的程式套件不斷更新，使用語法也常有改變，如果書中所介紹的部分指令無法運行，還請讀者自行上網查詢，或來信與我們討論。

需要書中所用的資料檔案，請到五南圖書出版公司網站，或是在以下網址下載。如果使用平板電腦或智慧型手機，也可以掃描本頁右下方的二維碼，直接下載。

資料檔下載網址 1：https://reurl.cc/1QZYqD

資料檔下載網址 2：https://tinyurl.com/yxq75vwx

陳正昌
賈俊平
2019 年 10 月

目錄

第 1 章

R 簡介

R 是基於 R 語言的一種優秀統計軟體。R 語言是一款統計計算語言，它根源於貝爾實驗室開發的 S 語言。R 語言有許多優點，比如：

1. 與多數統計軟體相比，R 語言是免費的。
2. 更新速度快，包含很多最新方法，而其他軟體的更新需要比較長的時間。
3. R 提供豐富的資料分析程式套件（package），功能十分強大。
4. R 繪圖功能強大，可以按照需求畫出所需的圖形，對資料進行視覺化分析。
5. R 可應用於機器學習、資料探勘等領域。

1.1　R 的初步使用

1.1.1　R 的安裝

在 CRAN 網站 http://www.r-project.org/上，可以下載 R 的各種版本，包括 Windows、Linux 和 MacOX 三個版本，使用者可根據自己的平臺選擇相對應的版本。

下載完成後，雙擊程式檔（.exe 檔）即可完成安裝。安裝 R 後，啟動 R（本書使用 3.6.1 版，讀者最好改用最新版）出現的開始介面如圖 1-1 所示。其中，顯示了 R 的版本資訊及一些簡要的 R 軟體說明。（注：R 的更新快速，2～3 個月即更新一次。）

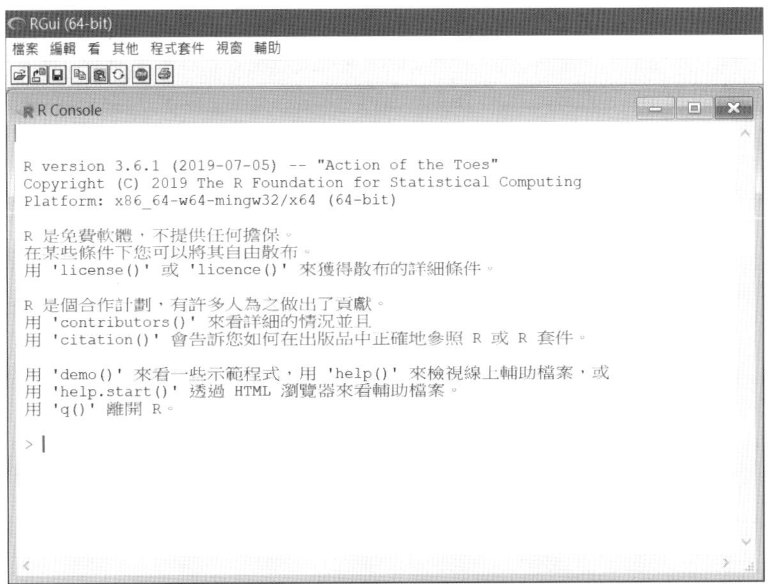

圖 1-1　Windows 中的 R 介面

R 命令（指令）要在提示符號「>」後輸入，每次輸入一條命令，按「Enter」後再輸入下一條命令。也可以連續輸入多條命令，命令之間也可以用分號「；」隔開。R 每次執行一條命令，也可以連續執行多條命令。

1.1.2 為物件賦值並運行

R 運行的是一個物件（object），在運行前需要給物件賦值。R 語言中標準的賦值符號是「<−」，也允許使用「=」進行賦值，但推薦使用更加標準的前者。

我們可以給物件 x 賦一個值、一個向量、一個矩陣，或一個資料框架（data frame）。比如，將數值 8 賦值給物件 x，5 個數據 75、82、93、68、95 賦值給物件 y，將資料框架 table1_1 賦值給物件 z，命令如下：

```
> x<-8                          # 將數值 8 賦值給物件 x
> y<-c(75, 82, 93, 68, 95)      # 將 5 個數據賦值給物件 y
> z<-table1_1                   # 將資料框架 table1_1 賦值給物件 z
```

為物件賦值後，就可以對物件進行各種計算和繪圖。比如，要計算物件 y 的總和、平均數、和變異數，命令如下。命令下一列即為輸出結果。

```
> sum(y)                        # 計算物件 y 的總和
[1] 413
> mean(y)                       # 計算物件 y 的平均數
[1] 82.6
> var(y)                        # 計算物件 y 的變異數
[1] 133.3
```

要繪製物件 y 的長條圖，命令為：

```
> barplot(y, xlab="類別", ylab="計數",col=c(1:5))    # 繪製物件 y 的長條圖，x 軸標籤為「類
                                                     別」，y 軸標籤為「計數」，每個條的顏色為 R
                                                     顏色系中的 1 ~ 5 種顏色。
> barplot(y, xlab="類別", ylab="計數",col=c(1:5), names.arg=c("統計學","數學","行政學","管理學",
"會計學"))                                           # 另外設定每個類別的名稱。
```

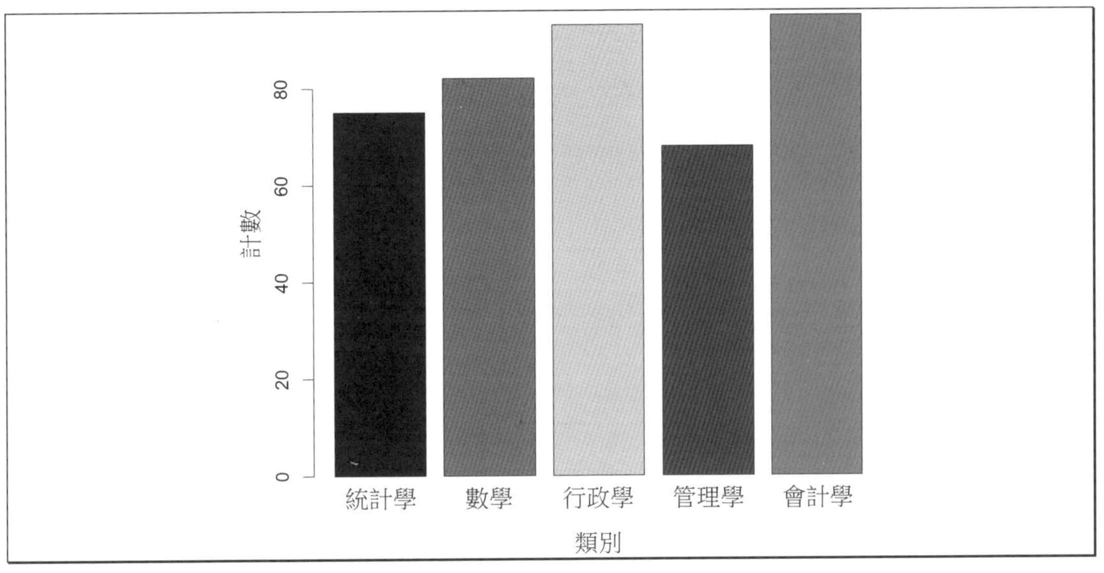

1.1.3　查看 R 的輔助文件

R 軟體中的每個函數和程式套件都有相對應的輔助說明，使用中遇到疑問時，可以隨時查看輔助說明檔。比如，要想了解 mean() 函數的功能和使用方法，使用 help 或「?」命令查詢該函數，命令為：

```
> help(mean)
> ?mean
```

R 軟體就會輸出 mean() 函數的具體說明，包括函數中參數設定、結果結構、使用例子等內容。當對一個函數不太清楚時，透過輔助文件，可以得到很大的協助。

1.1.4　程式套件的安裝和載入

R 中的程式套件（package）是指包含 R 資料、函數等的集合。目前，R 中已有近 15,000 個程式套件。大部分統計分析都可以透過已有的 R 程式套件來實現。一個 R 程式套件中可能包含多個函數，能做多種分析，而對於同類問題的分析也可能使用不同的程式套件來實現，使用者可根據個人需要和偏好來選擇所用的程式套件。

在安裝 R 時，帶了一系列預設程式套件（包括 base、datasets、utils、grDevices、graphics、stats 以及 methods），它們提供了種類繁多的預設函數和資料集，分析時，可直接載入這些程式套件，即可使用。其他程式套件可經由下載來進行安裝。使用函數 library() 則可以顯示你的 R 中已經安裝了哪些程式套件。

在使用 R 時，可根據需要隨時線上安裝所需的程式套件。比如，要安裝程式套件 car（Companion to Applied Regression），命令為：

```
> install.packages("car")                    # 安裝程式套件 car
```

要同時安裝多個程式套件，比如要安裝 car 和 vcd（Visualizing Categorical Data）兩個程式套件，命令為：

```
> install.packages(c("car", "vcd"))          # 同時安裝多個程式套件
```

輸入命令後，選擇相應的鏡像網站，即可自動完成程式套件的下載和安裝。

在完成程式套件的安裝後，要使用該程式套件，需要先使用 library() 或 require() 函數載入這個程式套件。比如，要使用 car 程式套件，執行命令：

```
> library(car)                               # 載入程式套件 car（二擇一）
> require(car)                               # 載入程式套件 car
```

要查看程式套件的使用說明，使用命令：

```
> help(package="package_name")               # 查看載入程式套件的輔助文件
```

R 可以輸出某個程式套件的簡短描述，以及程式套件中的函數名稱和資料集名稱的列表，使用函數 help() 可以查看其中任意函數或資料集的更多細節。

1.2 資料的讀入與保存

1.2.1 讀取 R 格式資料

如果要在 R 中分析資料，可以在 R 中直接輸入資料，也可以讀取已有的資料檔案。如果是已有的資料，在運行程式時，首先需要將資料讀入 R。R 可以讀入很多類型的資料檔案，包括 Excel、SPSS、SAS、Stata 資料等。

如果資料已存為 R 資料格式，讀取 R 資料檔案的命令為：

```
> load("mydata.RData")
```

在 mydata 中需要說明文件存放的路徑和檔案名，注意路徑中分隔符號是「\\」或者「/」。比如，要將存放在「C:/mydata/chap01/」目錄下的 R 檔 table1_1 讀入 R，命令為：

```
> load("C:/mydata/chap01/table1_1.RData")
```

1.2.2　讀取 Excel 和 SPSS 文件

有時，已有的資料已存為其他格式，如 Excel 或 SPSS 格式。在分析時需要先將其讀入 R。假定下面的表 1-1 是以 Excel 或 SPSS 格式儲存的資料檔，並已存放在 C:/mydata/chap01/目錄下，取名為 table1_1，即路徑為：「C:/mydata/chap01/table1_1」。

表 1-1　10 名學生 5 門課程的考試分數

學生姓名	統計學	數學	行銷學	管理學	會計學
張青松	68	85	84	89	86
王奕翔	85	91	63	76	66
田新雨	74	74	61	80	69
徐麗娜	88	100	49	71	66
張志傑	63	82	89	78	80
趙穎睿	78	84	51	60	60
王智強	90	78	59	72	66
宋媛婷	80	100	53	73	70
袁四方	58	51	79	91	85
張建國	63	70	91	85	82

使用程式套件 openxlsx 或 xlsx 的 read.xlsx() 函數可以讀入 Excel 資料（xlsx 的 read.xlsx2() 才可以讀入中文資料）；使用程式套件 foreign 的 read.spss() 函數可以讀入 SPSS 資料（read.sas() 及 read.dta() 可以讀入 SAS 及 Stata 資料）；如果變數名稱中有中文，建議使用 haven 程式套件的 read_spss() 函數。命令為：

```
# 讀取Excel數據-1
> install.packages("openxlsx")                # 下載並安裝 openxlsx 程式套件
> library(openxlsx)                           # 載入 xlsx 程式套件
> table1_1<-read.xlsx("C:/mydata/chap01/table1_1.xlsx")
                                              # 讀取 Excel 數據，存入 table1_1 物件
# 讀取Excel數據-2
> install.packages("xlsx")                    # 下載並安裝 xlsx 程式套件
> library(xlsx)                               # 載入 xlsx 程式套件
> table1_1<-read.xlsx2("C:/mydata/chap01/table1_1.xlsx",1)
                                              # 讀取 Excel 工作表 1，存入 table1_1 物件
# 讀取SPSS數據
> install.packages("haven")                   # 安裝 haven 程式套件
> library(haven)                              # 載入 haven 程式套件
> table1_1<-read_spss(file="C:/mydata/chap01/table1_1.sav")
                                              # 讀取 SPSS 數據，存入 table1_1 物件
> table1_1<-data.frame(table1_1)              # 將 table1_1 轉為資料框架
```

也可以先將 Excel 或 SPSS 格式資料存為 csv 格式資料（以逗號分隔的文字檔），並將其存放在指定的路徑檔中。比如，將表 1-1 存為 csv 格式，存放路徑為：「C:/mydata/chap01/table1_1.csv」。

然後，在 R 中讀取 csv 文件。如果 csv 檔中包含標題（即變數名，如 table1_1 的「學生姓名」和「統計學」、「數學」等課程名稱），使用以下命令：

```
> table1_1<-read.csv("C:/mydata/chap01/table1_1.csv")
```

如果 csv 檔中不包含標題，使用以下命令：

```
> table1_1<-read.csv("C:/mydata/chap01/table1_1.csv", header=FALSE)
```

這樣，以 csv 格式存放的 table1_1 就被讀入到 R 中，可以進行各種分析了。

如果要將讀入的資料存為 R 資料格式，使用 save() 函數可將該資料存為一個 R 檔。比如，將讀入的 table1_1 資料以 R 檔案格式存放在指定的目錄「C:/mydata/chap01」下，並命名為 table1_1.Rdata，命令為：

```
> save(table1_1, file="C:/mydata/chap01/table1_1.RData")
```

其中，file = "　" 指定文件的存放路徑和名稱。副檔名必須是「.RData」。這樣表 1-1 就已經被存為一個名為 table1_1 的 R 資料檔案了。

1.2.3　在 R 中查看數據

R 在運行該資料檔案時，並不顯示該資料。如果要在 R 中看 table1_1 的資料，使用命令：

```
> load("C:/mydata/chap01/table1_1.RData")      # 載入資料框架
> table1_1                                      # 查看 table1_1 的全部資料
   學生姓名 統計學 數學 行銷學 管理學 會計學
1    張青松     68   85     84     89     86
2    王奕翔     85   91     63     76     66
3    田新雨     74   74     61     80     69
4    徐麗娜     88  100     49     71     66
5    張志傑     63   82     89     78     80
6    趙穎睿     78   84     51     60     60
7    王智強     90   78     59     72     66
8    宋媛婷     80  100     53     73     70
9    袁四方     58   51     79     91     85
10   張建國     63   70     91     85     82
> head(table1_1, 5)                             # 查看 table1_1 的前 5 列資料
   學生姓名 統計學 數學 行銷學 管理學 會計學
1    張青松     68   85     84     89     86
2    王奕翔     85   91     63     76     66
3    田新雨     74   74     61     80     69
4    徐麗娜     88  100     49     71     66
5    張志傑     63   82     89     78     80
> tail(table1_1)                                # 查看 table1_1 的最後幾列（內定值為後 6
                                                列）資料
   學生姓名 統計學 數學 行銷學 管理學 會計學
5    張志傑     63   82     89     78     80
6    趙穎睿     78   84     51     60     60
7    王智強     90   78     59     72     66
8    宋媛婷     80  100     53     73     70
9    袁四方     58   51     79     91     85
10   張建國     63   70     91     85     82
```

如果要對資料框架或矩陣做轉置處理（行列互換），使用命令：

```
> t(table1_1)                                      # 將資料框架 table1_1 轉置
         [,1]     [,2]     [,3]     [,4]     [,5]     [,6]     [,7]     [,8]     [,9]     [,10]
學生姓名 "張青松" "王奕翔" "田新雨" "徐麗娜" "張志傑" "趙穎睿" "王智強" "宋媛婷" "袁四方" "張建國"
統計學   "68"     "85"     "74"     "88"     "63"     "78"     "90"     "80"     "58"     "63"
數學     "85"     "91"     "74"     "100"    "82"     "84"     "78"     "100"    "51 "    "70"
行銷學   "84"     "63"     "61"     "49"     "89"     "51"     "59"     "53"     "79"     "91"
管理學   "89"     "76"     "80"     "71"     "78"     "60"     "72"     "73"     "91"     "85"
會計學   "86"     "66"     "69"     "66"     "80"     "60"     "66"     "70"     "85"     "82"
```

1.3 資料的使用和編輯

有時，我們要對一個資料框架（表 1-1 就是一個資料框架）的某些或某個變數進行分析，就需要指定這些特定的分析變數。

1.3.1 選定資料框架（或矩陣）的行或列進行分析

比如，要對資料框架 table1_1 的某個特定的行或特定的變數進行分析，例如計算平均數，可以使用以下的命令：

```
> load("C:/mydata/chap01/table1_1.RData")   # 載入資料框架
> table1_1[,2]                               # 選定資料框架 table1_1 的第 2 行（「統計學」變數）
[1] 68 85 74 88 63 78 90 80 58 63
或
> table1_1$統計學                            # 選定資料框架 table1_1 的「統計學」變數
[1] 68 85 74 88 63 78 90 80 58 63
> mean(table1_1[,2])                         # 對資料框架 table1_1 的第 2 行求平均數
[1] 74.7
或
> mean(table1_1$統計學)                      # 對資料框架 table1_1 的「統計學」求平均數
[1] 74.7
```

再比如，要選定矩陣 matrix1_1 的第 5 列，使用命令：

```
> matrix1_1[5,]                         # 選定矩陣 matrix1_1 的第 5 列
```

1.3.2　編輯資料框架

有時需要對資料框架中的變數名或資料進行編輯，並用編輯後的資料覆蓋原有的資料。

1.3.2.1　變數的重新命名

比如，將資料框架 table1_1 中的「學生姓名」重新命名為「姓名」，「統計學」重新命名為「統計」，命令為：

```
> load("C:/mydata/chap01/table1_1.RData")       # 載入資料
> library(reshape)                              # 載入程式套件 reshape
> rename(table1_1, c(學生姓名="姓名", 統計學="統計"))
                                                # 對變數重新命名
```

1.3.2.2　編輯已有資料框架中的資料並保存覆蓋舊資料

比如，將 table1_1 中的「學生姓名」修改為「姓名」，將「統計學」修改為「統計」，並保存覆蓋原資料框架。命令為：

```
> load("C:/mydata/chap01/table1_1.RData")       # 載入資料
> newdata<-edit(table1_1)                       # 打開並編輯資料，然後 close
> table1_1<-newdata                             # 修改並覆蓋舊資料
> save(table1_1, file="C:/mydata/chap01/table1_1.RData")
                                                # 保存修改後的資料
> table1_1[1:3,]                                # 查看前 3 列
  姓名   統計 數學 行銷學 管理學 會計學
1 張青松  68   85   84     89     86
2 王奕翔  85   91   63     76     66
3 田新雨  74   74   61     80     69
```

1.3.3　創建一個新資料框架並編輯資料

在 R 中創建一個新資料框架，編輯資料，並將其保存在指定路徑的檔案中。比如，創建一個包含「性別」和「年齡」兩個變數的資料框架，其中「性別」為文字型，

「年齡」為數值型，並命名為：newdata，編輯資料後將其保存在「C:/mydata/chap01」中。命令為：

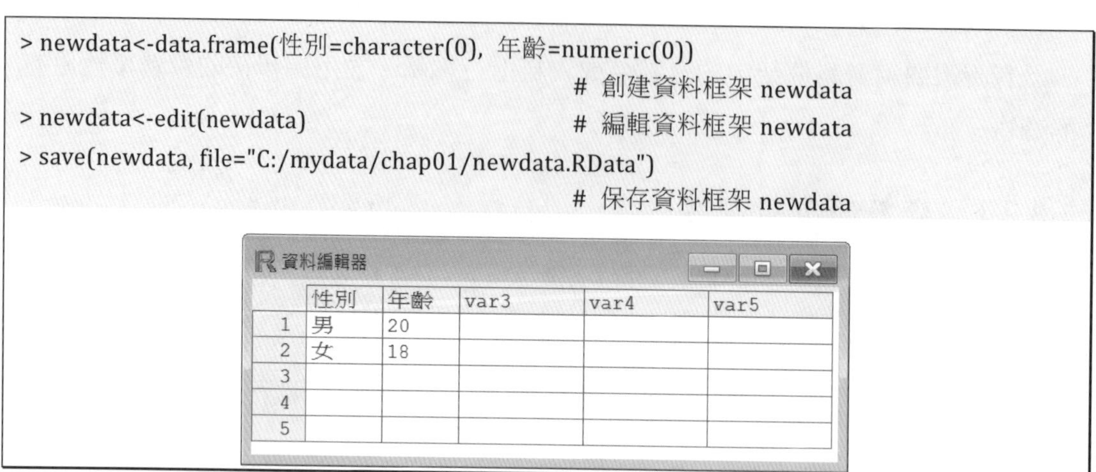

```
> newdata<-data.frame(性別=character(0), 年齡=numeric(0))
                                        # 創建資料框架 newdata
> newdata<-edit(newdata)                # 編輯資料框架 newdata
> save(newdata, file="C:/mydata/chap01/newdata.RData")
                                        # 保存資料框架 newdata
```


	性別	年齡	var3	var4	var5
1	男	20			
2	女	18			
3					
4					
5					

1.3.4 缺失值的處理

在問卷調查中，經常出現未作答的問題。這樣，在資料集中就會出現缺失值。在 R 中，缺失值用 NA（Not Available）表示。使用 is.na() 函數可以檢測資料集中是否存在缺失值。下面的文字框說明 is.na() 函數的使用例子。

```
> x<-c(2, 4, 6, NA)                     # 帶有缺失值的向量 x
> is.na(x)                              # 檢測向量中的缺失值
[1] FALSE FALSE FALSE TRUE              # 返回向量，缺失值的位置為 TRUE，不是缺
                                        失值的位置則為 FALSE
```

在分析資料集時，需要移出這些缺失值。因為對含有缺失值的資料集使用函數或運算式計算時，也得到缺失值。比如，要對 x 求和，也會得到 NA，所以需要先將缺失值移出，再做分析，如下面的文字框所示。

```
> x<-c(2, 4, 6, NA)                     # 帶有缺失值的向量 x
> sum(x)                                # 對 x 求和
[1] NA
> y<-sum(x, na.rm=TRUE)                 # 移出向量中的缺失值後再求和，並存入 y
                                        物件中
> y                                     # 展示 y 物件內容
[1] 12
```

如果一個資料框架中的多個變數有缺失值，比如，假定在資料框架 table1_1 中有兩門課程有缺失值（另存為新檔 table1_11），可以透過函數 na.omit() 移出所有含有缺失值的所在列，然後再做分析，如下面的文字框所示。

```
> load("C:/mydata/chap01/table1_11.RData")      # 載入帶有缺失值的資料框架 table1_11
> table1_11                                     # 展示資料框架 table1_11
   學生姓名 統計學 數學 行銷學 管理學 會計學
1    張青松     68   85     84     89     86
2    王奕翔     85   91     63     76     66
3    田新雨     74   74     61     80     69
4    徐麗娜     88  100     49     71     66
5    張志傑     63   82     89     78     80
6    趙穎睿     78   84     51     60     60
7    王智強     90   78     59     NA     NA
8    宋媛婷     80  100     53     NA     NA
9    袁四方     58   51     79     91     85
10   張建國     63   70     91     85     82
> ntable1_11<-na.omit(table1_11); ntable1_11    # 移出資料框架中有缺失值的所有行
   學生姓名 統計學 數學 行銷學 管理學 會計學
1    張青松     68   85     84     89     86
2    王奕翔     85   91     63     76     66
3    田新雨     74   74     61     80     69
4    徐麗娜     88  100     49     71     66
5    張志傑     63   82     89     78     80
6    趙穎睿     78   84     51     60     60
9    袁四方     58   51     79     91     85
10   張建國     63   70     91     85     82
> save(ntable1_11, file="C:/mydata/chap01/ntable1_11.RData")
                                                # 保存移出缺失值後資料 ntable1_11
```

1.4　資料轉換

1.4.1　資料類型的轉換

為滿足不同分析的需要，有時我們須把一種資料結構轉換為另一種資料結構。

比如，要把資料框架轉換為矩陣，或者把矩陣轉換為資料框架，把資料框架或矩陣轉換為向量等等。例如，要把以 R 格式存放的 table1_1 資料框架轉換為名為 matrix1_1 的矩陣，並保存該矩陣，命令為：

```
> load("C:/mydata/chap01/table1_1.RData")          # 載入資料框架
> matrix1_1=as.matrix(table1_1[,2:6])              # 轉換為矩陣 matrix1_1
> rownames(matrix1_1)=table1_1[,1]                 # 矩陣列名稱為 table1_1 第 1 行的名稱
> save(matrix1_1, file="C:/mydata/chap01/matrix1_1.RData")
                                                   # 保存矩陣檔
> matrix1_1                                        # 查看矩陣
       統計學 數學 行銷學 管理學 會計學
張青松     68   85     84     89     86
王奕翔     85   91     63     76     66
田新雨     74   74     61     80     69
徐麗娜     88  100     49     71     66
張志傑     63   82     89     78     80
趙穎睿     78   84     51     60     60
王智強     90   78     59     72     66
宋媛婷     80  100     53     73     70
袁四方     58   51     79     91     85
張建國     63   70     91     85     82
> colSums(matrix1_1[,1:5])                         # 對矩陣 matrix1_1 的第 1 行到第 5 行求和
統計學   數學 行銷學 管理學 會計學
   747    815    679    775    730
> rbind(matrix1_1, 總和=colSums((matrix1_1[,1:5])))
                                                   # 將求和結果加到原矩陣
       統計學 數學 行銷學 管理學 會計學
張青松     68   85     84     89     86
王奕翔     85   91     63     76     66
田新雨     74   74     61     80     69
徐麗娜     88  100     49     71     66
張志傑     63   82     89     78     80
趙穎睿     78   84     51     60     60
王智強     90   78     59     72     66
宋媛婷     80  100     53     73     70
袁四方     58   51     79     91     85
張建國     63   70     91     85     82
總和      747  815    679    775    730
```

```
> rowSums(matrix1_1)                      # 分別對矩陣 matrix1_1 的各列求和
張青松 王奕翔 田新雨 徐麗娜 張志傑 趙穎睿 王智強 宋媛婷 袁四方 張建國
  412    381    358    374    392    333    365    376    364    391
> colMeans(matrix1_1)                     # 分別對矩陣 matrix1_1 的各行求平均數
統計學   數學 行銷學 管理學 會計學
  74.7   81.5   67.9   77.5   73.0
> mean(matrix1_1)                         # 對矩陣 matix1_1 中的所有資料求平均數
[1]74.92
（注：把矩陣轉換為資料框架使用命令：as.data.frame(matrix)。對矩陣的行求和使用代碼
rowSums(matrix)，但行必須是數值，不能有字串。）
```

為了分析方便，也可以將資料框架中的某個變數轉換為一個向量，也可以將幾個變數合併轉換成一個向量（注：只有資料合併有意義時，轉換才有價值）。比如，將 table1_1 中的統計學分數轉換成向量，將統計學和數學分數合併轉換成一個向量，命令為：

```
> as.vector(as.matrix(table1_1$統計學))         # 將統計學分數轉換成向量
[1] 68 85 74 88 63 78 90 80 58 63
> as.vector(as.matrix(table1_1[,2:3]))          # 將統計學和數學分數合併轉換成一個向量
[1]  68  85  74  88  63  78  90  80  58  63  85  91  74 100  82  84  78 100  51  70
```

1.4.2　資料重新分組

為了符合某種分析的要求，有時要將數值型資料轉換為類別資料（即質性資料）。這一過程統計上稱為「類別化」，或稱為「資料分組」。比如，根據收入的多少，將家庭收入分為高、中、低三個等級，就是把收入這一數值資料轉換為類別資料的過程。

例如，表 1-2 是一家購物網站連續 120 天的銷售額數據。請製作一張次數分配表，以觀察銷售額的分配特徵。

表 1-2　某購物網站 120 天的銷售額　　　（單位：萬元）

272	197	225	183	200	217	210	205	191	186
181	236	172	195	222	253	205	217	224	238
225	198	252	196	201	206	212	237	204	216
199	196	187	239	224	248	218	217	224	234
188	199	216	196	202	181	217	218	188	199
240	200	243	198	193	207	214	203	225	235

表 1-2（續）

191	172	246	208	203	172	206	219	222	220
204	234	207	199	261	207	215	207	209	238
192	161	243	252	203	216	265	222	226	196
212	254	167	200	218	205	215	218	228	233
194	171	203	238	235	209	233	226	229	206
241	203	224	200	208	210	216	223	230	243

製作次數分配表時，首先要確定將資料分成多少組。一組資料所分的組數，一般與資料本身的特點及資料的多少有關。由於分組的主要目的是觀察資料的分配特徵，因此，組數的多少應以能夠適當觀察資料的分配特徵為準。一般情況下，一組資料所分的組數，大致等於樣本量的平方根比較合適。假設組數為 K，則 $K \approx \sqrt{n}$ 。當然這只是個概數，具體的組數可根據需要做適當調整。本例共有 120 個資料，組數 $K \approx \sqrt{120} \approx 11$，為便於理解，這裡我們可分為 12 組。

其次，確定各組的組距。組距可根據全部資料的最大值和最小值，及所分的組數來確定，即組距 =（最大值 − 最小值）÷ 組數。例如，對於本例資料，最大值為 272，最小值為 161，則組距 $=(272-161) \div 12 = 9.25$。為便於計算，組距宜取 5 或 10 的倍數，而且第一組的下限應低於最小變數值，最後一組的上限應高於最大變數值，因此組距可取 10。

最後，統計出各組的次數即為次數分配表。在統計各組次數時，恰好等於某一組上限的變數值，一般不算在本組內，而計算在下一組，即一個組的變數值 x 滿足 $a \le x < b$ 。

下面的文字框呈現了表 1-2 資料的分組過程。

```
# 資料載入和轉換
> load("C:/mydata/chap01/table1_2.RData")          # 載入資料框架 table1_2
> head(table1_2)                                    # 展示資料框架前 6 列
  銷售額
1     272
2     181
3     225
4     199
5     188
6     240
```

```
> vector1_2<-as.vector(as.matrix(table1_2$銷售額))
                                    # 把資料框架 table1_2 轉換為向量 vector1_2
> save(vector1_2, file="C:/mydata/chap01/vector1_2.RData")
                                    # 保存向量 vector1_2

# 把銷售額數據以10為間隔進行分組(計算各組次數、百分比和累積百分比)
> load("C:/mydata/chap01/vector1_2.RData")    # 載入向量 vector1_2
> vector1_2                                    # 展示向量 vector1_2
  [1] 272 181 225 199 188 240 191 204 192 212 194 241 197 236 198 196 199 200 172 234
 [21] 161 254 171 203 225 172 252 187 216 243 246 207 243 167 203 224 183 195 196 239
 [41] 196 198 208 199 252 200 238 200 200 222 201 224 202 193 203 261 203 218 235 208
 [61] 217 253 206 248 181 207 172 207 216 205 209 210 210 205 212 218 217 214 206 215
 [81] 265 215 233 216 205 217 237 217 218 203 219 207 222 218 226 223 191 224 204 224
[101] 188 225 222 209 226 228 229 230 186 238 216 234 199 235 220 238 196 233 206 243
> install.packages("plyr")                    # 安裝程式套件 plyr
> library(plyr)                               # 載入程式套件 plyr
> count<-table(round_any(vector1_2, 10, floor))   # 對向量 vector1_2 取不大於傳入數值 10 的
                                                  最大整數，並進行計數
> count<-as.numeric(count)                    # 輸出計數向量
> pcount<-prop.table(count)*100               # 輸出計數的百分比向量
> cumsump<-cumsum(pcount)                     # 輸出計數的累積百分比向量
> name<-paste(seq(160, 270, by=10), "-", seq(170, 280, by=10), sep="")
                                              # 輸出組別向量
> tt<-data.frame("次數"=count, "百分比"=pcount, "累積百分比"=cumsump, row.names=name)
                                              # 將各輸出結果組織成資料框架輸出
> round(tt, 4)                                # 將輸出結果保留 4 位小數
        次數   百分比  累積百分比
160-170    2   1.6667     1.6667
170-180    4   3.3333     5.0000
180-190    7   5.8333    10.8333
190-200   17  14.1667    25.0000
200-210   27  22.5000    47.5000
210-220   20  16.6667    64.1667
220-230   16  13.3333    77.5000
230-240   13  10.8333    88.3333
240-250    7   5.8333    94.1667
250-260    4   3.3333    97.5000
260-270    2   1.6667    99.1667
270-280    1   0.8333   100.0000
```

1.4.3 資料的直線轉換（標準分數）

在分析資料時，有時需要對資料進行直線轉換，也就是將資料做標準化處理，標準化的結果稱為標準分數。其轉換公式為：$Z_i = (X_i - \bar{X})/s$。

例如，要將資料框架 table1_2 轉換成標準分數，過程如下面的文字框所示。

```
> load("C:/mydata/chap01/table1_2.RData")        # 載入資料框架 table1_2
> z<-as.vector(scale(table1_2))                  # 以 scale()轉換成標準分數，並以向量形式
                                                   輸出
> round(z, 4)                                    # 將結果保留 4 位小數
  [1]  2.7209 -1.5189  0.5311 -0.6802 -1.1927  1.2300 -1.0530 -0.4473 -1.0064 -0.0745
 [11] -0.9132  1.2766 -0.7734  1.0436 -0.7268 -0.8200 -0.6802 -0.6336 -1.9382  0.9505
 [21] -2.4507  1.8823 -1.9848 -0.4939  0.5311 -1.9382  1.7891 -1.2393  0.1118  1.3698
 [31]  1.5095 -0.3075  1.3698 -2.1711 -0.4939  0.4845 -1.4257 -0.8666 -0.8200  1.1834
 [41] -0.8200 -0.7268 -0.2609 -0.6802  1.7891 -0.6336  1.1368 -0.6336 -0.6336  0.3914
 [51] -0.5870  0.4845 -0.5405 -0.9598 -0.4939  2.2084 -0.4939  0.2050  0.9970 -0.2609
 [61]  0.1584  1.8357 -0.3541  1.6027 -1.5189 -0.3075 -1.9382 -0.3075  0.1118 -0.4007
 [71] -0.2143 -0.1677 -0.1677 -0.4007 -0.0745  0.2050  0.1584  0.0186 -0.3541  0.0652
 [81]  2.3948  0.0652  0.9039  0.1118 -0.4007  0.1584  1.0902  0.1584  0.2050 -0.4939
 [91]  0.2516 -0.3075  0.3914  0.2050  0.5777  0.4380 -1.0530  0.4845 -0.4473  0.4845
[101] -1.1927  0.5311  0.3914 -0.2143  0.5777  0.6709  0.7175  0.7641 -1.2859  1.1368
[111]  0.1118  0.9505 -0.6802  0.9970  0.2982  1.1368 -0.8200  0.9039 -0.3541  1.3698
```

1.5 函數的編寫

如果你對資料的分析有些特殊需要，已有的 R 程式套件不能滿足需要時，可以在 R 中編寫自己的函數。下面簡要介紹編寫函數的方法。

函數的定義格式：

```
> functionname<-function(a1,a2,...) expression
```

functionname 是函數名稱（由使用者自己定義），function 指明該物件為函數類型，a1, a2,…為函數中涉及的參數，expression 是函數的具體內容。比如，要自己編寫函數計算 table1_1 中「數學」分數的平均數、中位數、全距、標準差，程式如下：

```
> load("C:/mydata/chap01/table1_1.RData")          # 載入數據
> x<-table1_1$數學                                  # 將 table1_1 的「數學」變數賦值給物件 x

# 編寫函數如下:
> myfun<-function(x)                                # 函數名稱為 myfun
{
  n<-length(x)                                      # 計算樣本量
  mean<-mean(x)                                     # 計算平均數
  median<-median(x)                                 # 計算中位數
  r<-max(x)-min(x)                                  # 計算全距
  s<-sd(x)                                          # 計算標準差
  summ<-data.frame(c(n, mean, median, r, s),
  row.names=c(N="個數", "平均數", "中位數", "全距", "標準差"))
  names(summ)<-"值"
  return(summ)
}
> myfun(x)                                          # 返回函數結果
              值
個數     10.00000
平均數   81.50000
中位數   83.00000
全距     49.00000
標準差   14.62304
```

經由這個簡單的例子，讀者應該可以大致了解編寫一個函數的各個構成部分，更加詳細的內容請查看相關資料。

1.6 範例

本章最後經由一個範例說明 R 應用的一些簡單規則。

在 2013 年一項關於智慧手機的網路問卷調查中，共收到 308 份有效問卷。調查內容包括受訪者的基本資料、認知有用性、傾向使用態度、使用行為傾向、實際使用行為、其他議題等問題。次頁表 1-3 是 308 名受訪者的部分基本資料。

表 1-3　308 名受訪者的基本資料（部分）

性別	年齡	教育程度	使用智慧型手機	手機品牌	手機大概價格	可以接受的手機價格
男	31	碩士	是	hTC	14000	15000
女	38	碩士	是	Samsung	21000	25000
女	18	大學	是	Sony	7000	7000
女	22	大學	否	Sony	2000	5000
男	21	大學	是	Sony	3000	5000
女	34	博士	是	hTC	12000	15000
女	20	大學	是	hTC	18000	25000
男	23	大學	是	Samsung	22000	10000
女	21	大學	是	Sony	6000	6000
女	19	高中職	否	Nokia	3000	5000
男	19	大學	是	hTC	10000	20000
女	22	大學	是	Sony	6000	5000
男	22	大學	是	hTC	12000	15000
女	36	碩士	是	hTC	25000	22000

首先，需要將該資料框架讀入 R（這裡我們將其先存為 R 檔，名為 example1）。由於該範例資料中的某些變數有缺失值，在分析之前需要將缺失值移出。

```
> load("C:/mydata/chap01/example1.RData")          # 載入資料框架 example1
> head(example1)                                   # 展示數據前 6 行
  性別 年齡 教育程度 使用智慧型手機 手機品牌 手機大概價格 可以接受的手機價格
1   男   31     碩士             是      hTC        14000             15000
2   女   38     碩士             是  Samsung        21000             25000
3   女   18     大學             是     Sony         7000              7000
4   女   22     大學             否     Sony         2000              5000
5   男   21     大學             是     Sony         3000              5000
6   女   34     博士             是      hTC        12000             15000
> nexample1<-na.omit(example1)                     # 移出資料框架中有缺失值的所有列
> save(nexample1, file="C:/mydata/chap01/nexample1.RData")
                                                   # 保存移出缺失值後資料 nexample1
```

為便於分析，將保存移出缺失值後的資料存為新檔，名為 nexample1。在分析時，需要載入新資料庫 nexample1。

該資料可以做多種分析，具體方法詳見後面各章的介紹。這裡只做一些簡單的描述性分析，如生成簡單次數表和列聯表，繪製長條圖、圓餅圖、直方圖，以及計算一些簡單的描述統計量，如平均數、中位數、標準差等。

1.6.1　生成次數表

利用次數分配表可以觀察各質性變數各類別的分配狀況。這裡只生成受訪者性別、教育程度、手機品牌的簡單次數表，以及性別和手機品牌的列聯表。如下面文字框所示。

```
> load("C:/mydata/chap01/nexample1.RData")      # 載入資料框架 nexample1
> mytable1<-table(nexample1$性別); mytable1      # 生成性別的次數表
 女  男
188 106
> mytable2<-table(nexample1$教育程度); mytable2
                                                # 生成教育程度的次數表
    大學    高中職  國中以下      專科      博士      碩士
     156       38         6        16         9        69
> mytable3<-table(nexample1$手機品牌); mytable3
                                                # 生成手機品牌的次數表
  Apple     hTC      LG   Nokia   other Samsung    Sony
     39      73      10      22      12      76      62
> mytable4<-table(nexample1$性別,nexample1$手機品牌); mytable4
                                                # 生成性別和手機品牌的列聯表

     Apple hTC LG Nokia other Samsung Sony
  女    26  50  6    15     6      43   42
  男    13  23  4     7     6      33   20
> addmargins(mytable4)                          # 為列聯表增加邊際和
       Apple hTC  LG Nokia other Samsung Sony Sum
  女      26  50   6    15     6      43   42 188
  男      13  23   4     7     6      33   20 106
  Sum     39  73  10    22    12      76   62 294
> round(addmargins(prop.table(mytable4))*100, 2)
                                                # 將列聯表轉換為百分比，並保留 2 位小數
        Apple    hTC     LG  Nokia  other Samsung   Sony    Sum
  女     8.84  17.01   2.04   5.10   2.04   14.63  14.29  63.95
  男     4.42   7.82   1.36   2.38   2.04   11.22   6.80  36.05
  Sum   13.27  24.83   3.40   7.48   4.08   25.85  21.09 100.00
```

1.6.2 繪製圖形

利用圖形可以更清楚地分析變數的分配狀況。對於質性變數，可以繪製長條圖和圓餅圖，以觀察各類別的數值及其構成。對於量的變數，可以繪製直方圖等來觀察實際的分配狀況。下面的文字框，說明了幾種常見圖形的繪製方法。

```
# 繪製長條圖
> par(mfrow=c(1,3), cex=0.6)          # 設置圖的排列方式為 1 列 3 行，設定圖中
                                        字體大小為 0.6 倍
> barplot(mytable1, xlab="性別", ylab="次數", main="性別長條圖")
                                      # 繪製性別長條圖，設定 x 軸和 y 軸的標籤
                                        與圖標題
> barplot(mytable2, xlab="教育程度", ylab="次數", col=c(1:6), main="教育程度長條圖")
                                      # 繪製教育程度長條圖，設定 x 軸和 y 軸的
                                        標籤、條形顏色、圖標題
> barplot(mytable3, xlab="次數", ylab="手機品牌", horiz=TRUE, main="手機品牌長條圖",
col=c(1:7))                           # 繪製手機品牌水平長條圖，設定 x 軸和 y
                                        軸的標籤、條形顏色、圖標題
```

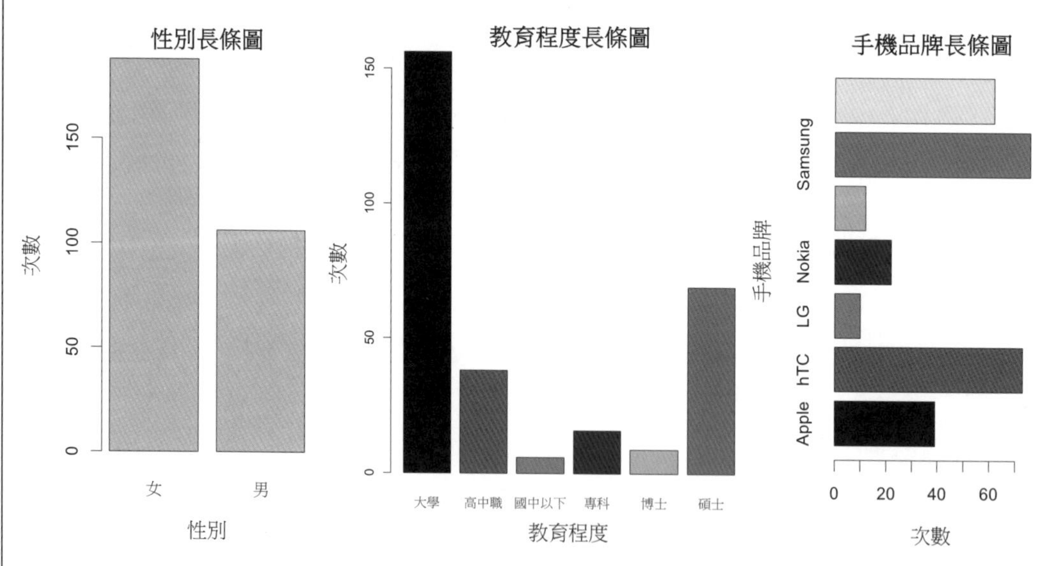


```
# 繪製受訪者教育程度的圓餅圖
> mytable2<-table(nexample1$教育程度)     # 計算「教育程度」的次數，存入 mytable2
> name<-names(mytable2)                 # 設置圓餅圖分區名稱
> percent<-round(prop.table(mytable2)*100,2)   # 設置資料百分比，結果保留 2 位小數
```

```
> labs<-paste(name,"",percent,"%",sep="")              # 設置圓餅圖分區標籤
> pie(mytable2, labels=labs, init.angle=90)            # 繪製圓餅圖，從 12 點鐘方向開始繪圖
```

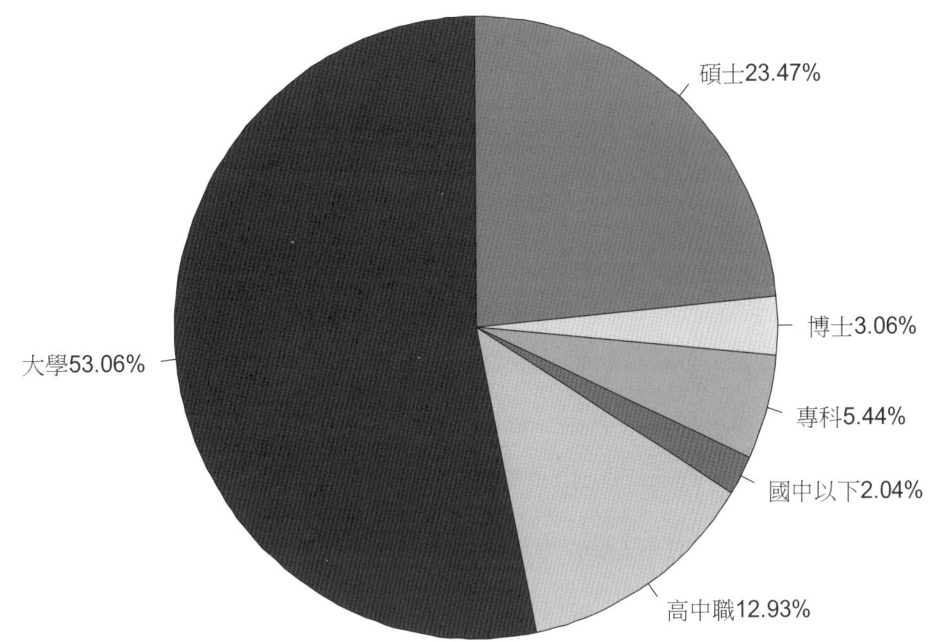


```
# 繪製直方圖
> par(mfrow=c(1,2), cex=0.8)                 # 設置圖的排列方式為 1 列 2 行，圖中字體大小為 0.8 倍
> hist(nexample1$手機大概價格, breaks=20, col="gray", xlab="手機大概價格", ylab="次數",
main="")                                     # 繪製「手機大概價格」之直方圖，分成 20 組，設置顏色，設置 x 軸和 y 軸名稱，取消圖標題
> hist(nexample1$可以接受的手機價格, breaks=20, col="gray", xlab="可以接受的手機價格",
ylab="次數", main="")                        # 繪製「可以接受的手機價格」之直方圖，分成 20 組，設置顏色，x 軸和 y 軸名稱，取消圖標題
```

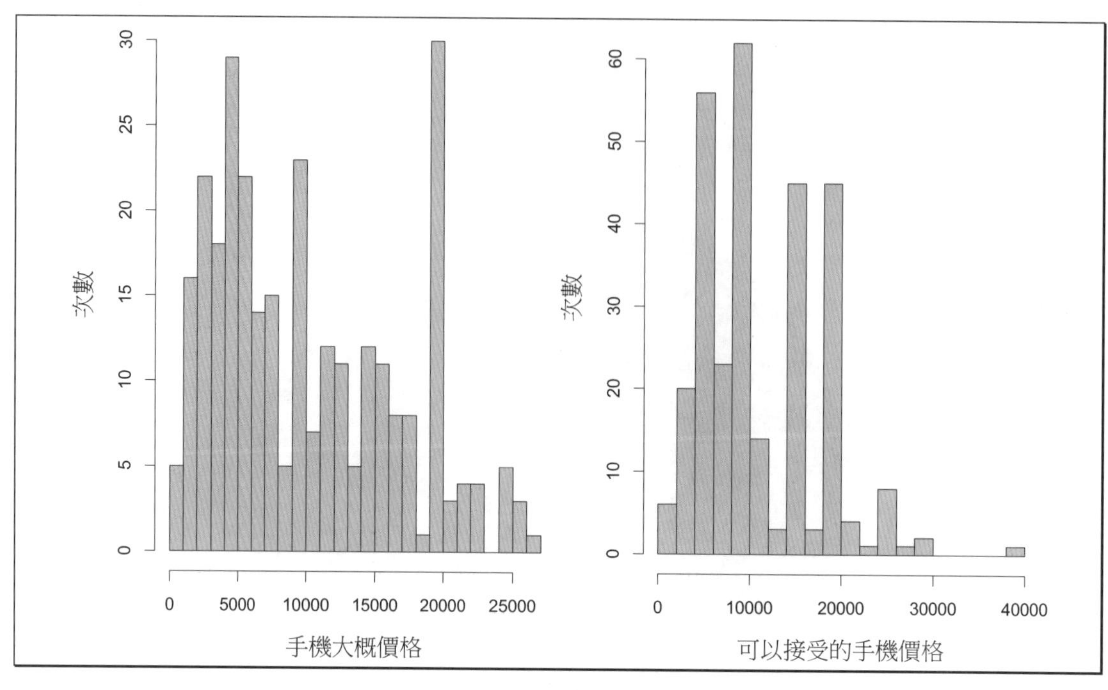

1.6.3 用 summary() 函數做描述統計分析

對於數值變數，可以計算平均數、中位數、標準差等描述性分析。R 計算各種描述統計量的方法有很多，這裡只以 summary() 函數的輸出結果為例（其他方法見後面各章）。該函數對於質性變數（R 將其視為「因子」，factor）會生成次數表，而對於定量變數則從輸出幾個主要的描述統計量，如最小值、最大值、平均數、中位數、第 1 個四分位數，和第 3 個四分位數等，作為對資料的簡單描述。結果見下面的文字框。

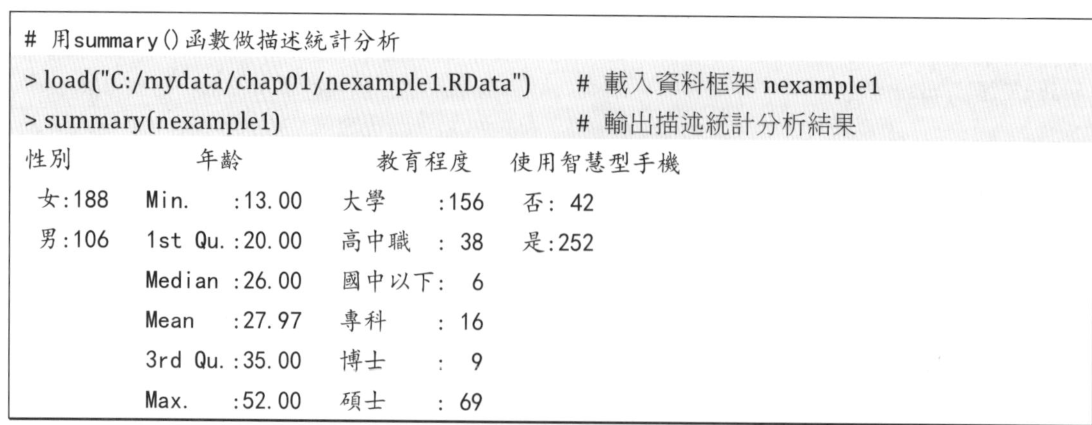

```
# 用summary()函數做描述統計分析
> load("C:/mydata/chap01/nexample1.RData")     # 載入資料框架 nexample1
> summary(nexample1)                           # 輸出描述統計分析結果
性別         年齡            教育程度    使用智慧型手機
 女:188   Min.   :13.00   大學    :156   否: 42
 男:106   1st Qu.:20.00   高中職  : 38   是:252
          Median :26.00   國中以下:  6
          Mean   :27.97   專科    : 16
          3rd Qu.:35.00   博士    :  9
          Max.   :52.00   碩士    : 69
```

```
  手機品牌    手機大概價格      可以接受的手機價格
Apple  :39   Min.    :  250   Min.    :  250
hTC    :73   1st Qu.: 5000    1st Qu.: 6000
LG     :10   Median :10000    Median :10000
Nokia  :22   Mean   :10534    Mean   :11674
other  :12   3rd Qu.:16000    3rd Qu.:15000
Samsung:76   Max.   :27000    Max.   :40000
```

1.7　本書使用的程式套件

本書在往後各章將使用以下 R 程式套件，建議讀者先行安裝，以便隨時調用，也可避免無法連網時不能分析的情況。由於程式套件不斷更新，有時較早期版本的 R 會無法調用，建議讀者可以使用較新版的 R 軟體，或嘗試不同的版本。

• agricolae	• aplpack	• biotools	• BSDA
• car	• CCP	• compute.es	• corpcor
• DescTools	• DTK	• e1071	• effects
• ez	• foreign	• ggm	• gmodels
• GPArotation	• gplots	• heplots	• lattice
• lavaan	• lm.beta	• lsr	• multcomp
• onewaytests	• openxlsx	• pastecs	• phia
• plyr	• PMCMRplus	• psych	• reshape
• Rmisc	• semPlot	• subselect	• userfriendlyscience
• vcd	• xlsx	• yacca	

1.8　使用 Rcmdr 程式套件

許多商用統計軟體（如 SPSS、SAS、Stata）除了可以撰寫指令外，都能直接從選單（menu）上點選分析程序，降低學習門檻。同樣地，R 也提供簡易的選單功能，可以執行較常用的統計分析。只是進階的功能，還是需要自行撰寫語法。

要使用選單功能，首先，須安裝 Rcmdr 程式套件。其次，載入程式套件，此時會顯示有部分程式套件未安裝，只要選擇從 CRAN 網站再安裝一次即可。進入後，畫面如圖 1-2。

```
> install.packages("Rcmdr")
> library(Rcmdr)
```

要分析時，先從選單中的「資料」選擇「載入資料集」。接著從「統計量」中選擇需要的統計方法。R 會根據資料集屬性，呈現可用的統計方法，圖 1-2 載入的是本書第 7 章的數據，因此在「平均數檢定」中只顯示「單一樣本 T 檢定」，其他四種統計方法則以灰色呈現。分析後的結果會在 Output 視窗中，語法是：

```
> with(example7, (t.test(閱讀理解, alternative='two.sided', mu=20, conf.level=.95)))
```

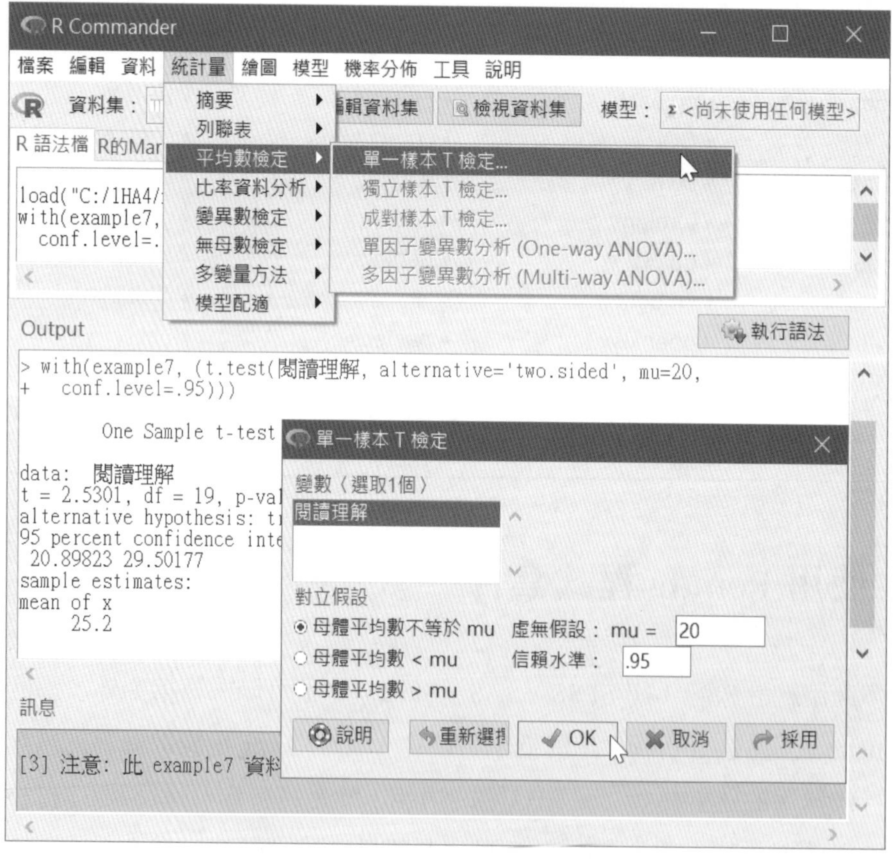

圖 1-2　R Commander 介面

第 2 章

統計圖表

本章旨在說明單向度次數分配表及繪製各種統計圖，雙向度次數分配表及其統計分析，請見第 22 章卡方同質性與獨立性檢定。

2.1　次數分配表

2.1.1　基本概念

單向度的次數分配表旨在計算變數中所有數值的次數，列成表格，是相當常見的統計圖表。在彙整次數分配表時，首先計算變數中各個數值的次數，其次計算各有效次數的百分比，它的公式是：

$$有效百分比=\frac{次數}{有效的樣本數}\times 100\%$$

如果變數是次序變數或量的變數（含等距及比率變數），也可以將有效的次數及百分比累加，此稱為累積次數及累積百分比；如果是名義變數，則累積次數及累積百分比並無意義，也不應計算這兩個統計量。

2.1.2　分析步驟與統計結果解讀

在 R 中，要計算各數值或類別的次數，可以使用 table() 函數，而 prop.table() 則計算其比例，如果要計算累積次數或比例，則使用 cumsum() 函數。userfriendlyscience 程式套件的 freq() 函數，提供了類似 SPSS 中 frequency 的功能，使用更是方便。

文字框 2-1 分別計算「認知易用性分組」的次數、百分比，及累積次數與百分比。

文字框 2-1　次數及百分比

```
> load("C:/mydata/chap02/table2_1.RData")     # 載入 table2_1 資料
> head(table2_1)                              # 展示前 6 個觀察體資料
  性別 認知易用性 認知易用性分組
1   男         31       3:高分組
2   女         36       3:高分組
3   女         29       2:中間組
4   女         29       2:中間組
5   男         26       2:中間組
6   女         36       3:高分組
```

```
> count2_1<-table(table2_1$認知易用性分組)          # 計算認知易用性分組之次數，存入 count2_1
> count2_1                                           # 展示 count2_1 內容
1:低分組 2:中間組 3:高分組
       91       122        95
> cumsum(count2_1)                                   # 計算 count2_1 中的累積次數
1:低分組 2:中間組 3:高分組
       91       213       308
> pcount2_1<-round(prop.table(count2_1)*100 ,2)  # 計算百分比，取到小數 2 位，存入 pcount2_1
> pcount2_1                                          # 展示 pcount2_1 內容
1:低分組 2:中間組 3:高分組
    29.55     39.61     30.84
> cumsum(pcount2_1)                                  # 計算 pcount2_1 中的累積百分比
1:低分組 2:中間組 3:高分組
    29.55     69.16    100.00
> library(userfriendlyscience)                       # 載入 userfriendlyscience 程式套件
> freq(table2_1$認知易用性分組)                      # 計算認知易用性分組之次數及百分比
            Frequencies Perc.Total Perc.Valid Cumulative
1:低分組             91       29.5       29.5       29.5
2:中間組            122       39.6       39.6       69.2
3:高分組             95       30.8       30.8      100.0
Total valid         308      100.0      100.0
```

文字框 2-1 中的第一部分是三個分組的人數（次數），中間組（代號為 2）人數最多，有 122 人。第二部分是由低分組累加至高分組的累積次數，共 308 人。第三部分為百分比，由各等級的人數除以有效總樣本數後，再乘以 100 而得，如 122 / 308 × 100 = 39.61。第四部分為累積百分比。

由文字框 2-1 的第二部分可得知，在有效樣本中，有 29.55%的受訪者對智慧型手機的認知易用性為低分組，中間組有 39.61%，高分組有 30.84%。

2.2 長條圖

2.2.1 基本概念

長條圖（bar chart）是以其高度（將類別放在 X 軸時）或長度（將類別放在 Y 軸時）來代表數量的大小，適用於名義變數或次序變數，由於是間斷變數，因此條形間應有適當的間距。繪製時，應只改變高度（或長度），而不能同時改變高度與寬度，否則會造成視覺上的錯誤。

以圖 2-1 左邊為例，甲校的升學率是 30%、乙校為 60%，因此乙校是甲校的 2 倍。當寬度固定，而高度變為 2 倍時，面積也變為 2 倍。但是如果像圖 2-1 右邊，寬度與高度同時倍增，則面積會變為 4 倍，就會誤導閱讀者。

在繪製長條圖時，應避免以圓形表示，因為人的視覺會留意物體的面積，而不單是其高度或是寬度（在圓形中則為直徑）。圓形的面積為 πr^2，當直徑變為 2 倍時，面積已變為 4 倍。如果再以立體之球形表示時，因為球形體積是 $4/3\pi r^3$，則體積會變為 8 倍（見圖 2-2）。

如果以象形圖（pictogram）表示，也容易誤導讀者。圖 2-3 左邊為了維持圖形的美觀，高度與寬度維持同比例增加，也會造成面積變成 4 倍的錯誤。即使像圖 2-3 右邊不改變寬度，但是因為物體是立體的，因此深度仍難以固定不變。

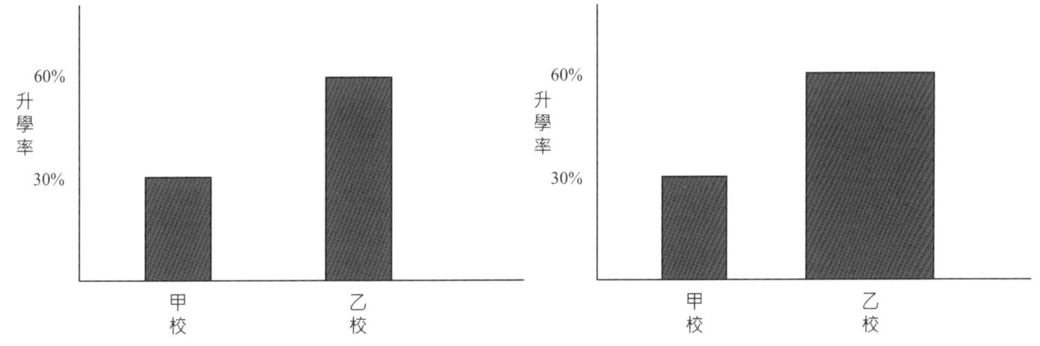

圖 2-1　同時改變條形高度與寬度

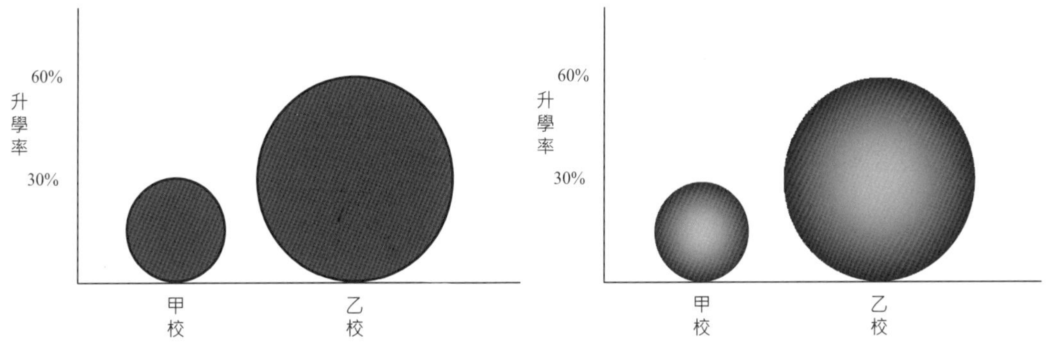

圖 2-2　以圓形圖表示數量

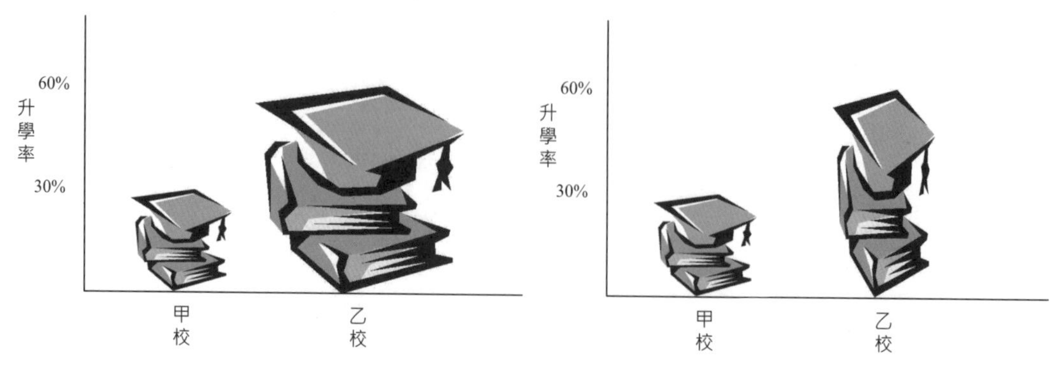

圖 2-3　以象形圖表示數量

2.2.2　分析步驟與統計結果解讀

文字框 2-2 以 barplot() 函數對「認知易用性分組」繪製長條圖，得到的圖形會在 R Graphics 視窗顯示，如圖 2-4。

文字框 2-2　簡單長條圖（認知易用性分組）

```
> barplot(count2_1 , xlab="認知易用性分組", ylab="次數/人", main="認知易用性分組長條圖")
                                                # 繪製長條圖並設定各標題
```

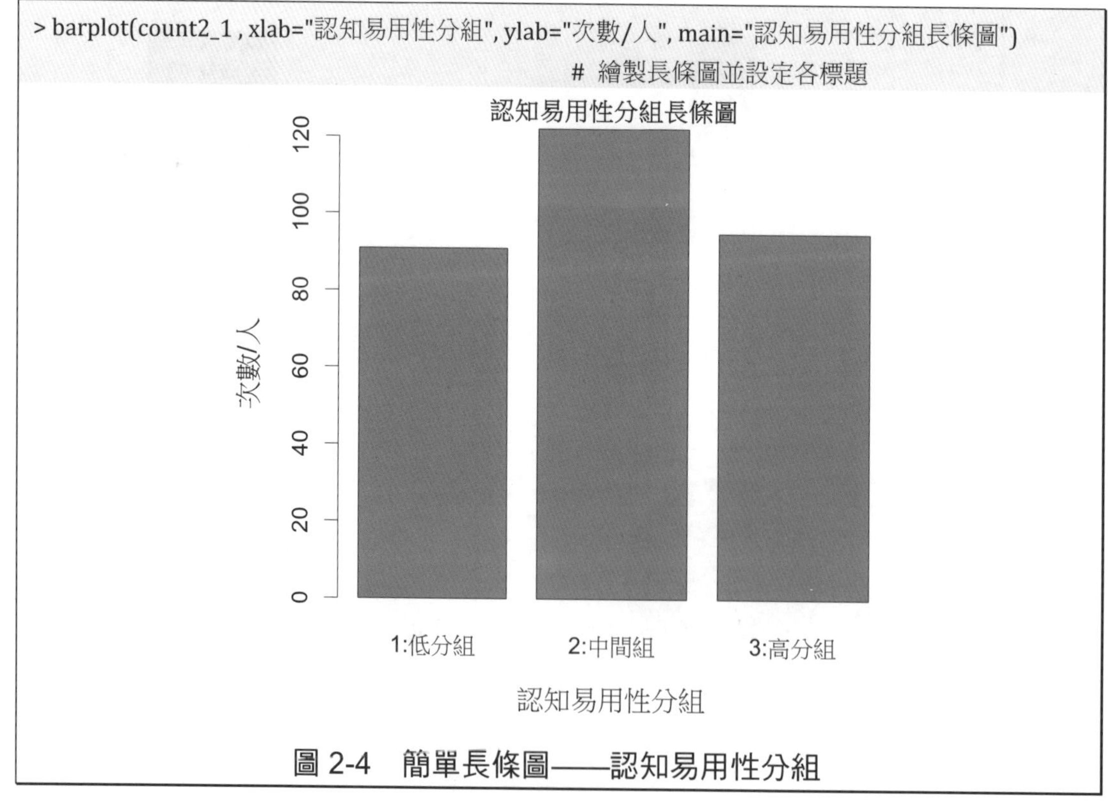

圖 2-4　簡單長條圖——認知易用性分組

圖 2-4 是受訪者在認知易用性分組的長條圖，由圖中可看出，多數受訪者為中間組（約有 120 人），其次為高分組（約有 95 人），低分組最少（約有 90 人）（注：低中高各組精確人數分別為 91、122、95 人，見文字框 2-1）。

2.3　集群長條圖

2.3.1　基本概念

集群長條圖（clustered bar chart）的繪製方法與長條圖相似，也是將數據使用長條代表。不過，在 X 軸上則另外依照主要集群（第一層變數）加以分群。

表 2-1 為甲、乙兩生於暑假中每天自行複習各科課業的時間。

表 2-1　兩名學生之讀書時間

科目	甲生	乙生
國文	5.0	2.5
英文	3.0	1.5
數學	4.0	2.0
自然	2.0	1.0
社會	1.0	0.5
總計	15.0	7.5

繪製時，分別以五種顏色的長條代表五個學科的複習時間，接著以甲、乙兩生當第一層變數，將各自的長條放在一起。由圖 2-5 可看出，甲、乙兩生都花最多的時間在國文科上，社會科所花的時間最少。整體而言，兩人在各科所花時間的大小順序相同。

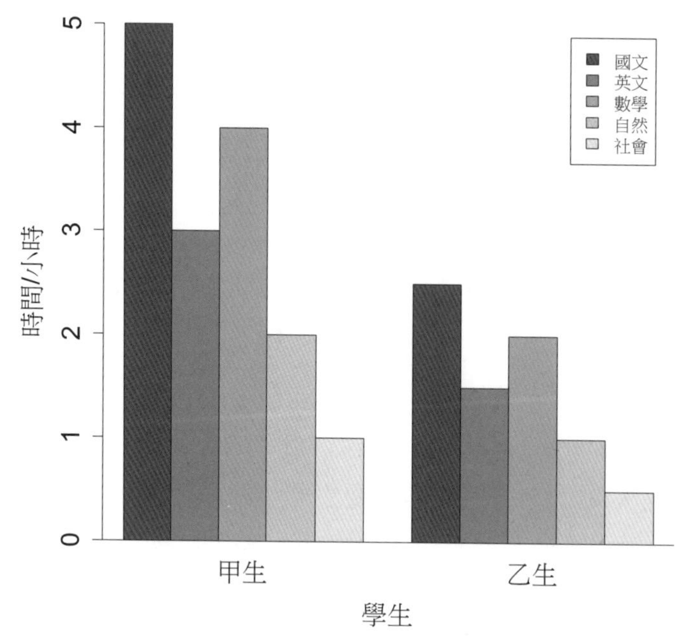

圖 2-5　集群長條圖

2.3.2　分析步驟與統計結果解讀

文字框 2-3 先以「性別」與「認知易用性分組」產生列聯表，第一層變數置於「行」，第二層變數則在「列」。接著以 barplot() 用列聯表繪製長條圖，如果設定「beside=TRUE」，則繪製集群長條圖，省略此設定，則繪製堆疊長條圖。

文字框 2-3　集群長條圖（性別為第一層變數）

```
> mytable2_1<-table(table2_1[,3], table2_1[,1])     # 以第 3 個變數（分組）為列，第 1 個變數（性
                                                      別）為行，存成列聯表 mytable2_1
> mytable2_1                                         # 展示列聯表內容

           女  男
  1:低分組  70  21
  2:中間組  73  49
  3:高分組  53  42
> barplot(mytable2_1, xlab="性別",ylab="次數/人", ylim=c(0,80), legend=rownames (mytable2_1),
  args.legend=list(x=8), beside=TRUE, main="性別, 認知易用性分組, 集群長條圖")
                                                     # 繪製集群長條圖，並設定各標題
```

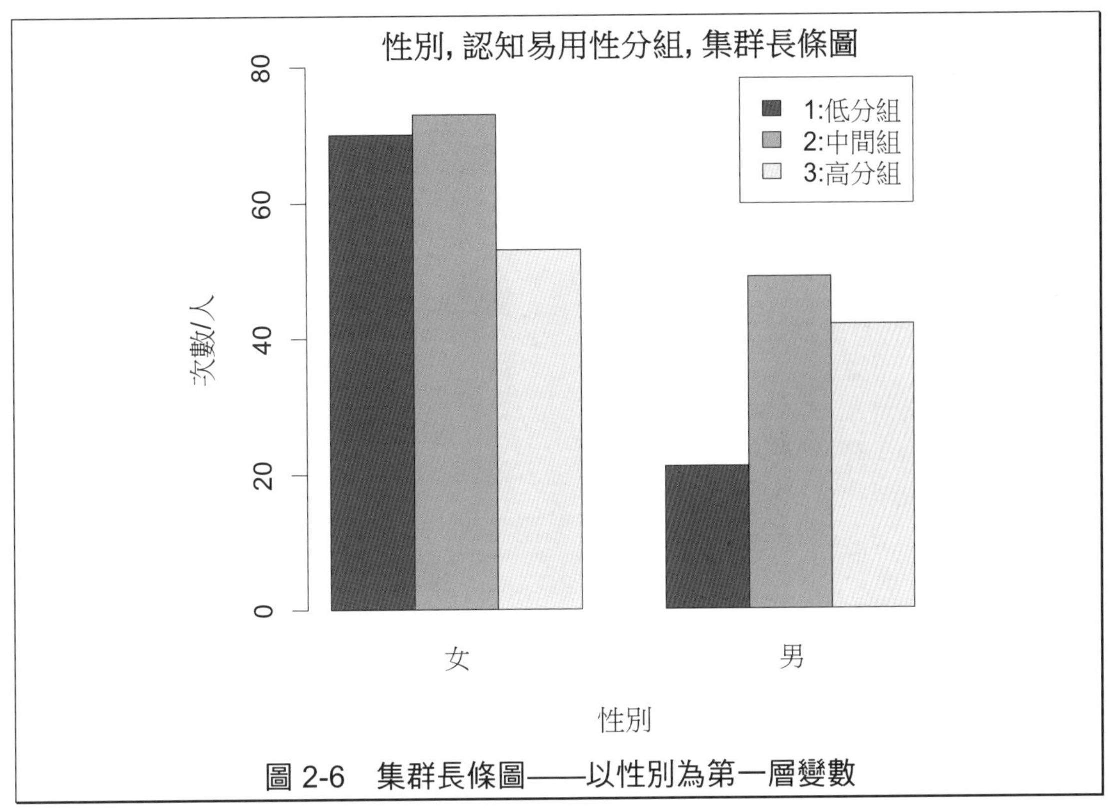

圖 2-6　集群長條圖——以性別為第一層變數

圖 2-6 為兩性在三個分組的長條圖。由圖可看出，兩性都以中間組的人數最多，但是在男性中，高分組比低分組多，而在女性中，高分組則比低分組少。

由於女性受訪者較多，所以在圖 2-6 中，女性在各分組的人數都比男性多。文字框 2-4 先分別計算各行（兩性）的百分比，再繪製集群長條圖。

文字框 2-4　集群長條圖（性別為第一層變數之百分比）

```
> pmytable2_1<-prop.table(mytable2_1, margin=2)*100
                                        # 計算行（性別）的百分比，存成 pmytable2_1
> round(pmytable2_1, 2)                 # 展示 pmytable2_1 內容，取小數 2 位

              女     男
  1:低分組  35.71  18.75
  2:中間組  37.24  43.75
  3:高分組  27.04  37.50
```

```
> barplot(pmytable2_1, xlab="性別", ylab="百分比%", ylim=c(0, 60), legend=rownames
  (pmytable2_1), args.legend=list(x=8), beside=TRUE, main="性別, 認知易用性分組, 集群長條圖")
                                                        # 繪製集群長條圖
```

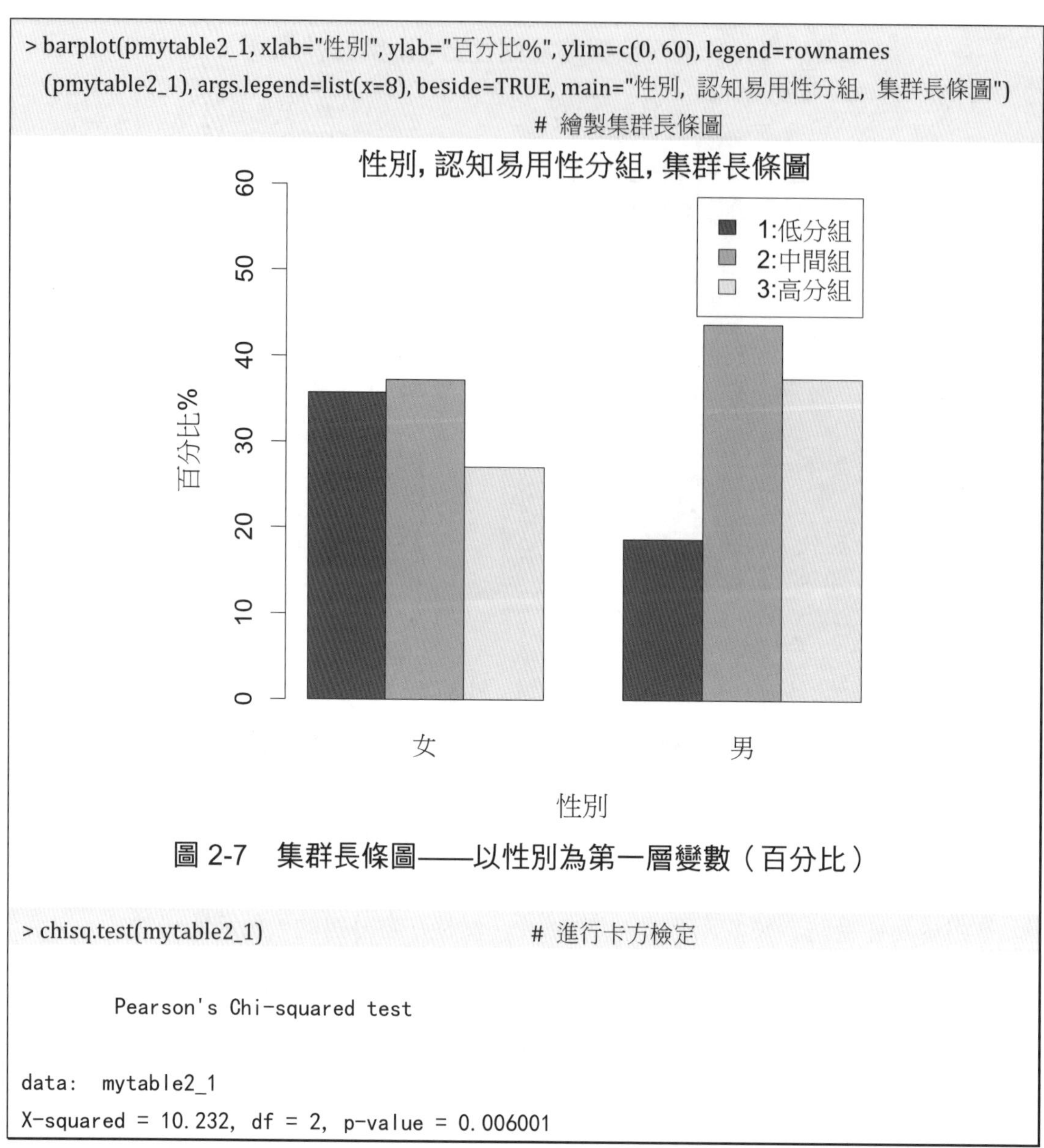

圖 2-7　集群長條圖——以性別為第一層變數（百分比）

```
> chisq.test(mytable2_1)                                # 進行卡方檢定

        Pearson's Chi-squared test

data:  mytable2_1
X-squared = 10.232, df = 2, p-value = 0.006001
```

由圖 2-7 可以看出，男性的高分組比例（37.50%）比低分組（18.75%）多；而女性的低分組比例（35.71%）則比高分組（27.04%）多。由集群長條圖可大略看出，男性比女性認為智慧型手機容易使用。如果要進行檢定，可以進行卡方檢定，函數為 chisq.test()，報表解讀請參見本書第 22 章。

如果要更換第一層變數，文字框 2-5 先以「認知易用性分組」與「性別」產生列聯表，接著以 barplot() 用列聯表繪製長條圖。

文字框 2-5　集群長條圖（認知易用性分組為第一層變數）

```
> mytable2_2<-table(table2_1[,1], table2_1[,3])     # 以第 1 個變數（性別）為列，第 3 個變數（分組）為行，存成列聯表 mytable2_2
> mytable2_2                                         # 展示列聯表內容

    1:低分組 2:中間組 3:高分組
  女      70       73       53
  男      21       49       42
> barplot(mytable2_2, xlab="認知易用性分組", ylab="次數/人", ylim=c(0, 80),   legend= rownames
  (mytable2_2), args.legend=list(x=9), beside=TRUE, main="認知易用性分組, 性別, 集群長條圖")
                                                     # 繪製集群長條圖
```

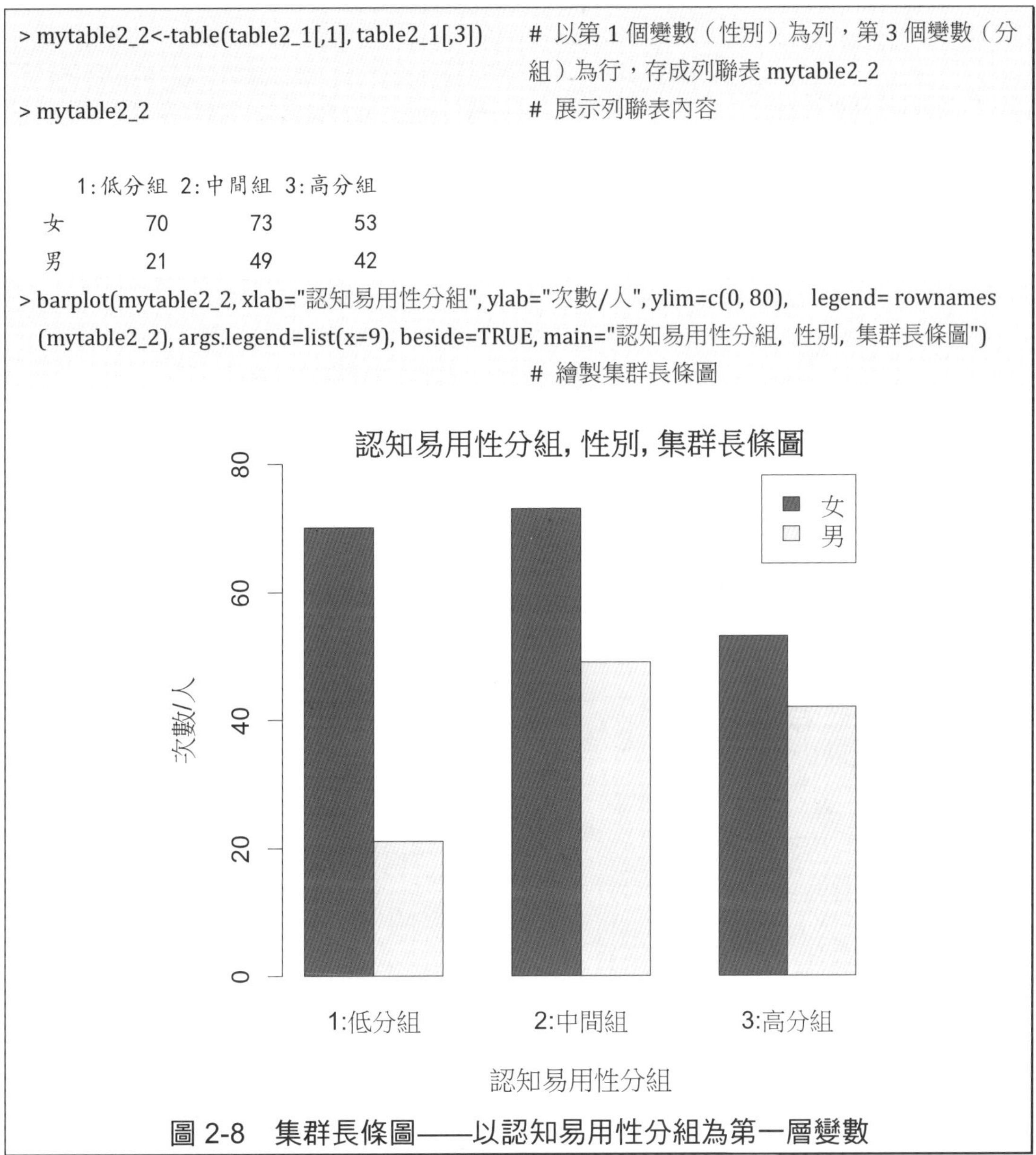

圖 2-8　集群長條圖——以認知易用性分組為第一層變數

將上述兩個變數互相交換後，由圖 2-8 可看出，在三組中，女性的人數都比男性多。然而由於女性受訪者總數較多（有 196 人），反而無法清楚看出兩性的差異。

文字框 2-6 是將圖 2-8 化為各分組的百分比。

文字框 2-6　集群長條圖（認知易用性分組為第一層變數之百分比）

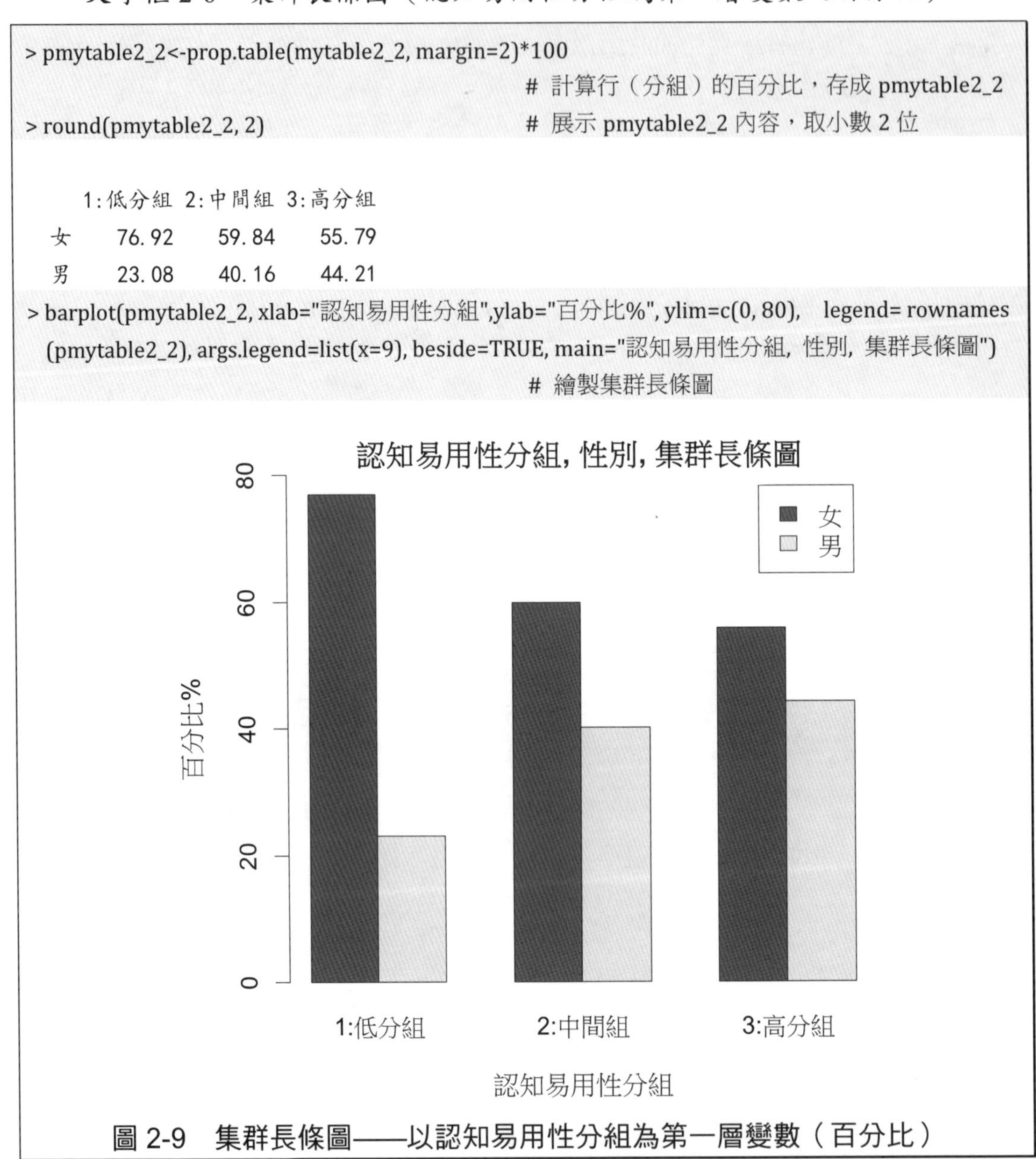

```
> pmytable2_2<-prop.table(mytable2_2, margin=2)*100
                                                # 計算行（分組）的百分比，存成 pmytable2_2
> round(pmytable2_2, 2)                         # 展示 pmytable2_2 內容，取小數 2 位

     1:低分組 2:中間組 3:高分組
  女    76.92    59.84    55.79
  男    23.08    40.16    44.21
> barplot(pmytable2_2, xlab="認知易用性分組",ylab="百分比%", ylim=c(0, 80),   legend= rownames
  (pmytable2_2), args.legend=list(x=9), beside=TRUE, main="認知易用性分組, 性別, 集群長條圖")
                                                # 繪製集群長條圖
```


圖 2-9　集群長條圖——以認知易用性分組為第一層變數（百分比）

由圖 2-9 可看出，雖然在各分組中，女性的百分比仍然較多，但是在低分組中，兩性的差異較大（76.92%對 23.08%），高分組中則差異較小（55.79%對 44.21%）。

2.4　堆疊長條圖

2.4.1　基本概念

堆疊長條圖(stacked bar chart)在形式上類似簡單長條圖，但是在單一的條形中，又可以顯示不同類別的次數或百分比。堆疊長條圖的繪製方法與集群長條圖類似，它也是以不同顏色的長條代表不同的數據，只是最後在 X 軸上是以第一層變數為主，然後將所有長條堆疊在一起。圖 2-10 中，甲、乙兩生各科讀書時間的比例相同，但是總時數甲生為 15 小時，乙生為 7.5 小時，相差 1 倍。

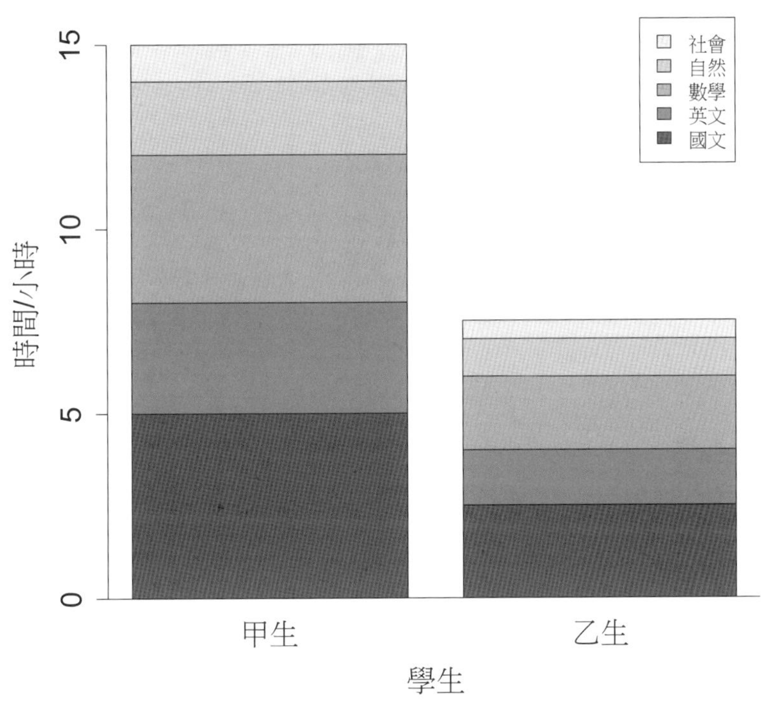

圖 2-10　堆疊長條圖

2.4.2　分析步驟與統計結果解讀

文字框 2-7 與文字框 2-3 相似，只是省略「beside=TRUE」，改繪堆疊長條圖。

文字框 2-7　堆疊長條圖（性別為第一層變數）

```
> barplot(mytable2_1, xlab="性別", ylab="次數/人", ylim=c(0, 200), legend=rownames (mytable2_1),
args.legend=list(x=2.4), main="性別, 認知易用性分組, 堆疊長條圖")
                                                    # 繪製堆疊長條圖，並設定各標題
```

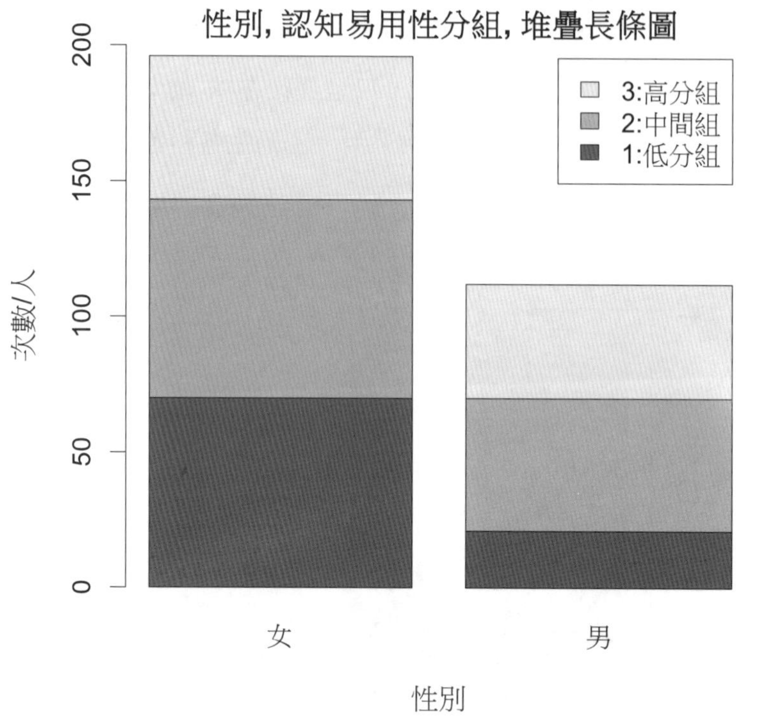

圖 2-11　堆疊長條圖——以性別為第一層變數

由圖 2-11 可看出，女性受訪者人數較多（196 人），男性較少（112 人）。其中女性在低分組及中間組的人數相差不多，而男性則是高分組及中間組人數約略相等。

文字框 2-8 與文字框 2-4 相似，同樣省略「beside=TRUE」，改繪堆疊長條圖。

棘狀圖（spinogram）與堆疊長條圖類似，只是寬度也配合第一層變數的百分比而改變。要繪製棘狀圖，可使用 vcd 程式套件的 spine() 函數，括號中第 1 個變數在直行，第 2 個變數在橫列。此處僅寫出指令，不附圖形。

文字框 2-8　堆疊長條圖（性別為第一層變數之百分比）

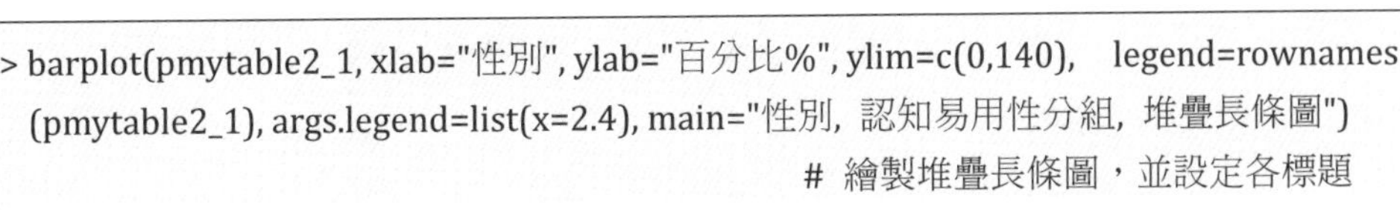

```
> barplot(pmytable2_1, xlab="性別", ylab="百分比%", ylim=c(0,140),   legend=rownames
  (pmytable2_1), args.legend=list(x=2.4), main="性別, 認知易用性分組, 堆疊長條圖")
                                                      # 繪製堆疊長條圖，並設定各標題
```

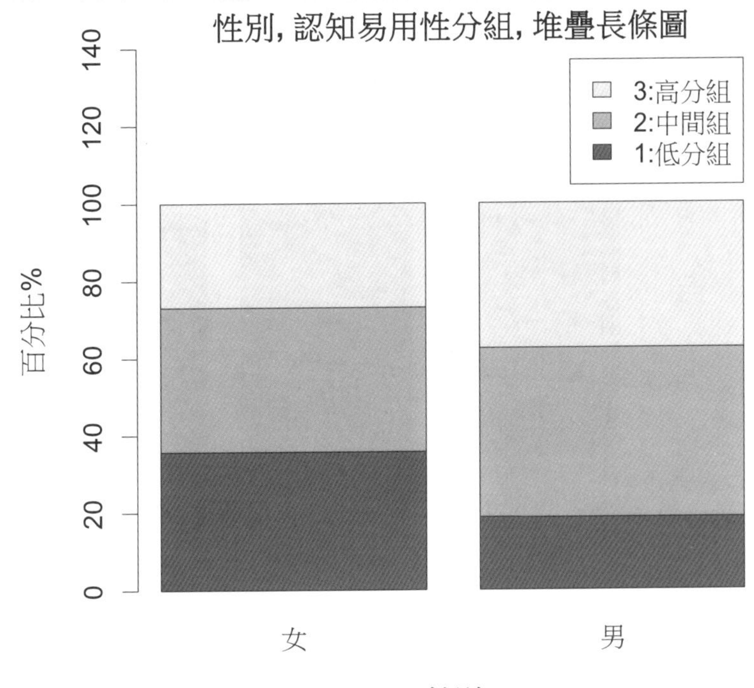

圖 2-12　堆疊長條圖——以性別為第一層變數（百分比）

```
> library(vcd)                                   # 載入 vcd 程式套件
> with(table2_1, spine(性別, 認知易用性分組))    # 性別為第一層變數
```

圖 2-12 是分別以兩性的人數為分母，各自計算三組的百分比。由圖中可看出，男性高分組的比例多於女性，而女性則是低分組的比例多於男性。

文字框 2-9 與文字框 2-6 相似，同樣省略「beside=TRUE」，改繪堆疊長條圖。

文字框 2-9　堆疊長條圖（認知易用性分組為第一層變數之百分比）

```
> barplot(pmytable2_2, xlab="認知易用性分組", ylab="百分比%", ylim=c(0,130), legend= rownames
(pmytable2_2), args.legend=list(x=3.6), main="認知易用性分組, 性別, 堆疊長條圖")
                                                      # 繪製堆疊長條圖，並設定各標題
```

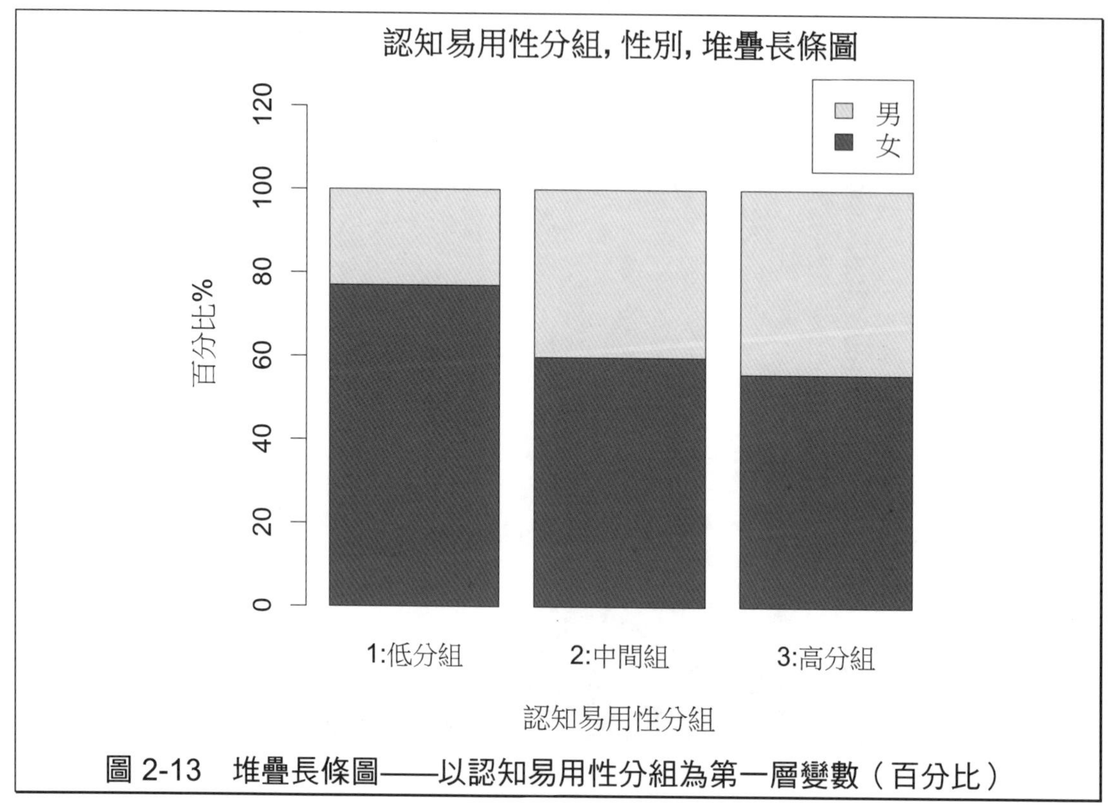

圖 2-13　堆疊長條圖——以認知易用性分組為第一層變數（百分比）

由圖 2-13 可看出，認知易用性分數增加，女性的百分比也隨之減少，而男性的百分比則增加。因此，男性認為智慧型手機容易使用的百分比較高。

2.5　圓餅圖

2.5.1　基本概念

圓餅圖（pie chart）又稱圓形比例圖，是以在圓形中所占扇形面積的百分比來代表其數量，因此比較適合用來比較相對的比例。

在表 2-1 中，甲生的國文讀書時數為 5 小時，占總時數中之 $\frac{5}{15}=\frac{1}{3}=0.333=$ 33.33%。因為圓形內角為 360°，因此國文這一扇形的圓心角為 $\frac{1}{3}\times 360=120^{\circ}$，其餘算法則依此類推。所畫圓餅圖如圖 2-14 所示。

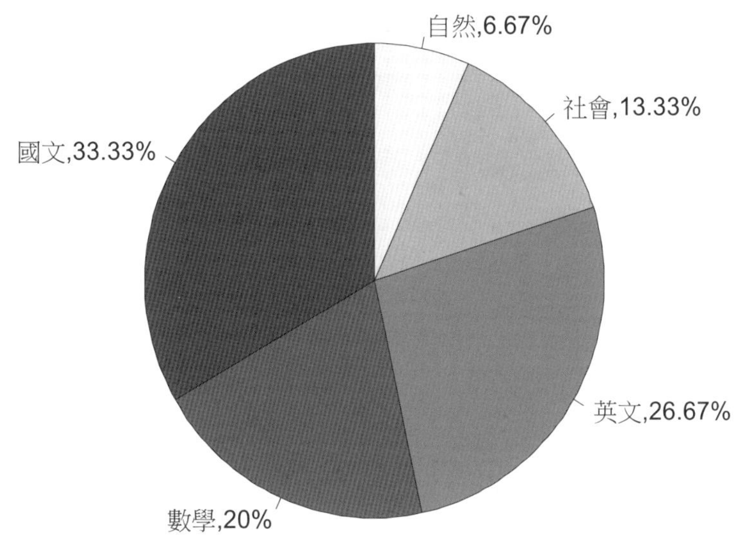

圖 2-14　圓餅圖

不過，圓餅圖有一缺點，就是不能顯示全體的量數。以表 2-1 為例，甲、乙兩生每天讀書的總時數並不相同，但是比例卻相等，如果使用圓餅圖來表示兩人的讀書情形，會得到相同的結果，容易誤導閱讀者。此時，改用集群長條圖或是堆疊長條圖會比較恰當。

圓餅圖較適用於名義變數，此類變數在分類時，應留意**互斥**及**完整**兩個原則。所謂「互斥」就是同一個觀察體不可以既是甲類又是乙類，例如，把學歷分為自修、小學以下、中學、大學以上，這樣就是不恰當的，因為會有受訪者是自修取得中學學歷。而「完整」即是類別要涵蓋所有可能性，如果把學歷分成小學、中學、大學、研究所，即少了未接受教育的分類。如果不確定是否涵蓋所有可能性，最好加上「其他」一項。

如果是複選題，例如請受訪者勾選家中擁有的電器用品（電冰箱、電視、洗衣機等），由於總百分比會超過 100%，就不應使用圓餅圖。此外，如果類別太多，加上某些類別所占比例又太少，最好也不要使用圓餅圖，以免顯示不清。此時，改用長條圖是比較好的選擇。

2.5.2　分析步驟與統計結果解讀

文字框 2-10 以「認知易用性分組」為變數，先計算各組人數及百分比，再加上標籤，最後繪出圓餅圖。

文字框 2-10　圓餅圖（認知易用性分組）

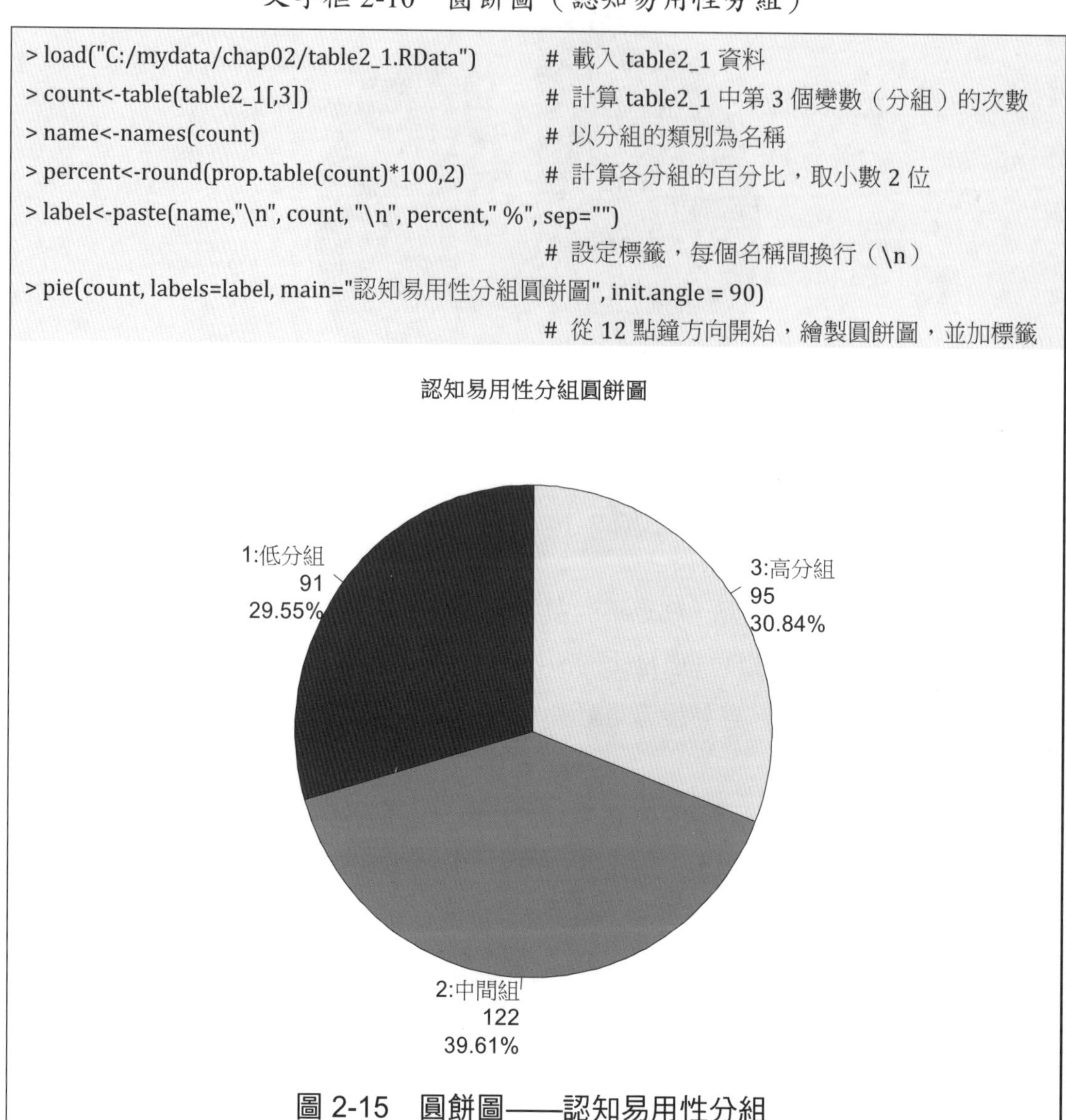

```
> load("C:/mydata/chap02/table2_1.RData")          # 載入 table2_1 資料
> count<-table(table2_1[,3])                        # 計算 table2_1 中第 3 個變數（分組）的次數
> name<-names(count)                                # 以分組的類別為名稱
> percent<-round(prop.table(count)*100,2)          # 計算各分組的百分比，取小數 2 位
> label<-paste(name,"\n", count, "\n", percent," %", sep="")
                                                    # 設定標籤，每個名稱間換行（\n）
> pie(count, labels=label, main="認知易用性分組圓餅圖", init.angle = 90)
                                                    # 從 12 點鐘方向開始，繪製圓餅圖，並加標籤
```


圖 2-15　圓餅圖——認知易用性分組

圖 2-15 中，低、中、高三組人數，分別為 91、122、及 95 人，百分比分別為 29.55%、39.61%、及 30.84%。由於分組時就設定中間組人數最多，因此該組所占比例最高。

2.6　直方圖

2.6.1　基本概念

直方圖（histogram）與長條圖相似，也是以條形的高度（或長度）來表示數據的大小，其差別在於長條圖比較適用於質的變數，而直方圖則適用於量的變數。因為直方圖是由量的變數分組而來，因此，繪製時條形之間應相連。

由直方圖可以看出至少三種訊息：整體型態、偏態、及是否有離異值。

圖 2-16 左為 410 名大學生填答的身高直方圖（為假設性資料），右圖另加上核密度估計曲線（kernel density estimate curve），由圖可看出身高在 160 ~ 162 公分者最多，其次是 170 ~ 172 公分者，緊接著為 166 ~ 168 公分，因此大略呈現雙眾數的型態（如 2-16 右圖）。會有這樣的現象，主要是因為未將男女分開繪製。圖中也可以看出，在 190 公分以上有 2 個受訪者，為離異值。偏態值 0.4086，為正偏態。

文字框 2-11 以 table2_2 的資料繪製直方圖，分為 25 組，如果省略「freq=FALSE」指令，則以次數表示，反之，則以密度表示。

文字框 2-11　未分群直方圖

```
> load("C:/mydata/chap02/table2_2.RData")        # 載入 table2_2 資料
> par(mfrow=c(1, 2))                             # 設置圖的排列方式為 1 列 2 行
> hist(table2_2[,2], breaks=25, col=8, xlab = "身高/cm", ylab="次數/人", main=" ")
                                                 # 繪製分為 25 組的直方圖，以次數表示，填上
                                                 灰色
> hist(table2_2[,2], breaks=25, col=8, xlab = "身高/cm", ylab="密度", , main=" ", freq=FALSE)
                                                 # 繪製分為 25 組的直方圖，以密度表示
> lines(density(table2_2[,2]), col=1, lwd=1.5)   # 加上黑色核密度估計曲線，線寬 1.5
> library(e1071)                                 # 載入 e1071 程式套件
> skewness(table2_2[,2])                         # 計算偏態值
[1] 0. 4086166
```

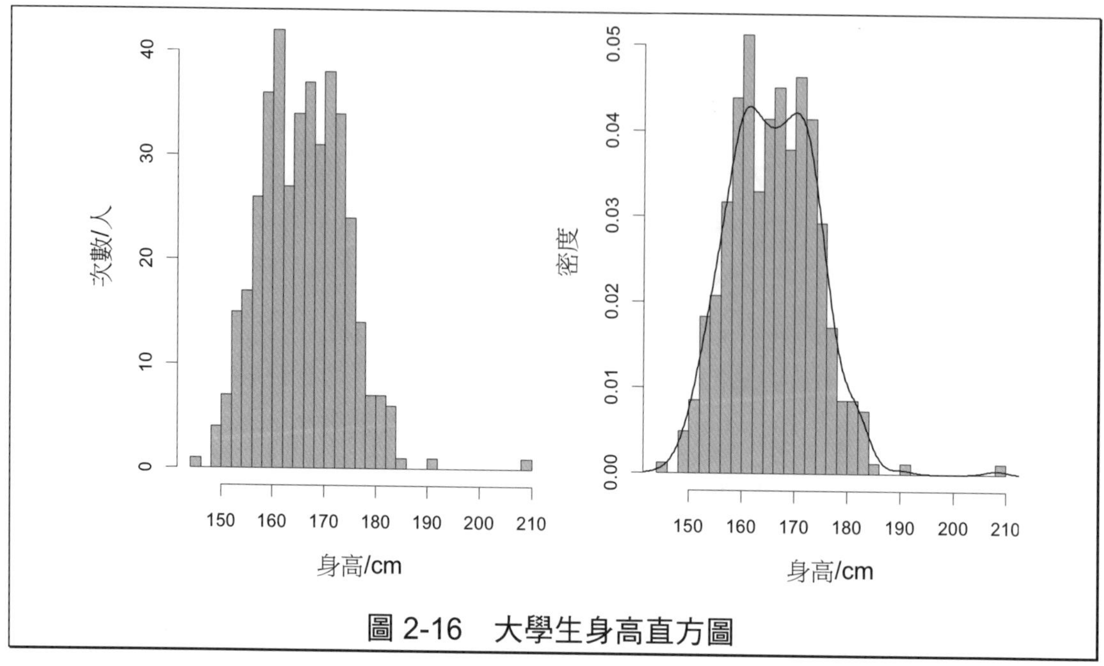

圖 2-16　大學生身高直方圖

如果將男女分開，則可以發現多數女性的身高集中於 160～162 公分之間，其次為 158～160 公分之間，大略呈對稱分配。多數男性身高在 170～172 公分之間，其次為 172～174 公分及 168～170 公分。在 190～192 公分及 208～210 公分各有一個觀察體，為離異值，使得分配型態為正偏態分配。如果剔除右尾兩個離異值，則分配型態即大致為對稱分配（見文字框 2-12 及圖 2-17）。

文字框 2-12　分群直方圖

```
> library(lattice)                                   # 載入 lattice 程式套件
> histogram(~身高|性別, data=table2_2, breaks=20, type=c("count"), col=8, ylab="次數/人")
                                                     # 以性別為分組變數，繪製身高直方圖
```

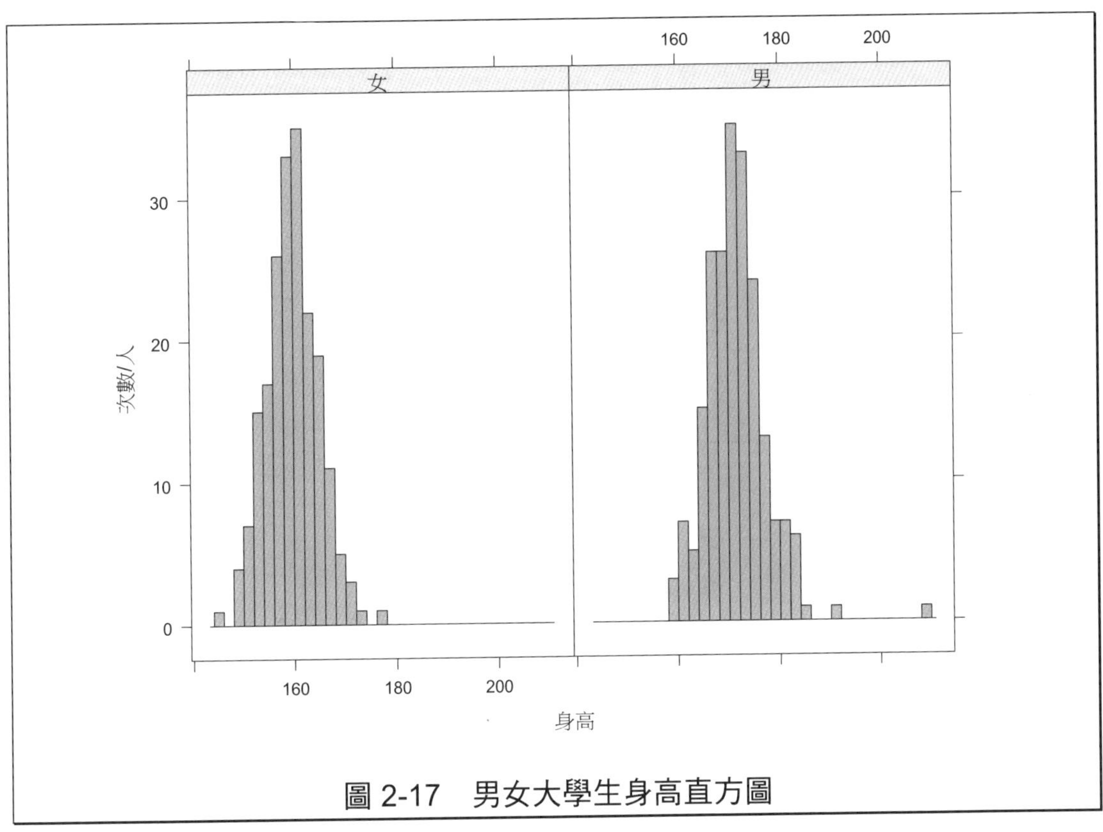

圖 2-17　男女大學生身高直方圖

2.6.2　分析步驟與統計結果解讀

文字框 2-13 以 table2_1 資料繪製直方圖，分別設定為 15 組及 4 組。

文字框 2-13　直方圖（認知易用性）

```
> load("C:/mydata/chap02/table2_1.RData")          # 載入 table2_1 資料
> par(mfrow=c(1, 2))                               # 設定繪圖為 1 列 2 行
> hist(table2_1[,2], col=8, xlab="認知易用性", ylab="次數/人", main="認知易用性直方圖",breaks=15)
                                                   # 以第 2 個變數繪製直方圖，分為 15 組
> hist(table2_1[,2], col=8, xlab="認知易用性", ylab="次數/人", main="認知易用性直方圖", breaks=4)
                                                   # 以第 2 個變數繪製直方圖，分為 4 組
```

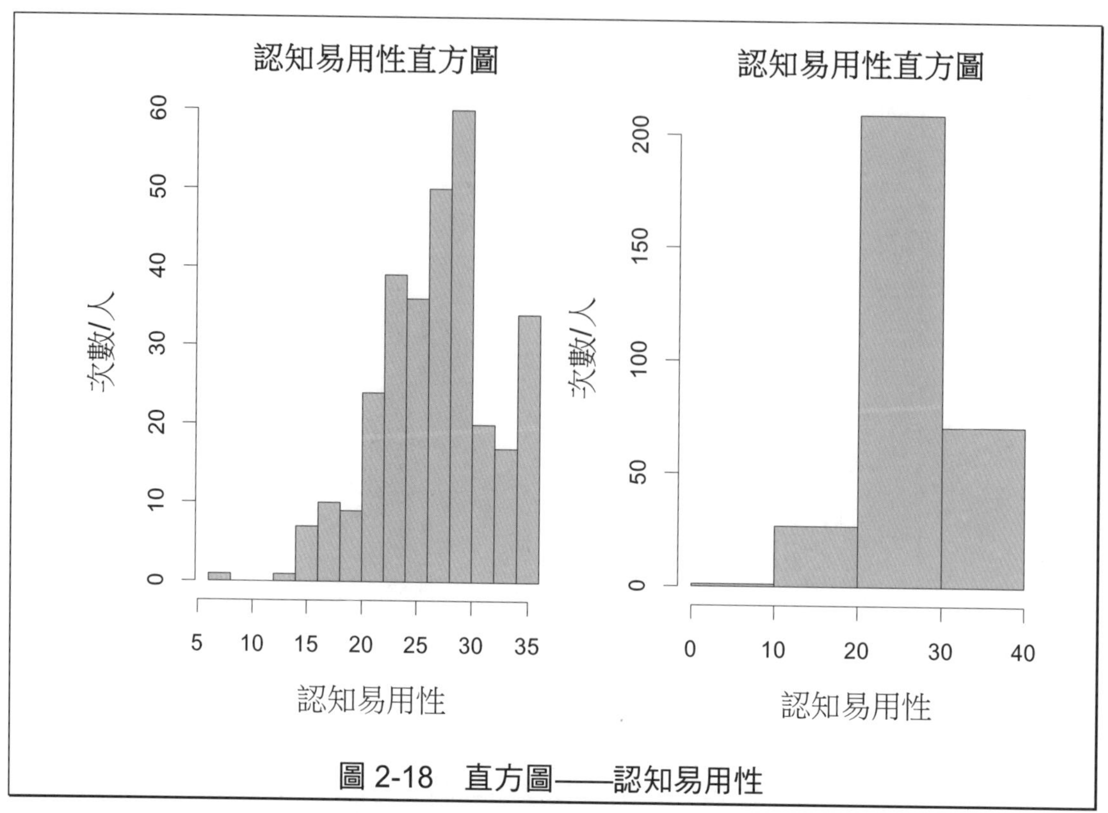

圖 2-18　直方圖——認知易用性

圖 2-18 為智慧型手機易用性認知之直方圖，由圖可看出受訪者在智慧型手機易用性認知量表得分的眾數在 29 分及 30 分這組（共 60 人），分配型態大略呈負偏態（偏態值為−0.3178）。

直方圖與長條圖不同之處，在於直方圖是由量的資料分組後畫成，因此組與組之間的長條應連在一起。直方圖的組距或組數可以由研究者自行設定，如果分組愈少，則浪費的資料就愈多。例如：如果等分為 4 組（圖 2-18 右），浪費的訊息就比分成 15 組（圖 2-18 左）來得多。

2.7　盒形圖

2.7.1　基本概念

盒形圖（box plot 或 box-and-whisker plot）由美國統計學家 Tukey 發展而來，可以用來了解變數的分配情形及是否有離異值，它包含盒子及鬍鬚兩部分。在圖 2-19

（為了節省篇幅，改為橫式）的盒子部分共有三條橫線，中間部分為中位數（也等於第二個四分位數 Q_2），下面為第一個四分位數 Q_1，上面為第三個四分位數 Q_3。$Q_3 - Q_1 = IQR$（interquartile range，四分位距），中間 50% 的數值會在盒子中。$Q_3 + 1.5 \times IQR$ 及 $Q_1 - 1.5 \times IQR$ 稱為上下內圍（inner fence）。鬚最上端為非離異值的最大值（稱為上臨界值），鬚最下端則為非離異值的最小值（稱為下臨界值）。在上下內圍之外的觀察體，稱為離異值（outlier）或極端值（extreme），報表中會用「○」代表，圖中的上下內圍只是假想的線，並不會在報表中顯示，而 R 圖中顯示的兩條短線分別代表上下臨界值。

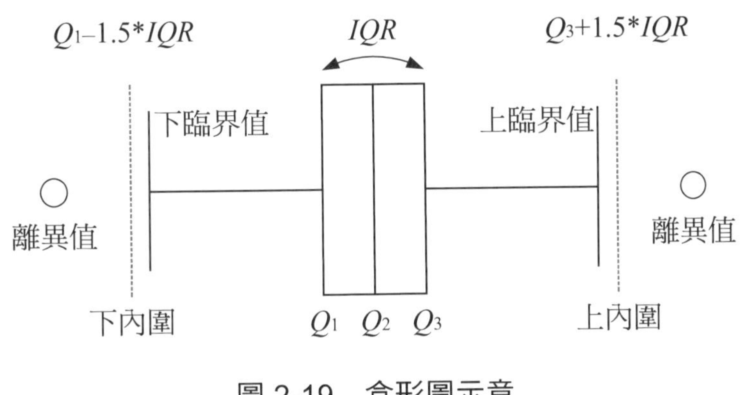

圖 2-19　盒形圖示意

以文字框 2-14 與圖 2-20 的大學生身高資料為例（假設性資料），中位數為 165.7 公分，Q_1 及 Q_3 分別為 159.9 及 171.6 公分，因此 IQR（也就是盒子的高度）為 11.7 公分（171.6 − 159.9 = 11.7）。上內圍為 171.6 + 1.5 × 11.7 = 189.15，下內圍為 159.9 − 1.5 × 11.7 = 142.35。如果低於 142.35 公分或高於 189.15 公分稱為離異值（或極端值）（留意：上下內圍並不會標示在圖中）。

排除兩個離異值（208.2 及 190.1）之後，最大值是 184.9，最小值是 145.9，因此圖中兩短橫線就是 184.9 及 145.9（分別為上臨界值與下臨界值）。

文字框 2-14　盒形圖

```
> load("C:/mydata/chap02/table2_2.RData")    # 載入 table2_2 資料
> summary(table2_2[,2])                       # 列出四分位數、最小值、最大值
   Min. 1st Qu.  Median    Mean 3rd Qu.    Max.
  145.9   159.9   165.7   165.9   171.6   208.2
```

```
> boxplot(table2_2[,2], ylab="身高/cm")                 # 繪製盒形圖
```

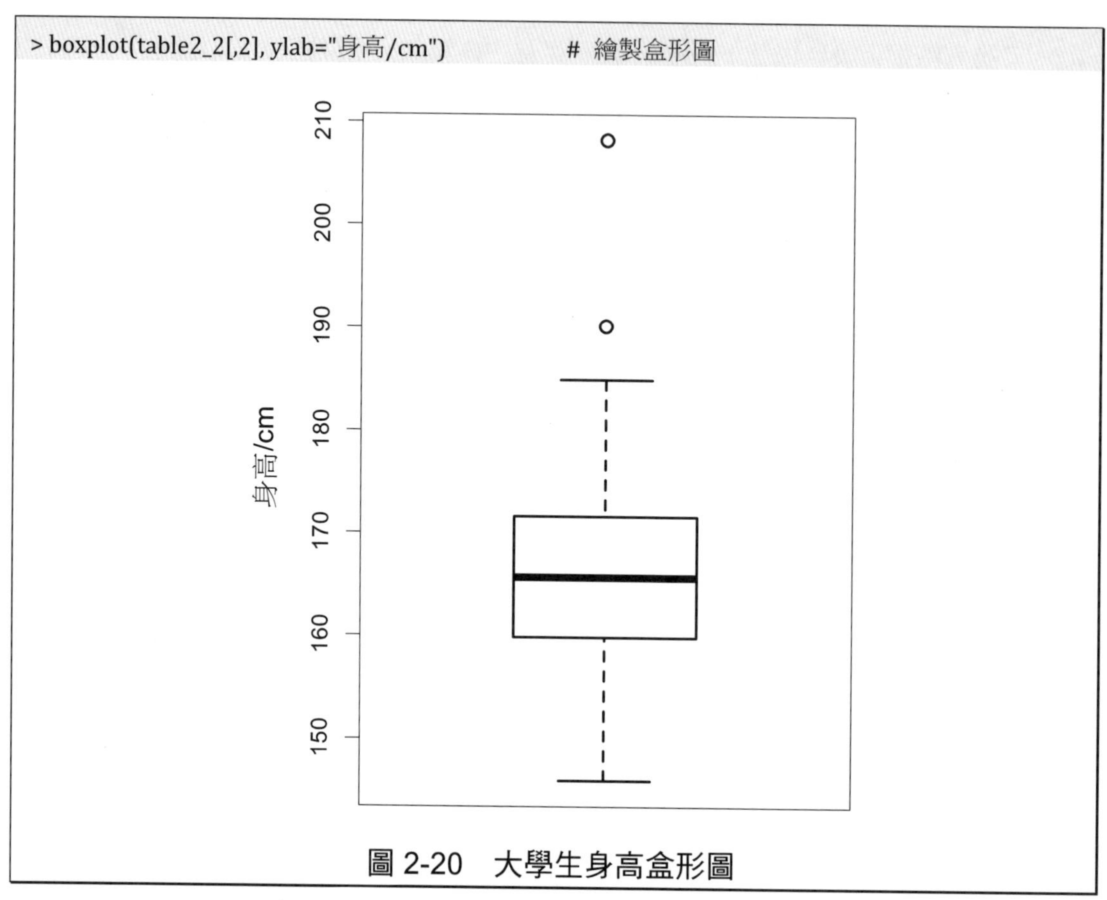

圖 2-20　大學生身高盒形圖

2.7.2　分析步驟與統計結果解讀

文字框 2-15 先以「認知易用性」繪製盒形圖，再依「性別」分組，繪出兩性在「認知易用性」的盒形圖。

文字框 2-15　盒形圖（認知易用性）

```
> load("C:/mydata/chap02/table2_1.RData")          # 載入 table2_1 資料
> par(mfrow=c(1,2), cex=1.2, mai=c(.7, 1, .1, .1))   # 設定圖為 1 列 2 行，字級為 1.2 倍，及邊界
> boxplot(table2_1$認知易用性, ylab="認知易用性", col="gray")
                                                   # 以「認知易用性」繪製盒形圖
> boxplot(認知易用性~性別, data= table2_1[,1:2], ylab="認知易用性", col="gray")
                                                   # 以「性別」為分組，繪製「認知易用性」盒形
                                                   圖
```

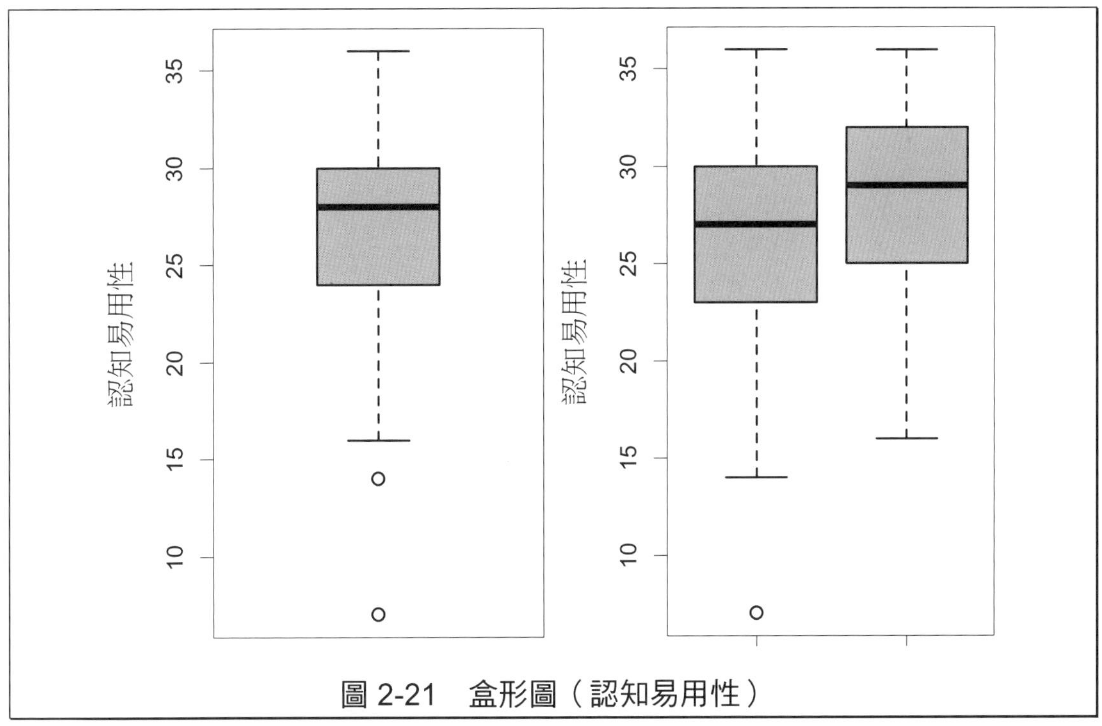

圖 2-21　盒形圖（認知易用性）

在圖 2-21 左，所有受訪者在「智慧型手機認知易用性量表」得分的中位數為 28 分，Q_3 及 Q_1 分別為 30 及 24，因此四分位距 *IQR* 為 6。上內圍為 39（$30 + 1.5 \times 6 = 39$），但是最大值為 36（也是量表的總分），因此畫到 36（上臨界值）為止；下內圍為 15（$24 - 1.5 \times 6 = 15$），排除兩個離異值後，最小值為 16，因此下臨界值為 16。

圖 2-21 右將兩性分開計算，可以發現女性的中位數較男性為低（分別是女性 27 及男性 29），*IQR* 則都是 7，有一個女性受訪者為離異值。

2.8　莖葉圖

2.8.1　基本概念

莖葉圖（Stem-and-Leaf Plots）可以顯示資料的分布及離散情形，它也是由 Tukey 發展，除了保留原始數據，也具有直方圖的功能。莖葉圖的製作順序為：1.先將原始數據排序。2.將最後一位數當葉片，其他部分當莖。3.依次將最後一位數填上葉片部分。

由圖 2-22 可看出，介於 50 ~ 59 的次數最多，其中有 1 人為 50 分，51 分有 2 人，

52 分有 1 人，53 分有 3 人，54、55、56 分者都是 2 人，57 分有 3 人，58 及 59 分各有 2 人，共有 20 人。

```
0.  9
1.  58
2.  223467779
3.  1111334467778899
4.  02222344466777889
5.  0112333445566777 8899
6.  02445566688899
7.  112234455689
8.  00112458899
9.  24668
```

圖 2-22　莖葉圖（10 分一組）

將莖葉圖逆時針旋轉 90 度，就類似直方圖（圖 2-23）。

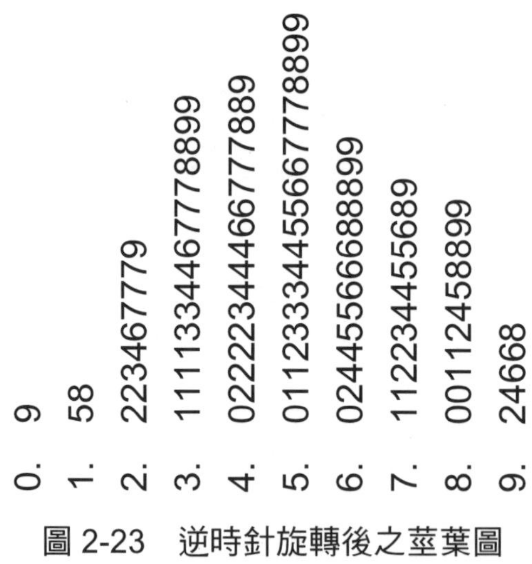

圖 2-23　逆時針旋轉後之莖葉圖

有時莖的部分太少，可以將它分成 2 分或 5 分一組。如圖 2-24 即以 5 分為 1 組，最後一位數（此處為個位數）是 0～4 為 1 組，5～9 為另一組，亦即莖的部分在倒數第二位數（此處為十分位）分為 2 組。

```
2 .
2 .  5
3 .  2344
3 .  577788
4 .  000011334
4 .  555666777789
5 .  00011111123333
5 .  778
6 .  011122344
6 .  5
7 .  4
```

圖 2-24　莖葉圖（5 分一組）

2.8.2　分析步驟與統計結果解讀

文字框 2-16 是 R 莖葉圖指令，經嘗試後，設定 scale=0.5。

文字框 2-16　莖葉圖-1（認知易用性）

```
> load("C:/mydata/chap02/table2_1.RData")        # 載入 table2_1 資料
> stem(table2_1[,2], scale=0.5)                  # 繪製莖葉圖，設定圖長為 0.5
  The decimal point is 1 digit(s) to the right of the |


  0 | 7
  1 | 4
  1 | 66666667777888888999
  2 | 00000011111111111122222222222233333333333333333344444444444444444444
  2 | 555555555555555555555666666666666666777777777777777777778888888888888+42
  3 | 0000000000000000000000001111111111112222222233333333444444444
  3 | 5555555555666666666666666666666666
```

文字框中的莖葉圖可分成兩部分：

1. 豎線左邊的數字為莖，代表十位數，其中 1、2、3 都出現 2 次，代表每 5 分為一組（10 / 2 = 5）。
2. 豎線右邊的數字是葉子，每個葉片代表 1 個受訪者，次數最多者為 25～29 分組，其中+42 表示還有 42 個葉片未顯示。

由分配的型態來看，大致為左偏的分配。另外進行描述統計分析，得到偏態值為 −0.3178。

除了內定的 stem() 函數外，也可以使用程式套件 aplpack（Another Plot PACKage），它的 stem.leaf() 函數提供了較多樣的莖葉圖，命令如文字框 2-17。

文字框中的莖葉圖可分成三部分：

1. 中間的數字為莖，代表十位數。以 20 分組為例，2*代表 20 與 21 分組，t 代表 22 與 23 分組（two 與 three），f 代表 24 與 25 分組（four 與 five），s 代表 26 與 27 分組（six 與 seven），2.代表 28 與 29 分組。
2. 右邊的數字是葉子，每個葉片代表 1 個受訪者，次數最多者為 28 分（31 人）及 29 分（36 人）組，共有 67 人。
3. 左邊的數字又可分為三個小部分：其中(35)代表平均數（27.25）所在之 26 及 27 分組共有 35 人；(35)之上的數字是由低分往平均數累加的次數，例如 111，表示 25 分以下共有 111 人；(35)之下的數字，是由高分往平均數累加的次數，例如 95，表示 30 分以上共有 95 人。

文字框中也顯示，最小值為 7 分。

文字框 2-17　莖葉圖-2（認知易用性）

```
> install.packages("aplpack")          # 安裝 aplpack 程式套件
> library(aplpack)                      # 載入 aplpack 程式套件
> stem.leaf(table2_1[,2], 2)            # 繪製莖葉圖，2 分一組
1 | 2: represents 12
 leaf unit: 1
            n: 308
LO: 7
    2     f | 4
   13     s | 66666667777
   22    1. | 888888999
   40    2* | 000000111111111111
   70     t | 222222222222333333333333333333
  111     f | 44444444444444444444444455555555555555555
 (35)     s | 66666666666666666777777777777777777
  162    2. | 8888888888888888888888888888888999999999999999999999999999999999999
   95    3* | 000000000000000000000000111111111111
   59     t | 2222222233333333
   43     f | 4444444445555555555
   24     s | 6666666666666666666666
```

2.9 時間序列圖

2.9.1 基本概念

時間序列圖（time series plot，或稱時間數列圖）的 X 軸上是不同的時間點，而 Y 軸則是變數的數值，它常用於政府統計與經濟學。

以教育部公布各學年度國小學生人數所繪製之時間序列圖可看出，自 1950 學年度起，國小學生人數呈現逐年遞增的趨勢（一方面是出生人口增加，另一方面是入學率提高），一直到 1972 學年度達到最多（學生數接近 246 萬人）。其後，可能是實施家庭計畫的結果，國小學生人數逐年下降，到 1981 學年度為 221 萬人，自 1982 學年度起，由於龍年出生的學生入學，使得人數再度增加，至 1988 學年度達到約 241 萬人。1989 學年度起，學生數再度減少，至 1995 學年度已少於 200 萬人（與 1961 學年度相近），1999 學年度雖然微幅增加，但 2000 學年度之後又再度下降，2014 學年度約為 125.3 萬人，已經與 1955 學年度的 124.4 萬人相差不多了。最近資料顯示，2017 學年度的小學生數為 114.7 萬人，少了 10.6 萬。（留意：Y 軸由 90 萬開始）

文字框 2-18　時間序列圖（國小學生數）

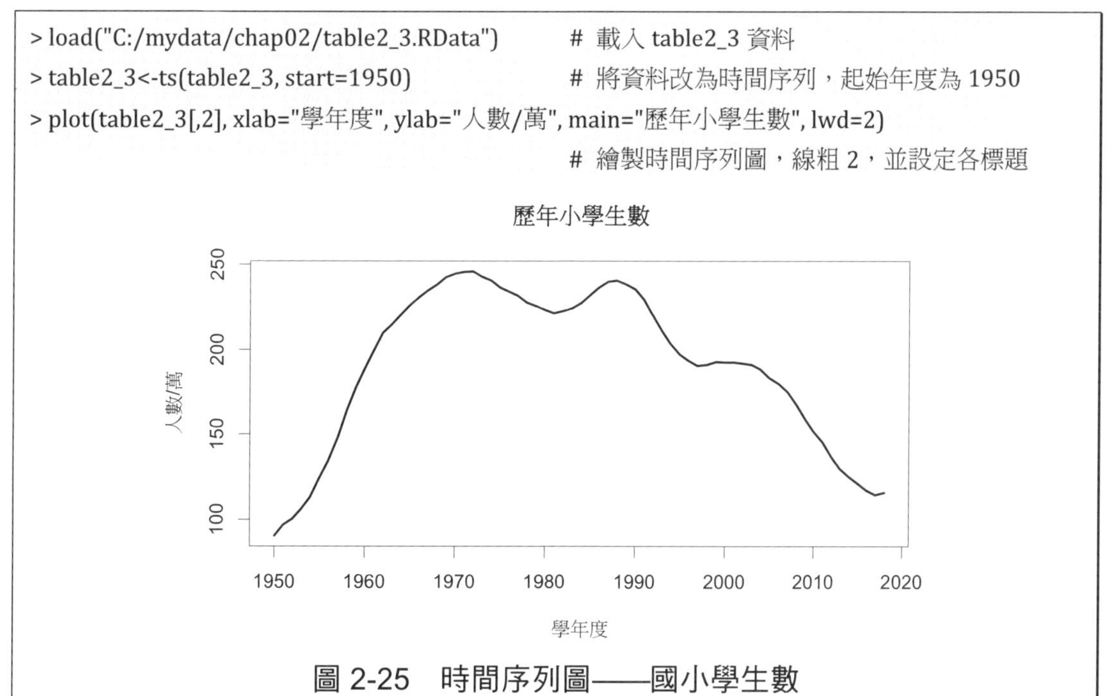

```
> load("C:/mydata/chap02/table2_3.RData")          # 載入 table2_3 資料
> table2_3<-ts(table2_3, start=1950)               # 將資料改為時間序列，起始年度為 1950
> plot(table2_3[,2], xlab="學年度", ylab="人數/萬", main="歷年小學生數", lwd=2)
                                                   # 繪製時間序列圖，線粗 2，並設定各標題
```


圖 2-25　時間序列圖——國小學生數

使用時間序列，可以進行未來數據之推估，其中最常被使用者為自我迴歸整合移動平均（autoregressive integrated moving average, ARIMA）模式，此部分可參考陳正昌（2004）之另一著作。賈俊平（2017）的著作也有專章說明時間序列的分析方法。

2.9.2 分析步驟與統計結果解讀

文字框 2-19 使用臺灣歷年的大學學士班在學總人數，繪製時間序列圖。

文字框 2-19 時間序列圖（大學生數）

```
> load("C:/mydata/chap02/table2_4.RData")          # 載入 table2_4 資料
> table2_4<-ts(table2_4, start=1950)               # 將資料改為時間序列，起始年度為 1950
> plot(table2_4[,2], xlab="學年度", ylab="人數/萬", main="歷年大學生數", lwd=2)
                                                   # 繪製時間序列圖，線粗 2，並設定各標題
```

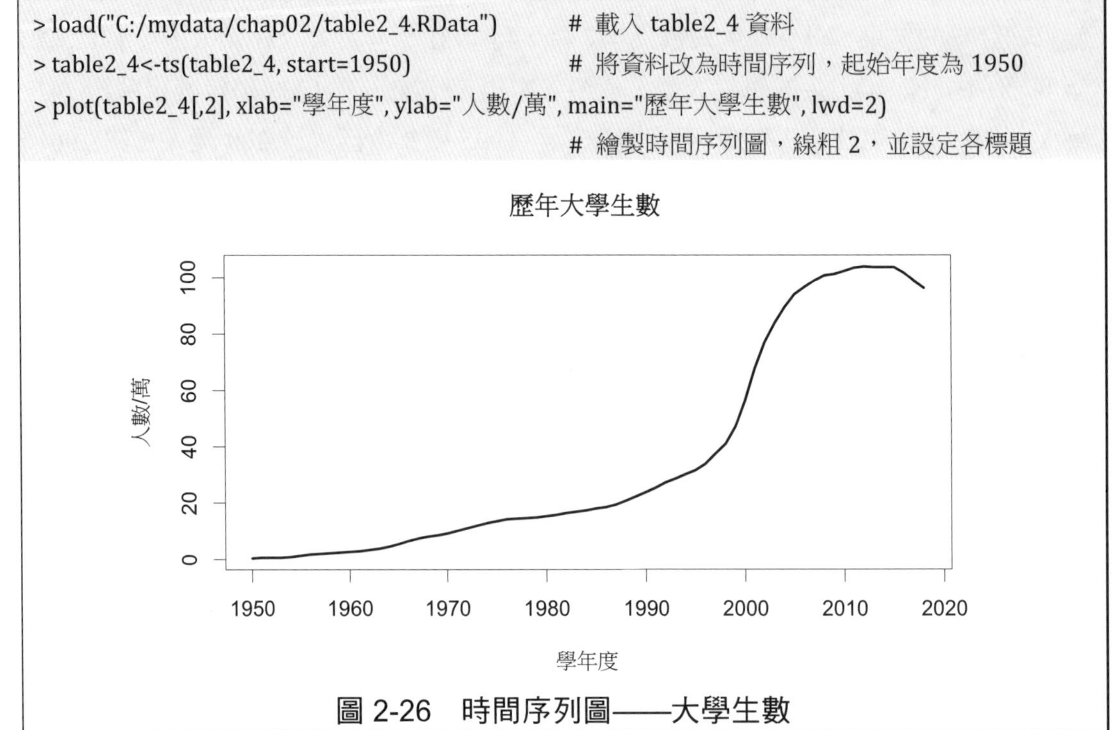

圖 2-26 時間序列圖——大學生數

由圖 2-26 可大略看出，從 1950 學年度至 1987 學年度為第一個穩定增加的時期，1988 ~ 1995 學年為第二個穩定增加的時期，1996 學年度之後，大學生在學人數快速增加，2009 學年度之後，增加的趨勢已減緩。隨著小學生人數逐年減少，大學校院或系所停招，招生人數也受到衝擊，2017 及 2018 學年度大學生總數分別比前一學年減少 2.95 萬及 2.40 萬人（注：出生人口在 18 年後會影響大學生人數，小學生入學人數則在 12 年後會影響大學新生數）。

第 3 章

描述統計

本章旨在說明常用的描述統計（含集中量數及變異量數），並使用 R 進行分析。分析過程使用不同的程式套件和函數，得到多種描述統計量，讀者可依個人需要選用。

3.1　基本概念

3.1.1　集中量數

集中量數是使用一個量數來代表一組觀察體集中的情形，常用的集中量數有眾數、中位數（中數），及算術平均數（簡稱平均數）。

3.1.1.1　眾數（mode）

名義變數的集中量數一般使用**眾數**，其定義是最多的類別。例如，某大學來自北、中、南、東的學生人數各為 200、500、2400、100 人，則該校學生居住地的眾數為「南部」（非 2400）。

不過，眾數的使用有其限制。例如，某班學生考試的分數分別為：

65、70、80、85、95

則這個班考試的分數就沒有眾數（也可以說每個都是眾數）。又如，另一班學生的成績分別：

60、60、70、90、90

則該班的分數就有兩個眾數（60 分及 90 分）。

3.1.1.2　中位數（median）

次序變數的集中量數一般使用**中位數**，中位數是將觀察體依大小排列後最中間那個觀察體的數值，中位數的所在位置為：

$$\text{中位數之位置} = \frac{n+1}{2}$$

中位數等於第 2 個四分位數 Q_2，也是百分等級（percentile rank, PR），等於第 50 之**百分位數**（percentile）。

例如，某次考試，甲班學生的得分各是：

10、30、100、60、80

依大小排序後為：

10、30、60、80、100

中位數的位置為：

$$\frac{5+1}{2}=3$$

第 3 個學生的得分為 60 分，因此中位數為 60。又如，乙班學生的得分各是：

20、60、40、80、70、100

排序後為：

20、40、60、70、80、100

中位數的位置為：

$$\frac{6+1}{2}=3.5$$

由於不是整數，因此取 60（排序後第 3 個數值）及 70（排序後第 4 個數值）的平均數，所以中位數為 65（$\frac{60+70}{2}=65$）。乙班的中位數是 65，但是 6 個學生都沒有正好考 65 分者，所以，中位數不一定會存在原始的數據中。

3.1.1.3　算術平均數（arithmetic median, mean）

等距及比率變數的集中量數一般使用**算術平均數**，母群（population）的平均數公式是：

$$\mu = \frac{\sum_{i=1}^{N} X_i}{N} \quad \text{簡寫為} \quad \mu = \frac{\Sigma X}{N} \tag{公式 3-1}$$

樣本的平均數公式是：

$$M = \frac{\sum_{i=1}^{n} X_i}{n} \quad \text{簡寫為} \quad M = \frac{\Sigma X}{n} \tag{公式 3-2}$$

由於比率變數也是等距、次序及名義變數，因此也可以使用眾數、中位數來當集中量數。如果沒有極端值，等距及比率變數的集中量數還是使用算術平均數較佳，因為它考量每個樣本的數值，使用所有的訊息量，所以比較有代表性。反之，如果有極端值出現，則算術平均數就可能不足以代表大多數觀察體性質，此時最好改用**中位數**或是**截尾平均數**（trimmed mean）。

例如，某班學生考試成績分別為：

10、80、85、95、100

其算術平均數為：

$$\frac{10+80+85+95+100}{5} = 74$$

不過，由於有一極端值 10 分，因此可以發現有 4 個學生的分數高於算術平均數（74 分），僅有 1 個學生低於 74 分，可見用 74 分來代表這 5 個學生得分的集中情形並不恰當。此時，如果改用中位數 85，應比較能代表整體的集中趨勢。

截尾平均數則是刪除一定比例的最大值及最小值（通常各取 5%，總計刪去 10%，只留中間 90%的觀察值），再計算算術平均數。前述例子中，最小值為 10，最大值為 100，刪去這兩個數值之後的平均數為：

$$\frac{80+85+95}{3} = 86.67$$

3.1.1.4 集中量數適用情形

綜合前面所述各種集中量數的說明，可以整理成表 3-1。如果是名義變數，則只能計算眾數，不可以求中位數或是平均數。次序變數不僅可以計算眾數，也可以求中位數，但是不能計算平均數。如果是等距及等比變數，則可以使用各種集中量數。

表 3-1 集中量數適用情形

	眾數	中位數	算術平均數
名義變數	✓		
次序變數	✓	✓	
等距變數	✓	✓	✓
等比變數	✓	✓	✓

3.1.2 變異量數

變異量數是對一組數據分散情形的描述，如果分散情形愈大，則變異程度愈大。常用的變異量數有：全距、四分位距（又稱四分位全距）、標準差、及變異數。

3.1.2.1 全距（range）

名義變數的變異量數，可以使用**全距**（range），公式為最大值減最小值：

$$\omega = X_H - X_L \quad \text{（公式 3-3）}$$

全距的優點是計算容易，缺點則是只考量兩個極端值，因此比較不具代表性，且容易受到極端值的影響。

3.1.2.2 四分位距（interquartile range, IQR）

次序變數的變異量數通常使用**四分位距**表示，公式是：

$$IQR = Q_3 - Q_1 \quad \text{（公式 3-4）}$$

IQR 代表涵蓋 50% 觀察體的一段距離，這段距離愈大，表示分散的程度愈高。

第 1 個四分位數 Q_1（百分等級為 25 之百分位數）的位置有兩種常用的方法：第一種方法是加權平均數法（在 R 中為 type = 6），Q_1 的位置是：

$$\frac{n+1}{4}$$

假設有 16 個排序後的數值：

17、29、36、41、45、50、57、59、60、62、66、69、71、73、80、99

Q_1 位置是在：

$$\frac{16+1}{4}=4.25$$

其中第 4 個數值為 41，第 5 個數值為 45，因此第 4.25 個數值為：

$$41 + 0.25 \times (45 - 41) = 42$$

Q_3 的位置是：

$$\frac{n+1}{4}\times 3$$

在 16 個數值中，Q_3 的位置在：

$$\frac{16+1}{4}\times 3=12.75$$

其中第 12 個數值為 69，第 13 個數值為 71，因此第 12.75 個數值為：

$$69 + 0.75 \times (71 - 69) = 70.5$$

所以，四分位全距等於：

$$IQR = 70.5 - 42 = 28.5$$

第二種方法是 Tukey 法（在 R 中為 type = 2），Q_1 的位置是在：

$$\frac{n}{4}=j+g$$

而 Q_3 的位置是在：

$$\frac{n}{4}\times 3 = j + g$$

其中 j 是商的整數部分，g 是商的小數部分。g 如果等於 0（可以整除），則位置介於第 j 及 $j+1$ 個數據中間；如果 $g>0$（無法整除），則位置為第 $j+1$ 個數據。

以前述 16 個數值計算，Q_1 的位置是：

$$\frac{16}{4} = 4 = 4 + 0$$

由於可以整除，因此 Q_1 的數值即是：

$$\frac{41+45}{2} = 43$$

Q_3 的位置是：

$$\frac{16}{4}\times 3 = 12 = 12 + 0$$

同樣可以整除，因此 Q_3 的數值即是：

$$\frac{69+71}{2} = 70$$

所以，四分位全距等於：

$$IQR = 70 - 43 = 27$$

由四分位數也可以判斷變數的分配是否對稱。因為 Q_1 到 Q_2，或 Q_2 到 Q_3，都包含 25%的觀察體，如果 $Q_2 - Q_1 > Q_3 - Q_2$，則呈負偏態分配，表示 Q_2 到 Q_3 之間的觀察體比較集中；反之，如果 $Q_2 - Q_1 < Q_3 - Q_2$，則呈正偏態。

3.1.2.3 變異數（variance）與標準差（standard deviation）

等距及比率變數的變異量數使用**變異數**或是**標準差**（等於 $\sqrt{變異數}$）表示，數值愈大，代表分散程度愈大。母群的變異數及標準差公式分別為：

$$\sigma^2 = \frac{\sum_{i=1}^{N}(X_i - \mu)^2}{N} \text{ 簡寫為 } \sigma^2 = \frac{\Sigma(X - \mu)^2}{N} \qquad \text{（公式 3-5）}$$

$$\sigma = \sqrt{\sigma^2} = \sqrt{\frac{\sum_{i=1}^{N}(X_i - \mu)^2}{N}} \qquad \text{（公式 3-6）}$$

樣本的變異數及標準差公式分別為：

$$S^2 = \frac{\sum_{i=1}^{n}(X_i - \bar{X})^2}{n} \text{ 簡寫為 } S^2 = \frac{\Sigma(X - \bar{X})^2}{n} \qquad \text{（公式 3-7）}$$

$$S = \sqrt{S^2} = \sqrt{\frac{\sum_{i=1}^{n}(X_i - \bar{X})^2}{n}} \qquad \text{（公式 3-8）}$$

不過，S^2 是有偏誤的估計值，當應用在推論統計時，分母部分會改為 $n-1$（自由度），如此才是不偏估計值，所以變異數及標準差公式分別為：

$$s^2 = \frac{\sum_{i=1}^{n}(X_i - \bar{X})^2}{n-1} \text{ 簡寫為 } s^2 = \frac{\Sigma(X - \bar{X})^2}{n-1} \qquad \text{（公式 3-9）}$$

$$s = \sqrt{s^2} = \sqrt{\frac{\sum_{i=1}^{n}(X_i - \bar{X})^2}{n-1}} \qquad \text{（公式 3-10）}$$

R 只能計算分母為 $n-1$ 的變異數及標準差。

3.1.2.4　變異係數（coefficient of variation, CV）

由於標準差會受到測量單位的影響，如果要比較相對的變異，可用**變異係數**表示，公式為：

$$CV = \frac{S}{M} \qquad \text{（公式 3-11）}$$

假設臺灣地區男女大學生體重的標準差分別為 12 公斤及 10 公斤，我們不能武斷的說男性大學生體重的變異情形較大，因為兩性體重的平均數分別為 66 公斤及 52 公斤，兩者的 CV 分別為 $\frac{12}{66} = .1818$ 及 $\frac{10}{52} = .1923$，所以女性體重的變異反而較大。

3.1.2.5 變異量數適用情形

綜合前面所述各種變異量數的說明，可以整理成表 3-2。名義變數只能計算全距；次序變數不僅可以計算全距，也可以求四分位距，但是不能計算變異數及標準差；如果是等比變數，則可以使用各種變異量數。不過，標準差仍是使用最廣的變異量數。

表 3-2　變異量數適用情形

	全距	四分位全距	標準差、變異數	變異係數
名義變數	✓			
次序變數	✓	✓		
等距變數	✓	✓	✓	
等比變數	✓	✓	✓	✓

3.2 範例

某國小測量了 36 名六年級男學生的身高，得到表 3-3 的數據，請對該資料進行描述統計分析（單位：公分，取整數）。

表 3-3　某國小 36 名六年級男學生身高

學生	身高	學生	身高	學生	身高
1	151	13	150	25	154
2	140	14	151	26	148
3	139	15	144	27	147
4	150	16	142	28	156
5	145	17	160	29	147
6	163	18	156	30	150
7	150	19	150	31	155
8	145	20	161	32	145
9	161	21	148	33	157
10	155	22	144	34	146
11	145	23	148	35	154
12	147	24	154	36	152

3.3 使用 R 進行分析

3.3.1 資料檔

使用 R 進行分析時，可以先使用 Excel 輸入資料，存成 csv 或 xlsx 檔，再利用 R 轉存為 RData 資料檔，詳細步驟請見第 1 章。本範例中，只要輸入「身高」這一變數即可，不需要輸入學生代號。文字框 3-1 說明讀入與展示資料的方法。

文字框 3-1　範例分析資料檔

```
> load("C:/mydata/chap03/example3.RData")          # 載入本例資料
> example3                                         # 展示本例資料
    身高
1    151
2    140
3    139
4    150
5    145
```

```
6    163
7    150
8    145
9    161
10   155
11   145
12   147
13   150
14   151
15   144
16   142
17   160
18   156
19   150
20   161
21   148
22   144
23   148
24   154
25   154
26   148
27   147
28   156
29   147
30   150
31   155
32   145
33   157
34   146
35   154
36   152
```

3.3.2 描述統計量-1

R 軟體中，常用的描述統計函數有：mean()（算術平均數）、median()（中位數）、var()（變異數）、sd()（標準差）、max()（最大值）、min()（最小值）等，輸入這些函數就可以立即計算所需要的統計量，用法如文字框 3-2。example3 是一個「列表」

（list），分析時，取第 1 行的數值進行運算。

文字框 3-2　計算描述統計量-1

```
> load("C:/mydata/chap03/example3.RData")      # 載入本例資料
> h<-example3[,1]                              # 取第1行數值
> mean(h)                                      # 計算平均數
[1] 150. 2778
> mean(h, trim=.1)                             # 計算截去10%觀察體後的平均數
[1] 150. 1333
> median(h)                                    # 計算中位數
[1] 150
> sd(h)                                        # 計算標準差
[1] 5. 964711
> var(h)                                       # 計算變異數
[1] 35. 57778
> max(h)                                       # 計算極大值
[1] 163
> min(h)                                       # 計算極小值
[1] 139
```

文字框 3-2 分析結果，平均數為 150.2778，中位數為 150，標準差為 5.964711，變異數為 35.57778，最大值及最小值分別為 163 和 139。

3.3.3　描述統計量-2

如果要將統計量匯總輸出，而不單獨顯示，可以使用文字框 3-3 的方法。分析時，可以視個人需要加入不同的統計量。

文字框 3-3　計算描述統計量-2

```
> load("C:/mydata/chap03/example3.RData")      # 載入本例數據
> mean<-apply(example3, 2, mean)               # 計算平均數，2表示行向量
> sd<-apply(example3, 2, sd)                   # 計算標準差
> myvar<-var(example3[,1])                     # 計算變異數
> mycv<- sd/mean                               # 計算變異係數
> n<-length(example3[,1])                      # 計算樣本數
```

```
> mymax<-max(example3)                                    # 計算極大值
> mymin<-min(example3)                                    # 計算極小值
> R<- max(example3)-min(example3)                         # 計算全距
> mysummary<-data.frame("N"=n, "全距"=R, "極小值"=mymin," 極大值"=mymax," 平均數"=mean, "
標準差"=sd, "變異數"=myvar, "變異係數"=mycv)              # 以資料框形式匯總輸出結果
> mysummary
      N 全距 極小值 極大值     平均數     標準差     變異數     變異係數
身高 36   24    139    163 150.2778 5.964711 35.57778 0.03969124
```

文字框 3-3 分析結果，全距為：

$$163 - 139 = 24$$

變異係數為：

$$\frac{5.964711}{150.2778} = 0.03969124$$

3.3.4 使用 pastecs 程式套件

此外，pastecs 程式套件提供常用的描述統計量，可以連網下載。使用 stat.desc() 函數進行分析時，內定輸出結果為科學符號，可依需要轉換為一般的數值。請見文字框 3-4。

文字框 3-4 使用 pastecs 程式套件計算描述統計量

```
> library(pastecs)                                        # 載入程式套件pastecs
> round(stat.desc(example3), 4)                           # 使用stat.desc計算各統計量，並將結果
                                                            保留4位小數
                    身高
nbr.val          36.0000
nbr.null          0.0000
nbr.na            0.0000
min             139.0000
max             163.0000
range            24.0000
sum            5410.0000
```

```
median           150.0000
mean             150.2778
SE.mean            0.9941
CI.mean.0.95       2.0182
var               35.5778
std.dev            5.9647
coef.var           0.0397
```

文字框 3-4 中顯示樣本數（nbr.val）為 36，沒有缺失值（nbr.na）。其中平均數標準誤（SE.mean）公式為：

$$\frac{5.9647}{\sqrt{36}} = 0.9941$$

平均數 95%信賴區間的**誤差界限**（CI.mean.0.95）為：

$$0.9941 \times 2.0301 = 2.0182$$

此部分請見第 5 章的詳細說明。

3.3.5 使用 psych 程式套件

如果要計算偏態及峰度值，則需改用 psych 程式套件，方法如文字框 3-5。

文字框 3-5　使用 psych 程式套件計算描述統計量

```
> library(psych)                                    # 載入程式套件psych
> describe(example3)                                # 計算各統計量
     vars  n   mean   sd median trimmed  mad min max range skew kurtosis   se
身高    1 36 150.28 5.96    150  150.13 6.67 139 163    24 0.28    -0.67 0.99
```

分析後得到偏態值（skew）為 0.28，峰度值（kurtosis）為−0.67，刪除上下各 5%極端值後的截尾平均數（trimmed）為 150.13。

3.3.6 使用 summary 函數

文字框 3-6 是使用 summary() 函數分析的結果，含最小值、最大值、平均數，及 3 個四分位數，其中 Q_2 就是中位數。

文字框 3-6 使用 summary 計算描述統計量

```
> summary(example3)                                  # 由summary函數輸出的描述統計量
      身高
 Min.   :139.0
 1st Qu.:145.8
 Median :150.0
 Mean   :150.3
 3rd Qu.:154.2
 Max.   :163.0
```

3.3.7 使用 quantile 及 IQR 函數

如果要另外計算其他的百分位數，可以使用 quantile() 函數，summary() 內定列出 0%（最小值）、25%、50%、75%、100%（最大值）等 5 個百分位數。在文字框 3-7 中，另外增加 5%、10%、90%等 3 個百分位數。

quantile() 提供 9 種計算百分位數的方法，R 內定為第 7 種方法，SPSS 及 Minitab 使用第 6 種方法，SAS 則使用第 2 種方法。

文字框 3-7 另外使用 IQR() 函數（要大寫）計算四分位全距，結果為 9.5。

文字框 3-7 使用 quantile 計算百分位數

```
> quantile(example3[,1], probs=c(0.05, 0.10, 0.25, 0.50, 0.75, 0.90, 0.95), type=6)
                                                     # 計算各百分數
    5%     10%     25%     50%     75%     90%     95%
139.85  143.40  145.25  150.00  154.75  160.30  161.30
> IQR(example3[,1], type=6)                          # 計算四分位全距
[1] 9.5
```

3.3.8　自行設計 Mode 函數計算眾數

由於 R 沒有計算眾數的函數，因此需要自行撰寫函數。文字框 3-8 是自行設計的 Mode 函數（M 為大寫），分析後得到眾數為 50。如果存在多個眾數，Mode 函數可以列出所有的眾數。

文字框 3-8　使用 Mode 計算眾數

```
> load("C:/mydata/chap03/example3.RData")       # 載入本例數據
> Mode <-function(x)                             # 函數名稱為Mode
 {
 ux <- sort(unique(x))                           # 列出單一的數值並排序，再存入ux
 tab <- tabulate(match(x, ux))                   # 比較x與ux中相同的數值，列出它們在
                                                 ux中位置，再計算每個位置的次數放入物
                                                 件tab中
 ux[tab == max(tab)]                             # 找出ux物件中次數最多的元素
 }
> h<-example3$身高                               # 將身高存入物件h
> Mode(h)                                        # 使用Mode計算物件h的眾數
[1] 150
```

3.3.9　摘要表

綜合以上報表，可以得到以下摘要表。

表 3-4　各項集中量數與變異量數

集中量數	眾數	中位數	平均數
數　　值	150	150	150.28
變異量數	全距	四分位全距	標準差
數　　值	24	9.50	5.96

第 4 章

隨機變數的機率分配

本章介紹隨機變數機率分配的有關知識，它們是本書後續章節的基礎。首先介紹機率、隨機變數和機率分配的概念，然後介紹幾種常用的機率分配。

4.1　基本概念

4.1.1　機率

機率是對隨機事件發生的可能性大小的一種數值度量。比如天氣預報說，明天降雨的機率是 80%，這裡的 80%就是對降雨這一事件發生的可能性大小的一種數值度量。

機率是介於 0 和 1 之間的一個值。獲得一個事件發生的機率有幾種途徑，如果事件是等可能發生的，可以經由重複試驗來獲得。當試驗的次數很多時，事件 A 發生的機率 $P(A)$可以由所觀察到的事件 A 發生的頻率 p 來逼近。假定在相同條件下，重複進行 n 次試驗，事件 A 發生了 m 次，則事件 A 發生的機率可表示為：

$$P(A)=\frac{\text{事件}A\text{發生的次數}}{\text{重複試驗次數}}=\frac{m}{n}=p \qquad \text{（公式 4-1）}$$

比值 m/n 愈大，表示事件 A 發生得愈頻繁，也就意味著在一次試驗中事件 A 發生的可能性（即機率）就愈大。事實上，隨著試驗次數 n 的增大，比值 m/n 將圍繞某一頻率 p 上下波動，並且其波動的幅度將隨著試驗次數 n 的增大而減小，進而趨於穩定，這個穩定的頻率 p 就是事件 A 的機率。比如，拋擲一枚硬幣，觀察其出現的是正面還是反面，如果定義事件 $A=$ 出現正面，這一事件發生的機率 $P(A)=1/2$。這裡的 $P(A)=1/2$ 並不意味著拋擲多次硬幣恰好有一半結果正面朝上，而是指在連續多次的拋擲中，可以認為出現正面的次數接近一半。比值 1/2 是對擲一次硬幣觀察到正面朝上之可能性的度量。注意：拋擲完成後，其結果就是一個數據，要麼一定是正面，要麼一定是反面，就不是機率問題了。

儘管可以將事件的機率設想成大量重複試驗中，該事件出現次數的比例，但有些試驗是不能重複的。比如，投資 500 萬元開設一家餐館，那麼這家餐館將生存 5 年的機率就是個未知的值，而且不可能重複試驗把這個機率估計出來，這個事件發生的機率是一個常數，但卻不知道。不過，可以用已經生存了 5 年的類似餐館所占的比例，作為所求機率的一個近似值。在現實生活中，有很多事情都是依據它發生的可能性大小做出決策的。比如，根據自己的判斷，明天這檔股票上漲的可能性為 60%，這就是一個主觀機率。主觀機率往往是基於你個人所掌握的資訊、所具有的某種知識等得出的。

4.1.2 隨機變數

在很多領域，研究工作主要是依賴於某個樣本資料，而這些樣本資料通常是由某個變數的一個或多個觀測值所組成。比如，調查 500 個消費者，詢問他們對飲料的偏好，並記錄喜歡某一特定品牌飲料的人數 X；調查一棟辦公大樓，記錄每坪的出租價格 X 等。這樣的一些觀察，也就是統計上所說的試驗。由於記錄某次試驗結果時，事先並不知道 X 取哪一個值，因此稱 X 為隨機變數。

隨機變數是用數值來描述特定試驗一切可能出現的結果，它的取值事先不能確定，具有隨機性。例如拋擲一枚硬幣，其結果就是一個隨機變數 X，因為在拋擲之前並不知道出現的是正面還是反面，若用數值 1 表示正面朝上，0 表示反面朝上，則 X 可能取 0，也可能取 1。

有些隨機變數只能取有限個值，稱為**離散型隨機變數**。有些則可以取一個或多個區間中的任何值，稱為**連續型隨機變數**。將隨機變數的取值設想為數軸上的點，每次試驗結果對應一個點。如果一個隨機變數僅限於取數軸上有限個孤立的點，它就是離散型的；如果一個隨機變數是在數軸上的一個或多個區間內取任意值，那麼它就是連續型的。比如，在由 500 個消費者組成的樣本中，喜歡某一特定品牌飲料的人數 X，只能取「0、1、2……500」這些數值之一；檢查 100 件產品，合格品數 X 的取值可能為「0、1、2、3……100」；一家餐館營業一天，顧客人數 X 的取值可能為「0、1、2、3……」。這裡的 X 只能取有限的數值，所以稱 X 為離散型隨機變數。相反地，每坪辦公大樓的出租價格 X，在理論上可以取大於 0 到無窮多個數值中的任何一個；檢測某產品的使用壽命，產品使用時間長度 X 的取值可以為 $X \geq 0$；某電話使用者每次通話時間長度 X 的取值可以為 $X > 0$，這些都是連續型隨機變數。

4.1.3 隨機變數的機率分配

現實生活中，有時需要研究一項試驗結果的某些取值。比如，抽查 100 個產品，觀察其中的不合格品數 X；或是一個旅遊景點的遊客人數 X 等。這裡，X 取哪些值以及 X 取這些值的機率又是多少，事先都是不知道的。但是，如果知道了一個隨機變數的機率分配模型，就能很容易確定一系列事件發生的機率。

隨機變數的機率分配，是隨機變數的取值及其相應機率形成的分配。就離散型隨機變數 X 而言，X 只取有限個可能的值 x_1、x_2……，而且是以確定的機率取這些值，即 $P(X=x_i)=p_i$（$i=1,2,\cdots$）。因此，可以列出 X 的所有可能取值 x_1、x_2……，以及取每個值的機率 p_1、p_2……，這就是離散型隨機變數的機率分配。離散型機率分配具有以下性質：

1. $p_i \geq 0$
2. $\sum_i p_i = 1$，$(i=1,2,\cdots)$

假定知道一個離散型隨機變數的機率分配，並能用一定的公式表達出來，就能根據這一分配計算出隨機變數任意一個取值的機率。

對於連續型隨機變數 X，取任何單一值的機率均為 0，因此，通常只研究它取某一區間值的機率。若 $f(x)$ 是取非負值的函數，對於每一對常數 $a<b$ 滿足 $P(a \leq X \leq b)=\int_a^b f(x)dx$，則稱 $f(x)$ 是連續型隨機變數 X 的機率密度函數，亦即 $P(a \leq X \leq b)$ 是機率密度函數下的面積。

常用的離散型機率分配有**二項分配**（binomial distribution）、**泊松分配**（Poisson distribution，或譯為**卜瓦松分配**）和**超幾何分配**（hyper-geometric distribution）等；連續型機率分配有**常態分配**（normal distribution，或譯為**正態分配**）、**均勻分配**（uniform distribution）和**指數分配**（exponential distribution）等。本章主要介紹二項分配和常態分配。

4.2　二項分配

二項分配是建立在 Bernoulli 試驗基礎上的。n 重 Bernoulli 試驗滿足下列條件：

1. 一次試驗只有兩個可能結果，即「成功」和「失敗」。這裡的「成功」是指感興趣的某種特徵。比如，產品分為「合格品」與「不合格品」，如果對「合格品」感興趣，則「成功」就表示「合格品」。

2. 一次試驗「成功」的機率為 p，「失敗」的機率為 $q = 1 - p$，而且每次試驗的機率 p 都相同。

3. 試驗是相互獨立的，且可以重複進行 n 次。

在 n 次試驗中，「成功」的次數對應一個離散型隨機變數 X。這樣，在 n 次 Bernoulli 試驗中，出現「成功」次數的機率分配就是二項分配，記為 $X \sim B(n,p)$。n 次試驗中成功次數為 x 的機率可表示為：

$$P(X=x)=C_n^x p^x q^{n-x}\text{ ， }x=0,1,2,\cdots,n \qquad \text{（公式 4-2）}$$

例如，已知一批產品的不良率為 6%，從其中有放回地抽取 5 個。求 5 個產品中：1.沒有不合格品的機率；2.恰好有 1 個不合格品的機率；3.有 3 個及 3 個以下不合格品的機率。

抽取一個產品相當於一次試驗，因此 $n = 5$。由於是有放回地抽取，所以每次試驗是獨立的，每次抽取的不良率都是 6%。設 X 為抽取的不合格品數，顯然 $X \sim B(n,p)$。二項分配機率的計算如文字框 4-1 所示，結果分別為 0.733904、0.2342247、0.9999383。

文字框 4-1　二項分配機率的計算

```
# 沒有不合格品的機率
> dbinom(0,5, 0.06)          # 用函數 dbinom(x,size,prob)計算二項分配 x=0 的機率
[1] 0.733904
# 恰好有1個不合格品的機率
> dbinom(1,5, 0.06)          # 用函數 dbinom(x,size,prob)計算二項分配 x=1 某一值
[1] 0.2342247
# 3個及3個以下不合格品的機率
> pbinom(3,5, 0.06)          # 用函數 pbinom(x,size,prob) 計算 x<=3 的累積機率
[1] 0.9999383
```

4.3　常態分配

常態分配最初是由高斯（C. F. Gauss，1777−1855）為描述誤差相對次數分配的模型而提出來的，因此又叫**高斯分配**。在現實生活中，有許多現象都可以由常態分配來描述，甚至當未知一個連續母群體的分配時，我們總嘗試假設該母群體服從常態分配來進行分析。其他一些分配（如二項分配）可以利用常態分配做近似計算，而且由常態分配也可以匯出其他一些重要的統計分配，如 t 分配、χ^2 分配、F 分配等。

如果隨機變數 X 的機率密度函數為：

$$f(x)=\frac{1}{\sqrt{2\pi\sigma^2}}e^{-\frac{1}{2\sigma^2}(x-\mu)^2},-\infty<x<\infty \qquad \text{（公式 4-3）}$$

則稱 X 為常態隨機變數，或是稱 X 服從參數為 μ、σ^2 的常態分配，記作 $X\sim N(\mu,\sigma^2)$。

公式 4-3 中，μ 是常態隨機變數 X 的平均數，它可為任意實數，σ^2 是常態隨機變數 X 的變異數，σ 為標準差，且 $\sigma>0$，$\pi=3.1415926$，$e=2.71828$。

由常態分配的定義可以看出，不同的 μ 值和不同的 σ 值，對應於不同的常態分配，其機率密度函數所對應的曲線如圖 4-1 和圖 4-2 所示。可以看出不同 μ 和 σ 對常態曲線的影響。文字框 4-2 及圖 4-1 所示是平均數不同，變異數相同的常態曲線。

文字框 4-2　對應於平均數不同、變異數相同的常態曲線

```
> par(cex=0.7)                                  # 設置文字與符號大小為內定的 0.7 倍
> curve(dnorm(x, -2,1), from=-6, to=2, xlim=c(-6,6), ylab="f(x)", lty=1)
                                                # 繪製常態曲線
> abline(v=-2)                                  # 在-2 處增加垂直線
> curve(dnorm(x,2,1), from=-2, to=6, add=TRUE, lty=2, col="blue")
                                                # 在原圖上另外繪製常態曲線
> abline(v=2, lty=2 ,col="blue")                # 增加垂直線，設定線型為虛線和顏色為
                                                藍色
> abline(h=0)                                   # 在 0 處增加水平線
> legend(x="topright", legend=c("N(-2,1)", "N(2,1)"), lty=1:2, inset=0.04)
                                                # 增加圖例
```

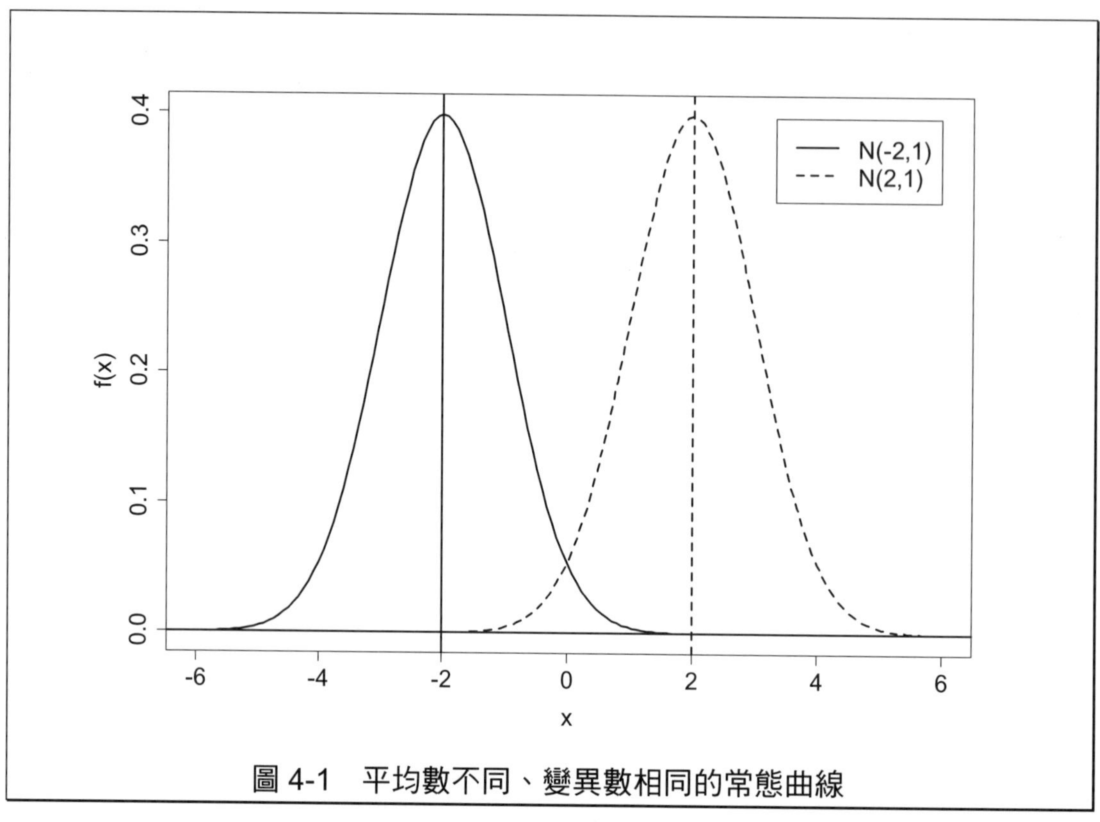

圖 4-1　平均數不同、變異數相同的常態曲線

文字框 4-3 及圖 4-2 所示是平均數相同，變異數不同的常態曲線。

文字框 4-3　對應於平均數相同、變異數不同的常態曲線

```
> par(cex=0.7)                                              # 設置文字與符號大小為內定的 0.7 倍
>curve(dnorm(x,0,sqrt(1/2)),from=-3,to=3,xlim=c(-4,4),ylab="f(x)",lty=1)
                                                            # 繪製常態曲線
> abline(v=0, h=0)                                          # 在 0 處增加垂直線及水平線
> curve(dnorm(x,0,1), from=-4, to=4, add=TRUE, lty=2)       # 在原圖上另外繪製常態曲線
> curve(dnorm(x,0,sqrt(2)), from=-4,to=4, add=TRUE, lty=3)
                                                            # 在原圖上另外繪製常態曲線
>legend(x="topright", legend=c("N(0,0.5)", "N(0,1)", "N(0,2)"), lty=1:3, inset=0.04)
                                                            # 增加圖例
```

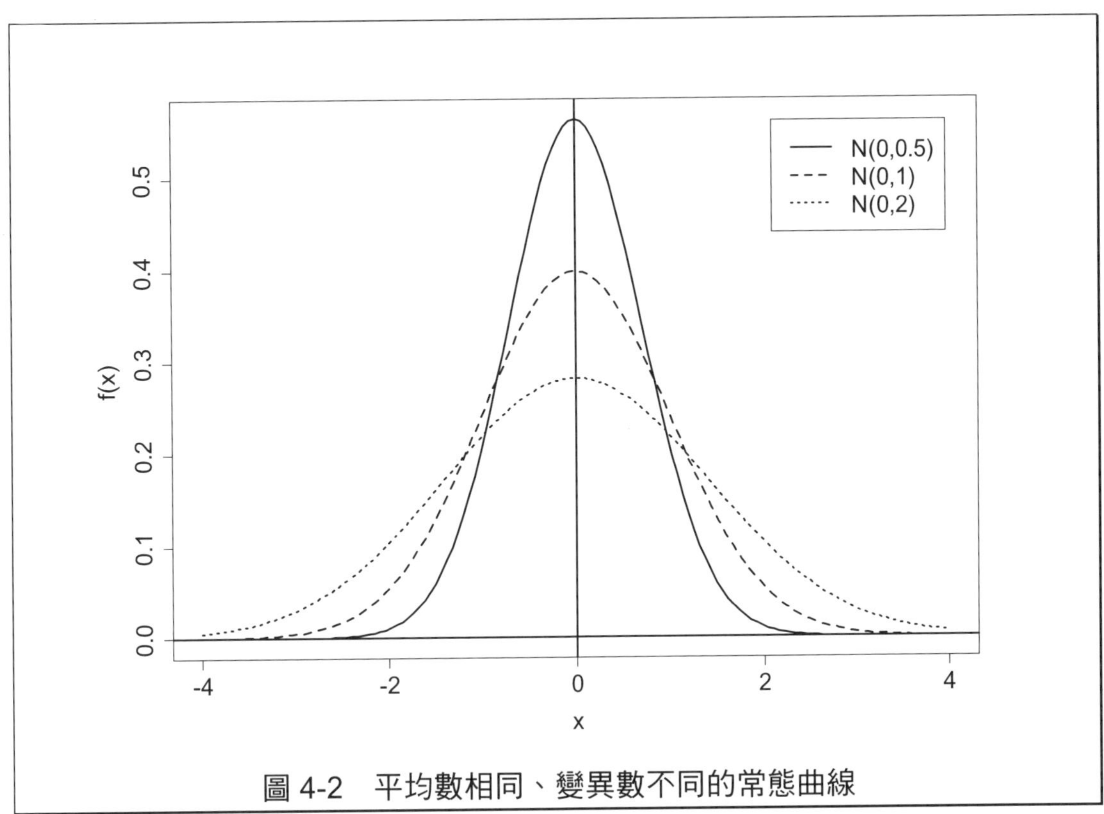

圖 4-2　平均數相同、變異數不同的常態曲線

從圖 4-1 和圖 4-2 可以看出，常態曲線的圖形是關於 $x=\mu$ 對稱的鐘形曲線，且峰值在 $x=\mu$ 處。常態分配的兩個參數 μ 和 σ 一旦確定，常態分配的具體形式也就唯一確定，不同參數取值的常態分配構成一個完整的「常態分配族」。其中平均數 μ 可以是實數軸上的任意數值，它決定常態曲線的具體位置，標準差 σ 相同而平均數不同的常態曲線，在坐標軸上的表現為水平位移。標準差 σ 為大於零的實數，它決定常態曲線的「陡峭」或「扁平」程度。σ 愈大，常態曲線愈扁平；σ 愈小，常態曲線愈陡峭。當 X 的取值向橫軸左右兩個方向無限延伸時，常態曲線的左右兩個尾端也無限漸近橫軸，但理論上永遠不會與之相交。常態曲線下的總面積等於 1。常態隨機變數在特定區間上取值的機率，由常態曲線下的面積求得。

由於常態分配是一個分配族，對於任一個服從常態分配的隨機變數，經由 $Z=(X-\mu)/\sigma$ 進行標準化後的新隨機變數，都將服從平均數為 0、標準差為 1（變異數為 $1^2=1$）的**標準常態分配**（standard normal distribution），記為 $Z\sim N(0,1)$。

標準常態分配的機率密度函數用 $\varphi(x)$ 表示，有：

$$\varphi(x)=\frac{1}{\sqrt{2\pi}}e^{-\frac{1}{2}x^2},-\infty<x<\infty \qquad \text{（公式 4-4）}$$

標準常態分配的機率和給予尾部機率時所對應的分位點，如圖 4-3 所示，其中陰影的面積就是機率值。

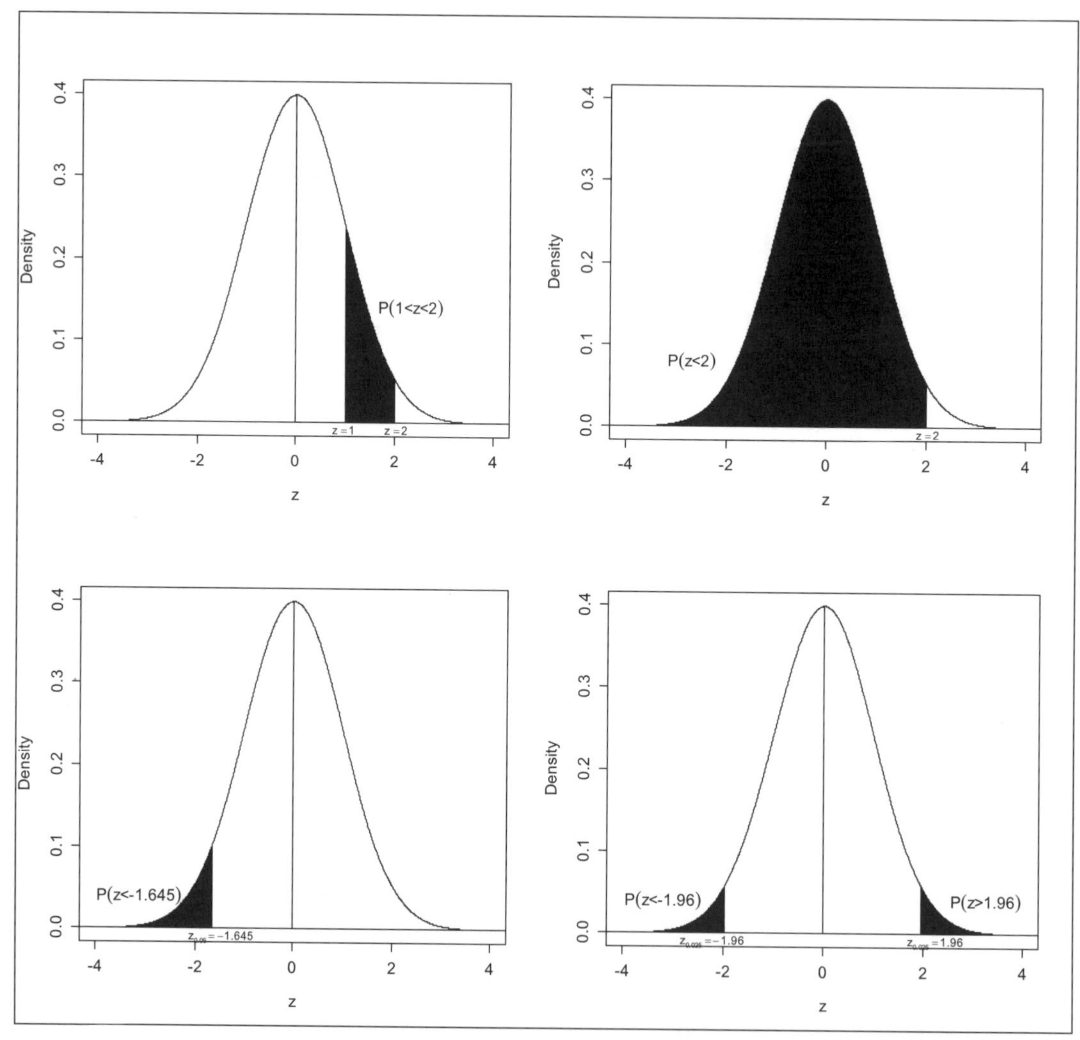

圖 4-3　標準常態分配的機率與分位點

經由常態分配，可以計算常態分配的機率，或是給予累積機率時函數的分位點，例如：

1. $X \sim N(50,10^2)$，求 $P(X \leq 40)$ 和 $P(30 \leq X \leq 40)$，結果分別為 0.1586553 和 0.1359051。
2. $Z \sim N(0,1)$，求 $P(Z \leq 2.5)$ 和 $P(-1.5 \leq Z \leq 2)$，結果分別為 0.9937903 和 0.9104427。
3. 標準常態分配累積機率為 0.025 時的反函數值 z，結果為-1.959964。

常態分配累積機率和給予累積機率時，分位點的計算如文字框 4-4 所示。

文字框 4-4　常態分配累積機率和給予累積機率時，分位點的計算

```
# 在平均數為50，變異數為100（10²）的常態分配中，計算P(X ≤ 40)和P(30 ≤ X ≤ 40)的機率
> pnorm(40, mean=50, sd=10)                                # 計算 P(X ≤ 40)的機率
[1] 0.1586553
> pnorm(40, mean=50, sd=10)-pnorm(30, mean=50, sd=10)
                                                          # 計算 P(30 ≤ X ≤ 40)的機率
[1] 0.1359051
# 計算P(Z ≤ 2.5)和P(-1.5 ≤ Z ≤ 2)的機率
> pnorm(2.5, mean=0, sd=1)                                 # 計算 P(Z ≤ 2.5)的機率
[1] 0.9937903
> pnorm(2, mean=0, sd=1)-pnorm(-1.5, mean=0, sd=1)          # 計算 P(-1.5 ≤ Z ≤ 2)的機率
[1] 0.9104427

# 計算標準常態分配累積機率為 0.025 時的反函數值 z
> qnorm(0.025, mean=0, sd=1)
[1] -1.959964
```

經驗法則（68-95-99.7 法則）總結了常態分配在一些常用區間上的機率，其圖形如圖 4-4 所示，計算方法如文字框 4-5。

文字框 4-5　經驗法則的計算

```
> pnorm(3)-pnorm(-3)                                       # 計算 P(-3 ≤ Z ≤ 3)的機率
[1] 0.9973002
> pnorm(2)-pnorm(-2)                                       # 計算 P(-2 ≤ Z ≤ 2)的機率
[1] 0.9544997
> pnorm(1)-pnorm(-1)                                       # 計算 P(-1 ≤ Z ≤ 1)的機率
[1] 0.6826895
```

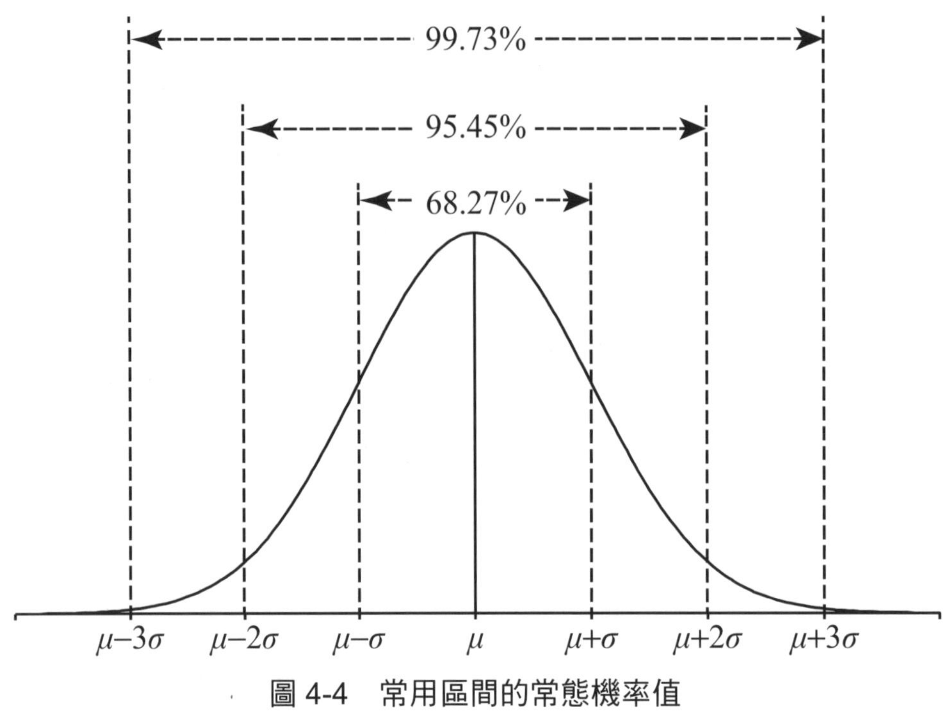

圖 4-4　常用區間的常態機率值

圖 4-4 顯示，常態隨機變數落入其平均數左右各 1 個標準差內的機率是 68.27%，落入其平均數左右各 2 個標準差內的機率是 95.45%；落入其平均數左右各 3 個標準差內的機率是 99.73%。

4.4　其他幾個常用的機率分配

有些隨機變數是統計學家為了分析的需要而建構出來的。比如，把樣本平均數標準化後，形成一個新的隨機變數 t，樣本變異數除以母群體變異數，得到一個隨機變數 χ^2，兩個樣本變異數比形成一個隨機變數 F 等。這些隨機變數用 t、χ^2 和 F 來命名，是因為它們分別服從統計中的 t 分配、χ^2 分配和 F 分配。這些分配都是由常態分配推導而來，它們在推斷統計中具有獨特的地位和作用。

4.4.1　*t* 分配

***t* 分配**（*t*-distribution）的提出者是 W. S. Gosset（1876−1937），由於他經常用筆名「student」發表文章，用 *t* 表示樣本平均數經標準化後的新隨機變數，因此稱為 *t* 分配，也被稱為學生 *t* 分配（student's t）。

t 分配是類似常態分配的一種對稱分配，它通常要比常態分配平坦和分散。一個特定的 *t* 分配，依賴於稱之為自由度的參數。隨著自由度的增大，*t* 分配也逐漸趨於常態分配。

對應於不同自由度的 *t* 分配與標準常態分配曲線的比較，如文字框 4-6 及圖 4-5。

文字框 4-6　不同自由度的 *t* 分配與標準常態分配曲線的比較

```
# 繪製不同自由度的t分配曲線
> par(cex=0.7)                                              # 設置文字與符號大小為內定的 0.7 倍
> curve(dnorm(x,0,1), from=-4, to=4, xlim=c(-4,4), ylab="f(x)", lty=1)
                                                            # 繪製標準常態曲線
> abline(v=0, h=0)                                          # 增加垂直線及水平線
> curve(dt(x,5), from=-4, to=4, add=TRUE, lty=2)            # 在原來的圖上增加 t 分配曲線，樣式為
                                                            虛線，自由度為 5
> curve(dt(x,2), from=-4, to=4, add=TRUE, lty=3)            # 在原來的圖上增加 t 分配曲線，樣式為
                                                            虛線，自由度為 2
>legend(x="topright", legend=c("N(0,1)", "t(5)", "t(2)"), lty=1:3, inset=0.04)
                                                            # 增加圖例
```

根據 *t* 分配，可以計算類似以下的機率或分位點：

1. 自由度為 10，*t* 值小於−2 的機率，結果為 0.03669402。
2. 自由度為 15，*t* 值大於 3 的機率，結果為 0.005119449。
3. 自由度為 25，*t* 分配累積機率為 0.025 時的 *t* 值，結果為−2.059539。

t 分配累積機率和給予累積機率時，分位點的計算如下頁文字框 4-7 所示。

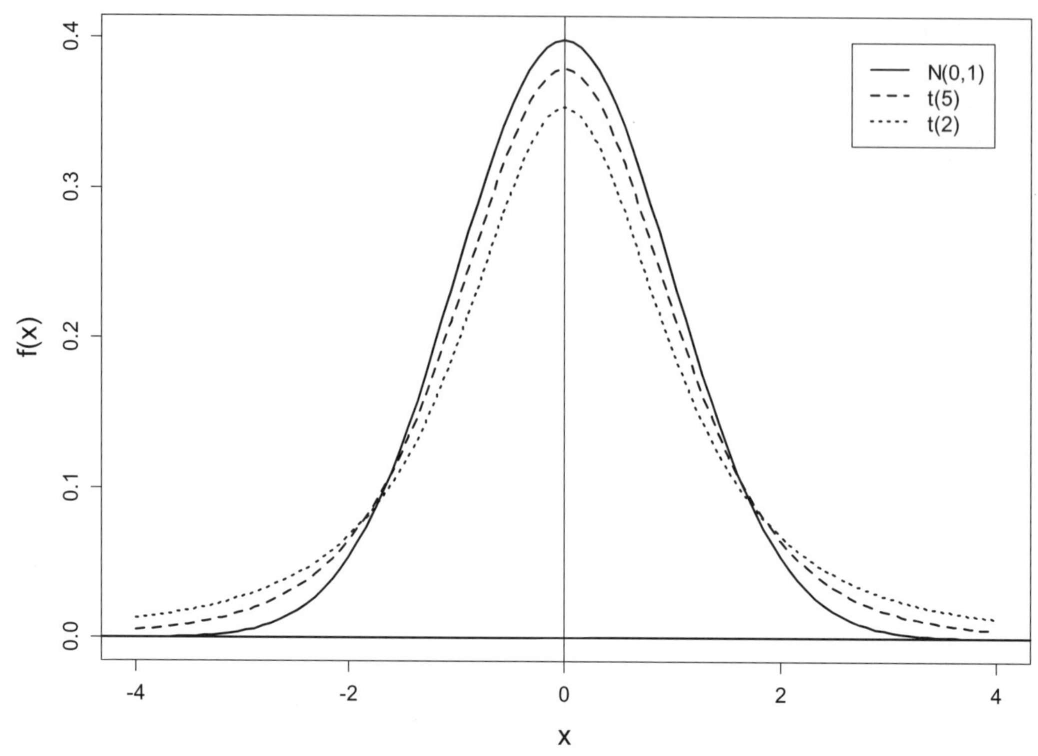

圖 4-5　不同自由度的 *t* 分配與標準常態分配的比較

文字框 4-7　*t* 分配累積機率和給予累積機率時，分位點的計算

```
# 計算t分配的機率
> pt(-2, df=10)                          # 計算 t 分配 x<=-2 的累積機率
[1] 0.03669402
> 1-pt(3, df=13)                         # 計算 t 分配 x<=3 的累積機率
[1] 0.005119449

# 計算t分配的分位點
> qt(0.025,df=25)                        # 計算 t 分配累積機率為 0.025 時的 t 值
[1] -2.059539
```

4.4.2 χ^2 分配

χ^2 分配是由 E. C. Abbe（1840−1905）於 1863 年首先給出的，後來由 F. R. Helmert（1843-1917）和 K. Pearson（1857−1936）分別於 1875 年和 1900 年推導出來。

n 個獨立標準常態變數之平方和的分配，稱為具有 n 個自由度的 χ^2 分配，記為 $\chi^2(n)$。假設母群體服從一般常態分配，則 $Z=\dfrac{X-\mu}{\sigma}\sim N(0,1)$。令 $Y=Z^2$，則 Y 服從自由度為 1 的 χ^2 分配，即 $Y\sim\chi^2(1)$。一般來說，對於 n 個獨立標準常態變數 Y_1、Y_2……Y_n，則隨機變數 $\chi=\sum_{i=1}^{n}Y_i^2$ 的分配為具有 n 個自由度的 χ^2 分配，記為 $\chi\sim\chi^2(n)$。

$\chi^2(n)$ 分配的形狀，取決於其自由度 n 的大小，通常為不對稱的右偏分配，但隨著自由度的增大，逐漸趨於對稱。

對應於不同自由度的 χ^2 分配曲線，如文字框 4-8 及圖 4-6 所示。

文字框 4-8　對應於不同自由度的 χ^2 分配曲線

```
繪製不同自由度的 χ2 分配曲線
> par(cex=0.7)                                          # 設置文字與符號大小為內定的 0.7 倍
> curve(dchisq(x,3), from=0, to=20, xlim=c(0,20), ylab="f(x)", lty=1)
                                                        # 繪製自由度為 3 的 χ2 分配曲線
> curve(dchisq(x,5), from=0, to=20, add=TRUE, lty=2)    # 在原圖增加自由度為 5 的 χ2 分配曲線
> curve(dchisq(x,10), from=0, to=20, add=TRUE, lty=3)   # 增加自由度為 10 的 χ2 分配曲線
> abline(h=0)                                           # 增加水平線
>legend(x="topright", legend=c("chi^2(3)", "chi^2(5)", "chi^2(10)"), lty=1:3, inset=0.04)
                                                        # 增加圖例
```

在母群體變異數的估計和非參數檢定中會用到 χ^2 分配。χ^2 分配的機率，即為曲線下面積。利用 R 函數，可以計算給予 χ^2 值和自由度 df 時，χ^2 分配的累積機率，或是給予累積機率和自由度 df 時，相應的 χ^2 值。例如，計算：

1. 自由度為 15，χ^2 值小於 10 的機率，結果為 0.1802601。
2. 自由度為 18，χ^2 值大於 20 的機率，結果為 0.3328197。
3. 自由度為 20，χ^2 分配右側機率為 0.05 時的反函數值（在估計和檢定中稱為**臨界值**），結果為 31.41043。

χ^2 分配累積機率和給予累積機率時，分位點的計算如下頁文字框 4-9 所示。

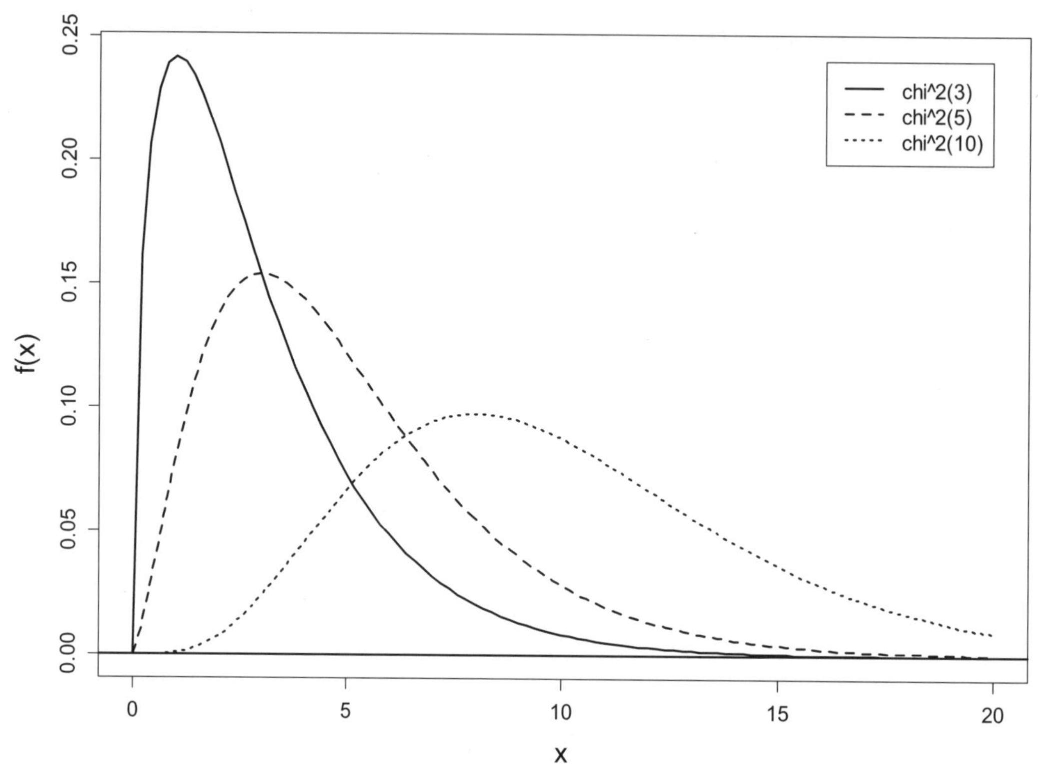

圖 4-6　不同自由度的 χ^2 分配

文字框 4-9　χ^2 分配累積機率和給予累積機率時，分位點的計算

```
# 計算χ^2分配的機率
> pchisq(10, df=15)                          # 計算χ^2分配的機率
[1] 0.1802601
> 1-pchisq(20, df=18)                        # 計算χ^2分配的右側機率
[1] 0.3328197
# 計算χ^2分配的分位點
> qchisq(0.95, df=20)                        # 計算χ^2分配的分位點
[1] 31.41043
```

4.4.3 *F* 分配

***F* 分配**（F-distribution）是為紀念著名統計學 R. A. Fisher（1891–1962）以其姓氏的第一個字母而命名的。它是兩個 χ^2 分配的比。設 $U \sim \chi^2(n_1)$，$V \sim \chi^2(n_2)$，且 U 和 V 相互獨立，則 $F = \dfrac{U/n_1}{V/n_2}$ 服從自由度 n_1 和 n_2 的 F 分配，記為 $F \sim F(n_1, n_2)$。F 分配的圖形與 χ^2 分配類似，其形狀取決於兩個自由度。

對應於不同自由度的 F 分配曲線，如文字框 4-10 及圖 4-7 所示。

文字框 4-10　對應於不同自由度的 *F* 分配曲線

```
# 繪製不同自由度的F分配曲線
> curve(df(x,10,20), from=0, to=5,xlim=c(0,5), ylab="f(x)", lty=1)
                                                   # 繪製自由度為 10,20 的 F 分配曲線
> curve(df(x,5,10), from=0, to=5, add=TRUE, lty=2)  # 增加自由度為 5,10 的 F 分配曲線
> curve(df(x,3,5), from=0, to=5, add=TRUE, lty=3)   # 自由度為 3,5 的 F 分配曲線
> abline(h=0)                                       # 增加水平線
> legend(x="topright", legend=c("F(10,20)", "F(5,10)", "F(3,5"), lty=1:3, inset=0.04)
                                                   # 增加圖例
```

F 分配通常用於比較不同母群體的變異數是否有顯著差異。F 分配的機率，即為曲線下面積。利用 R 函數，可以計算給予 F 值和自由度 $df1$ 和 $df2$ 時，F 分配的累積機率，以及給予累積機率和自由度 $df1$、$df2$ 時的相應 F 值。例如，計算：

1. 分子自由度為 10，分母自由度為 8，F 值小於 3 的機率，結果為 0.9335491。
2. 分子自由度為 15，分母自由度為 10，F 值大於 2.5 的機率，結果為 0.07370839。
3. 分子自由度為 20，分母自由度為 15，F 分配累積機率為 0.95 時的 F 值，結果為 2.327535。

F 分配累積機率和給予累積機率時，分位點的計算如下頁文字框 4-11 所示。

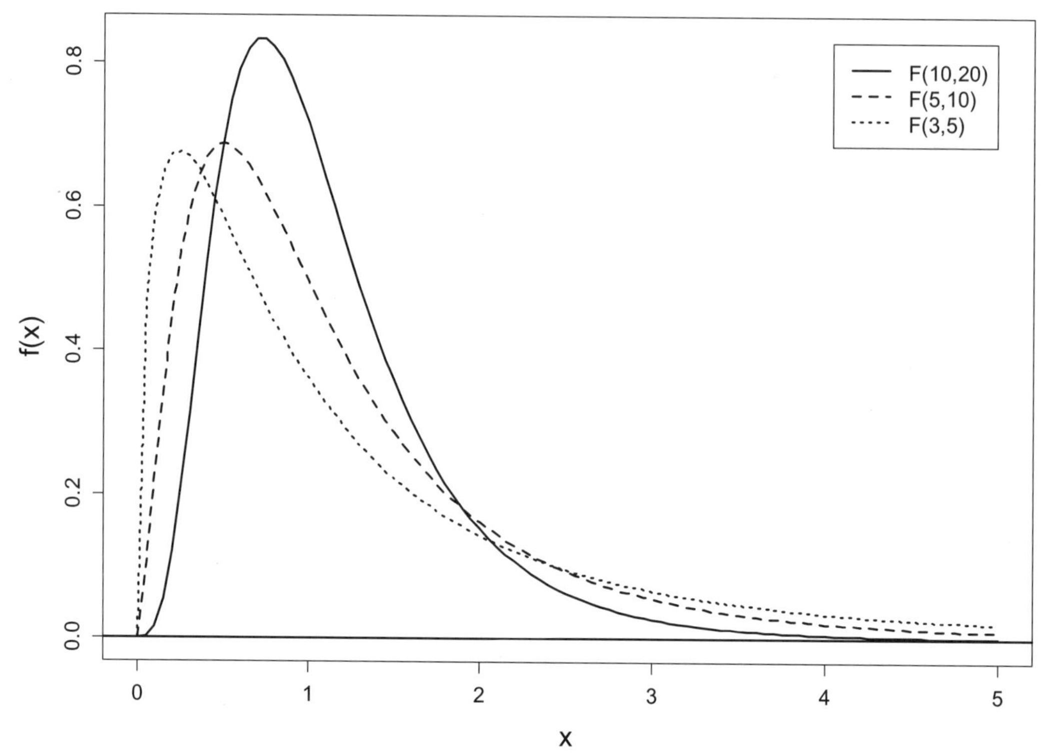

圖 4-7　不同自由度的 *F* 分配

文字框 4-11　*F* 分配累積機率和給予累積機率時，分位點的計算

```
# 計算F分配的機率
> pf(3,df1=10, df2=8)                        # 計算 F 分配的機率
[1] 0.9335491
> 1-pf(2.5,df1=15, df2=10)                   # 計算 F 分配的右側機率
[1] 0.07370839

# 計算F分配的分位點
> qf(0.95,df1=20, df2=15)                    # 計算 F 分配的分位點
[1] 2.327535
```

第 5 章

平均數信賴區間估計

在推論統計中，最主要的領域是**估計**（estimate）及**檢定**（test，或譯為**考驗**、**檢驗**），然而以往的研究多半重檢定而輕估計。美國心理學會（American Psychological Association, APA）在發行新的出版手冊之前，曾針對投稿該會期刊所使用的統計方法給予建議，工作小組主張在檢定之外應兼重估計（Wilkinson, 1999）。

估計有**點估計**（point estimation）及**區間估計**（interval estimation）兩種。點估計是以樣本（sample）的**統計量**（statistic）估計母群（population）的**參數**（parameter，或譯為**母數**），樣本的算術平均數 M（如果是 X 變數，也可以用 $\bar{X}$ 表示）最常用來當成母群平均數 μ 的不偏估計值。區間估計則是以樣本算術平均數加減某一段**誤差界限**（margin of error），希望經由反覆抽樣所得的這段區間，在 100 次中包含母群平均數 μ 的可能性為 95% 或 99%。

5.1　基本統計概念

5.1.1　標準常態分配機率值

在標準常態分配中（稱為 Z 分配，平均數 μ 為 0，變異數 σ^2 為 1），Z 在 $0 \pm 1\sigma$、$0 \pm 2\sigma$ 及 $0 \pm 3\sigma$，這三段範圍的機率值分別為 0.6827、0.9545 及 0.9973（如圖 5-1）。此稱「68–95–99.7 法則」或「**經驗法則**」（the empirical rule）。

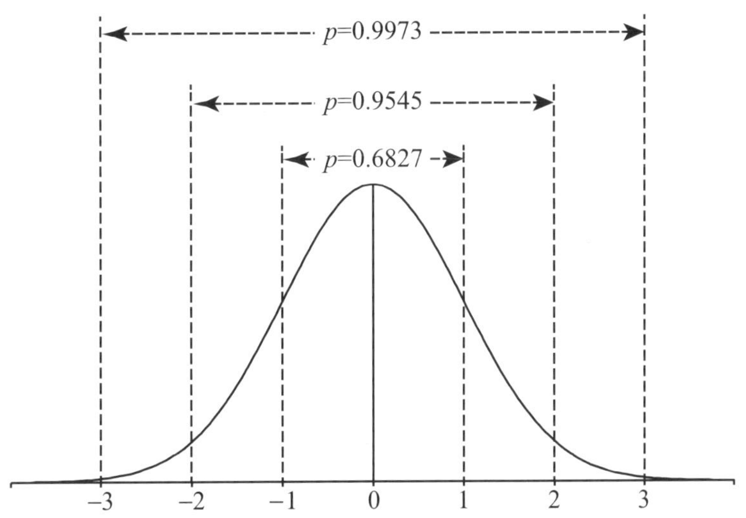

圖 5-1　0±1σ、0±2σ、0±3σ 之機率值

如果要精確計算，則 $0 \pm 1.960\sigma$ 及 $0 \pm 2.576\sigma$ 這兩段範圍的機率分別為 0.9500 及 0.9900（如圖 5-2），這是在進行平均數區間估計應了解的第一個觀念。

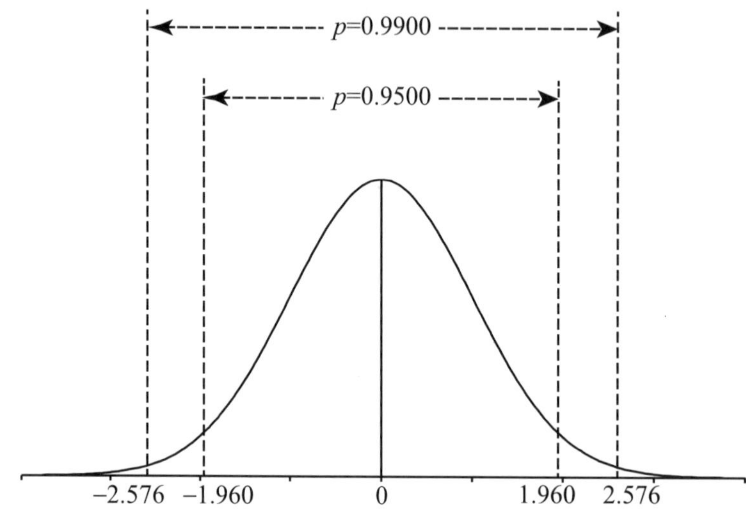

圖 5-2　0±1.960σ、0±2.576σ 之機率值

在 R 軟體中，可以使用文字框 5-1 計算兩個 Z 值之間的機率。

文字框 5-1　計算給予概率值時的 Z 值

```
> pnorm(1)-pnorm(-1)                    # 計算 Z 為 ±1 之間的機率
[1] 0.6826895
> pnorm(2)-pnorm(-2)                    # 計算 Z 為 ±2 之間的機率
[1] 0.9544997
> pnorm(3)-pnorm(-3)                    # 計算 Z 為 ±3 之間的機率
[1] 0.9973002
```

如果要由機率值計算雙側的 Z 值，則如文字框 5-2。

文字框 5-2　計算兩數間的機率值

```
> qnorm(1-0.05/2); qnorm(0.05/2)        # 分別計算 p = 0.975 及 p = 0.025 時的 Z 值
[1] 1.959964
[1] -1.959964
> qnorm(1-0.01/2); qnorm(0.01/2)        # 分別計算 p = 0.995 及 p = 0.005 時的 Z 值
```

```
[1] 2.575829
[1] -2.575829
```

5.1.2　中央極限定理

其次，應了解**中央極限定理**（central limit theorem）。此定理宣稱，反覆從平均數為 μ，變異數為 σ^2 的母群抽取樣本大小為 n（$n \geq 30$）的樣本，並且計算每一次的樣本平均數 $\bar{X}$，不管母群是何種分配，這些抽樣而得的平均數都會成為常態分配。而且樣本平均數的平均數 $\mu_{\bar{X}}$ 會等於 μ，樣本平均數的變異數 $\sigma_{\bar{X}}^2$ 為 $\frac{\sigma^2}{n}$，因此其標準差 $\sigma_{\bar{X}}$ 會等於 $\frac{\sigma}{\sqrt{n}}$，此稱為平均數的**標準誤**（standard error, SE）。綜言之，在中央極限定理中，

$$\mu_{\bar{X}} = \mu \qquad \text{（公式 5-1）}$$

$$\sigma_{\bar{X}} = \frac{\sigma}{\sqrt{n}} \qquad \text{（公式 5-2）}$$

假定母群為平均數 100，變異數 100（標準差 10）的常態分配，當樣本數為 1，反覆抽樣 10,000 次時，其平均數分配會相當接近標準常態分配，此時平均數之平均數 $\mu_{\bar{X}}$ 為 100，平均數之標準差 $\sigma_{\bar{X}}$ 為 10（$\frac{10}{\sqrt{1}}=10$）（見圖 5-3）。當樣本數為 25 時，平均數之平均數 $\mu_{\bar{X}}$ 仍為 100，平均數之標準差 $\sigma_{\bar{X}}$ 則減為 2（$\frac{10}{\sqrt{25}}=2$）（見圖 5-4）。當樣本數增為 100 時，平均數之平均數 $\mu_{\bar{X}}$ 仍為 100，平均數之標準差 $\sigma_{\bar{X}}$ 則減為 1（$\frac{10}{\sqrt{100}}=1$）（見圖 5-5）。隨著抽取的樣本數愈多，平均數的標準誤就會愈來愈小（見圖 5-6）。

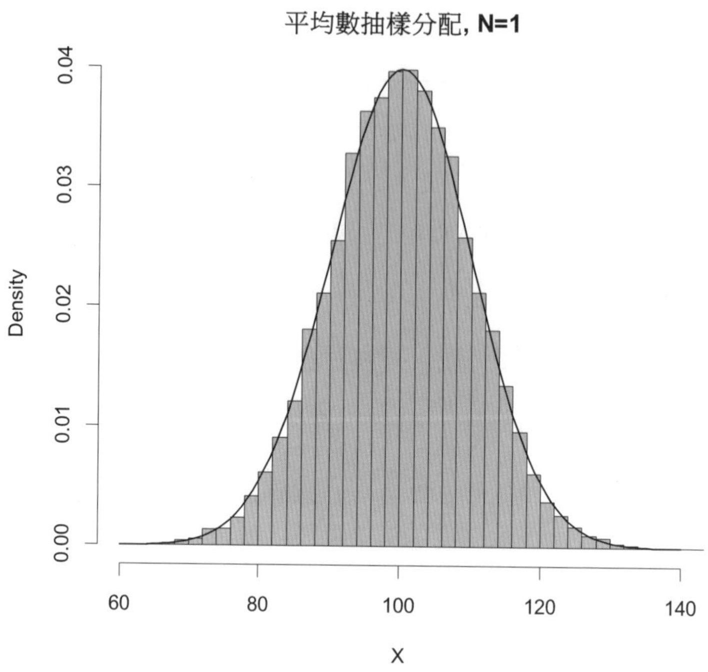

圖 5-3　母群為常態分配〔X~N(100,10^2)〕，N = 1 抽樣之平均數分配

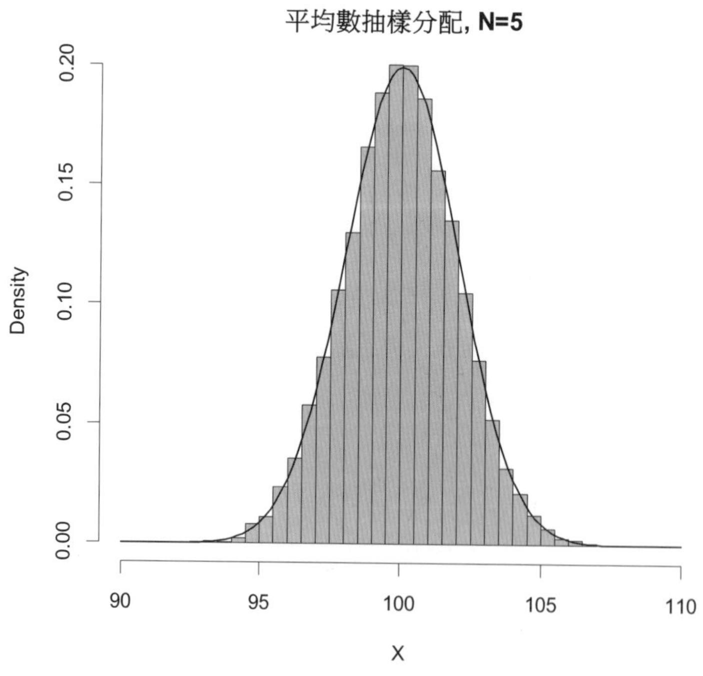

圖 5-4　母群為常態分配〔X~N(100,10^2)〕，N = 25 抽樣之平均數分配

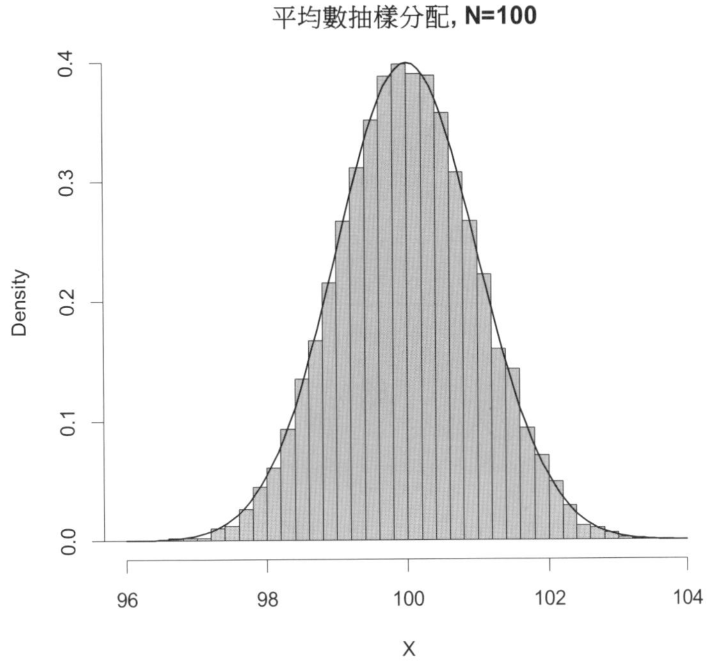

圖 5-5　母群為常態分配〔X~$N(100,10^2)$〕，N = 100 抽樣之平均數分配

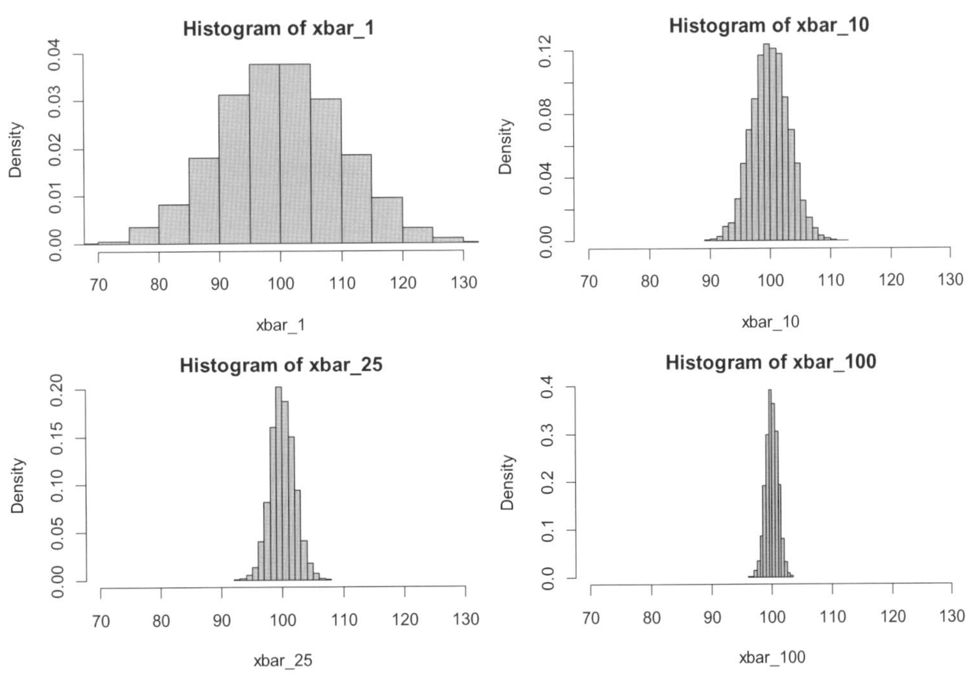

圖 5-6　不同樣本數之平均數抽樣分配

假設臺灣成年女性身高的平均數為 160 公分，標準差為 5 公分，如果每次抽取的樣本數為 1，則她的身高在 162.5 公分以上的機率為 0.3085，不算少見。如果每次抽取的樣本數為 9，並計算她們身高的平均數，這 9 個人之平均身高在 162.5 公分以上的機率就變成 0.0668，已經接近 0.05，算是不太容易出現了。如果樣本數增加為 100 人，則她們身高之平均數在 162.5 公分以上的機率已經非常接近 0 了（精確值為 0.0000003），幾乎不會出現。換言之，每次抽樣的人數愈多，計算平均數時，極端身高者（極高或極矮）就會被抵消，因此每次計算所得的平均數會相差不多，平均數的標準差（也就是標準誤）就會變小（見圖 5-7）。

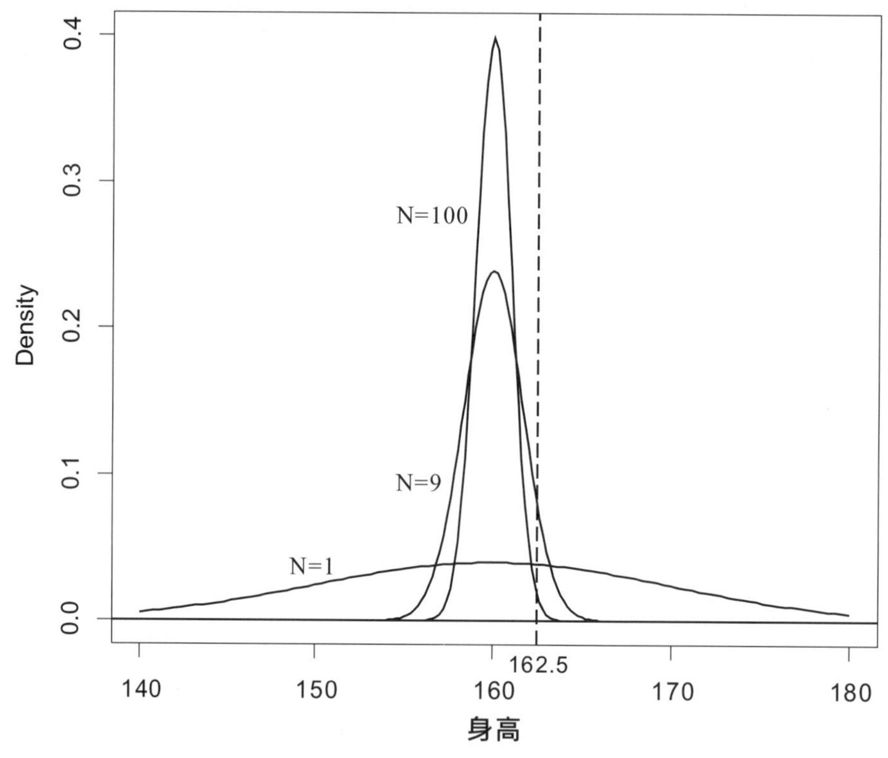

圖 5-7　不同樣本數之平均數分配

在 R 軟體中要計算上述 3 個機率值，命令如文字框 5-3。命令中先計算在平均數為 160，標準差分別為 5、$5/\sqrt{9}$、$5/\sqrt{100}$ 的常態分配下，小於 162.5 的機率（左側），再以 1 減去該機率值，得到右側機率。

文字框 5-3　在不同常態分配下，X > 162.5 的 p 值

```
> 1-pnorm(162.5, mean=160, sd=5)               # 標準差為 5
[1] 0.3085375
> 1-pnorm(162.5, mean=160, sd=5/sqrt(9))       # 標準差為 5/3
[1] 0.0668072
> 1-pnorm(162.5, mean=160, sd=5/sqrt(100))     # 標準差為 5/10
[1] 2.866516e-07
```

5.1.3　平均數區間估計

結合以上兩個觀念，我們可以知道在上述的抽樣中，$\mu \pm 1.960\frac{\sigma}{\sqrt{n}}$（圖 5-8）及 $\mu \pm 2.576\frac{\sigma}{\sqrt{n}}$（圖 5-9）這兩段範圍，分別會包含 95% 及 99% 的樣本平均數 $\bar{X}$。上述公式可以寫成：

$\mu \pm$ 臨界值 × 標準誤　　（公式 5-3）

其中，臨界值 × 標準誤 = 誤差界限

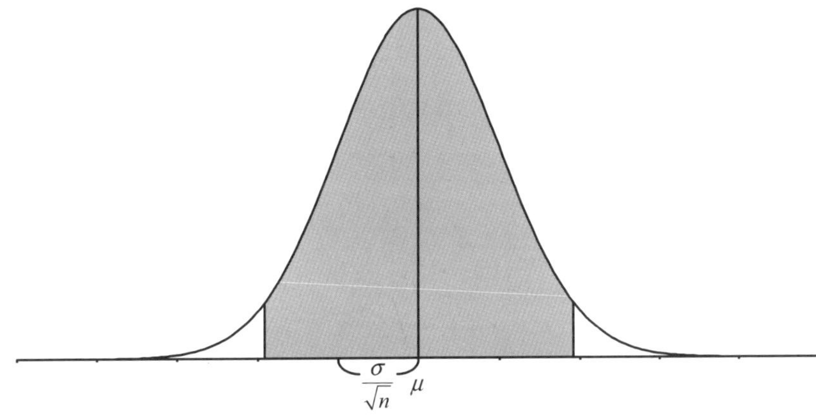

圖 5-8　$\mu \pm 1.960\frac{\sigma}{\sqrt{n}}$

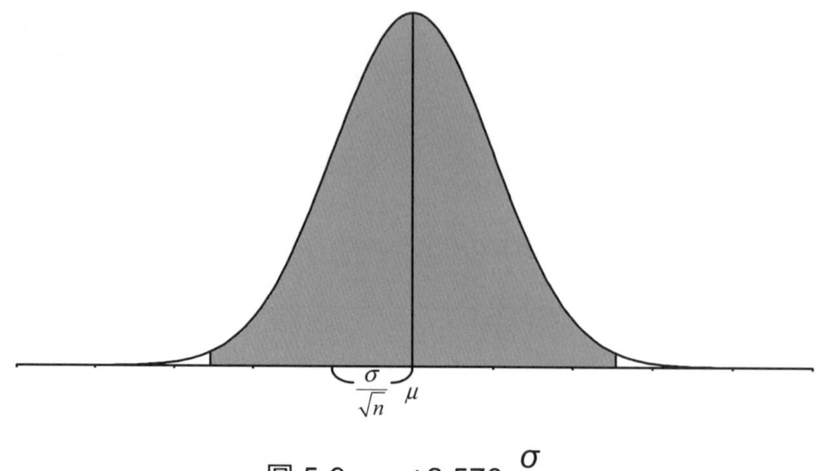

圖 5-9　$\mu \pm 2.576\frac{\sigma}{\sqrt{n}}$

不過，應用在平均數的區間估計時，由於母群的平均數 μ 是未知的，所以每次抽樣所得的樣本平均數 $\bar{X}$ 後，再加減 $1.960\times\frac{\sigma}{\sqrt{n}}$，在反覆進行 100 次後，會有 95 次（也就是 95%）包含 μ。以圖 5-10 為例，抽樣得到樣本平均數 $\bar{X}$，由於抽樣誤差，此時 $\bar{X}$ 不一定剛好等於母群平均數 μ。$\bar{X}\pm 1.960\times\frac{\sigma}{\sqrt{n}}$ 可得到 95% 信賴區間（confidence interval）的下界及上界，如果是以單一次的信賴區間而言，能否包含母群 μ 的情形只有兩種：1.包含母群平均數 μ（圖 5-10）；2.未包含母群平均數 μ（圖 5-11）。

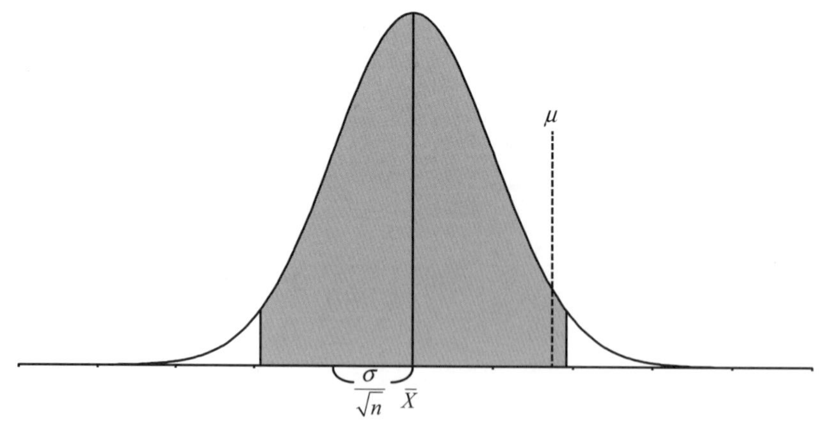

圖 5-10　$\bar{X}\pm 1.960\frac{\sigma}{\sqrt{n}}$ 涵蓋了母群平均數 μ

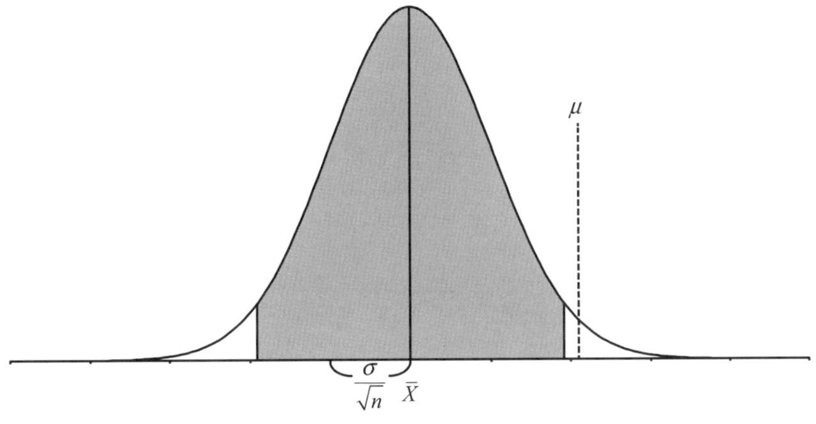

圖 5-11　$\bar{X} \pm 1.960\frac{\sigma}{\sqrt{n}}$ 未涵蓋到母群平均數 μ

如果是圖 5-11 的情形，想要在區間中涵蓋母群平均數，可行的方法是擴大區間範圍，進行 99% 的信賴區間估計（圖 5-12）。不過，由於母群平均數 μ 是未知的（所以才要進行估計），因此即使擴大了信賴區間，單一次的區間估計是否確實涵蓋 μ，也仍是不可知的。

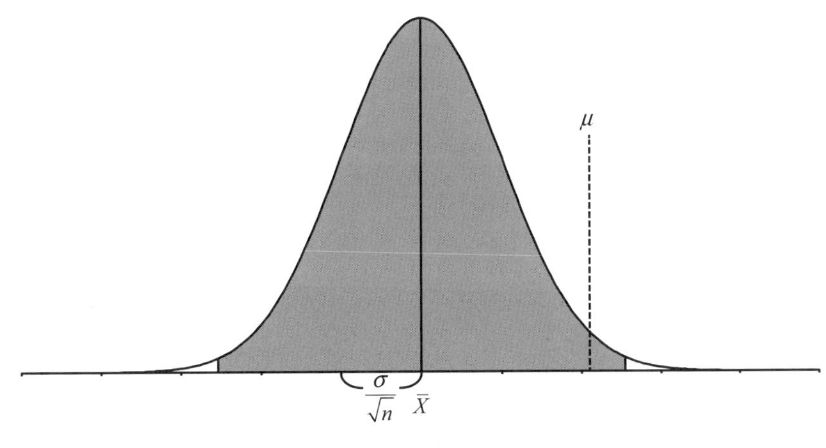

圖 5-12　$\bar{X} \pm 2.576\frac{\sigma}{\sqrt{n}}$ 涵蓋了母群平均數 μ

由於單一次的區間估計涵蓋母群平均數 μ 的結果不是 1 就是 0，不過從中央極限定理可知，如果反覆進行 100 次的抽樣並計算 $\bar{X} \pm 1.960 \times \frac{\sigma}{\sqrt{n}}$ ，其中會有 95 次包含母群平均數 μ，只有 5 次是未包含 μ（中間直線所在位置）。以圖 5-13 的模擬情形為例，假定母群的平均數為 100，標準差為 10，每次抽取樣本數為 30，在反覆進行 100 次抽樣後，求得樣本平均數及 95% 信賴區間，有 95 次是涵蓋母群平均數 μ（也就是 μ 介於下界及上界之間），只有 5 次（粗虛線所示）是未涵蓋 μ。

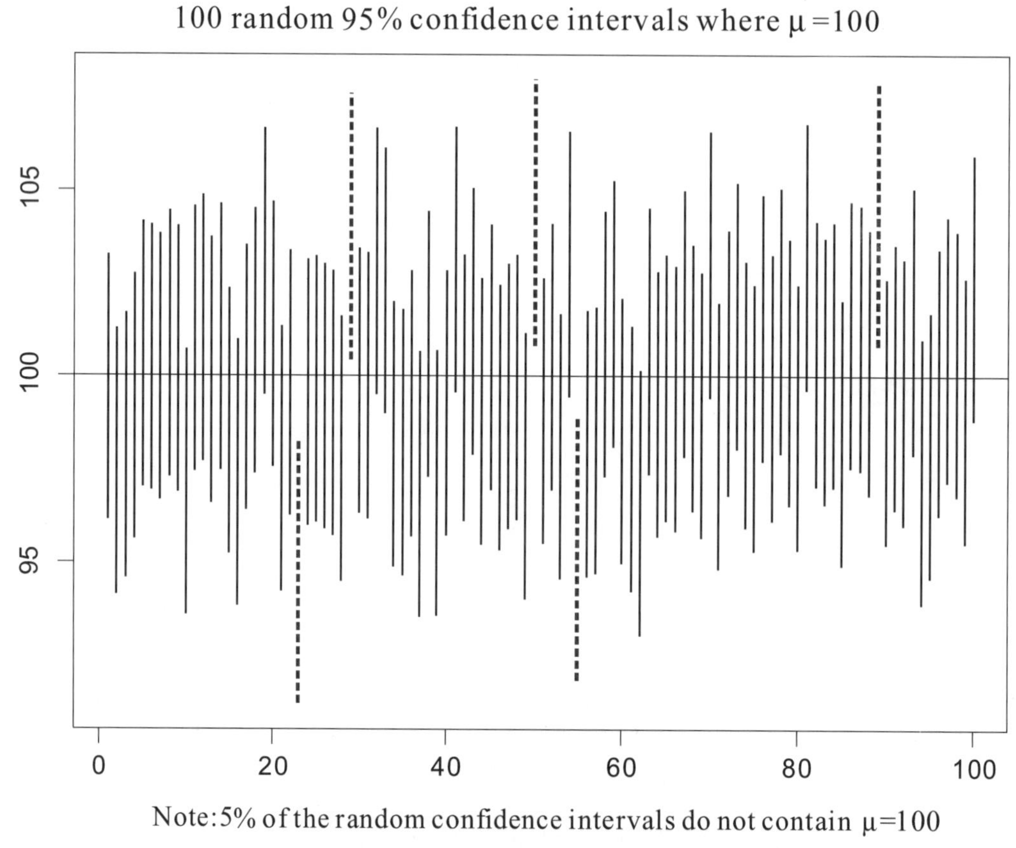

100 random 95% confidence intervals where μ =100

Note:5% of the random confidence intervals do not contain μ=100

圖 5-13　平均數信賴區間示意圖

研究者如果希望增加涵蓋的次數，那麼，可以使用 $\bar{X} \pm 2.576 \times \frac{\sigma}{\sqrt{n}}$ ，則反覆進行 100 次後，會有 99 次（也就是 99%）包含 μ。所以當母群 σ（或 σ^2）已知時，μ 的 $100 \times (1-\alpha)\%$ 信賴區間為 $\bar{X} \pm Z_{\alpha/2} \times \frac{\sigma}{\sqrt{n}}$，其中 α 是研究者所訂犯第一類型錯誤的機率，如果訂為 0.05，則信賴區間即為 95%。

根據公式可知，乘上 2.576 倍會比乘上 1.960 倍的區間來得大。如果要減小信賴區間，而又維持同樣的機率，可以減小母群標準差 σ（不過，這不太可行），或是增加抽樣人數 n。當抽樣人數增加，標準誤就會變小，相對地，信賴區間也可以縮小。

當母群平均數 μ 未知時，母群變異數 σ^2 通常也是未知的。如果母群為常態分配，而 σ^2 未知時，我們會使用樣本的變異數 s^2 估計 σ^2，因此平均數的變異數為 $s_{\bar{X}}^2 = \frac{s^2}{\sqrt{n}}$，平均數的標準差 $s_{\bar{X}} = \frac{s}{\sqrt{n}}$。此時樣本平均數標準化後，為自由度 $n-1$ 的 t 分配，μ 的 $100 \times (1-\alpha)\%$ 信賴區間為 $\bar{X} \pm t_{\alpha/2,n-1} \times \frac{s}{\sqrt{n}}$。

t 分配是一個族系，當自由度（$v=n-1$）不同，t 分配就不同。圖 5-14 由下而上的線段分別是自由度為 1、9、29，及標準常態分配（最上面粗線部分）的比較圖，當 v 等於 29 時，t 分配就非常接近 Z 分配。因此，如果母群為常態分配，而 σ^2 未知，但為大樣本時，雖然也會使用樣本的變異數 s^2 估計 σ^2，μ 的 $100 \times (1-\alpha)\%$ 信賴區間可改為 $\bar{X} \pm Z_{\alpha/2} \times \frac{s}{\sqrt{n}}$。

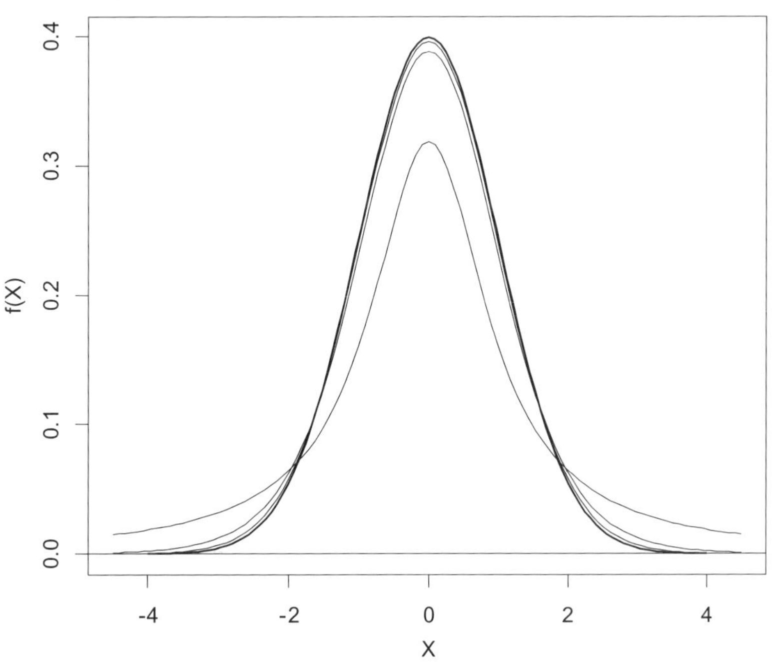

圖 5-14　Z 分配與不同自由度的 t 分配

當母群不是常態分配，但樣本大小大於 30 的情況下：

1. 如果 σ^2 已知，則樣本平均數近似常態分配，μ 的 $100 \times (1-\alpha)\%$ 信賴區間大約為 $\bar{X} \pm Z_{\alpha/2} \times \frac{\sigma}{\sqrt{n}}$。
2. 如果 σ^2 未知，則樣本平均數也近似常態分配，μ 的 $100 \times (1-\alpha)\%$ 信賴區間大約為 $\bar{X} \pm Z_{\alpha/2} \times \frac{s}{\sqrt{n}}$。

但是如果母群不是常態分配，而樣本大小又不到 30，此時就應改用無母數統計方法，或是設法增加樣本大小到 30。

5.1.4 平均數區間估計流程

綜合以上所述，平均數區間估計流程可用圖 5-15 表示之。

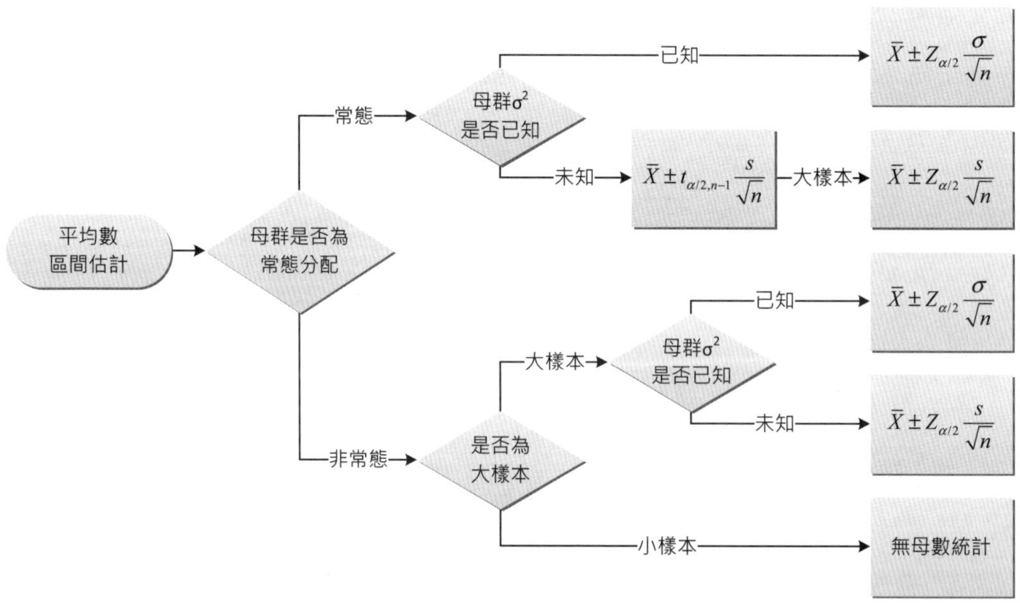

圖 5-15　平均數區間估計流程

綜言之：

1. 當母群為常態分配而 σ^2 已知，樣本平均數為 Z 分配，其平均數的信賴區間為 $\bar{X} \pm Z_{\alpha/2} \times \frac{\sigma}{\sqrt{n}}$。不過，$\sigma^2$ 已知的情形較少見，主要適用於曾經進行大量研究已獲得母群變異數，或是使用標準化測驗進行的研究（如，魏氏智力測驗的變異數為 15^2）。

2. 如果母群為常態分配而 σ^2 未知，但為大樣本時（$N \geq 30$），樣本平均數為 Z 分配，其平均數的信賴區間為 $\bar{X} \pm Z_{\alpha/2} \times \frac{s}{\sqrt{n}}$。實務上，此公式較少使用。
3. 如果母群為常態分配而 σ^2 未知，且為小樣本時（$N < 30$），樣本平均數為 t 分配，其平均數的信賴區間為 $\bar{X} \pm t_{\alpha/2, n-1} \times \frac{s}{\sqrt{n}}$。由於大樣本時 Z 的臨界值與 t 的臨界值相當接近，因此多數統計軟體（如，SPSS）只提供此種平均數區間估計方法。
4. 如果母群不是常態分配，樣本大小最好在 30 以上，此時仍可使用基於 Z 分配的區間估計。

一般情形下，信賴區間都是雙側的，如果要計算單側的信賴區間，則公式中 α 值不除以 2 即可，此部分請參見第 7 章的說明。

5.2 範例

某研究者想了解屏東市消費者在某超商單次的平均消費額，於是在門口隨機選取 30 名顧客，調查他們該次的消費額，得到表 5-1 的數據。求該超商單次平均消費額的 95% 信賴區間（單位：元）。

表中雖然有 2 個變數，但是受訪者代號並不需要輸入資料中，因此分析時只使用「消費金額」這一變數，它的定義是顧客單次在便利商店的消費金額。數值愈大，代表消費金額愈高。

表 5-1　屏東市某超商 30 名顧客單次消費額

受訪者	消費金額	受訪者	消費金額	受訪者	消費金額
1	137	11	136	21	118
2	144	12	152	22	111
3	70	13	135	23	21

表 5-1（續）

受訪者	消費金額	受訪者	消費金額	受訪者	消費金額
4	44	14	86	24	122
5	166	15	123	25	75
6	122	16	171	26	108
7	106	17	112	27	81
8	95	18	88	28	133
9	67	19	109	29	118
10	126	20	86	30	102

5.3 使用 R 進行分析

5.3.1 資料檔

完整的 R 資料檔如文字框 5-4。

文字框 5-4　範例分析資料檔

```
> load("C:/mydata/chap05/example5.RData")        # 載入本例資料
> example5                                       # 展示本例資料
    消費金額m
1        137
2        144
3         70
4         44
5        166
6        122
7        106
8         95
9         67
10       126
11       136
12       152
13       135
14        86
```

```
15        123
16        171
17        112
18         88
19        109
20         86
21        118
22        111
23         21
24        122
25         75
26        108
27         81
28        133
29        118
30        102
```

5.3.2 計算描述統計量

要計算平均數的信賴區間，需要使用樣本數、平均數、標準差等 3 個統計量，再由標準差及樣本數計算「平均數的標準誤」。

文字框 5-5 中先分別以函數 mean() 及 sd() 求得樣本平均數及標準差，再以 length() 計算資料長度（樣本數），並使用公式（標準差/$\sqrt{\text{樣本數}}$）計算平均數的標準誤，並以資料框架形式將之存入 mysummary 中，最後再列出 mysummary。

文字框 5-5　計算描述統計量

```
> load("C:/mydata/chap05/example5.RData")       # 載入本例資料
> mean<-apply(example5, 2, mean)                # 計算平均數，2 是向量的行
> sd<-apply(example5, 2, sd)                    # 計算標準差
> n<-length(example5[,1])                       # 計算樣本數
> se<-sd/sqrt(n)                                # 計算平均數的標準誤
> mysummary<-data.frame("N"=n, "平均數"=mean, "標準差"=sd, "平均數的標準誤"=se)
                                                # 以資料框形式匯總輸出結果
> mysummary
         N 平均數    標準差 平均數的標準誤
消費金額 30  108.8 33.67021        6.14731
```

報表中顯示抽樣的人數為 30 人，樣本平均數為 108.8 元，標準差為 33.67021。將報表中的標準差及 N 代入公式，得到：

$$平均數的標準誤 = \frac{33.67021}{\sqrt{30}} = 6.14731$$

5.3.3 使用 pastecs 程式套件

R 軟體另外有 pastecs 程式套件，可以直接求得平均數的標準誤及誤差界限，命令如文字框 5-6。

文字框 5-6 計算描述統計量

```
> library(pastecs)                        # 載入程式套件 pastecs
> round(stat.desc(example5), 5)           # 使用 stat.desc 計算各統計量，並將結果保留 5
                                            位小數

                 消費金額
nbr.val          30.00000
nbr.null          0.00000
nbr.na            0.00000
min              21.00000
max             171.00000
range           150.00000
sum            3264.00000
median          111.50000
mean            108.80000
SE.mean           6.14731
CI.mean.0.95     12.57266
var            1133.68276
std.dev          33.67021
coef.var          0.30947
```

分析結果，平均數的標準誤（SE.mean）為 6.14731，95%的誤差界限（CI.mean.0.95）為 12.57266。誤差界限的計算詳見 5.3.4 節說明。平均的 95%信賴區間為：

$$108.8 \pm 12.57266$$

5.3.4 計算平均數信賴區間

如果不需要其他描述統計量，只是單純要計算平均數的信賴區間，可以使用文字框 5-7 的 t.test() 函數。其中 mu=0 可以省略，直接寫為 t.test(example5)即可，如果要進行 99%的信賴區間估計，則在括號中加入 conf.level = 0.99。如果 example5 中不只一個變數，則應明確指定 t.test(example5[,1])或 t.test(example5$消費金額)。

文字框 5-7　計算平均數信賴區間

```
> load("C:/mydata/chap05/example5.RData")        # 載入本例資料
> t.test(example5, mu=0)                         # 求平均數的信賴區間


        One Sample t-test
data:  example5
t = 17.6988, df = 29, p-value < 2.2e-16
alternative hypothesis: true mean is not equal to 0
95 percent confidence interval:
  96.22734 121.37266
sample estimates:
mean of x
    108.8
```

輸出結果雖然標題是「One Sample t-test」(一個樣本的 t 檢定)，由於檢定值設為 0，因此實際上是進行平均數的 95%信賴區間估計。

母群平均數信賴區間為：

$$\text{樣本平均數} \pm \text{臨界值} \times \frac{\text{樣本標準差}}{\sqrt{\text{樣本數}}} = \text{樣本平均數} \pm \text{誤差界限}$$

當自由度為 29 的 t 分配中，信心水準設定為 0.95 時，臨界值為 ±2.04523（見 5.3.5 節之說明），代入文字框 5-6 中的數值後，得到：

$$108.8 \pm 2.04523 \times \frac{33.67021}{\sqrt{30}} = 108.8 \pm 12.57266$$

計算後，下界為 96.22734，上界為 121.37266。

5.3.5 計算 *t* 的臨界值

不同自由度 *t* 分配的臨界值會有差異，在 R 中可以使用文字框 5-8 中的 qt() 函數加以計算。當自由度為 29 時（30 − 1），雙側的臨界值為±2.04523，圖示如圖 5-16。

文字框 5-8　計算 t 分配的臨界值

```
> t1<-qt(0.025,29); t2<-qt(0.975,29)        # 計算左右兩側機率各為 0.025 時的 t 臨界值
> tvalue<-c(t1,t2); tvalue                   # 以向量形式輸出 t 臨界值
[1] -2.04523  2.04523
```

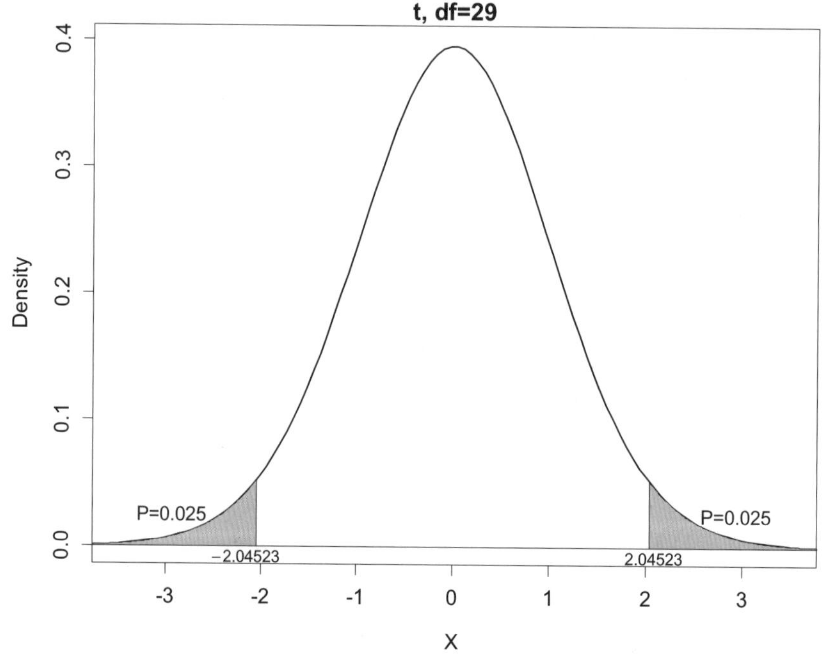

圖 5-16　自由度 29、α = 0.05 時，*t* 的雙側臨界值為±2.04523

5.3.6 繪製平均數信賴區間

在 R 中可以使用 gplots 程式套件中的 barplot2() 繪製平均數信賴區間圖（見文字框 5-9），結果如圖 5-17。圖中長條頂端為平均數（108.8），上面的短橫線為上界（121.37），下面短橫線為下界（96.23）。

文字框 5-9　繪製平均數信賴區間圖

```
> library(gplots)                                   # 載入 gplots 程式套件
> barplot2(108.8, ci.l=96.22734, ci.u=121.37266, plot.ci=TRUE, ylab="消費金額")
                                                    # 給予平均數及上下界，繪出信賴區間圖
> abline(h=0)                                       # 在 0 處加上水平線
```

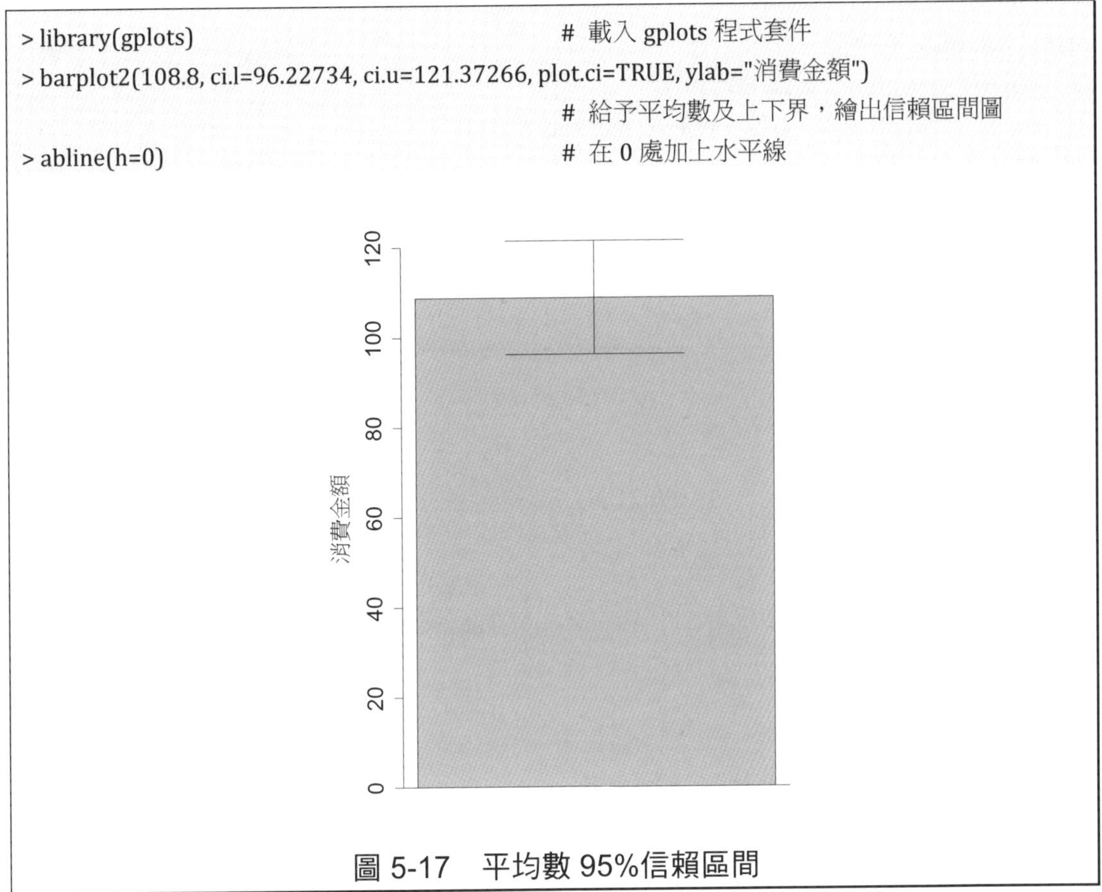

圖 5-17　平均數 95%信賴區間

5.3.7　計算平均數信賴區間（大樣本）

本例的樣本為 30，可視為大樣本，也可以改用 *Z* 分配進行平均數信賴區間估計。此時可以使用 BSDA 程式套件中的 z.test() 函數，方法與 t.test() 類似，只是要另外給予樣本標準差（由前面的分析可得），命令如文字框 5-10。

文字框 5-10　計算平均數信賴區間（大樣本）

```
> load("C:/mydata/chap05/example5.RData")      # 載入本例數據
> library(BSDA)                                # 載入 BSDA 程式套件
> z.test(example5[,1], mu=0, sigma.x=33.67021) # 求第 1 行數值的平均數信賴區間，設定樣本標
                                               準差為 33.67021
```

```
        One-sample z-Test

data:  example5[, 1]
z = 17.699, p-value < 2.2e-16
alternative hypothesis: true mean is not equal to 0
95 percent confidence interval:
  96.75149 120.84851
sample estimates:
mean of x
    108.8
```

計算過程為：

$$108.8 \pm 1.959964 \times \frac{33.67021}{\sqrt{30}} = 108.8 \pm 12.57266$$

結果為 [96.75149, 120.84851]。其中 Z 臨界值可使用 qnorm(0.025)及 qnorm(0.975)求得。

5.4 以 APA 格式撰寫結果

對 30 名屏東市消費者進行調查，在某超商的單次消費金額平均數為 108.80 (*SD* = 33.67)，平均數 95% 信賴區間為 [96.23, 121.37]。

第 6 章

檢定的基本概念

假設檢定是推論統計的另一個重要內容，它與參數（母數）估計類似，但角度不同。參數估計是利用樣本的訊息推論未知的母群參數，而假設檢定則是先對母群參數提出一個假設，然後利用樣本訊息判斷這一假設是否成立。如果關心的是母群的某個參數（如平均數、變異數、比例），並對參數的某個假設做檢定，則稱為**參數檢定**（parameter test，或譯為**母數檢定**）；如果是對母群的其他特徵（如分配的形式）做檢定，或是樣本資料不滿足檢定的條件，則所做的檢定稱為**非參數檢定**（nonparameter test，或譯為**無母數檢定**）（賈俊平，2017）。

進行參數檢定時，主要有以下三個步驟。

1. 根據研究假設寫出**虛無假設**（null hypothesis, H_0）及**對立假設**（alternative hypothesis, H_1 或 H_a）。
2. 宣稱願意犯的**第一類型錯誤**之大小，並劃定拒絕區。
3. 進行統計分析、做裁決，並解釋結果。

以下將針對相關概念加以說明。

6.1　虛無假設與對立假設

所謂**假設**（hypothesis），就是對母群的某種看法。在參數檢定中，假設就是對母群參數的具體值所做的陳述。比如，我們雖然不知道某一批日光燈的平均使用壽命是多少，但是可以事先提出一個假設：這一批日光燈的平均使用壽命是 10000 小時。

假設檢定（hypothesis test）是在對母群參數提出假設的基礎上，利用樣本訊息來判斷假設是否成立的統計方法。比如，屏東大學校長關心，全校學生每月生活費的平均數是否與 6000 元有差異？此時，先假設全校學生每月生活費的平均數是 6000 元，然後從全校學生中抽取一個樣本，根據樣本訊息檢定每月平均生活費是否為 6000 元，這就是假設檢定。

在假設檢定中，首先需要提出兩種假設：虛無假設（null hypothesis）與對立假設（alternative test）。

虛無假設（或譯為**原假設**、**零假設**）通常是研究者想要蒐集證據予以推翻的假設，用 H_0 表示。虛無假設最初是設定成立的，之後根據樣本資料是否有足夠的證據拒絕虛無假設。虛無假設所表達的含義總是指參數沒有變化，或是變數之間沒有關係，或是母群的分配與某一個理論分配無差異，因此等號「=」總是放在虛無假設。以前述母群的平均數為例，虛無假設是：

全校學生每月生活費的平均數是 6000 元

寫成統計符號為：

H_0: $\mu = 6000$

對立假設(或譯為**備擇假設**)通常是指研究者想蒐集證據予以支持的假設，用 H_1 或 H_a 表示。對立假設通常用於表達研究者傾向支持的看法，然後想辦法蒐集證據拒絕虛無假設，以支持對立假設。對立假設所表達的含義總是指參數發生了變化，或是變數之間有某種關係，或是母群的分配與某一個理論分配有差異。以前述母群的平均數為例，對立假設是：

全校學生每月生活費的平均數不是 6000 元

寫成統計符號為：

H_1: $\mu \neq 6000$

在司法上，我們通常抱持「無罪推定原則」，因此人們不必證明自己無罪。如果檢察官懷疑某個人犯了某項罪，就需要拿出人證、物證等證據，以支持「某人犯罪」的假設。法官如果相信了檢察官的證據，做出有罪的判決，就類似拒絕虛無假設，因此在牢裡服刑的犯人，通常被認為是有罪的（當然，也可能誤判）。反之，如果法官認為證據不足，「不能拒絕」虛無假設，釋放了嫌犯，此時只能說「目前的證據不足，無法使犯人被判刑」，卻不能因此就證明「嫌犯是清白的」(也就是「接受」虛無假設)，所以，未被判刑的嫌犯，不一定未犯罪（也就是可能被誤放）。

6.2 雙尾檢定與單尾檢定

在前述的檢定中，研究者只關心：

全校學生每月生活費的平均數是否與 6000 元有差異？

而不關心究竟是「多於 6000 元」或是「少於 6000 元」，此檢定形式稱為**雙尾檢定**（two tailed test，或稱**雙側檢定**）的問題（拒絕區位在兩側，如圖 6-1）。

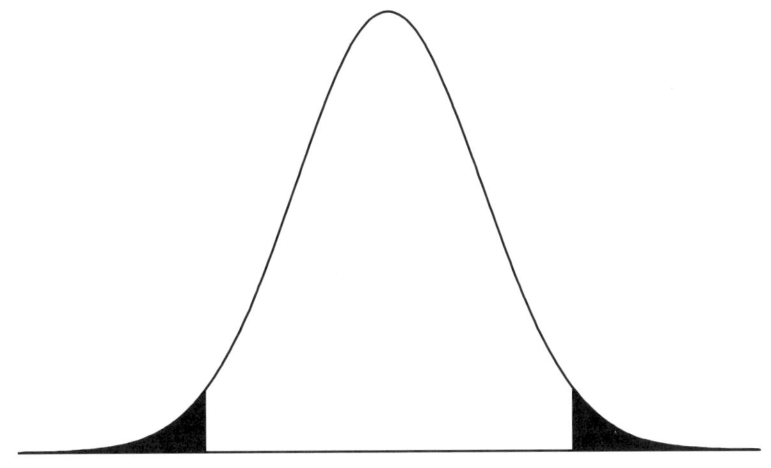

圖 6-1　雙尾檢定，拒絕區在兩側

如果研究者關心：

全校學生每月生活費的平均數是否高於 6000 元？

其研究假設為：

全校學生每月生活費的平均數高於 6000 元。

化成對立假設則為：

$H_1: \mu > 6000$　或　$H_1: \mu - 6000 > 0$

虛無假設便為：

$H_0: \mu \leq 6000$　或　$H_0: \mu - 6000 \leq 0$

有些教科書在虛無假設中都只寫等號，因此便為：

$H_0: \mu = 6000$　或　$H_0: \mu - 6000 = 0$

此時，研究者只關心母群平均數是否「高於 6000 元」，這是**單尾檢定**（one tailed

test）的問題，它的拒絕區位在右側，是**右尾檢定**（right tailed test），如圖 6-2 所示（由對立假設判斷，「大於」是右尾，「小於」是左尾）。

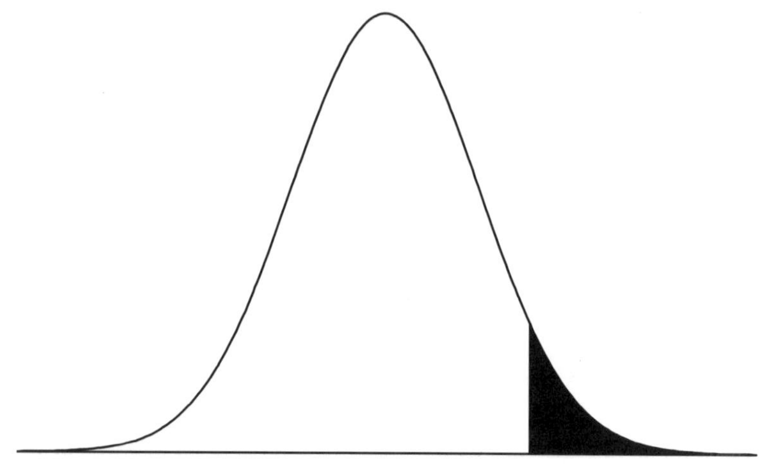

圖 6-2　右尾檢定，拒絕區在右側

相反地，如果研究者關心：

全校學生每月生活費的平均數是否低於 6000 元？

其對立假設為：

$H_1: \mu < 6000$　或　$H_1: \mu - 6000 < 0$

虛無假設為：

$H_0: \mu \geq 6000$　或　$H_0: \mu - 6000 \geq 0$

或是：

$H_0: \mu = 6000$　或　$H_0: \mu - 6000 = 0$

這也是單尾檢定，但是其拒絕區在左側，是**左尾檢定**（left tailed test），如圖 6-3 所示。

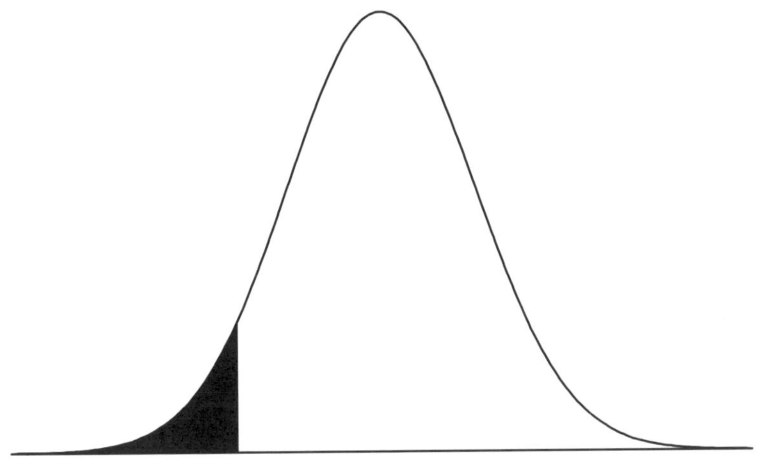

圖 6-3　左尾檢定，拒絕區在左側

6.3　第一類型錯誤與第二類型錯誤

檢定之後，須進行裁決，在下表中可以看出裁決後的四種可能結果。

		母群的真正性質	
		H_0 為真	H_0 為假
裁決	拒絕 H_0	第一類型錯誤 α （假陽性）	裁決正確 $1-\beta$ 統計檢定力 （真陽性）
	不拒絕 H_0	裁決正確 $1-\alpha$ （真陰性）	第二類型錯誤 β （假陰性）

1. 拒絕 H_0，但是事實上 H_0 是真的，那麼研究者就犯了**第一類型錯誤**（type I error），其機率用 α 表示，通常是研究者於**分析前**決定。一般慣例，α 最常訂為 0.05 或是 0.01。
2. 不能拒絕 H_0（不說成「接受 H_0」），但是事實上 H_0 是假的，那麼研究者就犯了**第二類型錯誤**（type II error），其機率用 β 表示。
3. 不能拒絕 H_0，事實上 H_0 也是真的，那麼研究者的裁決就是正確的，其機率以 $1-\alpha$ 表示。
4. 拒絕 H_0，事實上 H_0 也是假的，那麼研究者的裁決就是正確的，此稱為**統計檢定力**（statistical power），其機率以 $1-\beta$ 表示。統計檢定力是研究者正確拒絕虛無假設，接受研究假設的機率，因此應特別留意。

舉例而言，某藥廠研究發明某種新藥，期望完全治癒愛滋病（AIDS），在進行人體試驗前，該藥廠研究人員提出的對立假設是：

H_1：新藥可以治癒愛滋病

那麼其虛無假設是：

H_0：新藥不能治癒愛滋病

經實驗及統計分析後，如果拒絕 H_0，結論便是「新藥可以治癒愛滋病」，因此藥物就得以上市。但是，如果事實上 H_0 才是真的，就表示「新藥不能治癒愛滋病」，此時會導致許多人因為使用此種新的藥物，而延誤了接受其他適當治療的機會，嚴重者則可能危害患者的生命。此種錯誤在統計學上稱為第一類型錯誤。

反之，如果研究的結果是不能拒絕 H_0，結論便是「新藥不能治癒愛滋病」，因此藥物便無法上市。但是，如果事實上 H_0 是假的，也就表示「新藥可以治癒愛滋病」。由於裁決錯誤，使得有療效的藥物無法上市，因此也就無法嘉惠患者。此種錯誤在統計學上稱為第二類型錯誤。

一般而言，犯第一類型錯誤會比犯第二類型錯誤來得嚴重。由上面例子可看出，犯第二類型錯誤是少救了許多人，犯第一類型錯誤則是多危害了一些人。兩相權衡之下，研究者可能寧願犯第二類型錯誤，而不願犯第一類型錯誤。然而，是否把第一類型錯誤訂得低一點就比較好呢？事實也不盡然。

再舉一例子，醫師會經由許多檢驗結果來判斷就診者是否罹患某種疾病（如：肝癌）。此時，對立假設是：

H_1：就診者罹患某種疾病

虛無假設就是：

H_0：就診者並未罹患該種疾病

假使醫師看了各種檢驗的數據後，拒絕 H_0，做出「就診者罹患該種疾病」的診斷（也就是接受 H_1，診斷為陽性），因此要就診者接受某種治療或手術。如果事實上就診者並未罹患該種疾病（也就是 H_0 才是真的），這是**誤診**，在醫學上稱為**假陽性**（false positive），就診者便要接受許多不必要的治療，此為第一類型錯誤。

反之，如果醫師不拒絕 H_0，做出「就診者並未罹患該種疾病」的診斷（也就是陰性），但是事實上就診者確實罹患該種疾病（也就是 H_0 是假的），此是**漏診**，在醫學上稱為**假陰性**（false negative），就診者便錯失了及時治療的機會，這就是第二類型錯誤。

假使醫師為了避免誤診而犯第一類型錯誤，因此非到不得已，不會做出「就診者罹患該種疾病」的診斷，絕大多數就診者就會被診斷為陰性，此時，被漏診（假陰性）的機率反而增加。因此，第一類型錯誤的機率訂得太低，犯第二類型錯誤的機率反而會隨之提高，這兩者呈現彼此消長的關係。如果要同時降低這兩種錯誤，就須再進行更多的檢查，或是再請教其他醫師。當然，醫師本身的經驗及細心也有助於減少這兩種錯誤。

另兩種情形是：如果醫師不拒絕 H_0，做出「就診者並未罹患該種疾病」的診斷，而就診者實際上也未罹患該種疾病（**真陰性**，true negative），此時醫師是做了正確的裁決，$\frac{\text{真陰性}}{\text{真陰性+假陽性}}$ 在醫學上稱為**特異性**（specificity）或真陰性率。如果醫師拒絕 H_0，做出「就診者罹患該種疾病」的診斷，而就診者實際上也真的罹患該種疾病（**真陽性**，true positive），此時醫師也做了正確的裁決，$\frac{\text{真陽性}}{\text{真陽性+假陰性}}$ 在醫學上稱為**敏感性**（sensitivity）或真陽性率。另外，$\frac{\text{真陰性}}{\text{真陰性+假陰性}}$ 稱為**陰性檢測率**，

$\frac{\text{真陽性}}{\text{真陽性+假陽性}}$ 稱為**陽性檢測率**。

6.4 裁決的方法

假設某生產線品管部門想要了解該工廠生產的 T5 日光燈管平均使用壽命是否與 10000 小時不同，於是他們從生產線隨機選取了 20 個燈管進行測試，得到平均數 10500 小時，標準差為 1200 小時。請問：該公司是否可以宣稱：

本公司生產的日光燈管平均使用壽命顯著不同於 10000 小時？

在此範例中，統計假設為：

$$\begin{cases} H_0 : \mu = 10000 \\ H_1 : \mu \neq 10000 \end{cases}$$

由於母群標準差未知，又是小樣本，因此使用一個樣本 t 檢定（詳見第 7 章），計算結果為：

$$t = \frac{10500 - 10000}{\frac{1200}{\sqrt{20}}} = \frac{500}{268.3282} = 1.8634$$

文字框 6-1 是使用 R 分析的結果。

文字框 6-1　單一樣本 t 檢定（雙尾）

```
> load("C:/mydata/chap06/example6.RData")       # 載入本例資料
> t.test(example6[,1], mu=10000)                # 取 example6 第 1 行的數值向量進行單一樣本 t 檢定，μ=10000


        One Sample t-test


data:  example6[, 1]
t = 1.8634, df = 19, p-value = 0.07794
alternative hypothesis: true mean is not equal to 10000
```

```
95 percent confidence interval:
  9938.383 11061.617
sample estimates:
mean of x
    10500
```

在文字框 6-1 中有幾個數值，$M = 10500$，平均數的 95% 信賴區間為 [9938.383, 11061.617]，$t = 1.8634$，$p = 0.07794$。

檢定之後，應依據什麼方法及規準做出裁決？在統計學中常用的方法有三種。

6.4.1 *p* 值法

第一種是 **p 值法**，是目前統計中通用的方法，也是研究者最常採用的規準。在使用 R 時須注意：R 內定使用雙尾檢定，讀者應留意您的檢定是雙尾或單尾，而單尾檢定更應留意是右尾檢定或左尾檢定，以正確設定對立假設，否則得到的 p 值就會有錯。

所謂 p 值，是在虛無假設為真的情形下，大於檢定所得值（可以是 Z 值、t 值、F 值，或 χ^2 值）的機率（probability）。p 值是拒絕虛無假設的證據，是虛無假設為真，但拒絕它所犯的真實錯誤，如果 $p \leq \alpha$，則應拒絕 H_0；反之，如果 $p > \alpha$，則不能拒絕 H_0。α 是研究者設定的第一類型錯誤機率（也就是**顯著水準**），通常為 0.05（注：APA 格式寫為 .05，本書配合 R 報表，寫為 0.05。）。

在文字框 6-1 中可看到「alternative hypothesis: true mean is not equal to 10000」（H_1: $\mu \neq 10000$），所以它是採取雙尾檢定。樣本數 20，在自由度為 19（樣本數減 1）的 t 分配下，R 中顯示的雙尾 p 值為 0.07794，並未小於 0.05，不能拒絕虛無假設，所以該公司不能宣稱燈管的平均使用壽命與 10000 小時有顯著差異。

機率值 p 可以用圖 6-4 表示，在圖中 $t > 1.8634$ 的 $p = 0.03897$，$t < -1.8634$ 的 $p = 0.03897$，因此雙尾 p 值為 0.07794。在自由度 19 的 t 分配中，$|t|$要大於 1.8634 的機率為 0.07794，未小於或等於 0.05，因此不能拒絕虛無假設。

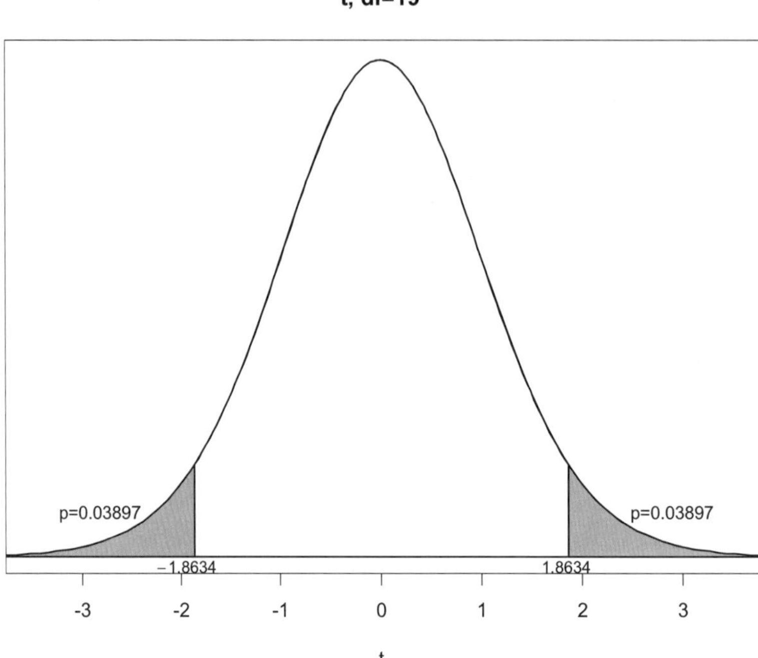

圖 6-4　雙尾檢定之 p = 0.07794

然而，站在委託生產公司的立場，他們關心的重點是：該工廠生產的日光燈管平均使用壽命是否**高於** 10000 小時？此時統計假設便為：

$$\begin{cases} H_0 : \mu \le 10000 \\ H_1 : \mu > 10000 \end{cases} \quad 或 \quad \begin{cases} H_0 : \mu = 10000 \\ H_1 : \mu > 10000 \end{cases}$$

此時拒絕區在右尾，在 R 中應設定「alternative = "greater"」（母群平均數大於假設的平均數，也就是 $H_1 : \mu > 10000$）。命令如文字框 6-2。

分析後得到 $p = 0.03897$，已經小於 0.05，拒絕虛無假設，因此該工廠可以宣稱，本工廠生產的日光燈管平均使用壽命顯著高於 10000 小時，符合契約規定。圖示如圖 6-5。

文字框 6-2　單一樣本 t 檢定（右尾）

```
> load("C:/mydata/chap06/example6.RData")          # 載入本例資料
```

```
> t.test(example6[,1], alternative="greater", mu=10000)   # 取 example6 第 1 行的數值向量進行單
                                                            一樣本 t 檢定，μ>10000

        One Sample t-test

data:  example6[, 1]
t = 1.8634, df = 19, p-value = 0.03897
alternative hypothesis: true mean is greater than 10000
95 percent confidence interval:
 10036.02       Inf
sample estimates:
mean of x
    10500
```

當設定為右尾檢定時，R 只計算平均數 95% 信賴區間的下界（為 10036.02），此部分請見 6.4.3 節之說明。

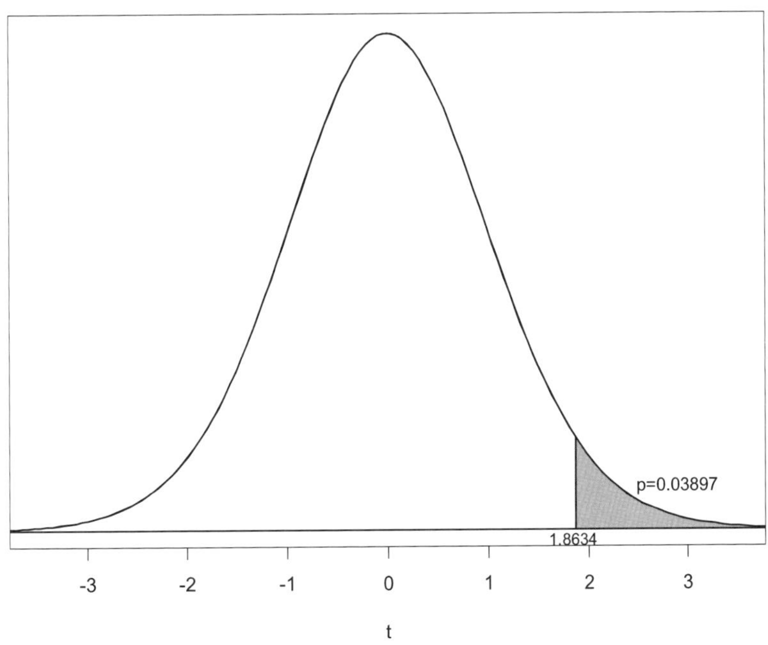

圖 6-5　右尾檢定之 $p = 0.03897$

站在消費者的立場，他們關心的焦點是：該工廠生產的日光燈管平均使用壽命是否**低於** 10000 小時？此時統計假設便為：

$$\begin{cases} H_0 : \mu \geq 10000 \\ H_1 : \mu < 10000 \end{cases} \quad 或 \quad \begin{cases} H_0 : \mu = 10000 \\ H_1 : \mu < 10000 \end{cases}$$

此時拒絕區在左尾，在 R 中應設定「alternative = "less"」(母群平均數小於假設的平均數，也就是 $H_1 : \mu < 10000$)。命令如文字框 6-3。

文字框 6-3　單一樣本 t 檢定（左尾）

```
> load("C:/mydata/chap06/example6.RData")                # 載入本例資料
> t.test(example6[,1], alternative="less", mu=10000)     # 取 example6 第 1 行的數值向量進行單一樣本 t 檢定，μ<10000，顯著水準設為 0.05


        One Sample t-test

data:  example6[, 1]
t = 1.8634, df = 19, p-value = 0.961
alternative hypothesis: true mean is less than 10000
95 percent confidence interval:
     -Inf 10963.98
sample estimates:
mean of x
    10500
```

此時 t 值仍為 1.8634，但因為是左尾檢定，所以 $p = 0.961$(比較精確為 $1 - 0.03897 = 0.96103$)，並未小於 0.05，不能拒絕虛無假設，因此該工廠可以宣稱，本工廠生產的日光燈管平均使用壽命未低於 10000 小時，也就是可能等於或高於 10000 小時，所以並未欺騙消費者。圖示如圖 6-6。

當設定為左尾檢定時，R 只計算平均數 95% 信賴區間的上界（為 100963.98），此部分請見 6.4.3 節之說明。

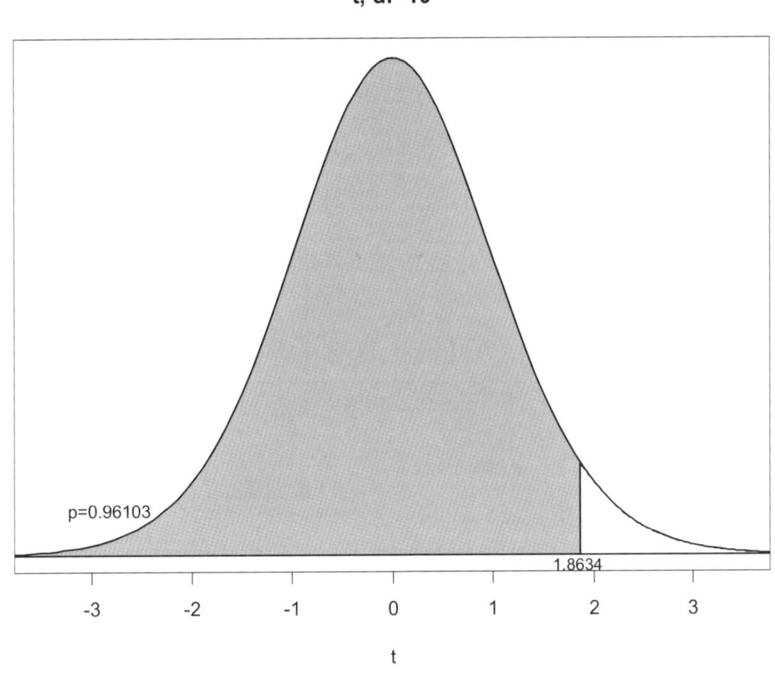

圖 6-6　左尾檢定之 p = 0.96103

綜合上述的分析，檢定後得到 $t = 1.8634$，裁決如下：

1. 如果採雙尾檢定，$p = 0.07794$，大於 0.05，因此不能拒絕虛無假設。
2. 如果採右尾檢定，$p = 0.03897$，小於 0.05，因此應拒絕虛無假設。
3. 如果採左尾檢定，$p = 0.96103$，大於 0.05，因此不能拒絕虛無假設。

6.4.2　標準臨界值法

第二種是**標準臨界值法**，為較傳統取向的做法。這是在某種分配下（在此以 t 分配為例），比較檢定之後所得的值與**臨界值**（critical value）的大小。

1. 雙尾檢定中，計算所得 t 的**絕對值**是否大於臨界值。如果大於或等於臨界值，則拒絕虛無假設；如果小於臨界值，則不能拒絕虛無假設。
2. 右尾檢定中，計算所得 t 值是否**大於右尾臨界值**。如果大於或等於右尾臨界值，則拒絕虛無假設；如果小於右尾臨界值，則不能拒絕虛無假設。

3. 左尾檢定中，計算所得 t 值是否**小於左尾臨界值**。如果小於或等於左尾臨界值，則拒絕虛無假設；如果大於左尾臨界值，則不能拒絕虛無假設。

前述的例子中，計算所得的 t 值為 1.8634，如果是雙尾檢定，在自由度為 19 的 t 分配中，$\alpha = 0.05$ 時的臨界值為 ±2.093024，|1.8634| 未大於 2.093024，並未落入拒絕區（圖 6-7 中灰色區域），因此不能拒絕虛無假設。

在此例中，雙尾臨界值的函數如文字框 6-4 所示。

文字框 6-4　計算雙尾臨界值

```
> qt(0.025,19)                    # 計算左尾機率 0.025 時的 t 值
[1] -2.093024
> qt(0.975,19)                    # 計算左尾機率 0.975 時的 t 值
[1] 2.093024
```

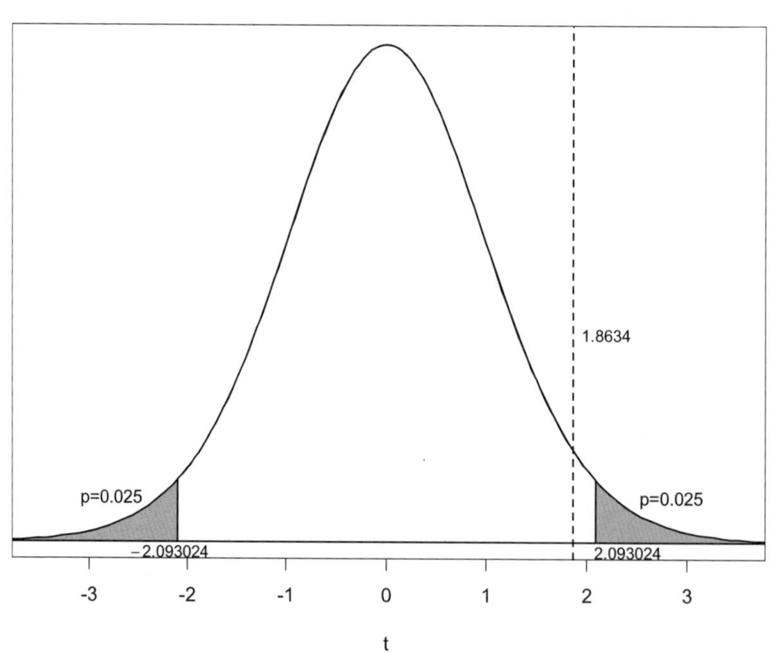

圖 6-7　自由度 19，$\alpha = 0.05$ 時，雙尾檢定之臨界值為 ±2.093024

同樣的範例，如果使用右尾檢定，右尾臨界值為 1.729133，計算所得 t 值 1.8634 已落入拒絕區，因此應拒絕虛無假設（見圖 6-8）。

在此例中，右尾臨界值的函數如文字框 6-5 所示。其中左尾機率為 0.95，因此右尾機率即為 0.05。

文字框 6-5　計算右尾臨界值

```
> qt(0.95,19)                                  # 計算左尾機率 0.95 時的 t 值
[1] 1.729133
```

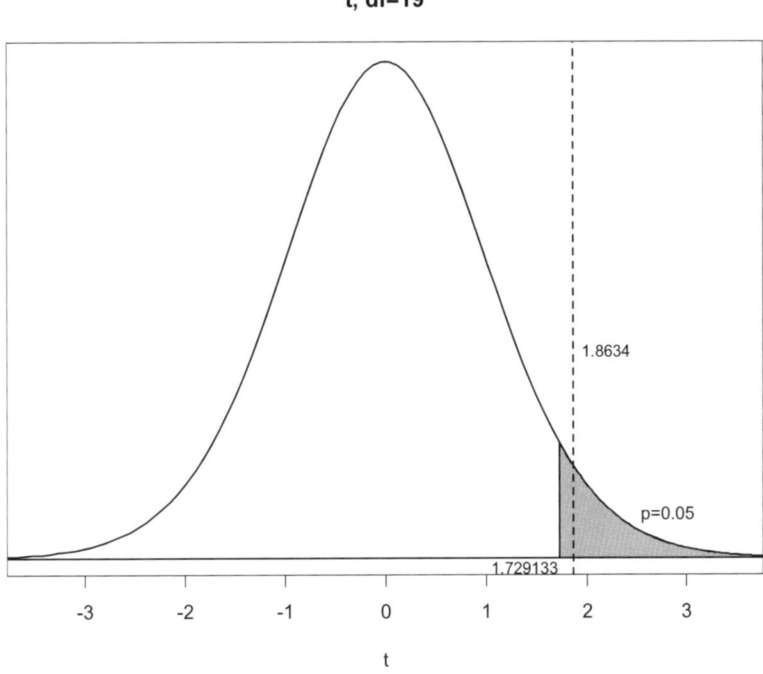

圖 6-8　自由度 19，$\alpha = 0.05$ 時，右尾檢定之臨界值為 1.729133

反之，如果改採左尾檢定，左尾臨界值為−1.729133，計算所得 t 值 1.8634 並未落入拒絕區，因此不能拒絕虛無假設（見圖 6-9）。

在此例中，左尾臨界值的函數如文字框 6-6 所示。

文字框 6-6　計算左尾臨界值

```
> qt(0.05,19)                                  # 計算左尾機率 0.05 時的 t 值
[1] -1.729133
```

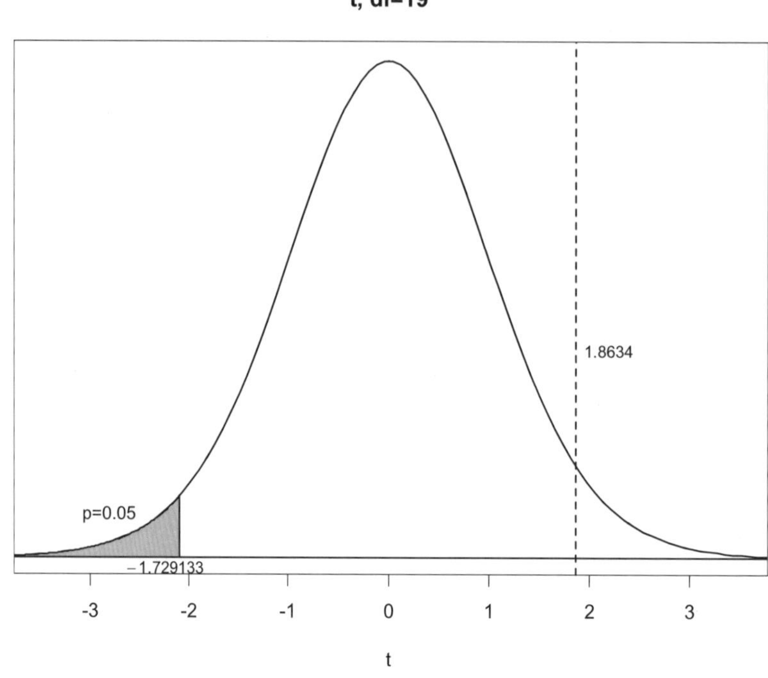

圖 6-9 自由度 19，$\alpha = 0.05$ 時，左尾檢定之臨界值為−1.729133

綜合上述分析，裁決如下：

1. 如果採雙尾檢定，計算所得 $t = 1.8634$，$|t|$小於 2.093024，因此不能拒絕虛無假設。
2. 如果採右尾檢定，計算所得 $t = 1.8634$，t 大於 1.729133，因此應拒絕虛無假設。
3. 如果採左尾檢定，計算所得 $t = 1.8634$，t 未小於−1.729133，因此不能拒絕虛無假設。

標準臨界值法是電腦及統計軟體不普遍時所使用的方法，由於需要查閱統計書籍的附表，使用較不方便。雖然目前在 R 軟體中很容易使用函數求出臨界值，但已很少採用此種方法了。

6.4.3 原始信賴區間法

第三種是**原始信賴區間法**。雙尾信賴區間的計算方法已在前一章說明，它與雙尾檢定也可以同時並用。如果原始信賴區間「不包含」檢定值，表示母群平均數與檢定值相等的機率很小，此時就要拒絕虛無假設。反之，如果原始信賴區間「包含」檢定值，表示母群平均數與檢定值相等的機率很大，此時就不能拒絕虛無假設。

上述例子如果 α 訂為 0.05，則原始信賴區間為 $1 - \alpha = 0.95 = 95\%$。20 個樣本的平均數為 10500，其 95% 信賴區間的計算公式為：

$$10500 \pm 2.093024 \times \frac{1200}{\sqrt{20}} = 10500 \pm 561.617$$

計算後，下界為 9938.383，上界為 11061.617（請見文字框 6-1），在 [9938.383, 11061.617] 的區間中包含了 10000（要檢定的值），因此母群的平均數極有可能等於 10000，應接受 H_0，所以 $\mu = 10000$。圖示如圖 6-10。

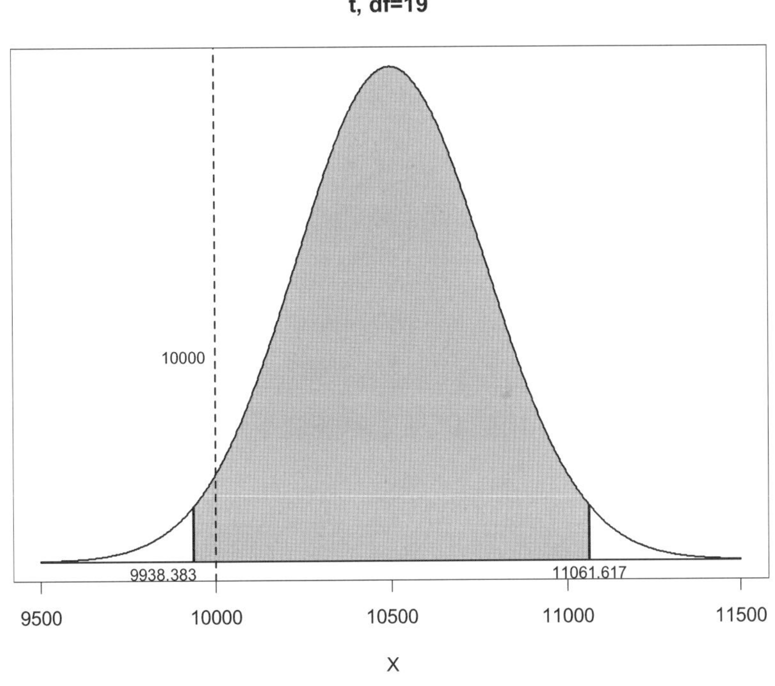

圖 6-10　雙尾檢定，平均數 95%信賴區間上、下界包含檢定值 10000

如果此時採右尾檢定，H_1 是 $\mu > 10000$，則 H_0 是 $\mu \leq 10000$，此時要計算單尾信賴區間的下界（見文字框 6-2），公式是：

$$10500 - 1.729133 \times \frac{1200}{\sqrt{20}} = 10036.02$$

在 95%下界 10036.02 以上這段範圍（圖 6-11 中灰色部分），不包含 10000，應拒絕 H_0，因此 $\mu > 10000$。

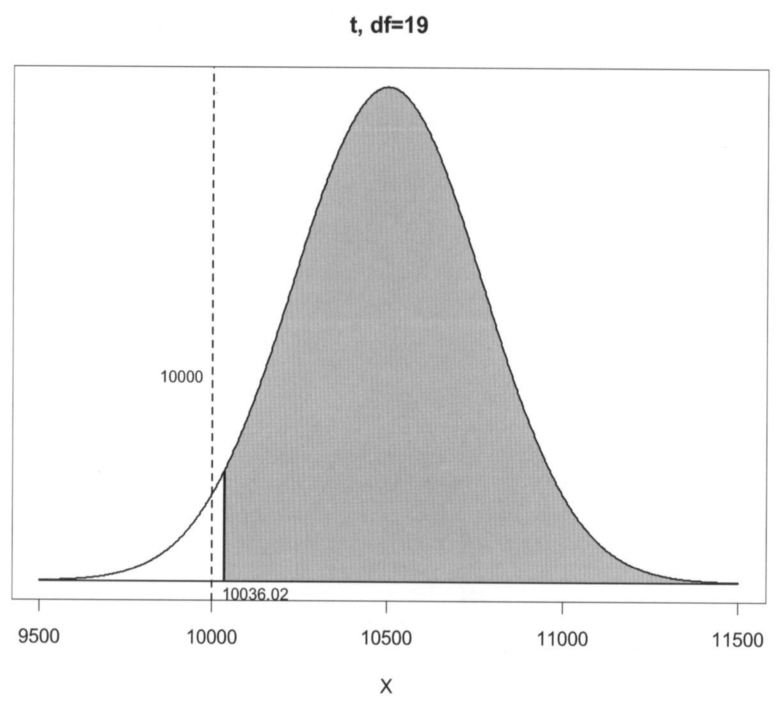

圖 6-11　右尾檢定，平均數 95%信賴區間下界未包含檢定值 10000

假使改採左尾檢定，H_1 是 $\mu < 10000$，則 H_0 是 $\mu \geq 10000$，此時要反過來計算單尾信賴區間的上界（見文字框 6-3），公式是：

$$10500 + 1.729133 \times \frac{1200}{\sqrt{20}} = 10963.98$$

在 95%上界 10963.98 以下這段範圍，包含 10000，應接受 H_0，因此 $\mu \geq 10000$。（見圖 6-12）

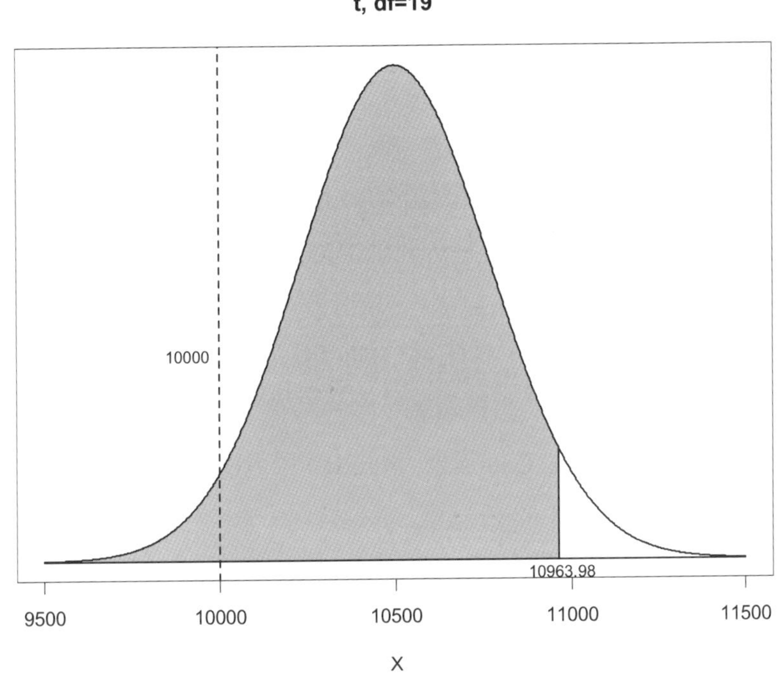

圖 6-12　左尾檢定，平均數 95%信賴區間上界包含檢定值 10000

總之，使用 R 進行 t.test()，除了將假設平均數設定為 10000（mu=10000），並應留意：

1. 如果是雙尾檢定，內定為「alternative="two.sided"」(可以簡寫為「a="t"」)，得到結果如文字框 6-1，此時要檢視平均數信賴區間的上下界。
2. 假如是右尾檢定，要設定「alternative="greater"」，(可以簡寫為「a="g"」)，得到結果如文字框 6-2，此時只看信賴區間的下界。
3. 假如是左尾檢定，要設定「alternative="lesser"」，(可以簡寫為「a="l"」)，得到結果如文字框 6-3，此時只看信賴區間的上界。

綜合上述的分析，裁決如下：

1. 如果採雙尾檢定，平均數 95% 信賴區間上下界為 [9938, 11062]，中間包含 10000，因此不能拒絕虛無假設。
2. 如果採右尾檢定，平均數 95% 信賴區間下界為 10036.02，高於 10000，因此應拒絕虛無假設。

3. 如果採左尾檢定，平均數 95% 信賴區間上界為 10963.98，未低於 10000，因此不能拒絕虛無假設。

6.4.4 最後裁決

由以上三種裁決方法可得到一致的結果：如果一開始是採雙尾或左尾檢定，分析後都應接受 H_0，但是如果採右尾檢定，則應拒絕 H_0。

但是，究竟應採單尾檢定或雙尾檢定，統計學家的意見並不一致。有一部分學者認為，如果對研究主題已有充分了解或是預期的方向，應該使用單尾檢定；但是也有部分學者認為，雙尾檢定比較不容易顯著（臨界值要更大些），因此如果雙尾檢定顯著，就比較具有說服力（Aron, Coups, & Aron, 2013）。B. H. Cohen（2013）也指出，雙尾檢定是心理學研究的慣例。

第 7 章

單一樣本 t 檢定

單一樣本 t 檢定用於比較樣本在某個量的變數之平均數與一個常數是否有差異，此常數在 R 中稱為 mu（μ，母群真正的平均數）。雖然此種統計方法在實務上很少用，但是了解單一樣本 t 檢定的統計概念之後，對相依樣本 t 檢定的掌握會有助益，因此仍應認識此統計方法。

7.1　基本統計概念

7.1.1　目的

單一樣本 t 檢定旨在考驗一個平均數與特定的常數（檢定值）是否有差異，這個研究者關心的常數可以是以下幾種數值：

1. **量表或測驗的中位數或平均數**。如，受訪者在 7 點量表中的回答是否與平均數 4 有顯著差異。
2. **以往相關研究發現的平均數**。如，檢定某所大學的學生平均睡眠時數與 8 小時是否有顯著差異。
3. **已知的母群平均數**。如，檢定某校學生在魏氏智力測驗的平均得分與 100 是否有顯著差異。
4. **由機率獲得的某個數值**。如，受試學生在 4 個選項的選擇題測驗中，平均得分是否高於 25 分（等於是隨機猜測的分數）。

7.1.2　單一樣本的定義

單一樣本指的是研究者從關心的母群體中抽樣而得的一個具代表性的樣本，他們可以是：

1. 學校中的某些學生。
2. 生產線的某些產品。
3. 罹患某種疾病的部分患者。
4. 某地區的部分地下水。
5. 市場或商店中的某些貨品。

抽取樣本之後，研究者會針對這些樣本的某種屬性或特性加以測量，而測量所得的值須為量的變數（quantitative variable，含等距及等比尺度），例如：

1. 在某測驗的得分。
2. 使用壽命或存活時間。
3. 某種化學物質（如砷、防腐劑，或瘦肉精）含量。

7.1.3 分析示例

依據上述說明，以下的研究問題都可以使用單一樣本 t 檢定：

1.某所學校全體學生在閱讀理解測驗的平均得分與全國平均 450 分是否有差異？
2. 某工廠的產品，平均使用壽命與競爭對手的 5000 小時是否有差異？
3. 某地區地下水的砷含量是否低於 0.01 mg/L？（此為左尾檢定）
4. 某類產品的防腐劑含量是否超過 30 ppm？（此為右尾檢定）

7.1.4 統計公式

一個平均數的假設檢定，是透過計算樣本平均數的 Z 分數進行。而在此要說明兩個相關的概念。首先，在母群中個別數值的 Z 分數公式為：

$$Z_i = \frac{X_i - \mu}{\sigma} \quad \text{（公式 7-1）}$$

$|Z|$愈大，代表「個別數值與平均數的距離」和「標準差」的比率愈大，如果超過某個界限，我們就說這個比率已經非常大了。

而中央極限定理也宣稱，樣本平均數的平均數為：

$$\mu_{\bar{X}} = \mu \quad \text{（公式 7-2）}$$

樣本平均數的標準差（即平均數標準誤）為：

$$\sigma_{\bar{X}} = \frac{\sigma}{\sqrt{n}} \quad \text{（公式 7-3）}$$

如果應用在母群為常態分配，且變異數 σ^2 已知的抽樣分配中，將公式 7-1 中的 X 改為樣本平均數 $\bar{X}$ 之後，再將公式 7-2 及公式 7-3 代入公式 7-1，則為：

$$Z = \frac{\bar{X} - \mu_{\bar{X}}}{\sigma_{\bar{X}}} = \frac{\bar{X} - \mu}{\frac{\sigma}{\sqrt{n}}} \quad \text{（公式 7-4）}$$

此即為 σ^2 已知的 Z 檢定，它可以寫成：

$$Z\text{檢定} = \frac{\text{樣本平均數與檢定值之差異}}{\text{平均數的標準誤}} \quad \text{（公式 7-5）}$$

然而，多數情形下，研究者並不知道母群的變異數 σ^2，此時，便以樣本變異數 s^2 估計 σ^2，樣本平均數的標準差為：

$$s_{\bar{X}} = \frac{s}{\sqrt{n}} \quad \text{（公式 7-6）}$$

當母群為常態分配，而樣本數小於 30 時，抽樣的平均數會呈自由度為 $n-1$ 的 t 分配，以此分配為基礎所做的檢定便稱為 t 檢定，公式為：

$$t = \frac{\bar{X} - \mu}{\frac{s}{\sqrt{n}}} \quad \text{（公式 7-7）}$$

當樣本數在 30 以上時，抽樣的平均數會呈常態分配，此時可以改採 Z 檢定，公式為：

$$Z = \frac{\bar{X} - \mu}{\frac{s}{\sqrt{n}}} \quad \text{（公式 7-8）}$$

圖 7-1 顯示，當樣本數等於 30 時（自由度 29），t 分配（虛線）已經非常接近標準化常態分配（實線為 Z 分配），因此實際分析時通常使用 t 檢定，很少採用 Z 檢定。

當母群不是常態分配，而樣本量大於 30 時，根據中央極限定理，樣本的平均數還是會接近常態分配。母群變異數 σ^2 有兩種情況：

1. 如果母群變異數 σ^2 已知，仍然可以使用公式 7-4 的 Z 檢定。
2. 如果母群變異數 σ^2 未知，改用樣本變異數 s^2 估計 σ^2，仍可使用公式 7-8 的 Z 檢定。

但是，如果母群不是常態分配，而且樣本數不到 30，則建議改用無母數統計方法，如 Wilcoxon 符號等級檢定（Wilcoxon signed ranks test）。

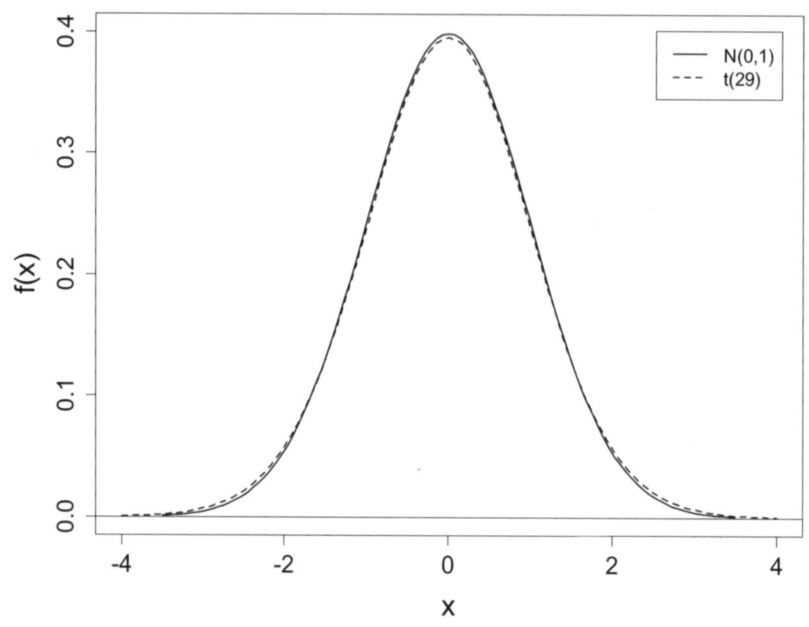

圖 7-1　*Z* 分配與自由度為 29 的 *t* 分配

7.1.5　分析流程

綜合以上所述，單一樣本平均數檢定的流程如圖 7-2。

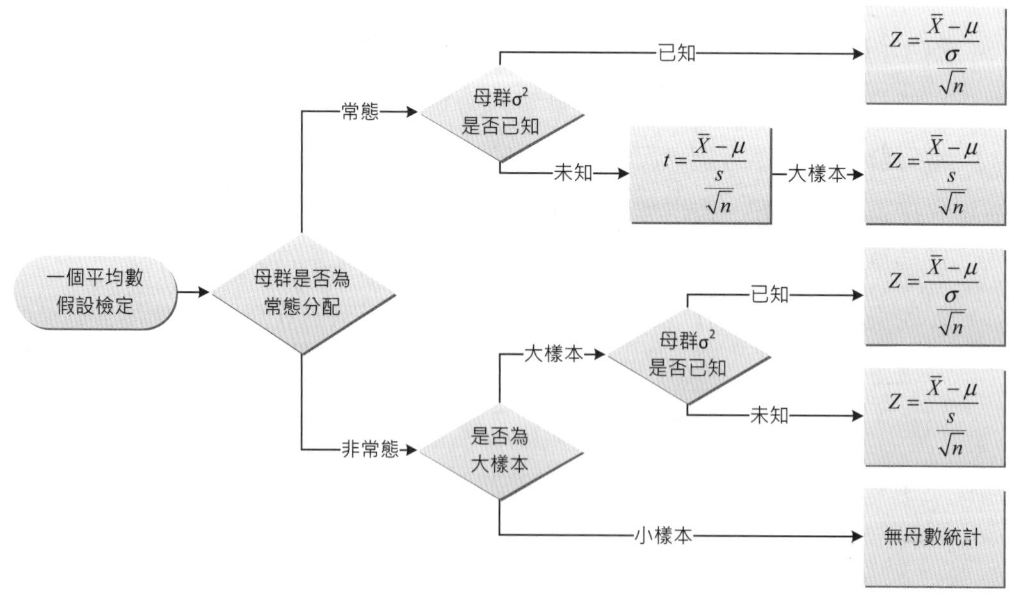

圖 7-2　單一樣本平均數檢定流程

7.1.6　效果量

單一樣本 t 檢定的效果量常用 Cohen 的 d 值，公式為：

$$d=\frac{|\text{樣本平均數與檢定值的差異}|}{\text{標準差}}=\frac{|\text{平均差異}|}{\text{標準差}}=\frac{|\bar{X}-\mu_0|}{\sigma}$$

在樣本中，公式為：

$$d=\frac{|\bar{X}-\mu_0|}{s} \qquad \text{（公式 7-9）}$$

Cohen 的 d 值也可以使用另一個公式求得：

$$d=\frac{t\text{值}}{\sqrt{\text{個數}}} \qquad \text{（公式 7-10）}$$

根據 J. Cohen（1988）的經驗法則，d 的小、中、大效果量，分別為 0.20、0.50，及 0.80。依此準則可以歸納如下原則：

1. $d < 0.20$ 時，效果量非常小，幾乎等於 0。
2. $0.20 \le d < 0.50$，為小的效果量。
3. $0.50 \le d < 0.80$，為中度的效果量。
4. $d \ge 0.80$，為大的效果量。

7.2　範例

某國民小學校長想了解該校六年級學生的閱讀理解能力，於是隨機選取 20 名學生，讓他們接受學校自編的「閱讀理解測驗」（40 題），得到表 7-1 的數據。請問：該校六年級學生平均閱讀理解能力與 20 分（50%答對率）是否有不同？

表 7-1　某國小 20 名學生在閱讀理解測驗的得分

學生	閱讀理解	學生	閱讀理解
1	29	11	5
2	24	12	11
3	18	13	35
4	40	14	28
5	34	15	30
6	9	16	23
7	22	17	24
8	26	18	25
9	25	19	39
10	26	20	31

7.2.1　變數與資料

表 7-1 中，雖然有 2 個變數，但是學生的代號並不需要輸入 R 中，因此分析時只使用「閱讀理解」這一變數，它的定義是學生在學校自編「閱讀理解測驗」的得分，介於 0 ~ 40 之間，屬於量的變數。分數愈高，代表學生的閱讀理解能力愈佳。

7.2.2　研究問題

在本範例中，研究者想要了解的問題可以陳述如下：

該國小六年級學生的平均閱讀理解能力與 20 分是否有差異？

7.2.3　統計假設

根據研究問題，虛無假設宣稱「該國小六年級學生的平均閱讀理解能力等於 20 分」，以統計符號表示為：

$$H_0: \mu = 20$$

而對立假設則宣稱「該國小六年級學生的平均閱讀理解能力不等於 20 分」，以統計符號表示為：

$$H_1: \mu \neq 20$$

總之，統計假設寫為：

$$\begin{cases} H_0: \mu = 20 \\ H_1: \mu \neq 20 \end{cases}$$

7.3　使用 R 進行分析

7.3.1　資料檔

完整的 R 資料檔如文字框 7-1。

文字框 7-1　範例分析資料檔

```
> load("C:/mydata/chap07/example7.RData")          # 載入本例資料
> example7                                          # 展示本例資料
   閱讀理解
1        29
2        24
3        18
4        40
5        34
6         9
7        22
8        26
9        25
10       26
11        5
12       11
13       35
14       28
15       30
16       23
17       24
18       25
19       39
20       31
```

7.3.2 描述統計量

文字框 7-2 在進行描述統計分析，依序計算樣本數、平均數、標準差，及平均數的標準誤

文字框 7-2 計算描述統計量

```
> load("C:/mydata/chap07/example7.RData")          # 載入本例數據
> x<-example7[,1]                                   # 將資料框架 example7[,1]賦值給 x 向量
> n<-length(x)                                      # 計算樣本數
> mymean<-mean(x)                                   # 計算平均數
> mysd<-sd(x)                                       # 計算標準差
> se<-sd(x)/sqrt(length(x))                         # 計算平均數的標準誤
> summary<-c(n, mymean, mysd, se)                   # 將上述統計量存入 summary 物件
> summary                                           # 匯總輸出結果
[1] 20.000000 25.200000  9.191529  2.055288
```

分析後得到樣本數、平均數、標準差，及平均數的標準誤之數值，分別為 20、25.2、9.191529、2.055288。

當母群的 σ 未知時，平均數的標準誤公式為：

$$\text{平均數的標準誤}=\frac{s}{\sqrt{n}}=\frac{\text{標準差}}{\sqrt{\text{個數}}}$$

將報表中的標準差及個數代入公式，得到：

$$\text{平均數的標準誤}=\frac{9.191529}{\sqrt{20}}=2.055288$$

7.3.3 單一樣本 *t* 檢定

文字框 7-3 使用 t.test() 函數進行一個樣本平均數 *t* 檢定，檢定值為 20，因此設定「mu = 20」。如果 example7 不只一個變數，則最好指定 example7[,1]，取特定行（本例為第 1 行）之數值進行分析，或是直接指定 example7$閱讀理解，以「閱讀理解」變數進行分析。

文字框 7-3　進行單一樣本 t 檢定

```
> load("C:/mydata/chap07/example7.RData")          # 載入本例數據
> t.test(example7, mu=20)                           # 進行 t 檢定，μ=20
        One Sample t-test

data:  example7
t = 2.5301, df = 19, p-value = 0.0204
alternative hypothesis: true mean is not equal to 20
95 percent confidence interval:
 20.89823 29.50177
sample estimates:
mean of x
     25.2
```

檢定所得 t 值的公式是：

$$t=\frac{\text{樣本平均數與檢定值的差異}}{\text{平均數的標準誤}}=\frac{\text{平均差異}}{\text{平均數的標準誤}}$$

代入適當的數值，可得到：

$$t=\frac{25.2-20}{2.055288}=\frac{5.2}{2.055288}=2.5301$$

至於檢定結果如何，有三種判斷方式。

首先，可以由報表中的 p 值來判斷。在自由度 19（樣本數 20 減 1）的 t 分配中，t 的絕對值（因為是雙尾檢定，所以要取絕對值）要大於 2.5301 的機率（p）為 0.0204，已經小於研究者設定的 α 值（通常設為 0.05），因此應拒絕虛無假設。

圖 7-3 顯示，在自由度等於 19 的 t 分配中，$|t|>2.5301$ 的 p 值為 $0.0102+0.0102=0.0204$（雙尾），由於已經小於研究者設定的 $\alpha=0.05$，因此應拒絕虛無假設。p 值可以使用 pt(−2.5301, 19)*2 函數求得。

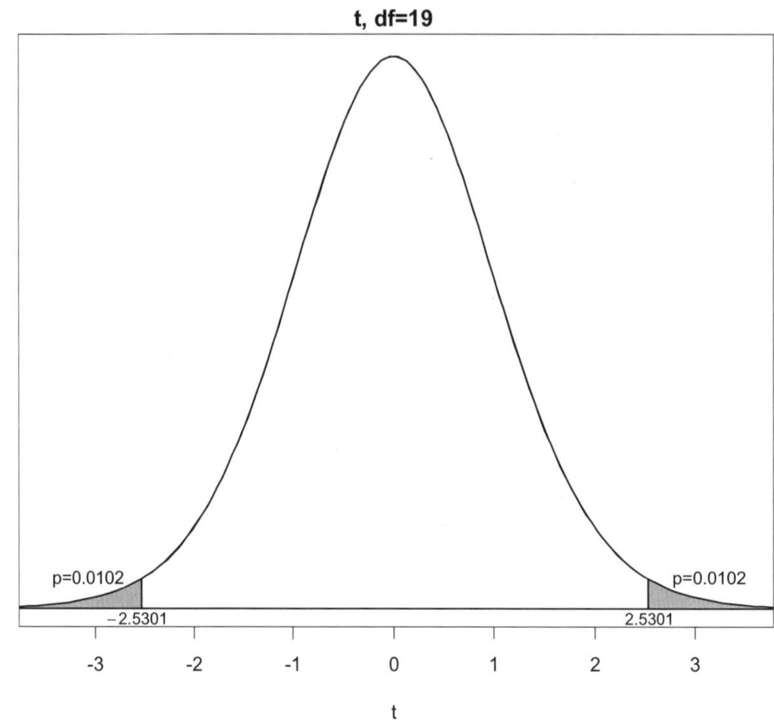

圖 7-3　自由度為 19 時，$|t| > 2.5301$ 的 $p = 0.0204$

其次，檢視平均數 95%信賴區間是否「不包含」檢定值（在此例為 20）。平均數 95%信賴區間的下界與上界公式分別為：

下界 ＝ 樣本平均數 － 臨界值 × 平均數的標準誤

上界 ＝ 樣本平均數 ＋ 臨界值 × 平均數的標準誤

在自由度為 19（等於 20 − 1）時，臨界 t 值為 ±2.093024〔使用 qt(0.025,19) 及 qt(0.975,19) 函數求得〕，代入數值後得到：

下界 $= 25.2 - 2.093024 \times 2.055288 = 20.89823$

上界 $= 25.2 + 2.093024 \times 2.055288 = 29.50177$

由於平均數的 95%信賴區間不包含 20（圖 7-4 中的虛線），因此推論母群平均數與檢定值 20 不同，應拒絕虛無假設。

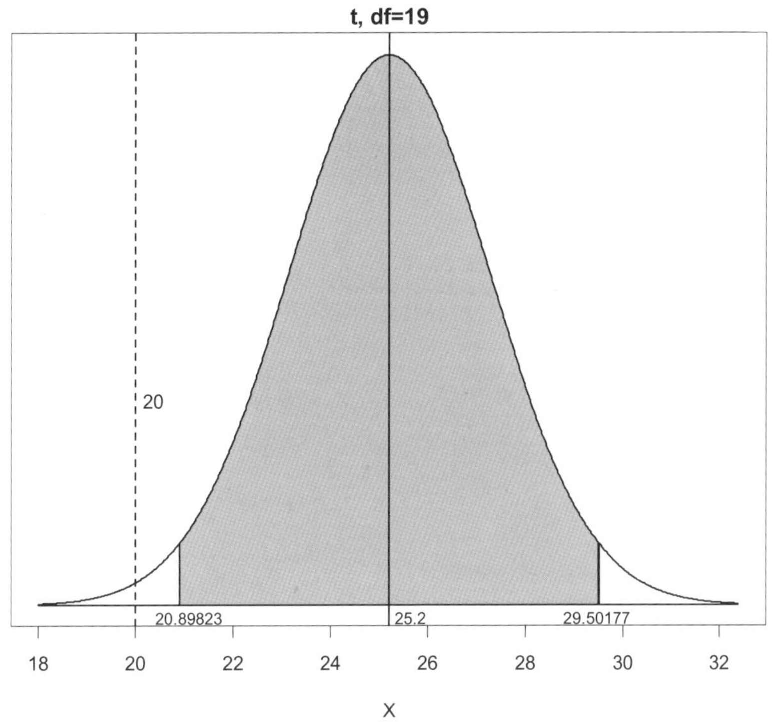

圖 7-4　平均數 95%信賴區間不包含檢定值 20

再次，另外補充說明臨界值（critical value, CV）的觀念。在本範例中，自由度為 19 的 t 分配中，如果是雙尾檢定，當設定 $\alpha = 0.05$ 時，查表所得的臨界值是 ±2.093024（如圖 7-5 所示）。如果計算所得的 t 值超過臨界值，就落入拒絕區，此時就要拒絕虛無假設；反之，如果計算所得的 t 值未超過此值，就不能拒絕虛無假設。在本範例中，計算所得的 t 值是 2.5301，它的絕對值已經大於 2.093024 了，所以落入拒絕區，因此應拒絕虛無假設。

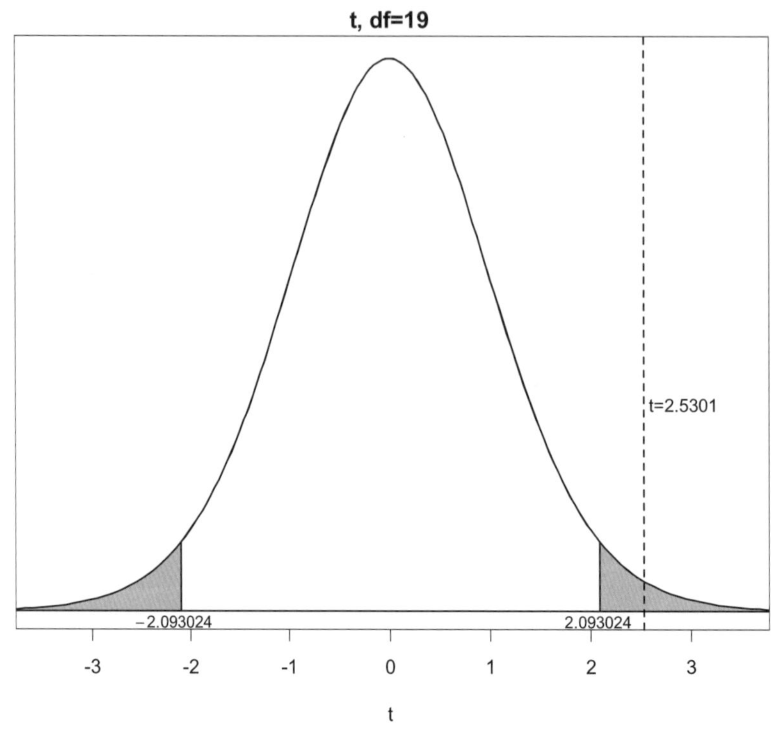

圖 7-5　自由度為 19，$\alpha = 0.05$ 時的臨界 t 值為 ± 2.093024

7.3.4　分析的結論

總之，要判斷檢定結果是否顯著，有三種方法，它們的結論會是一致的。

1. 最簡單的方式是看文字框 7-3 中的 p 值是否「小於或等於」研究者設定的 α 值（通常都設為 0.05），如果 $p \leq \alpha$，則應拒絕虛無假設。這是目前使用統計軟體分析的做法。
2. 看平均數的 95%信賴區間，如果上、下界「不包含」要檢定的值，表示樣本平均數與檢定值有顯著差異。這是 APA 較建議的做法，多數統計軟體也提供這個報表。
3. 判斷文字框 7-3 中 t 的絕對值是否「大於或等於」臨界值，如果是，則應拒絕虛無假設。不過，由於臨界值需要另外計算或查統計表，因此並不方便。這是過去電腦不發達時代的做法，目前已較少採用。在 R 中，可以直接計算臨界值，已不需要再查表了。

7.4　計算效果量

目前許多學術刊物都要求列出效果量（effect size），這是實質上的顯著性，代表差異的強度。

在此例，可以計算 Cohen 的 *d* 值，它的公式是：

$$d = \frac{|\text{樣本平均數與檢定值的差異}|}{\text{標準差}} = \frac{|\text{平均差異}|}{\text{標準差}}$$

分別從文字框 7-2 及 7-3 找到對應的數值，代入之後得到：

$$d = \frac{|25.2 - 20|}{9.191529} = 0.5657$$

它代表該國小六年級學生的平均得分 25.2 與 20 分（50%答對率）的差異 5.2，是標準差的 0.57 倍。依據 J. Cohen（1988）的經驗法則，*d* 值之小、中、大的效果量分別是 0.20、0.50、及 0.80，因此，本範例為中度的效果量。

Cohen 的 *d* 值也可以使用另一個公式求得：

$$d = \frac{t\text{值}}{\sqrt{\text{個數}}}$$

代入文字框 7-3 中的數值，得到：

$$d = \frac{2.5301}{\sqrt{20}} = 0.5657$$

兩種公式的計算結果相同。

在 R 中可以使用 lsr 程式套件中的 cohensD() 計算效果量。文字框 7-4 中先載入 lsr 程式套件，接著使用 example7 中的「閱讀理解」計算效果量，此時須設定 mu = 20。

文字框 7-4　計算效果量

```
> library(lsr)                                # 載入 lsr 程式套件
> cohensD(example7$閱讀理解, mu=20)           # 設定 μ = 20，計算 Cohen's d
[1] 0.5657383
```

7.5 以 APA 格式撰寫結果*

研究者對某國小 20 名六年級學生實施自編「閱讀理解測驗」，並進行單一樣本 t 檢定，樣本的平均得分為 25.20（$SD = 9.19$），95%信賴區間為 [20.90, 29.50]，與 20 分有顯著差異，而且比 20 分高，$t(19) = 2.53$，$p = .02$，效果量 $d = 0.57$。

7.6 單一樣本 t 檢定的假定

單一樣本 t 檢定應符合以下兩個假定。

7.6.1 觀察體要能代表母群體，且彼此間獨立

觀察體獨立代表各個樣本不會相互影響。如果學生互相參考彼此的答案，或是一個學生填寫兩份以上的測驗，則觀察體間就不獨立。另外，如果使用叢集抽樣，使得所有樣本都來自於同一個班級，由於他們都接受相同老師的教導，平時也會互相影響，就可能違反觀察體獨立的假定。

觀察體間不獨立，計算所得的 p 值就不準確，如果有證據支持違反了這項假定，就不應使用單一樣本 t 檢定。

7.6.2 依變數在母群中須為常態分配

此項假定是指該校六年級全體學生在閱讀理解的得分要呈常態分配。如果依變數不是常態分配，會降低檢定的統計檢定力。不過，當樣本數在 30 以上時，即使違反了這項假定，對於單一樣本 t 檢定的影響也不大。

* 結果中應寫出樣本數、平均數、標準差等描述統計、檢定的統計量（如：t、F、χ^2）、自由度、精確的 p 值、及效果量。詳細規定請參考 APA 出版格式。

7.7　單一樣本 Wilcoxon 符號等級檢定

如果不符合常態分配假設，可以改用文字框 7-5 的 Wilcoxon 符號等級檢定。檢定後得到等級和 $V = 165$，$p = 0.026$，因此閱讀成績的中位數 25.5 與 20 有顯著差異。中位數 95%信賴區間為 [21.50, 29.50]，不包含 20。

文字框 7-5　無母數檢定

```
> wilcox.test(example7$閱讀理解, mu=20, conf.int=T)        # 檢定值設為 20，並計算信賴區間

        Wilcoxon signed rank test with continuity correction

data:  example7$閱讀理解
V = 165, p-value = 0.02624
alternative hypothesis: true location is not equal to 20
95 percent confidence interval:
 21.49998 29.50002
sample estimates:
(pseudo)median
      25.50004
```

第 8 章

相依樣本 t 檢定

相依樣本 t 檢定旨在比較兩個相依樣本，在某個量的變數的平均數是否有差異，適用的情境如下：

自變數：兩個有關聯的組別，為**質的變數**。

依變數：**量的變數**。

相依樣本 t 檢定也可以使用本書第 11 章的單因子相依樣本變異數分析，此時 $F = t^2$，分析的結論是一致的。

8.1　基本統計概念

8.1.1　目的

相依樣本（以下或稱為**成對樣本**、**配對樣本**）t 檢定用於比較：

1. 一群樣本於兩個時間點或情境中，在某個變數的平均數是否有差異。
2. 兩群有關聯之樣本，在某個變數的平均數是否有差異。

在概念上，它與單一樣本 t 檢定有雷同之處。分析時，樣本在變數中都要有成對的數據，不可以有遺漏值。

8.1.2　相依樣本的定義

相依樣本 t 檢定旨在檢定兩個相關聯群組在某一變數之平均數是否有差異。而相依樣本可以是：

1. **一群樣本，接受兩次相同或類似的觀測**，這是重複量數（repeated measures）或是受試者內（within-subjects）的設計。例如，運動員在訓練前後的成績，或是受訪者對兩個不同議題的關心程度。
2. **兩群有自然關係的樣本**（血親或是姻親），接受一次同樣的觀測，這是成對樣本（paired samples）。例如，同卵雙胞胎的智力，或是夫妻每個月各自的收入。
3. **實驗配對的樣本**，接受一次同樣的觀測，這是配對樣本（matched sample）。例如，經由相同智力的配對及隨機分派後，接受不同教學法的兩組學生，在數學推理能力測驗的得分。在醫學研究上，將類似身體狀況的受試者加以配對，再以隨機分派的方式服用兩個藥物（通常一組為新藥，一組為安慰劑），最後再檢測其效果（如，血糖值）。

8.1.3 分析示例

除了上述的例子外，以下的研究問題都可以使用相依樣本 t 檢定：

1. 制度變革前後，員工對公司的忠誠度。
2. 教學前後，學生的數學迷思概念（misconception）。
3. 選民對兩位候選人的滿意度（以分數表示）。
4. 長子與非長子的冒險性格。
5. 經由配對及隨機分派，各自服用兩種不同藥物（或是一組服用藥物，一組服用安慰劑）一星期後測量的收縮壓（systolic blood pressure）。

8.1.4 統計公式

在相依樣本中，可以先計算兩個量的變數之差異 d：

$$d = X_1 - X_2 \qquad \text{（公式 8-1）}$$

此時，差異值 d 的平均數 $\bar{d}$ 為：

$$\bar{d} = \bar{X}_1 - \bar{X}_2 \qquad \text{（公式 8-2）}$$

差異值 d 的變異數 σ_d^2 為：

$$\sigma_d^2 = \sigma_1^2 + \sigma_2^2 - 2\rho\sigma_1\sigma_2 \qquad \text{（公式 8-3）}$$

標準差即為：

$$\sigma_d = \sqrt{\sigma_d^2} = \sqrt{\sigma_1^2 + \sigma_2^2 - 2\rho\sigma_1\sigma_2} \qquad \text{（公式 8-4）}$$

如果 d 符合常態分配，則抽樣所得的平均數 $\bar{d}$（也就是 $\bar{X}_1 - \bar{X}_2$）也會呈常態分配，其平均數 $\mu_{\bar{d}}$ 為 $\mu_1 - \mu_2$，標準差 $\sigma_{\bar{d}}$（也就是平均差異的標準誤）為：

$$\sigma_{\bar{d}} = \sqrt{\frac{\sigma_1^2 + \sigma_2^2 - 2\rho\sigma_1\sigma_2}{n}} \qquad \text{（公式 8-5）}$$

將 $\bar{d}$ 標準化為 Z 值，公式為：

$$Z=\frac{\bar{d}-(\mu_1-\mu_2)}{\sqrt{\frac{\sigma_1^2+\sigma_2^2-2\rho\sigma_1\sigma_2}{n}}}=\frac{(\bar{X}_1-\bar{X}_2)-(\mu_1-\mu_2)}{\sqrt{\frac{\sigma_1^2+\sigma_2^2-2\rho\sigma_1\sigma_2}{n}}} \quad \text{（公式 8-6）}$$

在實際計算時，較少直接使用公式 8-6，而會將公式 8-3 代入公式 8-6 中，得到：

$$Z=\frac{(\bar{X}_1-\bar{X}_2)-(\mu_1-\mu_2)}{\sqrt{\frac{\sigma_d^2}{n}}}=\frac{\bar{d}-\mu_d}{\frac{\sigma_d}{\sqrt{n}}} \quad \text{（公式 8-7）}$$

因此，如果要檢定兩個相依樣本的平均數差異，通用的公式為：

$$Z=\frac{(\text{兩變數在樣本的平均差異})-(\text{兩變數在母群的平均差異})}{\text{兩變數差異之平均數的標準誤}}$$
$$=\frac{(\text{兩變數在樣本的平均差異})-(\text{兩變數在母群的平均差異})}{\sqrt{\frac{\text{兩變數差異的變異數}}{\text{樣本數}}}}$$

母群差異平均數 $\mu_1-\mu_2$ 的 $100\times(1-\alpha)\%$ 信賴區間為：

$$\bar{d}\pm Z_{\alpha/2}\times\frac{\sigma_d}{\sqrt{n}}=(\bar{X}_1-\bar{X}_2)\pm Z_{\alpha/2}\times\frac{\sigma_d}{\sqrt{n}} \quad \text{（公式 8-8）}$$

如果差異為常態分配，但是母群 σ_d^2 未知時，則以 s_d^2 估計 σ_d^2，此時樣本的差異平均數 $\bar{d}$ 為 t 分配，因此使用 t 檢定進行分析，公式 8-7 改為：

$$t=\frac{\bar{d}-\mu_d}{\frac{s_d}{\sqrt{n}}} \quad \text{（公式 8-9）}$$

t 為自由度 $n-1$ 之分配

此時，母群差異平均數 μ_d 的 $100\times(1-\alpha)\%$ 信賴區間為：

$$\bar{d}\pm t_{\alpha/2,n-1}\times\frac{s_d}{\sqrt{n}} \quad \text{（公式 8-10）}$$

如果 σ_d^2 未知但為大樣本時，仍以 s_d^2 估計 σ_d^2，此時樣本的差異平均數 $\bar{d}$ 呈常態分配，因此可以改用 Z 檢定進行分析，公式 8-8 即為：

$$Z = \frac{\bar{d} - \mu_d}{\frac{s_d}{\sqrt{n}}} \qquad \text{（公式 8-11）}$$

此時，母群差異平均數 μ_d 的 $100 \times (1-\alpha)\%$ 信賴區間為：

$$\bar{d} \pm Z_{\alpha/2} \times \frac{s_d}{\sqrt{n}} \qquad \text{（公式 8-12）}$$

當母群的差異值不是常態分配，而樣本量大於 30 時，根據中央極限定理，樣本的差異平均數還是會接近常態分配。母群差異的變異數 σ_d^2 有兩種情況：

1. 如果母群差異的變異數 σ_d^2 已知，仍然可以使用公式 8-7 的 Z 檢定。
2. 如果母群差異的變異數 σ_d^2 未知，以 s_d^2 估計 σ_d^2，仍可使用公式 8-11 的 Z 檢定。

但是，如果母群差異值不是常態分配，而且樣本數不到 30，則建議改用無母數統計方法，如 Wilcoxon 符號等級檢定（Wilcoxon signed ranks test）。

8.1.5 分析流程

綜合以上所述，分析流程可用圖 8-1 表示之：

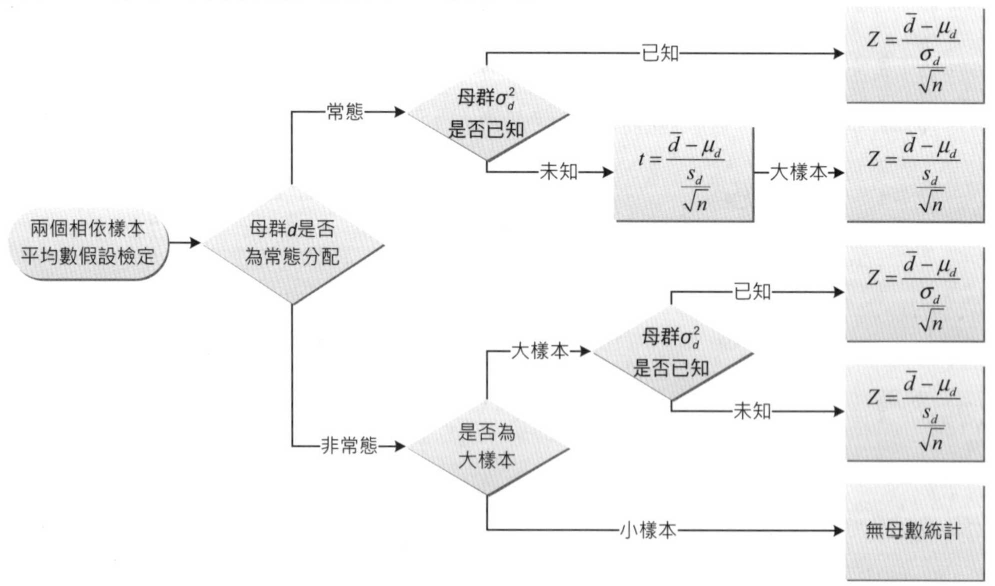

圖 8-1　兩個相依樣本平均數檢定的分析流程

8.1.6　效果量

相依樣本 t 檢定的效果量公式為：

$$d = \frac{|\text{成對變數差異的平均數}|}{\text{成對變數差異的標準差}}$$

在推論統計中，使用公式 8-13 估計之：

$$d = \frac{|M_d|}{s_d} \qquad \text{（公式 8-13）}$$

根據 J. Cohen（1988）的經驗法則，d 的小、中、大效果量，分別為 0.20、0.50、及 0.80。依此準則可以歸納如下原則：

1. $d < 0.20$ 時，效果量非常小，幾乎等於 0 。
2. $0.20 \le d < 0.50$，為小的效果量。
3. $0.50 \le d < 0.80$，為中度的效果量。
4. $d \ge 0.80$，為大的效果量。

8.2　範例

某醫師想要研究患者服用降血壓藥物後的血壓變化，於是徵求 30 位自願參與的實驗者，在服藥前及服藥後一星期，分別測得舒張壓（diastolic blood pressure），得到表 8-1 的資料。請問：服藥前後，患者的舒張壓是否有差異？

表 8-1　30 名受試者服藥前後的舒張壓值

受試者	前測	後測	受試者	前測	後測
1	119	114	16	107	110
2	114	103	17	111	106
3	125	131	18	93	98
4	113	105	19	90	88
5	119	121	20	125	112
6	113	105	21	96	102
7	105	99	22	117	124

表 8-1（續）

受試者	前測	後測	受試者	前測	後測
8	92	96	23	90	85
9	104	100	24	122	114
10	111	105	25	97	101
11	111	107	26	104	99
12	125	113	27	113	104
13	112	105	28	117	122
14	111	108	29	122	114
15	103	100	30	119	122

8.2.1 變數與資料

表 8-1 中有 3 個變數，但是受試者的代號並不需要輸入 R 中，因此分析時只使用「前測舒張壓」及「後測舒張壓」2 個變數，它們的定義是受試者分別在服用藥前後的舒張壓，數值愈大，代表血壓愈高。

由於受試者的舒張壓是成對的，輸入時務必保持在同一列（同一受試者）。要留意的是，本範例屬於「單組前後測」設計，在研究上有許多限制，讀者應儘量避免採用此種實驗設計。

8.2.2 研究問題

在本範例中，研究者想要了解的問題可以陳述如下：

高血壓患者在服藥前後的舒張壓值是否有差異？

8.2.3 統計假設

根據研究問題，虛無假設宣稱「高血壓患者在服藥前後的舒張壓值沒有差異」：

$H_0: \mu_{前測} = \mu_{後測}$，移項後可寫成 $H_0: \mu_{前測} - \mu_{後測} = 0$

而對立假設則宣稱「高血壓患者在服藥前後的舒張壓值有差異」：

$H_1: \mu_{前測} \neq \mu_{後測}$，移項後可寫成 $H_1: \mu_{前測} - \mu_{後測} \neq 0$

總之，統計假設寫為：

$$\begin{cases} H_0 : \mu_{前測} = \mu_{後測} \\ H_1 : \mu_{前測} \neq \mu_{後測} \end{cases}$$

移項之後寫為：

$$\begin{cases} H_0 : \mu_{前測} - \mu_{後測} = 0 \\ H_1 : \mu_{前測} - \mu_{後測} \neq 0 \end{cases}$$

8.3　使用 R 進行分析

以下展示比較完整的各項分析，適用於不同情境，如果讀者只需要單純的相依樣本 t 檢定，只要參考 8.3.4 節即可。

8.3.1　資料檔

完整的 R 資料檔如文字框 8-1。

文字框 8-1　範例分析資料檔

```
> load("C:/mydata/chap08/example8.RData")     # 載入本例資料
> example8                                    # 展示本例資料
    前測  後測
1    119   114
2    114   103
3    125   131
4    113   105
5    119   121
6    113   105
7    105    99
8     92    96
9    104   100
10   111   105
11   111   107
12   125   113
13   112   105
14   111   108
15   103   100
```

```
16  107  110
17  111  106
18   93   98
19   90   88
20  125  112
21   96  102
22  117  124
23   90   85
24  122  114
25   97  101
26  104   99
27  113  104
28  117  122
29  122  114
30  119  122
```

8.3.2 成對樣本統計量

文字框 8-2 在進行兩個變數的描述統計分析，依序計算樣本數、平均數、標準差，及平均數的標準誤。如果要簡便，可以直接使用 psych 程式套件的 describe() 函數，列出各種常用的描述統計量。

文字框 8-2　成對樣本統計量

```
> load("C:/mydata/chap08/example8.RData")                  # 載入本例資料
> n<-length(example8[,1])                                  # 計算樣本數
> mean<-apply(example8, 2, mean)                           # 計算各行的平均數
> sd<-apply(example8, 2, sd)                               # 計算各行的標準差
> se<-sd/sqrt(n)                                           # 計算平均數的標準誤
> mysummary<-data.frame("N"=n, "平均數"=mean, "標準差"=sd, "平均數的標準誤"=se)
                                                           # 以資料框形式匯總輸出結果
> mysummary                                                # 匯總輸出

      N  平均數      標準差  平均數的標準誤
前測  30  110.0  10.64797        1.944045
後測  30  107.1  10.34691        1.889079
> library(psych)
> describe(example8)
```

```
    vars  n  mean    sd median trimmed   mad min max range  skew kurtosis   se
前測    1 30 110.0 10.65  111.5  110.54 11.12  90 125    35 -0.44    -0.93 1.94
後測    2 30 107.1 10.35  105.0  106.96  8.90  85 131    46  0.21    -0.20 1.89
```

報表中顯示受試的人數為 30 人，在服藥前後的舒張壓平均數分別為 110.0 及 107.1，標準差分別為 10.64797 及 10.34691，平均數的標準誤分別為 1.944045 及 1.889079，公式為：

$$\text{平均數的標準誤} = \frac{\text{標準差}}{\sqrt{\text{個數}}}$$

8.3.3 成對樣本檢定

文字框 8-3 使用資料框架 example8 中的「前測」與「後測」兩變數，進行成對樣本 *t* 檢定。在 t.test() 中，記得設定「paired=TRUE」或「p=T」，否則會被視為獨立樣本 *t* 檢定。

文字框 8-3　成對樣本檢定

```
> load("C:/mydata/chap08/example8.RData")              # 載入本例資料
> t.test(example8$前測, example8$後測, paired=TRUE)    # 相依樣本 t 檢定
> with(example8, t.test(前測, 後測, p=T))              # 相依樣本 t 檢定，二擇一即可
        Paired t-test

data:  前測 and 後測
t = 2.68, df = 29, p-value = 0.01201
alternative hypothesis: true difference in means is not equal to 0
95 percent confidence interval:
 0.6868767 5.1131233
sample estimates:
mean of the differences
                    2.9
```

t 值的公式是：

$$t = \frac{\text{成對變數差異的平均數}}{\text{成對變數差異平均數的標準誤}}$$

從文字框 8-2 及 8-5 找到數值代入，可得到：

$$t = \frac{110.0 - 107.1}{1.08209} = \frac{2.9}{1.08209} = 2.68$$

其中成對變數差異的平均數之 95% 信賴區間為 [0.6868767, 5.1131233]，公式為：

下界 ＝ 樣本平均數差異 － 臨界值 × 平均數差異的標準誤

上界 ＝ 樣本平均數差異 ＋ 臨界值 × 平均數差異的標準誤

在自由度為 29（等於 30 − 1），$\alpha = 0.05$ 時，臨界 t 值為 ±2.04523（在後面說明），代入數值後得到：

下界 $= 2.9 - 2.04523 \times 1.08209 = 0.6868767$

上界 $= 2.9 + 2.04523 \times 1.08209 = 5.1131233$

至於檢定結果如何，可以由三個數值來判斷。

一是在自由度 29（樣本數 30 減 1）的 t 分配中，t 的絕對值要大於 2.68 的機率（p）為 0.01201（如圖 8-2，雙尾的 p 值相加），已經小於 0.05，因此應拒絕虛無假設。p 值可以使用 pt(2.68, 29, lower.tail = F)*2 計算而得，首先計算在 $df = 29$ 時，大於 2.68 的機率，接著再乘以 2，結果即為 0.1201。

二是由差異平均數的 95% 信賴區間來判斷，報表裡下界為 0.6868767，上界為 5.1131233，中間不包含 0，因此差異的平均數 2.9 顯著不等於 0（見圖 8-3）。

第三，如果以傳統取向的臨界值來看，在自由度是 29 的 t 分配中，$\alpha = 0.05$ 時的雙尾臨界值為 ±2.04523〔見圖 8-4，分別使用 qt(.025, 29) 及 qt(.975, 29) 計算而得〕，而計算所得 $t = 2.68$，絕對值（因為是雙尾檢定）已經大於臨界值，所以應拒絕虛無假設（注：此方法目前較少使用）。

綜合而言，本例應拒絕虛無假設（$H_0: \mu_1 = \mu_2$），所以前後測的平均數有顯著差異。

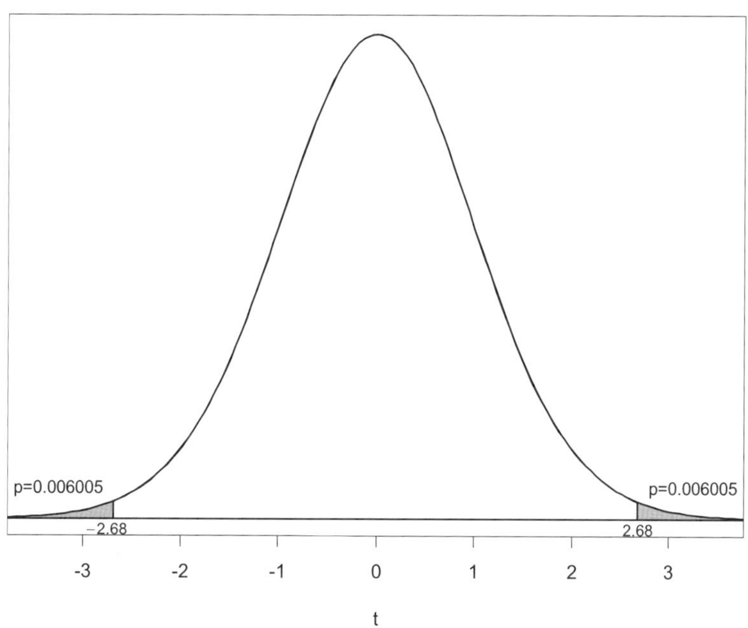

圖 8-2　$|t|$大於 2.68 的 p = 0.01201

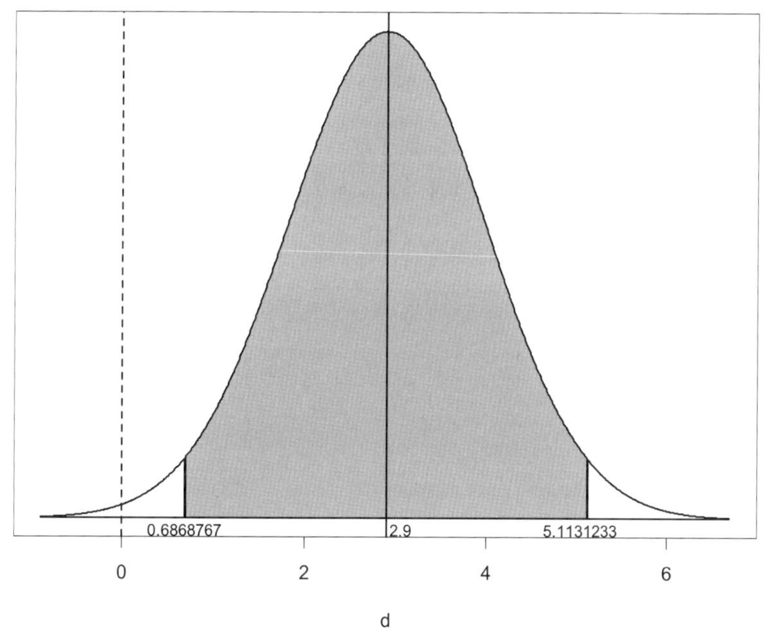

圖 8-3　差異平均數 95%信賴區間，不含 0

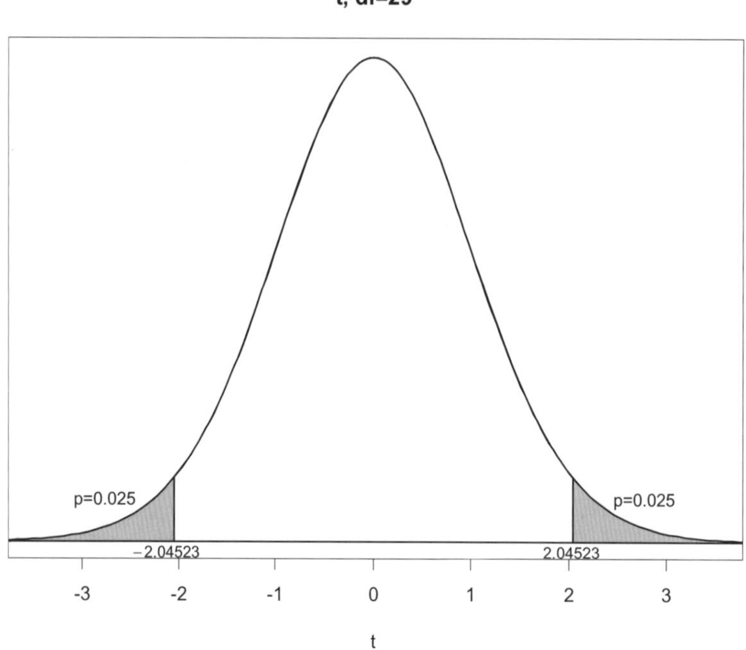

圖 8-4　$\alpha = 0.05$，$df = 29$ 時，t 分配的雙尾臨界值為±2.04523

8.3.4　成對樣本相關

相依樣本 t 檢定也可以使用以下公式：

$$t = \frac{(\bar{X}_1 - \bar{X}_2) - (\mu_1 - \mu_2)}{\sqrt{\dfrac{s_1^2 + s_2^2 - 2rs_1s_2}{n}}}$$

因此文字框 8-4 額外分析兩個變數的 Pearson 相關係數，它主要在檢定兩個變數是否有顯著關聯。此處要檢定的虛無假設是：

$$H_0 : \rho = 0$$

對立假設是：

$$H_1 : \rho \neq 0$$

文字框 8-4　成對樣本相關

```
> load("C:/mydata/chap08/example8.RData")           # 載入本例資料
> cor.test(example8$前測, example8$後測)              # 計算並檢驗相關係數
> with(example8, cor.test(前測, 後測))               # 與前一指令二擇一
        Pearson's product-moment correlation


data:  前測 and 後測
t = 8.225, df = 28, p-value = 5.949e-09
alternative hypothesis: true correlation is not equal to 0
95 percent confidence interval:
 0.6896867 0.9219313
sample estimates:
      cor
0.8409921
```

報表中的 Pearson $r = 0.8409921$，$p = 5.949 \times 10^{-9}$，因此應拒絕虛無假設，表示治療前後的舒張壓有正相關。由於相依樣本的假定就是兩個變數間有關聯，所以這個發現並不令人意外。Pearson 相關係數的概念，請見本書第 16 章。

將此處所得的 r 值及文字框 8-2 兩個變數的標準差代入，得到：

$$
\begin{aligned}
t &= \frac{(110.0-107.1)-0}{\sqrt{\dfrac{10.64797^2+10.34691^2-2\times 0.8409921\times 10.64797\times 10.34691}{30}}} \\
&= \frac{2.9}{1.08209} \\
&= 2.68
\end{aligned}
$$

計算結果與文字框 8-3 中的 t 值相同。

8.3.5　單一樣本統計量

相依樣本 t 檢定也可以先將兩個變數相減，得到差異值 d，再針對此差異值進行單一樣本 t 檢定。文字框 8-5 先計算差異值 d，再使用 pastecs 程式套件（Package for Analysis of Space-Time Ecological Series）的 desc.stat() 函數計算 d 的各項描述統計，如果不列出基本統計量，可以加入 basic = F 引數。

文字框 8-5　單一樣本統計量（平均差異）

```
> load("C:/mydata/chap08/example8.RData")                # 載入本例資料
> example8$d<-example8$前測 - example8$後測              # 以前測減後測得到差值 d
> library(pastecs)                                       # 載入 pastecs 程式套件
> stat.desc(example8$d)
     nbr.val     nbr.null       nbr.na          min          max
   30.000000     0.000000     0.000000    -7.000000    13.000000
       range          sum       median         mean      SE.mean
   20.000000    87.000000     4.500000     2.900000     1.082090
CI.mean.0.95          var      std.dev     coef.var
    2.213123    35.127586     5.926853     2.043742
```

分析後，得到前後測的差異平均數為 2.9，標準差為 5.926853，平均數的標準誤為 1.08209，代入公式即可算得 t 值：

$$t = \frac{2.9}{\frac{5.926853}{\sqrt{30}}} = \frac{2.9}{1.08209} = 2.68$$

報表中同時列出平均數的 95%信賴區間（CI.mean.0.95）為 2.213123，因此差值的 95%信賴區間為：

$$2.9 \pm 2.213123 = [0.686877, 5.113123]$$

區間不含 0，因此 2.6 與 0 有顯著差異，也代表前後測得的舒張壓有顯著差異，且前測比後測高。

8.3.6　單一樣本 *t* 檢定

文字框 8-6 是使用差異值 d 進行單一樣本 t 檢定，對立假設為：

$$H_1: \mu_{前測} - \mu_{後測} \neq 0 \quad 或 \quad H_1: \mu_d \neq 0$$

文字框 8-6　單一樣本 t 檢定

```
> load("C:/mydata/chap08/example8.RData")                # 載入本例資料
> d<-example8$前測-example8$後測                         # 計算樣本對的差異值 d
> t.test(d, mu=0)                                        # 對差異值 d 做 t 檢定
```

```
        One Sample t-test

data:  d
t = 2.68, df = 29, p-value = 0.01201
alternative hypothesis: true mean is not equal to 0
95 percent confidence interval:
 0.6868767 5.1131233
sample estimates:
mean of x
      2.9
```

分析結果與文字框 8-3 相同，$t(29) = 2.68$，$p = 0.01201$，差異平均數為 2.9，95% 信賴區間為 [0.6868767, 5.1131233]，應拒絕虛無假設。

8.4　計算效果量

由於檢定後達到統計上的顯著，在此計算 Cohen 的 d 值，它的公式是：

$$d = \frac{\text{成對變數差異的平均數}}{\text{成對變數差異的標準差}}$$

從文字框 8-5 可以找到對應的數值，代入之後得到：

$$d = \frac{2.90}{5.926853} = 0.49$$

它代表高血壓患者在服藥前後的舒張壓平均數 2.90，是差異標準差的 0.49 倍。依據 J. Cohen（1988）的經驗法則，d 值之小、中、大的效果量分別是 0.20、0.50，及 0.80。而 Lipsey（1990）進行整合分析（meta analysis）發現，0.00 ~ 0.32、0.33 ~ 0.55、0.56 ~ 1.20 分別是小、中、大的效果量。因此，本範例為中度的效果量。

Cohen 的 d 值也可以使用另一個公式求得：

$$d = \frac{t\text{值}}{\sqrt{\text{個數}}}$$

代入文字框 8-2 及 8-3 中的數值，得到：

$$d = \frac{2.68}{\sqrt{30}} = 0.4893$$

在 R 中，可以使用 lsr 程式套件中的 cohensD() 函數計算 Cohen D。文字框 8-7 中先載入 lsr 程式套件，並使用 example8 中的「前測」與「後測」計算 Cohen 的 d，「method = "paired"」表示使用配對樣本。

文字框 8-7　計算效果量

```
> load("C:/mydata/chap08/example8.RData")                # 載入本例資料
> library(lsr)                                           # 載入 lsr 程式套件
> cohensD(example8$前測, example8$後測, method="paired")
> with(example8, cohensD(前測, 後測, method="paired"))
                                                         # 計算配對樣本的 Cohen D, 二擇一
[1] 0.4892985
```

8.5　以 APA 格式撰寫結果

對 30 名受試者實施服藥前後的血壓測量，舒張壓的平均數分別為 110.00 (SD = 10.65) 及 107.10 (SD = 10.35)，前後測的平均差異為 2.90 (SD = 5.93)，95%信賴區間為 [0.69, 5.11]，有顯著差異，而且服藥後的舒張壓比服藥前低，$t(29) = 2.68$，$p = .012$，效果量 $d = 0.49$。

8.6　相依樣本 t 檢定的假定

相依樣本 t 檢定應符合以下兩個假定。

8.6.1　觀察體要能代表母群體，且彼此間獨立

觀察體獨立代表組內的各個樣本間（受試者間，between subjects）不會相互影響。由於是相依樣本，所以組間是不獨立的，也就是同一個受試者會接受兩份不同的測驗，或是不同的時間接受同一種測驗。不過，如果受試者在同一個時間接受兩份相同的測驗，則違反組內獨立的假定。

觀察體間不獨立，計算所得的 p 值就不準確，如果有證據支持違反了這項假定，就不應使用相依樣本 t 檢定。

8.6.2　依變數的差異在母群中須為常態分配

此項假定是指服藥前後的舒張壓差異要呈常態分配。如果差異不是常態分配，會降低檢定的統計檢定力。不過，當樣本數在 30 以上時，即使違反了這項假定，對於相依樣本 t 檢定的影響也不大。

8.7　相依樣本 Wilcoxon 符號等級檢定

如果不符合差值常態分配假設，可以改用文字框 8-8 的 Wilcoxon 符號等級檢定。檢定後得到等級和 $V = 352$，$p = 0.014$，因此前後測的中位數差值 4.5 顯著不等於 0，後測的中位數低於前測，表示服藥後舒張壓有降低。

文字框 8-8　無母數檢定

```
> load("C:/mydata/chap08/example8.RData")
> sapply(example8[c("前測", "後測")], median)          # 分別列出前後測的中位數
 前測   後測
111.5 105.0
> median(example8$前測 - example8$後測)                # 前後測中位數的差值
[1] 4.5
> wilcox.test(example8$前測, example8$後測, paired=T)  # 前後測配對
> wilcox.test(example8$前測 - example8$後測)           # 前測減後測

data:  example8$前測 - example8$後測
V = 352, p-value = 0.01418
alternative hypothesis: true location is not equal to 0
```

第 9 章

獨立樣本 *t* 檢定

獨立樣本 t 檢定旨在比較兩群沒有關聯之樣本，在某個變數的平均數是否有差異，適用的情境如下：

自變數：兩個獨立而沒有關聯的組別，為**質的變數**。

依變數：**量的變數**。

獨立樣本 t 檢定也可以使用本書第 10 章的單因子獨立樣本變異數分析，當自變數（因子）是兩個類別（水準）時，$F = t^2$，分析的結論是一致的。

9.1　基本統計概念

9.1.1　目的

獨立樣本 t 檢定旨在檢定兩群獨立樣本（沒有關聯），在某一變數之平均數是否有差異。兩個獨立的組別可以是：

1. **是否接受某種處理**。如：實驗設計中的實驗組與控制組。
2. **是否具有某種特質或經驗**。如：母親是否為外籍配偶，或是否有國外留學經驗。
3. **變數中的兩個類別**。如：高中與高職的學生，公立大學與私立大學的學生，或女性與男性。
4. **某種傾向的高低**。如：創造力的高低，或是外控型與內控型。

9.1.2　分析示例

以下的研究問題都可以使用獨立樣本 t 檢定：

1. 兩家公司員工對所屬公司的向心力。
2. 使用不同教學法之後，兩班學生的問題解決能力。
3. 不同政黨支持者（泛綠或泛藍）對某位政治人物的滿意度（以分數表示）。
4. 不同運動程度者（分為多與少）每年感冒的次數。
5. 隨機分派後的高血壓患者，各自服用兩種不同藥物（或是一組服用藥物，一組服用安慰劑）一星期後測量的血壓值。

9.1.3 統計公式

當兩個獨立樣本的母群都為常態分配時，它們的平均數差值（$\bar{X}_1-\bar{X}_2$）之抽樣分配，為以下的常態分配：

$$\bar{X}_1-\bar{X}_2 \sim N(\mu_1-\mu_2, \frac{\sigma_1^2}{n_1}+\frac{\sigma_2^2}{n_2}) \quad \text{（公式 9-1）}$$

將差值化為 Z 分數後為：

$$Z=\frac{\bar{X}_1-\bar{X}_2-(\mu_1-\mu_2)}{\sqrt{\frac{\sigma_1^2}{n_1}+\frac{\sigma_2^2}{n_2}}} \quad \text{（公式 9-2）}$$

此時，母群平均數差值（$\mu_1-\mu_2$）的 $100\times(1-\alpha)\%$ 信賴區間為：

$$(\bar{X}_1-\bar{X}_2)\pm Z_{\alpha/2}\times\sqrt{\frac{\sigma_1^2}{n_1}+\frac{\sigma_2^2}{n_2}} \quad \text{（公式 9-3）}$$

如果兩個母群的變異數相等（$\sigma_1^2=\sigma_2^2$），則公式可簡化為：

$$Z=\frac{\bar{X}_1-\bar{X}_2-(\mu_1-\mu_2)}{\sqrt{\sigma^2\left(\frac{1}{n_1}+\frac{1}{n_2}\right)}} \quad \text{（公式 9-4）}$$

當兩個母群的變異數都**未知**但假設**相等**時，平均數差值的抽樣分配為 t 分配，且將兩母群的變異數合併計算，公式 9-4 為 Student 的 t 檢定：

$$t=\frac{\bar{X}_1-\bar{X}_2-(\mu_1-\mu_2)}{\sqrt{s_p^2\left(\frac{1}{n_1}+\frac{1}{n_2}\right)}} \quad \text{（公式 9-5）}$$

其中，s_p^2 是兩群樣本的合併變異數，公式為：

$$s_p^2=\frac{SS_1+SS_2}{(n_1-1)+(n_2-1)}=\frac{s_1^2(n_1-1)+s_2^2(n_2-1)}{n_1+n_2-2} \quad \text{（公式 9-6）}$$

此時，母群平均數差值（$\mu_1-\mu_2$）的 $100\times(1-\alpha)\%$ 信賴區間為：

$$(\bar{X}_1 - \bar{X}_2) \pm t_{\alpha/2,\nu} \times \sqrt{s_p^2\left(\frac{1}{n_1}+\frac{1}{n_2}\right)}$$　（公式 9-7）

其中自由度 ν 為：

$$\nu = (n_1 - 1) + (n_2 - 1) = n_1 + n_2 - 2$$

當兩個母群的變異數都**未知**但假設**不相等**時，平均數差值的抽樣分配為 t 分配，且將兩母群的變異數分開計算，公式 9-5 為 Welch 的 t 檢定：

$$t = \frac{(\bar{X}_1 - \bar{X}_2) - (\mu_1 - \mu_2)}{\sqrt{\frac{s_1^2}{n_1}+\frac{s_2^2}{n_2}}}$$　（公式 9-8）

自由度 ν 採 Welch-Satterthwaite 的公式：

$$\nu = \frac{\left(s_1^2/n_1 + s_2^2/n_2\right)^2}{\frac{\left(s_1^2/n_1\right)^2}{n_1 - 1}+\frac{\left(s_2^2/n_2\right)^2}{n_2 - 1}}$$　（公式 9-9）

此時母群平均數差值（$\mu_1 - \mu_2$）的 $100 \times (1 - \alpha)\%$ 信賴區間為：

$$(\bar{X}_1 - \bar{X}_2) \pm t_{\alpha/2,\nu} \times \sqrt{\frac{s_1^2}{n_1}+\frac{s_2^2}{n_2}}$$　（公式 9-10）

如果兩個樣本數都大於 30 時，上述公式中的 t 值可改為 Z 值。

如果兩個母群不是常態分配，而兩個樣本的樣本量都大於 30 時，根據中央極限定理，樣本的平均數差值還是會接近常態分配。母群變異數 σ^2 有三種情況：

1. 如果母群變異數 σ^2 已知，仍然可以使用公式 9-2 的 Z 檢定。

2. 如果母群變異數 σ^2 未知但相等，將公式 9-5 改稱 Z 檢定，公式為：

$$Z = \frac{\bar{X}_1 - \bar{X}_2 - (\mu_1 - \mu_2)}{\sqrt{s_p^2\left(\frac{1}{n_1}+\frac{1}{n_2}\right)}}$$　（公式 9-11）

3. 如果母群變異數 σ^2 未知但不相等，將公式 9-8 改稱為 Z 檢定，公式為：

$$Z=\frac{(\bar{X}_1-\bar{X}_2)-(\mu_1-\mu_2)}{\sqrt{\frac{s_1^2}{n_1}+\frac{s_2^2}{n_2}}}$$ （公式 9-12）

但是，如果兩個母群不是常態分配，而且樣本數不到 30，則建議改用無母數統計方法，如 Mann-Whitney U 檢定。

至於兩個母群的變異數是否相等，則必須另外進行檢定。在進行變異數同質性檢定時，如果各母群服從常態分配，採用 Bartlett 檢定；如果各母群服從非常態分配時，採用 Levene 檢定。本章只採用變異數比率計算 F 值並進行檢定，暫不介紹 Bartlett 和 Levene 檢定，這些檢定將在第 10 章變異數分析中再介紹。

雖然 Student 的 t 檢定在變異數不等但樣本數較小且相等時仍具有強韌性，但是調查研究通常各組樣本數不相等，即使實驗研究也會因為樣本流失或缺失值使得各組樣本數不相等，再加上變異數同質的假定很難達到，此時仍使用 Student 的 t 檢定並不恰當。Delacre、Lakens、及 Leys（2017）研究發現，當變異數都不相等時，Welch 的 t 檢定會比 Student 的 t 檢定更具能控制型 I 錯誤，即使變異數相等時，Welch 的 t 檢定也僅比 Student 的 t 檢定少一些強韌性，因此他們建議心理學研究者應將 Welch 的 t 檢定當成預設的檢定方法，而不是採用 Student 的 t 檢定。R 軟體的 t.test() 函數內定變異數不相等（var.equal = FALSE），也就是預設使用 Welch 的 t 檢定。

9.1.4 分析流程

兩個獨立樣本平均數檢定的分析流程可用下頁的圖 9-1 表示之。在進行分析時，要留意以下四點，以決定使用的公式。

1. **兩個母群是否為常態分配**。獨立樣本平均數檢定假設兩個母群都是常態分配，如果不是常態分配，但為大樣本（$n \geq 30$），仍可採用本章的檢定方法。
2. **兩個母群的變異數是否已知**。如果母群為常態分配且變異數已知，使用 Z 檢定。母群為常態分配但變異數未知，則使用樣本變異數估計母群變異數，並使用 t 檢定，如果為大樣本，雖可以改用 Z 檢定，但統計軟體仍用 t 檢定。
3. **兩個母群的變異數是否相等**。如果變異數相等，則使用合併變異數；如果變異數不相等，則使用個別的變異數。

4. **樣本大小**。無論母群是什麼分配，如果是大樣本，都使用 Z 檢定。如果是小樣本，但兩個母群都是常態分配，可以使用 t 檢定。如果母群不是常態分配，又是小樣本，則建議改用無母數統計分析。

由於變異數已知的情形相當少見，而 R 也未區分大樣本及小樣本（大樣本時，t 值已經非常接近 Z 值了），因此一般只使用流程圖中的第 2 個及第 3 個公式即可。

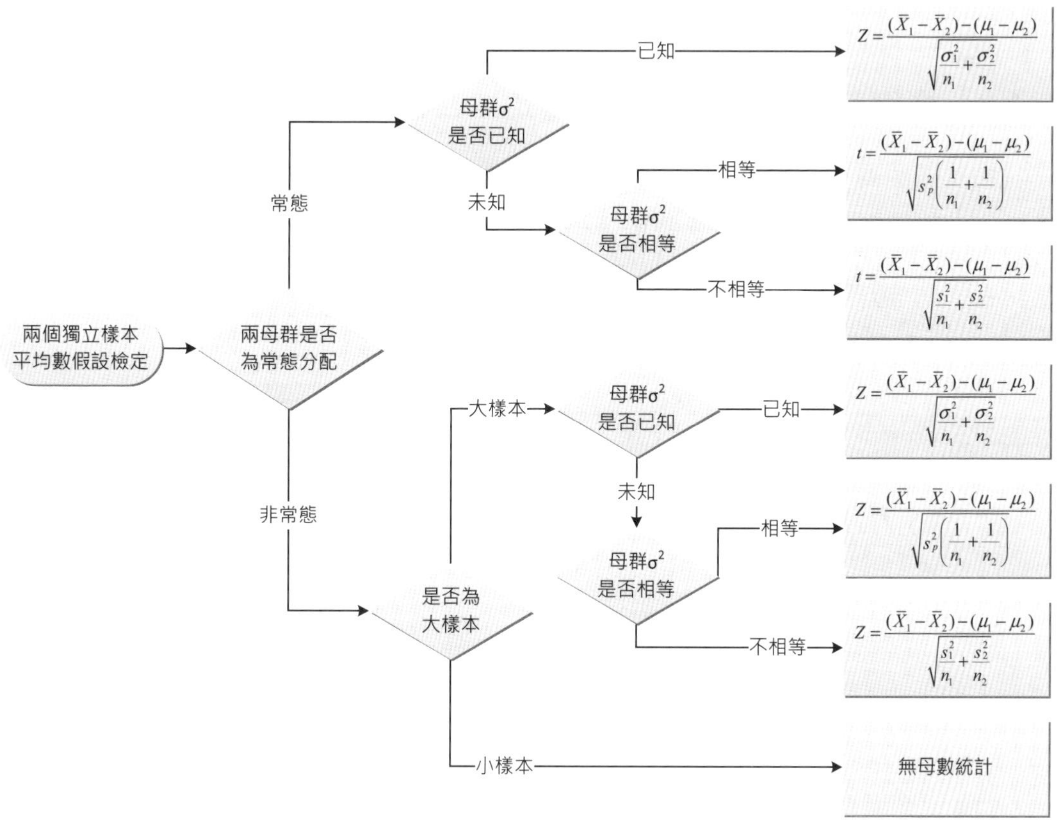

圖 9-1　兩個獨立樣本平均數檢定的分析流程

9.1.5　效果量

獨立樣本 t 檢定的效果量通常使用 Cohen 的 d，公式為：

$$d=\frac{\mu_1-\mu_2}{\sigma_p} \quad \text{（公式 9-13）}$$

由於計算合併的標準差 σ_p（如果是樣本，則計算 s_p）較為麻煩，因此可以直接

使用 t 值及各組樣本數求得 d 值，公式為：

$$d = t\sqrt{\frac{n_1 + n_2}{n_1 n_2}} \qquad \text{（公式 9-14）}$$

依據 J. Cohen（1988）的經驗法則，d 的小、中、大效果量分別為 0.20、0.50、及 0.80。

9.1.6 標準差及變異數同質性檢定

由於兩個獨立樣本 t 檢定需要符合變異數同質性假定，所以在此附帶說明變異數的比率檢定。要檢定兩個變異數是否相等（具有同質性），統計假設為：

$$\begin{cases} H_0 : \sigma_1^2 = \sigma_2^2 \\ H_1 : \sigma_1^2 \neq \sigma_2^2 \end{cases}$$

移項後為：

$$\begin{cases} H_0 : \dfrac{\sigma_1^2}{\sigma_2^2} = 1 \\ H_1 : \dfrac{\sigma_1^2}{\sigma_2^2} \neq 1 \end{cases}$$

假定為常態分配，檢定的公式是計算兩組樣本變異數的比率：

$$F = \frac{s_1^2}{s_2^2}$$

在後面文字框 9-3 中，兩組的變異數分別為 23.041 及 70.404，代入公式得到：

$$F = \frac{4.800097^2}{8.390734^2} = \frac{23.04094}{70.40441} = 0.32727$$

在分子及分母自由度分別是 18 及 16 的 F 分配中，計算所得 F 值的雙尾機率為 0.0249（見圖 9-2 中 $0.01244 + 0.01244$），已經小於 0.05，應拒絕虛無假設，因此兩群的變異數並不相等（注：此時分子及分母自由度分別為第 1 組及第 2 組樣本數各減 1）。

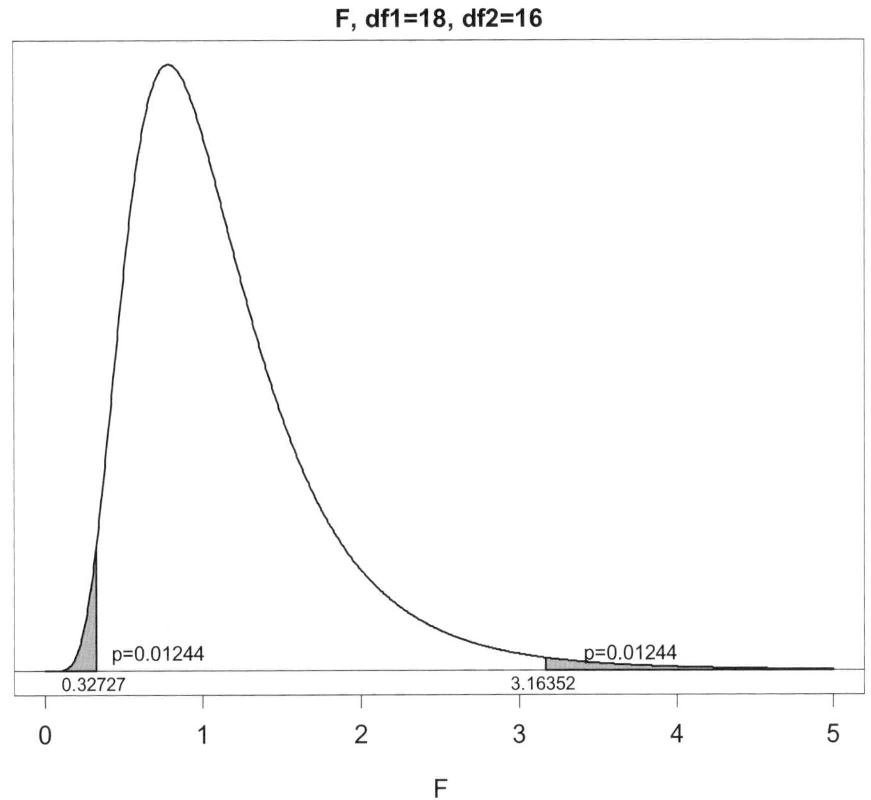

圖 9-2　自由度為 18, 16 時，F = 0.32727 的雙尾 p 值為 0.0249

要計算兩群變異數比率的信賴區間，則將 F 值分別除以自由度是 18、16 的 F 臨界值。當 $\alpha = 0.05$ 時，臨界值分別為 0.3787375 及 2.717003〔使用 qf(0.025, 18,16)及 qf(0.975, 18,16)計算，見圖 9-3 所示〕，將變異數比率除以兩個臨界值，就可以得到信賴區間的上下界，它們分別為：

下界：0.32727 ÷ 2.717003 = 0.1204509

上界：0.32727 ÷ 0.3787375 = 0.8640959

由於變異數比率的 95%信賴區間 [0.1204509, 0.8640959] 不包含 1（檢定值），因此應拒絕 $\sigma_1^2/\sigma_2^2 = 1$ 的虛無假設，所以 $\sigma_1^2/\sigma_2^2 \neq 1$，換言之，$\sigma_1^2 \neq \sigma_2^2$。

上述說明將在 9.3.5 使用 R 軟體進行分析。變異數信賴區間的公式，請參見買俊平（2017, pp.191-193）的專書。

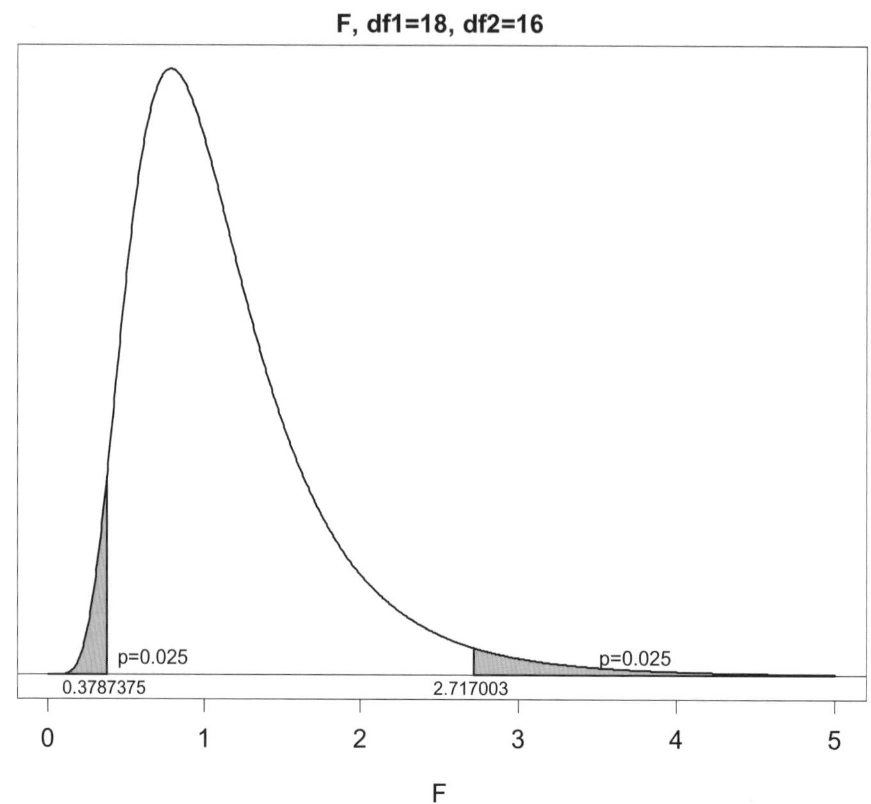

圖 9-3　自由度為 18、16，$\alpha = 0.05$ 時的雙尾臨界值為 0.3787375 及 2.717003

9.2　範例

某研究者想要了解資訊科技融入英語教學是否可以提高學生的學習成效，於是在某國中找兩個隨機常態編班後的七年級班級，其中一班接受互動式電子白板融入英語教學（實驗組，代碼為 1，有 19 名學生），另一班則接受一般英語教學（控制組，代碼為 2，有 17 名學生）。經過一學期的教學後，所有學生接受研究者自編的英語成就測驗，得到表 9-1 的數據。請問：接受資訊科技融入英語教學與接受一般英語教學的學生之平均英文能力是否有不同？

表 9-1　36 名學生在英文測驗的得分

學生	組別	英文能力	學生	組別	英文能力
1	1	86	19	1	85
2	1	90	20	2	87
3	1	91	21	2	83
4	1	89	22	2	86
5	1	88	23	2	67
6	1	81	24	2	76
7	1	77	25	2	80
8	1	85	26	2	85
9	1	84	27	2	81
10	1	81	28	2	82
11	1	76	29	2	79
12	1	83	30	2	81
13	1	78	31	2	67
14	1	81	32	2	56
15	1	85	33	2	88
16	1	77	34	2	78
17	1	90	35	2	85
18	1	79	36	2	79

9.2.1　變數與資料

表 9-1 中有 3 個變數，但是學生的代號並不需要輸入 R 中。在 R 中使用獨立樣本 t 檢定，可以有兩種登錄資料的方式。一是將自變數及依變數分別輸入不同行（欄）（見文字框 9-1）。依變數「英文能力」是學生在研究者自編「英文成就測驗」的得分，分數愈高，代表學生英文能力愈佳。而自變數（組別）中，實驗組登錄為 1，控制組登錄為 2。由於組別是名義變數，數值僅代表不同的類別，因此可以輸入任意的 2 個數值。

二是將兩組的依變數數值輸入不同行，其中，第 1 行是第 1 組（實驗組）19 個受試者的英文成績，第 2 行是第 2 組（控制組）17 個受試者的英文成績，自變數的因子則由行的名稱（變數名）表示（見文字框 9-2）。

9.2.2 研究問題

在本範例中，研究者想要了解的問題可以陳述如下：

> 接受資訊科技融入英語教學與接受一般英語教學的學生之平均英文能力是否有不同？

9.2.3 統計假設

根據研究問題，虛無假設宣稱「接受資訊科技融入英語教學與接受一般英語教學的學生之平均英文能力沒有差異」：

$$H_0 : \mu_{資訊科技} = \mu_{一般教學}$$

而對立假設則宣稱「接受資訊科技融入英語教學與接受一般英語教學的學生之平均英文能力有差異」：

$$H_1 : \mu_{資訊科技} \neq \mu_{一般教學}$$

總之，統計假設寫為：

$$\begin{cases} H_0 : \mu_{資訊科技} = \mu_{一般教學} \\ H_1 : \mu_{資訊科技} \neq \mu_{一般教學} \end{cases}$$

9.3 使用 R 進行分析

9.3.1 資料檔

完整的 R 資料檔如文字框 9-1 及文字框 9-2。文字框 9-2 由於兩組受試者不相等（不平衡設計），因此第 2 組會有 2 個缺失值（NA），不過並不影響分析。後續的分析，以文字框 9-2 的資料為主。

文字框 9-1　第一種輸入方式

```
> load("C:/mydata/chap09/example9_1.RData")        # 載入本例資料
```

```
> example9_1                                    # 展示本例資料
   組別  英文能力
1    1     86
2    1     90
3    1     91
4    1     89
5    1     88
6    1     81
7    1     77
8    1     85
9    1     84
10   1     81
11   1     76
12   1     83
13   1     78
14   1     81
15   1     85
16   1     77
17   1     90
18   1     79
19   1     85
20   2     87
21   2     83
22   2     86
23   2     67
24   2     76
25   2     80
26   2     85
27   2     81
28   2     82
29   2     79
30   2     81
31   2     67
32   2     56
33   2     88
34   2     78
35   2     85
36   2     79
```

文字框 9-2　第二種輸入方式

```
> load("C:/mydata/chap09/example9_2.RData")          # 載入本例資料
> example9_2                                         # 展示本例資料
   實驗組 控制組
1      86     87
2      90     83
3      91     86
4      89     67
5      88     76
6      81     80
7      77     85
8      85     81
9      84     82
10     81     79
11     76     81
12     83     67
13     78     56
14     81     88
15     85     78
16     77     85
17     90     79
18     79     NA
19     85     NA
```

9.3.2　兩個樣本統計量

文字框 9-3 是使用文字框 9-2 的資料，進行兩個樣本的描述統計分析。首先載入 psych 程式套件，再以 describe() 函數列出各種常用的描述統計量。

文字框 9-3　計算兩個樣本統計量（使用文字框 9-2 資料）

```
> load("C:/mydata/chap09/example9_2.RData")          # 載入文字框 9-2 資料
> library(psych)                                     # 載入 psych 程式套件
> describe(example9_2)                               # 列出各項描述統計量
       vars  n  mean   sd median trimmed  mad min max range  skew kurtosis   se
實驗組    1 19 83.47 4.80     84   83.47 5.93  76  91    15  0.01    -1.39 1.10
控制組    2 17 78.82 8.39     81   79.73 5.93  56  88    32 -1.29     0.89 2.04
```

報表中顯示兩組受試人數分別為 19 人及 17 人，在英文測驗的平均得分為 83.47 及 78.82，標準差分別為 4.80 及 8.39，平均數的標準誤分別為 1.10 及 2.04，公式為：

$$\text{平均數的標準誤} = \frac{\text{標準差}}{\sqrt{\text{個數}}}$$

如果使用文字框 9-1 的資料，可以使用 psych 程式套件的 describeBy() 函數列出各組常用的描述統計量。如果要得到比較多的小數位，可以加入 mat = TRUE 及 digit = 4 引數，以矩陣及 4 位小數表示。（見文字框 9-4）

文字框 9-4　計算兩個樣本統計量（使用文字框 9-1 資料）

```
> load("C:/mydata/chap09/example9_1.RData")                # 載入文字框 9-1 資料
> describeBy(example9_1$英文能力,example9_1$組別)    # 列出組別之英文能力的描述統計量
 Descriptive statistics by group
group: 1
   vars  n  mean  sd median trimmed  mad min max range skew kurtosis  se
X1    1 19 83.47 4.8     84   83.47 5.93  76  91    15 0.01    -1.39 1.1
------------------------------------------------------------------------------
group: 2
   vars  n  mean   sd median trimmed  mad min max range  skew kurtosis   se
X1    1 17 78.82 8.39     81   79.73 5.93  56  88    32 -1.29     0.89 2.04
> describeBy(example9_1$英文能力,example9_1$組別,mat=T,digit=4)    # 以矩陣表示
    item group1 vars  n    mean     sd median trimmed    mad min max range
X11    1      1    1 19 83.4737 4.8001     84 83.4706 5.9304  76  91    15
X12    2      2    1 17 78.8235 8.3907     81 79.7333 5.9304  56  88    32
       skew kurtosis     se
X11  0.0055  -1.3851 1.1012
X12 -1.2876   0.8934 2.0351
```

9.3.3　獨立樣本 t 檢定（假定變異數相等）

文字框 9-5 是假定兩組在**母群變異數相等**的假設下所進行的平均數 t 檢定，此時應加上「var.equal=TRUE」命令。

第 1 個分析使用文字框 9-2 的資料，第 1 個變數取 example9_2 中的「實驗組」數據，第 2 個變數則取 example9_2 中的「控制組」數據，變數名稱前要加「$」。命

令也可以寫為：t.test(example9_2 [,1], example9_2 [,2], var.equal=T)。

第 2 個分析使用文字框 9-1 的資料，以 example9_1 中的「英文能力」為依變數（~號前），「組別」為自變數（~號後），假設變異數相等。命令也可以寫為：t.test(example9_1[,2] ~ example9_1[,1], var.equal=T)。

兩種分析方法的結果一致。

文字框 9-5　獨立樣本 t 檢定（變異數相等）

```
> load("C:/mydata/chap09/example9_2.RData")            # 載入文字框 9-2 資料
> t.test(example9_2$實驗組, example9_2$控制組, var.equal=TRUE)
                                                       # 假設變異數相等的 t 檢定

        Two Sample t-test


data:  example9_2$實驗組 and example9_2$控制組
t = 2.0688, df = 34, p-value = 0.04623
alternative hypothesis: true difference in means is not equal to 0
95 percent confidence interval:
 0.08225008 9.21805952
sample estimates:
mean of x  mean of y
 83.47368   78.82353
> load("C:/mydata/chap09/example9_1.RData")            # 載入文字框 9-1 資料
> t.test(example9_1$英文能力~example9_1$組別, var.equal=TRUE)
> t.test(英文能力~組別, var.equal=TRUE, data=example9_1)
                                                       # 「英文能力」為依變數，「組別」為自
                                                       變數，以上指令二擇一
        Two Sample t-test


data:  example9_1$英文能力 by example9_1$組別
t = 2.0688, df = 34, p-value = 0.04623
alternative hypothesis: true difference in means is not equal to 0
95 percent confidence interval:
 0.08225008 9.21805952
sample estimates:
mean in group 1  mean in group 2
        83.47368         78.82353
```

分析後可以使用兩個方法進行裁決。第一個方法是 p 值法。報表裡計算所得 t 值為 2.0688，$p = 0.04623$。在自由度是 34（等於總人數減 2）的 t 分配中，$|t| \geq 2.0688$ 的 p 值為 0.04623，已經小於 0.05，應拒絕虛無假設（H_0: $\mu_1 - \mu_2 = 0$），因此兩組的平均數有顯著差異。

第二個方法是平均數差異的 95%信賴區間法。兩組平均數的差異為 4.65015（由 83.47368 減 78.82353 而得），95%信賴區間為 [0.08225008, 9.21805952]，由於上、下界不包含 0，應拒絕 H_0: $\mu_1 - \mu_2 = 0$ 的虛無假設，所以兩組的平均數有顯著差異。

使用兩種裁決方法的結論會是一致的。

如果使用傳統的臨界值法，在自由度為 34，$\alpha = 0.05$ 時的雙尾臨界 t 值為 ±2.032245，計算所得 t 值 2.0688 已經大於 2.032245，因此應拒絕虛無假設，與前兩個方法一致。而雙尾臨界值可以使用 qt(.025,34)及 qt(.975,34)命令計算。

9.3.4　獨立樣本 t 檢定（假定變異數不相等）

文字框 9-6 是假定兩組的**母群變異數不相等**的假設下所進行的平均數 t 檢定，此時省略「var.equal=TRUE」命令。如果使用文字框 9-1 的資料，命令改為：t.test (example9_1$英文能力~example9_1$組別) 或 t.test(example9_1[,2]~example9_1 [,1])。

文字框 9-6　獨立樣本 t 檢定（變異數不相等）

```
> load("C:/mydata/chap09/example9_2.RData")          # 載入本例資料
> t.test(example9_2$實驗組, example9_2$控制組)        # 使用內定假設變異數不相等的 t 檢定
        Welch Two Sample t-test


data:  example9_2$實驗組 and example9_2$控制組
t = 2.0097, df = 24.848, p-value = 0.05544
alternative hypothesis: true difference in means is not equal to 0
95 percent confidence interval:
 -0.1168808  9.4171904
sample estimates:
mean of x mean of y
 83.47368  78.82353
```

裁決方法同樣有二。第一個方法是 p 值法。在自由度是 24.848 的 t 分配中，$|t|$

≥2.0097 的 p 值為 0.05544，已經大於 0.05，不能拒絕虛無假設（$H_0: \mu_1 - \mu_2 = 0$），因此兩組的平均數沒有顯著差異。

第二個方法是平均數差異的 95%信賴區間法。兩組平均數的差異為 4.65015，95%信賴區間為 [−0.1168808, 9.4171904]，包含 0，不能拒絕 $H_0: \mu_1 - \mu_2 = 0$ 的虛無假設，所以兩組的平均數沒有顯著差異。

9.3.5 兩個樣本變異數檢定

由於兩個獨立樣本 t 檢定需要先檢定兩組變異數是否相等，所以在此處也說明兩個變異數的檢定，命令如文字框 9-7。**留意**：變異數比率通常為雙尾檢定，因此應加上「alternative="two.sided"」命令。如果使用文字框 9-1 的資料，命令改為：var.test (example9_1[,2]~example9_1[,1], alternative="two.sided")。

文字框 9-7　兩個變異數檢定（變異數比率檢定）

```
> load("C:/mydata/chap09/example9_2.RData")          # 載入本例資料
> var.test(example9_2[,1], example9_2 [,2], alternative="two.sided")
                                                      # 變異數同質性檢定
        F test to compare two variances

data:  example9_2[, 1] and example9_2[, 2]
F = 0.32727, num df = 18, denom df = 16, p-value = 0.02487
alternative hypothesis: true ratio of variances is not equal to 1
95 percent confidence interval:
 0.1204509 0.8640959
sample estimates:
ratio of variances
         0.3272655
```

報表中說明對立假設是「兩個變異數的真正比率不等於 1」，化為統計符號是：

$$H_1: \frac{\sigma_1^2}{\sigma_2^2} \neq 1$$

因此虛無假設為：

$$H_0 : \frac{\sigma_1^2}{\sigma_2^2} = 1$$

代入文字框 9-3 的兩組標準差，得到：

$$F = \frac{4.800097^2}{8.390734^2} = 0.3272655$$

在分子及分母自由度為 18、16 的 F 分配中，$p = 0.02487$。裁決方法有二：一是 p 已經小於 0.05；二是變異數比率的 95%信賴區間為 [0.1204509, 0.8640959]，中間不包含檢定值 1。因此應拒絕虛無假設，也就是兩組的母群變異數不相等。

9.3.6　整體分析結果

進行兩個獨立樣本平均數 t 檢定之前，應先檢定兩個變異數是否相等（同質）。R 使用變異數比率的 F 檢定，進行變異數同質性檢定，這也是 SAS、Stata，及 Systat 等統計軟體使用的方法，檢定後拒絕 $H_0 : \frac{\sigma_1^2}{\sigma_2^2} = 1$ 的虛無假設，因此兩組變異數有顯著差異。

由於變異數不同質，因此以兩組各自的變異數計算平均數標準誤，以進行平均數差異 t 檢定，得到文字框的 $t(24.848) = 2.0097$，$p = 0.05544$，兩組的平均數差異 4.65 並未顯著不等於 0。

在本範例中，使用不同的 t 檢定公式，會得到相反的結論，讀者務必留意。

9.4　計算效果量

在此計算 Cohen 的 d 值，它的公式是：

$$d = t\sqrt{\frac{n_1 + n_2}{n_1 n_2}}$$

從文字框 9-3 及 9-6 找到對應的數值，代入之後得到：

$$d = 2.0097\sqrt{\frac{19+17}{19\times17}} = 0.6709$$

依據 J. Cohen（1988）的經驗法則，本範例為中度的效果量，但是因為 t 檢定未達統計上的顯著，所以不能只強調 d 值。

在 R 中，可以使用 lsr 程式套件中的 cohensD() 函數計算 Cohen D。文字框 9-8 中先載入 lsr 程式套件，並使用 example9_1 中的「組別」與「英文能力」計算 Cohen 的 d，「method = "unequal"」表示使用獨立樣本且兩組變異數不相等。分析結果 d = 0.6803048，與自行計算有些微差異。

如果改用 compute.es 程式套件的 tes()（t-test effect size），則輸入 t 值及兩組樣本數，結果為 0.6709，與自行計算結果一致。d 值的 95%信賴區間為 [-0.0263 , 1.3682]，p = 0.0588，因此與 0 沒有顯著差異。

文字框 9-8　計算效果量

```
> load("C:/mydata/chap09/example9_1.RData")          # 載入本例資料
> library(lsr)                                        # 載入 lsr 程式套件
> cohensD(英文能力 ~ 組別, data=example9_1, method = "unequal")
                                                      # 計算變異不相等之 Cohen's d
[1] 0.6803048
> library(compute.es)                                 # 載入 compute.es 程式套件
> tes(2.0097, 19, 17, dig = 4)                        # 輸入 t 值及兩組樣本數，計算效果量 d
Mean Differences ES:

 d [ 95 %CI] = 0.6709 [ -0.0263 , 1.3682 ]
  var(d) = 0.1177
  p-value(d) = 0.0588
  U3(d) = 74.8869 %
  CLES(d) = 68.2401 %
  Cliff's Delta = 0.3648
```

9.5　以 APA 格式撰寫結果

研究者以兩班七年級學生為受試者，其中接受資訊科技融入英語教學者的平均英語能力為 83.47 (SD = 4.80，N = 19)，接受一般英語教學者的平均數為 78.82 (SD = 8.39，N = 17)。由於兩組的變異數不相等，F (18, 16) = 0.33，p = .025，因此採用 Welch-Satterthwaite 公式，t(25) = 2.01，p = .055，兩組的平均得分差異為 4.65，95%信賴區間為 [−0.12, 9.42]，未達統計上顯著差異，效果量 d = 0.68。

9.6　獨立樣本 t 檢定的假定

獨立樣本 t 檢定應符合以下三個假定。

9.6.1　觀察體要能代表母群體，且彼此間獨立

觀察體獨立代表各個樣本不會相互影響，假使觀察體間不獨立，計算所得的 p 值就不準確。如果有證據支援違反了這項假定，就不應使用獨立樣本 t 檢定。

9.6.2　依變數在兩個母群中須為常態分配

此項假定是指兩組的英文成就測驗得分都要呈常態分配，如果不是常態分配，會降低檢定的統計考驗力。不過，當每一組的樣本數在 30 以上，即使違反了這項假定，對於獨立樣本 t 檢定的影響也不大。

9.6.3　依變數的變異數在兩個母群中須相等

此項假定是指兩組的英文成就測驗得分之變異數要相等，如果不相等，則計算所得的 t 值及 p 值就不可靠。當違反此項假定時，則應改採 Welch 的公式計算 t 值，分析時要留心選擇。

當兩組樣本數相等時，變異數是否同質，便不會影響 t 值的計算（但 p 值會有不同），因此在進行實驗時，最好採用平衡設計。

9.7 獨立樣本 Mann-Whitney-Wilcoxon 檢定

如果不符合常態分配與變異數同質假設，可以改用文字框 9-9 的 Wilcoxon 等級和檢定（Wilcoxon rank sum test；或是 Mann-Whitney U 檢定）。檢定後得到 $W = 210.5$，$p = 0.123$，因此兩組的中位數 84 及 81 沒有顯著差異。

文字框 9-9　無母數檢定

```
> load("C:/mydata/chap09/example9_1.RData")
> with(example9_1, by(英文能力, 組別, median))                # 列出兩組的中位數
組別: 1
[1] 84
------------------------------------------------------------------------------------------
組別: 2
[1] 81
> wilcox.test(英文能力~組別, data=example9_1)                 # ~前為依變數，後為組別

        Wilcoxon rank sum test with continuity correction

data:  英文能力 by 組別
W = 210.5, p-value = 0.1231
alternative hypothesis: true location shift is not equal to 0
> load("C:/mydata/chap09/example9_2.RData")
> wilcox.test(example9_2$實驗組, example9_2$控制組)           # 兩變數，不配對
> with(example9_2, wilcox.test(實驗組, 控制組))               # 與上個指令二擇一
```

第 10 章

單因子獨立樣本變異數分析

單因子獨立樣本變異數分析（analysis of variance, ANOVA）旨在比較兩群以上沒有關聯之樣本，在某個變數的平均數是否有差異，適用的情境如下：

自變數：兩個以上獨立而沒有關聯的組別，為**質的變數**。自變數又稱**因子**（factor，或譯為**因素**），而單因子就是只有一個自變數。

依變數：量的變數。

本章先介紹單因子獨立樣本變異數分析的整體檢定，接著說明所有成對的事後比較（post hoc comparison）。

10.1　基本統計概念

10.1.1　目的

單因子獨立樣本變異數分析旨在檢定兩組以上沒有關聯的樣本，在某一變數之平均數是否有差異。當只有兩群樣本時，研究者通常會使用獨立樣本 t 檢定，而不使用單因子獨立樣本變異數分析，由於此時 $F = t^2$，所以兩種分析的結果是一致的。

然而，如果是三組以上的樣本，仍舊使用 t 檢定，則會使得 α 膨脹。例如，當自變數有四個群組，如果兩兩之間都要比較平均數差異，則要進行 6 次 t 檢定：

$$C_2^4 = \frac{4 \times 3}{2} = 6$$

如果每次 t 檢定都設定 $\alpha = 0.05$，則 6 次檢定所犯的總錯誤機率是：

$$1 - (1 - 0.05)^6 = 0.265$$

這個值大約等於：

$$0.05 \times 6 = 0.30$$

變異數分析的主要目的即在同時進行多組平均數差異比較，而又能控制 α。

10.1.2　分析示例

以下的研究問題都可以使用單因子獨立樣本變異數分析：

1. 三家公司員工對所屬公司的滿意度（以分數表示）。

2. 不同職務等級（委任、薦任、簡任）公務員的公民素養。

3. 四種品牌日光燈的使用壽命。

4. 不同學業成績（分為低、中、高）學生的自我效能感。

5. 隨機分派後的幼魚，各自接受四種餵食量，一星期後的換肉率。

10.1.3 整體檢定（*F* 檢定）

第 3 章的公式 3-9 提到母群變異數的不偏估計值為：

$$s^2 = \frac{\Sigma(X - \bar{X})^2}{n-1} \qquad \text{（公式 3-9）}$$

其中分子部分 $\Sigma(X - \bar{X})^2$ 稱為**離均差平方和**（sum of squares, SS），$n-1$ 就是**自由度**。

單因子變異數分析就是在計算**組間**（between groups）及**組內**（within groups）的離均差平方和，然後除以適當的自由度，以得到**均方**（mean square, MS），*MS* 就是母群體變異數的不偏估計值 s^2（林清山，1992），接著將組間的變異數（s_b^2）除以組內變異數（s_w^2）以得到 *F* 值，

$$F = \frac{s_b^2}{s_w^2} \qquad \text{（公式 10-1）}$$

然後再考驗 *F* 值是否達到顯著，因此變異數分析是使用 *F* 考驗。

以表 10-1 為例，研究者隨機抽取 9 名學生，再以隨機分派方式將他們分成 3 組，分別以不同的方法進行教學，經過一學期後，測得他們的數學成績。試問：三種教學法的效果是否有差異？

表 10-1　三組學生的數學成績

組　別	第 1 組	第 2 組	第 3 組
受試者 1	2	3	6
受試者 2	3	5	7
受試者 3	4	7	8
組平均數	3	5	7
總平均數	5		

本例只有教學法一個自變數（又稱為**因子或因素**，factor），因此稱為**單因子變異數分析**（one-way ANOVA）。自變數有三個類別（或稱**水準**，level），三組的受試者為不同的樣本，因此稱為獨立樣本單因子變異數分析。

10.1.3.1　虛無假設與對立假設

在此例中，待答問題是：

數學成績是否因使用的教學法而有不同？

虛無假設是假定母群中三種教學法的學生數學平均成績相同：

$$H_0: \mu_{第1組} = \mu_{第2組} = \mu_{第3組}$$

或寫成：

$$H_0: \mu_i = \mu_j \text{，存在於所有的 } i \text{ 及 } j$$

然而，對立假設卻不能寫成：

$$H_1: \mu_{第1組} \neq \mu_{第2組} \neq \mu_{第3組}$$

這是因為要拒絕虛無假設並不一定需要三組的平均數都不相等，而只要至少兩組的平均數不相等即可（即 $\mu_{第1組} \neq \mu_{第2組}$、$\mu_{第1組} \neq \mu_{第3組}$、$\mu_{第2組} \neq \mu_{第3組}$，或者是 $\mu_{第1組} \neq \mu_{第2組} \neq \mu_{第3組}$）。所以，對立假設可以寫成：

H_1：至少一組的母群平均數與其他組不同

或是：

$$H_1: \mu_i \neq \mu_j \text{，存在於部分的 } i \text{ 及 } j$$

或者簡單寫成：

H_1：H_0 為假

10.1.3.2　*SS* 及自由度的計算

要進行整體檢定，需要計算三種 *SS*，分別是：

全體 SS_t = [(各個數值−總平均數)^2]之總和 （公式 10-2）

組間 SS_b =[(各組平均數−總平均數)^2 ×各組樣本數]之總和 （公式 10-3）

組內 SS_w =[(各個數值−各組平均數)^2]之總和 （公式 10-4）

全體 SS_t 等於 36，計算過程如下：

$$(2-5)^2+(3-5)^2+(4-5)^2+$$
$$(3-5)^2+(5-5)^2+(7-5)^2+$$
$$(6-5)^2+(7-5)^2+(8-5)^2$$
$$=9+4+1+4+0+4+1+4+9$$
$$=36$$

組間 SS_b 等於 24，計算過程如下：

$$(3-5)^2\times 3+(5-5)^2\times 3+(7-5)^2\times 3=12+0+12=24$$

組內 SS_w 等於 12，需要分別計算 3 組的組內 SS_w。其中，第 1 組組內 SS_w 等於 2，計算過程如下：

$$(2-3)^2+(3-3)^2+(4-3)^2=1+0+1=2$$

第 2 組組內 SS_w 等於 8，計算過程如下：

$$(3-5)^2+(5-5)^2+(7-5)^2=4+0+4=8$$

第 3 組組內 SS_w 等於 2，計算過程如下：

$$(6-7)^2+(7-7)^2+(8-7)^2=1+0+1=2$$

將 3 個組內 SS_w 加總之後，得到聯合組內 SS_w，為 12。

$$2+8+2=12$$

由計算結果可看出：

全體 SS_t = 組間 SS_b+ 組內 SS_w （公式 10-5）

因此，全體 SS_t 可拆解成組間 SS_b 及組內 SS_w 兩部分（如圖 10-1 所示）。

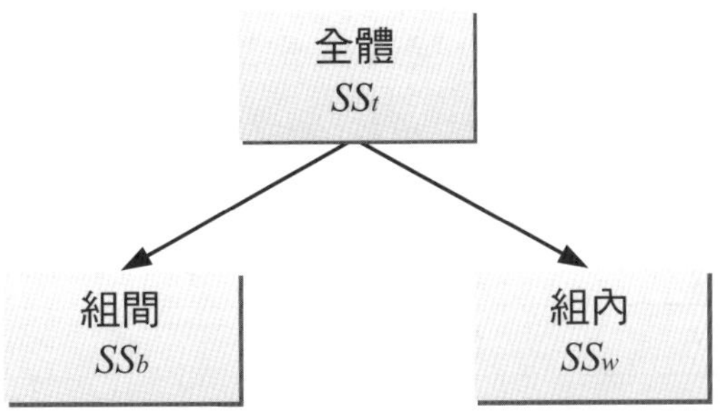

圖 10-1　單因子獨立樣本變異數分析之 *SS* 拆解

上述三個變異來源的自由度公式分別為：

全體的自由度 = 總樣本 − 1

組間的自由度 = 組數 − 1

組內的自由度 = 總樣本 − 組數

計算後得到：

全體的自由度 = 9 − 1 = 8

組間的自由度 = 3 − 1 = 2

組內的自由度 = 9 − 3 = 6

自由度同樣具有可加性，所以，

全體的自由度 = 組間的自由度 + 組內的自由度

10.1.3.3　變異數分析摘要表

求得 *SS* 及自由度後，就可以整理成變異數分析摘要表。表 10-2 中，均方是由平方和除以自由度而得，因此，

組間均方 = 組間平方和 / 組間自由度 = 24 / 2 = 12

組內均方 = 組內平方和 / 組內自由度 = 12 / 6 = 2

F 值的公式為：

F = 組間均方 / 組內均方 = 12 / 2 = 6

表 10-2　變異數分析摘要表

變異來源	平方和 *SS*	自由度 *df*	均方 *MS*	*F* 值	*p* 值
組　間	24	2	12	6	0.037
組　內	12	6	2		
全　體	36	8			

計算所得的 *F* 值是否顯著，有兩種判斷方法。第一種是傳統取向的做法，找出 $\alpha = 0.05$ 時的臨界值（**留意**：變異數分析是單尾檢定）。在 R 中，使用反密度函數 qf(0.95, 2, 6) 求得臨界值 5.143253。計算所得的 *F* 值為 6，已經大於 5.143253，因此應拒絕虛無假設。

第二種是現代取向的做法，直接算出在自由度為 2、6 的 *F* 分配中，*F* 值要大於 6 的 *p* 值。在 R 中，使用累積密度函數 1−pf(6, 2, 6) 或 pf(6, 2, 6, low=F) 求得大於 6 的 *p* 值 0.03703704，$F(2,6) > 6$ 的 *p* 值為已經小於 0.05，因此應拒絕虛無假設。

文字框 10-1 是使用 R 分析上述的資料。首先以 aov() 函數建立模型 model，再以 anova() 函數輸出變異數分析摘要表，分析結果與前述的計算過程一致。oneway.test() 函數也可以進行單因子變異數分析，如果省略「var.equal=TRUE」，就是假定各組變異數不同質，改以 Welch-Satterthwaite 法對 *F* 值加以校正。

分析後得到 $F(2,6) = 9$，p =0.03704，已經小於 0.05，應拒絕虛無假設，因此各組間的平均數不完全相等。

文字框 10-1　單因子獨立樣本變異數分析

```
> load("C:/mydata/chap10/table10.RData")          # 載入本例資料
> table10                                          # 展示本例資料
  教學法 數學成績
1  第1組        2
2  第1組        3
3  第1組        4
4  第2組        3
5  第2組        5
6  第2組        7
7  第3組        6
8  第3組        7
9  第3組        8
```

```
> model<-aov(數學成績~教學法, data=table10)      # 以 aov 建立模型，放入 model 物件中
> anova(model)                                # 輸出變異數分析摘要表
Analysis of Variance Table

Response: 數學成績
          Df Sum Sq Mean Sq F value  Pr(>F)
教學法     2     24      12       6 0.03704 *
Residuals  6     12       2
---
Signif. codes:  0 '***' 0.001 '**' 0.01 '*' 0.05 '.' 0.1 ' ' 1
> oneway.test(數學成績~教學法,   data=table10, var.equal=TRUE)
                                              # 單因子變異數分析，假定變異數同質

        One-way analysis of means

data:  數學成績 and 教學法
F = 6, num df = 2, denom df = 6, p-value = 0.03704
```

10.1.4　變異數同質性檢定

變異數分析要符合的統計假定之一是**變異數同質性**（與獨立樣本 t 檢定相同），它是指不同組之間依變數的變異數要相等，虛無假設是：

$$H_0:\sigma^2_{第1組}=\sigma^2_{第2組}=\sigma^2_{第3組} \quad 或是 \quad H_0:\sigma^2_i=\sigma^2_j \quad \forall i, j$$

對立假設則是：

$$H_1:\sigma^2_i \neq \sigma^2_j \quad \exists i, j$$

如果資料符合常態分配，在 R 中可以使用 Levene 的變異數同質檢定，它同時採用 Brown 及 Forsythe 的修正方法，計算步驟為：

1. 計算各組的**中位數**（也可以設定為**平均數**，此為 Levene 的原方法）；
2. 將每組中各觀察體的數值減去該組的**中位數**，再對該**差異取絕對值**；
3. 以這些差異的絕對值進行**單因子變異數分析**，分析所得的 F 值及 p 值就是用來判斷變異數是否同質的依據。

以表 10-3 為例：

表 10-3　三組之原始數值及差異之絕對值

組別／受試者	第 1 組		第 2 組		第 3 組	
	原始數值	差異之絕對值	原始數值	差異之絕對值	原始數值	差異之絕對值
受試者 1	2	1	3	2	6	1
受試者 2	3	0	5	0	7	0
受試者 3	4	1	7	2	8	1
組中位數	3		5		7	

將表 10-3 中「差異之絕對值」進行 ANOVA，可以得到文字框 10-2，$F(2,6) = 0.6667$，$p = 0.5477$，不能拒絕虛無假設，因此三組的變異數沒有顯著差異。

文字框 10-2　以差異絕對值進行單因子變異數分析

```
> x=factor(c(1,1,1,2,2,2,3,3,3))          # 設定 x 為因子，有 1、2、3 三個水準
> y=c(1,0,1,2,0,2,1,0,1)                  # 輸入 y 變數的數值
> anova(aov(y ~ x))                       # 建立模型並輸出變異數分析摘要表
Analysis of Variance Table

Response: y
          Df Sum Sq Mean Sq F value Pr(>F)
x          2 0.8889 0.44444  0.6667 0.5477
Residuals  6 4.0000 0.66667
```

此結果與 R 的變異數同質性檢定報表（文字框 10-3）中 Levene 的 F 值相同。R 中的 car 及 DescTools 程式套件，都提供了變異數同質性檢定，前者為 leveneTest() 函數，後者為 LeveneTest() 函數（字母大小寫有差異），內定以各組中位數平移（Brown-Forsythe 法），也可以加「mean」指定以各組平均數平移（Levene 法）。

文字框 10-3　變異數同質性 Levene 檢定

```
> load("C:/mydata/chap10/table10.RData")        # 載入本例資料
> library(DescTools)                            # 載入 DescTools 程式套件
> LeveneTest(數學成績~教學法, data=table10)     # 進行變異數同質性 Levene 檢定
```

```
Levene's Test for Homogeneity of Variance (center = median)
      Df F value Pr(>F)
group  2  0.6667 0.5477
       6
```

如果不符合變異數同質的假定，可以採用三種替代方法：

1. 將 ANOVA 中的 F 值加以校正，R 中可以使用的方法有 Alexander-Govern、Brown-Forsythe、Welch-Satterthwaite 等。
2. 改採非參數統計，如 Kruskal-Wallis 檢定。
3. 將依變數以對數、倒數等方式轉換，再進行變異數分析。

10.1.5　事後比較

Kirk（2013, p.169）發現在行為科學、衛生科學、教育等領域，與變異數分析有關的常用假設檢定有五種：

1. 組數減 1 次的事前正交比較法。
2. 組數減 1 次的事前非正交比較法（均以控制組為比較的參照組）。
3. C 次的事前非正交比較法。
4. 所有組兩兩之間的成對比較。
5. 所有的對比，包含經由檢視資料後發現之感興趣的非成對比較。

前三種檢定為事前對比（比較），即使整體的變異數分析不顯著也可以進行。後二種檢定為事後對比，是在整體的變異數分析顯著之後才進行。其中第四種假設檢定又是研究者最常使用的方法。

進行對比時，需要考量所犯的第一類型錯誤率。第 1 種檢定方式是以單次比較為單位，因此不需要對 α 加以校正。第 3 種檢定是以整個變異數分析為單位進行所有成對比較，也不需要對 α 加以校正。第 2、4、5 種檢定則是以所有的對比為單位，因此需要考量對比次數，再針對 α 加以校正。

Wilkinson（1999）提醒，使用所有組兩兩之間成對的事後比較方法時，應留意：

1. 像 Tukey 之類的成對比較方式是考量整體變異數分析（實驗）的第一類型錯誤率，反而因此會較保守（conservative），使得統計檢定力降低。

2. 研究者很少需要進行所有的成對比較。
3. 進行所有可能的成對比較，反而使研究者身陷本來不關心的假設中，卻忽略了更重要的問題。

以下僅說明常用的事後比較方法，事前比較法請見陳正昌（2013）的《SPSS 與統計分析》一書。

10.1.5.1　Fisher 的 LSD 法（least significant difference）

Fisher 的 LSD 法採用 t 檢定法，公式為：

$$t = \frac{\overline{Y}_i - \overline{Y}_j}{\sqrt{MS_w\left(\frac{1}{n_i}+\frac{1}{n_j}\right)}} = \frac{\text{平均數差異}}{\text{標準誤}} \qquad \text{（公式 10-6）}$$

以第 3 組及第 1 組的比較為例，代入對應的數值後，得到：

$$t = \frac{7-3}{\sqrt{2\left(\frac{1}{3}+\frac{1}{3}\right)}} = \frac{4}{1.1547} = 3.464$$

成對比較通常是雙側檢定，因此得到的 t 值須取絕對值。在自由度是 6（F 的分母自由度）的 t 分配中，$|t| > 3.464$ 的 p 值為 0.01340163。在 R 中輸入(1−pt(3.464,6))*2 即可得到 p 值。

使用同樣的方法，第 2 組與第 1 組平均數的成對比較，得到 t 值為 1.732。

$$t = \frac{5-3}{\sqrt{2\left(\frac{1}{3}+\frac{1}{3}\right)}} = \frac{2}{1.1547} = 1.732$$

在自由度是 6 的 t 分配中，$|t| > 1.732$ 的 p 值為 0.133984〔使用(1−pt(1.732, 6))*2 求得〕，因此第 2 組及第 1 組的平均數沒有顯著差異。第 3 組與第 2 組平均數的成對比較結果也相同。

如果要計算平均數差異的信賴區間，在自由度為 6，$\alpha = 0.05$ 的情形下，臨界值為 2.446912〔使用 qt(1−0.05/2, 6) 求得〕。因此第 3 組與第 1 組平均數差異的 95%信賴區間為：

$$4 \pm 2.446912 \times 1.1547$$

下界為 1.17455，上界為 6.82545，中間不含 0，因此兩組之間的平均數有顯著差異。

第 2 組與第 1 組平均數差異的 95%信賴區間為：

$$2 \pm 2.446912 \times 1.1547$$

下界為−0.8254504，上界為 4.82545，中間包含 0，因此兩組之間的平均數沒有顯著差異。

以 R 進行 LSD 法事後比較，結果如文字框 10-4。在此分析中，需要分別安裝及載入 agricolae 及 DescTools，如果先前已經載入，就不需要重複執行 library 命令。

文字框 10-4　多重比較——LSD 法

```
> load("C:/mydata/chap10/table10.RData")        # 載入本例數據
> library(agricolae)                            # 載入 agricolae 程式套件
> model<-aov(數學成績~教學法, data=table10)     # 建立模型
> LSD<-LSD.test(model, "教學法")                # LSD 多重比較，存在 LSD 物件
> LSD                                           # 列出 LSD 內容
$statistics
  MSerror Df Mean       CV  t.value     LSD
        2  6    5 28.28427 2.446912 2.82545

$parameters
        test p.ajusted name.t ntr alpha
  Fisher-LSD      none 教學法   3  0.05

$means
      數學成績 std r      LCL      UCL Min Max Q25 Q50 Q75
第1組        3   1 3 1.002105 4.997895   2   4 2.5   3 3.5
第2組        5   2 3 3.002105 6.997895   3   7 4.0   5 6.0
第3組        7   1 3 5.002105 8.997895   6   8 6.5   7 7.5

$comparison
NULL
```

```
$groups
    trt means  M
1 第3組     7  a
2 第2組     5 ab
3 第1組     3  b
> library(DescTools)                          # 載入 DescTools 程式套件
> PostHocTest(model, method = "lsd")          # 以 LSD 法進行多重比較

  Posthoc multiple comparisons of means : Fisher LSD
    95% family-wise confidence level

$`教學法`
            diff      lwr.ci  upr.ci   pval
第2組-第1組    2 -0.8254504 4.82545 0.1340
第3組-第1組    4  1.1745496 6.82545 0.0134 *
第3組-第2組    2 -0.8254504 4.82545 0.1340

---
Signif. codes:  0 '***' 0.001 '**' 0.01 '*' 0.05 '.' 0.1 ' ' 1
```

文字框 10-4 前半部是以 agricolae 程式套件的 LSD.test() 函數分析的結果。$statistics 顯示，三組總平均為 5，誤差 MS 為 2（標準差為 $\sqrt{2}$），變異係數 CV 值為 $5/\sqrt{2}*100 = 28.28427$。結果中顯示自由度為 6 的 t 分配中，臨界值為 2.446912，如果兩組之間平均數的差異大於 2.82545（LSD），就達到 0.05 顯著水準的差異。2.82545 的計算方法為：

$$\sqrt{2\left(\frac{1}{3}+\frac{1}{3}\right)}\times 2.446912 = 2.82545$$

在$groups 中，如果兩組之間屬於同一個字母，就表示它們的平均數沒有顯著差異。第 3 組與第 2 組同時有字母「a」，因此兩組的平均數差異（7 − 5）與 0 沒有顯著差異（平均數差異 2 也未大於 LSD 2.82545）。第 2 組與第 1 組同時有字母「b」，因此兩組的平均數差異（5 − 3）與 0 也沒有顯著差異。第 3 組與第 1 組未屬於同一字母，因此兩組的平均數差異（7 − 3 = 4，大於 LSD 2.82545）與 0 有顯著差異。

後半部的報表是以 DescTools 程式套件的 PostHocTest() 函數分析之結果，提供各組之間檢定的 p 值及平均數差異的信賴區間，只有第 3 組與第 1 組之間平均數比較的 p 值（0.0134）小於 0.05，而信賴區間也不包含 0。

Fisher 的 LSD 法雖然採取了保護 α 的措施（分母使用組內 MS），但是仍會因為對比次數的增加，使得第一類型錯誤機率膨脹，所以是比較寬鬆（liberal）的方法，其統計檢定力也較大。為了控制所有事後比較的 α，可以採用 Bonferroni 或 Šidák 法加以校正，將 α 值設定為 α / k 或是 $1-(1-\alpha)^{1/k}$（k 是對比的次數）。

10.1.5.2　Bonferroni 法

Bonferroni 法是比較簡單但不精確的校正，方法是直接將 α 除以對比數 n，公式為：

$$\frac{\alpha}{n}$$

進行 Bonferroni 校正有兩種方式：如果是求計算所得 t 值之 p 值，要將 p 值乘上對比數 n；如果是計算臨界 t 值，則將設定的 α 值除以對比數 n。

在 LSD 法中，第 1 組及第 3 組平均數的成對比較，p =0.0134，乘上對比數 3 之後，為 p =0.0402，仍然小於 0.05，因此使用 Bonferroni 校正，結果也達顯著。

如果要計算平均差異的信賴區間，則在自由度是 6，$\alpha = 0.05/3 = 0.1667$ 的 t 分配中，臨界值是 3.287455〔在 R 中輸入 qt(1−0.05/(2*3), 6) 求得〕。因此第 3 組與第 1 組平均數差異的 95%信賴區間為：

$$4 \pm 3.287455 \times 1.1547$$

下界為 0.2039738，上界為 7.796026，中間不含 0，因此兩組之間的平均數有顯著差異。

第 2 組與第 1 組，以及第 3 組與第 2 組的平均數差異都為 2，95%信賴區間為：

$$2 \pm 3.287455 \times 1.1547$$

下界為 −1.796026，上界為 5.796026，中間包含 0，因此兩組之間的平均數沒有顯著差異。

以 R 進行 Bonferroni 法事後比較，結果如文字框 10-5，與自行計算之數值一致。

文字框 10-5　多重比較——Bonferroni 法

```
> load("C:/mydata/chap10/table10.RData")        # 載入本例資料
> library(agricolae)                            # 加載程式套件
> model<-aov(數學成績~教學法, data=table10)      # 建立模型
> bonferroni<-LSD.test(model,"教學法", p.adj="bonferroni")
                                                # LSD 多重比較，以 Bonferroni 法調整 p 值
> bonferroni                                                # 列出 bonferroni 內容
$statistics
  MSerror Df Mean       CV  t.value      MSD
        2  6    5 28.28427 3.287455 3.796026

$parameters
        test  p.ajusted name.t ntr alpha
  Fisher-LSD bonferroni 教學法   3  0.05

$means
      數學成績 std r      LCL      UCL Min Max Q25 Q50 Q75
第1組        3   1 3 1.002105 4.997895   2   4 2.5   3 3.5
第2組        5   2 3 3.002105 6.997895   3   7 4.0   5 6.0
第3組        7   1 3 5.002105 8.997895   6   8 6.5   7 7.5

$comparison
NULL

$groups
    trt means  M
1 第3組     7  a
2 第2組     5 ab
3 第1組     3  b
> library(DescTools)                            # 載入 DescTools 程式套件
> PostHocTest(model, method = "bonferroni")     # 以 Bonferroni 法進行多重比較

  Posthoc multiple comparisons of means : Bonferroni
    95% family-wise confidence level
```

```
$`教學法`
            diff      lwr.ci   upr.ci   pval
第2組-第1組     2 -1.7960262 5.796026 0.4019
第3組-第1組     4  0.2039738 7.796026 0.0402 *
第3組-第2組     2 -1.7960262 5.796026 0.4019


---
Signif. codes:  0 '***' 0.001 '**' 0.01 '*' 0.05 '.' 0.1 ' ' 1
```

使用 Bonferroni 法校正，它的 t 臨界值為 3.287455，平均數最小差異（MSD）為 3.796026，只有第 1 組與第 3 組的平均數差異 4 達到此標準。

第二部分的 p 值，是文字框 10-4 中 p 值乘上 3，如 $0.0134 \times 3 = 0.0402$。

Bonferroni 法雖然較簡單，不過，當進行多次事後比較時，它的 α 會變得太低，反而降低統計檢定力。例如，要進行 10 次事後比較，而整體檢定的 α 設為 0.05，Bonferroni 校正為 0.05 / 10 = 0.005，此時，它的整體犯錯率會變成 $1-(1-0.005)^{10} = 0.0489$，已經低於 0.05，所以會變得過於保守。而且，Bonferroni 法是假定所有成對比較都會顯著下所設定的 α 值，然而，此種情形並不常見，過度校正反而降低了 α 值，增加 β 值，連帶使得統計檢定力（$1-\beta$）降低。

10.1.5.3　Holm 法

R 也提供了 Holm 的校正方法，它先將 LSD 檢定所得的 p 值由大到小排序，最大的第 1 個 p 值乘上 1（等於未校正），其次的第 2 個 p 值乘上 2，後面則依此類推，乘上 3、4……。如果 p 值相同，則乘上較大的序號。Holm 的校正方法會比 Bonferroni 法更具統計檢定力。

文字框 10-6　多重比較——Holm 法

```
> load("C:/mydata/chap10/table10.RData")            # 載入本例資料
> library(agricolae)                                # 載入 agricolae 程式套件
> model<-aov(數學成績~教學法, data=table10)          # 建立模型
> holm<-LSD.test(model, "教學法", p.adj="holm")     # LSD 多重比較，以 Holm 法調整 p 值
> holm                                              # 列出 holm 內容
```

```
$statistics
  MSerror Df Mean       CV  t.value      MSD
        2  6    5 28.28427 3.287455 3.796026

$parameters
        test p.ajusted name.t ntr alpha
  Fisher-LSD      holm 教學法   3  0.05

$means
      數學成績 std r      LCL      UCL Min Max Q25 Q50 Q75
第1組        3   1 3 1.002105 4.997895   2   4 2.5   3 3.5
第2組        5   2 3 3.002105 6.997895   3   7 4.0   5 6.0
第3組        7   1 3 5.002105 8.997895   6   8 6.5   7 7.5

$comparison
NULL

$groups
    trt means  M
1 第3組     7  a
2 第2組     5 ab
3 第1組     3  b
> with(table10, pairwise.t.test(數學成績, 教學法, p.adj="holm"))
                                              # 以 table10 資料，進行 Holm 法多重比較

        Pairwise comparisons using t tests with pooled SD

data:  數學成績 and 教學法

      第1組 第2組
第2組 0.27  -
第3組 0.04  0.27

P value adjustment method: holm
```

在文字框 10-6 中，原 2 對 1 與 3 對 2 比較的 p 值都為 0.1340（見文字框 10-4），分別乘上 2 後，得到 0.27，而 3 對 1 的 p 值原為 0.0134，乘上 3 後得到 0.04。因此第 1 組與第 3 組的平均數差異不為 0，也就是兩組間的平均數有顯著差異。

10.1.5.4　Tukey 的 HSD 法（honestly significant difference）

Tukey 的 HSD 是基於 Student 化全距（Studentized range）的成對比較，採用 q 檢定法，公式為：

$$q = \frac{\bar{Y}_i - \bar{Y}_j}{\sqrt{\frac{MS_w}{n}}} \qquad \text{（公式 10-7）}$$

如果各組樣本數不相等，則改用 Tukey-Kramer 公式：

$$q = \frac{\bar{Y}_i - \bar{Y}_j}{\sqrt{\frac{MS_w}{2}\left(\frac{1}{n_i} + \frac{1}{n_j}\right)}} \qquad \text{（公式 10-8）}$$

以第 3 組及第 1 組的比較為例，代入對應的數值後，得到：

$$q = \frac{7-3}{\sqrt{\frac{2}{2}\left(\frac{1}{3} + \frac{1}{3}\right)}} = \frac{4}{0.8165} = 4.8990$$

而第 2 組與第 1 組的比較，q 值則為：

$$q = \frac{5-3}{\sqrt{\frac{2}{2}\left(\frac{1}{3} + \frac{1}{3}\right)}} = \frac{2}{0.8165} = 2.4495$$

在組數為 3，組內自由度為 6 的 q 分配中，$\alpha = 0.05$ 的臨界值為 4.339195〔在 R 中使用 qtukey(0.95, 3, 6) 命令，即可得到臨界值〕。第 1 個成對比較的 $q = 4.8990$，大於 4.339195，因此第 3 組與第 1 組的平均數有顯著差異；第 2 組與第 1 組、第 3 組與第 2 組的平均數則沒有顯著差異。

以 R 進行 Tukey 法事後比較，結果如文字框 10-7。在報表中，若 p adj 小於 0.05，95% 信賴區間（lwr 與 upr）不含 0，則表示兩個平均數之間的差異達顯著。因此，第 3 組與第 1 組的平均數差異達顯著，由報表中的圖示可以更具體看出此結果。其他報表的解讀方法，與前面所述相同。

在其他條件相等下，Tukey 的 HSD 法會比 Fisher 的 LSD 法來得保守，因此統計檢定力也較低。

文字框 10-7　多重比較——Tukey 的 HSD 法

```
> TukeyHSD(model)                           # 以 Tukey 法進行多重比較
  Tukey multiple comparisons of means
    95% family-wise confidence level

Fit: aov(formula = 數學成績 ~ 教學法, data = table10)

$`教學法`
             diff        lwr      upr     p adj
第2組-第1組     2 -1.5429381 5.542938 0.2693505
第3組-第1組     4  0.4570619 7.542938 0.0309888
第3組-第2組     2 -1.5429381 5.542938 0.2693505
> plot(TukeyHSD(model, "教學法"))            # 繪出 Tukey 多重比較信賴區間圖
```

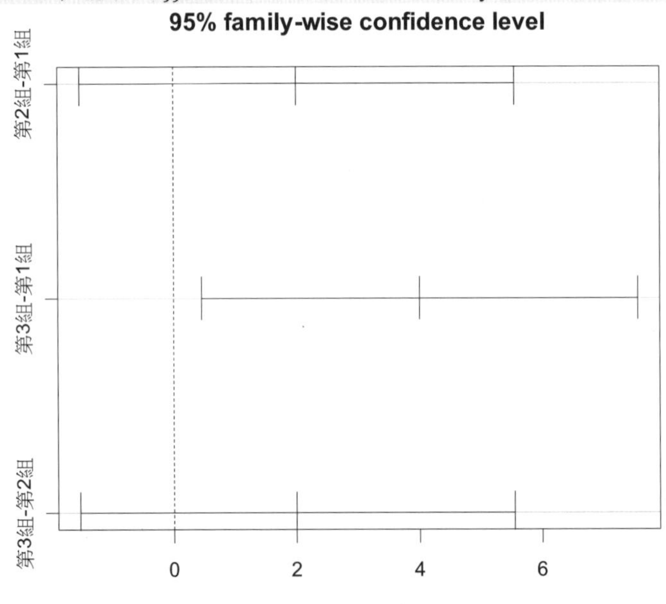


```
> library(agricolae)                        # 載入 agricolae 程式套件
> HSD=HSD.test(model, "教學法")              # 以 Tukey HSD 法進行多重比較
> HSD                                       # 列出 HSD 內容
$statistics
  MSerror Df Mean       CV      MSD
        2  6    5 28.28427 3.542938
```

```
$parameters
   test name.t ntr StudentizedRange alpha
  Tukey 教學法   3         4.339195  0.05

$means
      數學成績 std r Min Max Q25 Q50 Q75
第1組        3   1 3   2   4 2.5   3 3.5
第2組        5   2 3   3   7 4.0   5 6.0
第3組        7   1 3   6   8 6.5   7 7.5

$comparison
NULL

$groups
    trt means  M
1 第3組     7  a
2 第2組     5 ab
3 第1組     3  b
```

10.1.5.5　Scheffé 法

Scheffé 法採用 F 檢定法，公式為：

$$F=\frac{\left(\overline{Y}_i-\overline{Y}_j\right)^2}{MS_w\times\left(\frac{1}{n_i}+\frac{1}{n_j}\right)} \tag{公式 10-9}$$

以第 3 組及第 1 組的比較為例，代入對應的數值後，得到：

$$F=\frac{(7-3)^2}{2\times\left(\frac{1}{3}+\frac{1}{3}\right)}=\frac{16}{1.333}=12$$

而第 2 組與第 1 組的比較，F 值則為：

$$F=\frac{(5-3)^2}{2\times\left(\frac{1}{3}+\frac{1}{3}\right)}=\frac{4}{1.333}=3$$

在自由度為 2、6 的 F 分配中，$\alpha = 0.05$ 的臨界值為 5.143253，不過此臨界值還要乘以組間自由度 2，因此為 10.28651〔在 R 中輸入 qf(0.95, 2, 6)*2 求得〕。第 1 個成對比較的 $F = 12$，大於 10.28651，因此第 3 組與第 1 組的平均數有顯著差異；第 2 個成對比較的 $F = 3$，未大於 10.28651，因此第 2 組與第 1 組的平均數沒有顯著差異。第 3 組與第 2 組的平均數同樣也沒有顯著差異。

如果要採現代取向求計算所得 F 值的 p 值，則要先將 F 值除以組間自由度之後，再求 p 值。

第 1 個成對的 F 為 $12/2 = 6$，在自由度為 2, 6 的 F 分配中，p 值為 0.03703704〔在 R 中輸入 1−pf(12/2, 2, 6) 求得〕，小於 0.05，因此第 3 組與第 1 組平均差異達顯著。而第 2 個成對的 F 為 $3/2 = 1.5$，在自由度為 2、6 的 F 分配中，p 值為 0.2962963，大於 0.05〔在 R 中輸入 1−pf(3/2, 2, 6) 求得〕，因此第 2 組與第 1 組平均差異不顯著。第 3 組與第 1 組的平均差異同樣不顯著。

如果要計算平均差異的信賴區間，要先計算 t 臨界值，公式是：

$$t\text{臨界值} = \sqrt{\text{組內自由度} \times F\text{臨界值}}$$

代入前述數值，得到：

$$t = \sqrt{2 \times 5.143253} = 3.207258$$

因此第 3 組與第 1 組平均數差異的 95%信賴區間為：

$$4 \pm 3.207258 \times 1.1547$$

下界為 0.2965771，上界為 7.703423，中間不含 0，因此兩組之間的平均數有顯著差異。

第 2 組與第 1 組，及第 3 組與第 2 組平均數差異的 95%信賴區間為：

$$2 \pm 3.207258 \times 1.1547$$

下界為 −1.7034229，上界為 5.703423，中間包含 0，因此平均數沒有顯著差異。

上述公式中的 $3.207258 \times 1.1547 = 3.703423$ 就是平均數 95% 信賴區間的誤差界限，也是文字框 10-8 中的臨界差值（CriticalDifference），如果兩組之間平均數的差值大於此數，則顯著不等於 0。在三個比較中，只有第 3 組與第 1 組平均數差值 4 大於此數，因此只有這兩組的平均數顯著不相等。

以 R 進行分析，同樣可以使用 agricolae 與 DescTools 程式套件，前者可以得到同質子集，後者可以得到平均數差值的信賴區間及 p 值。

文字框 10-8　多重比較——Scheffé 法

```
> library(agricolae)                              # 載入 agricolae 程式套件
> scheffe <- scheffe.test(model, "教學法")          # 以 Scheffé 法進行多重比較
> scheffe                                         # 列出 scheffe 內容
$statistics
  MSerror Df        F Mean       CV  Scheffe CriticalDifference
        2  6 5.143253    5 28.28427 3.207258           3.703423

$parameters
     test name.t ntr alpha
  Scheffe 教學法   3  0.05

$means
      數學成績 std r Min Max Q25 Q50 Q75
第1組        3   1 3   2   4 2.5   3 3.5
第2組        5   2 3   3   7 4.0   5 6.0
第3組        7   1 3   6   8 6.5   7 7.5

$comparison
NULL

$groups
    trt means  M
1  第3組     7  a
2  第2組     5 ab
3  第1組     3  b
> library(DescTools)                              # 載入 DescTools 程式套件
> ScheffeTest(model)                              # 以 Scheffé 法進行多重比較（二擇一）
> PostHocTest(model, method = "scheffe")          # 以 Scheffé 法進行多重比較
  Posthoc multiple comparisons of means : Scheffe Test
    95% family-wise confidence level

$`教學法`
            diff     lwr.ci   upr.ci   pval
第2組-第1組    2 -1.7034229 5.703423 0.2963
第3組-第1組    4  0.2965771 7.703423 0.0370 *
第3組-第2組    2 -1.7034229 5.703423 0.2963
---
Signif. codes:  0 '***' 0.001 '**' 0.01 '*' 0.05 '.' 0.1 ' ' 1
```

在文字框 10-8 前半部報表中，自由度為 2、6 的 F 分配中，$\alpha = 0.05$ 時的臨界值為 5.143253〔在 R 中使用 qf(0.95, 2, 6)即可求得〕，最小的平均數顯著差異值（Minimum Significant Difference）為 3.703423，計算方法如下：

$$\sqrt{MS_w \times \left(\frac{1}{n_i}+\frac{1}{n_j}\right) \times df_{between} \times F_{(.05,2,6)}} = \sqrt{2 \times \left(\frac{1}{3}+\frac{1}{3}\right) \times 2 \times 5.143253} = 3.703423$$

報表中的 Scheffé 值 3.207258 就是公式中的 $\sqrt{df_{between} \times F_{(.05,2,6)}}$，等於 $\sqrt{2 \times 5.143253}$。

經比較後，仍是第 3 組與第 1 組的平均數有顯著差異。

10.1.5.6 變異數不同質時的事後比較方法

如果變異數不同質時，則不應以組內 *MS*（亦即合併的變異數）為分母，而要考量每個組的變異數，因此公式的基本形式為：

$$\frac{\bar{Y}_i - \bar{Y}_j}{\sqrt{\frac{s_i^2}{n_i}+\frac{s_j^2}{n_j}}}$$

Tamhane（1979）的 T2 法是基於 t 檢定的保守成對比較，公式即為：

$$t = \frac{\bar{Y}_i - \bar{Y}_j}{\sqrt{\frac{s_i^2}{n_i}+\frac{s_j^2}{n_j}}} \qquad \text{（公式 10-10）}$$

計算所得 t 值再與臨界 t 值（公式不在此說明）比較，如果大於臨界值，則表示兩組間的平均數有顯著差異。

Dunnett 的 T3 則是基於 Student 化最大模數（Studentized maximum modulus）的成對比較，公式為：

$$m = \frac{\bar{Y}_i - \bar{Y}_j}{\sqrt{\frac{s_i^2}{n_i}+\frac{s_j^2}{n_j}}} \qquad \text{（公式 10-11）}$$

計算所得 m 值再與臨界 m 值（公式不在此說明）比較，如果大於臨界值，則表示兩組間的平均數有顯著差異。

Dunnett 的 C 法及 Games-Howell 法都使用 q 檢定，公式為：

$$q = \frac{\bar{Y}_i - \bar{Y}_j}{\sqrt{\left(\frac{s_i^2}{n_i} + \frac{s_j^2}{n_j}\right) \Big/ 2}} \qquad \text{（公式 10-12）}$$

計算所得 q 值再與臨界 q 值比較（兩種方法的臨界值不同），如果大於臨界值，則表示兩組間的平均數有顯著差異。C 法會比 Games-Howell 法保守，因此統計檢定力較差。當要控制整體的 α 值，T3 及 C 法都會比 Games-Howell 法好（Kirk, 2013）。

在 R 中，可以使用 DTK（Dunnett-Tukey-Kramer）程式套件中的 DTK.test() 函數分析。分析後三對比較之平均數 95%信賴區間都包含 0，因此兩兩之間的平均數都沒有顯著差異。然而，這樣的結論又與整體分析矛盾，由此可知，Dunnett 的 C 過於保守，使得多重比較不容易顯著。

另外，userfriendlyscience 程式套件的 posthocTGH() 函數，也提供了 Games-Howell 法多重比較，第 1 組與第 3 組的平均數有顯著差異。命令與輸出結果如文字框 10-9。

文字框 10-9 多重比較——Dunnett C 及 Games-Howell 法

```
> library(DTK)                                    # 載入 DTK 程式套件
> DTK<- with(table10, DTK.test(數學成績, 教學法))
                                                  # 進行 Dunnett C 多重比較，存入 DTK 物件
> DTK                                             # 列出 DTK 內容
[[1]]
[1] 0.05


[[2]]
           Diff   Lower CI Upper CI
第2組-第1組    2 -5.6049292 9.604929
第3組-第1組    4 -0.8097795 8.809780
第3組-第2組    2 -5.6049292 9.604929
> DTK.plot(DTK)                                   # 繪製平均數差異信賴區間圖
> abline(v=0)                                     # 在 0 處加上垂直線
```

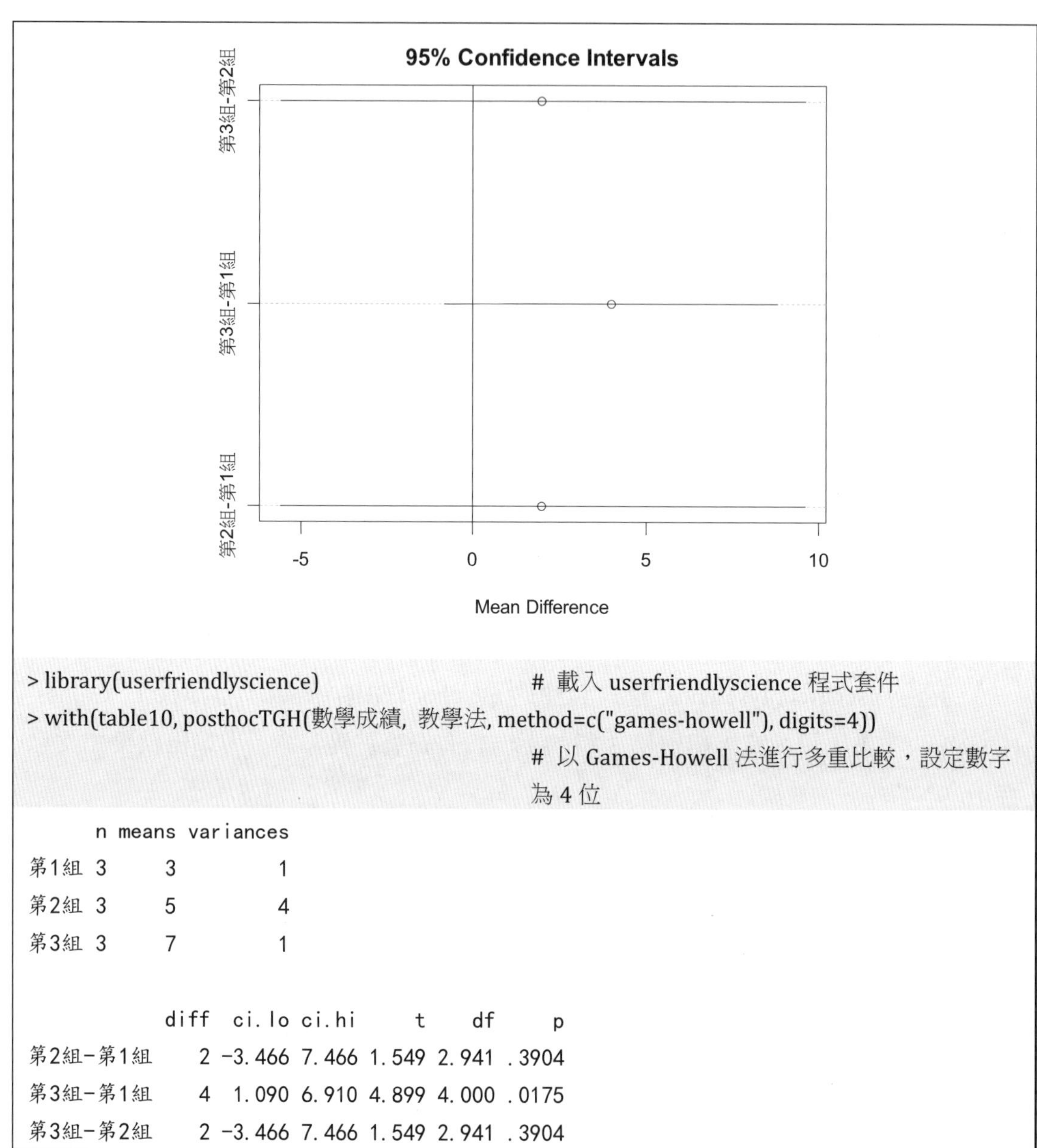


```
> library(userfriendlyscience)                          # 載入 userfriendlyscience 程式套件
> with(table10, posthocTGH(數學成績, 教學法, method=c("games-howell"), digits=4))
                                                        # 以 Games-Howell 法進行多重比較，設定數字
                                                        為 4 位
     n means variances
第1組 3     3         1
第2組 3     5         4
第3組 3     7         1

            diff  ci.lo ci.hi     t    df     p
第2組-第1組    2 -3.466 7.466 1.549 2.941 .3904
第3組-第1組    4  1.090 6.910 4.899 4.000 .0175
第3組-第2組    2 -3.466 7.466 1.549 2.941 .3904
```

10.1.6 效果量

如果整體檢定後達到統計上的顯著，應計算效果量。在獨立樣本單因子變異數分析中，全體的平方和可以拆解為組間平方和及組內平方和（如圖 10-1），計算組間（因子）*SS* 所占比例，即可計算效果量。

變異數分析中，最常被使用的是 η^2 值，它代表依變數的變異可用自變數解釋的比例，公式是：

$$\eta^2 = \frac{\text{組間平方和}}{\text{組間平方和} + \text{組內平方和}} = \frac{\text{組間平方和}}{\text{總和平方和}}$$

代入數值之後，得到：

$$\eta^2 = \frac{24}{24+12} = \frac{24}{36} = 0.6667 = 66.67\%$$

雖然 η^2 是目前最常被使用的效果量，但是它會高估母群中依變數與自變數間的關聯（Pierce, Block, & Aguinis, 2004），因此有些學者（詳見 Levine & Hullett, 2002; Pierce, Block, & Aguinis, 2004）偏好使用 ω^2 或是 ε^2，它們的公式分別是：

$$\omega^2 = \frac{\text{組間平方和} - \text{組間自由度} \times \text{組內平均平方和}}{\text{總和平方和} + \text{組內平均平方和}} \quad \text{（公式 10-13）}$$

$$\varepsilon^2 = \frac{\text{組間平方和} - \text{組間自由度} \times \text{組內平均平方和}}{\text{總和平方和}} \quad \text{（公式 10-14）}$$

分別代入數值後，得到：

$$\omega^2 = \frac{24 - 2 \times 2}{36 + 2} = 0.5263 = 52.63\%$$

$$\varepsilon^2 = \frac{24 - 2 \times 2}{36} = 0.5556 = 55.56\%$$

在 R 中，可以使用 DescTools 程式套件的 EtaSq() 函數，或是 lsr 程式套件中的 etaSquared() 函數計算效果量，命令如文字框 10-10。得到 η^2 為 0.6666667。

文字框 10-10　計算效果量

```
> model<- aov(數學成績~教學法, data=table10)    # 建立模型，不需要反覆設定
> library(DescTools)                            # 載入 DescTools 程式套件
> EtaSq(model, anova=TRUE)                      # 列出 ANOVA 摘要表並計算效果量
             eta.sq eta.sq.part SS df MS  F          p
教學法    0.6666667   0.6666667 24  2 12  6 0.03703704
Residuals 0.3333333          NA 12  6  2 NA         NA
```

依據 J. Cohen（1988）的經驗法則，η^2 或 ω^2 值之小、中、大的效果量，分別是 0.01、0.06、及 0.14。因此，本範例為大的效果量。

以上的效果量也可以轉換成 Cohen 的 f，公式是：

$$f = \sqrt{\frac{\eta^2}{1-\eta^2}} \qquad \text{（公式 10-15）}$$

代入 0.6667 後，得到，

$$f = \sqrt{\frac{0.6667}{1-0.6667}} = 1.4142$$

依據 J. Cohen (1988) 的經驗法則，f 值之小、中、大的效果量，分別是 0.10、0.25、及 0.40。因此，本範例為大的效果量。

10.2 範例

某研究者想要了解睡眠剝奪對手部穩定性的影響，於是將 32 名志願者隨機分派為 4 組，分別經過 4 種不同時間的睡眠剝奪後，接受手部穩定性測試，得到表 10-4 的數據。請問：手部穩定性是否因不同睡眠剝奪時間而有差異？

表 10-4　四組受試者的手部穩定性

受試者	組別	穩定性	受試者	組別	穩定性	受試者	組別	穩定性	受試者	組別	穩定性
1	1	4	9	2	4	17	3	5	25	4	3
2	1	6	10	2	5	18	3	6	26	4	5
3	1	3	11	2	4	19	3	5	27	4	6
4	1	3	12	2	3	20	3	4	28	4	5
5	1	1	13	2	2	21	3	3	29	4	6
6	1	3	14	2	3	22	3	4	30	4	7
7	1	2	15	2	4	23	3	3	31	4	8
8	1	2	16	2	3	24	3	4	32	4	10

資料來源：Experimental design: Procedures for the behavioral sciences (p.171), by R. E. Kirk, 1995, Pacific Grove, CA: Brooks/Cole.

10.2.1　變數與資料

表 10-4 中有 3 個變數，但是受試者的代號並不需要輸入 R 中，因此，分析時只使用組別及手部穩定性 2 個變數。依變數手部穩定性是受試者將 1mm 的筆尖放在 1.27mm 的孔中，2 分鐘內碰觸到測試器的次數，次數愈多代表受試者的手部穩定性愈差。自變數（組別）中，分別為 12、18、24、及 30 小時的睡眠剝奪，屬於次序變數，依序登錄為 1 ~ 4。

10.2.2　研究問題

在本範例中，研究者想要了解的問題可以陳述如下：

手部穩定性是否因不同睡眠剝奪時間而有差異？

10.2.3　統計假設

根據研究問題，虛無假設宣稱「在母群中四組睡眠剝奪時間的人，手部穩定性沒有差異」：

$H_0: \mu_{12} = \mu_{18} = \mu_{24} = \mu_{30}$，或是 $H_0: \mu_i = \mu_j$，存在於所有的 i 及 j

而對立假設則宣稱「在母群中至少兩組睡眠剝奪時間的人，手部穩定性有差異」：

$H_1: \mu_i \neq \mu_j$，存在於部分的 i 及 j

10.3　使用 R 進行分析

10.3.1　資料檔

部分 R 資料檔，如文字框 10-11。

文字框 10-11　單因子獨立樣本變異數分析資料檔

```
> load("C:/mydata/chap10/example10.RData")     # 載入本例資料
> example10                                    # 展示本例資料
```

```
   睡眠剝奪 穩定性
1     12小時       4
2     12小時       6
        :
9     18小時       4
10    18小時       5
        :
17    24小時       5
18    24小時       6
        :
25    30小時       3
26    30小時       5
        :
（為節省篇幅，只保留部分數據）
```

10.3.2 描述性統計量

文字框 10-12 是以 Rmisc 程式套件中的 summarySE() 函數，進行分組描述性統計量。

文字框 10-12 描述性統計量

```
> load("C:/mydata/chap10/example10.RData")      # 載入本例資料
> library(Rmisc)                                # 載入 Rmisc 程式套件
> summarySE(m="穩定性", g="睡眠剝奪", data=example10)
                                                # 依變數在前，自變數在後
  睡眠剝奪 N 穩定性        sd        se        ci
1   12小時 8   3.00 1.5118579 0.5345225 1.2639448
2   18小時 8   3.50 0.9258201 0.3273268 0.7740050
3   24小時 8   4.25 1.0350983 0.3659625 0.8653639
4   30小時 8   6.25 2.1213203 0.7500000 1.7734682
```

由平均數（「穩定性」標題下）來看，4 個組的平均數分別為 3.00、3.50、4.25、及 6.25，大略可發現，隨著睡眠剝奪時間增加，受試者的手部穩定性愈差，至於 4 組的平均數是否有顯著差異，要看文字框 10-14 的檢定結果。

此處之平均數標準誤是根據各組的標準差來計算，如果要比較精確，應根據聯合標準差計算，結果為：

$$\sqrt{MS_w} = \sqrt{\frac{SS_w}{df_w}} = \sqrt{\frac{61}{28}} = 1.475998$$

10.3.3　變異數同質性檢定

文字框 10-13 在進行變異數同質性檢定（test for homogeneity of variances），如果依變數符合常態分配假定，可以使用 Levene 檢定，如果不符合常態分配假定，則建議使用 Bartlett 檢定。

文字框 10-13　變異數同質性檢定

```
> library(car)                                       # 載入 car 程式套件
> leveneTest(穩定性~睡眠剝奪, data=example10)  # 進行 Levene 變異數同質性檢定
Levene's Test for Homogeneity of Variance (center = median)
      Df F value Pr(>F)
group  3   1.037 0.3914
      28
> bartlett.test(穩定性~睡眠剝奪,data=example10) # 進行 Bartlett 變異數同質性檢定
        Bartlett test of homogeneity of variances

data:  穩定性 by 睡眠剝奪
Bartlett's K-squared = 5.7418, df = 3, p-value = 0.1249
```

文字框 10-13 是變異數同質性檢定，主要在檢定 4 組的變異數（文字框 10-12 中標準差的平方）是否有顯著差異。

單因子獨立樣本變異數分析的其中一個假定，是各個母群在依變數的變異數要相等。此處要檢定的虛無假設是：

$$H_0: \sigma_{12}^2 = \sigma_{18}^2 = \sigma_{24}^2 = \sigma_{30}^2 \text{，或是 } H_1: \sigma_i^2 = \sigma_j^2 \text{，存在於所有的 } i \text{ 及 } j$$

對立假設是：

$$H_1: \sigma_i^2 \neq \sigma_j^2 \text{，存在於部分的 } i \text{ 及 } j$$

R 可以使用變異數相等 Levene 檢定來分析此項假定。報表中的 $F(3, 28) = 1.037$，$p = 0.3914$，因此不能拒絕變異數相等的虛無假設，表示 4 組的變異數沒有顯著差異，

也就符合變異數相等（同質）的假定。使用 Bartlett 檢定得到的 $\chi^2(3)= 5.7418$，$p=0.1249$，同樣不能拒絕虛無假設。

如果此處的 $p \le 0.05$，就違反了變異數同質性假定，那麼文字框 10-14 的 F 檢定就不精確，此時就要再使用 10.3.7 節的 Alexander-Govern test、Brown-Forsythe，或是 Welch-Satterthwaite 檢定。

假設違反了變異數同質性假定時，如果要進行事後多重比較，可以改用 Dunnett 的 C 檢定或是 Games-Howell 多重比較。

10.3.4　平均數同質性檢定（變異數分析摘要表）

文字框 10-14 先使用 aov() 函數建立，再使用 anova() 或 summary() 函數列出變異數分析摘要表。

文字框 10-14　單因子變異數分析

```
> model<-aov(穩定性~睡眠剝奪, data=example10) # 建立模型
> anova(model)                              # 列出 ANOVA 摘要表
Analysis of Variance Table

Response: 穩定性
          Df Sum Sq Mean Sq F value    Pr(>F)
睡眠剝奪   3     49 16.3333  7.4973 0.0007824 ***
Residuals 28     61  2.1786
---
Signif. codes:  0 '***' 0.001 '**' 0.01 '*' 0.05 '.' 0.1 ' ' 1
```

此處在進行**平均數**同質性檢定。報表中的平均平方和 Mean Sq（mean square, MS）等於組間或組內的變異數，公式為：

$$MS = \frac{SS}{df}$$

其中組間的 MS 等於：

$$MS_{組間} = \frac{49}{3} = 16.3333$$

而組內的 *MS* 等於：

$$MS_{組內} = \frac{61}{28} = 2.1786$$

F 值等於：

$$F = \frac{MS_{組間}}{MS_{組內}} = \frac{16.3333}{2.179} = 7.4973$$

在自由度是 3、28 的 *F* 分配中，*F* 值要大於 7.497 的機率（*p*）等於 0.0007824，因此應拒絕各組平均數相等的虛無假設，所以 4 組的平均數有顯著差異〔注：在 R 中可以輸入 1−pf(7.4973, 3, 28) 得到 *p* 值〕。

10.3.5　多重比較

當整體檢定顯著後，研究者通常會進行事後多重比較，以了解此差異是存在於哪兩組間。由於自變數共有 4 個組(水準)，需要進行 $C_2^4 = 4 \times 3 / 2 = 6$ 次的兩兩比較。文字框 10-15 使用 Tukey 的 HSD 法進行事後多重比較，並繪製平均數差異信賴區間圖。

文字框 10-15　多重比較

```
> TukeyHSD(model)                              # 進行 Tukey HSD 法多重比較
  Tukey multiple comparisons of means
    95% family-wise confidence level

Fit: aov(formula = 穩定性 ~ 睡眠剝奪, data = example10)

$`睡眠剝奪`
                diff          lwr      upr     p adj
18小時-12小時 0.50 -1.51496783 2.514968 0.9047399
24小時-12小時 1.25 -0.76496783 3.264968 0.3457435
30小時-12小時 3.25  1.23503217 5.264968 0.0007719
24小時-18小時 0.75 -1.26496783 2.764968 0.7413880
30小時-18小時 2.75  0.73503217 4.764968 0.0045625
30小時-24小時 2.00 -0.01496783 4.014968 0.0522754
```

```
> par(mai=c(.7, .3, .4 ,.1), cex=0.7, cex.lab=1.5, cex.main=1.5, lwd=1.4)
                                                    # 設定邊界、文字與標題大小、線粗
> plot(TukeyHSD(model, which="睡眠剝奪"))        # 繪製 HSD 多重比較之平均數差異信賴區間圖
```

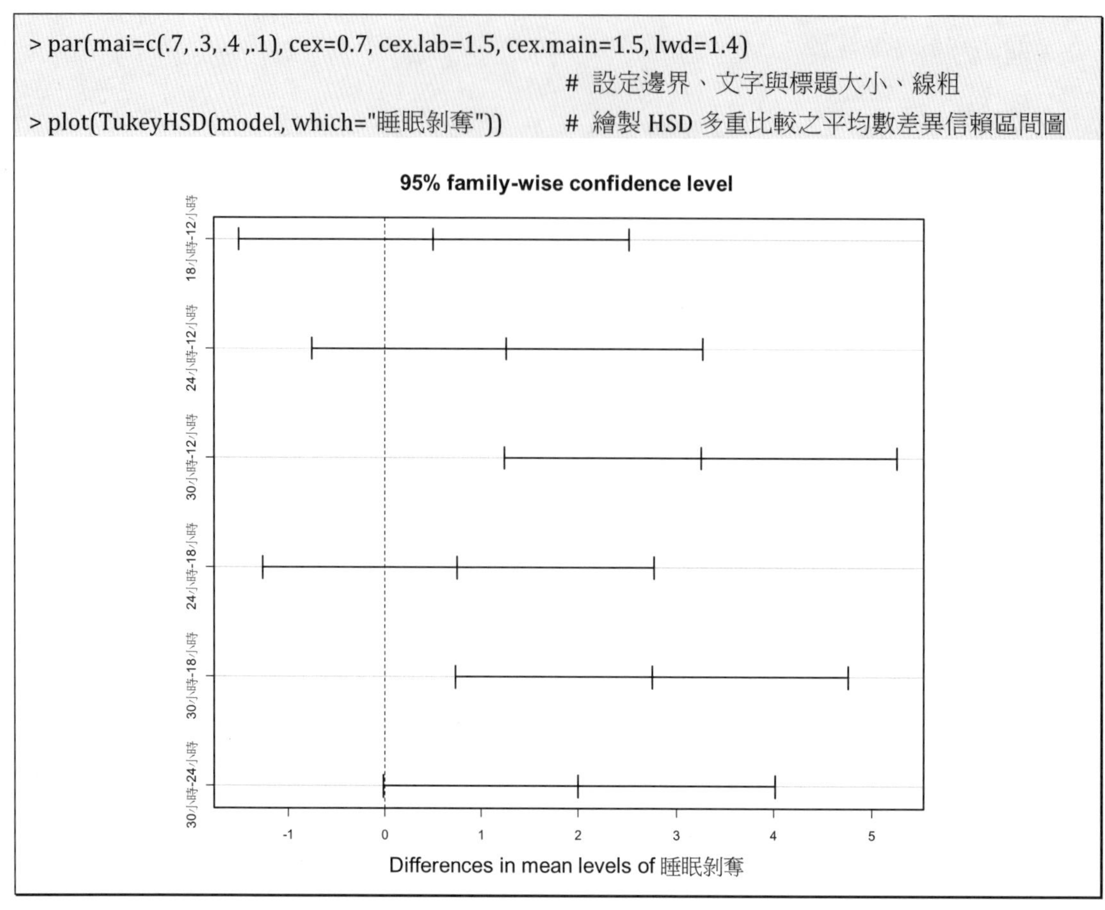

以 30 小時對 12 小時的比較為例，由文字框 10-12 可知，兩組的平均數分別為 6.25 及 3.00，平均數差異為文字框 10-15 中 diff 的 3.25，至於這個差異是否顯著不等於 0，可以由兩個訊息來判斷。

一是顯著性(p adj)小於或等於 0.05。「30 小時−12 小時」這一列的 p 值為 0.0007719，平均差異 3.25 顯著不等於 0。

二是 95%信賴區間不包含 0。「30 小時−12 小時」這一列的區間為 1.23503217 ~ 5.264968，不包含 0，因此平均數差異 3.25 顯著不等於 0。

報表中的圖是 6 個成對平均數差異的 95%信賴區間，如果區間不包含 0（以虛線表示），表示兩組的平均數差異顯著不等於 0，也就是兩組之間的平均數有顯著差異。由圖中可看出：「30 小時−12 小時」及「30 小時−18 小時」這兩個差異平均數顯著不等於 0，睡眠剝奪 30 小時的手部不穩定性比 12 小時及 18 小時來得高。

總結此處報表，睡眠剝奪達 30 小時，其手部穩定性會比 12 小時或 18 小時來得差，12 小時、18 小時間，及 24 小時兩兩之間，或是 24 小時與 30 小時間，則沒有顯著差異，彙整如表 10-5（V 號表示兩組間的平均數有顯著差異）。

表 10-5　Tukey HSD 多重比較摘要表

	12 小時	18 小時	24 小時	30 小時
12 小時	—			
18 小時		—		
24 小時			—	
30 小時	V	V		—

10.3.6　同質子集合

當各組樣本數不相等，而且變異數相差較大時，如果採用多重比較，有時會發生平均數 a > b、b > c，但是 a = c 的矛盾現象，此時，可以改用文字框 10-16 同質子集的方式表示。而 multcomp 程式套件的 glht() 函數，又提供更多樣的呈現方式。

文字框 10-16　同質子集合

```
> library(agricolae)                              # 載入 agricolae 程式套件
> HSD=HSD.test(model, "睡眠剝奪")                  # 進行 HSD.test
> HSD                                             # 列出 HSD 結果
$statistics
   MSerror Df Mean       CV      MSD
  2.178571 28 4.25 34.72938 2.014968

$parameters
   test    name.t ntr StudentizedRange alpha
  Tukey 睡眠剝奪    4         3.861244  0.05

$means
       穩定性        std r Min Max
       穩定性        std r Min Max  Q25 Q50  Q75
12小時    3.00 1.5118579 8   1   6 2.00 3.0 3.25
18小時    3.50 0.9258201 8   2   5 3.00 3.5 4.00
24小時    4.25 1.0350983 8   3   6 3.75 4.0 5.00
30小時    6.25 2.1213203 8   3  10 5.00 6.0 7.25
```

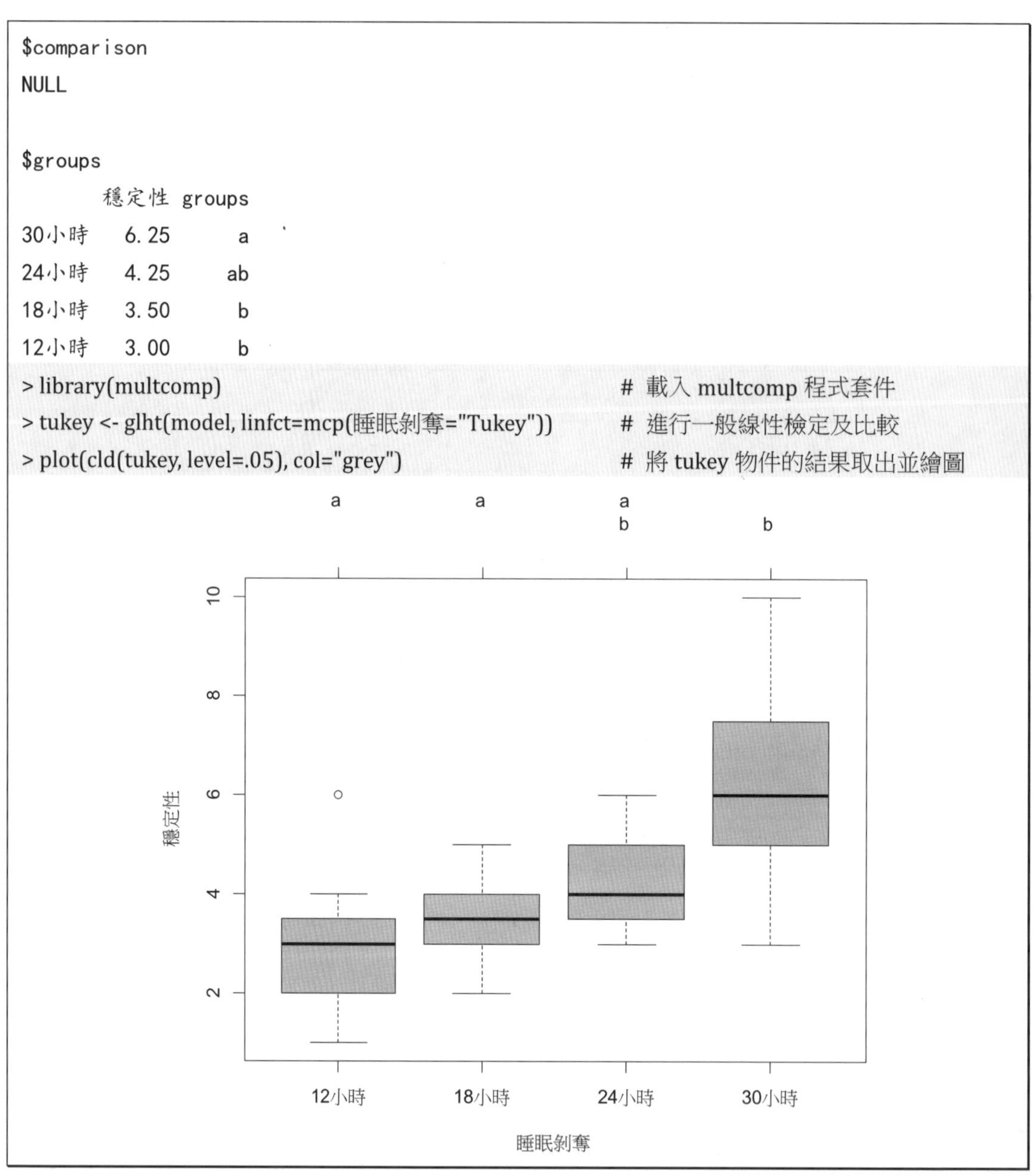

```
$comparison
NULL

$groups
        穩定性 groups
30小時    6.25      a
24小時    4.25     ab
18小時    3.50      b
12小時    3.00      b
> library(multcomp)                                  # 載入 multcomp 程式套件
> tukey <- glht(model, linfct=mcp(睡眠剝奪="Tukey"))   # 進行一般線性檢定及比較
> plot(cld(tukey, level=.05), col="grey")            # 將 tukey 物件的結果取出並繪圖
```


前半部報表中$groups 解讀的要訣是，**平均數出現同一字母，則兩兩之間沒有顯著差異**。以穩定性這欄來看，30 小時與 24 小時的平均數分別為 6.25 及 4.25，groups 這欄都出現字母 a，因此兩組的平均數沒有顯著差異。24 小時、18 小時、及 12 小時的平均數（分別為 4.25、3.50、及 3.00），也同時出現字母 b，因此這三組的平均數兩

兩之間沒有顯著差異。

後半部報表中，圖中顯示 4 組的盒形圖，上方有各組的字母，前 3 組為 a，後 2 組為 b，雖然代號與前半部分不同，不過結果相同。

Tukey 同質子集合彙整如表 10-6（X 號表示兩組間的平均數沒有顯著差異），與文字框 10-15 的結果一致。12 小時及 18 小時兩組的平均數，分別與 30 小時有顯著差異。

表 10-6　同質子集摘要表

	12 小時	18 小時	24 小時	30 小時
12 小時	—			
18 小時	X	—		
24 小時	X	X	—	
30 小時			X	—

10.3.7　平均數剖繪圖

文字框 10-17 在使用 gplots 程式套件中的 plotmeans() 函數繪製平均數剖繪圖。

由下頁圖中可看出，12 ~ 24 小時之間大致為直線增加趨勢，24 ~ 30 小時增加幅度則擴大。至於整體趨勢是線性或二次曲線，則需要另外進行分析，此不在本書探討。

圖中第 4 組的平均數下限比第 1、2 組平均數的上限都大，因此進行事後比較時，應會發現第 4 組的平均數顯著高於第 1 組及第 2 組。不過，此處所用的標準誤是根據各組的標準差而來，而不是合併標準差 $\sqrt{MS_w}$ ，因此較不精確。

文字框 10-17　平均數剖繪圖

```
> library(gplots)                                    # 載入 gplots 程式套件
> par(mai=c(1, 1, .1 ,.1),cex=1.2, cex.lab=1.2, cex.main=1.2, lwd=1.5)
                                                     # 設定邊界、文字大小、線粗
> plotmeans(穩定性~睡眠剝奪, data=example10, ylim=c(0,8))
                                                     # 繪製平均數剖繪圖
```

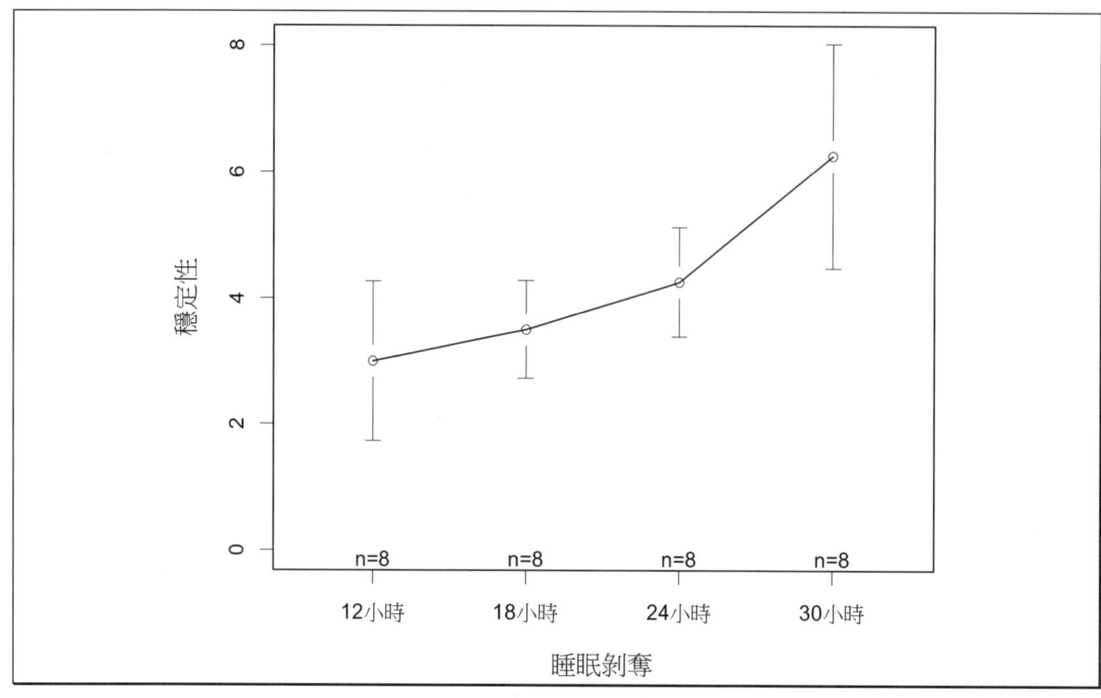

10.3.8 變異數不同質之變異數分析

如果文字框 10-13 的 $p \leq .05$ 時，就是違反了變異數同質性假定，此時可以使用 Alexander-Govern test、Brown-Forsythe，或是 Welch-Satterthwaite 等調整方法。R 的程式套件 onewaytests 提供了上述的替代方法，相當實用（見文字框 10-18）。

文字框 10-18　變異數不同質之變異數分析

```
> library(onewaytests)                          # 載入 onewaytests 程式套件
>ag.test(穩定性~睡眠剝奪, data=example10)       # 以 Alexander-Govern 法進行校正
  Alexander-Govern Test (alpha = 0.05)
-------------------------------------------------------------
  data : 穩定性 and 睡眠剝奪

  statistic  : 10.02047
  parameter  : 3
  p.value    : 0.01839295

  Result     : Difference is statistically significant.
```

```
> bf.test(穩定性~睡眠剝奪, data=example10)        # 以 Brown-Forshyte 進行校正
  Brown-Forsythe Test (alpha = 0.05)
-------------------------------------------------------------
  data : 穩定性 and 睡眠剝奪

  statistic  : 7.497268
  num df     : 3
  denom df   : 19.43081
  p.value    : 0.001582153

  Result     : Difference is statistically significant.
> oneway.test(穩定性~睡眠剝奪, data=example10) # 以 Welch-Satterthwaite 法進行校正（二擇一）
> welch.test(穩定性~睡眠剝奪, data=example10)  # 以 Welch-Satterthwaite 法進行校正
  Welch's Heteroscedastic F Test (alpha = 0.05)
-------------------------------------------------------------
  data : 穩定性 and 睡眠剝奪

  statistic  : 4.611716
  num df     : 3
  denom df   : 15.05564
  p.value    : 0.01763432

  Result     : Difference is statistically significant.
```

三種校正的分子自由度 3 都與文字框 10-14 相同，但是分母自由度則有不同。檢定後所得 p 值都小於 0.05，因此四組的平均數仍有顯著差異。

10.4　計算效果量

文字框 10-19 在計算效果量，得到 η^2 為 0.4455，如圖 10-2 所示。

$$\eta^2 = \frac{49}{49+61} = \frac{49}{110} = 0.4455$$

文字框 10-19　計算效果量

```
> library(DescTools)                              # 載入 DescTools 程式套件
> with(example10, EtaSq(model, anova=TRUE))       # 列出 ANOVA 摘要表並計算效果量
             eta.sq eta.sq.part SS df        MS        F            p
睡眠剝奪   0.4454545   0.4454545 49  3 16.333333 7.497268 0.0007824413
Residuals 0.5545455          NA 61 28  2.178571       NA           NA
```

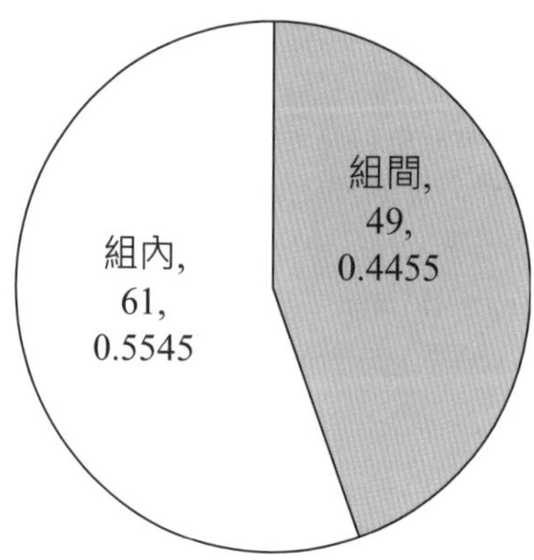

圖 10-2　單因子獨立樣本變異數分析效果量

自行計算 ε^2 及 ω^2，分別為 0.3860 及 0.3785，

$$\varepsilon^2 = \frac{49-3\times 2.1786}{110} = 0.3860$$

$$\omega^2 = \frac{49-3\times 2.1786}{110+2.1786} = 0.3785$$

依據 J. Cohen（1988）的經驗法則，η^2 或 ε^2 值之小、中、大的效果量，分別是 0.01、0.06、及 0.14。因此，本範例為大的效果量。

以上的效果量也可以轉換成 Cohen 的 f，代入 0.4455 後，得到：

$$f = \sqrt{\frac{0.4445}{1-0.4445}} = 0.8963$$

依據 J. Cohen (1988) 的經驗法則，f 值之小、中、大的效果量，分別是 0.10、0.25、及 0.40。因此，本範例為大的效果量。

10.5 以 APA 格式撰寫結果

手部穩定性會因為睡眠剝奪時間而有差異，$F(3,28) = 7.50$，$p = .001$，效果量 $\eta^2 = .4455$。使用 Tukey 法進行事後檢定，30 小時未睡者 ($M = 6.25$，$SD = 2.12$) 顯著比 12 小時 ($M = 3.00$，$SD = 1.51$) 及 18 小時 ($M = 3.50$，$SD = 0.93$) 來得不穩定，其他組之間沒有顯著差異。

10.6 單因子獨立樣本變異數分析的假定

單因子獨立樣本變異數分析，應符合以下三個假定。

10.6.1 觀察體要能代表母群體，且彼此間獨立

觀察體獨立代表各個樣本不會相互影響，假使觀察體間不獨立，計算所得的 p 值就不準確。如果有證據支持違反了這項假定，就不應使用單因子獨立樣本變異數分析。

10.6.2 依變數在各個母群中須為常態分配

此項假定是指四組的手部穩定性要呈常態分配，如果不是常態分配，會降低檢定的統計考驗力。不過，當每一組的樣本數在 15 以上，即使違反了這項假定，對於單因子獨立樣本變異數分析的影響也不大（Green & Salkind, 2014）。

10.6.3 依變數的變異數在各個母群中須相等

此項假定是指四組的手部穩定性的母群變異數要相等（同質），如果不相等，則計算所得的 F 值及 p 值就不可靠。如果各組樣本數相等，則違反此項假定，對於單因子獨立樣本變異數分析的影響也不大。

在 R 中可以先使用 Levene 法檢定各組的變異數是否同質，再進行變異數分析，如果違反假定，則可以改採 Games-Howell 或 Dunnett C 事後比較。

10.7 Kruskal-Wallis 單因子等級變異數分析

如果不符合常態分配與變異數同質假設，可以改用文字框 10-20 的 Kruskal-Wallis 單因子等級變異數分析（Kruskal-Wallis one-way analysis of variance by ranks）。檢定後得到 χ^2 (3, N = 32) = 12.997，p = 0.005，因此四組手部穩定性（碰觸次數）的中位數有顯著差異。

如果要進多重比較，可以使用 pairwise.wilcox.test() 函數進行 Wilcoxon 等級和檢定。不過，由於 4 組要進行 6 次比較，會使型 I 錯誤增加，此時可使用 Holm 法控制型 I 錯誤。檢定後發現睡眠剝奪 12 小時及 18 小時組的中位數分別與 30 小時組有顯著差異，與前述 ANOVA 的結果相同。要留意，如果有等值結（tie）出現時，p 值的計算並不精確。

文字框 10-20　無母數檢定

```
> kruskal.test(穩定性 ~ 睡眠剝奪, data=example10)        # 進行 Kruskal 檢定

        Kruskal-Wallis rank sum test

data:  穩定性 by 睡眠剝奪
Kruskal-Wallis chi-squared = 12.997, df = 3, p-value = 0.004644
> with(example10, pairwise.wilcox.test(穩定性, 睡眠剝奪, p.adjust.method="holm"))
                                          # 以 Holm 法校正，進行 Wilcox 檢定
        Pairwise comparisons using Wilcoxon rank sum test

data:  穩定性 and 睡眠剝奪

       12小時 18小時 24小時
18小時 0.374  -      -
24小時 0.179  0.374  -
30小時 0.046  0.046  0.149

P value adjustment method: holm
```

第 11 章

單因子相依樣本變異數分析

單因子相依樣本變異數分析旨在比較兩群以上相依（有關聯）樣本，在某個變數的平均數是否有差異，適用的情境如下：

自變數：兩個以上有關聯的組別，為**質的變數**。

依變數：**量的變數**。

本章先介紹單因子相依樣本變異數分析的整體檢定，接著說明所有成對的事後比較。

11.1　基本統計概念

11.1.1　目的

單因子相依樣本變異數分析旨在檢定兩組以上相依的樣本，在某一變數之平均數是否有差異，它可用於比較：

1. 兩群以上有關聯之樣本在某個變數的平均數是否有差異，此為配對樣本。
2. 一群樣本在兩個以上時間點或情境中的平均數是否有差異，此為重複量數。

當只有兩群樣本時，研究者通常會使用相依樣本 t 檢定，而不使用單因子相依樣本變異數分析，由於此時 $F = t^2$，所以兩種分析的結果是一致的。然而，如果有三群以上樣本，則不應再採 t 檢定，而應使用變異數分析。

11.1.1.1　重複量數設計的優點

使用重複量數設計的主要優點有三：

1. **減少受試者**。在第 10 章表 10-1 獨立樣本設計中，要徵求的受試者有 9 人，如果使用重複量數設計則只要 3 人。
2. 可以**減少因樣本不同而造成的差異**。雖然獨立樣本設計都會採用隨機分派的方式，以確保開始實驗時各組在依變數上的平均數相等，如果每一組都採用同樣的受試者，則起始點相等的要求更能達成。
3. 可以**排除受試者之間的差異，使檢定更容易顯著**。單因子獨立樣本變異數分析的組間 *SS* 等於相依樣本的因子 *SS*，而獨立樣本的組內 *SS* 在相依樣本中會拆解為受試間 *SS* 及誤差 *SS*，由於誤差的 *SS* 變小，因此會使 F 值變大（F = 因子 *SS* / 誤差 *SS*），檢定也比較容易顯著。

11.1.1.2 重複量數設計的缺點

重複量數設計的主要缺點有二：

1. **增加實驗時間**。表 11-1 的例子如果使用獨立樣本，則實驗時間是 1 個月，但是如果使用重複量數設計則要延長為 3 個月，因此時間上很不經濟。
2. **對於「能不能」的問題並不適用**。許多學會以後就不容易遺忘的技能（如騎腳踏車）並不適合重複施測，因此重複量數設計比較適合「願不願」，或是沒有學習保留（記憶）之類的研究問題。

11.1.2 分析示例

以下的研究問題可以使用單因子相依樣本變異數分析：

1. 學生在三次體適能測試的結果。
2. 受訪者在不同時間（國小、國中、高中、大學）的幸福感。
3. 受試者對三種顏色號誌的反應時間。
4. 消費者對四種智慧型手機的喜愛度。
5. 使用隨機化交叉（cross-over）實驗設計，輪流服用三種不同藥物十天後的血壓值。

醫學上隨機化交叉實驗設計是將受試者隨機分成幾組（以 3 組為例），第 1、2、3 組分別接受 A、B、C 三種藥物試驗（其中 C 可以是安慰劑），經過一段時間後（如，2 星期），檢查研究者關心的變數（如，檢查血液中的病毒量或血糖值，或測量血壓值等等），接著，經過一段洗滌時間（washout period），讓殘存藥效排除，再更換藥物為 B、C、A，經過 2 星期的服藥及洗滌時間後，再更換藥物為 C、A、B，如表 11-1 所示。

表 11-1 實驗設計一

受試 \ 順序	1	2	3
1	A	B	C
2	B	C	A
3	C	A	B

然而，在此設計中，B 藥物都是在 A 藥物之後服用，而 C 藥物則在 B 藥物之後服用，可能會有殘存的效應。如果把受試者隨機分為 6 組（2、4、6 為新增組別），改採以下的順序，就可以避免順序效應（sequence effects），如表 11-2 所示。

表 11-2　實驗設計二

受試＼順序	1	2	3
1	A	B	C
2	A	C	B
3	B	C	A
4	B	A	C
5	C	A	B
6	C	B	A

在此實驗中，要留意隨機抽樣、隨機分組、隨機順序等隨機化原則。

使用此設計的優點是減少受試者，可以使用受試者本身控制誤差，使得檢定容易顯著；缺點則是每位受試者要接受多種處理，費時較久，且無法適用於一學就會的技能（如，騎自行車），或是短期可以康復的疾病（如，感冒）。

11.1.3　整體檢定

以表 11-3 為例，研究者隨機抽取 3 名受試者，對他們施以體能訓練，並在每個月末進行體適能檢測（數值愈大，表示體適能愈佳）。試問：三個月的效果是否有差異？

表 11-3　三名受試者的體適能成績

組別	第 1 個月	第 2 個月	第 3 個月	受試平均
受試者 1	2	3	6	3.667
受試者 2	3	5	7	5.000
受試者 3	4	7	8	6.333
月平均數	3	5	7	
總平均		5		

表 11-3 的數值與表 10-1 相同，不同之處則是表 10-1 是 9 名受試者的資料，而表 11-3 則只有 3 名受試者。此處我們主要關心的是，受試者在三個月之間的平均數（3、5、7）是否有差異，這是**因子效果**，也是第 11 章中的**組間效果**。從橫列來看，可以發現這三個月間的差異，同時也是受試者各自在三個月的變化，所以稱為**受試者內效果**（within subjects effect）；三名受試者之間的平均數差異（3.667、5.000、6.333），稱為**受試者間效果**（between subjects effect），也是變異的來源，不過，這通常不是研究者關注的重點。

表 11-3 的數據可以繪成圖 11-1 的折線圖。相依樣本變異數分析是把受試者當成另一個因子（S），並分析受試者與自變數（A）的交互作用，兩者交互作用的 SS_{as} 就是誤差 SS_{error}。當圖 11-1 中三條線交叉愈大，表示受試者與自變數的交互作用愈大，誤差 SS_{error} 也愈大；如果三條線完全平行，則誤差 SS_{error} 就等於 0。

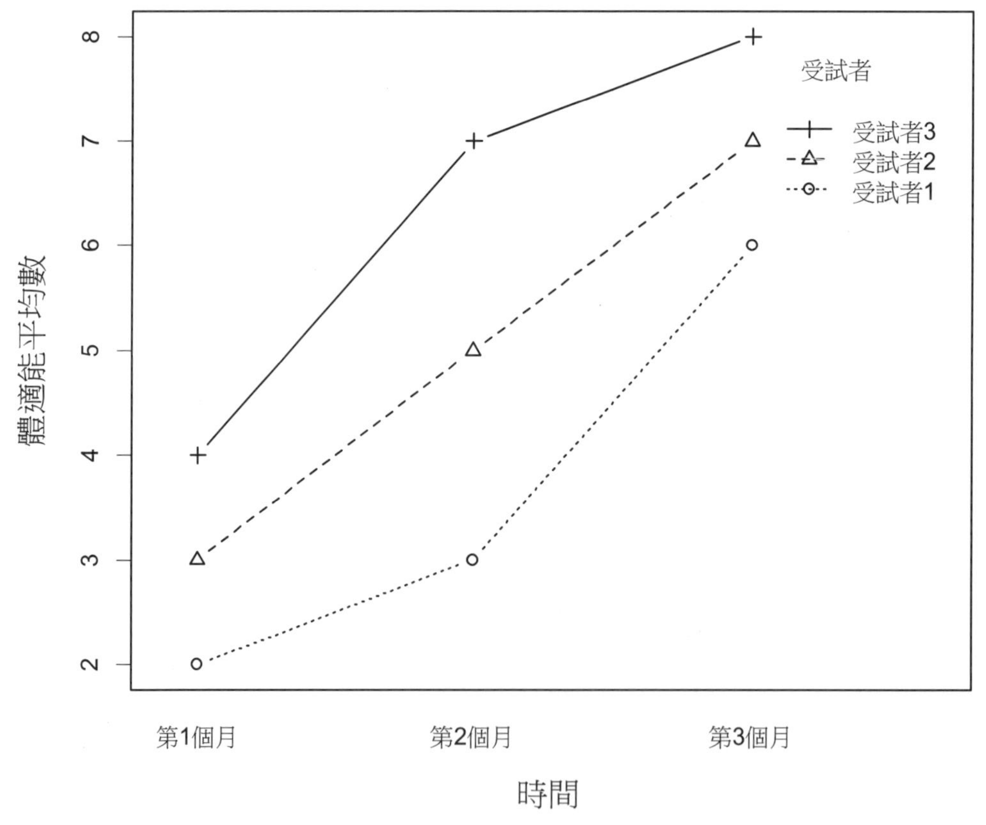

圖 11-1　受試者與時間的交互作用

11.1.3.1　虛無假設與對立假設

在此例中，待答問題是：

受試者在三個月的體適能是否不同？

虛無假設是假定母群中三個時間點的體適能平均成績相同：

$$H_0 : \mu_{第1月} = \mu_{第2月} = \mu_{第3月}$$

或寫成：

$H_0 : \mu_i = \mu_j$，存在於所有的 i 及 j

對立假設寫成：

$H_1 : \mu_i \neq \mu_j$，存在於部分的 i 及 j

11.1.3.2　*SS* 及自由度的計算

在計算前，先以圖 11-2 呈現單因子相依樣本變異數分析的 *SS* 拆解，以利讀者掌握公式。

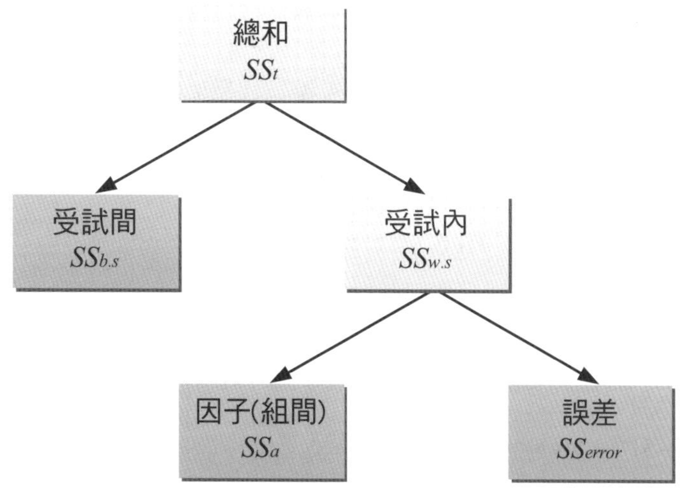

圖 11-2　單因子相依樣本變異數分析之 *SS* 拆解-1

同樣的總和 *SS*，也可以拆解為圖 11-3，在兩個圖中，深灰色網底的 *SS* 是相同的，只是排列位置不同。

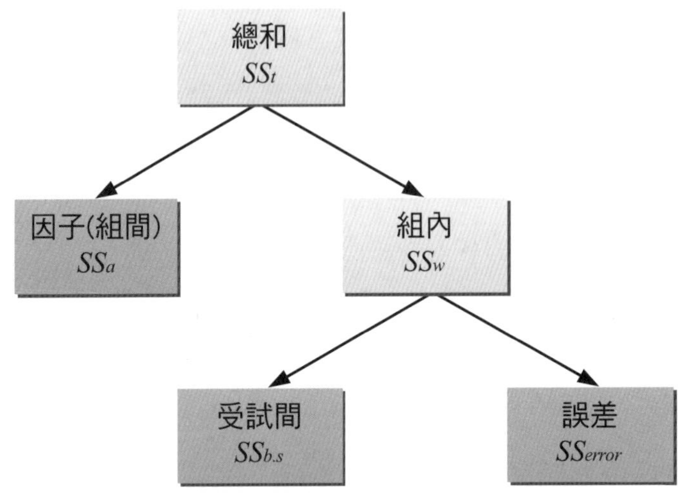

圖 11-3　單因子相依樣本變異數分析之 *SS* 拆解-2

在圖 11-2 中，要進行整體檢定，需要計算五種 *SS*，分別是：

$$全體\ SS_t = \left[(各個數值 - 總平均數)^2\right]之總和 \quad （公式 11-1）$$

$$受試間\ SS_{b.s} = \left[(各受試平均數\text{-}總平均數)^2 \times 受試次數\right]之總和 \quad （公式 11-2）$$

$$受試內\ SS_{w.s} = \left[(各個數值 - 受試者平均數)^2\right]之總和 \quad （公式 11-3）$$

$$因子\ SS_a = \left[(各月平均數 - 總平均數)^2 \times 各月受試者數\right]之總和 \quad （公式 11-4）$$

$$誤差\ SS_{error} = 受試內 SS_{w.s} - 因子 SS_a \quad （公式 11-5）$$

全體 SS_t 等於 36，計算過程如下（與第 10 章的算法相同）：

$$\begin{aligned}
&(2-5)^2+(3-5)^2+(4-5)^2+\\
&(3-5)^2+(5-5)^2+(7-5)^2+\\
&(6-5)^2+(7-5)^2+(8-5)^2\\
&=9+4+1+4+0+4+1+4+9\\
&=36
\end{aligned}$$

受試間 $SS_{b.s}$ 等於 10.667，計算過程如下（以下均會有捨入誤差）：

$$(3.667-5)^2\times3+(5.000-5)^2\times3+(6.333-5)^2\times3=5.333+0+5.333=10.667$$

受試內 $SS_{w.s}$ 等於 25.333，需要分別計算 3 個受試內的 $SS_{w.s}$。其中，第 1 個受試內 $SS_{w.s}$ 等於 8.667，計算過程如下：

$$(2-3.667)^2+(3-3.667)^2+(6-3.667)^2=2.778+0.444+5.444=8.667$$

第 2 個受試內 $SS_{w.s}$ 等於 8，計算過程如下：

$$(3-5)^2+(5-5)^2+(7-5)^2=4+0+4=8$$

第 3 個受試內 $SS_{w.s}$ 等於 8.667，計算過程如下：

$$(4-6.333)^2+(7-6.333)^2+(8-6.333)^2=5.444+0.444+2.778=8.667$$

將 3 個受試內 $SS_{w.s}$ 加總之後得到聯合受試內 $SS_{w.s}$，為 25.333。

$$8.667+8+8.667=25.333$$

由計算結果可看出：

$$\text{全體 } SS_t = \text{受試間 } SS_{b.s} + \text{受試內 } SS_{w.s} \qquad \text{（公式 11-6）}$$

代入數值：

$$36 = 10.667 + 25.333$$

因此，全體 SS_t 可拆解成受試間 $SS_{b.s}$ 及受試內 $SS_{w.s}$ 兩部分（圖 11-4）。

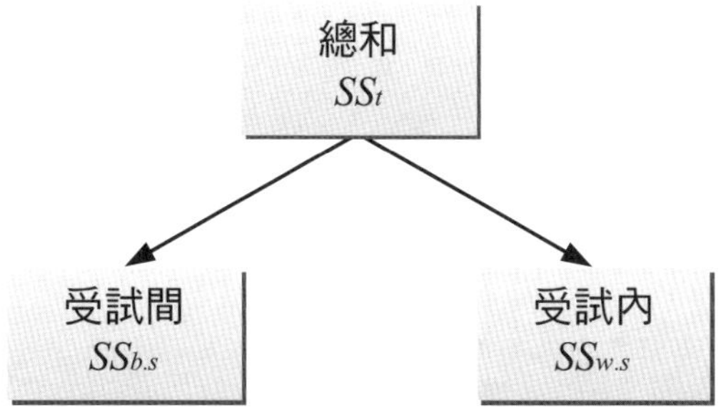

圖 11-4 單因子相依樣本變異數分析之 SS 拆解

因子 SS_a 就是第 10 章的組間 SS_b，等於 24，計算過程如下：

$$(3-5)^2 \times 3 + (5-5)^2 \times 3 + (7-5)^2 \times 3 = 12 + 0 + 12 = 24$$

受試內 $SS_{w.s}$ 等於因子 SS_a 加誤差 SS_{error}（圖 11-5），因此誤差 SS_{error} 就等於受試內 $SS_{w.s}$ 減去因子 SS_a，結果為 1.333，計算過程如下：

$$SS_{error} = 25.333 - 24 = 1.333$$

誤差 SS 實際上就是把觀察體當成一個因子（S），計算 S 與自變數 A 的交互作用而得到的 S*A 之 SS_{sa}。有關交互作用的概念，詳見本書第 12 章。

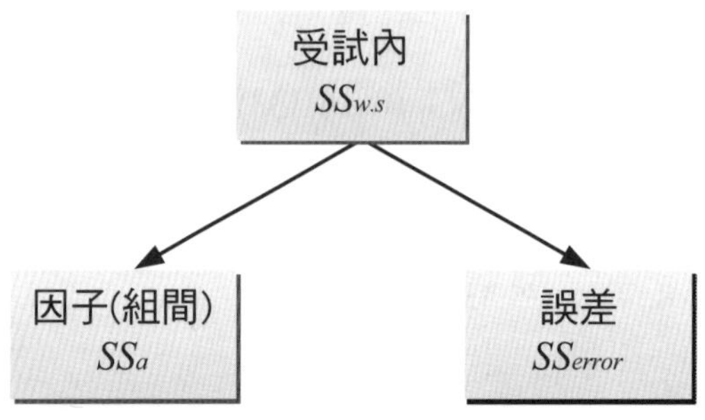

圖 11-5　受試內 SS 之拆解

上述五個變異來源的自由度公式分別為：

全體的自由度 ＝ 受試數 × 組數 − 1 ＝ 所有數值數 − 1

受試間的自由度 ＝ 樣本數 − 1

受試內的自由度 ＝ 受試數 ×(組數 − 1) ＝ 受試數 × 組數 − 受試數

因子（組間）的自由度 ＝ 組數 − 1

誤差的自由度 ＝(受試數 − 1) × (組數 − 1)

計算後得到：

全體的自由度 ＝ 9 − 1 ＝ 8

受試間的自由度 ＝ 3 − 1 ＝ 2

受試內的自由度 $=9-3=6$

因子（組間）的自由度 $=3-1=2$

誤差的自由度 $=(3-1)\times(3-1)=4$

自由度同樣具有可加性，所以，

全體的自由度 ＝ 受試間的自由度 ＋ 受試內的自由度

受試內的自由度 ＝ 因子（組間）的自由度 ＋ 誤差的自由度

11.1.3.3　變異數分析摘要表

求得 *SS* 及自由度後，就可以整理成變異數分析摘要表。表 11-4 中，均方是由平方和除以自由度而得，而 *F* 值的公式為：

F =因子均方 / 誤差均方 $=12/0.333=36$

表 11-4　變異數分析摘要表

變異來源	平方和 *SS*	自由度 df	均方 *MS*	*F* 值	*p* 值
受試間	10.667	2	5.333		
受試內	25.333	6			
因子（組間）	24.000	2	12.000	36	0.00277
誤差	1.333	4	0.333		
全體	36.000	8			

計算所得的 *F* 值是否顯著，同樣有兩種判斷方法（也見第 11 章）。第一種是傳統取向的做法，找出 $\alpha=0.05$ 時的臨界值。在自由度為 2, 4 的 *F* 分配中，臨界值為 6.944272〔在 R 中輸入 qf(0.95,2,4) 即可求得〕。表 11-4 計算所得的 *F* 值為 36，已經大於 6.944，因此應拒絕虛無假設。

第二種是現代取向的做法，直接算出在自由度為 2, 4 的 *F* 分配中，*F* 值要大於 36 的 *p* 為 0.002770083〔輸入 1–pf(36,2,4) 求得〕，小於 0.05，因此應拒絕虛無假設。

文字框 11-1 是範例資料。

文字框 11-1　資料檔

```
> load("c:/mydata/chap11/table11.RData")            # 載入本例資料
> table11                                            # 展示本例資料
  s.受試者  a.時間 y.體適能
1  受試者1 第1個月       2
2  受試者2 第1個月       3
3  受試者3 第1個月       4
4  受試者1 第2個月       3
5  受試者2 第2個月       5
6  受試者3 第2個月       7
7  受試者1 第3個月       6
8  受試者2 第3個月       7
9  受試者3 第3個月       8
```

文字框 11-2 不設定 s*a 的交互作用，以 aov 建立模型後，用 anova() 或 summary() 函數列出變異數分析摘要表。其中 $SS_{b.s}$ 是 10.6667，SS_a 是 24，SS_{error} 是 1.3333。

文字框 11-2　不含交互作用的 ANOVA

```
> anova(aov(y.體適能~s.受試者+a.時間, data=table11))
                                                     # 設定因子與受試者沒有交互作用

Analysis of Variance Table

Response: y.體適能
          Df  Sum Sq Mean Sq F value   Pr(>F)
s.受試者   2 10.6667  5.3333      16 0.01235 *
a.時間     2 24.0000 12.0000      36 0.00277 **
Residuals  4  1.3333  0.3333
---
Signif. codes:  0 '***' 0.001 '**' 0.01 '*' 0.05 '.' 0.1 ' ' 1
```

文字框 11-3 設定 s*a 的交互作用，以 aov 建立模型後，改用 summary() 函數列出變異數分析摘要表。報表中 s*a 的 *SS* 等於文字框 11-2 中 Residuals 的 *SS*，其他的結果都相同，不過，此設定並不能進行 *F* 檢定。

文字框 11-3　含交互作用的 ANOVA

```
> summary(aov(y.體適能~s.受試者*a.時間, data=table11))
                                            # 設定因子與受試者有交互作用
                 Df Sum Sq Mean Sq
s.受試者          2 10.667   5.333
a.時間            2 24.000  12.000
s.受試者:a.時間   4  1.333   0.333
```

文字框 11-4 將「s.受試者」或是「s.受試者/a.時間」因子設定為 Error，此時分析的結果就與表 11-4 一致。

文字框 11-4　單因子相依樣本變異數分析

```
> summary(aov(y.體適能~a.時間+Error(s.受試者/a.時間), data=table11))
> summary(aov(y.體適能~a.時間+Error(s.受試者), data=table11))
                                            # 單因子相依樣本變異數分析（二擇一）
Error: s.受試者
          Df Sum Sq Mean Sq F value Pr(>F)
Residuals  2  10.67   5.333

Error: Within
          Df Sum Sq Mean Sq F value  Pr(>F)
a.時間     2 24.000  12.000      36 0.00277 **
Residuals  4  1.333   0.333
---
Signif. codes:  0 '***' 0.001 '**' 0.01 '*' 0.05 '.' 0.1 ' ' 1
```

由圖 11-3 的右半部可看到，組內 SS_w 可拆解為受試間 $SS_{b.s}$ 及誤差 SS_{error}（如圖 11-6），將表 11-4 中的 $SS_{b.s}$ 與 SS_{error} 相加（$10.667 + 1.333$），即等於第 10 章文字框 10-1 中的組內 SS（等於 12）。由於文字框 11-4 中的誤差減少為 1.333，雖然 F 的分母自由度變小（由 6 減為 4），使得臨界值變大（由 5.143 增為 6.944），但是 F 值增大為 36，使得 p 值也減小為 0.00277（文字框 10-1 中的 F 值為 6，p 值為 0.03704）。因此，在相同的條件下，使用相依樣本設計會比獨立樣本設計容易拒絕虛無假設（在 t 檢定中也相同）。

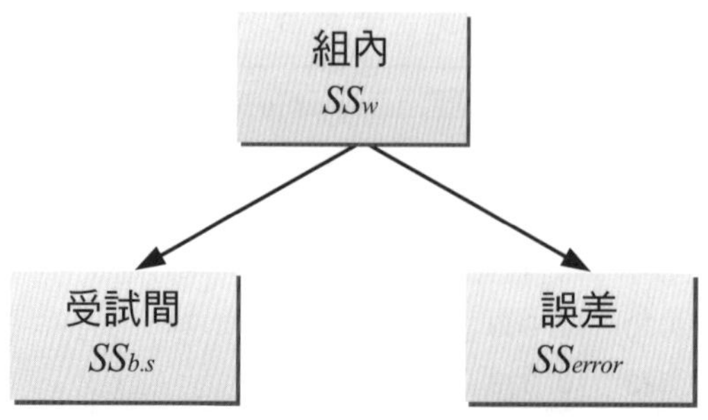

圖 11-6　組內 *SS* 之拆解

11.1.4　事後比較

如果整體檢定顯著後，研究者通常會再進行事後比較。此時可使用 Tukey 的 HSD 法進行成對比較之後。HSD 採 q 檢定，如果符合球形性（見 11.6.3 節之說明），公式為：

$$q = \frac{\bar{Y}_i - \bar{Y}_j}{\sqrt{\frac{MS_{error}}{n}}}$$

當各組樣本不相等時，可先計算 t 值：

$$t = \frac{\bar{Y}_i - \bar{Y}_j}{\sqrt{MS_{error}\left(\frac{1}{n_i}+\frac{1}{n_j}\right)}} = \frac{\bar{Y}_i - \bar{Y}_j}{\sqrt{\frac{2\times MS_{error}}{n}}} = \frac{\text{平均數差異}}{\text{標準誤}} \quad \text{（公式 11-7）}$$

而 $q = t\times\sqrt{2}$。公式 11-7 與第 10 章的公式 10-6 相似，只是分母的部分以誤差 MS_{error} 取代組內 MS_w。

文字框 11-5 使用 multcomp 的 glht()（General linear hypotheses test）函數進行多重 Tukey 比較。比較前，先設定模型只含「s.受試者」及「a.時間」兩個主要效果，不含兩者的交互作用。

文字框 11-5　Tukey HSD 多重比較

```
> library(multcomp)                          # 載入 multcomp 程式套件
```

```
> model2=(aov(y.體適能~s.受試者+a.時間, data=table11))
                                                # 模式不含交互作用
> summary(glht(model2, linfct=mcp(a.時間 = "Tukey")))
                                                # 列出 Tukey 的 HSD 檢定結果
         Simultaneous Tests for General Linear Hypotheses


Multiple Comparisons of Means: Tukey Contrasts


Fit: aov(formula = y.體適能 ~ s.受試者 + a.時間, data = table11)


Linear Hypotheses:
                        Estimate Std. Error t value Pr(>|t|)
第2個月 - 第1個月 == 0    2.0000     0.4714   4.243  0.02847 *
第3個月 - 第1個月 == 0    4.0000     0.4714   8.485  0.00203 **
第3個月 - 第2個月 == 0    2.0000     0.4714   4.243  0.02863 *
---
Signif. codes:  0 '***' 0.001 '**' 0.01 '*' 0.05 '.' 0.1 ' ' 1
(Adjusted p values reported -- single-step method)
```

以報表中的第 3 個月及第 1 個月的比較為例，平均數差異為 4，標準誤為：

$$\sqrt{0.333\left(\frac{1}{3}+\frac{1}{3}\right)}=0.4714$$

因此 $t = 4 / 0.4714 = 8.485$，$q = 8.485 \times \sqrt{2} = 12$，$p$ =0.00203，所以平均數差異 4 顯著不等於 0，也就是第 3 個月的平均數 7 與第 1 個月的平均數 3 有顯著差異。報表中每個成對比較的 p 值都小於 0.05，因此 3 個月的平均數間都有顯著差異。

11.1.5　效果量

如果整體檢定後達到統計上的顯著，應計算效果量。在相依樣本單因子變異數分析中，全體的平方和可以拆解如圖 11-2，計算因子 SS 所占比例即可計算效果量。

目前研究者比較使用偏 η^2 值，它的公式是：

$$偏\,\eta^2=\frac{因子SS}{因子SS+誤差SS}=\frac{因子SS}{受試內SS}$$

從文字框 11-2 代入數值之後得到：

$$偏\ \eta^2 = \frac{24}{24+1.3333} = \frac{24}{25.3333} = 0.947$$

然而，偏 η^2 值並不是真正代表依變數的總變異中可用自變數解釋的比例，如果要自行計算 η^2 值，公式為：

$$\eta^2 = \frac{因子SS}{總和SS} = \frac{因子SS}{受試間SS + 因子SS + 誤差SS}$$

從文字框 11-2 再找到受試間的 *SS* 代入公式，得到：

$$\eta^2 = \frac{24}{10.6667 + 24 + 1.3333} = \frac{24}{36} = 0.667$$

$\eta^2 = 0.667$ 與第 10 章 10.1.6 節的結果相同。由此可發現，使用相同的數據，相依樣本變異數分析比獨立樣本容易顯著，效果量的偏 η^2 也比較大，但是 η^2 仍然相同。

然而，η^2 會高估母群中自變數與依變數的關聯程度，因此可以改用不偏估計值 ε^2 或是 ω^2，公式分別為：

$$\varepsilon^2 = \frac{因子SS - 因子自由度 \times 誤差MS}{總和SS} \quad （公式 11-8）$$

$$\omega^2 = \frac{因子SS - 因子自由度 \times 誤差MS}{總和SS + 組內MS} \quad （公式 11-9）$$

代入數值後，得到：

$$\varepsilon^2 = \frac{24 - 2 \times 0.3333}{36} = \frac{23.3333}{36} = 0.648$$

$$\omega^2 = \frac{24 - 2 \times 0.333}{36 + 0.3333} = \frac{23.3333}{36.3333} = 0.642$$

在 R 中（文字框 11-6），可以先以「s.受試者」及「a.時間」兩個因子建立模型（不含交互作用），再以 DescTools 程式套件中的 EtaSq() 函數計算效果量。其中「a.時間」因子的 η^2 為 0.66666667，偏 η^2 為 0.9473684，與自行計算的結果一致。

文字框 11-6　計算效果量

```
> model2=(aov(y.體適能~s.受試者+a.時間, data=table11))
                                          # 以 s.受試者及 a.時間為自變數，建立模型
> library(DescTools)                      # 載入 DescTools 程式套件
> EtaSq(model2, anova=T)                  # 計算效果量，並列出 ANOVA 摘要表
              eta.sq eta.sq.part        SS df         MS  F           p
s.受試者  0.29629630   0.8888889 10.666667  2  5.3333333 16 0.012345679
a.時間    0.66666667   0.9473684 24.000000  2 12.0000000 36 0.002770083
Residuals 0.03703704          NA  1.333333  4  0.3333333 NA          NA
```

依據 J. Cohen（1988）的經驗法則，η^2 值之小、中、大的效果量分別是 0.01、0.06，及 0.14。因此，本範例為大的效果量。

以上三種效果量也可以轉換成 Cohen 的 f，公式是：

$$f = \sqrt{\frac{\eta^2}{1-\eta^2}} \quad \text{（公式 11-10）}$$

代入 0.667 後，得到：

$$f = \sqrt{\frac{0.667}{1-0.667}} = 1.414$$

依據 J. Cohen (1988) 的經驗法則，f 值之小、中、大的效果量分別是 0.10、0.25、及 0.40。因此，本範例為大的效果量。

11.2　範例

藥物動力學（Pharmacokinetics）的研究顯示，某些藥物會對另一種藥物的清除率產生影響。表 11-5 是 14 名接受茶鹼（theophylline）靜脈注射的慢性阻塞性肺病患者，在開放式、隨機化、三個時期的交叉實驗中，輪流服用兩種藥物（cimetidine 與 famotidine）及安慰劑（placebo）各三個療程。請問：服用三種藥物後茶鹼的清除率是否有不同？

表 11-5　14 名受試者服用三種藥物之後的茶鹼清除率

受試者	cimetidine	famotidine	placebo
1	3.69	5.13	5.88
2	3.61	7.04	5.89
3	1.15	1.46	1.46
4	4.02	4.44	4.05
5	1.00	1.15	1.09
6	1.75	2.11	2.59
7	1.45	2.12	1.69
8	2.59	3.25	3.16
9	1.57	2.11	2.06
10	2.34	5.20	4.59
11	1.31	1.98	2.08
12	2.43	2.38	2.61
13	2.33	3.53	3.42
14	2.34	2.33	2.54

資料來源：Bachmann, K. et al. (1995). Controlled study of the putative interaction between famotidine and theophylline in patients with chronic obstructive pulmonary disease. *Journal of clinical pharmacology*, *35*(5), 529-535.

11.2.1　變數與資料

表 11-5 中有 4 個變數，然而，如果只依表中的短格式輸入 R 工作表中，並無法進行分析，需要再使用堆疊（stack）的方式轉成文字框 11-7 的長格式（注：堆疊方法請見本書第 13 章）。

在文字框 11-7 中，有兩個自變數：一是受試者，給予不同的編號；二是藥物，有 3 個類別，分為 cimetidine、famotidine、及 placebo。依變數則是注射茶鹼之後的清除率（單位為 L/h），數值愈大，表示清除率愈高。

11.2.2　研究問題

在本範例中，研究者想要了解的問題可以陳述如下：

服用三種藥物後茶鹼的清除率是否有不同？

11.2.3　統計假設

根據研究問題，虛無假設宣稱「服用三種藥物後茶鹼的清除率沒有不同」：

$H_0 : \mu_{cimetidine} = \mu_{famotidine} = \mu_{placebo}$，或 $H_0 : \mu_i = \mu_j$，存在於所有的 i 與 j

而對立假設則宣稱「服用三種藥物後茶鹼的清除率不同」：

$H_1 : \mu_i \neq \mu_j$，存在於部分的 i 與 j

11.3　使用 R 進行分析

11.3.1　資料檔

部分的 R 資料檔，如文字框 11-7，資料檔中包含了受試者代號、藥物、及茶鹼清除率。

文字框 11-7　單因子相依樣本變異數分析資料檔

```
> load("C:/mydata/chap11/example11.RData")
> example11
     受試者       藥物 茶鹼清除率
1    受試者1 cimetidine       3.69
2    受試者2 cimetidine       3.61
       :
15   受試者1 famotidine       5.13
16   受試者2 famotidine       7.04
       :
29   受試者1    placebo       5.88
30   受試者2    placebo       5.89
       :
（為節省篇幅，只展示部分數據）
```

11.3.2 描述性統計量

文字框 11-8 使用 Rmisc 程式套件中的 summarySE() 函數進行描述統計分析，依變數為「茶鹼清除率」，分組變數為「藥物」。

文字框 11-8 描述性統計量

```
> library(Rmisc)
> summarySE(m="茶鹼清除率", g="藥物", data=example11)
        藥物  N 茶鹼清除率        sd        se        ci
1 cimetidine 14   2.255714 0.9701206 0.2592756 0.5601310
2 famotidine 14   3.159286 1.7048955 0.4556525 0.9843774
3    placebo 14   3.079286 1.5289185 0.4086207 0.8827713
```

報表顯示了接受 3 種藥物實驗的受試人數（總計 14 人），及依變數（茶鹼的清除率）的平均數、標準差、標準誤、及誤差界限。服用第 1 種藥物（cimetidine）後，茶鹼的清除率最慢（$M = 2.256, SD = 0.970$），第 2 種藥物（famotidine）的清除率（$M = 3.159, SD = 1.705$）與安慰劑差不多（$M = 3.079, SD = 1.529$）。至於 3 個平均數是否有顯著差異，則要進行後續檢定。

11.3.3 平均數剖繪圖

文字框 11-9 使用 gplots 程式套件的 plotmeans() 函數繪製平均數剖繪圖，～號前為依變數，～號後為自變數。

文字框 11-9 平均數剖繪圖

```
> library(gplots)                                  # 載入 gplots 程式套件
> par(mai=c(1, 1, .1 ,.1),cex=1.2, cex.lab=1.2, cex.main=1.2, lwd=1.5)
                                                   # 設定邊界、文字大小、線粗
> plotmeans(茶鹼清除率~藥物,data=example11, ylim=c(1.5, 4.5))
                                                   # 繪製平均數剖繪圖，Y 軸設定從 1.5 到 4.5
```

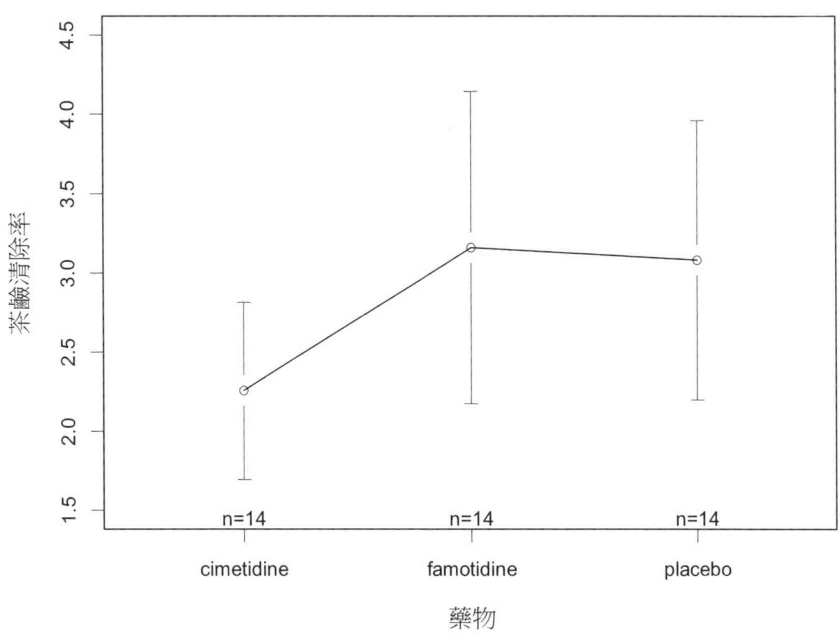

圖 11-7　平均數剖繪圖

圖 11-7 是根據文字框 11-8 的平均數及誤差界限所繪製的剖繪圖，各組的誤差界限是依各自的標準差計算，而非合併的標準差。由圖可看出，服用 cimetidine 後，茶鹼的清除率最慢。

11.3.4　單因子相依樣本變異數分析

文字框 11-10 先以 aov 建立模型，依變數為「茶鹼清除率」，自變數為「藥物」，誤差項為「受試者」（也可以設定為「受試者/藥物」），接著再以 summary() 列出模型內容（注：無法使用 anova() 函數列出）。

文字框 11-10　單因子相依樣本變異數分析

```
> model<-aov(茶鹼清除率~藥物+Error(受試者), data=example11)
                                                # 建立模型
> summary(model)                                # 列出模型摘要

Error: 受試者
          Df Sum Sq Mean Sq F value Pr(>F)
Residuals 13  71.81   5.524
```

```
Error: Within
          Df Sum Sq Mean Sq F value   Pr(>F)
藥物       2  7.005   3.503   10.59 0.000432 ***
Residuals 26  8.599   0.331
---
Signif. codes:  0 ‘***’ 0.001 ‘**’ 0.01 ‘*’ 0.05 ‘.’ 0.1 ‘ ’ 1
```

報表中藥物的 F 值公式為：

$$F = \frac{\text{藥物}MS}{\text{誤差}MS}$$

代入數值得到：

$$F = \frac{3.503}{0.331} = 10.59$$

$F(2, 26) = 10.59$，p=0.000432，拒絕虛無假設，所以至少有一種藥物對茶鹼清除率的影響與其他藥物不同。

受試者的 SS 為 71.81，如果要進行檢定，可以使用文字框 11-11 的命令。分析後得到 $F(13, 26) = 16.703$，$p < 0.0001$，代表 14 個受試者的茶鹼清除率不同，不過這通常不是研究的主要目的。

文字框 11-11　受試者間效果檢定

```
> anova(aov(茶鹼清除率~藥物+受試者, data=example11))
                                            # 檢定受試者間效果
Analysis of Variance Table

Response: 茶鹼清除率
          Df Sum Sq Mean Sq F value    Pr(>F)
藥物       2  7.005  3.5026  10.591 0.0004321 ***
受試者    13 71.811  5.5240  16.703 2.082e-09 ***
Residuals 26  8.599  0.3307
---
Signif. codes:  0 ‘***’ 0.001 ‘**’ 0.01 ‘*’ 0.05 ‘.’ 0.1 ‘ ’ 1
```

11.3.5　球形檢定

單因子相依樣本變異數分析需要符合球體性，Mauchly 球形檢定在於考驗 3 組間兩兩差異分數的變異數是否相等，方法是先計算 3 個差異分數：

d_1 = cimetidine − famotidine

d_2 = famotidine − placebo

d_3 = cimetidine − placebo

虛無假設為：

$$H_0:\sigma^2_{d_1}=\sigma^2_{d_2}=\sigma^2_{d_3}\text{，或}\sigma^2_{d_i}=\sigma^2_{d_j}\text{，存在於所有的 } i \text{ 與 } j$$

對立假設為：

$$H_1:\sigma^2_{d_i}\neq\sigma^2_{d_j}\text{，存在於部分的 } i \text{ 與 } j$$

文字框 11-12 使用 ez 程式套件中的 ezANOVA() 函數進行球形檢定，dv 為依變數，wid 為受試者，within 為受試者內因子。

文字框 11-12　球形檢定

```
> library(ez)                                    # 載入 ez 程式套件
> ezANOVA(dv=茶鹼清除率, wid=受試者, within=藥物, data=example11)
                                                 # 進行變異數分析及假定檢查
$ANOVA
  Effect DFn DFd        F            p p<.05        ges
2   藥物   2  26 10.59078 0.0004321301     * 0.08013682

$`Mauchly's Test for Sphericity`
  Effect         W           p p<.05
2   藥物 0.4324404 0.006539698     *

$`Sphericity Corrections`
  Effect       GGe       p[GG] p[GG]<.05       HFe       p[HF] p[HF]<.05
2   藥物 0.6379343 0.002977973         * 0.6764748 0.002420647         *
```

檢定後得到 $W = 0.4324404$，$p = 0.006539698$，因此應拒絕虛無假設，已經違反了球形性。由於已經違反了球形性假定，因此後續分析得到的 F 值機率就會有正偏的情形（也就是容易拒絕虛無假設），需要使用 ε 值對自由度加以校正，以獲得比較大的 F 臨界值（臨界值愈大，同樣的 F 值就愈不容易顯著，也就是比較不容易拒絕虛無假設）。

$`Sphericity Corrections`部分有 Greenhouse-Geisser 及 Huynh-Feldt 兩種 ε 值，分別為 0.6379343 及 0.6764748。Huynh-Feldt 的 ε 值比較適合一般情形，Greenhouse-Geisser 的 ε 值則比較適合極端違反假設的情況。如果兩個值很接近，且都很小，則使用 Greenhouse-Geisser ε 值比較恰當；如果都很大，則使用 Huynh-Feldt ε 值較適合（Page, Braver, & MacKinnon, 2002, p.72）。當 Greenhouse-Geisser 的 $\varepsilon > 0.75$ 時，就會過於保守，此時最好改採 Huynh-Feldt 的方法（Girden, 1992）。由於報表中 Greenhouse-Geisser 的 $\varepsilon = 0.6379343 < 0.75$，所以可以使用 Greenhouse-Geisser 的校正方法。

將原來的分子及分母自由度 2 及 26 各自乘上 0.6379343，就是校正的自由度。校正後的 $F(2*0.6379343, 26*0.6379343)$ 仍是 10.59078，但 $p = 0.002977973$，拒絕虛無假設，所以至少有一種藥物對茶鹼的清除率的影響與其他藥物不同〔注：在 R 中輸入 1−pf(10.59078, 2*0.6379343,26*0.6379343) 即可得到 p 值〕。

11.3.6 事後比較

文字框 11-13 使用 multcomp 程式套件的 glht()（General linear hypotheses test）函數進行事後多重 Tukey 比較。分析前，先設定模型只含「藥物」及「受試者」兩個主要效果，不含兩者的交互作用。

文字框 11-13　事後比較

```
> model2<-aov(茶鹼清除率~藥物+受試者, data=example11)
> library(multcomp)                          # 載入 multcomp
> summary(glht(model2, linfct=mcp(藥物 = "Tukey")))
                                             # 以 Tukey 法進行多重比較
```

```
        Simultaneous Tests for General Linear Hypotheses

Multiple Comparisons of Means: Tukey Contrasts

Fit: aov(formula = 茶鹼清除率 ~ 藥物 + 受試者, data = example11)

Linear Hypotheses:
                             Estimate Std. Error t value Pr(>|t|)
famotidine - cimetidine == 0   0.9036     0.2174   4.157  < 0.001 ***
placebo - cimetidine == 0      0.8236     0.2174   3.789  0.00219 **
placebo - famotidine == 0     -0.0800     0.2174  -0.368  0.92826
---
Signif. codes:  0 '***' 0.001 '**' 0.01 '*' 0.05 '.' 0.1 ' ' 1
(Adjusted p values reported -- single-step method)
```

由文字框 11-8 得知 famotidine 與 cimetidine 的茶鹼清除率平均數分別為 3.159286 和 2.255714，兩者的平均數差異為 0.9036，標準誤為：

$$\sqrt{0.3307\left(\frac{1}{14}+\frac{1}{14}\right)}=0.2174$$

計算所得 t 值為 $0.9036 / 0.2174 = 4.157$，$p < 0.001$，因此兩組之間的平均數有顯著差異。由報表可以看出，famotidine − cimetidine 與 placebo − cimetidine 之間都有顯著差異（p 值都小於 0.05），famotidine 及 placebo（安慰劑）的茶鹼清除率比 cimetidine 快（差異平均數是正數）。

11.4　計算效果量

文字框 11-14 使用 DescTools 程式套件中的 EtaSq() 函數計算效果量。其中 model2 只含「受試者」與「藥物」的主要效果，不含交互作用。

文字框 11-14　計算效果量

```
> library(DescTools)                           # 載入 DescTools 程式套件
> EtaSq(model2, anova=T)                       # 計算效果量
               eta.sq eta.sq.part        SS df        MS        F            p
藥物       0.08013682   0.4489372  7.005186  2 3.5025929 10.59078 4.321301e-04
受試者     0.82149657   0.8930639 71.811381 13 5.5239524 16.70275 2.082167e-09
Residuals  0.09836660          NA  8.598748 26 0.3307211       NA           NA
```

報表中藥物的 *SS* 是 7.005186，誤差的 *SS* 是 8.598748，因此偏 η^2 值是：

$$偏\ \eta^2 = \frac{7.005186}{7.005186 + 8.598748} = 0.4489372$$

要計算 η^2 值，再從報表找到受試者間的 *SS*，為 71.811381，得到：

$$\eta^2 = \frac{7.005186}{7.005186 + 71.811381 + 8.598748} = 0.08013682$$

圖示如下：

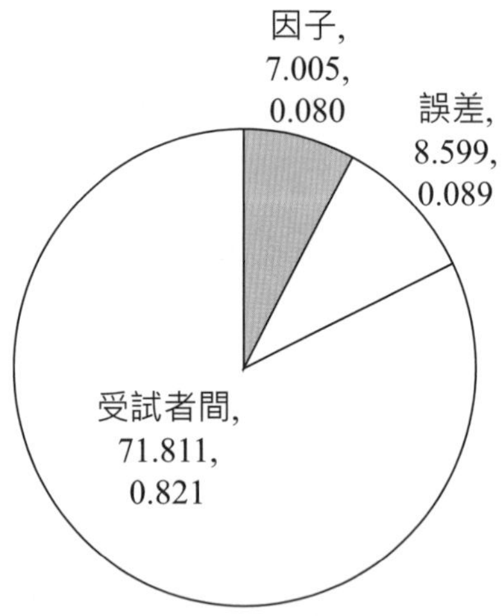

圖 11-8　單因子相依樣本變異數分析效果量

依據 J. Cohen（1988）的經驗法則，η^2 值之小、中、大的效果量分別是 0.01、0.06、及 0.14。因此，本範例為中度的效果量。

11.5　以 APA 格式撰寫結果

以 14 名受試者進行隨機化交叉實驗設計，三種藥物對茶鹼的清除率有不同的作用，$F(2, 26) = 10.59$，$p < .001$，效果量 $\eta^2 = .080$。服用 cimetidine 後，其茶鹼的清除率 (M = 2.26，SD = 0.97) 顯著比安慰劑 (M = 3.08，SD = 1.53) 來得低，也比 famotidine (M = 3.16，SD = 1.70) 低，而 famotidine 與安慰劑則無顯著差異。

11.6　單因子相依樣本變異數分析的假定

單因子相依樣本變異數分析，應符合以下三個假定。

11.6.1　觀察體要能代表母群體，且彼此間獨立

觀察體獨立代表組內的各個樣本間（受試間）不會相互影響。由於是相依樣本，所以組間是不獨立的，也就是同一個受試者會在不同的療程中依序服用三種不同藥物。不過，如果受試者在同一個療程中同時服用兩種以上的藥物，則違反獨立假定。

觀察體間不獨立，計算所得的 p 值就不準確，如果有證據支持違反了這項假定，就不應使用單因子相依樣本變異數分析。

11.6.2　在自變數的各水準中，母群依變數須為常態分配

此項假定是在全體接受茶鹼靜脈注射的慢性阻塞性肺病患者中，服用三種藥物後的茶鹼清除率要呈常態分配。如果依變數不是常態分配，會降低檢定的統計考驗力。不過，當樣本數在 30 以上時，即使違反了這項假定，對於單因子相依樣本變異數分析的影響也不大。

11.6.3　球形性

球形性是指母群中，各成對差異分數的變異數要具有同質性（相等）。R 可以使用 Mauchly 的球形檢定來考驗是否違反這個假定，如果不符合此項假定，就要使用 Greenhouse-Geisser 及 Huynh-Feldt 兩種 ε 值對自由度加以校正。如果 Greenhouse-Geisser 的 $\varepsilon > 0.75$ 時，最好改採 Huynh-Feldt 的方法；$\varepsilon \le 0.75$，則仍使用 Greenhouse-

Geisser 的方法。

改用多變量變異數分析，是另一種替代方法，因為它不需要符合球形性，且有多種追蹤分析方法可供選擇。不過，多變量變異數分析則需要符合另一個假定——多變量常態分配，此部分請見本書第 15 章。

11.7 Friedman 等級變異數分析

如果不符合常態分配與球形性假設，可以改用文字框 11-15 的 Friedman 檢定（Friedman analysis of variance by ranks）。檢定後得到 $\chi^2(2, N = 14) = 15.745$，$p < .0001$，因此三種藥物對茶鹼的清除率有不同的作用。而此不同作用，可能是集中情形，也可能是分散情形，或分配型態。

如果要進多重比較，可以使用 PMCMRplus 程式套件的 frdAllPairsConoverTest () 函數，進行 Conover 檢定。檢定後發現服用 cimetidine 後，其茶鹼的清除率分別與 famotidine 及安慰劑組的中位數有顯著差異，而服用 famotidine 與安慰劑則無顯著差異。

文字框 11-15　無母數檢定

```
> load("c:/mydata/chap11/example11.Rdata")                # 載入 example11_2 資料
> friedman.test(茶鹼清除率~藥物|受試者, data=example11)
        Friedman rank sum test

data:  茶鹼清除率 and 藥物 and 受試者
Friedman chi-squared = 15.745, df = 2, p-value = 0.000381

> library(PMCMRplus)                                      # 載入 PMCMRplus 程式套件
> theophylline <-matrix(example11[,3], nrow=14, ncol=3, dimnames=list(1:14,
   LETTERS=c("cimetidine", "famotidine", "placebo")))     # 轉為茶鹼清除率物件
> frdAllPairsConoverTest(y= theophylline, p.adjust = "holm") # 以 Holm 校正進行 Conover 多重比較
```

```
Pairwise comparisons using Conover's all-pairs test for a two-way
balanced complete block design

data:  theophylline

           cimetidine famotidine
famotidine 0.0047     -
placebo    0.0051     0.8501

P value adjustment method: holm
```

第 12 章

二因子獨立樣本變異數分析

二因子獨立樣本變異數分析旨在分析兩個自變數對一個量的依變數的效果，適用的情境如下：

自變數：兩個自變數，均為**質的變數**。

依變數：**量的變數**。

本章先介紹二因子獨立樣本變異數分析的整體檢定，接著說明後續分析的方法。

12.1　基本統計概念

12.1.1　目的

二因子獨立樣本變異數分析旨在檢定兩個自變數對量的依變數的效果，在此，二個自變數（因子）各有兩個以上的類別（水準），且都是獨立因子。使用二因子變異數分析與分別進行兩次單因子變異數分析相比，有三項優點：

1. 除了可以分析兩個自變數的**主要效果**（main effect），還能分析兩個自變數之間的**交互作用**（interaction）。二因子變異數分析的最主要目的在，於了解兩個變數之間的交互作用，也就是某一個自變數的效果可能會因為另一個自變數的存在而有所不同，因此，分析時要先了解兩個自變數間是否有交互作用存在，如果沒有，才進行主要效果的分析。
2. 可以減少樣本數，節省研究經費。如果研究者只想要了解採用三種不同的方法教學後，學生的學業成績是否有差異，假設每組需要 12 名受試者，則總共需要 36 名受試者。假使研究者另外想研究三種不同性向學生使用相同教學法後的學業成績是否有差異，同樣地，每種性向需要 12 名受試者，總共需要 36 人。如果使用單因子實驗分析，那麼全部就需要 72 名受試者。可是在二因子獨立樣本設計中總共只需要 36 個樣本，如此就可以減少受試者，因此也就比進行兩個單因子實驗設計節省費用。
3. 可以減少誤差變異，使得檢定容易顯著。如果有兩個自變數，分別進行兩次單因子變異數分析，只能分析個別的主要效果，而且組內 *SS*（誤差變異）也比較大。如果進行二因子變異數分析，不僅可以分析二個因子的交互作用，而且

可以在組內 *SS* 中拆解出二因子交互的 *SS*，由於誤差變異減少，檢定也比較容易顯著。

12.1.2 分析示例

以下的研究問題都可以使用二因子獨立樣本變異數分析：

1. 三種教學法對三種不同特質學生之教學效果。
2. 不同品牌的洗衣粉與水質對洗滌效果的影響。
3. 不同藥物對不同年齡層病人在增加高密度膽固醇之效果。

12.1.3 交互作用

有時某個自變數的效果會因為另一個變數的存在，而對依變數產生不同的效果，後者是前者的調節變數（moderator）。例如，增強物是否能提高學生學習的興趣，要視學生是否有內在動機而定，如果學生已經有強烈的內在動機，又提供外在的增強物，有時反而會減低了學習興趣，此稱為過度辨正（overjustification）。

在教育心理學的研究中，Cronbach 及 Snow 提出性向與處理交互作用（aptitude-treatment interaction, ATI）的概念，認為某些教學處理（策略）對特定的學生，會因為他們的特殊能力而特別有效（或是特別無效）。

在圖 12-1 中，無論面對什麼性向的學生，第一種教學法（例如，講演法）都比第二種教學法（例如，自學輔導法）的平均學業成績高，因此教法並不會因為學生性向的不同，而對學業成績產生不同的效果，也就是兩者並沒有交互效果，所以性向這一變數不是教學法的調節變數。此時，兩個因子都有主要效果。

在圖 12-2 中，教學法則會因為學生性向的不同，而有不同的平均學業成績。如果使用第一種教學法，則第二種性向（例如，外控型）的學生受益比較大，因此學業成績也較高。但是，如果使用第二種教學法來教導第二種性向的學生，他們的學業成績反而比較低。然而，第二種教學法卻對第一種性向（例如，內控型）的學生比較有助益。所以，整體而言，兩種教學法的平均效果並沒有差異，但是卻會因為不同的學生性向而產生不同的效果，因此兩者有交互作用，性向是教學法的調節變數。此種交互作用稱為非次序的交互作用（disordinal interaction），此時兩個因子都沒有主要效果。

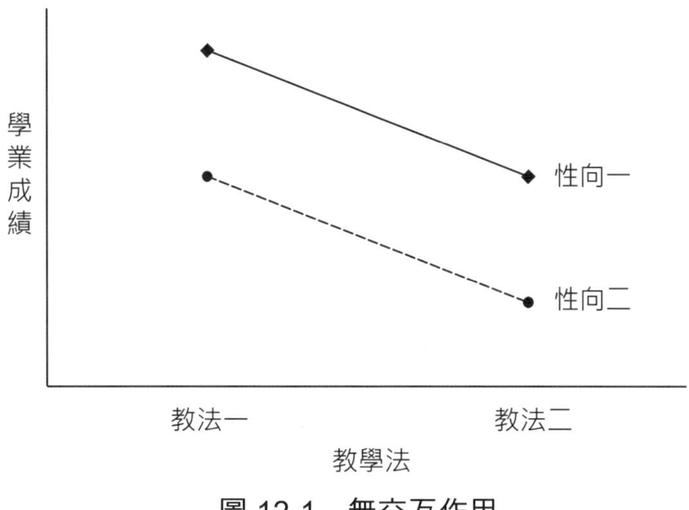

圖 12-1　無交互作用

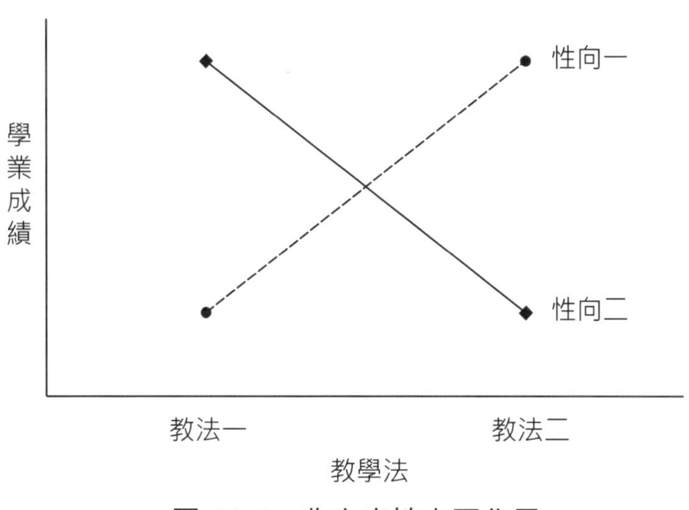

圖 12-2　非次序性交互作用

圖 12-3 中，不管使用何種教學法，第一種性向的學生的平均學業成績都比第二種性向的學生高。不過，當使用第一種教學法時，兩種性向間的差異較小；但是使用第二種方法時，兩種性向間的差異則變得較大。對於第一種性向的學生，無論採用何種教學方法的效果都相同；但是對於第二種性向的學生，則應該採用第一種教學法，不宜採用第二種教學法。所以，教學法仍應視學生性向而加以調整，性向仍是教學法的調節變數。此種交互作用稱為次序的交互作用（ordinal interaction），此時兩個因子都有主要效果。

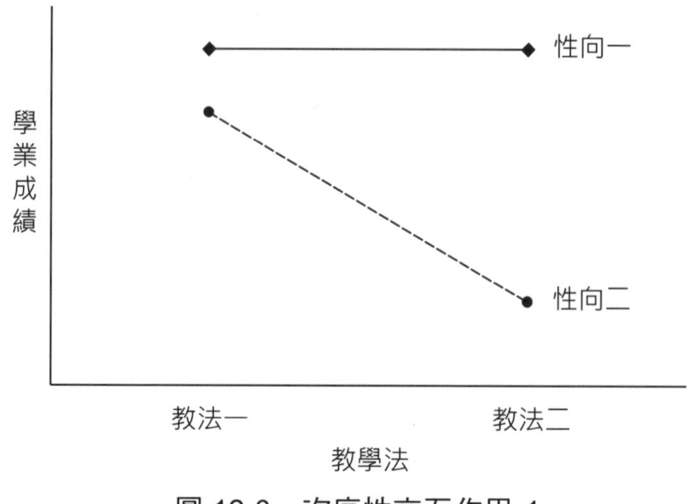

圖 12-3 次序性交互作用-1

圖 12-4 也是次序性交互作用，此時學生性向有主要效果，而教學法則沒有主要效果。

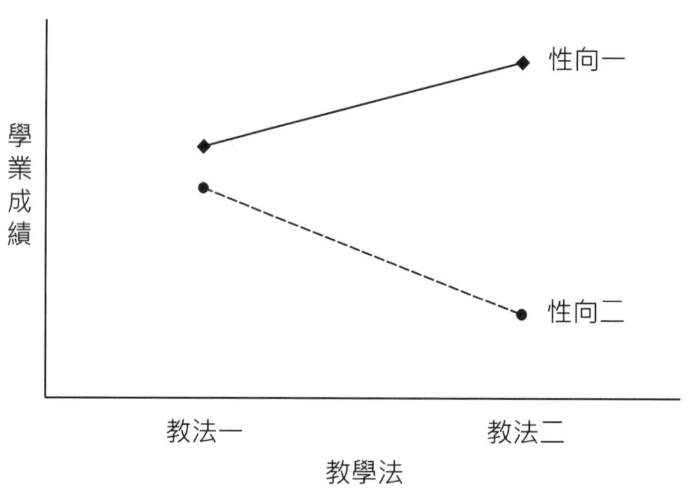

圖 12-4 次序性交互作用-2

12.1.4 分析流程

二因子變異數分析的流程可以用圖 12-5 表示。在分析時，要先留意二因子交互作用是否達到顯著。如果交互顯著，則接著進行**單純效果**（或稱**單純主要效果**）分析；如果交互作用不顯著，則進行**主要效果**分析。兩種效果分析的後續步驟是類似的，如果顯著，則接著進行**事後比較**；如果不顯著，則**停止分析**。

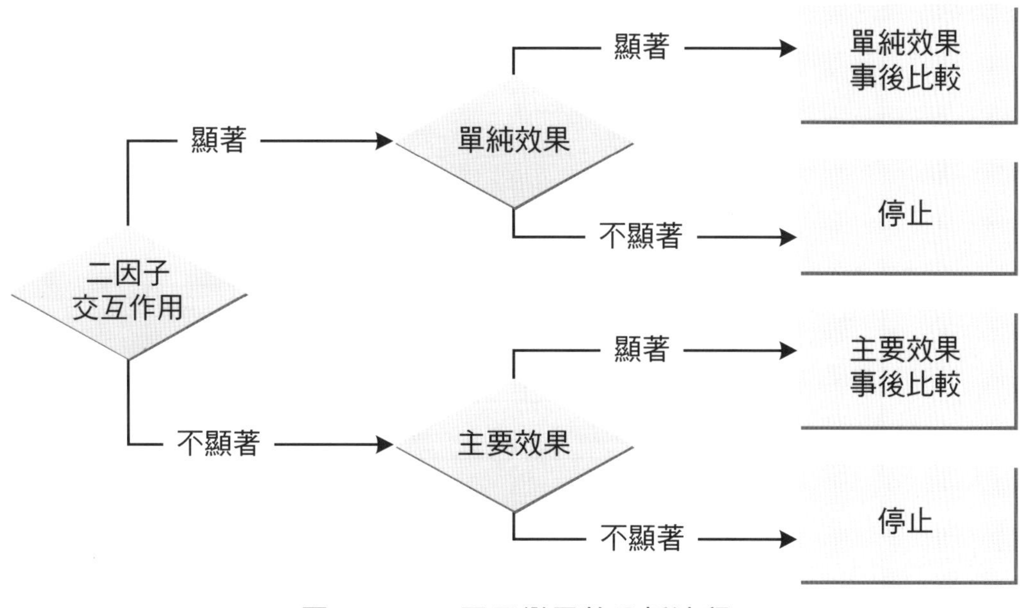

圖 12-5　二因子變異數分析流程

12.1.5　整體檢定

以表 12-1 為例，研究者想要了解三種不同教學法與學生性向，對其學業成績是否有交互作用。因此分別找了三種不同性向的學生各 12 名（總計 36 名），再以隨機分派的方式各自接受三種不同的教學法，經過一學期後，測得學生的學業成績。在此例中，有 2 個自變數，其中教學法（A 因子）有 3 個類別（水準），學生性向（B 因子）也有 3 個水準，因此是 3×3 的實驗設計，共有 9 個細格（不同的處理）。依變數是學業成績。

表 12-1　36 名學生之學業成績

		學生性向		
		性向一	性向二	性向三
教學方法	教法一	16	12	7
		15	12	8
		17	13	7
		15	12	6

表 12-2（續）

		學生性向		
		性向一	性向二	性向三
教學方法	教法二	9	11	14
		10	12	14
		11	13	15
		9	10	14
	教法三	13	9	7
		13	8	7
		14	8	6
		11	6	5

12.1.5.1　虛無假設與對立假設

在本範例中，研究者想要了解的問題，可以陳述如下：

學業成績是否因教學法及學生性向而有差異？

學業成績是否因教學法而有差異？

學業成績是否因學生性向而有差異？

根據研究問題，虛無假設一宣稱「兩個自變數沒有交互作用」：

H_0 : 教學法與學生性向沒有交互作用

而對立假設則宣稱「兩個自變數有交互作用」：

H_1 : 教學法與學生性向有交互作用

虛無假設二宣稱「在母群中三種教學法的學業成績沒有差異」：

$H_0 : \mu_{教法一} = \mu_{教法二} = \mu_{教法三}$

而對立假設則宣稱「在母群中三種教學法的學業成績有差異」：

$H_1 : \mu_i \neq \mu_j$，存在一些 i 與 j

虛無假設三宣稱「在母群中三種性向的學生之學業成績沒有差異」：

$$H_0 : \mu_{性向一} = \mu_{性向二} = \mu_{性向三}$$

而對立假設則宣稱「在母群中三種性向的學生之學業成績有差異」：

$$H_1 : \mu_i \neq \mu_j \text{，存在一些 } i \text{ 與 } j$$

12.1.5.2　*SS* 的拆解

獨立樣本二因子變異數分析的平方和（*SS*）可以拆解如圖 12-6，全體（總和）的 *SS* 可以分為組內 *SS* 及組間 *SS*。組內 *SS* 就是誤差 *SS*，是兩個因子解釋不到的部分；組間 *SS* 則是兩個因子的效果，又可分為因子一及因子二的主要效果，及兩因子間的交互作用。

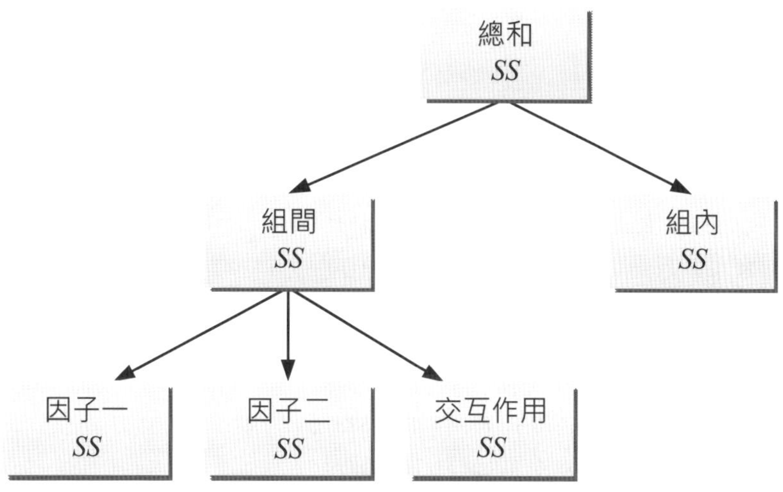

圖 12-6　獨立樣本二因子變異數分析之平方和拆解

12.1.5.3　以 R 進行二因子變異數分析

本章不列出各種 *SS* 的計算方法，而以 R 的報表說明主要的統計概念。文字框 12-1 使用 Rmisc 程式套件的 summarySE() 函數列出各細格的描述性統計量，另外分別再列出行和列的描述性統計量。

文字框 12-1　細格描述性統計量

```
> load("C:/mydata/chap12/table12.RData")          # 載入本例資料
> library(Rmisc)                                  # 載入 Rmisc 程式套件
> summarySE(m="學業成績", g=c("教法", "性向"), data=table12)
                                                  # 列出細格的描述性統計量
    教法   性向 N 學業成績        sd        se        ci
1 教法一 性向一 4    15.75 0.9574271 0.4787136 1.5234802
2 教法一 性向二 4    12.25 0.5000000 0.2500000 0.7956116
3 教法一 性向三 4     7.00 0.8164966 0.4082483 1.2992283
4 教法二 性向一 4     9.75 0.9574271 0.4787136 1.5234802
5 教法二 性向二 4    11.50 1.2909944 0.6454972 2.0542603
6 教法二 性向三 4    14.25 0.5000000 0.2500000 0.7956116
7 教法三 性向一 4    12.75 1.2583057 0.6291529 2.0022452
8 教法三 性向二 4     7.75 1.2583057 0.6291529 2.0022452
9 教法三 性向三 4     6.25 0.9574271 0.4787136 1.5234802
> summarySE(m="學業成績", g=c("教法"), data=table12)
                                                  # 列出各教法的描述性統計量
    教法  N  學業成績       sd        se       ci
1 教法一 12 11.666667 3.821788 1.1032551 2.428248
2 教法二 12 11.833333 2.124889 0.6134025 1.350090
3 教法三 12  8.916667 3.088346 0.8915286 1.962241
> summarySE(m="學業成績", g=c("性向"), data=table12)
                                                  # 列出各性向的描述性統計量
    性向  N  學業成績       sd        se       ci
1 性向一 12 12.750000 2.734460 0.7893707 1.737393
2 性向二 12 10.500000 2.276361 0.6571287 1.446331
3 性向三 12  9.166667 3.833663 1.1066831 2.435793
```

文字框 12-2 先以 aov() 函數建立模型，再以 anova() 或 summary() 函數列出摘要表。提醒讀者，R 內定計算型 I 的 *SS*，如果是平衡設計（各細格樣本數相等），並無影響；如果是不平衡設計，則因子設定順序不同，*SS* 就會有差異，因此再以 car 程式套件中的 Anova() 函數（字首大寫）列出型 II 的 *SS*。

文字框 12-2　二因子獨立樣本變異數分析

```
> model<-aov(學業成績~教法*性向, data=table12) # 建立模型
> anova(model)                                 # 列出模型的摘要
Analysis of Variance Table

Response: 學業成績
          Df  Sum Sq Mean Sq F value    Pr(>F)
教法       2  64.389  32.194  33.114 5.426e-08 ***
性向       2  78.722  39.361  40.486 7.477e-09 ***
教法:性向  4 210.278  52.569  54.071 1.678e-12 ***
Residuals 27  26.250   0.972
---
Signif. codes:  0 '***' 0.001 '**' 0.01 '*' 0.05 '.' 0.1 ' ' 1
> library(car)
> Anova(model)
Anova Table (Type II tests)

Response: 學業成績
           Sum Sq Df F value    Pr(>F)
教法       64.389  2  33.114 5.426e-08 ***
性向       78.722  2  40.486 7.477e-09 ***
教法:性向 210.278  4  54.071 1.678e-12 ***
Residuals  26.250 27
---
Signif. codes:  0 '***' 0.001 '**' 0.01 '*' 0.05 '.' 0.1 ' ' 1
```

報表為變異數分析摘要表，以下針對 *SS* 及自由度做詳細說明。

「教法」因子是教學法的主要效果，在於比較文字框 12-1 中各教法（列）的邊際平均數是否有顯著差異（分別是 11.667、11.833、及 8.917）。A 因子的自由度是水準數減 1，所以是 $3-1=2$。

「性向」因子是學生性向的主要效果，在於比較表 12-2 中三種性向（行）的邊際平均數是否有顯著差異（分別是 12.750、10.500、及 9.167）。B 因子的自由度也是水準數減 1，所以是 $3-1=2$。

「教法：性向」是兩個因子的交互作用，也是二因子變異數分析的主要目的，它的自由度是上述兩個自由度的乘積，所以是 $(3-1)\times(3-1)=4$。

以上三者的總和，合稱為組間的效果，主要在比較文字框 12-1 中 9 個細格平均數的差異。自由度為細格數減 1，所以 $9 - 1 = 8$。

誤差（Residuals）是 9 個細格中每個學生與該細格平均數的差異平方和，也是兩個因子及其交互作用解釋不到的變異。自由度是總人數減細格數，所以是 $36 - 9 = 27$。

平均平方和就是 *MS*（Mean Sq），等於平方和除以各自的自由度。*F* 值的公式是：

$$F = \frac{\text{因子}MS}{\text{誤差}MS}$$

在此範例中，誤差的 *MS* 為 0.972，它是計算主要效果、交互作用、單純效果，及事後比較的分母部分，應加以留意。

報表中，教學法與學生性向的交互作用效果之 *SS* 為 210.278，$F(4, 27) = 54.071$，$p < 0.001$，達 0.05 顯著水準，因此兩者有顯著的交互作用。另外，教學法的 $F(2, 27) = 33.114$，學生性向的 $F(2, 27) = 40.486$，*p* 值均小於 0.001，表示兩個自變數也都有主要效果。也就是教學法不同，學生的平均學業成績不同；學生性向不同，其平均學業成績也不同。

圖 12-7（見下頁）是以教學法為橫軸所繪的剖繪圖，以第一種教法所教的三組學生中，第一種性向的學生平均學業成績最高，其次為第二種性向的學生，第三種性向的學生其學業成績最低。在第二種教學法中，第三種性向學生的學業成績反而最高。在第三種教學法中，第一種性向學生的學業成績又最高。因此，第一及第三種教學法比較適合第一種性向的學生，第二種教學法則比較適合第三種性向的學生。三條線間並不平行，因此有交互作用。

如果以學生性向為橫軸來看（下頁圖 12-8），對於第一種性向的學生，採用第一種教學法所得的學業成績最高，其次是第三種教學法，採用第二種教學法的效果最小；對於第二種性向的學生，第一種教學法的效果仍為最好，不過，第二種教學法的效果則高於第三種教學法；對於第三種性向的學生，採用第二種教學法的效果最佳，第一種教學法的效果稍高於第三種教學法，兩者相差無幾。因此，對於第一種性向的學生，最好採第一種教學法；對於第二種性向的學生，採第一、二種教學法效果差不多；對於第三種性向的學生，最好採第二種教學法，不適宜使用第一、三種教學法。

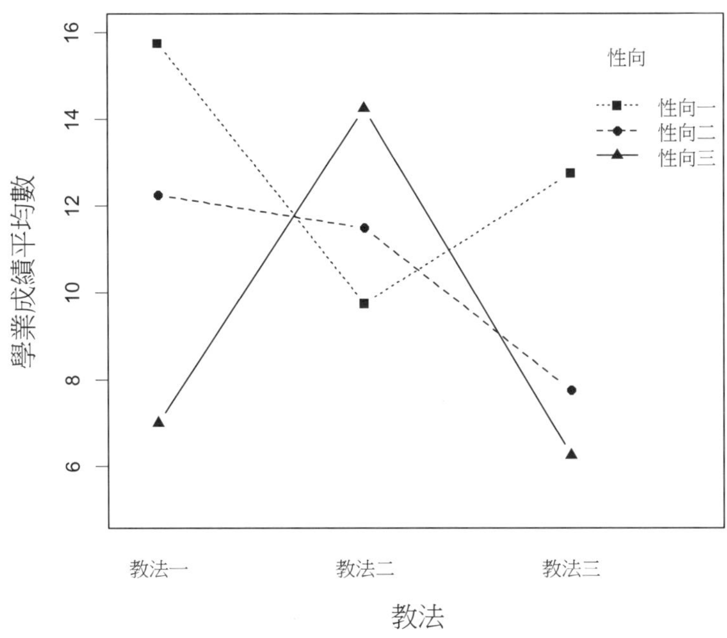

圖 12-7　以教法為橫軸的平均數剖繪圖

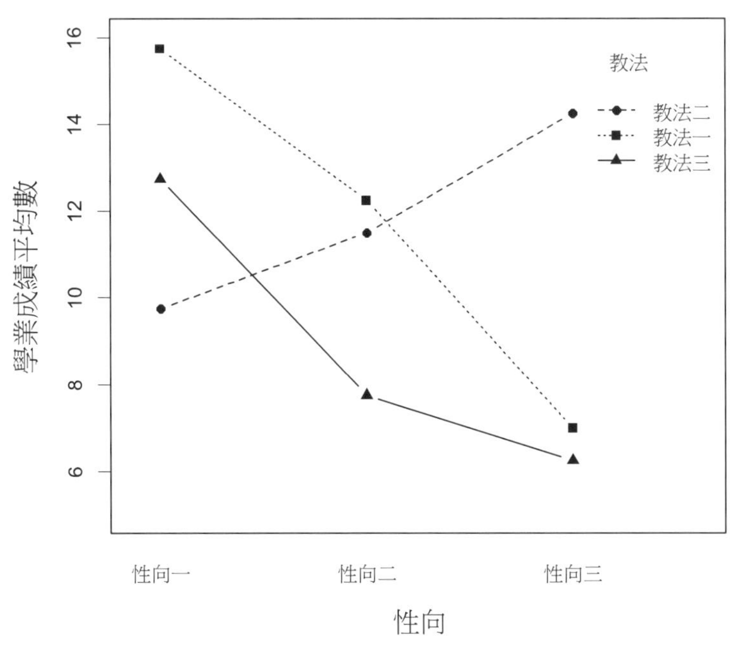

圖 12-8　以性向為橫軸的平均數剖繪圖

上述的交互作用圖是以文字框 12-3 的指令所繪。在 interaction.plot() 函數中，第

1 個變數置於 X 軸，第 2 個變數是個別線，第 3 個變數為依變數，type = "b" 是以線條加符號呈現，pch = 15:17 分別是實心正方形、圓形、三角形（代號可以自網路找到）。

文字框 12-3 交互作用圖

```
> load("C:/mydata/chap12/table12.RData")          # 載入本例資料
> attach(table12)                                  # 綁定資料，不需要重複設定
> par(mai=c(1, 1, .1 ,.1), cex=1.2, cex.lab=1.3, cex.main=1.3, lwd=1.4)
                                                   # 設定邊界、字體、線粗
> interaction.plot(教法, 性向, 學業成績, ylim=c(5,16), lwd=1.5, ylab="學業成績平均數", type="b",
pch=15:17)                                         # 以教法為橫軸
> interaction.plot(性向, 教法, 學業成績, ylim=c(5,16), lwd=1.5, ylab="學業成績平均數", type="b",
pch=15:17)                                         # 以性向為橫軸
```

12.1.6 單純效果檢定及事後比較

由於兩個變數的交互作用已經顯著，接著會進行單純效果分析（或稱單純主要效果，simple main effect），單純效果旨在分析：

1. 在「教學」（A 因子）的 3 個水準中，「性向」（B 因子）的效果是否有差異，它們包含了 B at A1、B at A2、及 B at A3 等 3 個單純效果。
2. 在「性向」（B 因子）的 3 個水準中，「教學」（A 因子）的效果是否有差異，它們包含了 A at B1、A at B2、及 A at B3 等 3 個單純效果。

由上述說明中可看出，在本例中最多可以進行 6 次單純效果分析，等於 A、B 兩個因子的水準和（3 + 3 = 6）。不過，在實務上並不需要進行 6 次單純效果分析，只要以研究者有興趣的自變數為主（本例中可能是學生性向，B 因子），分析 3 種不同性向的學生，分別適合什麼教學法（A 因子）。所以，只要分析 A at B1、A at B2、及 A at B3 等 3 個單純效果即可。

概念上，我們可以使用 B 因子將學生分為 3 群，然後分別比較在 3 種性向的學生中，A 因子是否各自有主要效果。也就是在 B 因子的 3 個水準中（B1、B2、B3），以 A 因子為自變數進行單因子變異數分析。

當然，這樣的想法並沒有錯，只是如果分別使用 A、B 因子各自進行單因子變異數分析，誤差項會比較大，以致檢定比較不容易顯著。在後續的各種分析，都應使用

整體的誤差為分母（本例中誤差的 *MS* 為 0.972）。

文字框 12-4 在進行兩類的單純效果分析。第 1 個分析分別於各個教學法中，比較三個性向間的平均成績是否不同，是 B at A1、B at A2、B at A3 等 3 個單純效果。第 2 個分析分別於各個性向中，比較三種教法的平均成績是否不同，是 A at B1、A at B2、A at B3 等 3 個單純效果。為避免型 I 錯誤膨脹，因此分別以 Bonferroni 法加以校正，每個單純效果的 α 設定為 0.05 / 3 = 0.01667。

文字框 12-4　單純效果分析

```
> model<-aov(學業成績~教法*性向, data=table12) # 建立模型
> library(phia)                                # 載入 phia 程式套件
> testInteractions(model, fixed="教法", across="性向", adjustment="bonferroni")
                                               # 在各個教法中，性向間的差異，以 Bonferroni
                                               法校正型 I 錯誤

F Test:
P-value adjustment method: bonferroni
          性向1 性向2 Df Sum of Sq      F    Pr(>F)
教法一     8.75  5.25  2   155.167 79.800 1.391e-11 ***
教法二    -4.50 -2.75  2    41.167 21.171 8.851e-06 ***
教法三     6.50  1.50  2    92.667 47.657 4.165e-09 ***
Residuals             27    26.250
---
Signif. codes:  0 ‘***’ 0.001 ‘**’ 0.01 ‘*’ 0.05 ‘.’ 0.1 ‘ ’ 1
> testInteractions(model, fixed="性向", across="教法", adjustment="bonferroni")
                                               # 在各個性向中，教法間的差異，以 Bonferroni
                                               法校正型 I 錯誤

F Test:
P-value adjustment method: bonferroni
          教法1 教法2 Df Sum of Sq      F    Pr(>F)
性向一     3.00 -3.00  2     72.00 37.029 5.481e-08 ***
性向二     4.50  3.75  2     46.50 23.914 3.167e-06 ***
性向三     0.75  8.00  2    156.17 80.314 1.291e-11 ***
Residuals             27     26.25
---
Signif. codes:  0 ‘***’ 0.001 ‘**’ 0.01 ‘*’ 0.05 ‘.’ 0.1 ‘ ’ 1
```

上述的報表，可以整理成表 12-2。

表 12-2　二因子獨立樣本變異數分析摘要表

變異來源	Df	SS	F Value	P(>F)
性向				
在教法 1	2	155.167	79.800	1.391e-11
在教法 2	2	41.167	21.171	8.851e-06
在教法 3	2	92.67	47.657	4.165e-09
教法				
在性向 1	2	72.00	37.029	5.481e-08
在性向 2	2	46.50	23.914	3.167e-06
在性向 3	2	156.17	80.314	1.291e-11
Error	27	26.25		
Total	35	379.64		

表 12-2 中「性向」下的三個「教法」分別是分析：

1. 接受第一種教學法的三種性向學生，其平均學業成績是否有不同（B at A1 的單純效果）？虛無假設為：

$$H_0: \mu_{1,1} = \mu_{1,2} = \mu_{1,3}$$

2. 接受第二種教學法的三種性向學生，其平均學業成績是否有不同（B at A2 的單純效果）？虛無假設為：

$$H_0: \mu_{2,1} = \mu_{2,2} = \mu_{2,3}$$

3. 接受第三種教學法的三種性向學生，其平均學業成績是否有不同（B at A3 的單純效果）？虛無假設為：

$$H_0: \mu_{3,1} = \mu_{3,2} = \mu_{3,3}$$

此處所使用的誤差 *MS*（$\sqrt{26.250/27} = 0.972$）就是文字框 12-2 整體考驗時的誤差 *MS*，分析之後三個 *F* 值（自由度均為 2, 27）分別是 79.800、21.171、及 47.657，*p* 值都小於 0.001，所以三個單純效果都顯著，也就是在每個教學法中，三種性向學生的平均學業成績有顯著差異。

三者的 *SS* 分別為 155.167、41.167、及 92.667，總和為 289（有捨入誤差），等於文字框 12-2 中「性向」加上「教法：性向」的 *SS*。因此，B at A 的單純效果等於 B 的主要效果加上 A 與 B 的交互作用效果，亦即：

$$155.167 + 41.167 + 92.667 = 78.722 + 210.278$$

表 12-2 中「教法」下的三個「性向」分別是分析：

1. 第一種性向的學生接受三種不同的教學法後，其平均學業成績是否有不同（A at B1 的單純效果）？虛無假設為：

$$H_0 : \mu_{1,1} = \mu_{2,1} = \mu_{3,1}$$

2. 第二種性向的學生接受三種不同的教學法後，其平均學業成績是否有不同（A at B2 的單純效果）？虛無假設為：

$$H_0 : \mu_{1,2} = \mu_{2,2} = \mu_{3,2}$$

3. 第三種性向的學生接受三種不同的教學法後，其平均學業成績是否有不同（A at B3 的單純效果）？虛無假設為：

$$H_0 : \mu_{1,3} = \mu_{2,3} = \mu_{3,3}$$

三個 F 值（自由度均為 2, 27）分別為 37.029、23.914、及 80.314，p 值也都小於 0.05，所以三個單純效果都顯著，也就是對每種性向的學生，三種教學法的平均學業成績有顯著差異。

三者的 *SS* 分別為 72.00、46.50、及 156.17，總和為 274.667，等於文字框 12-2 中「教法」加上「教法：性向」的 *SS*。因此，A at B 的單純效果等於 A 的主要效果加上 A 與 B 的交互作用效果，亦即：

$$72.00 + 46.50 + 156.17 = 64.389 + 210.278$$

由於 6 個單純效果都有統計上的顯著意義，因此接續進行事後比較。文字框 12-5 採用比較簡單的方式，直接進行所有細格的多重比較（$C_2^9 = 9 \times 8 / 2 = 36$）。然而，6 個單純主要的事後比較僅要 18 次（$6 \times C_2^3 = 6 \times 3 = 18$），所以有一半的比較是不需要的。為了簡化報表，筆者刪除了不需要的 18 個比較，並分別依教法及性向加以分類。同時，為了控制型 I 錯誤，在每個單純效果下的 3 個比較，α 值都設為 0.05 / (3 × 3)，所有 p 值均需小於 0.00556 才算達到 0.05 顯著水準。綜合文字框 12-5（達 0.05 顯著水準的比較，以粗體字表示），得到以下結論：

1. 使用第一種教學法時，三種性向的學生平均學業成績都有顯著差異，平均數依序為性向一、性向二、性向三。
2. 使用第二種教學法時，第三種性向學生的表現比第一、二種性向的學生好。
3. 使用第三種教學法時，第一種性向學生的表現比第二、三種性向的學生好。
4. 對於第一種性向的學生，三種教學法的效果都有差異，依序為教法一、教法三、教法二。
5. 對於第二種性向的學生，第一、二種教學法的效果比第三種教學法好。
6. 對於第三種性向的學生，第二種教學法的效果比第一、三種教學法好。

上述的說明，配合圖 12-7 及 12-8 會更清楚。

文字框 12-5　單純效果之事後多重比較

```
> library(DescTools)                                  # 載入 DescTools 程式套件
> PostHocTest(model, method = "lsd", conf.level = 1-0.05/9)
                                                      # 進行事後比較
                              diff      lwr.ci     upr.ci    pval
教法一:性向二-教法一:性向一  -3.50  -5.6012141 -1.3987859 2.9e-05 ***
教法一:性向三-教法一:性向一  -8.75 -10.8512141 -6.6487859 8.8e-13 ***
教法一:性向三-教法一:性向二  -5.25  -7.3512141 -3.1487859 4.2e-08 ***

教法二:性向二-教法二:性向一   1.75  -0.3512141  3.8512141 0.01837 *
教法二:性向三-教法二:性向一   4.50   2.3987859  6.6012141 6.5e-07 ***
教法二:性向三-教法二:性向二   2.75   0.6487859  4.8512141 0.00051 ***

教法三:性向二-教法三:性向一  -5.00  -7.1012141 -2.8987859 1.0e-07 ***
教法三:性向三-教法三:性向一  -6.50  -8.6012141 -4.3987859 6.3e-10 ***
教法三:性向三-教法三:性向二  -1.50  -3.6012141  0.6012141 0.04055 *

教法二:性向一-教法一:性向一  -6.00  -8.1012141 -3.8987859 3.2e-09 ***
教法三:性向一-教法一:性向一  -3.00  -5.1012141 -0.8987859 0.00020 ***
教法三:性向一-教法二:性向一   3.00   0.8987859  5.1012141 0.00020 ***
```

```
教法二:性向二-教法一:性向二 -0.75  -2.8512141  1.3512141 0.29158
教法三:性向二-教法一:性向二 -4.50  -6.6012141 -2.3987859 6.5e-07 ***
教法三:性向二-教法二:性向二 -3.75  -5.8512141 -1.6487859 1.1e-05 ***

教法二:性向三-教法一:性向三  7.25   5.1487859  9.3512141 6.1e-11 ***
教法三:性向三-教法一:性向三 -0.75  -2.8512141  1.3512141 0.29158
教法三:性向三-教法二:性向三 -8.00 -10.1012141 -5.8987859 6.9e-12 ***
```

12.1.7　效果量

文字框 12-6 在計算效果量，先載入 DescTools 程式套件，再以 EtaSq 計算 model 中的效果量，並列出變異數分析摘要表。

文字框 12-6　計算效果量

```
> library(DescTools)                      # 載入 DescTools 程式套件
> EtaSq(model, anova=T)                   # 以 model 計算效果量，並列出 ANOVA 摘要表
              eta.sq eta.sq.part        SS df         MS        F            p
教法      0.16960562   0.7103892  64.38889  2 32.1944444 33.11429 5.426239e-08
性向      0.20736080   0.7499338  78.72222  2 39.3611111 40.48571 7.477241e-09
教法:性向 0.55388893   0.8890194 210.27778  4 52.5694444 54.07143 1.678213e-12
Residuals 0.06914466          NA  26.25000 27  0.9722222       NA           NA
```

在變異數分析中，偏 η^2 是許多研究者常使用的效果量，公式是：

$$\text{偏}\,\eta^2 = \frac{\text{效應}SS}{\text{效應}SS + \text{誤差}SS} \qquad \text{（公式 12-1）}$$

其中效應的 SS 是研究者關心的某個因子之效應，在此，研究者關心的是兩個因子的交互作用，代入文字框 12-6 的數值，其偏 η^2 為：

$$\text{偏}\,\eta^2 = \frac{210.27778}{210.27778 + 26.25} = \frac{210.27778}{236.5278} = 0.8890194$$

偏 η^2 是排除主要效果或交互作用之後，某個因子或交互作用對依變數的解釋量，由於不具可加性，因此三個偏 η^2 的總和可能會超過 1。

η^2 則具有可加性，可以計算每個效果的個別解釋量，公式為：

$$\eta^2 = \frac{\text{效應}SS}{\text{總數}SS} \tag{公式 12-2}$$

在文字框 12-6 中，總數的 *SS* 是 4 個 *SS* 的總和，代入公式後，兩個因子交互作用的 η^2 為：

$$\eta^2 = \frac{210.27778}{64.38889 + 78.72222 + 210.27778 + 26.25} = \frac{210.27778}{379.63889} = 0.55388893$$

效果量比例如圖 12-9 所示。

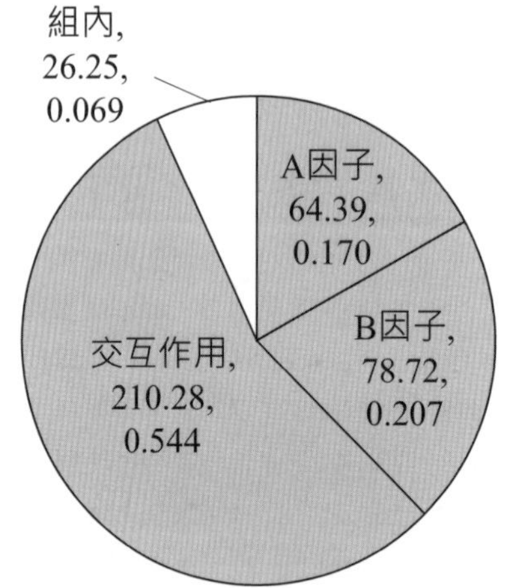

圖 12-9　二因子變異數分析效果量

然而，η^2 會高估了母群中的效果量，此時可以計算 ε^2 或 ω^2，公式為：

$$\varepsilon^2 = \frac{\text{效應}SS - \text{效應}df \times \text{誤差}MS}{\text{總數}SS} \tag{公式 12-3}$$

$$\omega^2 = \frac{\text{效應}SS - \text{效應}df \times \text{誤差}MS}{\text{總數}SS + \text{誤差}MS} \tag{公式 12-4}$$

代入數值後得到：

$$\varepsilon^2 = \frac{210.27778 - 4 \times 0.972222}{379.63889} = \frac{206.38889}{379.63889} = 0.543645$$

$$\omega^2 = \frac{210.27778 - 4 \times 0.972222}{379.63889 + 0.972222} = \frac{206.38889}{380.61111} = 0.542257$$

η^2 有個缺點，假設 A 因子的 *SS* 變大，而 B 因子的 *SS* 保持不變，此時總和的 *SS* 也會增加，當計算 B 因子的 η^2 時，由於分母變大，就使得 B 因子的 η^2 變小。但是，如果是使用偏 η^2，由於分母是 B 因子的 *SS* 加誤差 *SS*，就不會受到 A 因子的影響。而且計算 η^2 時，分母同時計入所有的因子及交互作用的效果，因此 η^2 會比偏 η^2 來得小。

如果兩個因子都是可以操控的變數（如：教學法與教科書版本）則應計算偏 η^2，如果像本例中一個自變數是可操控的變數（教學法），另一個變數是屬性或分組變數（學生性向），則計算 η^2 會較恰當（B. H. Cohen, 2014）。

依據 J. Cohen（1988）的經驗法則，η^2 及 ω^2 值之小、中、大的效果量分別是 0.01、0.06、及 0.14。因此，本範例中二因子交互作用為大的效果量。

12.2　範例

研究者想要了解三種不同記憶策略與學生年級，對其記憶成績是否有交互作用。因此分別找了三個年級的小學生各 12 名（總計 36 名），再以隨機分派的方式，各自接受三種不同記憶策略教學，經過三次教學後，讓學生在 15 分鐘記憶 50 個名詞，測得學生的記憶成績如表 12-3 之數據。請問：學生記憶成績是否因記憶策略與年級而有不同？

表 12-3　36 名受試者的學業成績

學生	年級	策略	成績	學生	年級	策略	成績	學生	年級	策略	成績
1	1	1	22	13	2	1	22	25	3	1	28
2	1	1	20	14	2	1	21	26	3	1	23
3	1	1	25	15	2	1	20	27	3	1	24
4	1	1	24	16	2	1	24	28	3	1	25
5	1	2	23	17	2	2	22	29	3	2	28
6	1	2	24	18	2	2	23	30	3	2	21
7	1	2	23	19	2	2	21	31	3	2	27

表 12-3（續）

學生	年級	策略	成績	學生	年級	策略	成績	學生	年級	策略	成績
8	1	2	20	20	2	2	25	32	3	2	26
9	1	3	18	21	2	3	27	33	3	3	26
10	1	3	17	22	2	3	26	34	3	3	25
11	1	3	21	23	2	3	24	35	3	3	28
12	1	3	19	24	2	3	25	36	3	3	27

12.2.1 變數與資料

表 12-3 中有 4 個變數，但是學生代號並不需要輸入 R 中，因此分析時使用 2 個自變數及 1 個依變數。依變數是學生在記憶測驗的得分，第 1 個自變數為學生就讀的年級，有 3 種不同年級，第 2 個自變數為記憶策略，有 3 種策略，因此有 3 × 3 = 9 個細格（cell），而每個細格有 4 名學生，因此總計有 36 名學生（見表 12-4）。

表 12-4　各細格人數

記憶策略 / 年級	策略一	策略二	策略三	總計
一年級	4	4	4	12
二年級	4	4	4	12
三年級	4	4	4	12
總計	12	12	12	36

12.2.2 研究問題

在本範例中，研究者想要了解的問題可以陳述如下：

記憶成績是否因不同年級及策略而有差異？

記憶成績是否因不同年級而有差異？

記憶成績是否因不同記憶策略而有差異？

12.2.3　統計假設

根據研究問題，虛無假設一宣稱「兩個自變數沒有交互作用」：

H_0 : 年級與記憶策略沒有交互作用

而對立假設則宣稱「兩個自變數有交互作用」：

H_1 : 年級與記憶策略有交互作用

虛無假設二宣稱「在母群中三個年級學生的記憶成績沒有差異」：

$H_0 : \mu_{一年級} = \mu_{二年級} = \mu_{三年級}$

而對立假設則宣稱「在母群中三個年級學生的記憶成績有差異」：

$H_1 : \mu_i \neq \mu_j$，存在一些 i 與 j

虛無假設三宣稱「在母群中使用三種不同策略的學生之記憶成績沒有差異」：

$H_0 : \mu_{策略一} = \mu_{策略二} = \mu_{策略三}$

而對立假設則宣稱「在母群中使用三種不同策略的學生之記憶成績有差異」：

$H_1 : \mu_i \neq \mu_j$，存在一些 i 與 j

12.3　使用 R 進行分析

12.3.1　資料檔

完整的 R 資料檔，如文字框 12-7。

文字框 12-7　資料檔

```
> load("C:/mydata/chap12/example12.RData")     # 載入本例資料
> example12                                    # 展示本例資料
    年級   策略 成績
1  一年級 策略一   22
2  一年級 策略一   20
3  一年級 策略一   25
4  一年級 策略一   24
5  一年級 策略二   23
6  一年級 策略二   24
```

```
7  一年級 策略二   23
8  一年級 策略二   20
9  一年級 策略三   18
10 一年級 策略三   17
11 一年級 策略三   21
12 一年級 策略三   19
13 二年級 策略一   22
14 二年級 策略一   21
15 二年級 策略一   20
16 二年級 策略一   24
17 二年級 策略二   22
18 二年級 策略二   23
19 二年級 策略二   21
20 二年級 策略二   25
21 二年級 策略三   27
22 二年級 策略三   26
23 二年級 策略三   24
24 二年級 策略三   25
25 三年級 策略一   28
26 三年級 策略一   23
27 三年級 策略一   24
28 三年級 策略一   25
29 三年級 策略二   28
30 三年級 策略二   21
31 三年級 策略二   27
32 三年級 策略二   26
33 三年級 策略三   26
34 三年級 策略三   25
35 三年級 策略三   28
36 三年級 策略三   27
```

12.3.2 描述性統計量

文字框 12-8 使用 Rmisc 程式套件的 summarySE() 函數，列出各細格的平均數、標準差、樣本數，另外分別再列出行和列的邊際平均數。

文字框 12-8　細格描述性統計量

```
> library(Rmisc)                                    # 載入 Rmisc 程式套件
> summarySE(data=example12, m="成績", g=c("年級", "策略"))
                                                    # 列出年級與策略細格中成績的描述性統計量
    年級   策略 N  成績       sd        se       ci
1 一年級 策略一 4 22.75 2.217356 1.1086779 3.528308
2 一年級 策略二 4 22.50 1.732051 0.8660254 2.756079
3 一年級 策略三 4 18.75 1.707825 0.8539126 2.717531
4 二年級 策略一 4 21.75 1.707825 0.8539126 2.717531
5 二年級 策略二 4 22.75 1.707825 0.8539126 2.717531
6 二年級 策略三 4 25.50 1.290994 0.6454972 2.054260
7 三年級 策略一 4 25.00 2.160247 1.0801234 3.437435
8 三年級 策略二 4 25.50 3.109126 1.5545632 4.947314
9 三年級 策略三 4 26.50 1.290994 0.6454972 2.054260
> summarySE(data=example12, m="成績", g="年級")
                                                    # 列出年級的邊際描述統計量
    年級  N     成績       sd        se       ci
1 一年級 12 21.33333 2.570226 0.7419603 1.633044
2 二年級 12 23.33333 2.188122 0.6316565 1.390267
3 三年級 12 25.66667 2.188122 0.6316565 1.390267
> summarySE(data=example12, m="成績", g="策略")
                                                    # 列出策略的邊際描述統計量
    策略  N     成績       sd        se       ci
1 策略一 12 23.16667 2.329000 0.6723245 1.479776
2 策略二 12 23.58333 2.503028 0.7225621 1.590348
3 策略三 12 23.58333 3.824760 1.1041131 2.430136
```

本範例中有 2 個因子，都是受試者間因子。有 3 個年級的學生，記憶策略也有 3 種，共有 9 個細格，每個細格的樣本數都是 4，總計有 $3 \times 3 \times 4 = 36$ 名受試者。

由第一部分的細格平均數與標準差來看，一年級這三列中，使用第一種記憶策略的學生之記憶成績平均數最高（$M = 22.75$，$SD = 2.217$），而使用第三種記憶策略的平均數最低（$M = 18.75$，$SD = 1.708$）。再以二年級這一列來看，使用第三種記憶策略的學生之記憶成績平均數反而最高（$M = 25.50$，$SD = 1.291$），而使用第一種記憶策略的平均數最低（$M = 21.75$，$SD = 1.708$）。此處的平均數可繪製成圖 12-10 及圖 12-11 的剖繪圖。

配合圖 12-10 的平均數剖繪圖來看，對於一年級的學生，第一、二種策略的效果較好；對於二年級的學生，則應採第三種策略；對於三年級的學生，三種策略的效果都差不多，以第三種策略的平均數稍高。至於兩個因子之間是否有交互作用，則要看文字框 12-10 的檢定。

第二部分中，一年級的總數（M = 21.33，SD = 2.570）、二年級的總數（M = 23.33，SD = 2.188），及三年級的總數（M = 25.67，SD = 2.188）的差異，是「年級」的主要效果，可知三年級的學生平均記憶成績較一、二年級的學生高，至於是否有顯著差異，要看文字框 12-10 中「年級」的主要效果檢定。

第三部分中，策略一的平均數為 23.17（SD = 2.329）、策略二的平均數為 23.58（SD = 2.503）、策略三的平均數為 23.58（SD = 3.825），彼此差異不大，三個平均數是否有顯著差異，要看文字框 12-10 中「策略」的主要效果檢定。

12.3.3 平均數剖繪圖

文字框 12-9 繪製兩個因子的交互作用圖，也是 9 個細格的平均數的剖繪圖。在 interaction.plot 的括號中，第 1 個變數是 X 軸，第 2 個變數是個別線，第 3 個變數是依變數。兩種交互作用圖只要選一個呈現即可，建議把屬性變項（本例為年級）放在 X 軸。

文字框 12-9　平均數剖繪圖

```
> load("C:/mydata/chap12/example12.RData")       # 載入本例資料
> attach(example12)                              # 綁定資料
> par(mai=c(0.85, 0.85, .1 ,.1), cex=1, cex.lab=1.3, cex.main=1.3, lwd=1.4)
                                                 # 設定邊界、字體、線粗
> interaction.plot(年級, 策略, 成績, ylim=c(18,27), lwd=1.5, ylab="成績平均數" , type="b",
pch=15:17)                                       # 以年級為橫軸，策略為個別線
> interaction.plot(策略, 年級, 成績, ylim=c(18,27), lwd=1.5, ylab="成績平均數" , type="b",
pch=15:17)                                       # 以策略為橫軸，年級為個別線
```

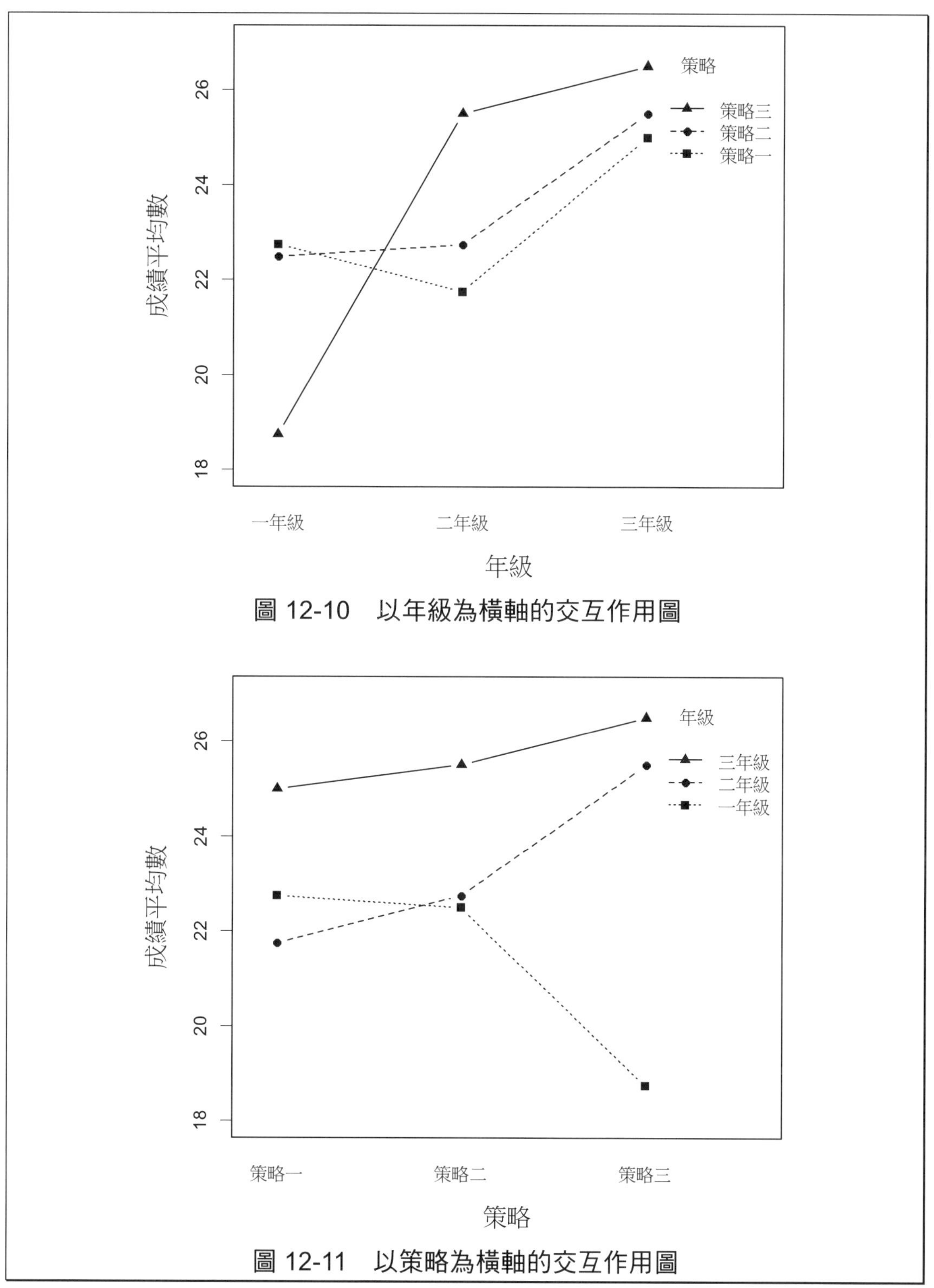

圖 12-10　以年級為橫軸的交互作用圖

圖 12-11　以策略為橫軸的交互作用圖

12.3.4 整體分析

文字框 12-10 進行二因子獨立樣本整體之變異數分析，同時也使用 car 程式套件中 Anova 函數() 計算型 II 的 *SS*。

文字框 12-10 二因子獨立樣本變異數分析

```
> model<-aov(成績~年級*策略,data=example12)  # 建立模型，含主要效果及交互作用
> anova(model)                             # 列出模型的 ANOVA 摘要表
Analysis of Variance Table

Response: 成績
          Df  Sum Sq Mean Sq F value    Pr(>F)
年級       2 112.889  56.444  14.796 4.583e-05 ***
策略       2   1.389   0.694   0.182  0.834584
年級:策略  4  73.611  18.403   4.824  0.004569 **
Residuals 27 103.000   3.815
---
Signif. codes:  0 '***' 0.001 '**' 0.01 '*' 0.05 '.' 0.1 ' ' 1
> library(car)                             # 載入 car 程式套件
> Anova(model)                             # 列出模型的型 II ANOVA 摘要表
Anova Table (Type II tests)

Response: 成績
           Sum Sq Df F value    Pr(>F)
年級      112.889  2  14.796 4.583e-05 ***
策略        1.389  2   0.182  0.834584
年級:策略  73.611  4   4.824  0.004569 **
Residuals 103.000 27
---
Signif. codes:  0 '***' 0.001 '**' 0.01 '*' 0.05 '.' 0.1 ' ' 1
```

在報表中，因子一（年級）及因子二（策略）的 *SS* 分別為 112.889 及 1.389，兩個因子的交互作用（年級：策略）為 73.611。組間 *SS* 等於：

$$112.889 + 1.389 + 73.611 = 187.889$$

「年級」的自由度為水準數 3 減 1，等於 2；因子 B 的自由度為水準數 3 減 1，

等於 2。「年級*策略」交互作用的自由度則為 $(3-1) \times (3-1) = 4$。將 *SS* 除以自由度，即為平均平方和（*MS*）。

F 值的公式為：

$$F = \frac{\text{因子}MS}{\text{誤差}MS}$$

代入報表中的數值，分母的誤差（Residuals）*MS* 為 3.815，分子則分別為 56.444、0.694、及 18.403，計算後的 *F* 值分別為 14.796 ($p < 0.0001$)、0.182 ($p = 0.835$)、及 4.824 ($p = 0.005$)。「年級」的主要效果達到顯著，表示不同年級的學生，記憶成績之平均數有顯著不同。而「策略」的主要效果不顯著，表示不考慮學生年級，三種記憶策略的效果並無不同。然而，由於兩因子的交互作用已達顯著，表示如果考慮學生年級，則三種記憶策略的效果仍有顯著不同。此時就要進行單純效果分析，而不能只看主要效果。

12.3.5　單純效果分析及事後比較

由於有 2 個因子，此時會有兩類的單純效果：一是以記憶策略為主，分析對於不同年級的學生，在三種策略下，記憶成績是否有差異。二是以年級為主，分析使用不同記憶，三個年級學生之記憶成績是否有差異。在本範例中，記憶策略是可以操弄的變數，也是一般研究者較感興趣的變數，因此後續將分析只著重在不同的年級中，三種記憶策略的效果是否有差異（B at A）。

文字框 12-11 同時分析在三個年級中不同記憶策略的效果，α 設定為 $0.05 / 3 = 0.01667$。留意：報表中顯示的 *p* 值已經經過校正了。

文字框 12-11　單純效果檢定

```
> model<-aov(成績~年級*策略, data=example12)  # 建立模型，含主要效果及交互作用
> library(phia)                               # 載入 phia 程式套件
> testInteractions(model, fixed="年級", across="策略", adjustment="bonferroni")
                                              # 進行單純效果檢定
```

```
F Test:
P-value adjustment method: bonferroni
          策略1 策略2 Df Sum of Sq      F  Pr(>F)
一年級     4.00  3.75  2    40.167 5.2646 0.03520 *
二年級    -3.75 -2.75  2    30.167 3.9539 0.09356 .
三年級    -1.50 -1.00  2     4.667 0.6117 1.00000
Residuals             27   103.000
---
Signif. codes:  0 ‘***’ 0.001 ‘**’ 0.01 ‘*’ 0.05 ‘.’ 0.1 ‘ ’ 1
```

報表中三個「年級」個別分析：

1. 對一年級學生，三種教學法的效果是否有差異？虛無假設為：

   $H_0:\mu_{1,1}=\mu_{1,2}=\mu_{1,3}$

2. 對二年級學生，三種教學法的效果是否有差異？虛無假設為：

   $H_0:\mu_{2,1}=\mu_{2,2}=\mu_{2,3}$

3. 對三年級學生，三種教學法的效果是否有差異？虛無假設為：

   $H_0:\mu_{3,1}=\mu_{3,2}=\mu_{3,3}$

由報表中可看出，第一個 F 值為 5.2646，p =0.03520，表示一年級的學生接受三種不同的記憶策略教學法之後，記憶測驗成績顯著不同。第二、三個 F 值分別為 3.9539 及 0.6117，p 值分別為 0.09356 及 1.00000，均大於 0.05，因此不能拒絕虛無假設，表示對二、三年級的學生使用三種不同的記憶策略教學法之後，記憶測驗成績沒有顯著差異。

報表中三個平方和等於 $40.167 + 30.167 + 4.667 = 75$，會等於文字框 12-10 中「策略」及「年級：策略」的平方和（$1.389 + 73.611 = 75$）。

須留意：文字框 12-10 的整體檢定與文字框 12-11 的單純效果檢定，都要使用相同的誤差 MS（3.8148）。

由於在單純效果中，只有在一年級中所使用的三種策略有不同效果，文字框 12-12 也只針對一年級中三種策略進行多重比較。因為採 LSD 法，並未控制事後比較的型 I 錯誤，而 3 個單純效果下，各有 3 次比較，所以 α 應設定為 $0.05 / (3 \times 3) = 0.00556$，信賴區間為 99.444%。結果顯示，在一年級中，三種記憶策略的多重比較都不顯著，與前述的單純效果檢定矛盾，可能的原因是使用 Bonferroni 校正，使得多重比較過於保守。如果使用較精確的 Šidák 校正，則 α 應設定為 $1-\sqrt[9]{(1-0.05)}$ =0.00568。

文字框 12-12　單純效果之多重比較

```
> library(DescTools)                                  # 載入 DescTools 程式套件
> PostHocTest(model, method = "lsd", conf.level = 1-0.05/9)
                                                      # 進行事後比較
一年級:策略二-一年級:策略一 -2.500000e-01  -4.4122126  3.9122126 0.85771
一年級:策略三-一年級:策略一 -4.000000e+00  -8.1622126  0.1622126 0.00740 **
一年級:策略三-一年級:策略二 -3.750000e+00  -7.9122126  0.4122126 0.01140 *

二年級:策略二-二年級:策略一  1.000000e+00  -3.1622126  5.1622126 0.47525
二年級:策略三-二年級:策略一  3.750000e+00  -0.4122126  7.9122126 0.01140 *
二年級:策略三-二年級:策略二  2.750000e+00  -1.4122126  6.9122126 0.05667 .

三年級:策略二-三年級:策略一  5.000000e-01  -3.6622126  4.6622126 0.72015
三年級:策略三-三年級:策略一  1.500000e+00  -2.6622126  5.6622126 0.28704
三年級:策略三-三年級:策略二  1.000000e+00  -3.1622126  5.1622126 0.47525
```

12.3.6　主要效果分析

如果交互作用不顯著，則研究者可能會關心兩個因子各自的主要效果。二因子變異數分析中，兩個因子各自的 *SS* 雖然與分別進行兩次單因子變異數分析的組間 *SS* 相同，但是二因子變異數分析的誤差 *SS* 因為排除了交互作用的 *SS*，分母變小，所以主要效果的 *F* 值會比較大，雖然自由度不同，不過，仍然比較容易拒絕虛無假設。

文字框 12-10 中顯示，年級因子的 $F(1, 27) = 14.796$，$p < 0.0001$，因此文字框 12-13 再針對年級進行 Tukey HSD 多重比較。

文字框 12-13　主要效果檢定

```
> TukeyHSD(model, which="年級")                       # 針對 model 中的年級進行 HSD 多重比較
  Tukey multiple comparisons of means
    95% family-wise confidence level

Fit: aov(formula = 成績 ~ 年級 * 策略, data = example12)
```

```
$`年級`
                     diff        lwr      upr      p adj
二年級-一年級 2.000000 0.02298119 3.977019 0.0469855
三年級-一年級 4.333333 2.35631453 6.310352 0.0000276
三年級-二年級 2.333333 0.35631453 4.310352 0.0182685
> library(agricolae)                          # 載入 agricolae 程式套件
> HSD=HSD.test(model, "年級")                  # 針對 model 中的年級進行 HSD 多重比較
> HSD                                         # 列出 HSD 內容
$statistics
      Mean        CV  MSerror       HSD
  23.44444 8.330993 3.814815 1.977019

$parameters
  Df ntr StudentizedRange alpha  test name.t
  27   3         3.506426  0.05 Tukey   年級

$means
           成績       std  r Min Max
一年級 21.33333 2.570226 12  17  25
二年級 23.33333 2.188122 12  20  27
三年級 25.66667 2.188122 12  21  28

$comparison
NULL

$groups
     trt    means M
1 三年級 25.66667 a
2 二年級 23.33333 b
3 一年級 21.33333 c
> library(gplots)                             # 載入 gplots 程式套件
> plotmeans(成績~年級, example12, ylab="成績的平均數")
                                              # 以年級為自變數，繪製成績平均數剖繪圖
```

由報表中可看出，誤差的 *MS* 為 3.814815，HSD 為 1.977019，三個年級之間的平均數差異都大於 HSD，因此三個年級的成績平均數都有顯著差異，三年級平均成績最高（$M = 25.67$，$SD = 2.188$），一年級平均成績最低（$M = 21.33$，$SD = 2.570$）。

圖 12-12 為平均數剖繪圖（注：主要效果檢定的 α 仍設為 0.05）。

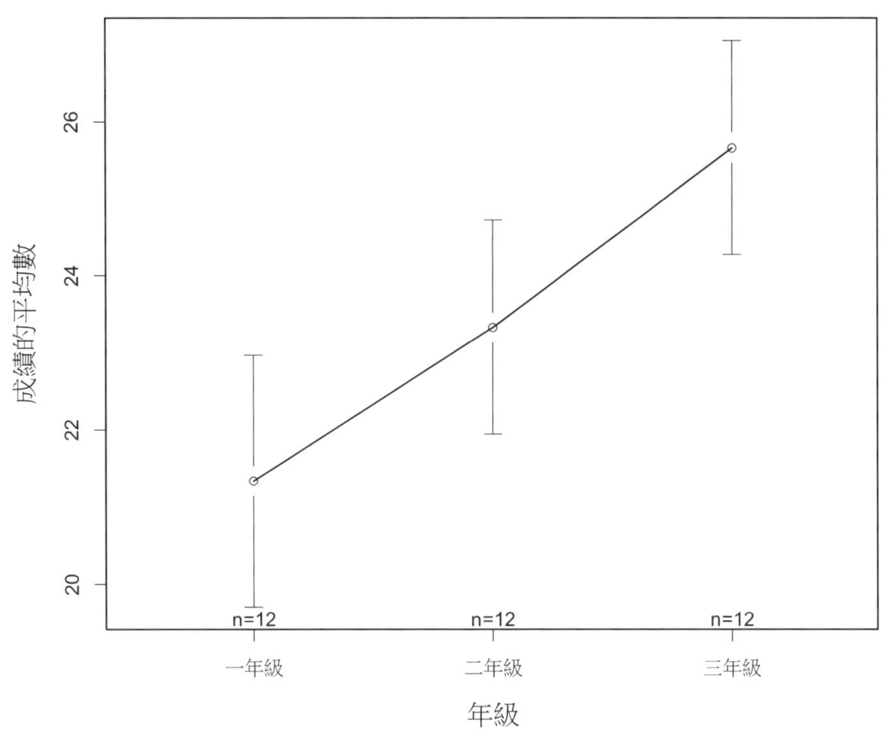

圖 12-12　各年級平均成績剖繪圖

12.4　計算效果量

文字框 12-14 使用 DescTools 程式套件的 EtaSq() 函數計算效果量。

文字框 12-14　計算效果量

```
> library(DescTools)                          # 載入 DescTools 程式套件
> EtaSq(model, anova=T)                       # 以 model 計算效果量，並列出 ANOVA 摘要表
               eta.sq eta.sq.part         SS df         MS          F            p
年級      0.388082506  0.52290273 112.888889  2 56.4444444 14.7961165 4.583462e-05
策略      0.004774637  0.01330495   1.388889  2  0.6944444  0.1820388 8.345836e-01
年級:策略 0.253055768  0.41679774  73.611111  4 18.4027778  4.8240291 4.569420e-03
Residuals 0.354087089          NA 103.000000 27  3.8148148         NA           NA
```

在此，研究者關心的是兩個因子的交互作用，代入報表中的數值，其偏 η^2 為：

$$偏\ \eta^2 = \frac{73.611111}{73.611111+103} = \frac{73.61111}{176.61111} = 0.41679774$$

偏 η^2 不具可加性，η^2 則具有可加性，可以計算每個效果的個別解釋量。將文字框中四個 *SS* 相加，總和的 *SS* 為 290.888889，「年級：策略」的 *SS* 為 73.611111，代入公式 12-2 後得到：

$$\eta^2 = \frac{73.611111}{290.888889} = 0.253055768$$

圖 12-13 是兩個因子及其交互作用的效果量圓形比例圖。

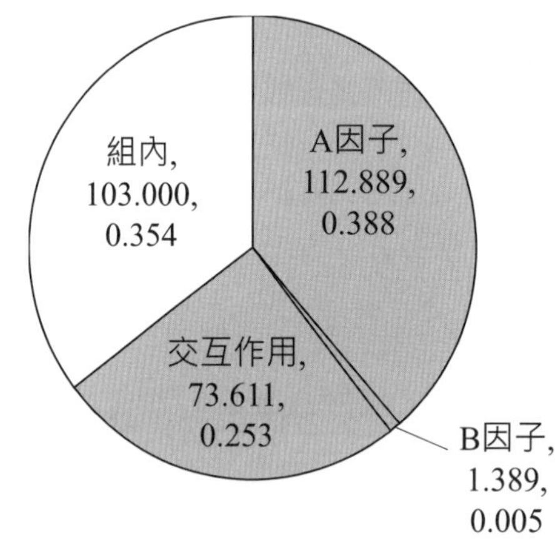

圖 12-13　二因子變異數分析效果量

另外計算 ε^2 及 ω^2，交互作用的效果量分別是：

$$\varepsilon^2 = \frac{73.611111-4\times3.8148148}{290.88889} = \frac{58.3518518}{290.88889} = 0.201$$

$$\omega^2 = \frac{73.611-4\times3.8148}{290.889+3.8148} = \frac{58.3518518}{294.7037038} = 0.198$$

依據 J. Cohen（1988）的經驗法則，η^2 及 ω^2 值之小、中、大的效果量分別是 0.01、0.06、及 0.14。因此，本範例中二因子交互作用為大的效果量。

12.5　以 APA 格式撰寫結果

研究者使用 3 × 3 二因子獨立樣本變異數分析，以學業成績為依變數，學生年級及記憶策略為自變數。分析結果顯示，學生年級及記憶策略有交互作用，$F(4, 27) = 4.82$，$p = .005$，$\eta^2 = .253$。經單純效果檢定，對一年級學生採用不同的記憶策略，會有顯著不同的效果〔$F(2,27) = 5.265$，$p = .035$〕。

12.6　二因子獨立樣本變異數分析的假定

二因子獨立樣本變異數分析，應符合以下三個假定。

12.6.1　觀察體要能代表母群體，且彼此間獨立

觀察體獨立代表各個樣本不會相互影響，假使觀察體間不獨立，計算所得的 p 值就不準確。如果有證據支持違反了這項假定，就不應使用二因子獨立樣本變異數分析。

12.6.2　依變數在各個母群中須為常態分配

此項假定是指範例中九組的記憶成績要呈常態分配，如果不是常態分配，會降低檢定的統計考驗力。不過，當每一組的樣本數在 15 以上，即使違反了這項假定，對於二因子獨立樣本變異數分析的影響也不大。

12.6.3　依變數的變異數在各個母群中須相等

此項假定是指範例中九組記憶成績的變異數要相等（同質），如果不相等，則計算所得的 F 值及 p 值就不可靠。如果違反變異數同質的假定，而且各細格樣本數又不相等時，最好將依變數加以轉換，或改用其他統計方法。

第 13 章

二因子混合設計變異數分析

二因子混合設計變異數分析用來分析兩個質的自變數對一個量的依變數之效果，其中一個自變數為獨立樣本，另一個自變數為相依樣本。本章先介紹二因子混合設計變異數分析的整體檢定，接著說明後續分析的方法。

二因子混合設計 ANOVA 與第 12 章的二因子獨立樣本 ANOVA 分析流程相似，建議讀者先複習該章的內容。

13.1 基本統計概念

13.1.1 目的

二因子混合設計變異數分析，旨在檢定兩個自變數對量的依變數之效果，在此，一個自變數（因子）是**受試者間因子**（between subjects factor），有兩個以上的類別（水準），參與者被隨機分派到其中一個組別中。另一個因子是**受試者內因子**（within subjects factor），也有兩個以上的水準，每位參與者都接受所有的處理或測試。由於它同時有受試者間因子與受試內因子，因此稱為**混合設計**（mixed design）。混合設計與**混合效果模式**（mixed effect model）並不相同，如果自變數含**固定效果因子**（fixed effect factor）與**隨機效果因子**（random effect factor），則為混合效果模式。

在統計概念上，二因子混合設計變異數分析與三因子獨立樣本變異數分析類似（把觀察體視為第三個因子 S），它除了具有第 12 章中相依樣本 ANOVA 的優點外，也具有第 13 章中二因子獨立樣本 ANOVA 的功能。不過，上述兩種統計方法應符合的統計假定，混合設計 ANOVA 也都要符合。

二因子混合設計變異數分析常見的研究形式有三：

1. 不同的組別，在幾個時間點重複測量相同的變數，屬於縱貫性（longitudinal）的研究。例如，服用不同藥物後，三個月間的收縮壓。
2. 不同的組別，在幾個情境中分別測量相同的變數，此時應使用對抗平衡設計。例如，不同增強類型下，受試者分別對紅、黃、綠色燈光的反應時間。
3. 不同的組別，同時在幾個類似變數的測量，屬於橫斷性（cross-sectional）的研究，此時也可以採用第 14 章的單因子多變量變異數分析。例如：介入不同運動量三個月後，參與者在空腹血糖、收縮壓，及低密度脂蛋白膽固醇的數值。

13.1.2 分析示例

以下的研究問題，都可以使用二因子混合設計變異數分析：

1. 兩種訓練法下，學生在四個月間的體適能成績。
2. 三種不同藥物治療後，患者三個星期間的血糖值。
3. 不同運動量（多、少、無）介入十週後，參與者的空腹血糖值、收縮壓，及低密度脂蛋白膽固醇濃度。

13.1.3 二因子混合設計變異數分析之 *SS* 拆解

了解二因子混合設計變異數分析中 *SS* 的拆解（圖 13-1），對於報表的解讀及效果量的計算會有助益。假設 A 因子為受試者間因子，B 因子為受試者內因子，則總和的 *SS* 可拆解為受試者內 *SS* 及受試者間 *SS*。其中受試者間 *SS* 又可拆解為 A 因子的 *SS* 及 A 與觀察體 S 的交互作用 A*S（又稱群內受試，是組內的誤差項）。受試者內 *SS* 又可拆解為 B 因子的 *SS*、A*B 的 *SS*，及 A*B*S 的 *SS*（又稱 B 因子與群內受試的交互作用，是受試者內的誤差項）。

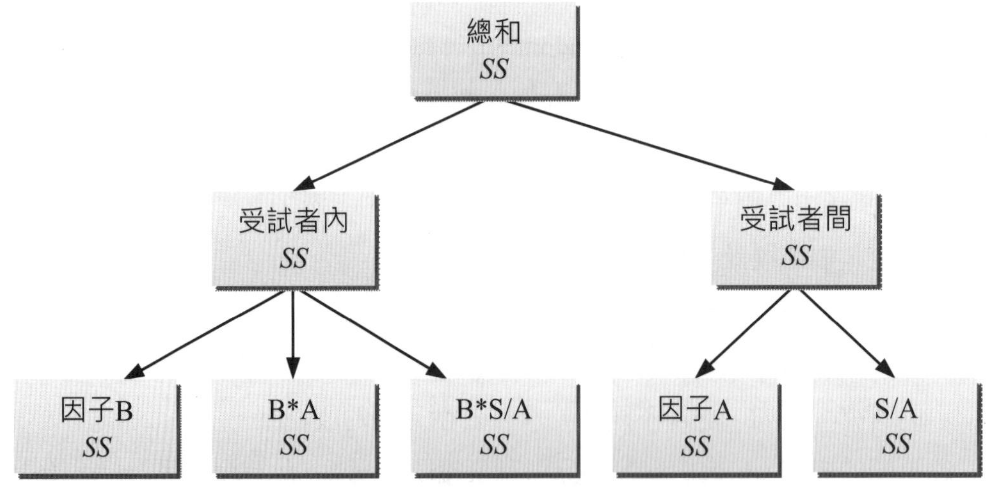

圖 13-1 二因子混合設計變異數分析之 SS 拆解

13.1.4　整體檢定

以表 13-1 為例，研究者想要了解三種不同教育程度的臺灣民眾，與對音樂的喜好是否有交互作用。因此分別找了三種不同教育程度的民眾各 10 名（總計 30 名），並請他們就三種音樂回答喜歡的程度（1 ~ 5 分，分數愈高愈喜歡）。在此例中，有兩個自變數，其中教育程度（A 因子）有 3 個類別（國中以下、高中職、專科以上），是受試者間因子；音樂（M 因子）也有 3 個水準（西方古典音樂、流行音樂、中國傳統戲曲），是受試者內因子。依變數是對音樂的喜歡程度（資料取自 2008 年臺灣社會變遷資料庫）。

表 13-1　30 名受訪者對三種音樂的喜歡程度

受訪者	教育程度	西方古典音樂	流行音樂	中國傳統戲曲	受訪者	教育程度	西方古典音樂	流行音樂	中國傳統戲曲
1	1	3	4	5	16	2	2	4	2
2	1	3	4	4	17	2	3	4	2
3	1	2	4	2	18	2	4	3	3
4	1	2	5	4	19	2	3	3	2
5	1	3	3	3	20	2	4	4	4
6	1	3	4	5	21	3	3	4	4
7	1	3	4	2	22	3	4	4	3
8	1	3	4	4	23	3	3	4	2
9	1	3	4	2	24	3	5	3	1
10	1	2	2	2	25	3	4	4	2
11	2	3	4	2	26	3	4	4	2
12	2	4	4	4	27	3	4	5	2
13	2	3	4	3	28	3	2	4	2
14	2	2	5	3	29	3	4	4	4
15	2	5	4	4	30	3	3	4	2

文字框 13-1 是以短（寬）格式輸入的資料檔，總共有 30 個受訪者，5 個變數。不過，這樣的資料檔格式比較適用於第 15 章的單因子多變量變異數分析，而不適合進行本章的分析，因此需要轉換成長（窄）格式。

文字框 13-1　短格式資料檔

```
> load("C:/mydata/chap13/table13.RData")     # 載入本例資料
> table13                                     # 展示本例資料
   受訪者 教育程度 西方古典音樂 流行音樂 中國傳統戲曲
1       1        1           3        4            5
2       2        1           3        4            4
3       3        1           2        4            2
4       4        1           2        5            4
5       5        1           3        3            3
6       6        1           3        4            5
7       7        1           3        4            2
8       8        1           3        4            4
9       9        1           3        4            2
10     10        1           2        2            2
11     11        2           3        4            2
12     12        2           4        4            4
13     13        2           3        4            3
14     14        2           2        5            3
15     15        2           5        4            4
16     16        2           2        4            2
17     17        2           3        4            2
18     18        2           4        3            3
19     19        2           3        3            2
20     20        2           4        4            4
21     21        3           3        4            4
22     22        3           4        4            3
23     23        3           3        4            2
24     24        3           5        3            1
25     25        3           4        4            2
26     26        3           4        4            2
27     27        3           4        5            2
28     28        3           2        4            2
29     29        3           4        4            4
30     30        3           3        4            2
```

文字框 13-2 先將「受訪者」變數由數值轉為因子，再以「受訪者」及受試者間因子「教育程度」為 ID，將三個音樂堆疊為受試者內因子「音樂」。

文字框 13-2　將短格式資料轉為長格式資料

```
> load("C:/mydata/chap13/table13.RData")          # 載入短格式資料
> table13$受訪者<-factor(table13$受訪者)          # 把「受試者」變數轉為因子
> library(reshape)                                # 載入 reshape 程式套件
> l_table13<-melt(table13, id.vars=c("受訪者", "教育程度"), variable_name = "音樂")
                                                  # 堆疊資料為長格式
> l_table13$教育程度<-factor(l_table13$教育程度) # 將「教育程度」轉為因子變數
> l_table13<- rename(l_table13, c(value="喜歡程度"))
                                                  # 將 value 更名為「喜歡程度」
> save(list=c("l_table13"), file="c:/mydata/chap13/l_table13.RData",compress=F)
                                                  # 另存新檔
> l_table13                                       # 展示長格式內容
   受訪者 教育程度          音樂 喜歡程度
1       1        1 西方古典音樂        3
2       2        1 西方古典音樂        3
        :
11     11        2 西方古典音樂        3
12     12        2 西方古典音樂        4
        :
21     21        3 西方古典音樂        3
22     22        3 西方古典音樂        4
        :
31      1        1     流行音樂        4
32      2        1     流行音樂        4
        :
41     11        2     流行音樂        4
42     12        2     流行音樂        4
        :
51     21        3     流行音樂        4
52     22        3     流行音樂        4
        :
61      1        1 中國傳統戲曲        5
62      2        1 中國傳統戲曲        4
        :
```

```
71      11       2 中國傳統戲曲        2
72      12       2 中國傳統戲曲        4
         :
81      21       3 中國傳統戲曲        4
82      22       3 中國傳統戲曲        3
```

文字框 13-3 是把受試者另外當成一個因子，進行三因子變異數分析所得到的結果，此時無法進行 F 檢定。報表中前兩部分是受試者間的 SS，分別為 0.16 及 24.83，合計為 24.99。後三部分是受試者內的 SS，分別為 16.69、8.31、及 31.67，合計為 56.67。24.99 + 56.67 = 81.66，就是全部的 SS。

文字框 13-3　三因子變異數分析

```
> summary(aov(喜歡程度~教育程度*受訪者*音樂, data=l_table13))
                                                # 三因子變異數分析
              Df Sum Sq Mean Sq
教育程度       2   0.16   0.078
受訪者        27  24.83   0.920
音樂           2  16.69   8.344
教育程度:音樂  4   8.31   2.078
受訪者:音樂   54  31.67   0.586
```

文字框 13-4 是正確設定二因子混合變異數分析的指令，依變數是對音樂的「喜歡程度」，受試間因子是「教育程度」，受試者內因子是「音樂」（三種）。

報表第一部分是**受試者間因子**的 F 檢定，其中「教育程度」因子的 $SS = 0.156$，$F(2, 27) = 0.085$，p =0 .919。誤差項（Residuals）就是「教育程度」與「受訪者」的交互作用（$MS = 0.9198$），也是 F 檢定的分母部分。由此部分的報表可知，「教育程度」有主要效果，教育程度不同，對音樂的喜歡程度也不同。

第二部分是**受試者內因子**的效果，其中「音樂」的 $SS = 16.69$，$F(2, 54) = 14.229$，$p < 0.001$。「教育程度：音樂」（也就是兩者的交互作用）的 $SS = 8.31$，$F(4, 54) = 3.543$，p =0.0122，誤差項是「教育程度：音樂：受訪者」三者的交互作用，它的 $MS = 0.586$，也是 F 檢定的分母部分。由此部分的報表可知，「音樂」有主要效果，受訪者對三種

音樂的喜歡程度不同。不過，最重要的是「教育程度」與「音樂」有交互作用，也就是對三種音樂的喜歡程度，會因為教育程度而有差異。

文字框 13-4　二因子混合設計變異數分析

```
> model<-aov(喜歡程度~(教育程度*音樂)+Error(受訪者/音樂), data=l_table13)
                                              # 建立二因子混合設計 ANOVA
> summary(model)                              # 列出模型摘要

Error: 受訪者
          Df Sum Sq Mean Sq F value Pr(>F)
教育程度    2  0.156  0.0778   0.085  0.919
Residuals 27 24.833  0.9198

Error: 受訪者:音樂
              Df Sum Sq Mean Sq F value   Pr(>F)
音樂           2  16.69   8.344  14.229 1.09e-05 ***
教育程度:音樂  4   8.31   2.078   3.543   0.0122 *
Residuals     54  31.67   0.586
---
Signif. codes:  0 ‘***’ 0.001 ‘**’ 0.01 ‘*’ 0.05 ‘.’ 0.1 ‘ ’ 1
```

文字框 13-5 是以指令 interaction.plot 所繪的交互作用圖。函數中第 1 個變數置於 X 軸，第 2 個變數是個別線，第 3 個變數為依變數，type = "b" 是以線條加符號呈現，pch = 15:17 分別是實心正方形、圓形、三角形。

文字框 13-5　交互作用圖

```
> par(mai=c(1, 1, .1 ,.1), cex=1.2, cex.lab=1.3, cex.main=1.3, lwd=1.4)
                                              # 設定邊界、字體、線粗
> attach(l_table13)                           # 綁定資料
> interaction.plot(教育程度, 音樂, 喜歡程度, lwd=1.5, ylab="喜歡程度平均數", type="b", pch=15:17)
                                              # 設定各變數、標題、圖形樣式
```

由圖 13-2 可看出：

1. 三種教育程度的受訪者，都最喜歡流行音樂。
2. 國中以下程度（編號 1）的受訪者，對中國傳統戲曲的喜歡程度高於西方古典音樂。
3. 高中職（代號 2）及大專以上（代號 3）教育程度的受訪者，對中國傳統戲曲的喜歡程度較低。
4. 教育程度較高，對流行音樂及西方古典音樂的喜歡程度也較高；反之，教育程度愈高，對中國傳統戲曲的喜歡程度也隨之降低。

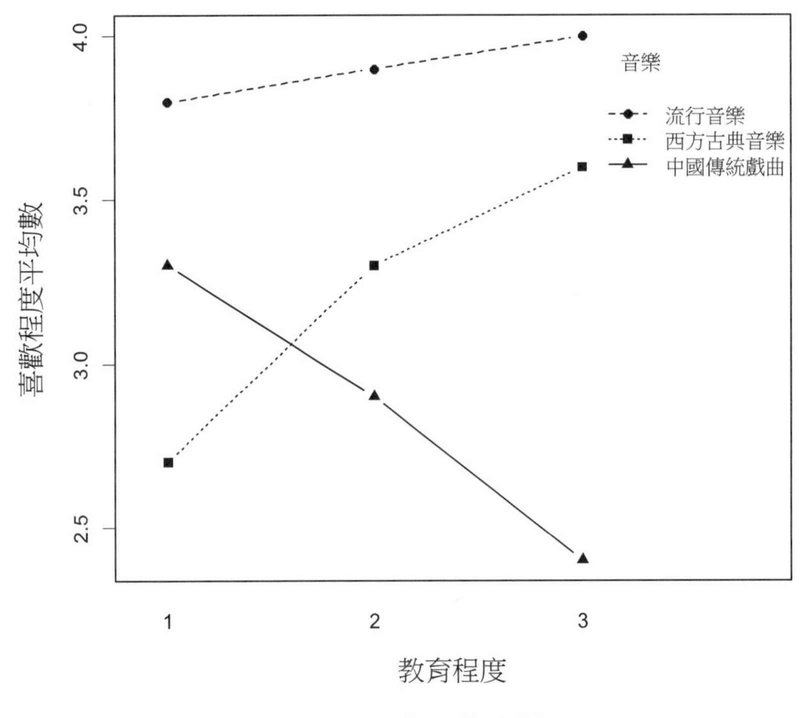

圖 13-2　交互作用圖

混合設計因為含有受試者內因子，因此也要符合球形性（sphericity），此時可以使用 ez 程式套件中的 ezANOVA() 函數進行分析。文字框 13-6 中設定依變數(dv)為「喜歡程度」，辨識變數（wid）為「受訪者」，受試者內因子（within）為「音樂」，受試者間因子（between）為「教育程度」。分析後得到 Mauchly 的 W 值為 0.9899435，p =0.8768701，並未違反假定。

文字框 13-6　球形性檢定

```
> library(ez)                                        # 載入 ez 程式套件
> ezANOVA(data=l_table13, dv=.(喜歡程度), wid=.(受訪者), within=.(音樂), between=.(教育程度))
                                                     # 進行球形性檢定
$ANOVA
         Effect DFn DFd           F            p p<.05         ges
2      教育程度   2  27  0.08456376 9.191555e-01       0.002745636
3          音樂   2  54 14.22947368 1.086954e-05     * 0.228024898
4 教育程度:音樂   4  54  3.54315789 1.223394e-02     * 0.128235899

$`Mauchly's Test for Sphericity`
         Effect         W         p p<.05
3          音樂 0.9899435 0.8768701
4 教育程度:音樂 0.9899435 0.8768701

$`Sphericity Corrections`
         Effect       GGe        p[GG] p[GG]<.05      HFe        p[HF] p[HF]<.05
3          音樂 0.9900436 0.0000118341         * 1.067998 1.086954e-05         *
4 教育程度:音樂 0.9900436 0.0125377851         * 1.067998 1.223394e-02         *
```

13.1.5　單純效果檢定

由於「教育程度」因子（簡稱 E 因子）與「音樂」因子（簡稱 M 因子）有交互作用，因此接著會進行單純效果檢定。本範例中為 3 × 3 的設計，可以進行 3 + 3 次單純效果檢定，它們分別是：M within E(1)、M within E(2)、M within E(3)、E within M(1)、E within M(2)，及 E within M(3)。分析時，需要先將原來的 l_table13 資料檔分割為 6 個子資料集，再進行 6 次單純效果分析。

文字框 13-7 在進行 M within E(1)、M within E(2)、M within E(3) 等三個單純主要效果檢定。由於「音樂」是受試者內因子，因此要使用與本書第 11 章單因子相依樣本變異數分析相同的指令。

文字框 13-7　音樂在教育程度內的單純效果檢定

```
> e1_table13=subset(l_table13, 教育程度=="1")    # E1 子資料集
> e2_table13=subset(l_table13, 教育程度=="2")    # E2 子資料集
> e3_table13=subset(l_table13, 教育程度=="3")    # E3 子資料集
```

```
> summary(aov(喜歡程度~音樂+Error(受訪者), data=e1_table13))
                                              # M at E(1)單純效果檢定
Error: 受訪者
          Df Sum Sq Mean Sq F value Pr(>F)
Residuals  9   11.2   1.244

Error: Within
          Df Sum Sq Mean Sq F value Pr(>F)
音樂        2  6.067  3.0333   5.151  0.017 *
Residuals 18 10.600  0.5889
---
Signif. codes:  0 '***' 0.001 '**' 0.01 '*' 0.05 '.' 0.1 ' ' 1
> summary(aov(喜歡程度~音樂+Error(受訪者), data=e2_table13))
                                              # M at E(2)單純效果檢定
Error: 受訪者
          Df Sum Sq Mean Sq F value Pr(>F)
Residuals  9  8.967  0.9963

Error: Within
          Df Sum Sq Mean Sq F value Pr(>F)
音樂        2  5.067  2.5333   5.104 0.0175 *
Residuals 18  8.933  0.4963
---
Signif. codes:  0 '***' 0.001 '**' 0.01 '*' 0.05 '.' 0.1 ' ' 1
> summary(aov(喜歡程度~音樂+Error(受訪者), data=e3_table13))
                                              # M at E(3)單純效果檢定
Error: 受訪者
          Df Sum Sq Mean Sq F value Pr(>F)
Residuals  9  4.667  0.5185

Error: Within
          Df Sum Sq Mean Sq F value  Pr(>F)
音樂        2  13.87   6.933   10.29 0.00105 **
Residuals 18  12.13   0.674
---
Signif. codes:  0 '***' 0.001 '**' 0.01 '*' 0.05 '.' 0.1 ' ' 1
```

檢定所得的三個 *MS* 值分別是 3.0333、2.5333、6.933。然而，由於是採個別檢定，誤差項並不一致，此時可以將三個誤差項的 *SS* 相加（10.6 + 8.933 + 12.13 = 31.663），即是文字框 13-4 中受試者內誤差的 *SS*（31.67，有捨入誤差），自由度為 18 + 18 + 18 = 54，合併誤差項的 *MS* 為 31.663 / 54 = 0.586。文字框 13-8 利用 R 計算 *F* 及 *p* 值，檢定後，*F* 值分別為 5.173、4.320，及 11.823，有兩個 *p* 值小於 0.01667（0.05 / 3 = 0.01667），所以國中以下及專科以上兩種不同教育程度的受試者，對三種音樂的喜歡程度有差異。

文字框 13-8　計算 *F* 及 *p* 值-1

```
> ms<-c(3.0333, 2.5333, 6.933)                        # 3 個單純檢定的 MS 值
> mse<-31.663 / 54                                    # 合併誤差項 MS 值
> F<-ms/mse                                           # 計算 F 值
> F                                                   # 列出 F 值
[1]  5.173174  4.320443 11.823959
> P<-round(pf(F, 2, 54, lower.tail = FALSE), 7)       # 計算右尾 p 值，7 個小數位
> P                                                   # 列出 p 值
[1] 0.0088001 0.0181747 0.0000551
```

文字框 13-9 在分析 E within M(1)、E within M(2)、E within M(3)等三個單純主要效果檢定。由於「教育」是受試者間因子，因此要使用與本書第 10 章單因子獨立樣本變異數分析相同的指令。

文字框 13-9　教育程度在音樂內的單純效果檢定

```
> m1_table13<- subset(l_table13, 音樂=="西方古典音樂")          # M1 子資料集
> m2_table13<- subset(l_table13, 音樂=="流行音樂")              # M2 子資料集
> m3_table13<- subset(l_table13, 音樂=="中國傳統戲曲")          # M3 子資料集
> summary(aov(喜歡程度~教育程度, data=m1_table13))              # E at M(1)單純效果檢定
            Df Sum Sq Mean Sq F value Pr(>F)
教育程度     2    4.2  2.1000   3.416 0.0476 *
Residuals   27   16.6  0.6148
---
Signif. codes:  0 ‘***’ 0.001 ‘**’ 0.01 ‘*’ 0.05 ‘.’ 0.1 ‘ ’ 1
```

```
> summary(aov(喜歡程度~教育程度, data=m2_table13))          # E at M(2)單純效果檢定
          Df Sum Sq Mean Sq F value Pr(>F)
教育程度     2    0.2  0.1000   0.257  0.775
Residuals   27   10.5  0.3889
> summary(aov(喜歡程度~教育程度, data=m3_table13))          # E at M(3)單純效果檢定
          Df Sum Sq Mean Sq F value Pr(>F)
教育程度     2  4.067   2.033   1.867  0.174
Residuals   27 29.400   1.089
```

上述的三個單純主要效果仍是使用個別的誤差項，如果各組間的變異數不同質，採用此種方法可以減少第一類型錯誤（B. H. Cohen, 2007）。如果各組間的變異數同質，使用共同的誤差項，可以增加統計檢定力。

要計算共同的誤差項，可以將三個誤差項的 *SS* 相加（$16.6+10.5+29.4=56.5$），再除以自由度的總和（$27+27+27=81$），得到共同的誤差 *MS*（$56.5/81=0.698$）。文字框 13-10 利用 R 計算 F 及 p 值，檢定後，F 值分別為 3.010、0.143、及 2.915，三個 p 值都未小於 0.01667，此部分不再進行事後比較。

文字框 13-10　計算 F 及 p 值-2

```
> ms<-c(2.1, 0.1, 2.033)                       # 3 個單純檢定的 MS 值
> mse<-56.5/81                                 # 合併誤差項 MS 值
> F<-ms/mse                                    # 計算 F 值
> F                                            # 列出 F 值
[1] 3.0106195 0.1433628 2.9145664
> P<-round(pf(F, 2, 81, lower.tail = FALSE), 7)  # 計算右尾 p 值，7 個小數位
> P                                            # 列出 p 值
[1] 0.0548050 0.8666590 0.0599366
```

13.1.6　事後比較

文字框 13-11 在進行 M within E(1)及 M within E(3)的 Tukey 的 HSD 事後比較，此時模型只要設定受試者內因子及受訪者效果即可，不加入交互作用項。由於 HSD 已經針對每個單純效果中的三次比較控制型 I 錯誤，因此 p 值只要小於 0.0167（因為有三個單純效果），就達到 0.05 顯著水準。

配合此處報表及圖 13-2 可看出：

1. 國中以下教育程度的受訪者，對流行音樂的喜歡程度勝於西方古典音樂。
2. 專科以上教育程度的受訪者，對流行音樂及西方古典音樂的喜歡程度勝過中國傳統戲曲。

文字框 13-11　單純效果事後比較

```
> library(multcomp)                              # 載入 multcomp 程式套件
> m.at.e1<-aov(喜歡程度~音樂+受訪者, data=e1_table13)
                                                 # M at E(1)事後比較
> m.at.e3<-aov(喜歡程度~音樂+受訪者, data=e3_table13)
                                                 # M at E(3)事後比較
> summary(glht(m.at.e1,linfct=mcp(音樂 = "Tukey")))
                                                 # 列出# M at E(1)事後比較內容
         Simultaneous Tests for General Linear Hypotheses

Multiple Comparisons of Means: Tukey Contrasts

Fit: aov(formula = 喜歡程度 ~ 音樂 + 受訪者, data = e1_table13)

Linear Hypotheses:
                                 Estimate Std. Error t value Pr(>|t|)
流行音樂 - 西方古典音樂 == 0        1.1000     0.3432   3.205   0.0131 *
中國傳統戲曲 - 西方古典音樂 == 0    0.6000     0.3432   1.748   0.2153
中國傳統戲曲 - 流行音樂 == 0       -0.5000     0.3432  -1.457   0.3345
---
Signif. codes:  0 ‘***’ 0.001 ‘**’ 0.01 ‘*’ 0.05 ‘.’ 0.1 ‘ ’ 1
(Adjusted p values reported -- single-step method)

> summary(glht(m.at.e3,linfct=mcp(音樂 = "Tukey")))
                                                 # 列出# M at E(3)事後比較內容
         Simultaneous Tests for General Linear Hypotheses

Multiple Comparisons of Means: Tukey Contrasts

Fit: aov(formula = 喜歡程度 ~ 音樂 + 受訪者, data = e3_table13)
```

```
Linear Hypotheses:
                                   Estimate Std. Error t value Pr(>|t|)
流行音樂 - 西方古典音樂 == 0           0.4000     0.3672   1.089  0.53256
中國傳統戲曲 - 西方古典音樂 == 0       -1.2000     0.3672  -3.268  0.01137 *
中國傳統戲曲 - 流行音樂 == 0          -1.6000     0.3672  -4.358  0.00102 **
---
Signif. codes:  0 '***' 0.001 '**' 0.01 '*' 0.05 '.' 0.1 ' ' 1
(Adjusted p values reported -- single-step method)
```

13.1.7 效果量

偏 η^2 是研究者常用的效果量，它的公式是：

$$\text{偏}\,\eta^2 = \frac{\text{效應}SS}{\text{效應}SS + \text{誤差}SS}$$

代入文字框 13-4 的數值，「教育程度」因子的效果量為：

$$\text{偏}\,\eta_E^2 = \frac{0.156}{0.156 + 24.833} = \frac{0.156}{24.989} = 0.006$$

「音樂」因子的效果量為：

$$\text{偏}\,\eta_M^2 = \frac{16.69}{16.69 + 31.67} = \frac{16.69}{48.36} = 0.345$$

「教育程度：音樂」的效果量為：

$$\text{偏}\,\eta_{E*M}^2 = \frac{8.31}{8.31 + 31.67} = \frac{8.31}{39.98} = 0.208$$

而 η^2 的公式是：

$$\eta^2 = \frac{\text{效應}SS}{\text{總和}SS}$$

將文字框 13-4 的所有 SS 相加，得到：

$$0.156 + 24.833 + 16.69 + 8.31 + 31.67 \approx 81.656$$

因此三個效果量分別為：

$$\eta_E^2 = \frac{0.156}{81.656} = 0.002$$

$$\eta_M^2 = \frac{16.69}{81.656} = 0.204$$

$$\eta_{E*M}^2 = \frac{8.31}{81.656} = 0.102$$

依據 J. Cohen（1988）的經驗法則，η^2 值之小、中、大的效果量分別是 0.01、0.06、及 0.14。因此，本範例中二因子交互作用為中度的效果量。

在 R 中除了可以直接輸入上述運算式計算效果量外，也可以使用 DescTools 程式套件中的 EtaSq() 函數計算 η^2。但偏 η^2 則不適用，需要自行計算。文字框 13-12 中，先設定模型只含兩個因子及其交互作用，而把受試者的效果都計入誤差項，再使用 EtaSq 算出 η^2 值，得到教育程度的 η^2 為 0.002，音樂的 η^2 為 0.204，交互作用的 η^2 為 0.102。

文字框 13-12　計算效果量

```
> library(DescTools)                              # 載入 DescTools 程式套件
> model2=aov(喜歡程度 ~ 教育程度 * 音樂, data=l_table13)
                                                  # 建立模型
> EtaSq(model2)                                   # 計算效果量
                  eta.sq eta.sq.part
教育程度      0.001905021 0.002745636
音樂          0.204381549 0.228024898
教育程度:音樂 0.101782555 0.128235899
```

13.2　範例

研究者想要了解音樂風格與字詞屬性的性質，對受試者在字詞回憶的表現是否有交互作用。因此找了 30 名受試者（介於 20~60 歲），再以隨機分派的方式各自在兩種音樂風格（快樂及悲傷）下，實施 3 次測驗（每次均含正面、負面，及中性字詞各 7 個，3 次各有 21 個字詞），測得受試者回憶的字詞數如表 13-2 之數據。請問：在字詞回憶測驗的表現，是否因音樂風格與字詞屬性而有不同？

表 13-2　30 名受試者的測試成績

受試	音樂	正面	負面	中性	受試	音樂	正面	負面	中性
1	1	16	15	14	16	2	17	14	15
2	1	12	14	12	17	2	10	10	11
3	1	13	13	12	18	2	12	10	10
4	1	19	18	17	19	2	12	12	13
5	1	14	13	13	20	2	18	16	17
6	1	10	12	11	21	2	16	13	15
7	1	14	13	12	22	2	11	11	12
8	1	13	14	12	23	2	13	12	13
9	1	13	13	12	24	2	13	13	14
10	1	10	11	11	25	2	10	10	10
11	1	12	14	13	26	2	16	15	15
12	1	11	10	11	27	2	16	13	14
13	1	13	15	15	28	2	12	10	12
14	1	12	12	11	29	2	13	11	12
15	1	8	11	9	30	2	12	12	13

13.2.1　變數與資料

表 13-2 中，有 5 個變數，受試者代號可以不輸入 R 中，短格式資料如文字框 13-13，不過，使用 R 分析時，應轉為文字框 13-14 的長格式資料。在本範例中，有 1 個獨立樣本自變數「音樂風格」（有 2 個水準，分別為悲傷的及快樂的），1 個相依樣本自變數「字詞屬性」（有 3 個水準，分別為正面、負面、中性 3 種屬性的字詞），依變數是學生在字詞回憶測驗的得分。本例為 2 × 3 的設計，共有 30 名受試者。

13.2.2　研究問題

在本範例中，研究者想要了解的問題，可以陳述如下：

字詞回憶測驗成績是否因不同音樂風格及字詞屬性而有差異？

字詞回憶測驗成績是否因不同音樂風格而有差異？

字詞回憶測驗成績是否因不同字詞屬性而有差異？

13.2.3　統計假設

根據研究問題，虛無假設一宣稱「兩個自變數沒有交互作用」：

H_0：音樂風格與字詞屬性沒有交互作用

而對立假設則宣稱「兩個自變數有交互作用」：

H_1：音樂風格與字詞屬性有交互作用

虛無假設二宣稱「在母群中兩種音樂風格的字詞回憶測驗成績沒有差異」：

$$H_0 : \mu_{悲傷} = \mu_{快樂}$$

而對立假設則宣稱「在母群中兩種音樂風格的字詞回憶測驗成績有差異」：

$$H_1 : \mu_{悲傷} \neq \mu_{快樂}$$

虛無假設三宣稱「在母群中三種字詞屬性的字詞回憶測驗成績沒有差異」：

$$H_0 : \mu_{正面} = \mu_{負面} = \mu_{中性}$$

而對立假設則宣稱「在母群中三種字詞屬性的字詞回憶測驗成績有差異」：

$H_1 : \mu_i \neq \mu_j$，存在一些 i 與 j 之間

13.3　使用 R 進行分析

13.3.1　資料檔

文字框 13-13 是短格式資料檔，含有 4 個變數，分別是受試者間因子「音樂」，及受試者內因子 3 個類別的回憶分數。

文字框 13-13　短格式資料檔

```
> load("C:/mydata/chap13/example13.RData")      # 載入本例短格式資料檔
> head(example13); tail(example13)              # 展示前後各 6 筆資料
  音樂 正面 負面 中性
1 悲傷   16   15   14
2 悲傷   12   14   12
3 悲傷   13   13   12
4 悲傷   19   18   17
5 悲傷   14   13   13
6 悲傷   10   12   11
   音樂 正面 負面 中性
25 快樂   10   10   10
26 快樂   16   15   15
27 快樂   16   13   14
28 快樂   12   10   12
29 快樂   13   11   12
30 快樂   12   12   13
```

文字框 13-14 先在 example13 資料中增加一個「受試者」變數，再使用 reshape 程式套件中的 melt 堆疊為長格式資料。堆疊時以「受試者」及「音樂」為辨識變數，將「正面」、「負面」、「中性」三個變數轉成「屬性」變數。轉換後的數值（value）改名為「回憶」（測驗得分），並存為 l_example13 資料檔。後續的分析都使用 l_example13。

文字框 13-14　長格式資料檔

```
> example13<-cbind(example13, 受試者=factor(1:30))
                                                # 新增「受試者」變數，數值由 1 到 30
> library(reshape)                              # 載入 reshape 程式套件
> l_example13<-melt(example13, id.vars=c("受試者", "音樂"), variable_name="屬性")
                                                # 轉成長格式資料，名為 l_example13
> l_example13$音樂=factor(l_example13$音樂)     # 將「音樂」設定為因子
> l_example13<-rename(l_example13, c(value="回憶"))
                                                # 將 value 改名為「回憶」
> save(list=c("l_example13"), file="c:/mydata/chap13/l_example13.RData",compress=F)
                                                # 儲存 l_example13 資料
```

```
> l_example13                          # 展示 l_example13 資料
1        1 悲傷 正面   16
2        2 悲傷 正面   12
3        3 悲傷 正面   13
4        4 悲傷 正面   19
5        5 悲傷 正面   14
              :
15      15 悲傷 正面    8
16      16 快樂 正面   17
17      17 快樂 正面   10
18      18 快樂 正面   12
19      19 快樂 正面   12
20      20 快樂 正面   18
              :
31       1 悲傷 負面   15
32       2 悲傷 負面   14
33       3 悲傷 負面   13
34       4 悲傷 負面   18
35       5 悲傷 負面   13
              :
46      16 快樂 負面   14
47      17 快樂 負面   10
48      18 快樂 負面   10
49      19 快樂 負面   12
50      20 快樂 負面   16
              :
61       1 悲傷 中性   14
62       2 悲傷 中性   12
63       3 悲傷 中性   12
64       4 悲傷 中性   17
65       5 悲傷 中性   13
              :
76      16 快樂 中性   15
77      17 快樂 中性   11
78      18 快樂 中性   10
79      19 快樂 中性   13
80      20 快樂 中性   17
              :
89      29 快樂 中性   12
90      30 快樂 中性   13
（為節省篇幅，僅列出部分資料））
```

13.3.2 描述性統計量

文字框 13-15 使用 Rmisc 程式套件中的 summarySE 或 summarySEwithin 指令，計算各細格及邊際的描述性統計量。

文字框 13-15 描述性統計量

```
> library(Rmisc)
> summarySEwithin(m="回憶", b = "音樂",   w = "屬性", i = "受試者", data = l_example13)
                                              # 設各個變數 (與下列命令二擇一)
> summarySE(m="回憶", g=c("音樂", "屬性"), data=l_example13)
                                              # 列出六個細格描述性統計量
  音樂 屬性  N     回憶       sd        se       ci
1 悲傷 正面 15 12.66667 2.609506 0.6737717 1.445096
2 悲傷 負面 15 13.20000 1.971222 0.5089672 1.091626
3 悲傷 中性 15 12.33333 1.914854 0.4944132 1.060411
4 快樂 正面 15 13.40000 2.557901 0.6604472 1.416518
5 快樂 負面 15 12.13333 1.884776 0.4866471 1.043754
6 快樂 中性 15 13.06667 1.980861 0.5114561 1.096964
> summarySE(m="回憶", g=c("屬性"), data=l_example13)
                                              # 列出「屬性」的邊際描述性統計量
  屬性  N     回憶       sd        se        ci
1 正面 30 13.03333 2.566137 0.4685103 0.9582112
2 負面 30 12.66667 1.971055 0.3598637 0.7360040
3 中性 30 12.70000 1.950243 0.3560641 0.7282328
```

報表中包含平均數、標準差、平均數標準誤，及信賴區間。三種屬性的字詞測驗總平均分別為 13.03、12.67、及 12.70，相差不多，但在快樂的音樂中，受試者對正面字詞的回憶較佳（$M = 13.40$，$SD = 2.558$），而在悲傷的音樂中，受試者對負面字詞的回憶較佳（$M = 13.20$，$SD = 1.971$），因此 A 因子與 B 因子可能有交互作用。至於是否達到統計上的顯著，要進行檢定。

13.3.3 整體檢定

文字框 13-16 為整體檢定，受試者間因子為「音樂」（簡稱 M 因子），受試者內因子為「屬性」（簡稱 W 因子），並含兩因子的交互作用。

文字框 13-16　整體檢定

```
> model<-aov(回憶~音樂*屬性+Error(受試者/屬性), data= l_example13)
                                                  # 建立模型
> summary(model)                                  # 列出模型摘要

Error: 受試者
          Df Sum Sq Mean Sq F value Pr(>F)
音樂       1    0.4    0.40   0.031  0.862
Residuals 28  362.0   12.93

Error: 受試者:屬性
          Df Sum Sq Mean Sq F value   Pr(>F)
屬性       2   2.47   1.233   1.955    0.151
音樂:屬性  2  16.20   8.100  12.838 2.57e-05 ***
Residuals 56  35.33   0.631
---
Signif. codes:  0 '***' 0.001 '**' 0.01 '*' 0.05 '.' 0.1 ' ' 1
```

報表顯示兩因子有顯著的交互作用（音樂：屬性），$F(2, 56) = 12.838$，$p < 0.001$。兩個因子的主要效果分別為 $F(1, 28) = 0.031$，$F(2, 56) = 1.955$，都不顯著。不過，因為有交互作用〔$F(2, 56) = 12.838$，$p < 0.001$〕，所以應分析單純效果，而不宜只留意主要效果。

13.3.4　交互作用圖

文字框 13-17 分別以音樂與屬性為橫軸繪製交互作用圖，實際分析時，只要選一種圖形即可。

文字框 13-17　交互作用圖

```
> par(mai=c(1, 1, .1 ,.1), cex=1.2, cex.lab=1.3, cex.main=1.3, lwd=1.4)
                                                  # 設定邊界、字體大小、線粗
> attach(l_example13)                             # 綁定資料
> interaction.plot(音樂, 屬性, 回憶, lwd=1.5, ylab="回憶平均數", type="b", pch=15:17)
                                                  # 以音樂為橫軸，屬性為個別線
> interaction.plot(屬性, 音樂, 回憶, lwd=1.5, ylab="回憶平均數", type="b", pch=15:16)
                                                  # 以屬性為橫軸，音樂為個別線
```

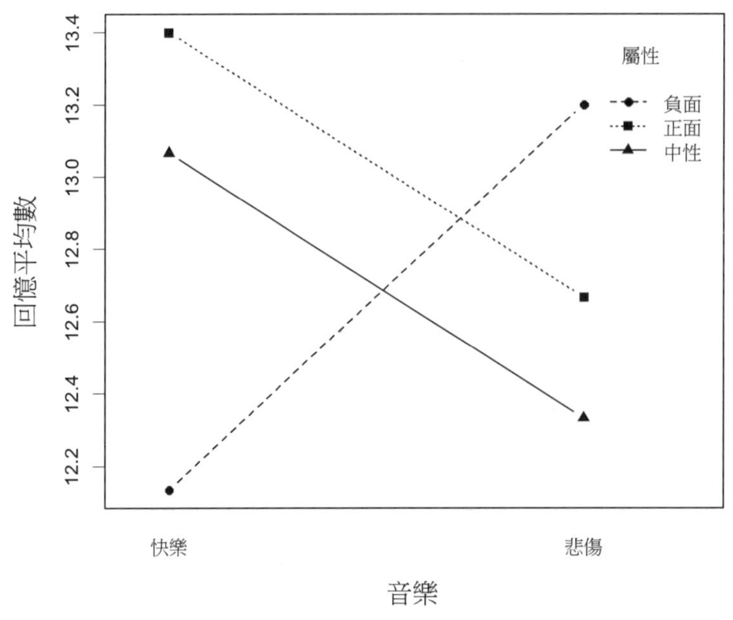

圖 13-3　以音樂為橫軸的交互作用圖

由圖 13-3 可看出：在快樂的音樂中，受試者對正面字詞的回憶力較佳；而在悲傷的音樂中，受試者對負面字詞的回憶力較佳。

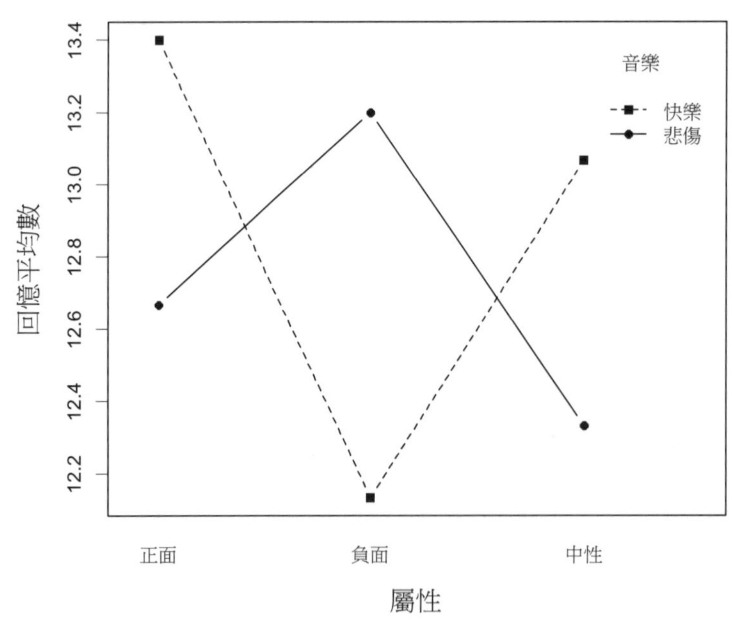

圖 13-4　以屬性為橫軸的交互作用圖

由圖 13-4 可看出：正面與中性的字詞，在快樂音樂中回憶的數量較多；反之，負面的字詞在悲傷音樂中回憶的數量較多。

13.3.5　球形性檢定

在本範例中，「屬性」因子是受試者內因子，要符合兩兩差異分數的變異數同質假定（球形性假定）。文字框 13-18 使用 ez 程式套件中的 ezANOVA 進行檢定，並校正 *F* 值。

文字框 13-18　球形性檢定

```
> library(ez)                                         # 載入 ez 程式套件
> ezANOVA(data=l_example13, dv=.(回憶), wid=.(受試者), within=.(屬性), between=.(音樂))
                                                      # 設定各變數
$ANOVA
     Effect DFn DFd           F            p p<.05         ges
2      音樂   1  28  0.03093923 8.616420e-01       0.001005699
3      屬性   2  56  1.95471698 1.511467e-01       0.006169752
4 音樂:屬性   2  56 12.83773585 2.574533e-05     * 0.039174593

$`Mauchly's Test for Sphericity`
     Effect         W           p p<.05
3      屬性 0.6482734 0.002875648     *
4 音樂:屬性 0.6482734 0.002875648     *

$`Sphericity Corrections`
     Effect       GGe        p[GG] p[GG]<.05       HFe        p[HF] p[HF]<.05
3      屬性 0.7397946 0.1639095149           0.7712566 0.1624351130
4 音樂:屬性 0.7397946 0.0001939294         * 0.7712566 0.0001517663         *
```

計算所得的 W=0.6482734，p=0.002875648，因此不符合球形假定，應校正檢定所得的 F 值。因為此處的 Greenhouse-Geisser 的 ε 值小於 0.75，因此可以使用 Greenhouse-Geisser 校正結果。校正後交互作用的 p 值為 0.0001939294，小於 0.05。

13.3.6 單純主要效果與事後比較-1

由於兩個因子有交互作用，接下來，一般會進行單純效果分析。在此，可以分析兩類的單純主要效果，一是在 M 因子的每一個水準中（也就是 2 種不同音樂風格），3 種字詞屬性的測驗成績是否有差異（稱為 W at M 或 W within M），二是在 W 因子的每一個水準中（也就是 3 種字詞屬性中），2 種音樂風格是否有不同的效果（稱為 M within W）。

文字框 13-19 在進行 W at M1 及 W at M2 的單純效果檢定。檢定前先將 l_example13 資料分為 m1_example13 及 m2_example13 兩個子資料集，由於「屬性」是受試者內因子，因此分別再進行單因子相依樣本變異數分析。

文字框 13-19 屬性在音樂中的單純效果檢定

```
> m1_example13<- subset(l_example13, 音樂=="快樂")
                                                    # M1 子資料集
> m2_example13<- subset(l_example13, 音樂=="悲傷")
                                                    # M2 子資料集
> summary(aov(回憶~屬性+Error(受試者), data=m1_example13))
                                                    # W at M(1)單純效果檢定

Error: 受試者
          Df Sum Sq Mean Sq F value Pr(>F)
Residuals 14  180.8   12.91

Error: Within
          Df Sum Sq Mean Sq F value Pr(>F)
屬性        2  5.733  2.8667   3.961 0.0306 *
Residuals 28 20.267  0.7238
---
Signif. codes:  0 '***' 0.001 '**' 0.01 '*' 0.05 '.' 0.1 ' ' 1
> summary(aov(回憶~屬性+Error(受試者), data=m2_example13))
                                                    # W at M(2)單純效果檢定

Error: 受試者
          Df Sum Sq Mean Sq F value Pr(>F)
Residuals 14  181.2   12.94
```

```
Error: Within
          Df Sum Sq Mean Sq F value   Pr(>F)
屬性       2  12.93   6.467   12.02 0.000171 ***
Residuals 28  15.07   0.538
---
Signif. codes:  0 '***' 0.001 '**' 0.01 '*' 0.05 '.' 0.1 ' ' 1
```

前面報表是以個別誤差項進行的 F 檢定，只有在第二種音樂中，對三種屬性字詞回憶的 p 值小於 0.025（0.05 / 2 = 0.025）。文字框 13-20 將兩個誤差項的 *SS* 及 *Df* 相加，當成合併的誤差項，計算後兩個單純效果檢定的 p 值都小於 0.025。

文字框 13-20　計算 F 及 p 值-1

```
> ms=c(2.8667, 6.467)                        # 2 個單純檢定的 MS 值
> mse=(20.267+15.07)/56                      # 合併誤差項 MS 值
> F=ms/mse                                   # 計算 F 值
> F                                          # 列出 F 值
[1]  4.542978 10.248521
> P=pf(F,2,56,lower.tail = FALSE)            # 計算右尾 p 值
> P                                          # 列出 p 值
[1] 0.0148463888 0.0001611442
```

由於兩個單純效果都顯著，文字框 13-21 以 Tukey 的 HSD 法進行事後比較。應留意，此時是以個別組的誤差項為分母，而不是合併的誤差項。

文字框 13-21　單純效果之事後檢定

```
> w.at.m1<-aov(回憶~屬性+受試者, data=m1_example13)
                                             # W at M(1)單純效果檢定
> w.at.m2<-aov(回憶~屬性+受試者, data=m2_example13)
                                             # W at M(2)單純效果檢定
> library(multcomp)                          # 載入 multcomp 程式套件
> summary(glht(w.at.m1, linfct=mcp(屬性 = "Tukey")))
                                             # W at M(1)單純效果事後比較
```

```
         Simultaneous Tests for General Linear Hypotheses

Multiple Comparisons of Means: Tukey Contrasts

Fit: aov(formula = 回憶 ~ 屬性 + 受試者, data = m1_example13)

Linear Hypotheses:
                  Estimate Std. Error t value Pr(>|t|)
負面 - 正面 == 0    0.5333     0.3107   1.717   0.2168
中性 - 正面 == 0   -0.3333     0.3107  -1.073   0.5383
中性 - 負面 == 0   -0.8667     0.3107  -2.790   0.0247 *
---
Signif. codes:  0 '***' 0.001 '**' 0.01 '*' 0.05 '.' 0.1 ' ' 1
(Adjusted p values reported -- single-step method)

> summary(glht(w.at.m2, linfct=mcp(屬性 = "Tukey")))
                                                  # W at M(2)單純效果事後比較
         Simultaneous Tests for General Linear Hypotheses

Multiple Comparisons of Means: Tukey Contrasts

Fit: aov(formula = 回憶 ~ 屬性 + 受試者, data = m2_example13)

Linear Hypotheses:
                  Estimate Std. Error t value Pr(>|t|)
負面 - 正面 == 0   -1.2667     0.2679  -4.729  < 0.001 ***
中性 - 正面 == 0   -0.3333     0.2679  -1.244  0.43772
中性 - 負面 == 0    0.9333     0.2679   3.484  0.00447 **
---
Signif. codes:  0 '***' 0.001 '**' 0.01 '*' 0.05 '.' 0.1 ' ' 1
(Adjusted p values reported -- single-step method)
```

文字框 13-15 顯示，在悲傷的音樂中，負面字詞的回憶量（M = 13.20）顯著較中性字詞多（M = 12.33），文字框 13-21 的平均數差異為 0.8667，p =0.0247，小於 0.025。第二部分顯示，在快樂的音樂中，正面及中性字詞的回憶量（M分別為 13.40與 13.07），比負面字詞來得多（M = 12.13）。此部分的說明配合文字框 13-15 的描述性統計量及圖 13-3 的交互作用圖會更清楚。

13.3.7 單純主要效果檢定-2

文字框 13-22 在進行 M at W1、M at W2、及 M at W3 的單純效果檢定。檢定前，先將 l_example13 資料分為 w1_example13、w2_example13、及 w3_example13 三個子資料集，由於字詞「屬性」是受試者間因子，因此分別再進行單因子獨立樣本變異數分析。

文字框 13-22 音樂在屬性中的單純效果檢定

```
> w1_example13<- subset(l_example13, 屬性=="正面")
                                        # W1 子資料集
> w2_example13<- subset(l_example13, 屬性=="負面")
                                        # W2 子資料集
> w3_example13<- subset(l_example13, 屬性=="中性")
                                        # W3 子資料集
> summary(aov(回憶~音樂, data=w1_example13))  # M at W(1)單純效果檢定
            Df Sum Sq Mean Sq F value Pr(>F)
音樂         1   4.03   4.033   0.604  0.444
Residuals   28 186.93   6.676
> summary(aov(回憶~音樂, data=w2_example13))  # M at W(2)單純效果檢定
            Df Sum Sq Mean Sq F value Pr(>F)
音樂         1   8.53   8.533   2.294  0.141
Residuals   28 104.13   3.719
> summary(aov(回憶~音樂, data=w3_example13))  # M at W(3)單純效果檢定
            Df Sum Sq Mean Sq F value Pr(>F)
音樂         1   4.03   4.033   1.063  0.311
Residuals   28 106.27   3.795
```

報表中三個檢定的 p 值都大於 0.0167（0.05 / 3 = 0.0167）。不過，此處誤差項的 *SS* 仍是各組分開計算，有學者（Keppel, 1991）認為應以合併誤差項為分子較正確。如果要自行計算，則將三組的誤差 *SS* 及自由度分別相加，得到：

誤差 SS = 186.93 + 104.13 + 106.27 = 397.33

誤差自由度 = 28 + 28 + 28 = 84

平均平方和 = 397.33 / 84 = 4.730

文字框 13-23 是自行計算的結果，三個 F 值分別為 0.853、1.804、0.853，p 值也都大於 0.0167。由於 3 個單純效果都不顯著，因此停止分析，不做事後比較。

文字框 13-23　計算 F 及 p 值-2

```
> ms=c(4.033, 8.533, 4.033)                    # 3 個單純檢定的 MS 值
> mse=(186.93+104.13+106.27)/84                # 合併誤差項 MS 值
> F=ms/mse                                     # 計算 F 值
> F                                            # 列出 F 值
[1] 0.8526212 1.8039715 0.8526212
> P=pf(F,1,84,lower.tail = FALSE)              # 計算右尾 p 值
> P                                            # 列出 p 值
[1] 0.3584567 0.1828508 0.3584567
```

13.4　計算效果量

由於檢定後達到統計上的顯著，因此應計算效果量。

要計算偏 η^2 值，公式是：

$$偏\eta^2 = \frac{效應SS}{效應SS+誤差SS}$$

其中效應的平方和是研究者關心的某個因子的效應，在此，研究者關心的是兩個因子的交互作用，代入文字框 13-16 的數值，其偏 η^2 為：

$$偏\eta^2_{M*W} = \frac{16.20}{16.20+35.33} = \frac{16.20}{51.53} = 0.314$$

偏 η^2 是排除主要效果或交互作用之後，某個因子或交互作用對依變數的解釋量，由於不具可加性，因此偏 η^2 值的總和可能會超過 1。η^2 值則具有可加性，可以計算每個效果的個別解釋量，公式為：

$$\eta^2 = \frac{效應SS}{總和SS}$$

將文字框 13-16 中的 SS 相加，可以得到總和的 SS，代入公式後得到：

$$\eta^2 = \frac{16.20}{0.4 + 362.0 + 2.47 + 16.2 + 35.33} = \frac{16.20}{416.40} = 0.039$$

如圖 13-5 所示：

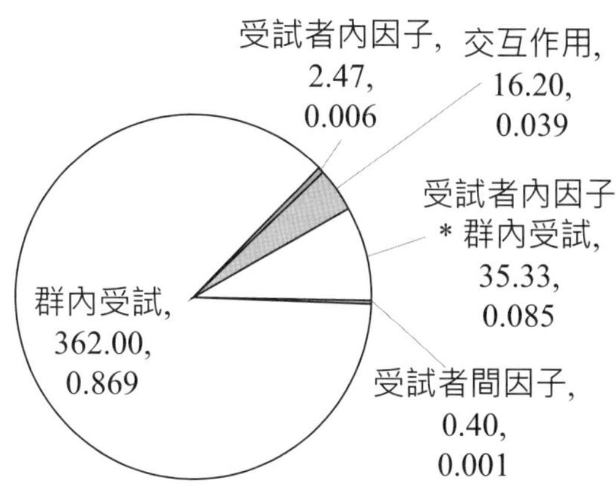

圖 13-5　二因子混合設計變異數分析效果量

依據 J. Cohen（1988）的經驗法則，η^2 值之小、中、大的效果量分別是 0.01、0.06、及 0.14。因此，本範例中二因子交互作用為小的效果量。

在 R 中可以使用 DescTools 程式套件中的 EtaSq() 函數計算 η^2。文字框 13-24 中，先設定模型只含兩個因子及其交互作用，而把受試者的效果都計入誤差項，再使用 EtaSq 算出 η^2 值，得到音樂的 η^2 為 0.00096，音樂的 η^2 為 0.00592，交互作用的 η^2 為 0.03890。報表中的偏 η^2 值由於未計算所有的 *SS*，因此並不正確，不要採用。

文字框 13-24　計算效果量

```
> library(DescTools)                               # 載入 DescTools 程式套件
> model2=aov(喜歡程度 ~ 教育程度 * 音樂, data=l_table13)
                                                   # 建立模型
> EtaSq(model2)                                    # 計算效果量
                 eta.sq eta.sq.part
音樂       0.0009606148 0.001005699
屬性       0.0059237912 0.006169752
音樂:屬性  0.0389048991 0.039174593
```

13.5 以 APA 格式撰寫結果

研究者使用 2 × 3 二因子混合設計變異數分析，以字詞回憶測驗成績為依變數，音樂風格與字詞屬性為自變數。分析結果顯示，音樂風格與字詞屬性具有顯著的交互作用，$F(1.480, 41.428) = 12.838$，$p < .001$，$\eta^2 = .039$。經單純主要效果檢定，在悲傷的音樂中，三種字詞屬性的回憶成績有顯著差異，$F(2,56) = 4.54$，$p = .015$，負面字詞的回憶量（M = 13.20）較中性字詞多（M = 12.33）。在快樂的音樂中，三種字詞屬性的回憶成績也有顯著差異，$F(2,56) = 6.47$，$p < .001$，正面字詞（$M = 13.40$）及中性字詞（$M = 13.07$）的回憶量都比負面字詞（$M = 12.13$）來得多。

13.6 二因子混合設計變異數分析的假定

二因子混合設計變異數分析因為兼有受試者間及受試者內因子，因此應同時符合它們各自的統計假定。

13.6.1 獨立性

觀察體獨立代表各個樣本在「受試者間因子」不會相互影響，假使觀察體間不獨立，計算所得的 p 值就不準確。如果有證據支持違反了這項假定，就不應使用二因子混合設計變異數分析。

由於受試者重複接受多次的測驗，因此在「受試者內因子」並不需要符合獨立假定。

13.6.2 常態性

在二因子混合設計變異數分析中，常態性應符合兩項假定。一是受試者內因子每個水準中的依變數須為常態分配，在本範例中是指三種字詞回憶測驗的分數都要呈常態分配。二是在受試者間因子每個水準的平均分數須為常態分配，在本範例中是指兩種音樂風格中，受試者在三種字詞測驗的平均分數都要呈常態分配。如果不是常態分配，會降低檢定的統計考驗力。不過，當每一組的樣本數在 15 以上，即使違反了這項假定，對於二因子混合設計變異數分析的影響也不大。

13.6.3 變異數同質性

此假定是指在受試者間因子的每個水準中依變數的變異數要相等。在本範例中，首先計算每個受試者在受試者內因子三種字詞測驗的平均得分，接著分別計算兩種音樂風格中平均得分的變異數，而這兩個變異數要相等。

如果受試者間因子各水準的樣本相等（平衡設計），則違反此項假定，並不嚴重；如果樣本相差太多，而又違反此項假定，則不應使用二因子混合設計變異數分析。

13.6.4 球形性

球形性是指母群中，受試者內因子各成對差異分數的變異數要具有同質性（相等）。R 使用 Mauchly 的球形檢定來考驗是否違反這個假定，如果不符合此項假定，就要使用 Greenhouse-Geisser 及 Huynh-Feldt 兩種 ε 值對自由度加以校正。如果 Greenhouse-Geisser 的 $\varepsilon > 0.75$ 時，最好改採 Huynh-Feldt 的方法；$\varepsilon \leq 0.75$，則仍使用 Greenhouse-Geisser 的方法。

如果違反球形性假定，也可以將受試者內因子各水準的得分當成依變數，進行單因子多變量變異數分析，此部分請參見本書第 15 章之說明。

13.6.5 變異數—共變數矩陣的同質性

此假定是指受試者間各水準中，變數的變異數—共變數矩陣要相等。在本範例中，三種字詞測驗有各自的變異數，而三種字詞測驗兩兩間有共變數，變異數—共變數矩陣的對角線為變異數，對角線外則為共變數，在兩種音樂風格中的變異數—共變數矩陣要相等。R 使用 Box 的 M 進行此項檢定。

如果受試者間因子各水準的樣本相等，即使違反此項假定，也不太嚴重；如果樣本相差太多，而又違反此項假定，則不應使用二因子混合設計變異數分析。

第 14 章

單因子獨立樣本共變數分析

單因子獨立樣本共變數分析（analysis of covariance, ANCOVA）旨在排除一個量的共變量（covariate，或稱為共變項）後，分析一個質的自變數對一個量的依變數之效果，適用的情境如下：

自變數：一個自變數，為**質的變數**。

依變數：一個依變數，為**量的變數**。

共變量：**量的變數**，通常為一個，也可以是兩個以上。

本章先介紹單因子獨立樣本共變數分析的迴歸線同質性檢定，接著進行整體檢定，並說明後續分析的方法。

14.1　基本統計概念

14.1.1　目的

如果使用實驗法進行研究，最重要的是，要確保各組一開始的條件是相同的，因此隨機分派的程序便非常重要（為了減少抽樣誤差，隨機抽樣的程序也很重要）。有時候，基於一些限制而不能隨機分派，只好採用**原樣團體**（intact group）進行實驗，此稱為**準實驗設計**（quasi-experimental design）。

由於無法隨機分派，因此受試者在實驗前的差異就會影響依變數，使得自變數的效果有所混淆。因此，在進行準實驗設計之前，一般會先實施前測，以了解實驗前各組的基準點，在經過一段時間的實驗後，再實施後測。進行統計分析時，會將前測當成共變量，而用後測為依變數，自變數則是不同的組別。

此外，共變數分析也可以適用於以下的研究設計（Green & Salkind, 2014）：

1. 進行前測，再隨機分派到自變數的各個組別，接受不同處理，最後測得後測數值。
2. 進行前測，再根據前測結果分派至自變數的各個組別中，接受不同處理，最後測得後測數值。
3. 進行前測，利用前測結果將參與者配對，再隨機分派至自變數的各個組別中，接受不同處理，最後測得後測數值。
4. 分析潛在的混淆變數。例如，要研究有無出國旅遊經驗的學生，在經過教學後，英文成績是否有差異，此時，家庭社經背景是可能的混淆變數，因為有出國旅遊經驗的學生其家庭社經地位可能較高，使得英文成績較高。

如果依變數與共變量的性質相同（如分別為數學的後測成績及前測成績），要排除共變量的影響，然後比較依變數是否會因為自變數不同而有差異，可以有兩種方法：一是將依變數減去共變量（例如將後測成績減去前測成績）以得到**實得分數**（gain score），然後用實得分數當新的依變數，再進行變異數分析。

如果依變數與共變量的性質不同，則可以先用**共變量當預測變數**，以**依變數當效標變數**，進行迴歸分析，然後再用迴歸分析的殘差當依變數，使用原來的自變數進行變異數分析，這種方法實際上就是共變數分析。所以**共變數分析是結合迴歸分析及變異數分析的一種統計方法**。

14.1.2 分析示例

以下的研究問題都可以使用單因子獨立樣本共變數分析：

1. 排除智力影響後，三種教學法對學生之教學效果。
2. 排除高中入學成績影響後，就讀不同高中對大學學測成績之效果。
3. 排除年齡影響後，不同藥物在增加高密度膽固醇之效果。

14.1.3 共變數分析圖示

單因子變異數分析在分析一個質的自變數對量的依變數之效果（圖 14-1），整個圓形面積（區域 6＋區域 7）代表依變數的總變異量，變異數分析關心的是區域 6 的面積（自變數可以解釋依變數的部分）與區域 7（依變數不能被自變數解釋的部分，也就是誤差項）的比率。而效果量 η^2 就是區域 6 的面積與依變數之整個圓形面積（區域 6＋區域 7）的比率。

圖 14-2 及 14-3 是理想的共變數分析示意圖，此時自變數與共變量沒有關聯，也就是在自變數的各組中，共變量的平均數沒有差異。研究者如果能找到與依變數有關的共變量加以排除（區域 4），那麼不能解釋的部分就剩下區域 6＋區域 7'，雖然自變數可以解釋依變數的部分還是區域 6，但是因為分母部分（區域 7'）已經比圖 14-1 的區域 7 小，使得 F 值變大，所以相同的自變數及依變數，如果使用共變數分析，一般來說會比變異數分析容易顯著（參見圖 14-3）。

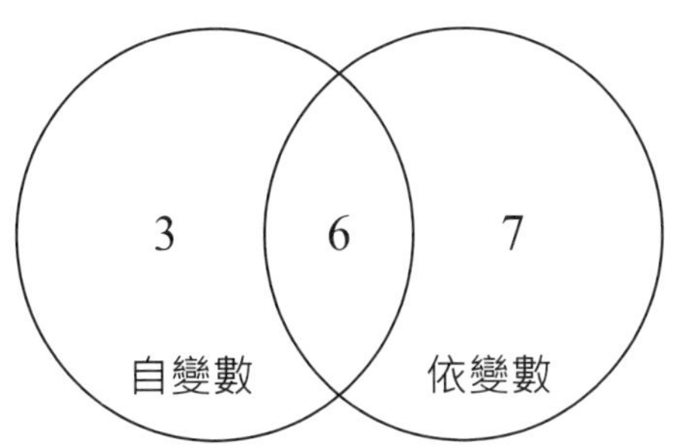

圖 14-1　單因子變異數分析示意圖

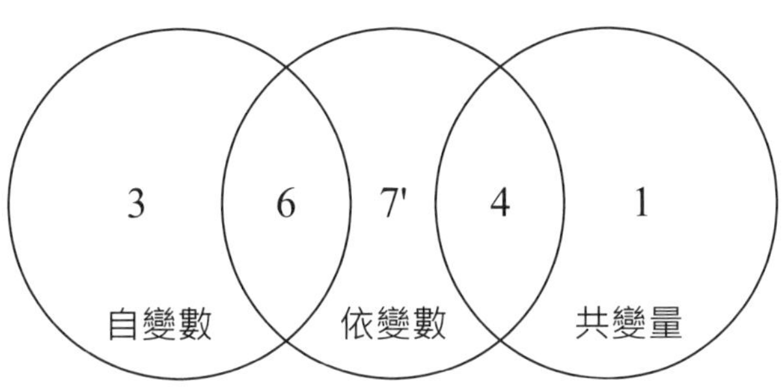

圖 14-2　單因子共變數分析示意圖-1

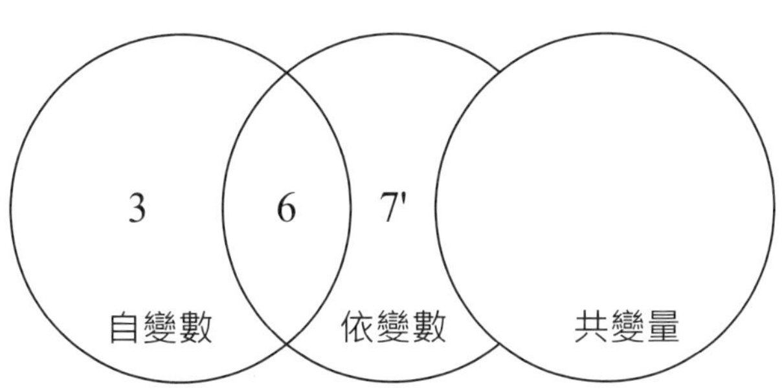

圖 14-3　單因子共變數分析示意圖-2

不過由於自變數與共變量常會有關聯，所以共變數分析以圖 14-4 的情形居多。在圖中，自變數可以解釋依變數的部分是區域 5＋區域 6'（等於圖 14-3 的區域 6），但是其中區域 2 及區域 5 因為與共變量重疊而被排除，所以真正單獨可以解釋的部分只剩區域 6'，不能解釋的部分則為區域 7"。

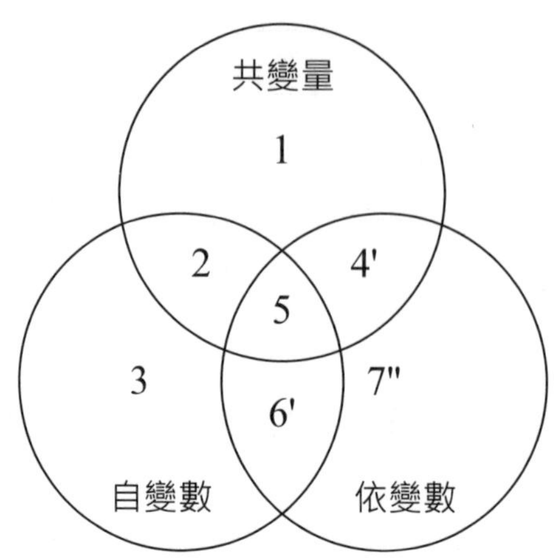

圖 14-4　單因子共變數分析示意圖-3

綜言之，共變數分析在於排除共變量的效果後，分析自變數對依變數的效果。然而，由於自變數與共變量常有關聯，所以在排除共變量時，也把自變數的效果排除了，使得自變數的效果變得不明顯（參見圖 14-5）。因此，要進行共變數分析，**共變量應與依變數有較高的直線相關**，而**共變量與自變數又不能有關聯**，如此才能將依變數中不能由自變數解釋的部分減少，相對地，也就可以增加統計檢定力。假如共變量與自變數的相關很高，而與依變數相關很低，使用共變數分析就沒有意義。因此，Owen 及 Froman（1998）建議，共變數分析仍應使用於隨機分派的設計中，如果使用原樣團體或無法隨機分派，則應報告自變數與共變量的相關。

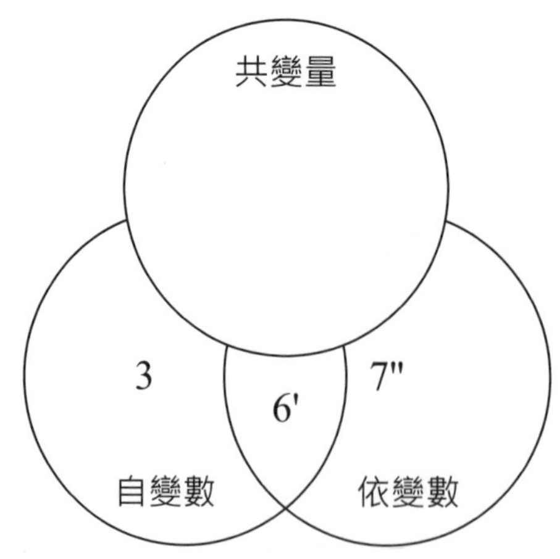

圖 14-5　單因子共變數分析示意圖-4

14.1.4　分析流程

單因子獨立樣本共變數分析的流程可以用圖 14-6 表示。在分析時，要先留意是否符合迴歸線同質的假定。如果符合假定，則接著進行共變數分析；如果不符合假定，則應使用其他替代方法。共變數分析的整體檢定如果顯著，則接著進行事後比較；如果不顯著，則停止分析。

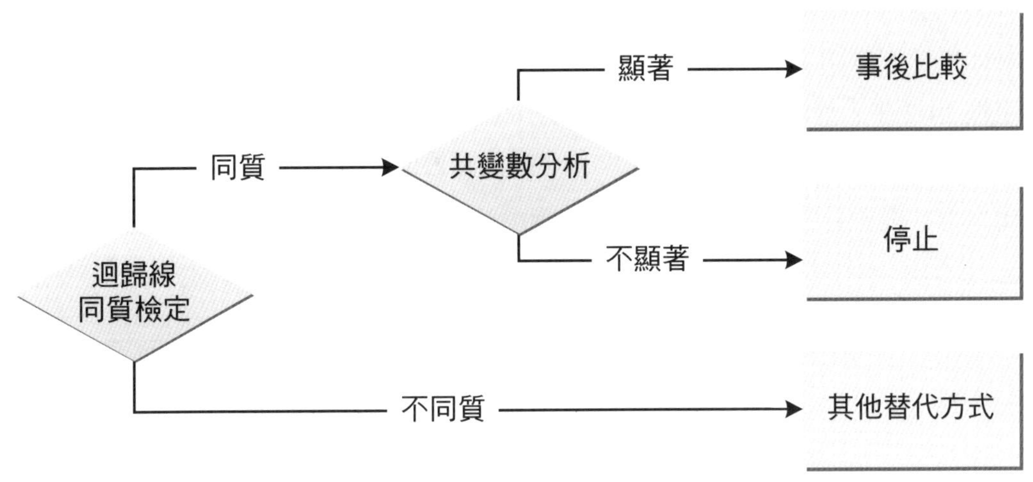

圖 14-6　單因子獨立樣本共變數分析流程

以表 14-1 為例，研究者想要了解三種不同教學法，對學生數學成績是否有影響。因此分別找了三個班級的學生各 4 名（總計 12 名），先測得初始數學成績，經過一學期後，再測得學生的期末數學成績。在此例中，有一個自變數，為教學法，學生的數學後測成績是依變數，共變量是數學前測成績。

表 14-1　12 名學生之學業成績

教法	教法一		教法二		教法三	
學生	前測	後測	前測	後測	前測	後測
1	7	9	3	7	3	5
2	6	8	2	7	4	7
3	5	7	3	9	2	4
4	6	8	4	9	3	4
平均數	6	8	3	8	3	5

14.1.5 迴歸線同質性檢定

由於共變數分析是以共變量（前測成績）為預測變數，依變數（後測成績）為效標變數進行迴歸分析，因此在自變數（教學法）的各個水準中，迴歸線不能有顯著的交叉（大致平行）。圖 14-7 中三條迴歸線雖然不完全平行，但是文字框 14-1 中粗體字部分，自變數與共變量的交互作用（前測：教法）並未達 0.05 顯著水準〔$F(2, 6) = 0.2857$，$p = 0.761157$〕，因此並未違反迴歸線同質假定，此時即可進行共變數分析。

如果像次頁圖 14-8 的情形，三條迴歸線明顯不平行，其中一個斜率為負數，而文字框 14-2 中「前測：教法」的 $F(2, 6) = 6.000$，$p = 0.037037$，已經小於 0.05，因此應拒絕 $H_0 : \beta_1 = \beta_2 = \beta_3$，也就是至少有一條迴歸線的斜率與其他的斜率不同，此時就不應進行共變數分析，而應改用其他替代方法。

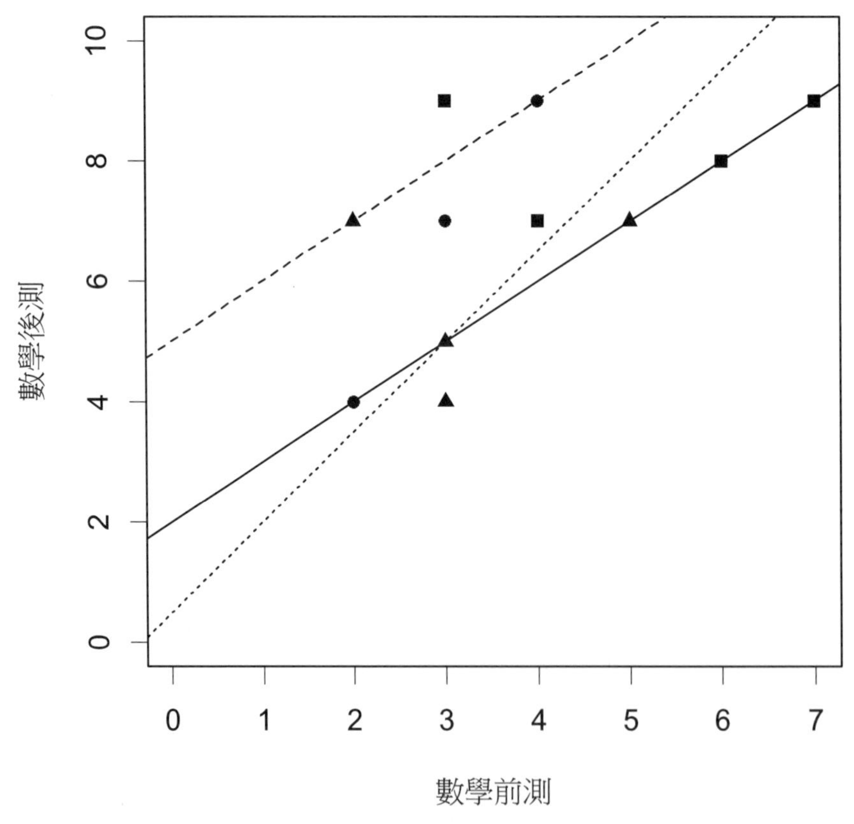

圖 14-7 符合迴歸線同質假定

文字框 14-1　符合迴歸線同質性假定

```
> load("C:/mydata/chap14/table14.RData")
> anova(aov(後測~前測*教法, data=table14))
Analysis of Variance Table


Response: 後測
          Df  Sum Sq Mean Sq F value   Pr(>F)
前測       1 12.0333 12.0333 20.6286 0.003925 **
教法       2 20.1333 10.0667 17.2571 0.003248 **
前測:教法  2  0.3333  0.1667  0.2857 0.761157
Residuals  6  3.5000  0.5833
---
Signif. codes:  0 '***' 0.001 '**' 0.01 '*' 0.05 '.' 0.1 ' ' 1
```

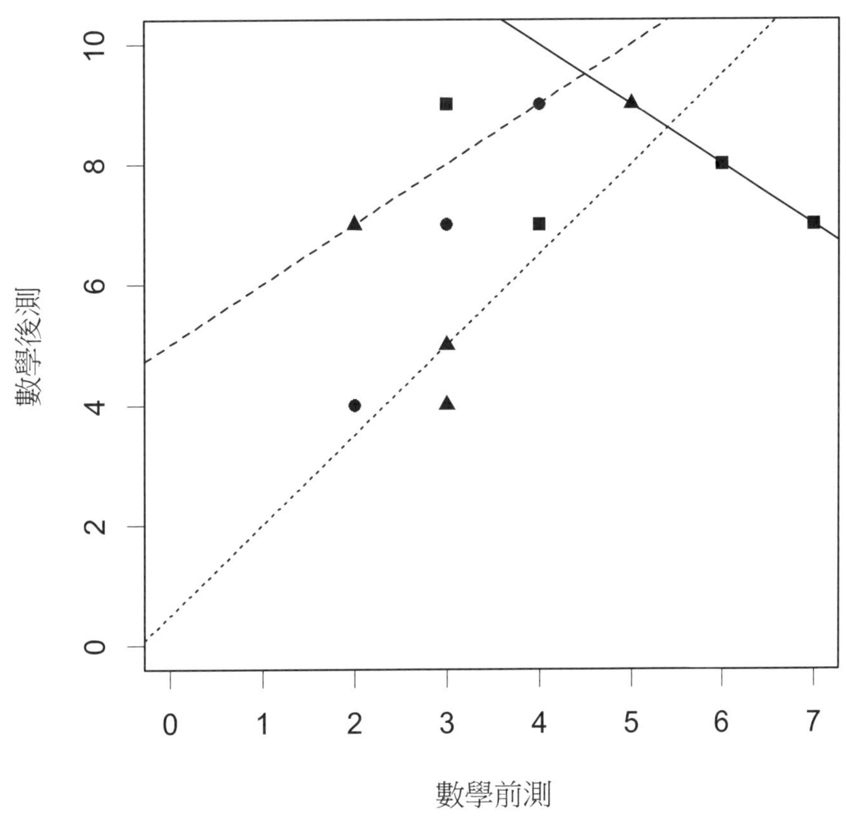

圖 14-8　不符合迴歸線同質假定

文字框 14-2　不符合迴歸線同質性假定

```
> anova(aov(後測~前測*教法, data=table14_1))
Analysis of Variance Table

Response: 後測
          Df Sum Sq Mean Sq F value   Pr(>F)
前測       1    7.5  7.5000  12.857 0.011564 *
教法       2   18.0  9.0000  15.429 0.004314 **
前測:教法  2    7.0  3.5000   6.000 0.037037 *
Residuals  6    3.5  0.5833
---
Signif. codes:  0 '***' 0.001 '**' 0.01 '*' 0.05 '.' 0.1 ' ' 1
```

14.1.6　整體檢定

14.1.6.1　虛無假設與對立假設

在本範例中，研究者想要了解的問題可以陳述如下：

依據前測成績而調整的數學後測成績是否因教學法而有差異？

根據研究問題，虛無假設宣稱「依據前測成績而調整的數學後測成績不因教學法而有差異」：

$$H_0 : \mu'_{教法一} = \mu'_{教法二} = \mu'_{教法三}$$

而對立假設則宣稱「依據前測成績而調整的數學後測成績因教學法而有差異」：

$$H_1 : \mu'_i \neq \mu'_j \text{，存在一些 } i \text{ 與 } j$$

14.1.6.2　*SS* 拆解與檢定

在說明相關理論前，先以圖 14-9 呈現單因子獨立樣本共變數分析的 *SS* 拆解，以利讀者對整體概念的掌握。

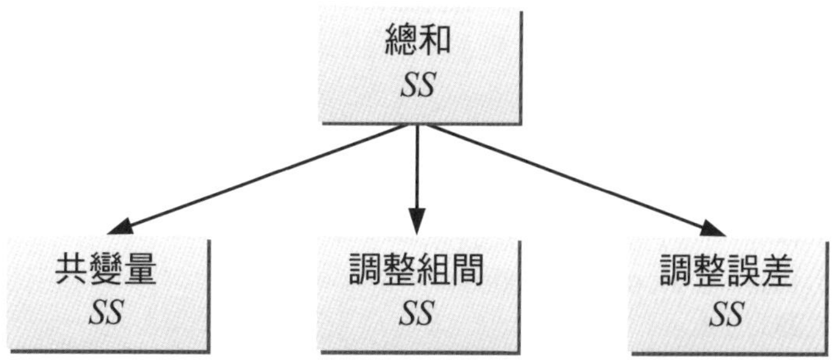

圖 14-9　單因子獨立樣本共變數分析之 *SS* 拆解

文字框 14-3 是共變數分析的整體檢定，表中數學前測的 $F(1, 8) = 25.113$，$p = 0.0010381$，表示前測成績的確可以預測後測成績。教學法的 $F(2, 8) = 21.009$，$p = 0.0006544$，表示排除了前測成績的影響後，不同教學法的數學後測成績的確有差異。

教學法的 F 值公式為：

$$F = \frac{\text{教學法}MS}{\text{誤差}MS} = \frac{10.0667}{0.4792} = 21.009$$

須留意，模式中的自變數順序會影響 *SS* 的計算結果。如果研究者認為自變數順序不會影響依變數，則應改用 car 程式套件的 Anova() 函數計算型 III *SS*。結果中教學法的 F 值相同，但前測的 F 值改為 17.0435，$p = 0.0033058$，仍小於 0.05。

文字框 14-3　整體檢定

```
> anova(aov(後測~前測+教法, data=table14))                    # 列出型 I SS
Analysis of Variance Table

Response: 後測
          Df  Sum Sq Mean Sq F value    Pr(>F)
前測       1 12.0333 12.0333  25.113 0.0010381 **
教法       2 20.1333 10.0667  21.009 0.0006544 ***
Residuals  8  3.8333  0.4792
---
Signif. codes:  0 '***' 0.001 '**' 0.01 '*' 0.05 '.' 0.1 ' ' 1
> library(car)                                                  # 載入 car 程式套件
> Anova(aov(後測~前測+教法, data=table14), type="III")          # 計算型 III SS
```

```
Anova Table (Type III tests)

Response: 後測
             Sum Sq Df F value    Pr(>F)
(Intercept)  0.1600  1  0.3339 0.5792611
前測         8.1667  1 17.0435 0.0033058 **
教法        20.1333  2 21.0087 0.0006544 ***
Residuals    3.8333  8
---
Signif. codes:  0 '***' 0.001 '**' 0.01 '*' 0.05 '.' 0.1 ' ' 1
```

14.1.7 調整平均數

由於整體檢定顯著，研究者通常會進行事後成對比較。此時，需要依據前測成績對後測成績加以調整，以得到調整的後測平均數。調整平均數的公式為：

調整平均數 = 後測平均數 − 迴歸係數 ×(前測平均數 − 前測總平均數)

文字框 14-4 為三種教學法的數學後測及前測平均數。文字框 14-5 中粗體字部分迴歸係數為 1.1667。代入數值後，得到：

$$\bar{Y}_1' = 8 - 1.1667 \times (6 - 4) = 5.6667$$

$$\bar{Y}_2' = 8 - 1.1667 \times (3 - 4) = 9.1667$$

$$\bar{Y}_3' = 5 - 1.1667 \times (3 - 4) = 6.1667$$

所得結果與文字框 14-6 調整後平均數相同。

文字框 14-4　前後測平均數

```
> attach(table14)                         # 綁定資料，不必重複設定
> tapply(後測, 教法, mean)                 # 各教法之後測平均數
教法一 教法二 教法三
     8      8      5
> tapply(前測, 教法, mean)                 # 各教法之前測平均數
教法一 教法二 教法三
     6      3      3
> mean(前測)                               # 前測整體平均數
[1] 4
```

文字框 14-5 以 lm() 函數建立線性模型，R 的 lm() 函數會自動將因子（教法）轉為虛擬變數，此處只關心排除「教法」後，「前測」對「後測」的迴歸係數（粗體字部分），所以可以不必設定參照組。

文字框 14-5　迴歸係數

```
> lm_model<-lm(後測~教法+前測,data=table14)    # 建立線性模型
> summary(lm_model)                            # 列出模型摘要

Call:
lm(formula = 後測 ~ 教法 + 前測, data = table14)

Residuals:
    Min      1Q  Median      3Q     Max
-1.0000 -0.1667  0.0000  0.1667  1.0000

Coefficients:
            Estimate Std. Error t value Pr(>|t|)
(Intercept)   1.0000     1.7305   0.578  0.57926
教法教法二    3.5000     0.9789   3.575  0.00724 **
教法教法三    0.5000     0.9789   0.511  0.62332
前測          1.1667     0.2826   4.128  0.00331 **
---
Signif. codes:  0 '***' 0.001 '**' 0.01 '*' 0.05 '.' 0.1 ' ' 1

Residual standard error: 0.6922 on 8 degrees of freedom
Multiple R-squared:  0.8935,    Adjusted R-squared:  0.8536
F-statistic: 22.38 on 3 and 8 DF,  p-value: 0.0003026
```

文字框 14-6 使用 effects 程式套件中的 effect() 函數，計算排除共變量後的調整平均數。

文字框 14-6　調整後平均數

```
> library(effects)                             # 載入 effects 程式套件
> model<- aov(後測~前測+教法, data=table14)     # 共變數分析模型
> adj_Means <- effect("教法", model)            # 計算模型中「教法」的調整平均數
```

```
> adj_Means                                    # 列出調整平均數

 教法 effect
教法
  教法一    教法二    教法三
5.666667 9.166667 6.166667
```

由文字框 14-4 來看，接受第一種教學法的數學後測平均數是 8 分，而接受第三種教學法的前測平均數為 5 分，看來似乎第一種教學法的效果比第三種好。然而，第一組的前測平均成績是 6 分，第三組只有 3 分。所以，第一組的後測成績較佳，是因為前測成績也較好的關係。經過調整之後，第一組的調整平均數為 5.667，第三組的調整平均數為 6.167，第三組的平均數反而比第一組高 0.5 分。至於 0.5 分，是否顯著不等於 0，則需要進行成對比較。

14.1.8 事後成對比較

共變數分析的事後比較，可以使用 Fisher 的 LSD 法，並以 Bonferroni 法加以校正。LSD 採取 t 檢定，公式為：

$$t = \frac{\bar{Y}_i' - \bar{Y}_j'}{\sqrt{MS_{adj}\left(\frac{1}{n_i} + \frac{1}{n_j}\right)}} = \frac{\text{平均數差異}}{\text{標準誤}}$$

如果使用 Tukey 法，是採取 q 檢定，公式為：

$$q = \frac{\bar{Y}_i' - \bar{Y}_j'}{\sqrt{\frac{MS_{adj}}{2}\left(\frac{1}{n_i} + \frac{1}{n_j}\right)}}$$

分母中 MS_{adj} 的公式是：

$$MS_{adj} = MS_{error}\left(1 + \frac{F'}{df'_{error}}\right)$$

其中，F' 及 df'_{error} 是把共變量（數學前測）當成依變數，另外進行的單因子變異數分析，所得到的 F 值及誤差 MS（如文字框 14-7）。MS_{error} 則是文字框 14-3 中誤差的 MS。代入數值後，得到：

$$MS_{adj} = 0.4792\left(1+\frac{18}{9}\right) = 0.4792 \times 3 = 1.4375$$

文字框 14-7　以前測為依變數的變異數分析

```
> anova(aov(前測~教法, data=table14))          # 建立模型，並列出摘要
Analysis of Variance Table

Response: 前測
          Df Sum Sq Mean Sq F value    Pr(>F)
教法       2     24 12.0000      18 0.0007155 ***
Residuals  9      6  0.6667
---
Signif. codes:  0 '***' 0.001 '**' 0.01 '*' 0.05 '.' 0.1 ' ' 1
```

不過，R 並未使用上述計算整體標準誤的方法，而是分別計算成對間（在此有三對）的標準誤，結果如文字框 14-8。由結果來看，第二種教學的效果顯著比第一、三種教學好（p 值小於 0.05，平均數差異 95%信賴區間不包含 0），第一種教學法與第三種教學法的效果沒有顯著差異。

文字框 14-8　多重比較

```
> library(multcomp)                              # 載入 multcomp 程式套件
> HSD<-glht(model, linfct = mcp(教法 ="Tukey"))  # 進行 Tukey 的 HSD 多重比較
> summary(HSD)                                   # 列出 HSD 內容

         Simultaneous Tests for General Linear Hypotheses

Multiple Comparisons of Means: Tukey Contrasts


Fit: aov(formula = 後測 ~ 前測 + 教法, data = table14)
```

```
Linear Hypotheses:
                       Estimate Std. Error t value Pr(>|t|)
教法二 - 教法一 == 0    3.5000     0.9789   3.575   0.0166 *
教法三 - 教法一 == 0    0.5000     0.9789   0.511   0.8631
教法三 - 教法二 == 0   -3.0000     0.4895  -6.129   <0.001 ***
---
Signif. codes:  0 '***' 0.001 '**' 0.01 '*' 0.05 '.' 0.1 ' ' 1
(Adjusted p values reported -- single-step method)
> confint(HSD)                                      # 列出平均數差異的信賴區間

        Simultaneous Confidence Intervals

Multiple Comparisons of Means: Tukey Contrasts

Fit: aov(formula = 後測 ~ 前測 + 教法, data = table14)

Quantile = 2.8183
95% family-wise confidence level

Linear Hypotheses:
                       Estimate lwr     upr
教法二 - 教法一 == 0   3.5000   0.7410  6.2590
教法三 - 教法一 == 0   0.5000  -2.2590  3.2590
教法三 - 教法二 == 0 -3.0000  -4.3795 -1.6205
```

14.1.9 效果量

多數研究者常計算偏 η^2 值，它的公式是：

$$偏\ \eta^2 = \frac{調整組間SS}{調整組間SS + 調整誤差SS} \qquad （公式 14-1）$$

其中調整組間的 SS 是研究者關心的某個因子的效應，在此，研究者關心的是「教學法」的效果，代入文字框 14-3 的數值，教學法的偏 η^2 為：

$$偏\ \eta^2 = \frac{20.1333}{20.1333+3.8333} = \frac{20.1333}{23.9663} = 0.8401$$

如果要計算 η^2，公式為：

$$\eta^2 = \frac{\text{調整組間}SS}{\text{全體}SS}$$

代入數值後，得到：

$$\eta^2 = \frac{20.1333}{20.1333 + 12.1333 + 3.8333} = \frac{20.1333}{36} = 0.5593$$

由於 η^2 是有偏誤的估計值，可以改用 ω^2，公式為：

$$\omega^2 = \frac{\text{調整組間}SS - \text{組間自由度} \times \text{調整誤差}MS}{\text{全體}SS + \text{調整誤差}MS}$$
$$= \frac{20.1333 - 2 \times 0.4792}{36 + 0.4792} = 0.5256$$

依據 J. Cohen（1988）的經驗法則，η^2 及 ω^2 值之小、中、大的效果量分別是 0.01、0.06、及 0.14。因此，本範例為大的效果量。

文字框 14-9 使用 DescTools 程式套件的 EtaSq() 函數計算效果量，與自行計算結果一致。

文字框 14-9　計算效果量

```
> library(DescTools)                                # 載入 DescTools 程式套件
> EtaSq(model, anova=T)                             # 以 model 計算效果量，並列出 ANOVA 摘要表
             eta.sq eta.sq.part        SS df         MS        F           p
前測      0.2268519   0.6805556  8.166667  1  8.1666667 17.04348 0.003305845
教法      0.5592593   0.8400556 20.133333  2 10.0666667 21.00870 0.000654449
Residuals 0.1064815          NA  3.833333  8  0.4791667       NA          NA
```

14.2　範例

研究者想要了解兩種抗生素對於治療泌尿道感染的效果。因此分別找了 30 名參與者，先檢驗尿中細菌數，接著分別服用兩種抗生素（A 或 D）及安慰劑（Placebo，控制組），經過一星期的治療後，再次檢驗尿中細菌數，數據如表 14-2（資料修改自 SAS 9.2 版範例 39.4）。請問：不同抗生素的治療效果是否有差異？

表 14-2　30 名參與者的資料

參與者	藥物	治療前	治療後	參與者	藥物	治療前	治療後	參與者	藥物	治療前	治療後
1	1	11	6	11	2	6	0	21	3	14	13
2	1	6	4	12	2	8	4	22	3	14	12
3	1	8	0	13	2	6	2	23	3	11	10
4	1	10	13	14	2	19	14	24	3	10	7
5	1	5	2	15	2	7	3	25	3	9	14
6	1	6	1	16	2	8	9	26	3	10	13
7	1	14	8	17	2	8	1	27	3	7	5
8	1	11	8	18	2	5	1	28	3	5	2
9	1	19	11	19	2	18	18	29	3	19	22
10	1	3	0	20	2	15	9	30	3	10	19

14.2.1　變數與資料

表 14-2 中有 4 個變數，但是參與者代號並不需要輸入 R 中，因此分析時使用 1 個自變數（抗生素）、1 個依變數（治療後尿中細菌數），及 1 個共變量（治療前尿中細菌數）。

14.2.2　研究問題

在本範例中，研究者想要了解的問題可以陳述如下：

排除了治療前的細菌數，不同抗生素的治療效果是否有差異？

14.2.3　統計假設

根據研究問題，虛無假設一宣稱「排除了治療前的細菌數，不同抗生素的治療效果沒有差異」：

$$H_0 : \mu'_A = \mu'_D = \mu'_P$$

而對立假設則宣稱「排除了治療前的細菌數，不同抗生素的治療效果有差異」：

$H_1: \mu_i \neq \mu_j$，存在一些 i 與 j

14.3　使用 R 進行分析

14.3.1　資料檔

部分的 R 資料檔如文字框 14-10。

文字框 14-10　單因子共變數分析資料檔

```
> load("C:/mydata/chap14/example14.RData")    # 載入本例資料檔
> example14                                   # 展示資料內容
      藥物 治療前 治療後
1   抗生素A     11      6
2   抗生素A      6      4
3   抗生素A      8      0
4   抗生素A     10     13
5   抗生素A      5      2
        :
11  抗生素D      6      0
12  抗生素D      8      4
13  抗生素D      6      2
14  抗生素D     19     14
15  抗生素D      7      3
        :
21  安慰劑P     14     13
22  安慰劑P     14     12
23  安慰劑P     11     10
24  安慰劑P     10      7
25  安慰劑P      9     14
        :
（為節省篇幅，僅列出部分數據）
```

14.3.2　迴歸線同質性檢定

文字框 14-11 以 plyr 程式套件中的 dlply() 函數，以藥物為分組變數，治療前細菌數為自變數，治療後細菌數為依變數，建立迴歸模型，再以 plot() 函數繪製分組散布圖，並用 abline() 函數加上三組迴歸線。

文字框 14-11　分組迴歸線

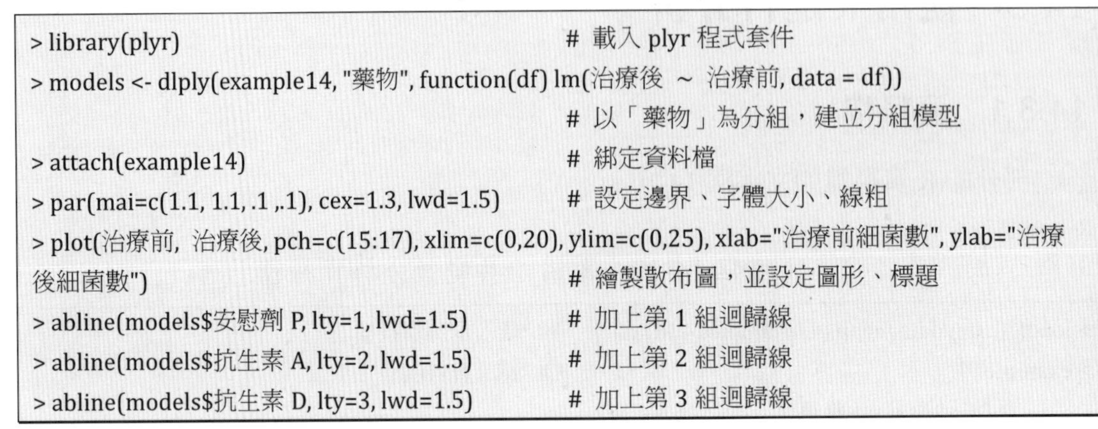

```
> library(plyr)                                      # 載入 plyr 程式套件
> models <- dlply(example14, "藥物", function(df) lm(治療後 ~ 治療前, data = df))
                                                     # 以「藥物」為分組，建立分組模型
> attach(example14)                                  # 綁定資料檔
> par(mai=c(1.1, 1.1, .1 ,.1), cex=1.3, lwd=1.5)     # 設定邊界、字體大小、線粗
> plot(治療前, 治療後, pch=c(15:17), xlim=c(0,20), ylim=c(0,25), xlab="治療前細菌數", ylab="治療
後細菌數")                                            # 繪製散布圖，並設定圖形、標題
> abline(models$安慰劑 P, lty=1, lwd=1.5)            # 加上第 1 組迴歸線
> abline(models$抗生素 A, lty=2, lwd=1.5)            # 加上第 2 組迴歸線
> abline(models$抗生素 D, lty=3, lwd=1.5)            # 加上第 3 組迴歸線
```

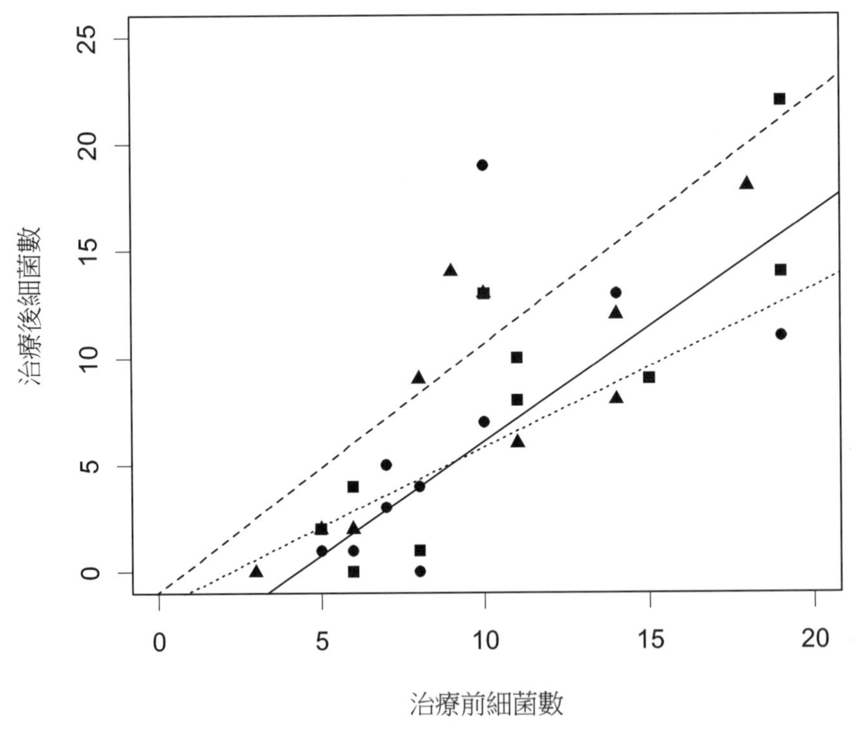

圖 14-10　各組迴歸線

為了確定這三條迴歸線是否具有同質性，應先進行檢定。文字框 14-12 中設定自變數為「治療前*藥物」，它包含了兩個變數的主要效果以及兩者的交互作用。

文字框 14-12　迴歸線同質性檢定

```
> anova(aov(治療後~治療前*藥物, data=example14))   # 建立模型，並列出 ANOVA 摘要表
Analysis of Variance Table
Response: 治療後
            Df Sum Sq Mean Sq F value    Pr(>F)
治療前       1 662.60  662.60 56.7141 9.042e-08 ***
藥物         2 149.45   74.72  6.3959  0.005937 **
治療前:藥物  2  17.85    8.93  0.7640  0.476793
Residuals   24 280.40   11.68
Signif. codes:  0 '***' 0.001 '**' 0.01 '*' 0.05 '.' 0.1 ' ' 1
```

輸出結果中「治療前：藥物」(交互作用) 的 $F(2, 24) = 0.7640$，$p = 0.476793$，表示上圖三組間治療前細菌數對治療後細菌數的迴歸線，交叉情形並不嚴重，仍然具有同質性，所以可以進行共變數分析。

如果違反迴歸線同質性假定，可以將共變量轉成質的變數，然後當成另一個自變數，進行第 13 章的獨立樣本二因子變異數分析。如果共變量與依變數是同一性質的變數，也可以改用二因子混合設計變異數分析。

14.3.3　整體檢定

文字框 14-13 設定兩個自變數的主要效果，不含交互作用。由於 R 內定計算型 I 的 *SS*，會因為自變數的順序而有不同的數值，因此要將共變量「治療前細菌數」寫在前面。

文字框 14-13　整體檢定

```
> model<-(aov(治療後~治療前+藥物, data=example14))      # 建立模型
> anova(model)                                         # 列出 model 摘要表
Analysis of Variance Table
Response: 治療後
          Df Sum Sq Mean Sq F value    Pr(>F)
治療前     1 662.60  662.60 57.7627 4.563e-08 ***
抗生素     2 149.45   74.72  6.5141   0.00509 **
Residuals 26 298.25   11.47
Signif. codes:  0 '***' 0.001 '**' 0.01 '*' 0.05 '.' 0.1 ' ' 1
```

文字框 14-13 為共變數分析摘要表，採用型 I 的 *SS*，此時 *SS* 才具可加性，662.60 + 149.45 + 298.25 = 1110.3。報表中「治療前」細菌數效果的 $F(1, 26) = 57.7627$，$p < 0.0001$，表示治療前細菌數的確對治療後細菌數有顯著影響。有些學者認為，如果共變量效果不顯著，則不需要進行共變數分析，只要進行變異數分析即可。不過范德鑫（1992）認為，即使共變量效果不顯著，進行共變數分析仍然有所助益。

「抗生素」的 $F(2, 26) = 6.5141$，$p = 0.00509$，表示排除治療前細菌數的效果後，服用的抗生素不同，治療後細菌數仍有差異。

14.3.4 調整平均數

文字框 14-14 使用 effects 程式套件中的 effect() 函數計算調整平均數，三組分別為 10.883811、6.050894、6.165295，服用安慰劑的尿中細菌數比其他兩種抗生素來得多，服用抗生素 A 及抗生素 D 的平均數相差無幾。

文字框 14-14 調整平均數

```
> library(effects)                           # 載入 effects 程式套件
> adj_Means <- effect("藥物", model)          # 使用 model 模型計算調整平均數
> adj_Means                                  # 列出調整平均數

 藥物 effect
藥物
  安慰劑P    抗生素A    抗生素D
10.883811  6.050894  6.165295
```

文字框 14-15 展示如何計算調整平均數。為了完成計算，需要以下三項數據：

1. 排除藥物效果後，治療前尿中細菌數對治療後尿中細菌數的迴歸係數。
2. 治療前尿中細菌數的各組平均數及總計平均數。
3. 治療後尿中細菌數的各組平均數。

由於有三種藥物，因此以安慰劑組為參照組，轉換成兩個虛擬變數，連同治療前尿中細菌數，一起對治療後尿中細菌數進行多元迴歸分析。

文字框 14-15　計算調整平均數

```
> 藥物.1<-ifelse(example14$藥物=="抗生素 A",1,0)  # 以抗生素 A 建立第 1 個虛擬變數
> 藥物.2<-ifelse(example14$藥物=="抗生素 D",1,0)  # 以抗生素 D 建立第 1 個虛擬變數
> mydata<-data.frame(藥物.1=藥物.1, 藥物.2=藥物.2, 治療前=example14$治療前, 治療後
=example14$治療後)                                # 將各變數轉為資料框架
> lm_model<-lm(治療後~.,data=mydata)              # 以 mydata 中的變數建立迴歸模型
> summary(lm_model)                               # 列出模型摘要
Call:
lm(formula = 治療後 ~ ., data = mydata)

Residuals:
    Min      1Q  Median      3Q     Max 
-4.0267 -2.1360 -0.5589  1.7078  8.1815 

Coefficients:
            Estimate Std. Error t value Pr(>|t|)    
(Intercept)   1.0242     1.8562   0.552  0.58579    
藥物.1       -4.8329     1.5309  -3.157  0.00401 ** 
藥物.2       -4.7185     1.5198  -3.105  0.00456 ** 
治療前        0.9794     0.1391   7.042 1.77e-07 ***
---
Signif. codes:  0 ‘***’ 0.001 ‘**’ 0.01 ‘*’ 0.05 ‘.’ 0.1 ‘ ’ 1

Residual standard error: 3.387 on 26 degrees of freedom
Multiple R-squared:  0.7314,	Adjusted R-squared:  0.7004 
F-statistic:  23.6 on 3 and 26 DF,  p-value: 1.374e-07
> with(example14, tapply(治療前, 藥物, mean))     # 以藥物分組，計算治療前細菌數平均數
安慰劑P 抗生素A 抗生素D 
   10.9     9.3    10.0 
> with(example14, mean(治療前))                   # 計算治療前細菌數平均數
[1] 10.06667
> with(example14, tapply(治療後, 藥物, mean))     # 以藥物分組，計算治療後細菌數平均數
安慰劑P 抗生素A 抗生素D 
   11.7     5.3     6.1 
```

第一部分報表中，「治療前」這一列代表治療前細菌數對治療後細菌數的迴歸係數，為 0.9794。「藥物.1」這一列是抗生素 A 與安慰劑組的調整平均數差異，係數為

−4.8329，表示接受抗生素 A 治療後的平均細菌數，比安慰劑 P 治療後的平均細菌數少 4.8329，p =0.00401，平均數差異達顯著。「藥物.2」這一列是抗生素 D 與安慰劑組的調整平均數差異，係數為−4.7185，表示接受抗生素 D 治療後的平均細菌數，比安慰劑 P 治療後的平均細菌數少 4.7185，p =0.00456，平均數差異也達顯著。此處的對比結果類似差異平均數多重檢定，只是採 Fisher 的 LSD 法。

第二部分是共變量（治療前細菌數）的各組平均數。接受安慰劑治療的平均細菌數同樣最多（M= 10.9），其他兩組也相差不多。治療前 30 個受試者的尿中細菌數，平均數為 10.06667。

第三部分是未根據共變量調整的「治療後」各組平均數。接受安慰劑治療的平均細菌數最多（M = 11.7），其他兩組接受抗生素治療後尿中平均細菌數都減少了，平均數分別為 5.3 及 6.1。

代入各種平均數及迴歸係數，得到三組的調整平均數為（有捨入誤差）：

$$\bar{Y}_1' = 11.7 - 0.9794 \times (10.9 - 10.06667) = 10.883811$$

$$\bar{Y}_2' = 5.3 - 0.9794 \times (9.3 - 10.06667) = 6.050894$$

$$\bar{Y}_3' = 6.1 - 0.9794 \times (10.0 - 10.06667) = 6.165295$$

14.3.5 事後比較

文字框 14-16 使用 multcomp 程式套件中的 glht() 函數進行事後多重比較，除了列出 p 值外，也列出平均數差異的 95%信賴區間。

文字框 14-16　Tukey HSD 多重比較

```
> library(multcomp)                                   # 載入 multcomp 程式套件
> HSD<-glht(model, linfct = mcp(藥物 ="Tukey"))   # 以 Tukey 的 HSD 法進行多重比較
> summary(HSD)                                        # 列出 HSD 摘要
         Simultaneous Tests for General Linear Hypotheses


Multiple Comparisons of Means: Tukey Contrasts


Fit: aov(formula = 治療後 ~ 治療前 + 藥物, data = example14)
```

```
Linear Hypotheses:
                          Estimate Std. Error t value Pr(>|t|)
抗生素A - 安慰劑P == 0  -4.8329     1.5309  -3.157   0.0107 *
抗生素D - 安慰劑P == 0  -4.7185     1.5198  -3.105   0.0122 *
抗生素D - 抗生素A == 0   0.1144     1.5178   0.075   0.9969
---
Signif. codes:  0 '***' 0.001 '**' 0.01 '*' 0.05 '.' 0.1 ' ' 1
(Adjusted p values reported -- single-step method)

> confint(HSD)                              # 列出 HSD 比較的信賴區間

         Simultaneous Confidence Intervals

Multiple Comparisons of Means: Tukey Contrasts

Fit: aov(formula = 治療後 ~ 治療前 + 藥物, data = example14)

Quantile = 2.4829
95% family-wise confidence level

Linear Hypotheses:
                          Estimate lwr     upr
抗生素A - 安慰劑P == 0 -4.8329  -8.6341 -1.0318
抗生素D - 安慰劑P == 0 -4.7185  -8.4921 -0.9449
抗生素D - 抗生素A == 0  0.1144  -3.6541  3.8829
```

報表中第一部分「抗生素 A－安慰劑 P」與「抗生素 D－安慰劑 P」與文字框 14-15 的「藥物.1」與「藥物.2」的迴歸分析結果多數相同，差別只在 p 值。這是因為此處的多重比較使用 Tukey 的 HSD 法，因此 p 值較大，不過也都達 0.05 顯著水準差異。「抗生素 D－抗生素 A」的 p =0.9969，兩組間的調整平均數沒有顯著差異。

第二部分是平均數差異的 95%信賴區間，抗生素 D－抗生素 A 的平均數差值為 0.1144，信賴區間含 0，因此兩組的平均數沒有顯著差異。

14.4 計算效果量

文字框 14-17 使用型 I 的 *SS* 計算效果量。

文字框 14-17　計算效果量

```
> anova(model)                          # 列出 model 的 ANOVA 摘要表，為型 I SS
Analysis of Variance Table

Response: 治療後
          Df Sum Sq Mean Sq F value    Pr(>F)    
治療前     1 662.60  662.60 57.7627 4.563e-08 ***
藥物       2 149.45   74.72  6.5141   0.00509 ** 
Residuals 26 298.25   11.47                      
---
Signif. codes:  0 '***' 0.001 '**' 0.01 '*' 0.05 '.' 0.1 ' ' 1
> library(DescTools)                    # 載入 DescTools 程式套件
> EtaSq(model)                          # 以 model 計算效果量
          eta.sq eta.sq.part
治療前 0.5123399   0.6560385
藥物   0.1346016   0.3338153
```

代入報表的 ANOVA 數值，得到偏 η^2 為：

$$
\begin{aligned}
\text{偏}\eta^2 &= \frac{\text{調整組間}SS}{\text{調整組間}SS + \text{調整誤差}SS} \\
&= \frac{149.45}{149.45\ +\ 298.25} = 0.3338153
\end{aligned}
$$

如果使用 η^2 值，結果為：

$$
\eta^2 = \frac{\text{調整組間}SS}{\text{全體}SS} = \frac{149.45}{662.60 + 149.45 + 298.25} = \frac{149.45}{1110.3} = 0.1346016
$$

以圖 14-11 示之，其中共變量之 *SS* 使用型 I *SS*。

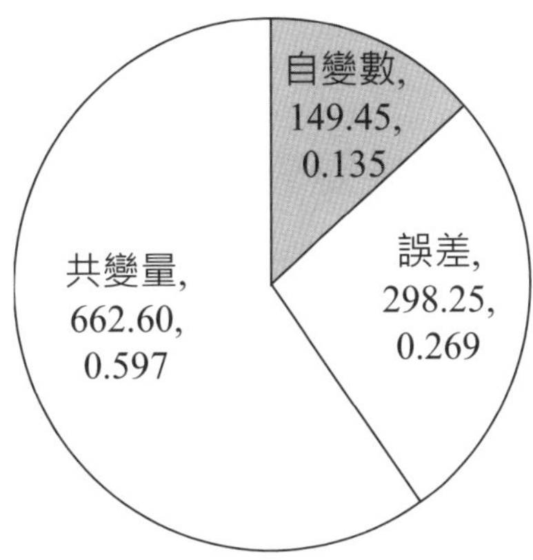

圖 14-11　單因子獨立樣本共變異分析效果量

$$\omega^2 = \frac{調整組間SS - 組間自由度 \times 調整誤差MS}{全體SS + 調整誤差MS}$$
$$= \frac{149.45 - 2 \times 11.47}{1110.3 + 11.47} = 0.1127$$

依據 J. Cohen（1988）的經驗法則，η^2 值之小、中、大的效果量分別是 0.01、0.06、及 0.14。因此，本範例為中度的效果量。

14.5　以 APA 格式撰寫結果

研究者使用單因子獨立樣本共變數分析，以抗生素為自變數，治療後細菌數為依變數，並用治療前細菌數為共變量。分析前先就迴歸線同質性進行檢定，$F(2, 24) = 0.76$，$p = .477$，並未違反假定。共變數分析結果顯示，控制了治療前細菌數之後，抗生素對治療後細菌數有顯著效果，$F(2, 26) = 6.51$，$p = .005$，$\eta^2 = .135$。經事後比較，抗生素 A（$M' = 6.051$）及抗生素 D（$M' = 6.165$）的治療效果顯著優於安慰劑（$M' = 10.884$）。

14.6　單因子獨立樣本共變數分析的假定

單因子獨立樣本共變數分析除了應符合第 11 章中的假定外，還需要符合以下三個假定。

14.6.1 共變量與依變數須為雙變數常態分配

此項假定有兩個意涵：一是兩個變數在各自的母群中須為常態分配；二是在某個變數的任何一個數值中，另一個變數也要呈常態分配。

如果兩個變數間符合雙變數常態分配，則它們之間也會是線性關係（Green & Salkind, 2014）。當兩個變數是直線關係時，才適合使用迴歸分析，也才可以進行共變數分析。

如果樣本數增加到 30 或 40 以上，則雙變數常態分配的假設就變得比較不重要（B. H. Cohen, 2007）。

14.6.2 迴歸線同質性

此項假定是指，在自變數的各個組別中，以共變量為預測變數，依變數為效標變數所做的迴歸分析中，各個斜率要大致相等，不可以有明顯的交叉。如果違反迴歸線同質性，就無法以共同的斜率進行共變數分析。此時可以改採 Johnson-Neyman 的方法（林清山，1992；Kim, 2010）。或是將共變量加以分組，視為另一個自變數，再改用第 12 章的二因子獨立樣本變異數分析。或是將共變量及依變數視為重複量數，再使用二因子混合設計變異數分析。

14.6.3 共變量沒有測量誤差

如果是隨機分派的實驗法，共變量即使有測量誤差，對分析的影響並不大。但是，如果未經隨機分派，而共變量又存有測量誤差，就會導致依變數的結果出現錯誤（B. H. Cohen, 2014）。例如，以三個班級學生上學期的數學成績當共變量，或許其中一個班級的數學老師評分偏嚴，而另一班的評分又太鬆，此時即存在了系統的測量誤差，可能使得共變量與依變數相關係數太低，也導致共變量分析結果不正確。即使三個班是由同一位老師任教，如果自編數學測驗的信度太低，也會出現同樣的問題。Tabachnick 及 Fidell（2007）建議，在非實驗的研究中，共變量的信度最好在 .80 以上。

第 15 章

單因子獨立樣本多變量變異數分析

單因子獨立樣本多變量變異數分析（multivariate analysis of variance, MANOVA）旨在比較兩群以上沒有關聯之樣本在兩個以上變數的平均數是否有差異，適用的情境如下：

自變數：兩個以上獨立而沒有關聯的組別，為**質的變數**。自變數又稱**因子**（或**因素**），而單因子就是只有一個自變數。

依變數：兩個以上**量的變數**。

本章先介紹單因子獨立樣本多變量變異數分析的整體檢定，接著說明後續分析方法。

15.1 基本統計概念

15.1.1 目的

單因子獨立樣本多變量變異數分析是單因子獨立樣本變異數分析（ANOVA）的擴展。ANOVA 適用於一個量的依變數，而 MANOVA 則適用於兩個以上量的依變數。

當依變數有兩個以上時，如果仍舊使用 ANOVA，則會使得 α 膨脹。例如，當有四個依變數，如果分別進行四次 ANOVA，而每次都設定 $\alpha = 0.05$，則所犯的第一類型錯誤機率為：

$$\alpha = 1-(1-0.05)^4 = 0.185$$

粗略計算，大約等於：

$$\alpha = 0.05 \times 4 = 0.20$$

MANOVA 可以在控制整體的 α 水準下，進行檢定。

另一方面，MANOVA 不只關心單獨的依變數，還考量依變數間的相關。MANOVA 是同時檢定依變數聯合的差異，有時，進行多次 ANOVA 可能都不顯著，但是進行一次 MANOVA 就達顯著。

15.1.2 分析示例

以下的研究問題都可以使用單因子獨立樣本多變量變異數分析：

1. 三家公司員工對所屬公司的滿意度（含工作環境、薪資、升遷機會，及主管領導）。
2. 不同職務等級（委任、薦任、簡任）公務員的公民素養（含尊重關懷及理性溝通）。
3. 四種品牌日光燈的使用壽命及耗電量。
4. 不同學業成績（分為低、中、高）學生的自我概念（含家庭、學校、外貌、身體，及情緒等自我概念）。
5. 隨機分派後的幼魚，各自接受四種餵食量，一星期後的換肉率及健康情形。

15.1.3 整體檢定

以表 15-1 為例，研究者想要了解三種不同訓練方法，對學生的體適能是否有不同的效果。因此隨機找了 15 名參與者，並以隨機分派方式分為三組，經過三個月訓練之後，測得參與者在心肺耐力、肌耐力，及柔軟性的成績（數值愈大代表該項表現愈好）。試問：不同訓練方式下的體適能是否有差異。

表 15-1　三組參與者的體適能成績

參與者＼方法	方法一			方法二			方法三		
	心肺耐力	肌耐力	柔軟性	心肺耐力	肌耐力	柔軟性	心肺耐力	肌耐力	柔軟性
參與者 1	4	4	5	4	5	7	8	8	11
參與者 2	6	4	5	6	6	8	8	7	10
參與者 3	4	4	4	5	8	9	6	6	11
參與者 4	2	3	5	4	5	8	7	8	9
參與者 5	4	5	6	6	6	8	6	6	9
平均數	4	4	5	5	6	8	7	7	10

單因子 MANOVA 除了計算各變數的離均差平方和（*SS*），還需要計算變數間兩兩的交叉乘積和（*CP*），公式分別為：

$$SS = \Sigma(Y_i - \overline{Y}_i)^2$$
$$CP = \Sigma(Y_i - \overline{Y}_i)(Y_j - \overline{Y}_j)$$

由 *SS* 及 *CP* 所組成的矩陣稱為 *SSCP* 矩陣：

$$\begin{bmatrix} SS_1 & CP_{12} & CP_{13} \\ CP_{12} & SS_2 & CP_{23} \\ CP_{13} & CP_{23} & SS_3 \end{bmatrix}$$

在單因子的 MANOVA 中，全體的 *SSCP* 矩陣（以下稱為 **T** 矩陣）可以拆解為組間 *SSCP*（**B** 矩陣）及組內 *SSCP*（**W** 矩陣），如圖 15-1 所示。

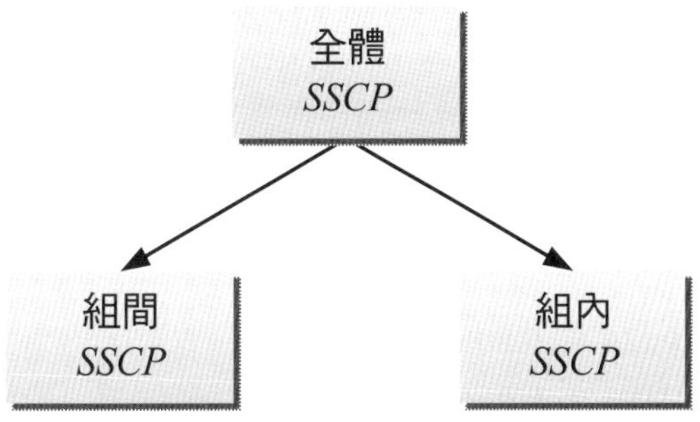

圖 15-1　單因子 MANOVA 之 *SSCP* 拆解

計算之後，得到：

$$\mathbf{T} = \begin{bmatrix} 39.333 & 28.667 & 38.667 \\ 28.667 & 35.333 & 42.333 \\ 38.667 & 42.333 & 71.333 \end{bmatrix}$$

$$\mathbf{B} = \begin{bmatrix} 23.333 & 21.667 & 36.667 \\ 21.667 & 23.333 & 38.333 \\ 36.667 & 38.333 & 63.333 \end{bmatrix}$$

$$\mathbf{W} = \begin{bmatrix} 16 & 7 & 2 \\ 7 & 12 & 4 \\ 2 & 4 & 8 \end{bmatrix}$$

常用的 MANOVA 整體效果考驗有四種，分別是 Pillai-Bartlett 的跡（V）、Wilks 的Λ、Hotelling-Lawley 的跡（T），及 Roy 的最大根等統計量。各項統計量的求法如下列公式所示：

$$\text{Pillai-Bartlett 的 } V = \sum_{i=1}^{s} \frac{\lambda_i}{1+\lambda_i} \qquad \text{（公式 15-1）}$$

$$\text{Wilks 的 } \Lambda = \frac{|\mathbf{W}|}{|\mathbf{B}+\mathbf{W}|} = \frac{|\mathbf{W}|}{|\mathbf{T}|} \qquad \text{（公式 15-2）}$$

$$\text{Hotelling-Lawley 的 } T = \sum_{i=1}^{s} \lambda_i \qquad \text{（公式 15-3）}$$

Roy 的最大根，是 $\mathbf{W}^{-1}\mathbf{B}$ 矩陣的最大特徵值 λ_1 （公式 15-4）

計算之後，**W** 及 **T** 的行列式值分別為 952 及 11048.67，因此：

$$\Lambda = \frac{952}{11048.67} = 0.086$$

$\mathbf{W}^{-1}\mathbf{B}$ 矩陣為：

$$\mathbf{W}^{-1}\mathbf{B} = \begin{bmatrix} 1.0224 & 0.8053 & 1.4146 \\ -0.2801 & -0.0665 & -0.1821 \\ 4.4678 & 4.6236 & 7.6541 \end{bmatrix}$$

它的三個特徵值分別為 8.372、0.238、及 0，因此 Roy 的最大根為 8.372。而 V 及 T 分別為：

$$V = \frac{8.372}{1+8.372} + \frac{0.238}{1+0.238} + \frac{0}{1+0} = 1.086$$

$$T = 8.372 + 0.238 + 0 = 8.610$$

上述的 Wilks 的Λ，也可以使用以下公式求得：

$$\Lambda = \frac{1}{1+8.372} \times \frac{1}{1+0.238} \times \frac{1}{1+0} = 0.086$$

文字框 15-1 是以 R 分析的結果。

文字框 15-1　SSCP 矩陣

```
> load("C:/mydata/chap15/table15.RData")             # 載入本例資料
> library(subselect)                                 # 載入 subselect 程式套件
> sscp<-ldaHmat(table15[c(2,3,4)], table15[,1])      # 計算 SSCP 矩陣
> B<-sscp$H                                          # 將結果中的$H 存為 B 物件
> B                                                  # 列出 B
          心肺耐力   肌耐力   柔軟性
心肺耐力 23.33333 21.66667 36.66667
肌耐力   21.66667 23.33333 38.33333
柔軟性   36.66667 38.33333 63.33333
> W<-sscp$mat-sscp$H                                 # 以$mat 減$H 得到 W
> W                                                  # 列出 W
         心肺耐力 肌耐力 柔軟性
心肺耐力       16      7      2
肌耐力          7     12      4
柔軟性          2      4      8
> T<-sscp$mat                                        # 將結果$mat 存成 T 物件
> T                                                  # 列出 T
          心肺耐力   肌耐力   柔軟性
心肺耐力 39.33333 28.66667 38.66667
肌耐力   28.66667 35.33333 42.33333
柔軟性   38.66667 42.33333 71.33333
> solve(W)%*%B                                       # 求 W-1B 矩陣
           心肺耐力      肌耐力     柔軟性
心肺耐力  1.022409  0.80532213  1.4145658
肌耐力   -0.280112 -0.06652661 -0.1820728
柔軟性    4.467787  4.62359944  7.6540616
> round(eigen(solve(W)%*%B)$values, 3)               # 解 W-1B 矩陣之特徵值，取到小數第 3 位
[1] 8.372 0.238 0.000
> det(W)                                             # 求 W 矩陣的行列式值
[1] 952
> det(T)                                             # 求 T 矩陣的行列式值
[1] 11048.67
```

文字框 15-2 是 MANOVA 的整體檢定，先以 manova() 函數建立模型，再以 summary() 或 summary.manova() 函數列出模型摘要，引數 test 則可以進行 Pillai、

Wilks、Hotelling-Lawley，或 Roy 等四種檢定結果。由報表可看出，四種統計量的 p 值都小於 0.05，因此應拒絕虛無假設，所以訓練方法不同，體適能有差異。

文字框 15-2　MANOVA 整體檢定

```
> load("C:/mydata/chap15/table15.RData")          # 載入本例資料
> fit <- manova(cbind(心肺耐力, 肌耐力, 柔軟性) ~ 方法, data=table15)
                                                  # 進行 manova，結果存在 fit 物件
> summary(fit, test="P")                          # 列出 Pillai 檢定結果
          Df Pillai approx F num Df den Df  Pr(>F)
方法       2 1.0858   4.3549      6     22 0.00481 **
Residuals 12
---
Signif. codes:  0 '***' 0.001 '**' 0.01 '*' 0.05 '.' 0.1 ' ' 1
> summary(fit, test="W")                          # 列出 Wilks 檢定結果
          Df    Wilks approx F num Df den Df    Pr(>F)
方法       2 0.086164   8.0224      6     20 0.0001687 ***
Residuals 12
---
Signif. codes:  0 '***' 0.001 '**' 0.01 '*' 0.05 '.' 0.1 ' ' 1
> summary(fit, test="H")                          # 列出 Hotelling-Lawley 檢定結果
          Df Hotelling-Lawley approx F num Df den Df   Pr(>F)
方法       2           8.6099   12.915      6     18 1.14e-05 ***
Residuals 12
---
Signif. codes:  0 '***' 0.001 '**' 0.01 '*' 0.05 '.' 0.1 ' ' 1
> summary(fit, test="R")                          # 列出 Roy 檢定結果
          Df    Roy approx F num Df den Df    Pr(>F)
方法       2 8.3715   30.696      3     11 1.216e-05 ***
Residuals 12
---
Signif. codes:  0 '***' 0.001 '**' 0.01 '*' 0.05 '.' 0.1 ' ' 1
```

15.1.3.1　虛無假設與對立假設

在此例中，待答問題是：

體適能是否因訓練方法而有不同？

虛無假設是假定母群中三種訓練方法的參與者體適能相同：

$$H_0:\begin{bmatrix}\mu_{11}\\ \mu_{21}\\ \mu_{31}\end{bmatrix}=\begin{bmatrix}\mu_{12}\\ \mu_{22}\\ \mu_{32}\end{bmatrix}=\begin{bmatrix}\mu_{13}\\ \mu_{23}\\ \mu_{33}\end{bmatrix}$$

對立假設可以簡單寫成：

$$H_1:H_0\text{ 為假}$$

15.1.4　後續分析

整體檢定顯著之後，有許多可用的後續分析（程炳林、陳正昌，2011），在此僅說明三種方法。

15.1.4.1　單變量變異數分析

單變量變異數分析是針對個別的依變數進行單因子變異數分析，此時應採 Bonferroni 法將 α 除以依變數進行校正。整體檢定顯著後，再使用第 11 章的事後比較法進行成對比較。

R 在 MANOVA 的分析後，就直接列出 ANOVA 整體檢定結果，命令為 summary.aov(模型)。文字框 15-3 中的三個「方法」的 *SS*，與文字框 15-1 組間 *SSCP* 矩陣的對角線相同。三個 *F* 值分別為 8.750、11.667，及 47.500，*p* 值均小於 0.0167（為 0.05 / 3）。因此，三種訓練方法對心肺耐力、肌耐力、及柔軟性都有不同的效果。

文字框 15-3　單變量 ANOVA 整體檢定

```
> summary.aov(fit)                          # 列出單變量 ANOVA 摘要


 Response 心肺耐力 :
            Df Sum Sq Mean Sq F value   Pr(>F)
方法         2 23.333 11.6667    8.75 0.004531 **
Residuals   12 16.000  1.3333
---
Signif. codes:  0 '***' 0.001 '**' 0.01 '*' 0.05 '.' 0.1 ' ' 1
```

```
 Response 肌耐力 :
            Df Sum Sq Mean Sq F value   Pr(>F)
方法         2 23.333  11.667  11.667 0.001535 **
Residuals   12 12.000   1.000
---
Signif. codes:  0 '***' 0.001 '**' 0.01 '*' 0.05 '.' 0.1 ' ' 1

 Response 柔軟性 :
            Df Sum Sq Mean Sq F value   Pr(>F)
方法         2 63.333  31.667    47.5 1.99e-06 ***
Residuals   12  8.000   0.667
---
Signif. codes:  0 '***' 0.001 '**' 0.01 '*' 0.05 '.' 0.1 ' ' 1
```

由於單變量的整體檢定都達 0.05 顯著水準，因此接著進行事後多重比較。文字框 15-4 以 Tukey 的 HSD 法進行事後比較，並設定 α 為 0.0167，以控制型 I 錯誤。

由報表中雖然顯示為「98.33333% family-wise confidence level」(族系信賴水準)，但應視為 95%信賴區間。由平均數差異的信賴區間（不含 0）可以看出：

1. 對於心肺耐力，第三種方法比第一種方法好，其他方法沒有顯著差異。
2. 對於肌耐力，同樣是第三種方法比第一種方法好，其他方法沒有顯著差異。
3. 對於柔軟性，三種方法都有顯著差異，第三種方法最好，第一種方法的效果最不佳。

文字框 15-4　單變量事後多重比較——Tukey HSD 法

```
> attach(table15)                                  # 綁定資料
> TukeyHSD(aov(心肺耐力~方法), conf.level = 1-.05/3)
                                                   # 對「心肺耐力」進行多重比較
  Tukey multiple comparisons of means
    98.33333% family-wise confidence level
```

```
Fit: aov(formula = 心肺耐力 ~ 方法)

$`方法`
             diff        lwr     upr     p adj
方法二-方法一    1 -1.3979599 3.39796 0.3865987
方法三-方法一    3  0.6020401 5.39796 0.0038320
方法三-方法二    2 -0.3979599 4.39796 0.0441382

> TukeyHSD(aov(肌耐力~方法), conf.level = 1-.05/3)
                                          # 對「肌耐力」進行多重比較
  Tukey multiple comparisons of means
    98.33333% family-wise confidence level

Fit: aov(formula = 肌耐力 ~ 方法)

$`方法`
             diff         lwr      upr     p adj
方法二-方法一    2 -0.07669416 4.076694 0.0207238
方法三-方法一    3  0.92330584 5.076694 0.0012812
方法三-方法二    1 -1.07669416 3.076694 0.2907518

> TukeyHSD(aov(柔軟性~方法), conf.level = 1-.05/3)
                                          # 對「柔軟性」進行多重比較
  Tukey multiple comparisons of means
    98.33333% family-wise confidence level

Fit: aov(formula = 柔軟性 ~ 方法)

$`方法`
             diff       lwr      upr     p adj
方法二-方法一    3 1.3043863 4.695614 0.0002279
方法三-方法一    5 3.3043863 6.695614 0.0000014
方法三-方法二    2 0.3043863 3.695614 0.0058028
```

15.1.4.2　同時信賴區間法

同時信賴區間法是在控制整個檢定的 α 值之下，計算各個差異平均數的 $1-\alpha$ 信賴區間，如果區間不含 0，表示兩組之間的平均數有顯著差異。在 R 中，可以使用單因子變異數分析的 LSD 法進行檢定，並將 α 值調整為：

$$\frac{\alpha}{(組數-1)\times 依變項數}$$

在本範例中，校正的 α 值設為：

$$\frac{0.05}{(3-1)\times 3}=\frac{0.05}{6}=0.00833$$

文字框 15-5 是使用 LSD 法配合 Bonferroni 校正所做的同時信賴區間，結論如下：

1. 對於心肺耐力，第三種方法比第一種方法好，其他方法沒有顯著差異。
2. 對於肌耐力，第二、三種方法都比第一種方法好，第二種與第三種方法則沒有顯著差異。
3. 對於柔軟性，三種方法都有顯著差異，第三種方法最好，第一種方法的效果最不佳。

文字框 15-5　同時信賴區間

```
> library(DescTools)                              # 載入 DescTools 程式套件
> PostHocTest(aov(心肺耐力~方法), method = "lsd", conf.level = 1-0.05/6)
                                                  # 以心肺耐力為依變數，計算同時信賴區間

  Posthoc multiple comparisons of means : Fisher LSD
    99.16667% family-wise confidence level

$`方法`
              diff     lwr.ci   upr.ci   pval
方法二-方法一    1 -1.3023929 3.302393 0.1960
方法三-方法一    3  0.6976071 5.302393 0.0015 **
方法三-方法二    2 -0.3023929 4.302393 0.0180 *

---
Signif. codes:  0 '***' 0.001 '**' 0.01 '*' 0.05 '.' 0.1 ' ' 1
```

```
> PostHocTest(aov(肌耐力~方法), method = "lsd", conf.level = 1-0.05/6)
                                            # 以肌耐力為依變數，計算同時信賴區間
  Posthoc multiple comparisons of means : Fisher LSD
    99.16667% family-wise confidence level

$`方法`
              diff       lwr.ci   upr.ci    pval
方法二-方法一    2  0.006069263 3.993931 0.00819 **
方法三-方法一    3  1.006069263 4.993931 0.00048 ***
方法三-方法二    1 -0.993930737 2.993931 0.13983

---
Signif. codes:  0 '***' 0.001 '**' 0.01 '*' 0.05 '.' 0.1 ' ' 1

> PostHocTest(aov(柔軟性~方法), method = "lsd", conf.level = 1-0.05/6)
                                            # 以柔軟性為依變數，計算同時信賴區間
  Posthoc multiple comparisons of means : Fisher LSD
    99.16667% family-wise confidence level

$`方法`
              diff    lwr.ci   upr.ci    pval
方法二-方法一    3 1.3719624 4.628038 8.3e-05 ***
方法三-方法一    5 3.3719624 6.628038 5.1e-07 ***
方法三-方法二    2 0.3719624 3.628038  0.0022 **

---
Signif. codes:  0 '***' 0.001 '**' 0.01 '*' 0.05 '.' 0.1 ' ' 1
```

15.1.4.3　區別分析法

區別分析的自變數是多個量的變數，依變數是質的變數，正好與 MANOVA 相反。許多教科書都建議在 MANOVA 整體檢定之後，應進行區別分析。有關區別分析的說明，請參見陳正昌（2011b）專章的介紹。

15.1.5　效果量

MANOVA 常用的效果量（偏 η^2）有四種，它們分別由整體檢定的四種統計量數計算而得，公式分別為：

$$偏\ \eta^2_{(Pillai)} = \frac{V}{s}$$

$$偏\ \eta^2_{(Wilks)} = 1 - \Lambda^{1/s}$$

$$偏\ \eta^2_{(Hotelling)} = \frac{T/s}{T/s+1}$$

$$偏\ \eta^2_{(Roy)} = \frac{\lambda_1}{1+\lambda_1}$$

公式中的 s 等於非 0 的特徵值，個數是「組數減 1」或「依變數」，兩個數字中較小者，在本範例中是 2（等於組數減 1）。代入文字框 15-2 的數值後，得到：

$$偏\ \eta^2_{(Pillai)} = \frac{1.0858}{2} = 0.5429$$

$$偏\ \eta^2_{(Wilks)} = 1 - 0.806164^{1/2} = 0.7065$$

$$偏\ \eta^2_{(Hotelling)} = \frac{8.6099/2}{8.6099/2+1} = 0.8115$$

$$偏\ \eta^2_{(Roy)} = \frac{8.3715}{1+8.3715} = 0.8933$$

單因子 MANOVA 只有一個自變數，因此偏 η^2 值會等於 η^2 值。

依據 J. Cohen（1988）的經驗法則，η^2 值之小、中、大的效果量分別是 0.01、0.06、及 0.14。因此，本範例為大的效果量。

文字框 15-6 使用 heplots 程式套件中的 etasq() 函數計算效果量，與上述的計算一致。

文字框 15-6　計算效果量

```
> library(heplots)                      # 載入 heplots 程式套件
> etasq(fit, test="P")                  # 根據 Pillai 檢定計算效果量
        eta^2
方法 0.5429011
```

```
> etasq(fit, test="W")                                    # 根據 Wilks 檢定計算效果量
        eta^2
方法 0.7064625
> etasq(fit, test="H")                                    # 根據 Hotelling-Lawley 檢定計算效果量
        eta^2
方法 0.8114976
> etasq(fit, test="R")                                    # 根據 Roy 檢定計算效果量
      eta^2
方法 0.893294
```

15.2　範例

某研究者想要了解三種不同品種的鳶尾花（含山鳶尾、變色鳶尾、維吉尼亞鳶尾），於是各找了 10 株花，測量了它們的花萼及花瓣的長寬，得到表 15-2 的數據。請問：不同品種的鳶尾花，花萼及花瓣的長寬是否有差異？（資料取自 Anderson 的鳶尾花數據）

表 15-2　三種鳶尾花的資料

植株	品種	花萼長	花萼寬	花瓣長	花瓣寬	植株	品種	花萼長	花萼寬	花瓣長	花瓣寬	植株	品種	花萼長	花萼寬	花瓣長	花瓣寬
1	1	4.3	3.0	1.1	0.1	11	2	5.2	2.7	3.9	1.4	21	3	5.7	2.5	5.0	2.0
2	1	4.8	3.0	1.4	0.1	12	2	5.5	2.6	4.4	1.2	22	3	6.2	2.8	4.8	1.8
3	1	4.8	3.1	1.6	0.2	13	2	5.6	2.5	3.9	1.1	23	3	6.3	2.7	4.9	1.8
4	1	5.0	3.5	1.3	0.3	14	2	5.9	3.0	4.2	1.5	24	3	6.3	2.9	5.6	1.8
5	1	5.0	3.5	1.6	0.6	15	2	5.9	3.2	4.8	1.8	25	3	6.4	2.7	5.3	1.9
6	1	5.1	3.7	1.5	0.4	16	2	6.0	2.7	5.1	1.6	26	3	6.4	2.8	5.6	2.1
7	1	5.2	3.4	1.4	0.2	17	2	6.0	3.4	4.5	1.6	27	3	6.9	3.1	5.4	2.1
8	1	5.3	3.7	1.5	0.2	18	2	6.7	3.1	4.7	1.5	28	3	7.2	3.2	6.0	1.8
9	1	5.4	3.4	1.7	0.2	19	2	6.9	3.1	4.9	1.5	29	3	7.7	2.6	6.9	2.3
10	1	5.7	4.4	1.5	0.4	20	2	7.0	3.2	4.7	1.4	30	3	7.7	3.8	6.7	2.2

15.2.1 變數與資料

表 15-2 中有 6 個變數，但是植株的代號並不需要輸入 R 中，因此分析時只使用品種、花萼及花瓣的長寬等 5 個變數。其中，自變數是品種，依變數為花萼及花瓣的長寬（單位：公分）。

15.2.2 研究問題

在本範例中，研究者想要了解的問題可以陳述如下：

鳶尾花花萼及花瓣的長寬是否因品種不同而有差異？

15.2.3 統計假設

根據研究問題，虛無假設宣稱「在母群中鳶尾花花萼及花瓣的長寬不因品種不同而有差異」：

$$H_0: \begin{bmatrix} \mu_{11} \\ \mu_{21} \\ \mu_{31} \\ \mu_{41} \end{bmatrix} = \begin{bmatrix} \mu_{12} \\ \mu_{22} \\ \mu_{32} \\ \mu_{42} \end{bmatrix} = \begin{bmatrix} \mu_{13} \\ \mu_{23} \\ \mu_{33} \\ \mu_{43} \end{bmatrix}$$

而對立假設則宣稱「在母群中鳶尾花花萼及花瓣的長寬會因品種不同而有差異」：

$H_1 : H_0$ 為假

15.3 使用 R 進行分析

15.3.1 資料檔

完整的 R 資料檔，如文字框 15-7。

文字框 15-7　資料檔

```
> load("C:/mydata/chap15/example15.RData")        # 載入本例資料
> example15$品種<-factor(example15$品種, levels=c("山鳶尾", "變色鳶尾", "維吉尼亞鳶尾"),
ordered=TRUE)                                     # 將自變數類別排序，方便後面分析
```

```
> example15                                    # 展示本例資料
        品種 花萼長 花萼寬 花瓣長 花瓣寬
1       山鳶尾   4.3   3.0   1.1   0.1
2       山鳶尾   4.8   3.0   1.4   0.1
3       山鳶尾   4.8   3.1   1.6   0.2
4       山鳶尾   5.0   3.5   1.3   0.3
5       山鳶尾   5.0   3.5   1.6   0.6
6       山鳶尾   5.1   3.7   1.5   0.4
7       山鳶尾   5.2   3.4   1.4   0.2
8       山鳶尾   5.3   3.7   1.5   0.2
9       山鳶尾   5.4   3.4   1.7   0.2
10      山鳶尾   5.7   4.4   1.5   0.4
11    變色鳶尾   5.2   2.7   3.9   1.4
12    變色鳶尾   5.5   2.6   4.4   1.2
13    變色鳶尾   5.6   2.5   3.9   1.1
14    變色鳶尾   5.9   3.0   4.2   1.5
15    變色鳶尾   5.9   3.2   4.8   1.8
16    變色鳶尾   6.0   2.7   5.1   1.6
17    變色鳶尾   6.0   3.4   4.5   1.6
18    變色鳶尾   6.7   3.1   4.7   1.5
19    變色鳶尾   6.9   3.1   4.9   1.5
20    變色鳶尾   7.0   3.2   4.7   1.4
21 維吉尼亞鳶尾   5.7   2.5   5.0   2.0
22 維吉尼亞鳶尾   6.2   2.8   4.8   1.8
23 維吉尼亞鳶尾   6.3   2.7   4.9   1.8
24 維吉尼亞鳶尾   6.3   2.9   5.6   1.8
25 維吉尼亞鳶尾   6.4   2.7   5.3   1.9
26 維吉尼亞鳶尾   6.4   2.8   5.6   2.1
27 維吉尼亞鳶尾   6.9   3.1   5.4   2.1
28 維吉尼亞鳶尾   7.2   3.2   6.0   1.8
29 維吉尼亞鳶尾   7.7   2.6   6.9   2.3
30 維吉尼亞鳶尾   7.7   3.8   6.7   2.2
```

15.3.2 描述性統計量

文字框 15-8 以 Rmisc 程式套件中的 summarySE() 函數列出摘要統計量。

文字框 15-8　描述性統計量

```
> library(Rmisc)                                  # 載入 Rmisc 程式套件
> summarySE("花萼長","品種", data=example15)  # 各品種花萼長的描述性統計量
        品種  N 花萼長        sd         se        ci
1       山鳶尾 10   5.06 0.3835507 0.1212894 0.2743756
2     變色鳶尾 10   6.07 0.6074537 0.1920937 0.4345462
3 維吉尼亞鳶尾 10   6.68 0.6696599 0.2117651 0.4790459
> summarySE("花萼寬","品種", data=example15)  # 各品種花萼寬的描述性統計量
        品種  N 花萼寬        sd          se        ci
1       山鳶尾 10   3.47 0.4164666 0.13169831 0.2979223
2     變色鳶尾 10   2.95 0.3027650 0.09574271 0.2165851
3 維吉尼亞鳶尾 10   2.91 0.3784471 0.11967549 0.2707248
> summarySE("花瓣長","品種", data=example15)  # 各品種花瓣長的描述性統計量
        品種  N 花瓣長        sd          se        ci
1       山鳶尾 10   1.46 0.1712698 0.05416026 0.1225190
2     變色鳶尾 10   4.51 0.4094712 0.12948616 0.2929181
3 維吉尼亞鳶尾 10   5.62 0.7208020 0.22793761 0.5156307
> summarySE("花瓣寬","品種", data=example15)  # 各品種花瓣寬的描述性統計量
        品種  N 花瓣寬        sd          se        ci
1       山鳶尾 10   0.27 0.1567021 0.04955356 0.1120979
2     變色鳶尾 10   1.46 0.2011080 0.06359595 0.1438640
3 維吉尼亞鳶尾 10   1.98 0.1873796 0.05925463 0.1340433
```

報表為三種鳶尾花的花萼及花瓣之長寬的描述統計，包含樣本數、平均數、標準差、平均數的標準誤、及信賴區間。由平均數可看出：

1. 山鳶尾的花萼最短、最寬，花瓣最短、最窄。
2. 維吉尼亞鳶尾的花萼最長、最窄，花瓣最長、最寬。
3. 變色鳶尾則居於兩者之中。

15.3.3　Box's M 檢定

文字框 15-9 使用 biotools 程式套件中的 boxM() 進行 Mox's M 檢定，以檢驗四組間的共變數矩陣是否同質。

文字框 15-9　Box's M 檢定

```
> library(biotools)                                # 載入 biotools 程式套件
> boxM(example15[,-1],example15[,1])               # Box M 檢定

        Box's M-test for Homogeneity of Covariance Matrices

data:  example15[, -1]
Chi-Sq (approx.) = 32.238, df = 20, p-value = 0.04083
```

由文字框 15-9 可知，Box's M 的 $\chi^2 = 32.238$，$df = 20$，$p = 0.04083$，檢定達 0.05 顯著水準，表示違反變異數一共變數同質的假設。當各細格的樣本數相等時，即使違反此項假定，MANOVA 仍然是相當強韌（robust）的工具。

15.3.4　多變量變異數分析整體檢定

文字框 15-10 以 manova() 函數進行整體檢定，並用 summary() 函數列出四種檢定結果，檢定的名稱可以使用 P、W、H、R 等字代替。

文字框 15-10　MANOVA 整體檢定

```
> model<-manova(cbind(花萼長, 花萼寬, 花瓣長, 花瓣寬)~品種, data=example15)
                                                   # 建立模型
> summary(model, test="Pillai")                    # 列出 Pillai 檢定結果
          Df Pillai approx F num Df den Df  Pr(>F)
品種       2 1.0684   7.1685      8     50 2.8e-06 ***
Residuals 27
---
Signif. codes:  0 ‘***’ 0.001 ‘**’ 0.01 ‘*’ 0.05 ‘.’ 0.1 ‘ ’ 1
> summary(model, test="Wilks")                     # 列出 Wilks 檢定結果
          Df    Wilks approx F num Df den Df    Pr(>F)
品種       2 0.028082   29.804      8     48 4.158e-16 ***
Residuals 27
---
Signif. codes:  0 ‘***’ 0.001 ‘**’ 0.01 ‘*’ 0.05 ‘.’ 0.1 ‘ ’ 1
```

```
> summary(model, test="Hotelling-Lawley")          # 列出 Hotelling-Lawley 檢定結果
          Df Hotelling-Lawley approx F num Df den Df    Pr(>F)
品種       2           31.172    89.62      8     46 < 2.2e-16 ***
Residuals 27
---
Signif. codes:  0 '***' 0.001 '**' 0.01 '*' 0.05 '.' 0.1 ' ' 1
> summary(model, test="Roy")                       # 列出 Roy 檢定結果
          Df    Roy approx F num Df den Df    Pr(>F)
品種       2 31.061   194.13      4     25 < 2.2e-16 ***
Residuals 27
---
Signif. codes:  0 '***' 0.001 '**' 0.01 '*' 0.05 '.' 0.1 ' ' 1
```

整體檢定結果，多數研究者採用 Wilks 的 Λ 值，為 0.028082，$p < 0.001$。然而，由於報表中顯示已經違反變異數—共變數矩陣同質性假定，此時最好採用比較保守的 Pillai 之 V 值，為 1.06884，$p < 0.001$。三個品種的鳶尾花之花朵有顯著差異。

15.3.5 單變量變異數分析

由於多變量變異數分析整體檢定顯著，接著進行單變量變異數分析，此時，只要使用 summary.aov() 函數，即可列出四個依變數的個別檢定（文字框 15-11）。

文字框 15-11　單變量變異數分析

```
> model<-manova(cbind(花萼長,花萼寬,花瓣長,花瓣寬)~品種, data=example15)
                                                   # 建立模型
> summary.aov(model)                               # 列出單變量 ANOVA 摘要
Response 花萼長 :
            Df Sum Sq Mean Sq F value    Pr(>F)
品種         2 13.389  6.6943  20.821 3.384e-06 ***
Residuals   27  8.681  0.3215
---
Signif. codes:  0 '***' 0.001 '**' 0.01 '*' 0.05 '.' 0.1 ' ' 1
```

```
 Response 花萼寬 :
            Df Sum Sq Mean Sq F value   Pr(>F)
品種         2  1.952 0.97600  7.1706 0.003179 **
Residuals   27  3.675 0.13611
---
Signif. codes:  0 '***' 0.001 '**' 0.01 '*' 0.05 '.' 0.1 ' ' 1

 Response 花瓣長 :
            Df Sum Sq Mean Sq F value    Pr(>F)
品種         2 92.801  46.400  194.26 < 2.2e-16 ***
Residuals   27  6.449   0.239
---
Signif. codes:  0 '***' 0.001 '**' 0.01 '*' 0.05 '.' 0.1 ' ' 1

 Response 花瓣寬 :
            Df Sum Sq Mean Sq F value    Pr(>F)
品種         2 15.369  7.6843  230.27 < 2.2e-16 ***
Residuals   27  0.901  0.0334
---
Signif. codes:  0 '***' 0.001 '**' 0.01 '*' 0.05 '.' 0.1 ' ' 1
```

單變量變異數分析結果。四個 p 值都小於 0.0125（等於 0.05 / 4），因此三種不同品種的鳶尾花，在花萼的長度與寬度及花瓣的長度與寬度上，都有顯著不同。

15.3.6　單變量事後比較

文字框 15-12 使用 Tukey 的 HSD 法進行單變量事後比較，由於有四個依變數，因此信賴區間設為 1 − 0.05 / 4 = 0.9875 = 98.75%。

文字框 15-12　單變量事後多重比較

```
> TukeyHSD(aov(花萼長~品種,data=example15), conf.level = 1-.05/4)
                                        # 以花萼長為依變數，計算同時信賴區間
  Tukey multiple comparisons of means
    98.75% family-wise confidence level
```

```
Fit: aov(formula = 花萼長 ~ 品種, data = example15)

$`品種`
                       diff        lwr      upr     p adj
變色鳶尾-山鳶尾        1.01  0.2274367 1.792563 0.0013042
維吉尼亞鳶尾-山鳶尾    1.62  0.8374367 2.402563 0.0000022
維吉尼亞鳶尾-變色鳶尾  0.61 -0.1725633 1.392563 0.0585274

> TukeyHSD(aov(花萼寬~品種,data=example15), conf.level = 1-.05/4)
                                    # 以花萼寬為依變數，計算同時信賴區間
  Tukey multiple comparisons of means
    98.75% family-wise confidence level

Fit: aov(formula = 花萼寬 ~ 品種, data = example15)

$`品種`
                       diff        lwr         upr     p adj
變色鳶尾-山鳶尾       -0.52 -1.0291706 -0.01082945 0.0106687
維吉尼亞鳶尾-山鳶尾   -0.56 -1.0691706 -0.05082945 0.0058764
維吉尼亞鳶尾-變色鳶尾 -0.04 -0.5491706  0.46917055 0.9681565

> TukeyHSD(aov(花瓣長~品種,data=example15), conf.level = 1-.05/4)
                                    # 以花瓣長為依變數，計算同時信賴區間
  Tukey multiple comparisons of means
    98.75% family-wise confidence level

Fit: aov(formula = 花瓣長 ~ 品種, data = example15)

$`品種`
                       diff       lwr      upr    p adj
變色鳶尾-山鳶尾        3.05 2.3755018 3.724498 0.00e+00
維吉尼亞鳶尾-山鳶尾    4.16 3.4855018 4.834498 0.00e+00
維吉尼亞鳶尾-變色鳶尾  1.11 0.4355018 1.784498 7.13e-05

> TukeyHSD(aov(花瓣寬~品種,data=example15), conf.level = 1-.05/4)
                                    # 以花瓣寬為依變數，計算同時信賴區間
  Tukey multiple comparisons of means
    98.75% family-wise confidence level
```

```
Fit: aov(formula = 花瓣寬 ~ 品種, data = example15)

$`品種`
                        diff       lwr      upr    p adj
變色鳶尾-山鳶尾          1.19 0.937886 1.442114 0.0e+00
維吉尼亞鳶尾-山鳶尾      1.71 1.457886 1.962114 0.0e+00
維吉尼亞鳶尾-變色鳶尾    0.52 0.267886 0.772114 2.4e-06
```

報表中 diff 是兩組間平均數的差異，lwr 及 upr 之間不含 0 或是 p adj 小於 0.0125，就代表兩個品種之間的平均數差異達 0.05 顯著水準。

由花萼長度及寬度這兩個變數來看：山鳶尾與其他兩個品種都有顯著差異，而變色鳶尾則與維吉尼亞鳶尾沒有顯著差異。由花瓣長度及寬度這兩個變數來看，三個品種間都有顯著差異。

15.3.7　同時信賴區間

文字框 15-13 在計算平均數差異的同時信賴區間，α 值設定為 1 − 0.05 / [(3 − 1) × 4]。

文字框 15-13　同時信賴區間

```
> library(DescTools)                          # 載入 DescTools 物件
> attach(example15)                           # 綁定資料
> PostHocTest(aov(花萼長~品種), method = "lsd", conf.level = 1-0.05/8)
                                              # 以花萼長進行同時信賴區間
  Posthoc multiple comparisons of means : Fisher LSD
    99.375% family-wise confidence level

$`品種`
                        diff     lwr.ci    upr.ci     pval
變色鳶尾-山鳶尾          1.01   0.2579747 1.762025 0.00046 ***
維吉尼亞鳶尾-山鳶尾      1.62   0.8679747 2.372025 7.7e-07 ***
維吉尼亞鳶尾-變色鳶尾    0.61  -0.1420253 1.362025 0.02327 *

---
Signif. codes:  0 '***' 0.001 '**' 0.01 '*' 0.05 '.' 0.1 ' ' 1
```

```
> PostHocTest(aov(花萼寬~品種), method = "lsd", conf.level = 1-0.05/8)
                                                   # 以花萼寬進行同時信賴區間
  Posthoc multiple comparisons of means : Fisher LSD
    99.375% family-wise confidence level

$`品種`
                          diff      lwr.ci       upr.ci   pval
變色鳶尾-山鳶尾          -0.52 -1.0093012 -0.03069883 0.0039 **
維吉尼亞鳶尾-山鳶尾      -0.56 -1.0493012 -0.07069883 0.0021 **
維吉尼亞鳶尾-變色鳶尾    -0.04 -0.5293012  0.44930117 0.8103

---
Signif. codes:  0 '***' 0.001 '**' 0.01 '*' 0.05 '.' 0.1 ' ' 1
```

```
> PostHocTest(aov(花瓣長~品種), method = "lsd", conf.level = 1-0.05/8)
                                                   # 以花瓣長進行同時信賴區間
  Posthoc multiple comparisons of means : Fisher LSD
    99.375% family-wise confidence level

$`品種`
                         diff    lwr.ci    upr.ci    pval
變色鳶尾-山鳶尾          3.05 2.4018228 3.698177 7.3e-14 ***
維吉尼亞鳶尾-山鳶尾      4.16 3.5118228 4.808177 < 2e-16 ***
維吉尼亞鳶尾-變色鳶尾    1.11 0.4618228 1.758177 2.5e-05 ***

---
Signif. codes:  0 '***' 0.001 '**' 0.01 '*' 0.05 '.' 0.1 ' ' 1
```

```
> PostHocTest(aov(花瓣寬~品種), method = "lsd", conf.level = 1-0.05/8)
                                                   # 以花瓣寬進行同時信賴區間
  Posthoc multiple comparisons of means : Fisher LSD
    99.375% family-wise confidence level

$`品種`
                         diff    lwr.ci    upr.ci     pval
變色鳶尾-山鳶尾          1.19 0.9477242 1.4322758 2.6e-14 ***
維吉尼亞鳶尾-山鳶尾      1.71 1.4677242 1.9522758 < 2e-16 ***
維吉尼亞鳶尾-變色鳶尾    0.52 0.2777242 0.7622758 8.1e-07 ***

---
Signif. codes:  0 '***' 0.001 '**' 0.01 '*' 0.05 '.' 0.1 ' ' 1
```

同時信賴區間的結果與文字框 15-11 之事後多重比較一致，山鳶尾與其他兩個品種在花萼的長度與寬度有顯著差異，而三個品種在花瓣的長度及寬度則都有顯著差異。

15.4　計算效果量

由於整體檢定後達到統計上的顯著，在此可以計算偏 η^2 值，解 $\mathbf{W}^{-1}\mathbf{B}$ 矩陣之後，得到非 0 的特徵值有 2 個（因此 s = 2），分別為 31.062 及 0.111（另外使用 R 求得），代入數值後得到：

$$\text{偏}\,\eta^2_{(\text{Pillai})} = \frac{1.0684}{2} = 0.5342$$

$$\text{偏}\,\eta^2_{(\text{Wilks})} = 1 - 0.028082^{1/2} = 0.8324$$

$$\text{偏}\,\eta^2_{(\text{Hotelling})} = \frac{31.172/2}{31.172/2+1} = 0.9397$$

$$\text{偏}\,\eta^2_{(\text{Roy})} = \frac{31.062}{1+31.062} = 0.9688$$

由於本範例違反變異數－共變數同質性假定，因此採用較保守的 Pillai 偏 η^2 值，為 0.5342。

文字框 15-14 使用 heplots 程式套件中的 etasq() 函數計算效果量。

文字框 15-14　計算效果量

```
> library(heplots)                          # 載入 heplots 程式套件
> etasq(model, test="P")                    # 根據 Pillai 檢定計算效果量
        eta^2
品種 0.534226
> etasq(model, test="W")                    # 根據 Hotelling-Lawley 檢定計算效果量
          eta^2
品種 0.8324226
> etasq(model, test="H")                    # 根據 Roy 檢定計算效果量
          eta^2
品種 0.9397086
> etasq(model, test="R")                    # 以 R 法計算效果量
```

```
       eta^2
品種 0.96881
```

15.5 以 APA 格式撰寫結果

鳶尾花之花萼及花瓣的寬度與長度，會因品種而有差異，Pillai 的 V = 1.068，F (8, 50) = 7.169，$p < .001$，偏 η^2 = .534。使用 Bonferroni 同時信賴區間進行後續分析，山鳶尾花的花萼較短且較寬，維吉尼亞鳶尾花的花瓣最長且最寬。

15.6 單因子獨立樣本多變量變異數分析的假定

單因子獨立樣本多變量變異數分析，應符合以下三個假定。

15.6.1 觀察體要能代表母群體，且彼此間獨立

觀察體獨立代表各個樣本不會相互影響，假使觀察體間不獨立，計算所得的 p 值就不準確。如果有證據支持違反了這項假定，就不應使用單因子獨立樣本多變量變異數分析。

15.6.2 多變量常態分配

此項假定有兩個意涵：一是每個變數在各自的母群中（自變數的各個組別中）須為常態分配；二是變數的所有可能組合也要呈常態分配。當最小組的樣本數在 20 以上時，即使違反了這項假定，對於多變量變異數分析的影響也不大（Tabachnick & Fidell, 2007）。

15.6.3 依變數的變異數—共變數矩陣在各個母群中須相等

此項假定是自變數的各組中，所有依變數的變異數—共變數矩陣相等（同質），R 可採用 Box 的 M 檢定來分析這個假定。當各組樣本數大致相等時（相差不到 50%），MANOVA 具有強韌性。如果樣本數不相等，而且違反此項假定時，建議可以採用 Pillai 的 V 值，而不使用 Wilks 的 Λ 值。

第 16 章

Pearson 積差相關

Pearson 積差相關係數（Pearson product-moment correlation coefficient）在分析兩個量的變數之線性相關；如果兩個變數都是次序變數，則可以使用 Spearman 等級相關。

Pearson 積差相關適用的情境如下：

自變數與**依變數**：均為**量的變數**，多數情形下並無自變數與依變數的分別，為互依變數（interdependent variable）。

Spearman 等級相關適用的情境如下：

自變數與**依變數**：均為**次序變數**。

本章主要說明 Pearson 積差相關，附帶介紹 Spearman 等級相關係數（Spearman rank correlation coefficient）。

16.1　基本統計概念

16.1.1　目的

Pearson 積差相關在分析量的變數之間的線性關係，可以用來分析：

1. 兩個變數之間的相關。如，行銷費用與營業額之關係。
2. 三個以上變數兩兩之間的相關。如，健康概念、每週運動時間，與體適能之間的關係。
3. 一組變數與另一組變數間的相關。如，自我概念（含家庭、學校、外貌、身體、情緒）與學業成就（含國文、數學、英文）之間的關係。假如研究者的興趣是在了解 15 個（$5 \times 3 = 15$）相關係數，可以使用 Pearson 積差相關，但是，如果目的是在了解自我概念與學業成就完整的關係，則建議使用本章第 18 章介紹的典型相關。

16.1.2　分析示例

以下的研究問題，都可以使用 Pearson 積差相關進行分析：

1. 員工薪資與工作滿意度的關聯。
2. 國家人均所得與國民幸福指數的關聯。

3. 創造力測驗中流暢性、變通性、獨創性，及精密性之間的關聯。

16.1.3 散布圖與相關

為了確定兩個量的變數間之關係，可以使用散布圖（scatter plot）加以判斷。於坐標上標出觀察體在兩個變數上的位置，如果分散的點呈左下到右上的直線分布（圖 16-1），此時在 X 軸的變數增加，Y 軸的變數也隨之增加，兩變數間會有**完全正相關**；如果分散的點呈左上到右下的直線分布（圖 16-2），此時在 X 軸的變數增加，Y 軸的變數也隨之減少，因此兩變數間會有**完全負相關**；如果像圖 16-3 呈隨機分布，就是**零相關**，兩個變數間為零相關，此時沒有關聯。

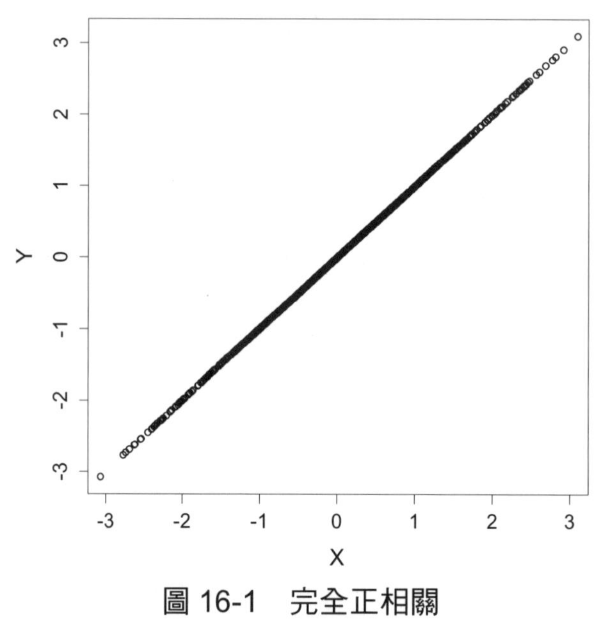

圖 16-1　完全正相關

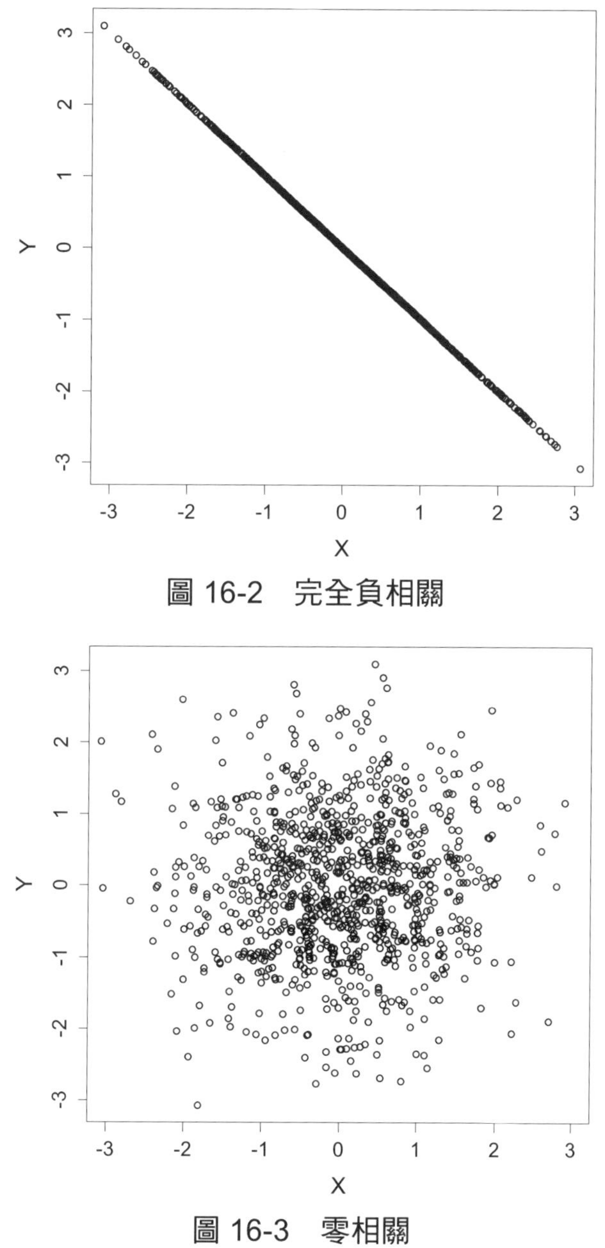

圖 16-2　完全負相關

圖 16-3　零相關

不過，像以下兩種情形，雖然兩變數也呈現完美的直線關係，但是圖 16-4 完全呈水平分布，表示 X 軸的變數無論是多少，Y 軸上的變數完全相同。反之，圖 16-5 完全呈垂直分布，表示 Y 軸的變數無論是多少，X 軸上的變數完全相同，此時，兩個變數間也沒有關聯，為**零相關**。在這兩種情形中，都有一個變數的標準差是 0，因此無法計算 Pearson 的 r（參見公式 16-6 的分母部分）。

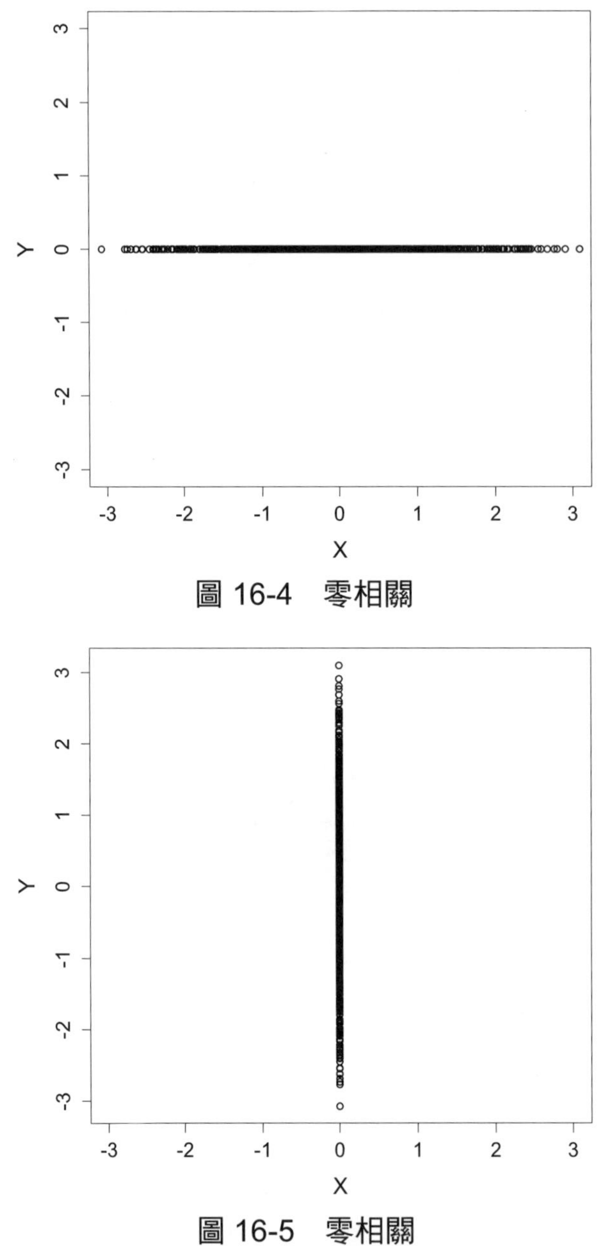

圖 16-4　零相關

圖 16-5　零相關

不過，絕大多數情形下，兩變數經常不是呈現完美的直線關係，而是像下圖的兩種情形。圖 16-6 大略呈左下到右上分布，此為**正相關**；圖 16-7 則反之，呈現左上到右下的分布，此為**負相關**。關係強度與斜率無關（除非完全水平或垂直），而與散布圖是否接近直線有關。當散布的點愈接近一條直線時，兩變數的關係就會愈接近完全正相關或完全負相關。

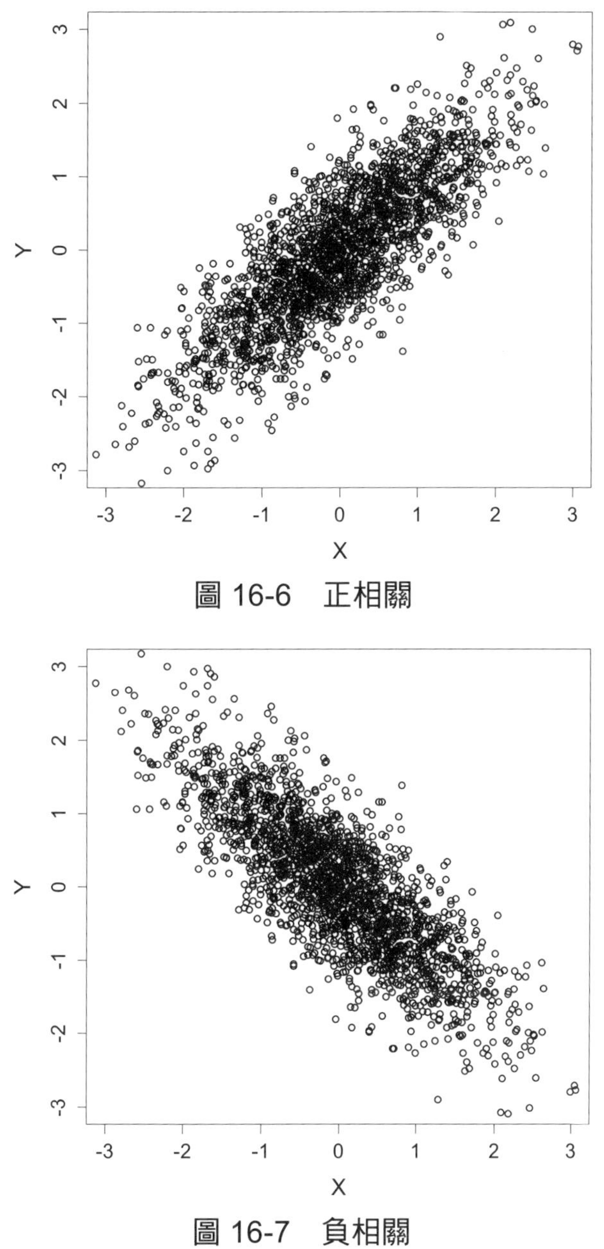

圖 16-6　正相關

圖 16-7　負相關

16.1.4　統計公式

16.1.4.1　Pearson 積差相關係數之統計公式

最常用來分析兩個量的變數之間直線關聯的統計量數是 Pearson 積差相關係數（Pearson's product-moment correlation coefficient）。母群體積差相關代號為 ρ，公式為：

$$\rho = \frac{\sum Z_X Z_Y}{N} \qquad \text{（公式 16-1）}$$

由於兩個變數的測量單位常常不一致，所以先把兩個變數都轉換為 Z 分數（平均數為 0，標準差為 1），公式為：

$$Z_X = \frac{X - \mu_X}{\sigma_X} \qquad \text{（公式 16-2）}$$

$$Z_Y = \frac{Y - \mu_Y}{\sigma_Y} \qquad \text{（公式 16-3）}$$

兩個 Z 分數乘積的平均數就是 ρ。將公式 16-2 及 16-3 代入公式 16-1，可以得到：

$$\begin{aligned}\rho &= \frac{\sum\left(\frac{X-\mu_X}{\sigma_X}\right)\left(\frac{Y-\mu_Y}{\sigma_Y}\right)}{N} \\ &= \frac{\sum(X-\mu_X)(Y-\mu_Y)}{N\sigma_X\sigma_Y} \qquad \text{（公式 16-4）} \\ &= \frac{\frac{\sum(X-\mu_X)(Y-\mu_Y)}{N}}{\sigma_X\sigma_Y}\end{aligned}$$

其中，$\frac{\sum(X-\mu_X)(Y-\mu_Y)}{N} = \sigma(X,Y)$，是兩個變數的共變數（covariance），因此，母群的相關係數又可寫成：

$$\rho = \frac{\sigma_{XY}}{\sigma_X\sigma_Y} = \frac{\sigma_{XY}}{\sqrt{\sigma_X^2}\sqrt{\sigma_Y^2}} \qquad \text{（公式 16-5）}$$

公式中分子 σ_{XY} 是兩個變數的共變數，代表兩個變數共同變化的程度，而它的正負則與相關係數一致；分母則是兩個變數各自的標準差（標準差等於變異數的平方根），代表每個變數各自的分散情形。

在推論統計中，會用樣本積差相關 r 來估計 ρ，公式為：

$$r = \frac{s_{XY}}{s_X s_Y} = \frac{s_{XY}}{\sqrt{s_X^2}\sqrt{s_Y^2}}$$ （公式 16-6）

把 r 的分子與分母同時乘上 $n-1$，得到：

$$r = \frac{s_{XY} \times (n-1)}{\sqrt{s_X^2}\sqrt{s_Y^2}(n-1)} = \frac{s_{XY} \times (n-1)}{\sqrt{s_X^2(n-1)}\sqrt{s_Y^2(n-1)}}$$ （公式 16-7）

$s_X^2(n-1)$ 及 $s_Y^2(n-1)$ 分別是 X 變數及 Y 變數的離均差平方和 SS（sum of squares），而 s_{XY} 是 X 與 Y 的離均差交乘積和（sum of cross products of deviations），簡稱交乘積 CP。因此，樣本積差相關 r 的公式又可寫成：

$$r = \frac{CP}{\sqrt{SS_X}\sqrt{SS_Y}}$$ （公式 16-8）

綜言之，Pearson 積差相關公式就是：

$$\begin{aligned} r &= \frac{\text{交乘積}}{\sqrt{X\text{的平方和}}\sqrt{Y\text{的平方和}}} \\ &= \frac{\text{共變數}}{\sqrt{X\text{的變異數}}\sqrt{Y\text{的變異數}}} \\ &= \frac{\text{共變數}}{X\text{的標準差} \times Y\text{的標準差}} \end{aligned}$$ （公式 16-9）

16.1.4.2　Spearman 等級相關係數之統計公式

如果兩個變數都是次序變數（如名次、職業專業程度），則只要把變數各自依原始數值排序，賦予等級（rank），即可使用積差相關的公式計算變數的相關，此時就是 Spearman 等級相關。因此也可以說，Spearman 等級相關就是使用等級計算所得的 Pearson 積差相關。

Spearman 等級相關 ρ 也可以使用以下公式求得：

$$\rho = 1 - \frac{6\Sigma d^2}{n(n^2-1)}$$ （公式 16-10）

其中 d 就是觀察體在兩個變數間等級的差異。如果兩變數的等級相同，差異為 0，就稱為結（tie，平手）。

16.1.4.3 相關係數之顯著檢定

要檢定相關係數是否顯著不為 0，則虛無假設是：

$H_0: \rho = 0$

對立假設則是：

$H_0: \rho \neq 0$

檢定的公式類似單樣本 t 檢定，

$$t = \frac{r - \rho_0}{\sqrt{\frac{1-r^2}{n-2}}} = \frac{\text{相關係數之差異}}{\text{相關係數的標準誤}} \qquad \text{（公式 16-11）}$$

此時自由度為 $n-2$，而 ρ_0 通常設定為 0。

以文字框 16-4 的相關係數 0.453 為例，代入公式後得到：

$$t = \frac{0.453 - 0}{\sqrt{\frac{1-0.453^2}{36-2}}} = 2.9667$$

至於檢定結果是否顯著，可以使用兩種方法來判斷。首先，是現代的做法，直接求 $|t| \geq 2.9667$ 的 p 值。在自由度為 34 的 t 分配中，$p = 0.005477$（見下頁圖 16-9 中雙尾 p 值的和，此 p 值也會和文字框 16-4 中的 p 值相同），已經小於 0.05，所以應拒絕 $\rho = 0$ 的虛無假設，相關係數 0.453 顯著不等於 0。〔注：在 R 中可以輸入 pt(−2.9667,34) + (1−pt(2.9667,34)) 計算雙側的機率值。〕

其次，是傳統的做法，看標準臨界值。在自由度是 34 的 t 分配中，雙尾臨界值是 ±2.032245，計算所得的 t 值 2.9667 已經大於 2.032245（見下頁圖 16-8），同樣拒絕 $\rho = 0$ 的虛無假設〔注：在 R 中輸入 qt(.025,34) 及 qt(.975,34) 可分別得到雙側的臨界值〕。

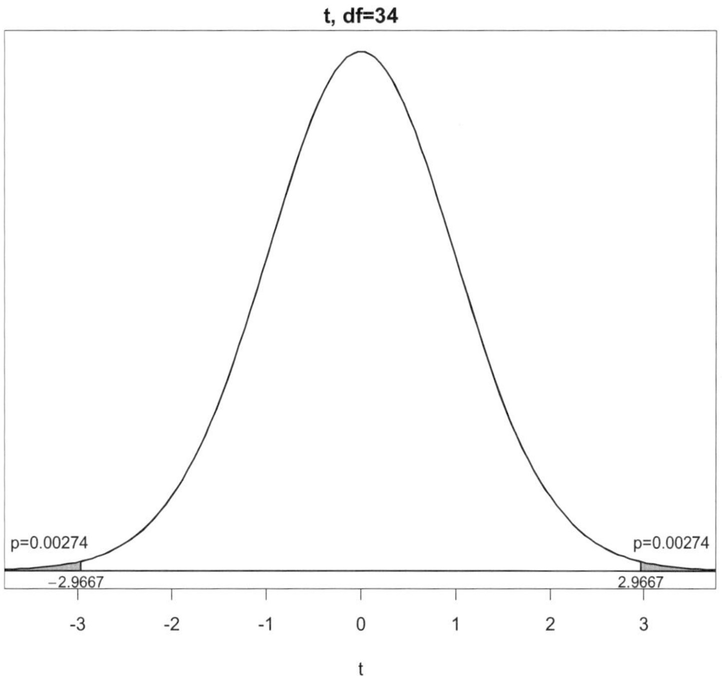

圖 16-8　自由度 34，$|t| \geq 2.9667$ 的 $p = 0.005477$

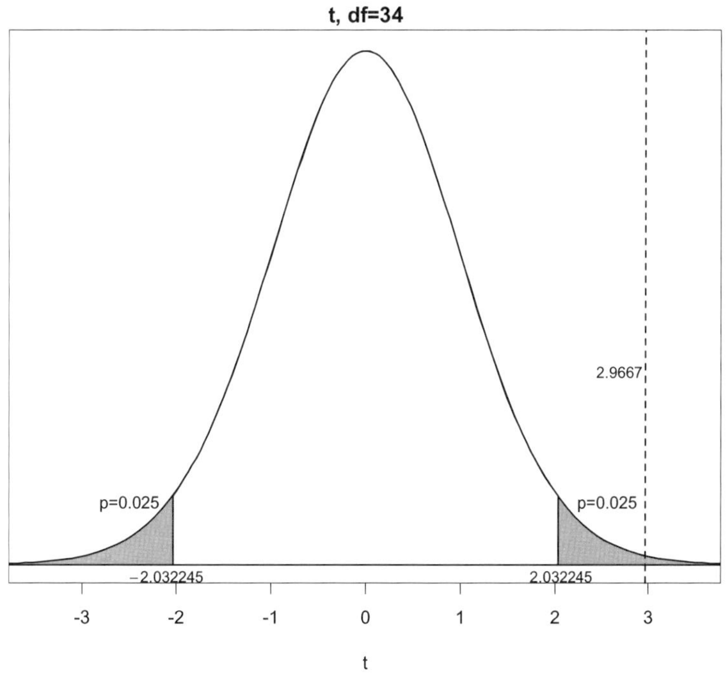

圖 16-9　自由度 34，$\alpha = 0.05$ 時，雙尾臨界值為±2.032245

16.1.4.4 相關係數之信賴區間估計

由於樣本相關係數 r 的抽樣分配並不是常態分配，要計算母群相關係數 ρ 的信賴區間要經過三個步驟。

首先，將樣本相關係數 r 化為 z'，公式為：

$$z' = \frac{1}{2}\ln\left(\frac{1+r}{1-r}\right)$$

以文字框 16-4 中的 $r = 0.4534615$ 為例，轉換後的 Fisher z′ 為：

$$z' = \frac{1}{2}\ln\left(\frac{1+0.4534615}{1-0.4534615}\right) = 0.4890492$$

其次，計算 z' 的信賴區間。z' 服從 Z 分配，標準誤為：

$$\frac{1}{\sqrt{n-3}} = \frac{1}{\sqrt{36-3}} = 0.1740777$$

當 $\alpha = 0.05$ 時，雙尾臨界值等於±1.959964。因此 z' 的 95%信賴區間為：

下界 $= 0.4890492 - 1.959964 \times 0.1740777 = 0.1478633$

上界 $= 0.4890492 + 1.959964 \times 0.1740777 = 0.8302351$

最後，將 z' 的上下界再轉換為 r 值，公式為：

$$r = \frac{e^{(2z')}-1}{e^{(2z')}+1}$$

代入公式後分別得到：

下界 $= r = \dfrac{e^{(2\times 0.1478633)}-1}{e^{(2\times 0.1478633)}+1} = 0.1467950$

上界 $= r = \dfrac{e^{(2\times 0.8302351)}-1}{e^{(2\times 0.8302351)}+1} = 0.6806022$

上述的計算結果與文字框 16-4 一致。

16.1.5　積差相關係數的解釋

積差相關係數，可以顯示兩種訊息。

一是**關聯方向**。如果係數為正，稱為正相關，表示兩個變數成相同方向的變化。如果係數為負，稱為負相關，表示兩個變數成相反方向的變化。如果係數為 0，稱為零相關，表示兩變數間可能無關或為非線性相關。

二是**關聯程度**，積差相關係數介於 +1 與 −1 之間（依 APA 出版慣例，相關係數小數點前的 0 不寫），係數的絕對值愈大代表關聯程度愈大。$|r|$接近 1，表示兩者有完全的關聯；$|r|$接近 0，表示兩者沒有線性的關聯（但也有可能是非線性的關聯）。

16.1.6　有相關不代表有因果關係

兩變數之間有相關，不代表就有因果關係（cause-and-effect relationship），因此不可做因果關係的推論。例如，夏季時用電量與中暑人數兩者間有正相關，但這絕對不是因為用電量提高，使得中暑人數增加（圖 16-10a）；或是中暑人數增加，使得大家需要用更多的電（圖 16-10b）。最可能的原因是氣溫上升，使得用電量（使用冷氣增加）與中暑人數同時增加所致（圖 16-10c）。在此關係中，用電量與中間人數的相關是來自於氣溫影響，兩者的相關是一種**虛假相關**（spurious correlation），而「氣溫」稱為**混淆變數**（confounding variable）。如果控制溫度變化之後，再求用電量與中暑人數的偏相關，兩者可能就無關了。

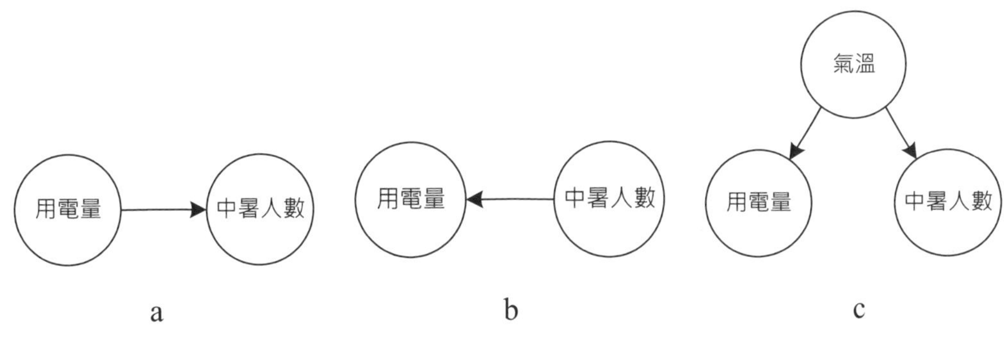

圖 16-10　各種因果關係

16.1.7　相關係數在信效度分析的應用

分析測驗或量表的重測信度、複本信度、折半信度，或是效標關聯效度，都是使用積差相關係數。重測信度是將受試者在兩次測驗的總分求積差相關，複本（平行）信度是兩個複本（平行測驗）得分的積差相關，效標關聯效度是某測驗與另一效標得分之積差相關。而折半信度則是將同一測驗分成兩部分（可用隨機方式、前後兩半，或奇偶數題各半），然後求兩部分得分之積差相關。不過，因為在相同條件下，題目數愈少，信度愈低，所以折半信度通常要使用其他公式加以校正。

如果有兩位評分者針對同一批受試或作品加以評分，也可以使用積差相關係數代表評分者信度。

16.1.8 效果量

Pearson 積差相關係數本身就是效果量，依 J. Cohen（1988）的經驗法則，r 的小、中、大效果量分別為 ±0.10、±0.30、及 ±0.50。

積差相關係數的平方 r^2 稱為**決定係數**（coefficient of determination），代表兩個變數間的互相解釋量。如果 r = .50，表示 X 變數可以解釋 Y 變數總變異量的 25%（圖 16-11），反之亦然。但是，如果 r = .25 時，則兩者的互相解釋量只有$(.25)^2 = 6.25\%$。前者的解釋量是後者的 4 倍。

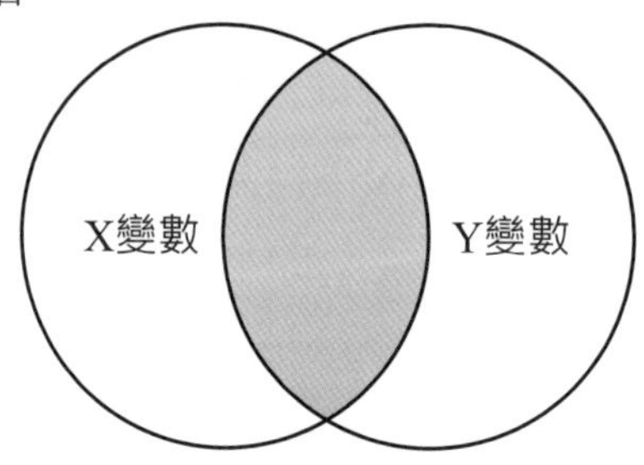

圖 16-11　積差相關之文氏圖

16.2 範例

研究者想要了解高中生家中的資源、母親受教年數，與科學素養是否有關聯，因此測得 36 名學生的家中資源與科學素養如表 16-1 之數據。請問：家中資源與科學素養是否有關聯？家中的資源、母親受教年數，與科學素養兩兩之間是否有關聯？

表 16-1 36 名受試者的科學素養

學生	家中資源	母親受教年數	科學素養	學生	家中資源	母親受教年數	科學素養
1	14	16	668.35	19	16	14	434.30
2	14	12	544.14	20	2	9	250.60
3	15	16	652.50	21	7	6	314.10
4	17	12	508.24	22	7	6	378.35
5	13	14	499.57	23	11	12	478.87
6	17	16	554.40	24	14	12	563.91
7	11	12	542.28	25	15	14	652.22
8	13	14	463.48	26	13	14	580.70
9	14	12	487.26	27	17	14	414.71
10	12	12	523.82	28	8	6	503.95
11	16	9	507.96	29	12	14	503.30
12	9	9	471.60	30	14	12	469.54
13	6	14	479.06	31	13	16	657.91
14	14	14	554.59	32	16	9	652.22
15	8	9	632.08	33	10	9	520.74
16	9	6	548.81	34	12	12	531.28
17	3	14	475.14	35	16	12	490.25
18	11	9	577.90	36	17	14	530.34

16.2.1 變數與資料

表 16-1 中有 4 個變數，但是受試者代號並不需要輸入 R 中，因此分析時使用 3 個變數即可。其中，家中資源是指家中是否擁有某些物品，學生針對 17 種物品（如，書桌、自己的房間、網際網路等）回答是或否，最大值為 17，最小值為 0。母親受教年數最小值為 6（國小），最大值為 16（大學）。科學素養則是在 PISA 測驗的得分。

16.2.2 研究問題

在本範例中，研究者想要了解的問題可以陳述如下：

家中資源與科學素養是否有關聯？

家中資源、母親受教年數，與科學素養兩兩之間是否有關聯？

16.2.3 統計假設

根據研究問題，虛無假設一宣稱「家中資源與科學素養沒有關聯」：

$$H_0 : \rho_{\text{家中資源•科學素養}} = 0$$

而對立假設一則宣稱「家中資源與科學素養有關聯」：

$$H_1 : \rho_{\text{家中資源•科學素養}} \neq 0$$

虛無假設二宣稱「家中資源、母親受教年數，與科學素養兩兩之間沒有關聯」：

$$\begin{cases} H_0 : \rho_{\text{家中資源•母親受教年數}} = 0 \\ H_0 : \rho_{\text{家中資源•科學素養}} = 0 \\ H_0 : \rho_{\text{母親受教年數•科學素養}} = 0 \end{cases}$$

而對立假設二則宣稱「家中資源、母親受教年數，與科學素養兩兩之間有關聯」：

$$\begin{cases} H_1 : \rho_{\text{家中資源•母親受教年數}} \neq 0 \\ H_1 : \rho_{\text{家中資源•科學素養}} \neq 0 \\ H_1 : \rho_{\text{母親受教年數•科學素養}} \neq 0 \end{cases}$$

16.3 使用 R 進行分析

16.3.1 資料檔

完整的 R 資料檔，如文字框 16-1。

文字框 16-1　積差相關分析資料檔

```
> load("C:/mydata/chap16/example16.RData")        # 載入本例資料
> example16                                       # 展示本例資料
  家中資源  母親教育  科學素養
1       14        16    668.35
2       14        12    544.14
3       15        16    652.50
4       17        12    508.24
5       13        14    499.57
```

6	17	16	554.40
7	11	12	542.28
8	13	14	463.48
9	14	12	487.26
10	12	12	523.82
11	16	9	507.96
12	9	9	471.60
13	6	14	479.06
14	14	14	554.59
15	8	9	632.08
16	9	6	548.81
17	3	14	475.14
18	11	9	577.90
19	16	14	434.30
20	2	9	250.60
21	7	6	314.10
22	7	6	378.35
23	11	12	478.87
24	14	12	563.91
25	15	14	652.22
26	13	14	580.70
27	17	14	414.71
28	8	6	503.95
29	12	14	503.30
30	14	12	469.54
31	13	16	657.91
32	16	9	652.22
33	10	9	520.74
34	12	12	531.28
35	16	12	490.25
36	17	14	530.34

16.3.2　變數的描述統計

文字框 16-2 為描述性統計量，含平均數、標準差、及個數。

文字框 16-2　各個變數的統計量

```
> load("C:/mydata/chap16/example16.RData")                # 載入本例資料
> mean<-apply(example16,2,mean)                           # 計算平均數
> sd<-apply(example16,2,sd)                               # 計算標準差
> n<-length(example16[,1])                                # 計算樣本數
> mysummary<-data.frame("平均數"=mean,"標準差"=sd,"N"=n)
                                                          # 以資料框架形式匯總輸出結果
> mysummary                                               # 列出資料框架
            平均數      標準差   N
家中資源   12.11111   3.904413  36
母親教育   11.80556   2.993512  36
科學素養  517.17972  90.939569  36
```

16.3.3 共變數矩陣

文字框16-3先計算三個變數間的共變數矩陣，以便說明變異數相關係數的計算。

文字框 16-3　三個變數的共變數矩陣

```
> load("C:/mydata/chap16/example16.RData")                # 載入本例資料
> cov(example16)                                          # 計算共變數矩陣
             家中資源      母親教育      科學素養
家中資源    15.244444      5.622222     161.0086
母親教育     5.622222      8.961111     103.3474
科學素養   161.008603    103.347373    8270.0052
> 161.008603/(15.244444*8270.0052)^0.5
[1] 0.4534615
```

報表中對角線為變數本身的變異數，取平方根後為標準差，表示變數的分散程度；對角線外則是變數間兩兩的共變數，反映兩個變數的共同變化程度。由此矩陣可以計算變數間的相關係數矩陣。以家中資源和科學素養為例，它們各自的變異數為15.244444及8270.0052，兩變數的共變數為161.008603，代入公式16-6中，得到：

$$r = \frac{161.008603}{\sqrt{15.244444} \cdot \sqrt{8270.0052}} = 0.4534615$$

其他相關係數可以使用同樣的方式求得。相關係數矩陣見文字框16-5。

16.3.4　兩個變數的相關係數

文字框 16-4 在計算兩個變數的 Pearson r 及信賴區間估計。cor.test() 函數只能計算兩個變數間的相關係數，如果要計算三個以上變數的相關係數矩陣，則應使用 corr.test() 函數。

文字框 16-4　各個變數的統計量

```
> load("C:/mydata/chap16/example16.RData")          # 載入本例資料
> cor.test(example16[,1],example16[,3])             # 計算相關係數及其檢定
        Pearson's product-moment correlation

data:  example16[, 1] and example16[, 3]
t = 2.9667, df = 34, p-value = 0.005477
alternative hypothesis: true correlation is not equal to 0
95 percent confidence interval:
 0.1467950 0.6806022
sample estimates:
      cor
0.4534615
```

報表中，$r = 0.4534615$，代入公式 16-11，得到 t 值為：

$$t = \frac{0.453462}{\sqrt{\dfrac{1-0.453462^2}{36-2}}} = 2.9667$$

在自由度為 34 的 t 分配中，$|t| > 2.9667$ 的 $p = 0.005477$，小於 0.05，拒絕 $\rho = 0$ 的虛無假設，因此家中資源與科學素養有顯著相關，而且為正相關。

母群相關係數的 95%信賴區間為 [0.1467950, 0.6806022]，中間不含 0，也表示 $\rho \neq 0$。計算過程請見 16.1.4.4 節之說明。

16.3.5　Pearson 積差相關矩陣

如果要計算三個變數以上的相關矩陣，在 R 中可以使用兩個比較常用的函數。其中 cor() 函數只計算相關矩陣，未提供 p 值，但是相關係數的小數位較多。corr.test()

則須先安裝 psych 程式套件，且相關係數為小數 2 位，不過提供了 p 值及各項 p 值的校正方法。前述文字框 16-4 的 cor.test() 則只能計算兩個變數間的相關係數。

文字框 16-5 先使用 cor() 函數計算相關矩陣，再以 corr.test() 使用完全排除法（use="complete"）計算相關矩陣，並列出 p 值。本範例中，相關矩陣同時計算 3 個（C_2^3）相關係數，會使 α 膨脹，因此需要對 α 進行校正。一般常用 Bonferroni 校正法，是將計算所得的 p 值乘以 3，不過這樣校正反而使得統計檢定力減小。R 內定的校正方法是 adjust="holm"，會比 Bonferroni 法來得好。使用 print() 函數配合 short = F 引數，可以列出各相關係數的信賴區間，三個相關係數的 95% 信賴區間都不含 0，因此顯著不等於 0。

文字框 16-5　三個變數的 Pearson 積差相關矩陣

```
> load("C:/mydata/chap16/example16.RData")                # 載入本例資料
> cor(example16)                                          # 計算 Pearson 相關矩陣
          家中資源  母親教育  科學素養
家中資源 1.0000000 0.4810290 0.4534615
母親教育 0.4810290 1.0000000 0.3796345
科學素養 0.4534615 0.3796345 1.0000000
> library(psych)                                          # 載入本例資料
> corr.test(example16, use="complete")                    # 計算 Pearson 相關矩陣及檢定
Call:corr.test(x = example16, use = "complete")
Correlation matrix
         家中資源 母親教育 科學素養
家中資源     1.00     0.48     0.45
母親教育     0.48     1.00     0.38
科學素養     0.45     0.38     1.00
Sample Size
[1] 36
Probability values (Entries above the diagonal are adjusted for multiple tests.)
         家中資源 母親教育 科學素養
家中資源     0.00     0.01     0.01
母親教育     0.00     0.00     0.02
科學素養     0.01     0.02     0.00
> print(corr.test(example16, use="complete"), short=F)    # 計算相關係數的信賴區間
Confidence intervals based upon normal theory.  To get bootstrapped values, try cor.ci
                  raw.lower raw.r raw.upper raw.p lower.adj upper.adj
家中資源-母親教育      0.18  0.48      0.70  0.00      0.11      0.74
家中資源-科學素養      0.15  0.45      0.68  0.01      0.10      0.71
母親教育-科學素養      0.06  0.38      0.63  0.02      0.06      0.63
```

報表中前兩部分為三個變數間的相關係數矩陣，對角線上為自身的相關，都是 1，對角外則是兩兩變數間的 Pearson r，左下角與右上角是對稱的，都為正數。第三部分是機率值（p），對角線上都為 0，左下角是未校正的 p 值，右上角是使用 Holm 法校正後的 p 值，都小於 0.05，因此三個變數間都有顯著相關，且為正相關。

Pearson 相關係數 r 會介於 −1 到 +1 之間。係數為正時，表示兩個變數呈現正向的共變關係，也就是某變數愈大時，另一個變數也愈大；而某個變數愈小時，另一個變數也愈小。係數為負時，表示兩個變數呈現負向的共變關係，某變數愈大時，另一個變數就愈小；某變數愈小時，另一個變數就愈大。

當係數接近 0，稱為零相關，此時兩個變數可能沒有共變關係。不過，也有可能兩個變數是曲線關係。例如，壓力與表現一般呈現倒 U 型的關係，壓力太小或太大，表現都不好，適度壓力會有比較好的表現。如果變數間是曲線關係，就不應使用 Pearson 相關係數 r。要了解兩個變數間是否為線性關係，可以使用 16.3.6 節的散布圖（scatter plot）來判斷。

16.3.6　變數間的散布圖

要確定變數間是否為線性關係，可以透過散布圖，命令如文字框 16-6。使用 PerformanceAnalytics 程式套件的 chart.Correlation() 函數，可以另外得到相關係數及其顯著性檢定，還有單獨變數的直方圖，能獲得較多的資訊。

文字框 16-6　三個變數的散布圖

```
> load("C:/mydata/chap16/example16.RData")      # 載入本例資料
> plot(example16)                               # 繪製散布圖
> library("PerformanceAnalytics")               # 載入 PerformanceAnalytics 程式套件
> chart.Correlation(example16)                  # 繪製相關矩陣圖
```

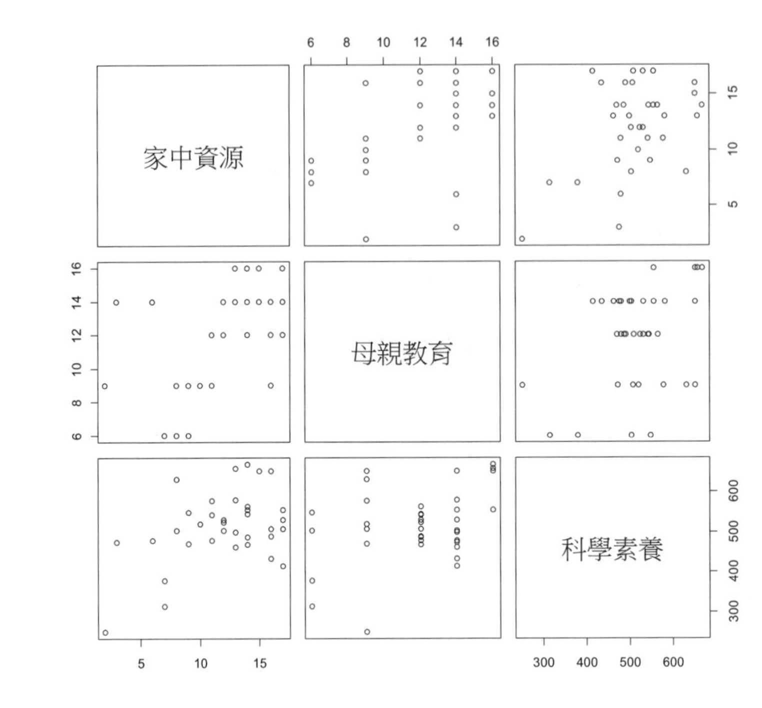

圖 16-12　三個變數間的散布圖

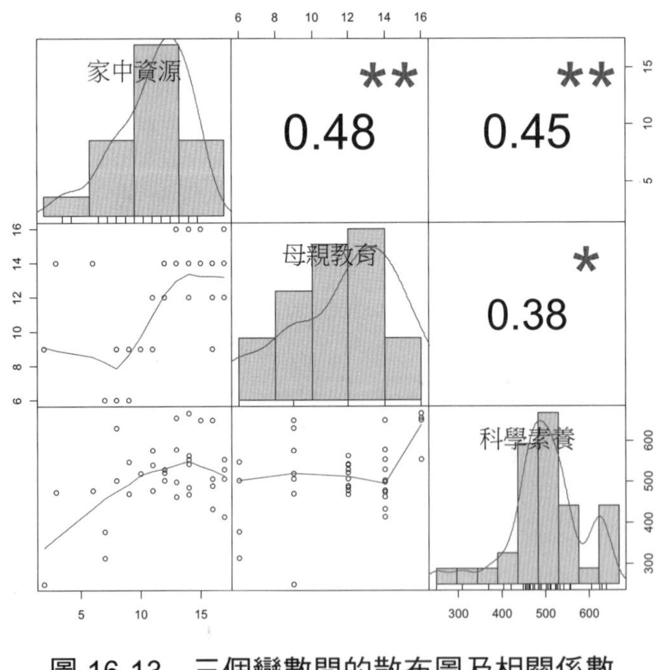

圖 16-13　三個變數間的散布圖及相關係數

16.3.7　Spearman 等級相關矩陣

如果將變數視為次序變數，進行 Spearman 等級相關分析，只要在命令中另外加上 method = c("spearman") 即可（文字框 16-7）。

文字框 16-7　三個變數的 Spearman 等級相關矩陣

```
> load("C:/mydata/chap16/example16.RData")              # 載入本例資料
> cor(example16, method = c("spearman"))                # 計算 Spearman 等級相關矩陣
          家中資源  母親教育  科學素養
家中資源 1.0000000 0.4628900 0.2892287
母親教育 0.4628900 1.0000000 0.2774869
科學素養 0.2892287 0.2774869 1.0000000
> library(psych)                                        # 載入 psych 程式套件
> corr.test(example16,use="complete", method = c("spearman"))
                                                        # 計算 Spearman 等級相關矩陣及檢定
Call:corr.test(x = example16, use = "complete", method = c("spearman"))
Correlation matrix
         家中資源 母親教育 科學素養
家中資源     1.00     0.46     0.29
母親教育     0.46     1.00     0.28
科學素養     0.29     0.28     1.00
Sample Size
[1] 36
Probability values (Entries above the diagonal are adjusted for multiple tests.)
         家中資源 母親教育 科學素養
家中資源     0.00     0.01     0.17
母親教育     0.00     0.00     0.17
科學素養     0.09     0.10     0.00
```

如果將三個變數視為次序變數，則計算所得的相關係數稱為 Spearman 等級相關 ρ。報表顯示：家中資源與母親受教年數的等級相關 $\rho = 0.46$，$p = 0.01$，小於 0.05，因此應拒絕虛無假設，表示 0.46 顯著不等於 0。其他兩個相關係數的 p 值已大於 0.05，不能拒絕 $\rho = 0$ 的虛無假設。

在本範例中，三個變數都是量的變數，因此分析結果以 Pearson 的 r 為準。

16.4　計算效果量

Pearson 的 r 或是 Spearman 的 ρ 本身就是效果量，依據 J. Cohen（1988）的經驗法則，r 值之小、中、大的效果量分別是 ±0.10、±0.30、及 ±0.50。本範例中的相關係數介於 0.380 ~ 0.481，均為中度的效果量。

當以家中資源為預測變數（predictor），科學素養為效標變數（criterion）時，其 $r^2 = (0.453)^2 = 0.206$，表示科學素養的變異量，可以被家中資源解釋的比例為 20.6%（圖 16-14 中，科學素養中灰色部分占全體面積的百分比為 20.6%）。

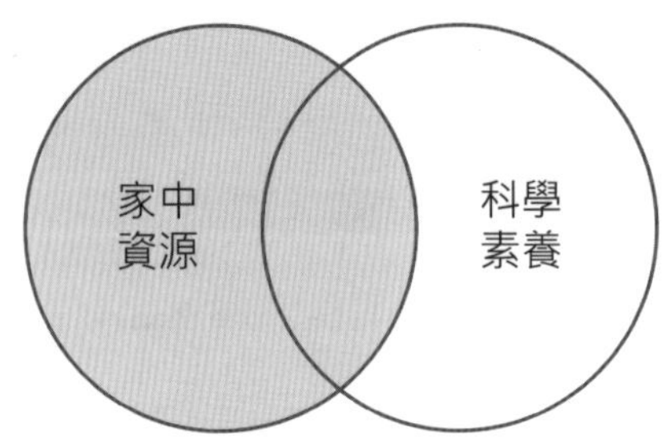

圖 16-14　家中資源對科學素養的解釋量

文字框 16-8 先以 cor() 函數計算 example16 中各變數的相關矩陣，取平方後再乘以 100，代表解釋的百分比，再以 round() 函數取 1 位小數。家中資源可解釋科學素養 20.6% 的變異量。

文字框 16-8　效算效果量

```
> round(cor(example16)^2*100, 1)                    # 相關矩陣平方乘 100，再取 1 位小數
         家中資源 母親教育 科學素養
家中資源    100.0     23.1     20.6
母親教育     23.1    100.0     14.4
科學素養     20.6     14.4    100.0
```

16.5　以 APA 格式撰寫結果

計算 36 名受試者的家中資源與科學素養成績，兩個變數的 Pearson 相關係數 r

(34) = .453，p = .01，為中度的效果量，兩者有顯著的正相關。母親受教年數與家中資源為正相關，r (34) = .481，p = .01。母親教育與科學素養也有正相關，r (34) = .380，p = .02。

16.6　Pearson 積差相關的假定

16.6.1　觀察體要能代表母群體，且彼此間獨立

觀察體獨立代表各個樣本不會相互影響，假使觀察體間不獨立，計算所得的 p 值就不準確。如果有證據支持違反了這項假定，就不應使用 Pearson 積差相關。

16.6.2　雙變數常態性

此項假定有兩個意涵：一是兩個變數在各自的母群中須為常態分配；二是在某個變數的任何一個數值中，另一個變數也要呈常態分配。如果違反此項假定，可以改用 Spearman 等級相關。

如果兩個變數間符合雙變數常態分配，則它們之間也會是線性關係（Green & Salkind, 2014）。當兩個變數是直線關係時，才適合使用 Pearson 積差相關，如果是曲線關係，則不應使用 Pearson 積差相關。

如果樣本數增加到 30 或 40 以上，則雙變數常態分配的假設就變得比較不重要（Cohen, 2007）。

16.6.3　沒有離異值

離異值（outlier）是與其他觀察體有明顯不同的觀察體。在計算相關係數時，如果出現離異值，就有可能影響相關的方向及強度。在圖 16-15 中，沒有離異值出現，此時相關係數 r = .805。如果將圖 16-15 右上角的觀察值改變到右下角成為離異值（如圖 16-16），此時相關係數便改變為 .563。如果再將左下角的觀察值移到左上角（如圖 16-17），則此時 r 為 .157，已經不顯著了。

使用散布圖可以快速檢視是否有離異值，如果有離異值出現，最好詳細檢查資料是否有誤，以免影響分析的正確性。即使資料登錄無誤，最好也要說明如何處理離異值。

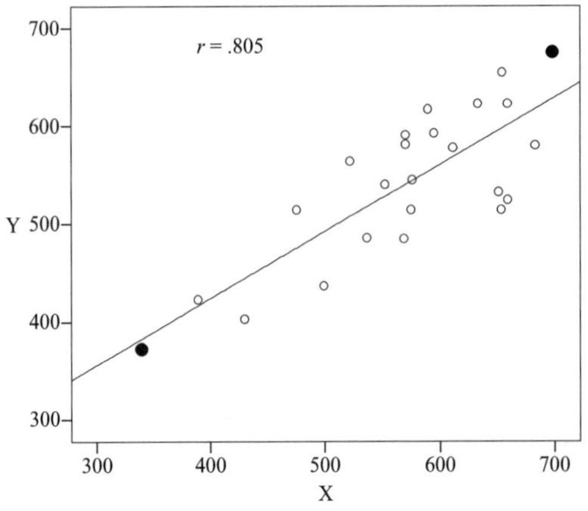

圖 16-15　沒有離異值的散布圖

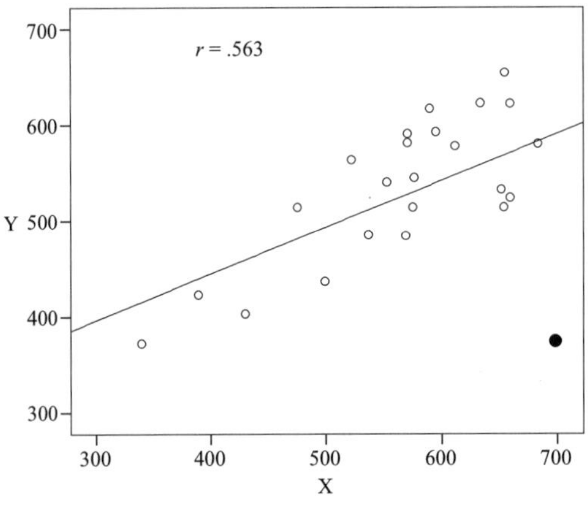

圖 16-16　有一個離異值的散布圖

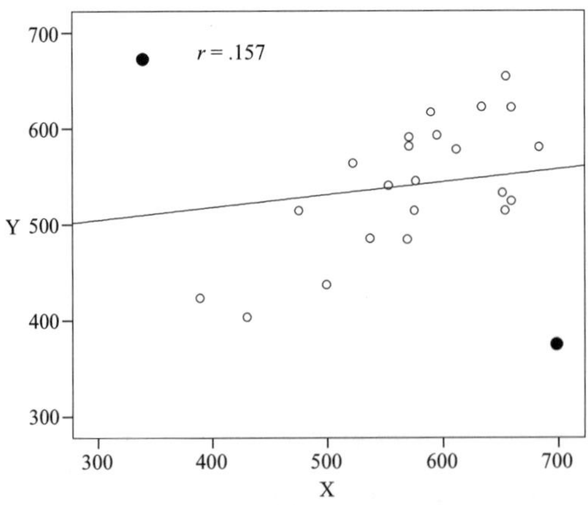

圖 16-17　有兩個離異值的散布圖

第 17 章

偏相關

偏相關（partial correlation）又稱為**淨相關**，旨在分析兩個量的變數，在控制（排除）其他量的變數之影響後的相關，適用的情境如下：

自變數與**依變數**：均為**量的變數**，多數情形下並無自變數與依變數的分別，為相依變數。

控制變數或**共變量**：一個或一個以上**量的變數**。

17.1　基本統計概念

17.1.1　目的

偏相關是一種統計控制的技術，目的在於將一個**額外變數**（extraneous）保持恆定，而分析另外兩個變數的相關。以下兩種情形，都可以使用偏相關。

兩個變數間有相關時，不代表它們之間有因果關係，有可能是某個共同的原因變數影響，使得它們有關聯。在圖 17-1 中，變數 A 與變數 B 有關聯，而它們是由共同原因變數 C 所影響，如果排除了變數 C 的影響，而變數 A 與變數 B 的相關係數變為 0，此稱為**虛假相關**（spurious relationship）（Green & Salkind, 2011）。

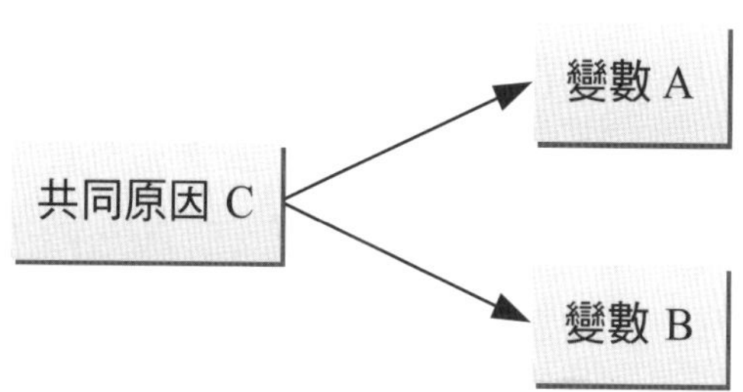

圖 17-1　C 為 A、B 的共同原因

圖 17-2 中，變數 A 透過中介變數 M 影響變數 B，如果控制了變數 M 之後，變數 A 與變數 B 的相關程度降低或變為 0，則變數 M 就具有**中介效果**（Green & Salkind, 2011），變數 A 對變數 B 就是間接的影響效果。

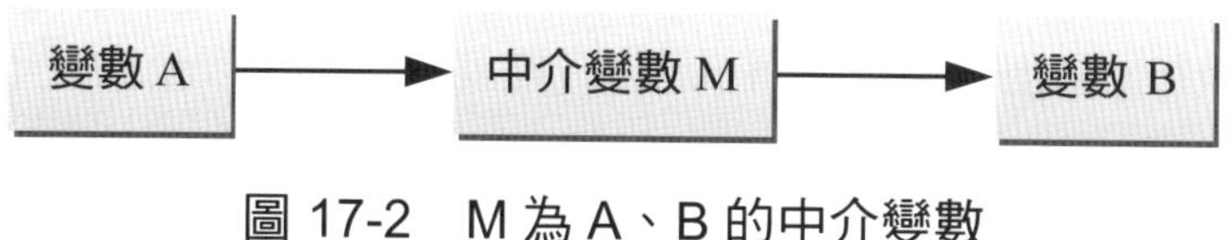

圖 17-2　M 為 A、B 的中介變數

17.1.2 分析示例

以下的研究問題，都可以使用偏相關：

1. 控制了年齡之後，憂鬱分數與空腹血糖值的關聯。
2. 控制了教育期望之後，母親受教育年數與子女學業成績的關係。
3. 控制了居民人數後，寺廟數與重大犯罪案件的關係。

17.1.3 統計概念

第 16 章分析了家中資源（物品）與學生科學素養的關聯，發現兩者的 Pearson 積差相關為 .453，達 0.05 顯著水準（文字框 17-1）。在文字框 17-1 中也顯示，母親受教育年數與這兩個變數的相關分別為 .481 及 .380（如圖 17-3）。由於母親受教育年數較多，收入通常也較高，所以家中資源會較多；而母親受教育年數較多，也比較有能力教育孩子，所以孩子的科學素養也較高。因此，母親受教育年數很可能是兩個變數的共同原因。如果排除了母親受教育年數的影響之後，再分析家中資源與孩子的科學素養的關聯，就是兩者的偏相關。

如果只將家中資源的變異排除母親受教育年數的影響，但是科學素養維持完整的變異，此時因為只排除一半（部分）的變異，所以稱為**半偏相關**（semi-partial correlation）或**部分相關**（part correlation）。

另一方面，母親受教育年數不會對子女的科學素養有直接影響，而會透過教育期望、教養態度，或提供的各項資源產生間接效果。所以，家中資源也可能是母親受教育年數與子女科學素養的中介變數（母親受教育年數→家中資源→科學素養）。這兩種模型似乎都正確，也都可以使用偏相關分析，至於何者較合理，則最好能夠參考相關理論及研究，再決定是否使用偏相關分析。

偏相關的概念與迴歸分析有密切關係（迴歸分析請見本書第 19、20 章）。在圖 17-3，先以母親受教育年數對家中資源進行簡單迴歸分析，在家中資源的變異中，如果可以被母親受教育年數解釋的部分就加以排除，留下無法被解釋的部分（稱為殘差，residual）。接著再以母親受教育年數對子女科學素養進行簡單迴歸分析，同樣留下殘差部分。最後，求兩個殘差的簡單相關，這就是控制母親受教育年數後，家中資源與科學素養的偏相關。

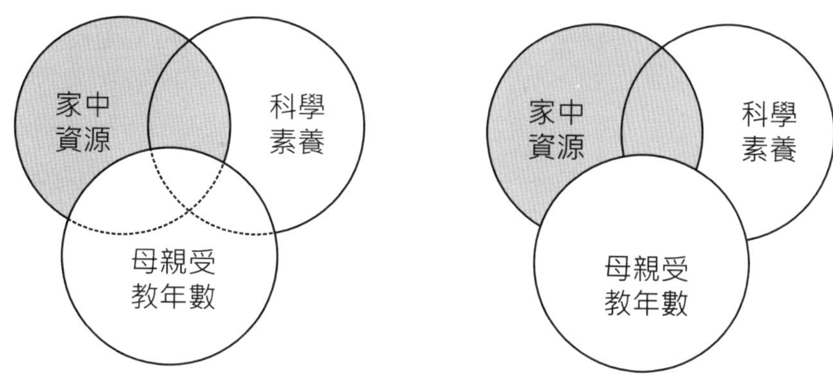

圖 17-3　偏相關示意

17.1.4　統計公式

文字框 17-1 為三個變數兩兩之間的 Pearson 相關係數、樣本數、及 p 值。

文字框 17-1　Pearson 相關係數

```
> load("C:/mydata/chap17/example17.RData")          # 載入本例資料
> install.packages("psych")                          # 安裝程式套件psych
> library(psych)                                     # 載入程式套件psych
> corr.test(example17[1:3],use="complete")           # 計算Pearson相關係數。
Call:corr.test(x = example17[1:3], use = "complete")
Correlation matrix
         家中資源  母親教育  科學素養
家中資源    1.00      0.48      0.45
母親教育    0.48      1.00      0.38
科學素養    0.45      0.38      1.00
Sample Size
[1] 36
Probability values (Entries above the diagonal are adjusted for multiple tests.)
         家中資源 母親教育 科學素養
家中資源    0.00      0.01      0.01
母親教育    0.00      0.00      0.02
科學素養    0.01      0.02      0.00
> cor(example17)                                     # 如果要得到較多的小數位，可以使用
                                                       cor計算相關係數矩陣。
          家中資源  母親教育  科學素養
家中資源 1.0000000 0.4810290 0.4534615
母親教育 0.4810290 1.0000000 0.3796345
科學素養 0.4534615 0.3796345 1.0000000
```

要計算排除母親受教育年數（X3）影響後，家中資源（X1）與科學素養（X2）的偏相關，公式為：

$$r_{12\cdot3} = \frac{r_{12} - r_{13}r_{23}}{\sqrt{1-r_{13}^2}\sqrt{1-r_{23}^2}} \quad \text{（公式 17-1）}$$

將文字框 17-1 的數值代入之後，得到：

$$r_{12\cdot3} = \frac{.453-(.481)(.380)}{\sqrt{1-.481^2}\sqrt{1-.380^2}} = \frac{.2708}{.8111} = .334$$

結果顯示如文字框 17-2 中的 0.3339364，取 3 位小數後為 0.334（注：相同的程式套件只需要安裝一次，如果以前曾經安裝過，就不需要再安裝）。

文字框 17-2　偏相關係數

```
> install.packages("ggm")                # 安裝程式套件ggm
> library(ggm)                           # 載入程式套件ggm
> pcor(c(1,3,2),cov(example17))          # 控制變數2，計算變數1和變數3的偏相關係數
[1] 0.3339364
```

17.1.5　顯著性檢定

偏相關同樣也使用 t 考驗，不過自由度改為 $n-3$，公式為：

$$t = \frac{r}{\sqrt{\frac{1-r^2}{n-3}}} \quad \text{（公式 17-2）}$$

計算之後得到：

$$t = \frac{.334}{\sqrt{\frac{1-(.334)^2}{36-3}}} = \frac{.334}{.164} = 2.035$$

判斷標準同樣有二：一是在自由度為 33 的 t 分配中，$\alpha = 0.05$ 的臨界值為 2.0345（圖 17-4），計算所得 t 值 2.035 稍大於 2.0345，因此應拒絕虛無假設。二是在自由

度為 33 的 t 分配中，$|t|$ 要大於 2.035 的 $p = 0.04994$（圖 17-5），已經小於 0.05，因此應拒絕虛無假設。總之，排除母親受教育年數的影響後，家中資源與科學素養的偏相關 $r_p = 2.035$，$p < 0.05$，兩者仍有顯著正相關。在 R 中，可以使用 abs(qt(0.05/2, 33)) 計算在自由度為 33，$\alpha = 0.05$ 時的臨界值，結果為 2.034515。

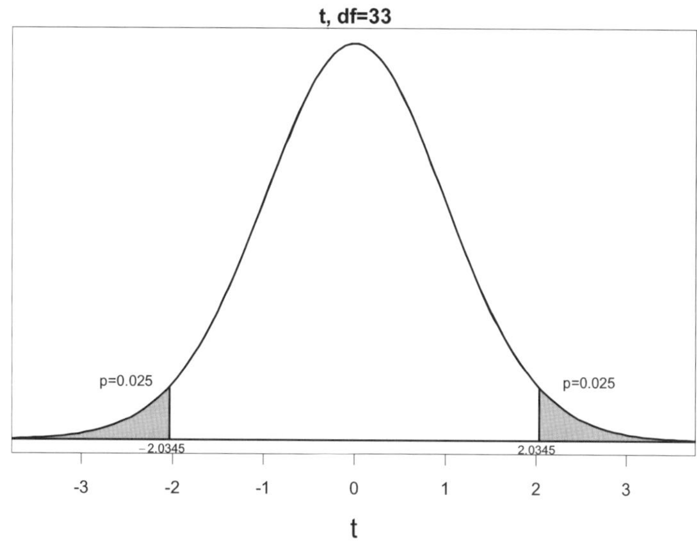

圖 17-4　自由度為 33，$\alpha = 0.05$ 的雙尾臨界值為 ± 2.0345

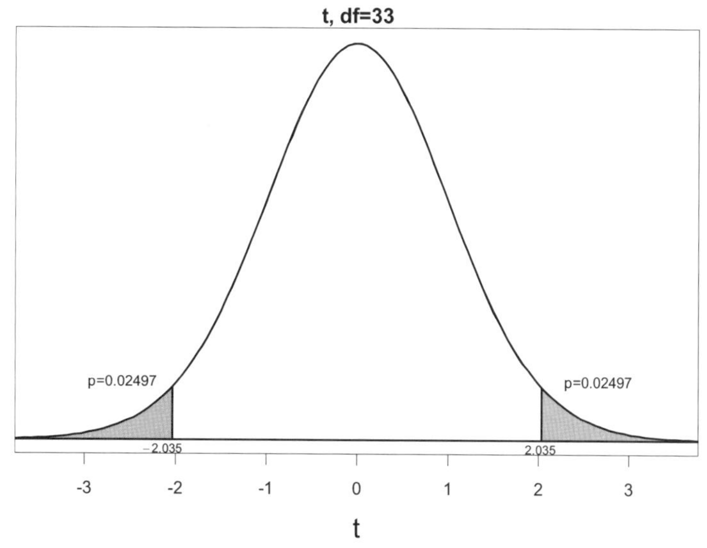

圖 17-5　自由度為 33，$|t| \geq 2.035$ 的 $p = 0.04994$

17.2 範例

研究者想要了解，當母親的受教育年數保持恆定時，高中生家中的資源與科學素養是否有關聯，因此測得 36 名學生的家中資源與科學素養如表 17-1 之數據。請問：排除了母親受教育年數的影響之後，家中的資源與科學素養兩兩之間是否有關聯？

表 17-1　36 名受試者的科學素養

學生	家中資源	母親受教年數	科學素養	學生	家中資源	母親受教年數	科學素養
1	14	16	668.35	19	16	14	434.30
2	14	12	544.14	20	2	9	250.60
3	15	16	652.50	21	7	6	314.10
4	17	12	508.24	22	7	6	378.35
5	13	14	499.57	23	11	12	478.87
6	17	16	554.40	24	14	12	563.91
7	11	12	542.28	25	15	14	652.22
8	13	14	463.48	26	13	14	580.70
9	14	12	487.26	27	17	14	414.71
10	12	12	523.82	28	8	6	503.95
11	16	9	507.96	29	12	14	503.30
12	9	9	471.60	30	14	12	469.54
13	6	14	479.06	31	13	16	657.91
14	14	14	554.59	32	16	9	652.22
15	8	9	632.08	33	10	9	520.74
16	9	6	548.81	34	12	12	531.28
17	3	14	475.14	35	16	12	490.25
18	11	9	577.90	36	17	14	530.34

17.2.1 變數與資料

表 17-1 有 4 個變數，但是受試者代號並不需要輸入 R 的數據中，因此分析時使用 3 個變數即可。其中家中資源是家中是否擁有某些物品，學生針對 17 種物品（如，書桌、自己的房間、網際網路等）回答是或否，最大值為 17，最小值為 0。母親受教育年數最小值為 6（國小），最大值為 18（研究所）。科學素養則是在 PISA 測驗的得分。

17.2.2 研究問題

在本範例中，研究者想要了解的問題可以陳述如下：

「控制母親受教育年數後，家中資源與科學素養是否有關聯？」

17.2.3 統計假設

根據研究問題，虛無假設宣稱「控制母親受教育年數後，家中資源與科學素養沒有關聯」：

$$H_0 : \rho_{(\text{家中資源}\cdot\text{科學素養})\cdot\text{母親受教育年數}} = 0$$

而對立假設則宣稱「控制母親受教育年數後，家中資源與科學素養仍有關聯」：

$$H_1 : \rho_{(\text{家中資源}\cdot\text{科學素養})\cdot\text{母親受教育年數}} \neq 0$$

17.3 使用 R 進行分析

17.3.1 資料檔

完整的 R 資料檔，如文字框 17-3。

文字框 17-3 偏相關分析資料檔

```
> load("C:/mydata/chap17/example17.RData")     # 載入本例資料
> example17                                     # 展示本例資料
```

	家中資源	母親教育	科學素養
1	14	16	668.35
2	14	12	544.14
3	15	16	652.50
4	17	12	508.24
5	13	14	499.57
6	17	16	554.40
7	11	12	542.28
8	13	14	463.48
9	14	12	487.26
10	12	12	523.82
11	16	9	507.96
12	9	9	471.60
13	6	14	479.06
14	14	14	554.59
15	8	9	632.08
16	9	6	548.81
17	3	14	475.14
18	11	9	577.90
19	16	14	434.30
20	2	9	250.60
21	7	6	314.10
22	7	6	378.35
23	11	12	478.87
24	14	12	563.91
25	15	14	652.22
26	13	14	580.70
27	17	14	414.71
28	8	6	503.95
29	12	14	503.30
30	14	12	469.54
31	13	16	657.91
32	16	9	652.22
33	10	9	520.74
34	12	12	531.28
35	16	12	490.25
36	17	14	530.34

17.3.2　偏相關係數及檢定

文字框 17-4 先安裝 corpcor 程式套件，使用其中的 cor2pcor() 函數計算相關矩陣。其次，再安裝 ggm 程式套件，並使用 pcor.test() 函數進行偏相關係數檢定。

文字框 17-4　計算偏相關係數

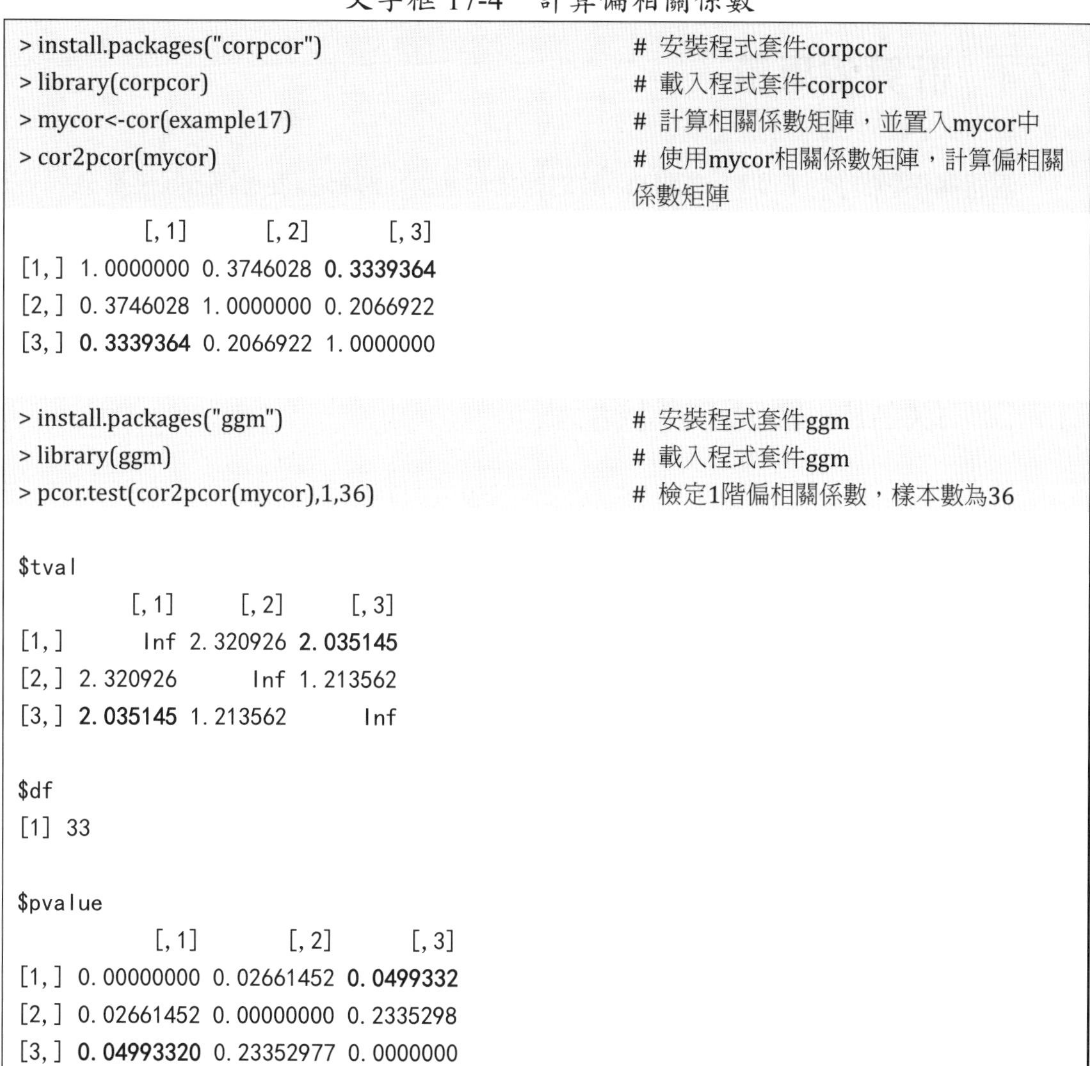

```
> install.packages("corpcor")             # 安裝程式套件corpcor
> library(corpcor)                        # 載入程式套件corpcor
> mycor<-cor(example17)                   # 計算相關係數矩陣，並置入mycor中
> cor2pcor(mycor)                         # 使用mycor相關係數矩陣，計算偏相關
                                          係數矩陣
          [,1]      [,2]      [,3]
[1,] 1.0000000 0.3746028 0.3339364
[2,] 0.3746028 1.0000000 0.2066922
[3,] 0.3339364 0.2066922 1.0000000

> install.packages("ggm")                 # 安裝程式套件ggm
> library(ggm)                            # 載入程式套件ggm
> pcor.test(cor2pcor(mycor),1,36)         # 檢定1階偏相關係數，樣本數為36

$tval
         [,1]     [,2]     [,3]
[1,]      Inf 2.320926 2.035145
[2,] 2.320926      Inf 1.213562
[3,] 2.035145 1.213562      Inf

$df
[1] 33

$pvalue
           [,1]       [,2]      [,3]
[1,] 0.00000000 0.02661452 0.0499332
[2,] 0.02661452 0.00000000 0.2335298
[3,] 0.04993320 0.23352977 0.0000000
```

分析後首先計算三個變數間兩兩的一階偏相關係數，接著對三個偏相關係數進行顯著性檢定，並列出 t 值、自由度，及 p 值。粗體字部分，是研究者關心的統計量。

文字框 17-4 列出了三個偏相關係數及其檢定，不過本範例只關心排除變數 2 後，變數 1 與變數 3 的偏相關。將母親受教育年數（變數 2）保持恆定之後，家中資源（變數 1）與科學素養（變數 3）的一階偏相關 $r_p = .334$，$t = 2.035$，$p = 0.050$（比較精確為 0.0499332），雖然仍達到 0.05 顯著水準，但是關聯程度已經降低了。多數時候，偏相關會比零階相關小（B. H. Cohen, 2007）。此時自由度為 $n - 3 = 36 - 3 = 33$。

17.4 計算效果量

偏相關係數介於−1 及+1 之間，係數的絕對值愈大，關聯強度愈高，效果量愈大。不過，偏相關係數的平方不代表某個變數對另一個變數的解釋量。如果要計算解釋量，可以改用**部分相關**（part correlation，或稱為**半偏相關**，semi-partial correlation）。

17.5 以 APA 格式撰寫結果

控制了母親的受教育年數之後，計算 36 名受試者的家中資源與科學素養成績的偏相關，兩個變數的一階偏相關係數 $r_p\,(33) = .334$，$p = .050$，仍有顯著的關聯。

17.6 偏相關的假定

17.6.1 觀察體要能代表母群體，且彼此間獨立

觀察體獨立代表各個樣本不會相互影響，假使觀察體間不獨立，計算所得的 p 值就不準確。如果有證據支持違反了這項假定，就不應使用偏相關。

17.6.2 多變量常態性

此項假定有兩個意涵：一是每個變數在各自的母群中須為常態分配；二是某一個變數在其他變數的組合數值中，也要呈常態分配。如果變數間符合多變量常態分配，則它們之間也會是線性關係（Green & Salkind, 2014）。如果樣本數夠大，則違反此項假定就不算太嚴重。

第 18 章

典型相關

典型相關（canonical correlation）是 Pearson 積差相關的擴展，它在分析兩群量的變數之線性相關，適用的情境如下：

自變數與**依變數**：均為兩個以上**量的變數**。

18.1　基本統計概念

18.1.1　目的

第 17 章的 Pearson *r* 在於分析兩個量的變數之相關。如果是一組量的變數與一個量的變數之相關，可使用**多元相關**（multiple correlation）。典型相關則在於分析兩組量的變數間之關聯程度。假設有 3 個 X 變數與 4 個 Y 變數，要計算它們之間的關係，最常使用的統計方法就是典型相關。

在典型相關中，有 5 種係數（或量數）要特別留意，它們分別是：**典型加權係數**（又含未標準化及標準化）、**典型相關係數**、**典型結構係數**、**交叉結構係數**、**平均解釋量**，及**重疊係數**。掌握了以上的係數（或量數），就能了解典型相關的重要概念。

18.1.2　分析示例

以下的研究問題，都可以使用典型相關進行分析：

1. 自我概念（含家庭、學校、外貌、身體、情緒）與學業成就（含國文、數學、英文）之間的關係。
2. 社會結構（含工業化、高等教育人口率、第三產業人口率、就業率）與經濟發展（含 GDP 成長率、人均所得、GINI 係數）之間的關係。
3. 體適能（含心肺耐力、肌力與耐力、柔軟度）與代謝症候群因子（血壓、血糖、三酸甘油脂、高密度脂蛋白膽固醇）之間的關係。

18.1.3　典型加權係數及典型相關係數

典型相關的主要過程，在於將兩組變數乘上各自的**典型加權係數**，以得到線性組合後的**典型變量**（canonical variate，或稱**典型因素**、**典型變數**），並計算典型變量間的相關。如同迴歸分析一樣，加權係數有未標準化與標準化兩種，前者可以直接由原始分數求得典型變量，後者可以比較變數對典型變量的相對貢獻。

在圖 18-1 中，計算第一組 X 變數加權係數 b，以求得第 1 個典型變量 W_1，

$$W_1 = b_{11}X_1 + b_{12}X_2 + b_{13}X_3$$

並計算第二組 Y 變數加權係數 c，以求得第 1 個典型變量 V_1，

$$V_1 = c_{11}Y_1 + c_{12}Y_2 + c_{13}Y_3 + c_{14}Y_4$$

再計算 W_1 及 V_1 這兩個典型變量間的簡單相關 $r_{W_1V_1}$，它就是 3 個 X 變數與 4 個 Y 變數間的第一對典型相關係數 ρ_1，

$$\rho_1 = r_{W_1V_1}$$

而且，加權係數 b 及 c 要限定在 $r_{W_1V_1}$ 達到最大的條件下求解。

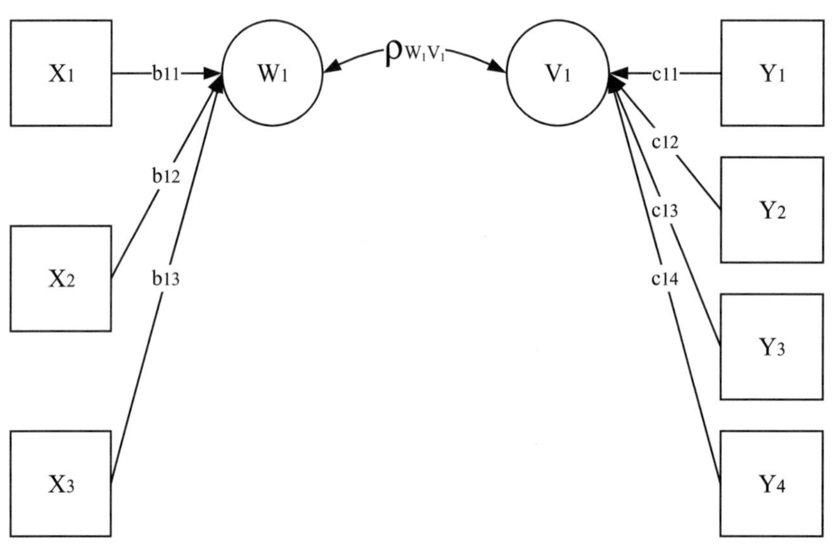

圖 18-1　第一對典型相關

接著，再以同樣的方式計算 W_2 及 V_2（圖 18-2），

$$W_2 = b_{21}X_1 + b_{22}X_2 + b_{23}X_3$$

$$V_2 = c_{21}Y_1 + c_{22}Y_2 + c_{23}Y_3 + c_{24}Y_4$$

此時要限定 $r_{W_1W_2} = 0$、$r_{V_1V_2} = 0$、$r_{W_1V_2} = 0$、$r_{W_2V_1} = 0$，且 $r_{W_2V_2}$ 為最大。

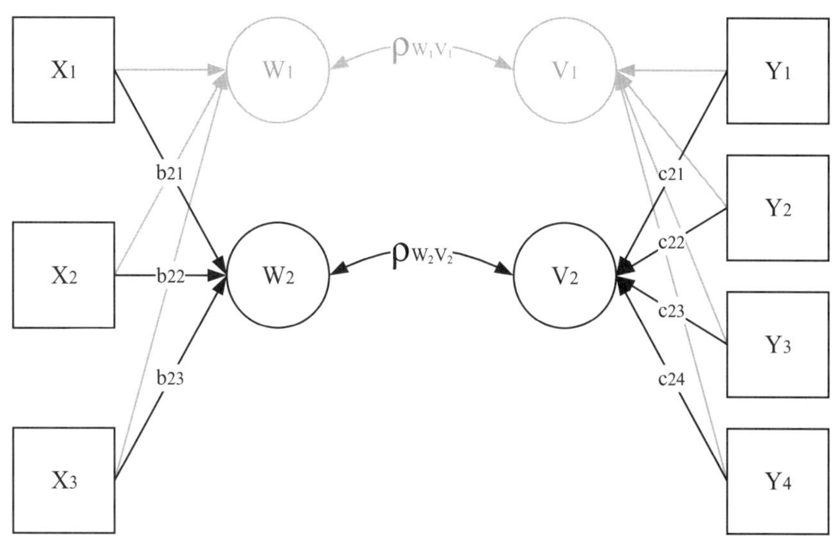

圖 18-2　第二對典型相關

最後，再以同樣的方式計算 W_3 及 V_3（圖 18-3），

$$W_3 = b_{31}X_1 + b_{32}X_2 + b_{33}X_3$$

$$V_3 = c_{31}Y_1 + c_{32}Y_2 + c_{33}Y_3 + c_{34}Y_4$$

此時還要再限定 $r_{W_1W_3} = 0$、$r_{W_2W_3} = 0$、$r_{V_1V_3} = 0$、$r_{V_2V_3} = 0$、$r_{W_3V_1} = 0$、$r_{W_3V_2} = 0$、$r_{W_1V_3} = 0$、$r_{W_2V_3} = 0$，且 $r_{W_3V_3}$ 為最大。

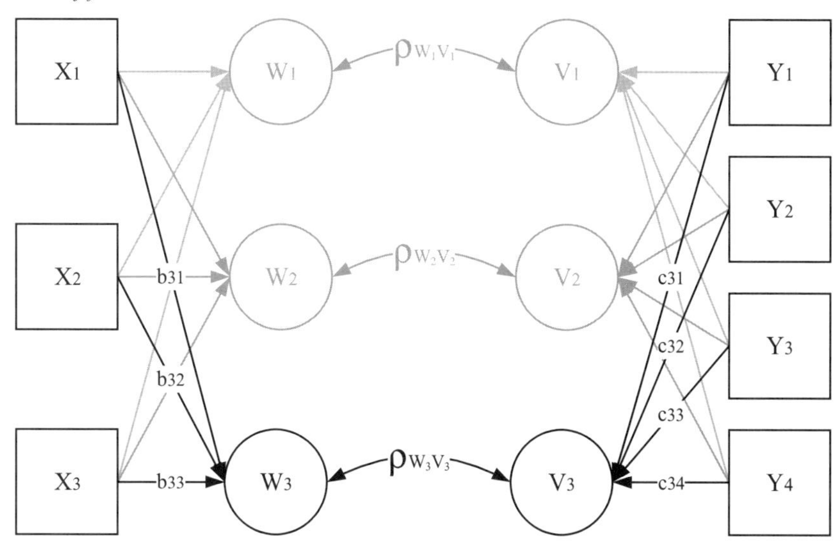

圖 18-3　第三對典型相關

兩組變數間，可以求得的典型相關數目是 X 變數數目與 Y 變數數目中較少者。上述的例子中，有 3 個 X、4 個 Y，因此可以求得 3 個典型相關係數 ρ。將典型相關係數取平方（ρ^2），就是兩個典型變量間互相的解釋量。

18.1.4　典型負荷量與平均解釋量

變數與本身典型變量間的 Pearson 相關係數，稱為**典型負荷量**（canonical loading，又稱為**典型結構係數**），圖 18-4 呈現 W_1 變量與 3 個 X 變數的相關，及 V_1 變量與 4 個 Y 變數的相關，它們都是典型負荷量。

將 Pearson 相關係數取平方，是變數間的相互解釋量；而典型負荷量的平均平方和，就是典型變量對變數的平均解釋量（又稱為**適切性係數**，adequacy coefficient）。變量 W_1 對 3 個 X 變數的平均解釋量為：

$$\frac{r_{W_1X_1}^2 + r_{W_1X_2}^2 + r_{W_1X_3}^2}{3}$$

變量 V_1 對 4 個 Y 變數的平均解釋量為：

$$\frac{r_{V_1Y_1}^2 + r_{V_1Y_2}^2 + r_{V_1Y_3}^2 + r_{V_1Y_4}^2}{4}$$

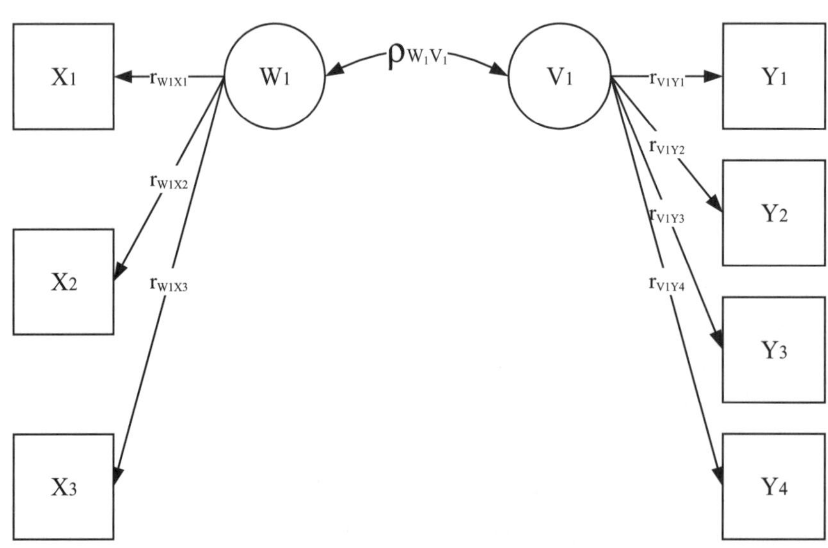

圖 18-4　典型結構係數

由於圖 18-4 中有 3 個 X 變數與 4 個 Y 變數，因此可以求得 3 對典型變量（W_1 與 V_1、W_2 與 V_2、W_3 與 V_3），其他兩對典型變量對各自變數的平均解釋量，也使用相同的計算方法。

18.1.5　交叉負荷量與重疊係數

變數與另一側典型變量間的 Pearson 相關係數稱為**交叉負荷量**（cross loading，又稱為 index 係數），圖 18-5 呈現 W_1 變量與 4 個 Y 變數的相關，及 V_1 變量與 3 個 X 變數的相關，它們都是交叉負荷量。圖 18-5 中的交叉負荷量，等於圖 18-4 中典型負荷量乘上典型相關係數，例如，

$$r_{W_1Y_1} = \rho_{W_1V_1} \times r_{V_1Y_1}$$

$$r_{V_1X_1} = \rho_{W_1V_1} \times r_{W_1X_1}$$

交叉負荷量的平均平方和，就是另一側典型變量對變數的平均解釋量（稱為**重疊量數**或**重疊係數**，redundancy coefficient）。變量 W_1 對 4 個 Y 變數的重疊係數為：

$$\frac{r^2_{W_1Y_1} + r^2_{W_1Y_2} + r^2_{W_1Y_3} + r^2_{W_1Y_4}}{4}$$

而這也代表了 3 個 X 變數透過第 1 對典型變量對 4 個 Y 變數的平均解釋量。

變量 V_1 對 3 個 X 變數的重疊係數為：

$$\frac{r^2_{V_1X_1} + r^2_{V_1X_2} + r^2_{V_1X_3}}{3}$$

這也代表了 4 個 Y 變數透過第 1 對典型變量對 3 個 X 變數的平均解釋量。

重疊係數也可以經由「平均解釋量」乘上「典型相關係數的平方」求得。由於典型變量對各自變數的平均解釋量不相等，因此重疊係數不是對稱的，也就是 X 變數對 Y 變數的解釋量，不等於 Y 變數對 X 變數的解釋量。

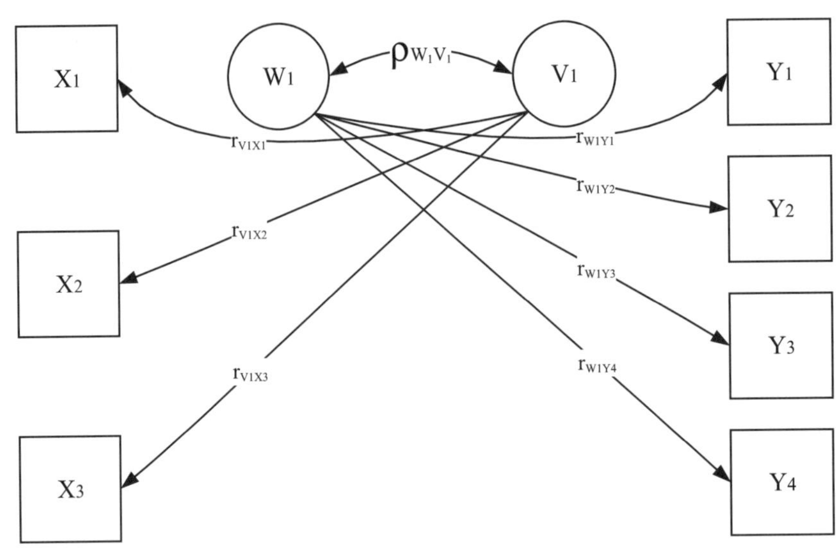

圖 18-5　交叉結構係數

18.1.6　整體檢定與維度縮減檢定

典型相關的顯著性主要有兩種：整體檢定與個別檢定。

整體檢定在於檢定兩組變數（*X* 變數與 *Y* 變數）是否有關聯，如果顯著，則繼續進行後續分析；如果不顯著，則停止分析。

個別檢定是針對個別典型相關進行檢定。不過，目前統計方法並不是針對每個典型相關係數進行檢定，而是採用維度縮減的方式。前述的例子中，3 個 *X* 變數與 4 個 *Y* 變數，最多可以計算 3 個典型相關係數。R 軟體首先檢定第 1 ~ 3 個典型相關係數是否不為 0，如果拒絕虛無假設，一般就認為第 1 個典型相關係數顯著不等於 0；接著檢定第 2 ~ 3 個典型相關係數是否不為 0，如果拒絕虛無假設，表示第 2 個典型相關係數顯著不等於 0；最後再單獨檢定第 3 個典型相關係數是否不為 0，如果拒絕虛無假設，表示第 3 個典型相關係數顯著不等於 0。其中第 1 ~ 3 個典型相關的檢定也就是整體檢定，且如果前一步驟的檢定不顯著，就不需要進行後一步驟的檢定。

18.1.7　效果量

典型相關的效果量有三種：

1. 典型相關 ρ 就是兩個典型變項（*W* 與 *V*）間的 Pearson 相關，本身就是效果量。

2. ρ^2 代表兩個典型變量互相解釋變異量的百分比，概念上與 R^2 相同。
3. 重疊量數是平均解釋量乘上 ρ^2，代表 X 變數對 Y 變數的解釋量，或 Y 變數對 X 變數的解釋量，也是效果量。由於 W 對 X，或是 V 對 Y 的平均解釋量不相等，因此 Y 對 X 或 X 對 Y 的解釋量也不相等，所以重疊量數是不對稱的，分析時應多加留意。

依 J. Cohen（1988）的經驗法則，R^2 的小、中、大效果量分別為 0.02、0.13、0.26。

18.2　範例

研究者想要了解，大學新生的三種心理變項與四種學業成績是否有關聯，因此測得 40 名學生的資料如表 18-1。請問：心理特質與學業成績是否有關聯？

表 18-1　40 名受試者的科學素養

受試者	控制信念	自我概念	學習動機	閱讀	寫作	數學	科學
1	13	6	4	62.7	51.5	54.4	49.8
2	13	8	4	57.4	56.7	46.9	52.6
3	6	5	2	33.6	33.3	41.0	36.3
4	11	8	2	49.5	52.8	50.6	48.8
5	7	5	3	49.5	56.7	47.7	44.4
6	12	4	2	52.1	54.1	58.1	47.1
7	14	6	2	46.9	59.3	63.0	52.6
8	14	9	3	54.8	48.9	52.4	58.0
9	13	6	4	53.2	60.6	61.2	56.9
10	9	6	2	52.1	54.1	55.3	52.6
11	18	9	4	65.4	48.9	66.3	58.0
12	12	6	3	36.8	59.3	40.7	49.8
13	11	8	3	45.3	54.7	44.3	33.6
14	12	6	4	60.1	64.5	55.7	63.4
15	13	6	1	73.3	61.9	73.1	68.8
16	16	6	1	44.2	48.9	48.0	49.8
17	5	6	4	38.9	38.5	42.8	41.7

表 18-1（續）

受試者	控制信念	自我概念	學習動機	閱讀	寫作	數學	科學
18	13	8	2	54.3	62.5	56.6	54.7
19	3	6	1	36.3	41.1	43.5	33.6
20	13	8	4	52.1	54.1	54.6	41.7
21	13	6	2	44.7	38.5	45.9	44.4
22	2	4	3	36.3	38.5	36.4	36.3
23	13	7	4	57.4	54.1	59.6	60.7
24	8	4	3	54.8	59.3	68.0	49.3
25	13	4	2	62.7	64.5	58.2	61.8
26	6	6	1	33.6	46.3	38.4	36.3
27	9	3	4	57.4	61.9	55.5	49.8
28	10	6	3	44.2	59.3	45.7	55.3
29	16	6	2	45.8	41.7	43.1	53.6
30	13	8	4	68.0	54.1	63.0	63.4
31	6	6	2	44.2	54.1	41.0	49.8
32	8	4	2	46.9	46.3	45.9	37.9
33	13	6	4	65.4	61.9	60.4	63.4
34	10	1	1	57.4	51.5	40.3	60.7
35	11	6	4	44.2	54.1	51.4	39.0
36	11	6	2	68.0	59.3	71.3	66.1
37	14	8	4	46.9	61.9	53.0	52.6
38	8	5	4	54.8	65.1	66.1	49.8
39	11	5	1	57.4	51.5	40.6	46.6
40	13	6	3	62.7	59.3	48.8	55.3

資料來源：http://www.ats.ucla.edu/stat/R/dae/canonical.htm

18.2.1 變數與資料

表 18-1 有 8 個變數，但是受試者代號並不需要輸入 R 中，因此分析時使用 7 個變數即可。控制信念為內控型信念，得分愈高愈傾向內控型，得分愈低愈傾向外控型。自我概念分數愈高，代表有愈正向的自我概念。學習動機得分愈多，代表有愈高的學習動機。四種素養得分愈高，代表愈有該領域的知識技能。

18.2.2 研究問題

在本範例中，研究者想要了解的問題可以陳述如下：

「心理特質與學業成績是否有關聯？」

18.2.3 統計假設

根據研究問題，虛無假設宣稱「心理特質與學業成績沒有關聯。」：

$$H_0 : \rho = 0$$

而對立假設則宣稱「心理特質與學業成績有關聯。」：

$$H_1 : \rho \neq 0$$

18.3 使用 R 進行分析

在 R 中可以進行典型相關分析的函數有三。一是 cancor() 函數，它提供了典型相關係數及原始加權係數等統計量。二是 CCA 程式套件中的 cc() 函數，它提供除了重疊係數之外的多數統計量。三是 yacca 程式套件中的 cca() 函數，它提供較完整的分析結果，因此，本章主要使用 cca() 函數進行分析。cc() 函數的分析方法與 cca() 函數相似，讀者可自行嘗試。

18.3.1 資料檔

完整的 R 資料檔如文字框 18-1。

文字框 18-1 典型相關分析資料檔

```
> load("C:/mydata/chap18/example18.RData")    # 載入本例資料
> example18                                   # 展示本例資料
  控制信念 自我概念 學習動機 閱讀 寫作 數學 科學
1       13        6        4 62.7 51.5 54.4 49.8
2       13        8        4 57.4 56.7 46.9 52.6
3        6        5        2 33.6 33.3 41.0 36.3
4       11        8        2 49.5 52.8 50.6 48.8
```

```
5     7   5   3 49.5 56.7 47.7 44.4
6    12   4   2 52.1 54.1 58.1 47.1
7    14   6   2 46.9 59.3 63.0 52.6
8    14   9   3 54.8 48.9 52.4 58.0
9    13   6   4 53.2 60.6 61.2 56.9
10    9   6   2 52.1 54.1 55.3 52.6
11   18   9   4 65.4 48.9 66.3 58.0
12   12   6   3 36.8 59.3 40.7 49.8
13   11   8   3 45.3 54.7 44.3 33.6
14   12   6   4 60.1 64.5 55.7 63.4
15   13   6   1 73.3 61.9 73.1 68.8
16   16   6   1 44.2 48.9 48.0 49.8
17    5   6   4 38.9 38.5 42.8 41.7
18   13   8   2 54.3 62.5 56.6 54.7
19    3   6   1 36.3 41.1 43.5 33.6
20   13   8   4 52.1 54.1 54.6 41.7
21   13   6   2 44.7 38.5 45.9 44.4
22    2   4   3 36.3 38.5 36.4 36.3
23   13   7   4 57.4 54.1 59.6 60.7
24    8   4   3 54.8 59.3 68.0 49.3
25   13   4   2 62.7 64.5 58.2 61.8
26    6   6   1 33.6 46.3 38.4 36.3
27    9   3   4 57.4 61.9 55.5 49.8
28   10   6   3 44.2 59.3 45.7 55.3
29   16   6   2 45.8 41.7 43.1 53.6
30   13   8   4 68.0 54.1 63.0 63.4
31    6   6   2 44.2 54.1 41.0 49.8
32    8   4   2 46.9 46.3 45.9 37.9
33   13   6   4 65.4 61.9 60.4 63.4
34   10   1   1 57.4 51.5 40.3 60.7
35   11   6   4 44.2 54.1 51.4 39.0
36   11   6   2 68.0 59.3 71.3 66.1
37   14   8   4 46.9 61.9 53.0 52.6
38    8   5   4 54.8 65.1 66.1 49.8
39   11   5   1 57.4 51.5 40.6 46.6
40   13   6   3 62.7 59.3 48.8 55.3
```

18.3.2 變數間相關矩陣

文字框 18-2 在計算兩組變數間的三種相關係數矩陣，包含第 1 組變數間的相關矩陣、第 2 組變數間的相關矩陣、第 1 組變數與第 2 組變數的相關矩陣。

文字框 18-2　各變數間的 Pearson 相關矩陣

```
> load("C:/mydata/chap18/example18.RData")    # 載入本例資料
> SET1<-example18[,1:3]                        # 設定第一組變數
> SET2<-example18[,4:7]                        # 設定第二組變數
> cor(SET1)                                    # 計算第一組變數間的相關矩陣
          控制信念  自我概念  學習動機
控制信念 1.0000000 0.4468985 0.1777778
自我概念 0.4468985 1.0000000 0.3221749
學習動機 0.1777778 0.3221749 1.0000000
> cor(SET2)                                    # 計算第二組變數間的相關矩陣
          閱讀      寫作      數學      科學
閱讀 1.0000000 0.5794638 0.7328583 0.7979639
寫作 0.5794638 1.0000000 0.5943853 0.5904272
數學 0.7328583 0.5943853 1.0000000 0.6306994
科學 0.7979639 0.5904272 0.6306994 1.0000000
> cor(SET1, SET2)                              # 計算第一組變數與第二組變數間的相關矩陣
              閱讀       寫作      數學       科學
控制信念 0.5356135 0.35882048 0.4377563 0.58902794
自我概念 0.0880104 0.03760946 0.1772217 0.09954367
學習動機 0.2228029 0.29013937 0.2778706 0.12982654
```

第一部分是第一組變數間的 Pearson 相關矩陣，都在 0.50 以下，屬於中低度的相關。可能原因有二：一是這三個心理變數的相關原本就不高，二是心理特質的測量信效度較低，以致相關係數較低。

第二部分是第二組變數之間的 Pearson 相關矩陣，都在 0.50 以上，有高度相關。

第三部分是第一組變數與第二組變數之間的 Pearson 相關矩陣。由橫列來看，控制信念與四科成績的相關程度最高，其次為學習動機，自我概念與四科成績的相關最低。

18.3.3 典型相關係數

文字框 18-3 使用 jacca 程式套件中的 cca() 函數進行典型相關分析存入 res.cca 中，接著分別列出各種分析結果。本部分先列出典型相關係數及其平方。

文字框 18-3 典型相關係數

```
> install.packages("yacca")          # 安裝程式套件 yacca
> library(yacca)                     # 載入程式套件 yacca
> res.cca<-cca(SET1,SET2)            # 進行典型相關分析，將結果存 res.cca 中
> res.cca$corr                       # 顯示 res.cca 中的典型相關係數 corr
     CV 1      CV 2      CV 3
0.6407570 0.3102261 0.1837423
> res.cca$corrsq                     # 顯示 res.cca 中的典型相關係數平方 corrsq
      CV 1       CV 2       CV 3
0.41056947 0.09624025 0.03376124
```

三個典型相關係數 ρ 分別是 0.6407570、0.3102261、0.1837423，它們代表第一組典型變量 W 與第二組典型變 V 量之間的 Pearson 相關。係數的平方就是三對典型變量 W 與 V 相互的解釋變異量，分別為 0.41056947、0.09624025、0.03376124。其中第 1 個典型相關係數為 0.6407570，比文字框 18-2 第三部分的相關係數都高。

由 18.3.4 節的顯著性檢定可得知，只有第 1 對典型相關係數達 0.05 顯著水準，圖示如圖 18-6。

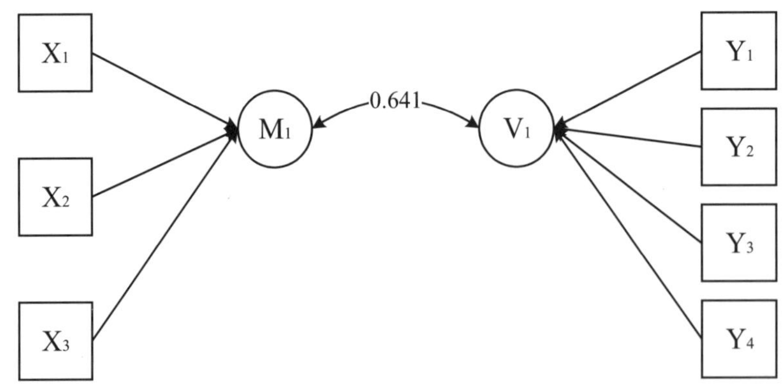

圖 18-6 第一對典型相關

18.3.4　顯著性檢定

文字框 18-4 延續前面的 cca 分析，並使用 F.test.cca() 函數進行漸次性的顯著性檢定。如果要列出 Wilks Λ 值，則須改用 CCP 程式套件的 p.asym() 函數，它內定為 Wilks 法，其他可選擇的方法還有 Hotelling、Pillai、及 Roy 法。

文字框 18-4　顯著性檢定

```
> F.test.cca(res.cca)                    #以 res.cca 的結果進行 F 檢定
        F Test for Canonical Correlations (Rao's F Approximation)

         Corr        F    Num df Den df  Pr(>F)
CV 1  0.64076  2.08297 12.00000 87.601 0.02605 *
CV 2  0.31023  0.79466  6.00000 68.000 0.57734
CV 3  0.18374       NA  2.00000     NA      NA
---
Signif. codes:  0 '***' 0.001 '**' 0.01 '*' 0.05 '.' 0.1 ' ' 1
> rho <- cancor(SET1,SET2)$cor
> N = dim(SET1)[1]
> p = dim(SET1)[2]
> q = dim(SET2)[2]
> library(CCP)
> p.asym(rho, N, p, q, tstat = "Wilks")
Wilks' Lambda, using F-approximation (Rao's F):
              stat    approx df1     df2    p.value
1 to 3:  0.5147189 2.0829748  12 87.6013 0.02605399
2 to 3:  0.8732477 0.7946596   6 68.0000 0.57734230
3 to 3:  0.9662388 0.6114655   2 35.0000 0.54824918
```

針對三個典型相關係數所做的維度縮減檢定，第一個檢定是第 1 ~ 3 個典型相關係數是否不為 0，Wilks Λ 為 0.5147189，轉為 F 值等於 2.08297，在自由度是 12, 87.601 的 F 分配中，p 值為 0.02605，已經小於 0.05，應拒絕虛無假設，此時，一般認為第 1 個典型相關係數（0.64076）與 0 有顯著差異。第二個檢定是第 2 ~ 3 個典型相關係數是否不為 0，檢定結果不能拒絕虛無假設（p = 0.57734），因此第 2 個典型相關係數（0.31023）與 0 沒有顯著差異。第三個檢定是第 3 個典型相關係數（0.18374）是否不為 0，檢定結果不能拒絕虛無假設。

總之，檢定後只有第 1 個典型相關係數顯著不等於 0，因此後續報表只要著重第一對典型變量的解釋即可。

18.3.5 原始加權係數

使用 yacca 分析後，即可得到兩組原始加權係數。xcoef 與 ycoef 分別是第一、二組變數的原始加權係數，結果如文字框 18-5。

文字框 18-5 原始加權係數

```
> res.cca$xcoef                          # 列出 res.cca 中的第一組原始加權係數
              CV 1        CV 2        CV 3
控制信念 -0.3016026  0.08734720 -0.04384487
自我概念  0.2449550  0.09988214  0.65760844
學習動機 -0.2202983 -0.93022215 -0.06133823
> res.cca$ycoef                          # 列出 res.cca 中的第二組原始加權係數
             CV 1        CV 2        CV 3
閱讀 -0.0372066097 -0.03770887 -0.08641732
寫作 -0.0134543956 -0.10922677 -0.08479183
數學 -0.0004136247 -0.04103669  0.15441808
科學 -0.0643062226  0.13780171  0.02171773
```

原始加權係數可以直接計算每個受試者的未標準化典型變量 W_1 及 V_1。要計算 W_1 分數，可以使用以下公式（取至小數第 3 位）：

$$W_1 = (-0.302) \times 控制信念 + 0.245 \times 自我概念 + (-0.220) \times 學習動機$$

要計算 V_1 分數，則使用以下公式：

$$V_1 = (-0.037) \times 閱讀 + (-0.013) \times 寫作 + (-0.0004) \times 數學 + (-0.064) \times 科學$$

上述模式圖示如圖 18-7。由於測量的單位不同，因此無法由未標準化係數看出變數對典型變量的重要性，而應以 18.3.6 節的標準化係數為準。

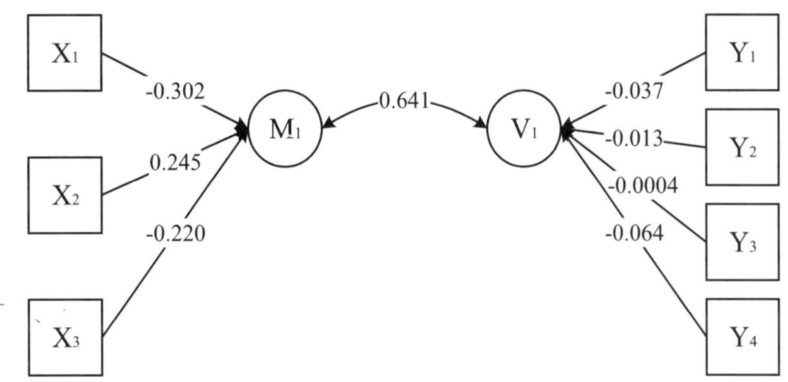

圖 18-7　原始加權係數

18.3.6　標準化加權係數

文字框 18-6 分別列出兩組變數的標準化加權係數。

文字框 18-6　標準化加權係數

```
> s1<-diag(sqrt(diag(cov(SET1))))        # 將第一組變數的共變數矩陣之對角線取平方根，得到各變數的標準差，再化為對角線矩陣
> s1 %*% res.cca$xcoef                   # 以 s1 右乘 xcoef，得到第一組標準化係數
           CV 1       CV 2        CV 3
[1,] -1.0642461  0.3082166 -0.15471264
[2,]  0.4018806  0.1638696  1.07889211
[3,] -0.2431227 -1.0265998 -0.06769331
> s2<-diag(sqrt(diag(cov(SET2))))        # 將第二組變數的共變數矩陣之對角線取平方根，得到各變數的標準差，再化為對角線矩陣
> s2 %*% res.cca$ycoef                   # 以 s2 右乘 ycoef，得到第二組標準化係數
             CV 1       CV 2       CV 3
[1,] -0.374506942 -0.3795625 -0.8698424
[2,] -0.109248723 -0.8869135 -0.6885035
[3,] -0.003987623 -0.3956215  1.4886949
[4,] -0.599293670  1.2842255  0.2023957
```

第一部分是第一組變數對典型變量 W 的標準化加權係數。由 CV 1（第一個典型變量 W_1）這一欄的係數來看，控制信念係數的絕對值最大，其次為自我概念（但是正負與其他兩個變數相反）。要計算每個受試者的標準化 W_1 分數，可以使用以下公式（取至小數第 3 位）：

$$Z_{W_1} = (-1.064) \times Z_{控制信念} + (0.402) \times Z_{自我概念} + (-0.243) \times Z_{學習動機}$$

第二部分是第二組變數對典型變量 V 的標準化加權係數。由 CV 1（第一個典型變量 V_1）這一欄的係數來看，科學成績係數的絕對值最大，其次為閱讀成績。要計算每個受試者的標準化 V_1 分數，可以使用以下公式：

$$Z_{V_1} = (-0.375) \times Z_{閱讀} + (-0.109) \times Z_{寫作} + (-0.004) \times Z_{數學} + (-0.599) \times Z_{科學}$$

上述模式圖示如圖 18-8。由於係數多數都是負數，而且 18.3.7 節的典型負荷量也都是負數，所以可以同時改變所有的正負號，不會影響分析的結果。

值得留意的是，自我概念的加權係數與典型結構係數正負相反，因此它是**抑制變數**（suppressor variable）。

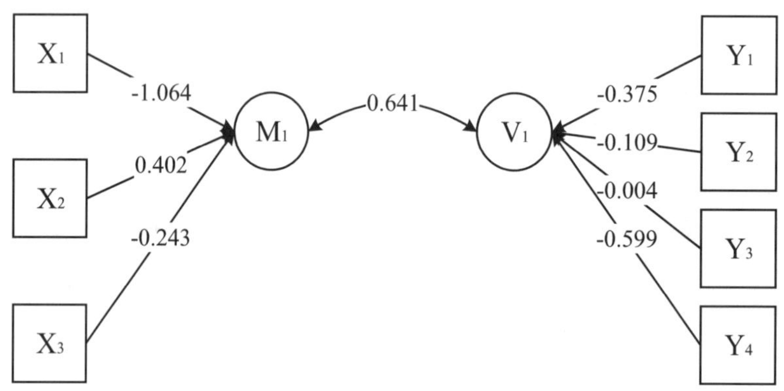

圖 18-8　標準化加權係數

18.3.7　典型負荷量（結構係數）

文字框 18-7 分別列出兩組變數與各自典型變量的典型負荷量，它們即是變數與變量間的相關係數。

文字框 18-7　典型負荷量

```
> res.cca$xstructcorr                    # 列出第一組變數的典型結構係數
                CV 1       CV 2      CV 3
控制信念 -0.9278682  0.1989430 0.3154082
自我概念 -0.1520575 -0.0291335 0.9879422
學習動機 -0.3028463 -0.9190111 0.2523941
```

```
> res.cca$ystructcorr                              # 列出第二組變數的典型結構係數
          CV 1       CV 2        CV 3
閱讀 -0.9189497 -0.1586658 -0.01629850
寫作 -0.6824714 -0.5837663 -0.18818749
數學 -0.7213581 -0.3909952  0.56963820
科學 -0.9651551  0.2081722  0.04070065
```

第一部分是第一組典型變量 W 對第一組變數的典型負荷量（相關係數），把每一欄係數加以平方再求平均數，就可以得到 18.3.9 節第一部分的平均解釋量。由係數來看，第一個典型變量 W_1 與控制信念的相關為−0.928，與學習動機的相關為−0.303（可以全部改為正數），因此可命名為「內在動機」。

第二部分是第二組典型變量 V 對第二組變數的典型負荷量（相關係數），把每一欄係數加以平方再求平均數，就可以得到 18.3.9 節第二部分的平均解釋量。由係數來看，第一個典型變量 V_1 與四科成績都有超過−0.682 的相關（可以全部改為正數），因此可命名為「學業成就」。如圖 18-9 如示。

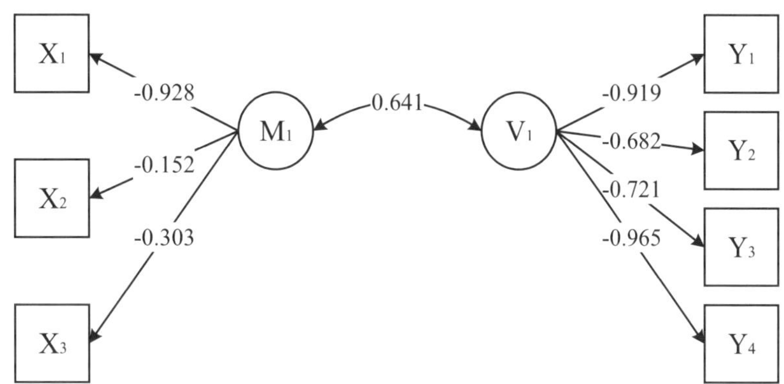

圖 18-9　典型負荷量

18.3.8　交叉負荷量

文字框 18-8 分別列出兩組變數與另一組典型變量的交叉負荷量，它們是變數與另一側變量間的相關係數。

文字框 18-8　交叉負荷量

```
> res.cca$xcrosscorr                            # 列出第一組變量的交叉負荷量
                CV 1          CV 2        CV 3
控制信念 -0.59453798  0.061717307 0.05795384
自我概念 -0.09743188 -0.009037974 0.18152678
學習動機 -0.19405087 -0.285101234 0.04637548
> res.cca$ycrosscorr                            # 列出第二組變量的交叉負荷量
            CV 1        CV 2          CV 3
閱讀 -0.5888234 -0.04922227 -0.002994723
寫作 -0.4372983 -0.18109955 -0.034578004
數學 -0.4622152 -0.12129692  0.104666637
科學 -0.6184298  0.06458046  0.007478431
> res.cca$ycrosscorrsq                          # 列出第二組變量的交叉負荷量平方
          CV 1        CV 2         CV 3
閱讀 0.3467130 0.002422832 8.968367e-06
寫作 0.1912298 0.032797048 1.195638e-03
數學 0.2136429 0.014712942 1.095510e-02
科學 0.3824555 0.004170636 5.592693e-05
```

第一部分是第二組典型變量 V 對第一組 X 變數的交叉負荷量（也等於相關係數），每一欄的係數平方和之平均數就是 18.3.10 節的重疊係數。交叉負荷量可由 18.3.7 節的典型結構係數乘以 18.3.3 節的典型相關係數而得，例如：

$$-0.9278682 \times 0.6407570 = -0.59453798$$

第二部分是第一組典型變量 W 對第二組 Y 變數的交叉負荷量，其他概念同前。如圖 18-10 所示。

第三部分是第一組典型變量 W 對第二組 Y 變數的交叉負荷量之平方，也就是第一組 X 變數通過典型變量對每個 Y 變數的個別解釋量，其中科學素養經由第一對典型變量被 3 個 X 變數的解釋量最高，為 0.3824555（38.2%），寫作素養的被解釋量最低，為 0.1912298（19.1%）。每一個橫列的總和，會等於 3 個 X 變數對個別 Y 變數進行多元迴歸分析所得的 R^2。而直行的平均數，就是重疊係數。

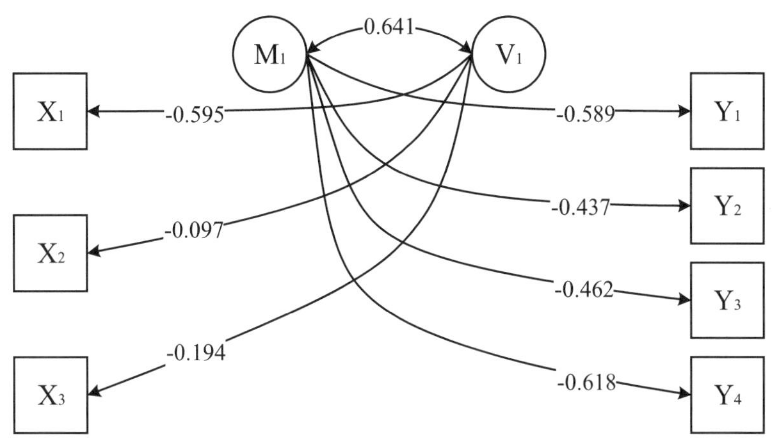

圖 18-10　交叉負荷量

18.3.9　平均解釋量（適切性量數）

文字框 18-9 分別列出典型變量對變數的平均解釋量。

文字框 18-9　平均解釋量

```
> res.cca$xcanvad                              # 列出第一組變數的平均解釋量
      CV 1      CV 2      CV 3
0.3252589 0.2950028 0.3797383
> res.cca$ycanvad                              # 列出第二組變數的平均解釋量
      CV 1      CV 2      CV 3
0.6905294 0.1405427 0.0904561
```

第一部分是第一組 X 變數被第一組典型變量 W 解釋的變異量，它是 18.3.7 節中典型結構係數的平均平方和，其中 W_1（報表中為 CV 1）可以解釋三個心理特質 0.3252589（32.5%）的變異量，計算方法如下：

$$\frac{(-0.9278682)^2+(-0.1520575)^2+(-0.3028463)^2}{3}=0.3252589$$

此處的平均解釋量並不一定由小到大排列，CV 3 對 X 變數的解釋量就大於 CV 1。

第二部分是第二組 Y 變數被第二組典型變量 V 解釋的變異量，其中 V_1（報表中為 CV 1）可以解釋四科成績 0.6905294（69.1%）的變異量，計算方法如下：

$$\frac{(-0.9189497)^2+(-0.6824714)^2+(-0.7213581)^2+(-0.9651551)^2}{4}=0.6905294$$

18.3.10 重疊係數

文字框 18-10 分別列出典型變量對另一側變數的平均解釋量，也就是重疊係數。

文字框 18-10 重疊係數

```
> res.cca$xvrd                              # 列出第一組變數的重疊量數
      CV 1       CV 2       CV 3
0.13354137 0.02839114 0.01282043
> res.cca$yvrd                              # 列出第二組變數的重疊量數
      CV 1       CV 2       CV 3
0.28351029 0.01352586 0.00305391
```

第一部分是第一組 X 變數被第二組典型變量 V 解釋的變異量，其中 V_1（報表中為 CV 1）可以解釋三個心理特質 0.13354137（13.4%）的變異量。它有兩種計算方法，一是將 18.3.8 節的交叉負荷量求平均平方和：

$$\frac{(-0.59453798)^2+(-0.09743188)^2+(-0.19405087)^2}{3}=0.13354137$$

二是將 18.3.3 節的平均解釋量乘以 18.3.3 節的典型相關平方：

$$0.3252589\times 0.41056947=0.13354137$$

因此，第二組 Y 變數透過第一對典型變量，可以解釋第一組 X 變數 13.4%的變異量。

第二部分是第二組 Y 變數被第一組典型變量 W 解釋的變異量，其中 W_1（報表中為 CV 1）可以解釋四科成績 0.28351029（28.4%）的變異量，計算方法不再重述。

總之，第一組 X 變數透過第一對典型變量，可以解釋第二組 Y 變數 28.4%的變異量。

18.3.11 整體解釋量

整體解釋量的計算方法，是以第一組 3 個變數，分別對第二組的 4 個變數進行 4

次多元迴歸分析，再計算 4 個 R^2 的平均數，結果如文字框 18-11 中 Y|X 的 0.3000901（30.0%）。以第二組 4 個變數，分別對第一組的 3 個變數進行 3 次多元迴歸分析，平均 R^2 為文字框 18-11 中 X|Y 的 0.1747529（17.5%）。

文字框 18-11　整體解釋量

```
> summary(res.cca)

（…省略前面報表…）

Aggregate Redundancy Coefficients (Total Variance
Explained by All CVs, Across Sets):

        X | Y: 0.1747529
        Y | X: 0.3000901
```

18.4　計算效果量

由文字框 18-3 可找出，第一對典型相關（W_1 與 V_1）為 0.641，互相解釋量為 0.411。由文字框 18-10 可找出，三個心理變數透過第一對典型變量，可以平均解釋四個學業成績 28.4%的變異量。

依 J. Cohen（1988）的經驗法則，R^2 的小、中、大效果量，分別為 0.02、0.13、0.26，本範例為大的效果量。

18.5　以 APA 格式撰寫結果

以 40 名大學新生所做的研究，心理特質與學業成績有顯著相關，Wilks' $\Lambda = .515$，$p = .026$，其中第一個典型相關 $\rho = .641$，$\rho^2 = .411$。心理特質透過第一對典型變量，可以解釋學業成績 28.4%的變異量。

18.6 典型相關的假定

18.6.1 變數間須為線性關係

典型相關與 Pearson 積差相關相同，都適用於線性的關係，如果變數為非線性關係，就不適用一般的典型相關分析。

18.6.2 低的多元共線性

同一組變數的相關不可太高，如果相關太高就會有多元共線性（multi-collinearity），典型加權及負荷量係數就會不穩定。

18.6.3 多變量常態分配

此項假定有兩個意涵：一是每個變數在各自的母群中須為常態分配；二是某一個變數在其他變數的組合數值中，也要呈常態分配。如果變數間符合多變量常態分配，則它們之間也會是線性關係（Green & Salkind, 2014）。如果樣本數夠大，則違反此項假定就不算太嚴重。

第 19 章

簡單迴歸分析

簡單迴歸分析（regression analysis）旨在使用一個量的變數預測另一個量的變數，適用的情境如下：

預測變數（自變數）：一個量的**變數**，如果為質的變數，應轉換為**虛擬變數**（dummy variable）。

效標變數（**依變數**）：一個量的**變數**。

19.1　基本統計概念

19.1.1　目的

迴歸分析的功能有二：一為**解釋**，二為**預測**。解釋的功能主要在於說明兩變數間的**關聯強度**及**關聯方向**；預測的功能則是使用迴歸方程式（模型），**利用已知的自變數來預測未知的依變數**。

19.1.2　分析示例

以下的研究問題，都可以使用簡單迴歸分析：

1. 行銷費用是否能預測營業額。
2. 壓力是否能預測血糖值。
3. 高等教育人口率是否能預測國家人均所得。
4. 科技的易用性是否能預測使用意願。

19.1.3　統計公式

在介紹簡單相關的概念時，曾說明經由繪製散布圖以了解兩個變數之間是否為直線關係。如果能找到一條最適合的直線（稱為迴歸線），以代表兩個變數的關係，此時就可以透過此直線的方程式，以進行預測。

簡單迴歸方程式為：

$$\hat{Y} = bX + a \qquad \text{（公式 19-1）}$$

其中 b 是迴歸的**原始加權係數**，又稱為**斜率**（slope），是 X 變數每改變 1 個單位，Y 變數的變化量。a 是**常數項**（constant），又稱為**截距**（intercept），是迴歸線與 Y 軸相交之處，是 $X=0$ 時，Y 的平均數。$\hat{Y}$ 是由 X 所預測的數值，與真正的 Y 變數有差距（稱為**殘差**，residual），殘差 $e=Y-\hat{Y}$。迴歸分析常使用**最小平方法**（least squares method, LS）求解，其目的在使 Σe^2 為最小〔$\Sigma e^2=\Sigma(Y-\hat{Y})^2$〕。求解後，

$$b=\frac{CP_{XY}}{SS_X}=\frac{s_{XY}}{s_X^2} \qquad \text{（公式 19-2）}$$

$$a=\overline{Y}-b\overline{X} \qquad \text{（公式 19-3）}$$

X、Y 變數通常是不同的單位，如果分別將它們化為 Z 分數，求得的迴歸方程式為：

$$Z_{\hat{Y}}=\beta Z_X \qquad \text{（公式 19-4）}$$

β 為迴歸之**標準化加權係數**。在簡單迴歸中，標準化迴歸係數會等於 Pearson 相關係數，

$$\beta=r$$

以圖 19-1 為例，研究者以 100 名國小學生為受試者，測得他們的智商及學業成績，求得迴歸方程式為 $\hat{Y}=0.606X+14.622$，其中截距為 14.622，而斜率為 0.606，是 $\frac{\text{對邊}}{\text{鄰邊}}$ 的比率，代表智商每多 1 分，成績就會多 0.606 分。

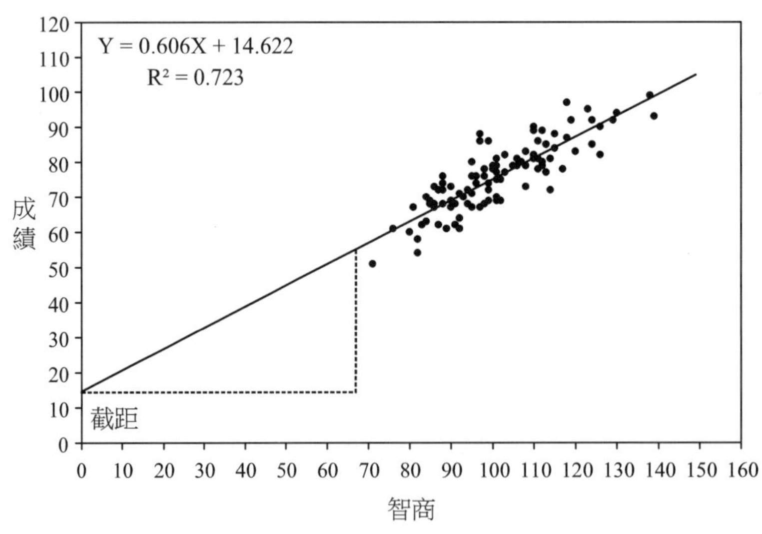

圖 19-1　原始迴歸係數

如果將兩個變數都化成 Z 分數後，圖 19-2 中截距就等於 0，斜率也變為 0.850（等於兩個變數的積差相關係數 r）。兩圖中的 R^2 為 0.723，將在後面說明。

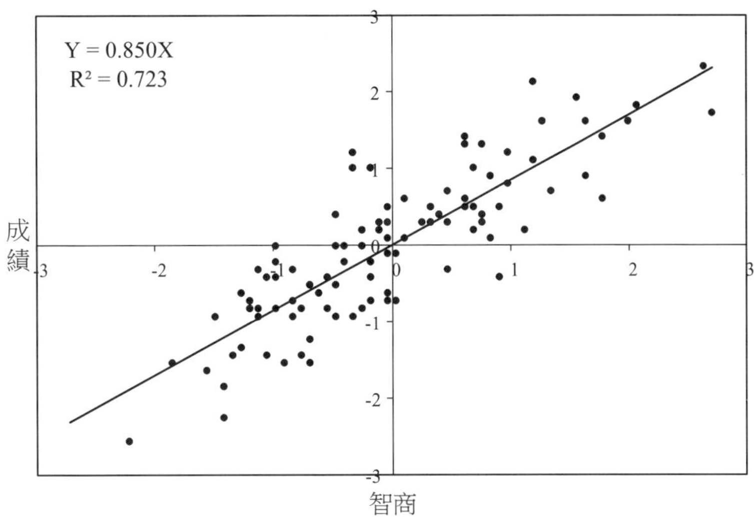

圖 19-2　標準化迴歸係數

假設學生的智商為 100，代入 $\hat{Y} = 0.606 \times 100 + 14.622 = 75.195 \approx 75$，則研究者會預測其成績為 75 分。然而，從圖 19-3 可看出，智商 100 的學生有兩人，他們實際的成績分別是 78 及 79，會有殘差，

殘差值 ＝ 實際值 － 預測值　　（公式 19-5）

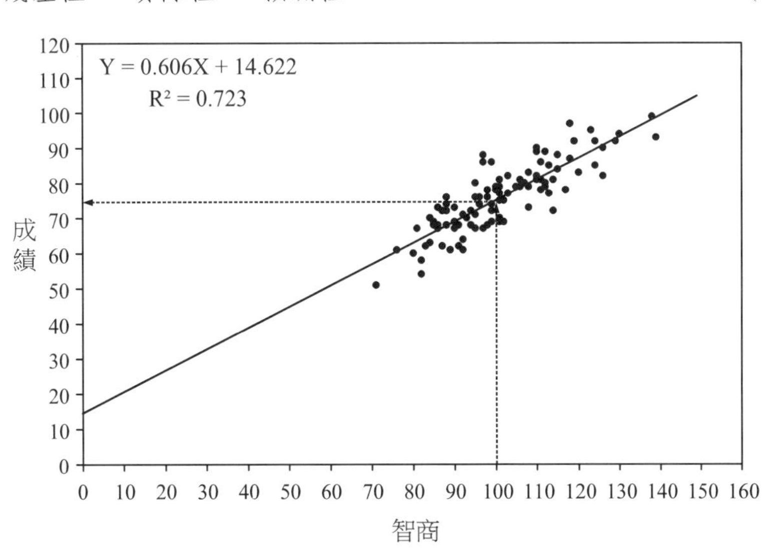

圖 19-3　以迴歸模型進行預測

19.1.4 整體檢定

迴歸分析的檢定主要有兩種，一是整體檢定，以 F 檢定進行；二是個別檢定，以 t 檢定進行。

整體檢定在考驗：所有的自變數是否可以共同預測依變數。統計假設可寫為：

$$\begin{cases} H_0 : R^2 = 0 \\ H_1 : R^2 > 0 \end{cases}$$

或是

$$\begin{cases} H_0 : R = 0 \\ H_1 : R > 0 \end{cases}$$

在說明 F 檢定之前，要先說明變異數分析的概念。迴歸分析也可以比照變異數分析的方式，將離均差平方和（SS）進行拆解，圖示如下：

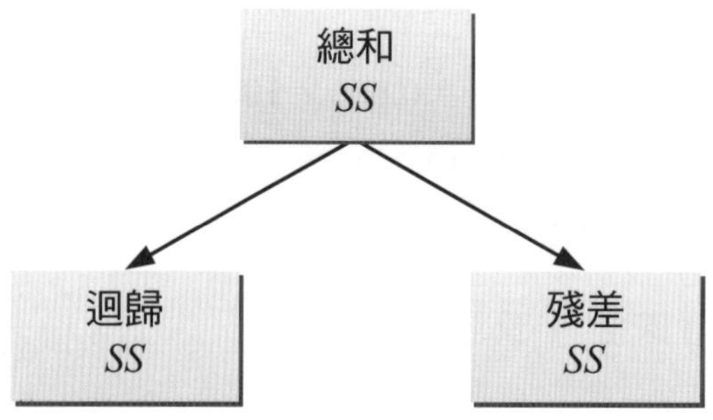

圖 19-4　迴歸分析平方和的拆解

當研究者不知道有 X 變數，而想預測個別的 Y 變數時，最好的方法就是使用平均數 $\bar{Y}$。平均數有兩個特性，一是 $\Sigma(Y-\bar{Y})=0$，二是 $\Sigma(Y-\bar{Y})^2$ 為最小。$\Sigma(Y-\bar{Y})^2$ 就是 Y 變數的離均差平方和（SS_Y），一般稱為 SS_{total}。

如果知道 X 變數而想預測 Y 變數，最好的方法就是使用 $\hat{Y}$（因為 $\hat{Y}=bX+a$），$\Sigma(\hat{Y}-\bar{Y})^2$ 代表使用 $\hat{Y}$ 取代 $\bar{Y}$ 來預測 Y 而減少的錯誤，$SS_{reg}=\Sigma(\hat{Y}-\bar{Y})^2$。

前面說過 $\Sigma e^2=\Sigma(Y-\hat{Y})^2$，這是使用迴歸方程式不能預測到 Y 的部分，也就是知道 X 而預測 Y，但仍不能減少的錯誤，$SS_{res}=\Sigma(Y-\hat{Y})^2$。

總之，

1. SS_{total} 是依變數 Y 的總變異。

2. SS_{reg} 是使用迴歸模型 $\hat{Y} = bX + a$ 預測 Y，可減少的錯誤。

3. SS_{res} 是使用迴歸模型仍然不能減少的錯誤，是殘差的變異。

圖 19-1 的資料，以 R 分析後，可得到文字框 19-1 的結果。

文字框 19-1　迴歸之變異數分析摘要表

```
> load("C:/mydata/chap19/table19.RData")        # 載入本例資料
> fit<-lm(成績~智商, data=table19)               # 進行迴歸分析
> anova(fit)                                    # 列出變異數分析摘要表
Analysis of Variance Table

Response: 成績
          Df Sum Sq Mean Sq F value    Pr(>F)
智商       1 6901.8  6901.8  255.79 < 2.2e-16 ***
Residuals 98 2644.3    27.0
---
Signif. codes:  0 ‘***’ 0.001 ‘**’ 0.01 ‘*’ 0.05 ‘.’ 0.1 ‘ ’ 1
```

在文字框 19-1 中，平方和的計算方法如前所述。自由度部分，總和為 $N - 1$，因為總人數為 100，所以總和的自由度為 100 － 1 = 99；迴歸的自由度為自變數（預測變數）的數目 k（在簡單迴歸中為 1）；殘差的自由度為 $N - 1 - k = N - 2 = 98$。平均平方和（簡稱均方，MS）為平方和除以自由度。其中，總和的均方並未計算，如果以公式來看，它等於 $\frac{\Sigma(Y-\bar{Y})^2}{N-1}$，就是 Y 變數的變異數，因此，均方也就等於變異數。將迴歸的 MS 除以殘差的 MS，就是 F 值，亦即，

$$F = \frac{MS_{reg}}{MS_{res}} = \frac{SS_{reg}/df_{reg}}{SS_{res}/df_{res}} \qquad \text{（公式 19-6）}$$

在自由度為 1, 98 的 F 分配中，要大於 255.79 的機率小於 0.001（比較精確為 2.2×10^{-16}），如果 α 設為 0.05，此時應拒絕虛無假設，也就是用所有的自變數可以顯著預測依變數。

由文字框 19-1 中可以自行算出，

$$SS_{total} = SS_{reg} + SS_{res}$$ （公式 19-7）

代入數值後得到，

$$SS_{total} = 6901.8 + 2644.3 = 9546.1$$

在計算變數間的關聯時，一般會選用具有**消減錯誤比例** (proportional reduction in error, PRE) 功能的統計量數，

$$PRE = \frac{E_1 - E_2}{E_1}$$ （公式 19-8）

在迴歸分析中，E_1 是不知道 X 變數而直接預測 Y 變數時的錯誤，也就是 SS_{total}；E_2 是知道 X 而預測 Y 的錯誤，也就是 SS_{res}，因此迴歸分析的 PRE 就是，

$$PRE = \frac{SS_{total} - SS_{res}}{SS_{total}} = \frac{SS_{reg}}{SS_{total}} = R^2$$ （公式 19-9）

R^2 稱為**決定係數**（coefficient of determination），代表 X 變數對 Y 變數的解釋力，也是迴歸分析的效果量。在此例中，$R^2 = \frac{6901.8}{6901.8 + 2644.3} = 0.723$，表示用智商可以解釋成績變異量的 72.3%。$\sqrt{R^2} = R$，稱為**多元相關係數**，它是預測值 $\hat{Y}$ 與 Y 的 Pearson r。

不過，迴歸方程式應用在不同樣本時，解釋力通常都會降低，因此一般會使用調整後的 $\hat{R}^2$：

$$\hat{R}^2 = 1 - (1 - R^2)\frac{N - 1}{N - k - 1}$$ （公式 19-10）

代入數值，得到：

$$\hat{R}^2 = 1 - (1 - 0.723)\frac{100 - 1}{100 - 1 - 1} = 0.720$$

19.1.5 個別檢定

個別檢定在於考驗迴歸模型中的每個自變數是否都可以預測依變數。在簡單迴歸分析中，因為只有一個自變數，所以整體檢定的結果會與個別檢定一致。統計假設

寫為：

$$\begin{cases} H_0 : \beta = 0 \\ H_1 : \beta \neq 0 \end{cases}$$

個別檢定採取 t 檢定，方式是將未標準化（原始）迴歸係數除以標準誤，

$$t = \frac{\text{未標準化係數}}{\text{係數的標準誤}} \qquad \text{（公式 19-11）}$$

由 R 的報表可看出，智商的原始迴歸係數為 0.60573，$t = \frac{0.60573}{0.03787} = 15.993$（有誤差是因四捨五入的關係），$p = 2 \times 10^{-16}$，達到 0.05 顯著水準，表示用智商可以顯著預測學生的成績。且當只有一個自變數時，此 t 值的平方就會等於前述的 F 值（也就是 $15.993^2 = 255.79$）。

常數（截距）的 $t = \frac{14.62211}{3.88137} = 3.767$，$p = 0.000282$，也小於 0.05，表示常數項不為 0。在此應留意：

1. 常數項是當 $X = 0$ 時，Y 的平均數，然而，X 變數經常不會等於 0。在此例中，智商為 0 是不可能發生的事，因此迴歸分析中，研究者通常比較關心斜率的檢定，相對比較不關心截距的檢定。
2. 除非有特別的理由，否則即使 t 檢定的結果不顯著，截距 a 仍不設定為 0。
3. 以同樣的變數進行分析，如果迴歸方程式不包含常數項，R^2 通常會大幅增加，斜率也會改變。

文字框 19-2　迴歸係數

```
> library(lm.beta)                          # 載入 lm.beta 程式套件
> fit.beta<-lm.beta(fit)                    # 將 fit 標準化，存入 fit.beta 中
> summary(fit.beta)                         # 列出 fit.beta 模型摘要
Call:
lm(formula = 成績 ~ 智商, data = table19)

Residuals:
     Min       1Q   Median       3Q      Max
-11.6753  -3.4880   0.1221   3.4151  14.6221
```

```
Coefficients:
            Estimate Standardized Std. Error t value Pr(>|t|)
(Intercept) 14.62211      0.00000    3.88137   3.767 0.000282 ***
智商         0.60573      0.85029    0.03787  15.993  < 2e-16 ***
---
Signif. codes:  0 ‘***’ 0.001 ‘**’ 0.01 ‘*’ 0.05 ‘.’ 0.1 ‘ ’ 1

Residual standard error: 5.194 on 98 degrees of freedom
Multiple R-squared:  0.723,     Adjusted R-squared:  0.7202
F-statistic: 255.8 on 1 and 98 DF,  p-value: < 2.2e-16
```

由文字框 19-2 可看出：

1. 原始迴歸方程式為：

$$成績 = 0.60573 * 智商 + 14.62211$$

2. b_1（0.60573）顯著不為 0，智商多 1 分，成績就約多 0.6 分。
3. 標準化迴歸係數為 0.85029。

19.1.6 效果量

整體檢定後達到統計上的顯著，接著計算效果量。

因為簡單迴歸分析只有一個自變數與依變數，此時，多元相關 R 等於 Pearson r 的絕對值（$R = |r|$），而 $R^2 = r^2$。如果使用 R 當效果量，依據 J. Cohen（1988）的經驗法則，R 值之小、中、大的效果量分別是 0.10、0.30、及 0.50。

不過，一般常用的效果量是 R^2，它代表預測變數可以解釋效標變數變異量的比例，依據 J. Cohen（1988）的經驗法則，R^2 值之小、中、大的效果量，分別是 0.01、0.09、及 0.25。在本範例中，$R^2 = 0.723$，調整後 $R^2 = 0.720$，為大的效果量。

19.2 範例

研究者想要了解學生的閱讀態度是否可以預測他的閱讀素養，由 PISA 資料庫中隨機選取 30 個樣本，得到表 19-1 之數據。請問：閱讀態度是否可以預測閱讀素養？

表 19-1　30 名受試者的閱讀素養成績

受試者	閱讀態度	閱讀素養	受試者	閱讀態度	閱讀素養
1	34	635.98	16	30	509.59
2	33	588.48	17	16	431.19
3	33	585.75	18	23	513.28
4	35	541.34	19	34	374.43
5	33	381.57	20	29	531.48
6	28	592.49	21	27	463.12
7	34	499.98	22	29	468.71
8	36	652.90	23	30	493.56
9	40	560.35	24	36	629.07
10	27	506.33	25	29	572.66
11	43	473.60	26	32	639.24
12	15	384.23	27	27	465.50
13	24	470.39	28	42	645.99
14	20	472.16	29	32	409.73
15	35	535.25	30	20	454.44

19.2.1　變數與資料

表 19-1 中有 3 個變數，但是受試者代號並不需要輸入 R 中，因此分析時使用 1 個預測變數及 1 個效標變數。預測變數是受試者的閱讀態度，由 11 個題目組成（如，必要時我才閱讀、閱讀是我喜愛的嗜好之一、我覺得讀完一本書很難等），為 4 點量表形式（1 為非常不同意、2 為不同意、3 為同意、4 為非常同意），反向題重新轉碼後再加總，總分最低為 11 分，最高為 44 分。效標變數為 PISA 閱讀測驗分數。2 個變數都屬於量的變數。

19.2.2　研究問題

在本範例中，研究者想要了解的問題可以陳述如下：

閱讀態度是否可以預測閱讀素養成績？

19.2.3 統計假設

根據研究問題，虛無假設宣稱「閱讀態度不能預測閱讀素養成績」：

$$H_0 : \beta_{閱讀態度} = 0$$

而對立假設則宣稱「閱讀態度可以預測閱讀素養成績」：

$$H_1 : \beta_{閱讀態度} \neq 0$$

19.3 使用 R 進行分析

19.3.1 資料檔

完整的 R 資料檔，如文字框 19-3。

文字框 19-3 範例分析資料檔

```
> load("C:/mydata/chap19/example19.RData")      # 載入本例資料
> example19                                     # 展示本例資料
   閱讀態度 閱讀素養
1        34   635.98
2        33   588.48
3        33   585.75
4        35   541.34
5        33   381.57
6        28   592.49
7        34   499.98
8        36   652.90
9        40   560.35
10       27   506.33
11       43   473.60
12       15   384.23
13       24   470.39
14       20   472.16
15       35   535.25
16       30   509.59
17       16   431.19
```

```
18          23    513.28
19          34    374.43
20          29    531.48
21          27    463.12
22          29    468.71
23          30    493.56
24          36    629.07
25          29    572.66
26          32    639.24
27          27    465.50
28          42    645.99
29          32    409.73
30          20    454.44
```

19.3.2 散布圖及迴歸線

以下先說明兩變數的散布圖與迴歸線，再進行迴歸分析。文字框 19-4 中，先以 example19 中的「閱讀素養」當依變數（反應變數），「閱讀態度」為自變數（預測變數），建立線性模型，並存到 fit 物件中，後續即可針對 fit 再分析。其次繪製散布圖，並加上迴歸線。

文字框 19-4　繪製散布圖及迴歸線

```
> load("C:/mydata/chap19/example19.RData")                    # 載入本例資料
> fit <- lm(閱讀素養~閱讀態度, data= example19)               # 進行迴歸分析，並將結果存到 fit 中
> plot(example19$閱讀態度, example19$閱讀素養, xlab="閱讀態度", ylab="閱讀素養", xlim=c(0,50),
ylim=c(300,700), pch=19)                                      # 繪製散布圖
> abline(fit)                                                 # 加上迴歸線
```

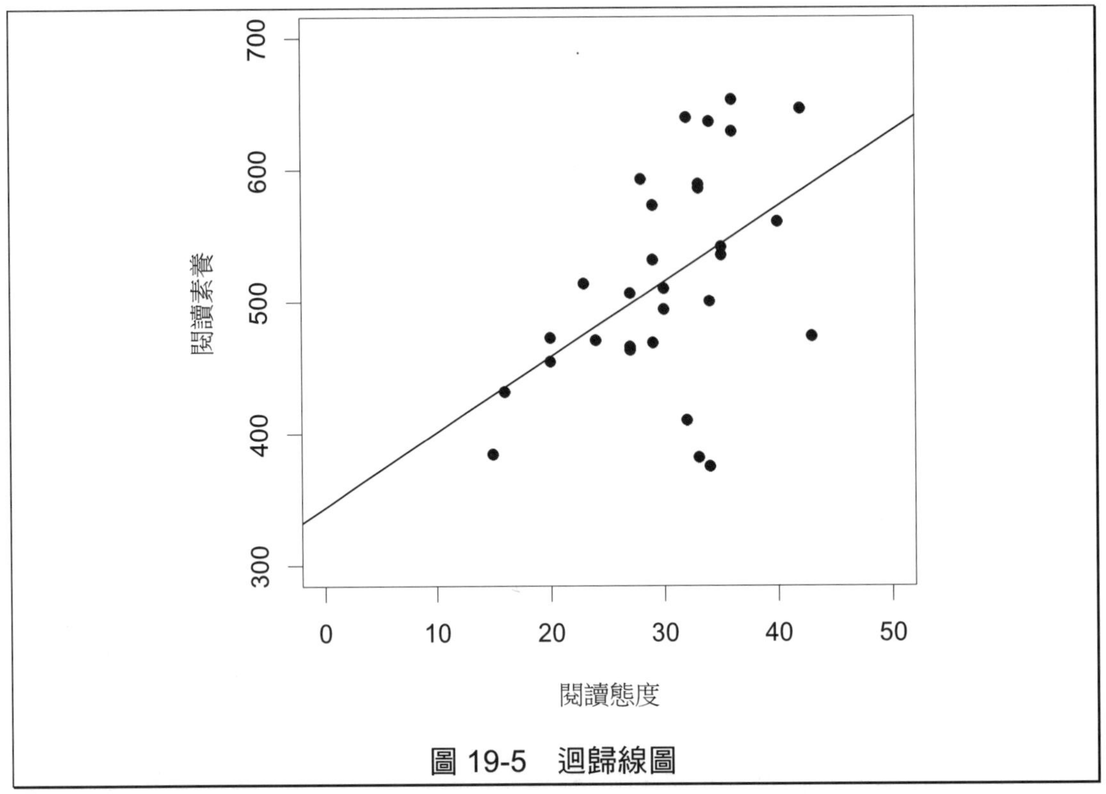

圖 19-5　迴歸線圖

圖 19-5 為迴歸線圖，其中 X 軸是自變數「閱讀態度」，Y 軸是依變數「閱讀素養」，迴歸線呈左下至右上趨勢，兩個變數有正相關，斜率是正數，截距大約為 340（由後面報表可知是 343.52）。

19.3.3　整體檢定

文字框 19-5 中以 example19 資料中的「閱讀素養」為依變數（~ 之前），「閱讀態度」為自變數（~ 之後）進行線性迴歸分析，並存入 fit 中。接著再列出變異數分析摘要表。

文字框 19-5　變異數分析摘要表

```
> load("C:/mydata/chap19/example19.RData")      # 載入本例資料
> fit<-lm(閱讀素養~閱讀態度, data=example19)     # 建立迴歸模型，分析結果存入 fit 中
> anova(fit)                                     # 輸出模型的變異數分析表
```

```
Analysis of Variance Table

Response: 閱讀素養
          Df Sum Sq Mean Sq F value   Pr(>F)
閱讀態度    1  44304   44304  8.3741 0.007293 **
Residuals 28 148139    5291
---
Signif. codes:  0 ‘***’ 0.001 ‘**’ 0.01 ‘*’ 0.05 ‘.’ 0.1 ‘ ’ 1
```

報表中，「閱讀態度」（迴歸）的 Sum Sq（*SS*）是可以使用迴歸模型預測到的變異量，而殘差（Residuals）的 *SS* 則是無法由迴歸模型預測到的變異量。迴歸的自由度等於自變數數目（此處為 1），殘差的自由度為 $N-k-1=30-1-1=28$。*SS* 除以各自的自由度，就是平均平方和（Mean Sq, *MS*）。*F* 的公式為：

$$F=\frac{\text{迴歸}MS}{\text{殘差}MS}$$

代入數值，得到：

$$F=\frac{44304}{5291}=8.3741$$

在自由度是 1 及 28 的 *F* 分配中，要大於 8.3741 的機率值（*p*）為 0.007293，已經小於 0.05（因此標注兩個 * 號），表示「所有的」預測變數可以聯合預測效標變數。由於簡單迴歸中「只有一個」預測變數，所以此處的 *p* 值會等於文字框 19-6 中閱讀態度的 *p* 值，而且 *F* 值會等於 t^2，

$$8.3741=2.894^2$$

19.3.4　模型摘要及個別檢定

R 的 lm() 函數並未提供標準化迴歸係數，可以透過 lm.beta() 函數將分析結果標準化。文字框 19-6 分別使用 summary() 與 confint() 函數列出模型摘要及迴歸係數的 95%信賴區間。

文字框 19-6　模型摘要及個別檢定

```
> library(lm.beta)                              # 載入 lm.beta 程式套件
> fit.beta<-lm.beta(fit)                        # 將 fit 標準化，存入 fit.beta 中
> summary(fit.beta)                             # 輸出 fit.betat 模型結果
Call:
lm(formula = example19$閱讀素養 ~ example19$閱讀態度)

Residuals:
     Min       1Q   Median       3Q      Max
-163.377  -34.092   -3.563   55.704  112.861

Coefficients:
                   Estimate Standardized Std. Error t value Pr(>|t|)
(Intercept)        343.5203       0.0000    61.0962   5.623 5.08e-06 ***
example19$閱讀態度   5.7143       0.4798     1.9747   2.894  0.00729 **
---
Signif. codes:  0 '***' 0.001 '**' 0.01 '*' 0.05 '.' 0.1 ' ' 1

Residual standard error: 72.74 on 28 degrees of freedom
Multiple R-squared:  0.2302,    Adjusted R-squared:  0.2027
F-statistic: 8.374 on 1 and 28 DF,  p-value: 0.007293
> confint(fit, level=0.95)                     # 輸出 fit 中迴歸係數的信賴區間
                2.5 %     97.5 %
(Intercept) 218.370434 468.670076
閱讀態度       1.669374   9.759285
```

報表開頭先列出迴歸模型，及殘差的最小值、四分位數、最大值。

其次，是未標化迴歸係數估計值，分別為 343.5203 及 5.7143，p 值都分別為 5.08×10^{-06} 及 0.00729，因此本範例的迴歸方程式為：

$$\hat{Y}_{閱讀素養} = 343.5203 + 5.7143 \times \text{閱讀態度}$$

當閱讀態度每增加 1 分，閱讀素養測驗成績就增加 5.7143 分。

至於迴歸係數是否顯著不等於 0，則使用 t 檢定，t 值是由係數除以係數的標準誤：

$$t = \frac{\text{未標準化係數}}{\text{係數標準誤}}$$

閱讀態度迴歸係數的 t 值，即為：

$$t = \frac{5.7143}{1.9747} = 2.894$$

在自由度是28(見殘差的自由度)的 t 分配中，$|t|$要大於2.894的 p 值為0.00729，因為 $p < 0.05$，要拒絕虛無假設，所以迴歸係數5.7143顯著不等於0。當只有一個預測變數時，t^2 會等於下方的 F 值（$2.894^2 = 8.374$），兩者的 p 值也會相同。常數項為343.5203，代表閱讀態度為0時，學生的平均閱讀素養測驗分數為343.5203。然而，在本範例中，閱讀態度最低為11分，常數項並無太大意義。因此，在迴歸分析中，研究者通常比較不關心常數項的檢定。

標準化迴歸係數為 0.4798，當只有一個自變數時，會等於自變數與依變數的相關係數。

第三部分是殘差的標準誤，等於文字框19-5中殘差 MS 的平方根，代入數值，得到：

$$\sqrt{5291} = 72.74$$

殘差的標準誤是使用預測變數所不能預測部分（殘差）的標準差（分母為 $N-2 = 28$），表示使用閱讀態度來預測閱讀素養，平均會有72.74分的誤差。

第四部分是迴歸分析的效果量。報表中 R^2 的計算方法為：

$$R^2 = \frac{\text{迴歸}SS}{\text{總和}SS} = \frac{\text{迴歸}SS}{\text{迴歸}SS + \text{殘差}SS}$$

代入文字框19-5的數值，得到：

$$R^2 = \frac{44304}{44304 + 148139} = \frac{44304}{192443} = .2302 = 23.02\%$$

R^2 代表效標變數（閱讀素養）的變異量，可以由預測變數（閱讀態度）解釋的比例。由於 R^2 會高估母群中預測變數對效標變數的解釋量，此時可以使用調整後的 R^2 加以修正。它的公式是：

$$\hat{R}^2 = 1-(1-R^2)\frac{N-1}{N-k-1}$$

代入數值後得到：

$$\hat{R}^2 = 1-(1-.2302)\frac{30-1}{30-1-1} = .2027 = 20.27\%$$

第五部分是迴歸係數的 95%信賴區間，中間都不包含 0，因此迴歸係數顯著不為 0。迴歸係數的 95%信賴區間的計算方法為：

迴歸係數 $\pm t_{(1/\alpha,\, df)} \times$ 迴歸係數的標準誤

19.3.5 預測值及殘差值

文字框 19-7 先列出自變數、依變數、未標準預測值、及殘差值，再計算四個變數間的相關矩陣。

文字框 19-7　模型摘要及個別檢定

```
> 預測值<-fitted(fit)                          # 將 fit 中的預測值存為「預測值」
> 殘差值<-residuals(fit)                       # 將 fit 中的殘差值存為「殘差值」
> output<-data.frame(閱讀態度=example19$閱讀態度, 閱讀素養=example19$閱讀素養, 預測值, 殘
差值)                                          # 將四個變數設為資料架構存入 output 中
> head(output)                                 # 輸出 output 中的前 6 個受訪者
  閱讀態度 閱讀素養   預測值      殘差值
1       34   635.98 537.8075   98.172549
2       33   588.48 532.0931   56.386878
3       33   585.75 532.0931   53.656878
4       35   541.34 543.5218   -2.181781
5       33   381.57 532.0931 -150.523122
6       28   592.49 503.5215   88.968524
> round(cor(output), 4)                        # 計算四個變數間的相關矩陣
         閱讀態度 閱讀素養 預測值 殘差值
閱讀態度   1.0000   0.4798 1.0000 0.0000
閱讀素養   0.4798   1.0000 0.4798 0.8774
預測值     1.0000   0.4798 1.0000 0.0000
殘差值     0.0000   0.8774 0.0000 1.0000
```

報表中第一部分為各個受試者在閱讀態度、閱讀素養、預測值，及殘差值的數值。以第 1 位受試者為例，由報表可看出，他的閱讀態度是 34 分，代入公式可得到未標準化預測值 $\hat{Y}$ ：

$$\hat{Y}_{閱讀素養} = 343.520 + 5.714 \times 34 = 537.8075$$

未標準化的殘差公式為：

$$殘差值 = 實際值 - 預測值$$

而第 1 位受試者實際的閱讀素養是 635.98 分，因此未標準化的殘差值就是：

$$殘差值 = 635.98 - 537.8075 = 98.172549$$

由報表也可以看出，第 2、3、5 位受試者的閱讀態度分數都相同，因此預測所得的閱讀素養預測值也都是 532.0931，然而實際他們的閱讀素養分數都不相同，殘差值也有差異。第 5 位受試者的殘差值為 −150.523122，使用迴歸模型預測，會高估了他的閱讀素養。第 2、3 位受試者，則是低估了他們的閱讀素養。

第二部分是四個變數間的相關矩陣。閱讀態度與閱讀素養的相關係數為 0.4798，等於標準化迴歸係數。閱讀態度與預測值的相關係數為 0.4798，就是 R。殘差值與自變數及預測值的相關係數都是 0。閱讀素養與殘差值的相關係數為 0.8774，等於 $\sqrt{1-R^2} = \sqrt{1-0.2302^2}$ ，稱為**疏離係數**（coefficient of alienation），代表自變數無法解釋的變異。

19.4　計算效果量

由於檢定後達到統計上的顯著，因此再計算效果量。一般常用的效果量是 R^2，它代表預測變數可以解釋效標變數變異量的比例，依據 J. Cohen（1988）的經驗法則，R^2 值之小、中、大的效果量，分別是 0.01、0.09、及 0.25。在本範例中，R^2 =0.23，調整後 R^2 =0.20，接近大的效果量。

19.5 以 APA 格式撰寫結果

研究者進行簡單迴歸分析，以閱讀素養為效標變數，閱讀態度為預測變數，$\beta = 0.48$，$t = 2.89$，$p = .007$，因此閱讀態度是閱讀素養顯著的預測變數，並能解釋 23% 的變異量。

19.6 簡單迴歸分析的假定

19.6.1 獨立性

觀察體獨立代表各個樣本不會相互影響，假使觀察體不獨立，計算所得的 p 值就不準確。如果有證據支持違反了這項假定，就不應使用簡單迴歸分析。

如果使用縱貫資料進行迴歸分析(如，以前一年的公共建設經費預測下一年的經濟成長率)，由於後一年的公共建設經費及經濟成長率，常會受到前一年數值的影響，就有可能違反獨立性假定。

19.6.2 雙變數常態分配

此項假定有兩個意涵：一是兩個變數在各自的母群中須為常態分配；二是在某個變數的任何一個數值中，另一個變數也要呈常態分配。如果變數不是常態分配，會降低檢定的統計考驗力。不過，當樣本數在中等以上規模時，即使違反了這項假定，對於簡單迴歸分析的影響也不大。

19.6.3 等分散性

在自變數的每個水準中，依變數都要呈常態分配，而這些常態分配的變異數也要相等，此稱為等分散性 (homoscedasticity)。如果違反此項假定，則分析所得的 F 及 p 值就不精確。幸好，如果不是嚴重違反此項假定，則仍然可以使用簡單迴歸分析。

第 20 章

多元迴歸分析

多元迴歸分析旨在使用兩個以上量的變數預測另一個量的變數，適用的情境如下：

預測變數（**自變數**）：兩個以上**量的變數**，如果為質的變數，應轉換為**虛擬變數**。

效標變數（**依變數**）：一個**量的變數**。

本章只另外補充虛擬變數的轉換及變數的選擇方法，其他統計概念請見第 19 章的說明，更詳細的解說請參見陳正昌（2011a）的另一著作。

20.1 基本統計概念

20.1.1 目的

建立迴歸模型時，很少只用一個預測變數，而會使用兩個以上的預測變數，以更準確預測效標變數，此時稱為**多元迴歸分析**（multiple regression analysis，或稱**複迴歸**）。

20.1.2 分析示例

以下的研究問題，都可以使用多元迴歸分析：

1. 人口密度、失業率、觀光客數，是否可以預測犯罪率。
2. 社會支持、家庭社經地位、學習動機、補習時數，是否可以預測學業成績。
3. 吸菸量、BMI（身體質量指數）、每週運動時間，是否可以預測收縮壓。

20.1.3 統計公式

多元迴歸分析主要在建立以下的模型：

$$\hat{Y} = b_1X_1 + b_2X_2 + \cdots + b_kX_k + b_0 \quad \text{（公式 20-1）}$$

一般統計軟體在進行多元迴歸分析時，是以矩陣形式運算，其解為：

$$\mathbf{b} = (\mathbf{X'X})^{-1}\mathbf{X'y}$$

如果將 $\mathbf{X}$ 矩陣、$\mathbf{y}$ 向量化為 Z 分數，分別稱之為 $\mathbf{X}_z$ 矩陣、$\mathbf{y}_z$ 行向量，則其解為：

$$\boldsymbol{\beta} = (\mathbf{X}_z'\mathbf{X}_z)^{-1}\mathbf{X}_z'\mathbf{y}_z$$

因為 **X'X** 矩陣要計算反矩陣，所以 **X** 必須是**非特異矩陣**（nonsingular matrix），也就是說，各行的向量必須**線性獨立**（linearly independent），某一行向量不可以是其他行向量的線性組合。換言之，在進行多元迴歸分析時，預測變數間不可以有線性組合的情形，也就是某一個變數不可以等於其他自變數經由某種加權（係數可以為正負之整數、小數，或 0）後的總和。

20.1.4 虛擬變數

當預測變數是質的變數時，切記不可直接投入分析，必須轉換成虛擬變數，以 0、1 代表。假設研究者想使用「性別」、「家庭社經水準」及「智力」三變數為預測變數，以預測學生的「閱讀素養成績」。此時智力一般視為「等距變數」，可直接投入迴歸分析，不必轉換。性別為「名義變數」，在登錄資料時最好直接以 0、1 代表，例如以 0 代表男性、1 代表女性，就可以直接投入迴歸分析；但是如果以 1、2 代表男、女，通常就需要經過轉換。家庭社經水準為「次序變數」，假使分別以 1、2、3 代表高、中、低社經水準，必須轉換成虛擬變數，才可以投入迴歸分析。

轉換成虛擬變數時，虛擬變數的數目必須是類別數減 1，以免線性相依。由於社經水準有高、中、低 3 個水準，因此只要以 2 個虛擬變數（高、中）代表即可，茲以表 20-1 說明之。

表 20-1　虛擬變數之轉換

		虛擬變數	
		高	中
原變數	高：1	1	0
	中：2	0	1
	低：3	0	0

由表 20-1 可看出：原來以 1 代表高社經水準，經轉換後以 10（讀為壹零）代表之。其中 1 可視為「是」，0 為「不是」，因此 10 即表示「**是**高社經水準，**不是**中社經水準」；01 表示「**不是**高社經水準，**是**中社經水準」；00 表示「**不是**高社經水準，也**不是**中社經水準」，因此是低社經水準。經過這樣的轉換後，即可將社經水準當成預測變數。

假如有一位學生是低家庭社經地位者，在原始變數中（假設為 SES）的編碼是 1，轉換後產生 SES1 及 SES2 兩個虛擬變數，編碼分別是 1 及 0；如果原來的編碼是 3，則新的編碼是 0 及 0。轉換後要以新的變數 SES1 及 SES2 投入迴歸分析，不可再使用原來的 SES 變數。在 R 中，如果設定預測變數是「因子」（factor），則 lm() 函數會自動將質的變數轉為以第 1 個類別為參照組的虛擬變數，除非研究者要指定不同的參照組，否則不須另外設定。

後面 20.7 節將說明虛擬變數的多元迴歸分析與單因子變異數分析相同點。

20.1.5　選取變數的方法

如何選取重要的預測變數，常用的方法有六：

1. **強迫進入法**（enter method）。強迫進入法是強迫所有預測變數一次進入迴歸方程式，而不考慮個別變數是否顯著，此為**同時迴歸分析**（simultaneous regression analysis）。
2. **前向選取法**（forward method）。依次放入淨進入 F 值最大的變數，一直到沒有符合條件的變數為止。
3. **後向選取法**（backward method）。先將所有變數放入迴歸方程式，然後依次剔除淨退出 F 值最大的變數，一直到沒有符合條件的變數為止。
4. **逐步法**（stepwise method）。逐步法有兩種方式：第一種是以前向選取法為主，當變數進入後，則改採後向選取法，將不重要的變數剔除，如果沒有可剔除的變數，就繼續採用前向選取法，如此反覆進行，一直到沒有變數被選取或剔除為止。第二種則以後向選取法為主，當變數刪除後，再改用前向選取法，步驟與第一種方法相反。
5. **所有可能法**。將所有變數加以組合（組合的數目為 $2^k - 1$），然後選取一組調整 $\hat{R}^2$ 最高的變數，當成最後的預測變數。
6. **階層迴歸**（hierarchical regression）。依據理論，依序投入預測變項，並計算增加的 R^2。

許多研究者常使用逐步法進行多元迴歸分析，並誤以為變數進入模型的順序代表變數的重要性，此應多加留心（陳正昌，2011a）。學者建議，最好能根據理論，使用階層迴歸法（Cohen, 2007），此部分請參考陳正昌（2011a）的著作。

20.2 範例

研究者想要了解學生的性別、對「覺得讀完一本書很難」(以下簡稱「讀書很難」)的感覺，及父親的受教育年數是否可以預測他的閱讀素養，由 PISA 資料庫中隨機選取 40 個樣本，得到表 20-2 之數據。請問：三個預測變數是否可以預測閱讀素養？

表 20-2 40 名受試者的閱讀素養成績

受試者	性別	讀書很難	父親教育	閱讀素養	受試者	性別	讀書很難	父親教育	閱讀素養
1	0	2	14	559.86	21	1	2	9	480.04
2	1	1	12	436.11	22	0	2	9	396.56
3	1	3	14	584.98	23	0	2	12	377.24
4	1	1	16	679.19	24	1	1	12	533.50
5	0	1	14	629.28	25	1	2	9	396.55
6	0	2	14	499.65	26	1	1	12	415.77
7	1	1	14	582.75	27	0	4	6	250.33
8	0	2	12	613.73	28	1	1	14	502.36
9	1	1	16	718.36	29	0	2	12	519.69
10	1	1	12	684.99	30	1	1	14	577.51
11	1	2	16	591.97	31	0	1	18	569.96
12	0	3	9	525.63	32	1	3	18	488.38
13	1	2	18	606.11	33	1	2	6	514.51
14	0	3	12	468.79	34	1	2	14	485.04
15	0	3	9	411.47	35	1	1	14	575.76
16	0	2	14	514.48	36	0	2	9	425.90
17	0	2	14	494.52	37	1	3	9	420.22
18	0	1	12	425.50	38	0	3	6	420.69
19	1	1	6	526.99	39	1	3	12	416.56
20	0	3	9	517.05	40	0	3	12	445.94

20.2.1 變數與資料

表 20-2 中有 5 個變數，但是受試者代號並不需要輸入 R 中，因此分析時使用 3

個預測變數及 1 個效標變數。預測變數是受試者的性別（男性為 0，女性為 1）、讀書很難，及父親受教育年數。效標變數為 PISA 閱讀測驗分數。性別已轉為虛擬變數，其他 4 個變數屬於量的變數。

20.2.2　研究問題

在本範例中，研究者想要了解的問題陳述如下：

三個預測變數是否可以聯合預測閱讀素養成績？

性別是否可以預測閱讀素養成績？

讀書很難是否可以預測閱讀素養成績？

父親教育是否可以預測閱讀素養成績？

20.2.3　統計假設

根據研究問題，虛無假設一宣稱「三個預測變數無法聯合預測閱讀素養成績」：

$$H_0 : R^2 = 0$$

而對立假設則宣稱「三個預測變數可以聯合預測閱讀素養成績」：

$$H_1 : R^2 > 0$$

虛無假設二宣稱「性別無法預測閱讀素養成績」：

$$H_0 : \beta_{性別} = 0$$

而對立假設則宣稱「性別可以預測閱讀素養成績」：

$$H_1 : \beta_{性別} \neq 0$$

虛無假設三宣稱「讀書很難無法預測閱讀素養成績」：

$$H_0 : \beta_{讀書很難} = 0$$

而對立假設則宣稱「讀書很難可以預測閱讀素養成績」：

$$H_1 : \beta_{讀書很難} \neq 0$$

虛無假設四宣稱「父親教育無法預測閱讀素養成績」：

$$H_0 : \beta_{父親教育} = 0$$

而對立假設則宣稱「父親教育可以預測閱讀素養成績」：

$$H_1 : \beta_{父親教育} \neq 0$$

20.3 使用 R 進行分析

20.3.1 資料檔

完整的 R 資料檔，如文字框 20-1。

文字框 20-1 多元迴歸分析資料檔

```
> load("C:/mydata/chap20/example20.RData")     # 載入本例資料
> example20                                    # 展示本例資料
   性別 讀書很難 父親教育 閱讀素養
1     0        2       14   559.86
2     1        1       12   436.11
3     1        3       14   584.98
4     1        1       16   679.19
5     0        1       14   629.28
6     0        2       14   499.65
7     1        1       14   582.75
8     0        2       12   613.73
9     1        1       16   718.36
10    1        1       12   684.99
11    1        2       16   591.97
12    0        3        9   525.63
13    1        2       18   606.11
14    0        3       12   468.79
15    0        3        9   411.47
16    0        2       14   514.48
17    0        2       14   494.52
18    0        1       12   425.50
19    1        1        6   526.99
20    0        3        9   517.05
21    1        2        9   480.04
22    0        2        9   396.56
23    0        2       12   377.24
24    1        1       12   533.50
25    1        2        9   396.55
26    1        1       12   415.77
27    0        4        6   250.33
28    1        1       14   502.36
29    0        2       12   519.69
30    1        1       14   577.51
```

```
31    0    1    18   569.96
32    1    3    18   488.38
33    1    2     6   514.51
34    1    2    14   485.04
35    1    1    14   575.76
36    0    2     9   425.90
37    1    3     9   420.22
38    0    3     6   420.69
39    1    3    12   416.56
40    0    3    12   445.94
```

20.3.2 整體檢定

文字框 20-2 先使用 lm() 函數建立迴歸模型，再用 anova() 函數列出變異數分析摘要表。如果要列出整個模型的檢定，可以通過比較「只含常數項之模型」與「完整模型」的差異而得。而 R 中各個自變數的 *SS* 是採型 I 的計算方式，會因為進入順序而有不同，如果要計算型 III 的 *SS*，可以使用 drop1() 函數，每次排除一個自變數，以計算個別變數的 *SS* 並進行 *F* 檢定。此外，Car 程式套件的 Anova() 函數可以針對模型另外計算型 II 與型 III 的 SS，相當方便（留意：Anova 字首要大寫，而且在 lm() 設定模型時，不可以使用中文字）。

文字框 20-2　整體檢定

```
> fit<-lm(閱讀素養~性別+讀書很難+父親教育, data=example20)
                                                # 建立迴歸模型，放入 fit 中
> anova(fit)                                    # 列出 fit 中的變異數分析摘要表
Analysis of Variance Table

Response: 閱讀素養
          Df Sum Sq Mean Sq F value    Pr(>F)
性別        1  32411   32411   6.017 0.0191442 *
讀書很難    1  69862   69862  12.970 0.0009473 ***
父親教育    1  56245   56245  10.442 0.0026344 **
Residuals 36 193913    5386
---
Signif. codes:  0 '***' 0.001 '**' 0.01 '*' 0.05 '.' 0.1 ' ' 1
```

```
> anova(update(fit,~1),fit)                    # 比較兩個模型，得到整體檢定
Analysis of Variance Table

Model 1: 閱讀素養 ~ 1
Model 2: 閱讀素養 ~ 性別 + 讀書很難 + 父親教育
  Res.Df    RSS Df Sum of Sq      F    Pr(>F)
1     39 352431
2     36 193913  3    158518 9.8096 7.219e-05 ***
---
Signif. codes:  0 '***' 0.001 '**' 0.01 '*' 0.05 '.' 0.1 ' ' 1
> drop1(fit,  .~., test="F")                   # 計算型 III 的 SS
Single term deletions

Model:
閱讀素養 ~ 性別 + 讀書很難 + 父親教育
         Df Sum of Sq    RSS    AIC F value   Pr(>F)
<none>                193913 347.45
性別      1      3021 196935 346.07  0.5609 0.458764
讀書很難  1     29806 223720 351.17  5.5335 0.024242 *
父親教育  1     56245 250158 355.64 10.4418 0.002634 **
---
Signif. codes:  0 '***' 0.001 '**' 0.01 '*' 0.05 '.' 0.1 ' ' 1
> library(car)                                 # 載入 car 程式套件
> Anova(lm(example20[,4] ~ example20[,1] + example20[,2] + example20[,3]), type=3)
                                               # 以第 1~3 個變數預測第 4 個變數，並計算型
                                               III 的 SS
Anova Table (Type III tests)

Response: example20[, 4]
               Sum Sq Df F value    Pr(>F)
(Intercept)    206292  1 38.2981 3.894e-07 ***
example20[, 1]   3021  1  0.5609  0.458764
example20[, 2]  29806  1  5.5335  0.024242 *
example20[, 3]  56245  1 10.4418  0.002634 **
Residuals      193913 36
---
Signif. codes:  0 '***' 0.001 '**' 0.01 '*' 0.05 '.' 0.1 ' ' 1
```

此部分在進行整體檢定，詳細的解說請見第 19 章，在此僅說明 F 值及其機率。由第二部分的報表可看出，當模型中只有常數項時，殘差的 SS 為 352431（這也等於總和的 SS），完整模型時，殘差的 SS 為 193913，兩個模型的 SS 相差 158518，即為

三個自變數的迴歸 *SS*。*F* 值為 9.8096，在自由度是 3 及 36 的 *F* 分配中，要大於 9.8096 的機率值（*p*）為 7.219×10^{-5}，達 0.05 顯著水準，應拒絕 $R^2 = 0$ 的虛無假設，表示「所有的」預測變數可以聯合預測效標變數。此處的 *F* 及 *p* 值也可以在文字框 20-3 中找到。

第三部分是型 III 的 *SS* 及 *F* 檢定，其中 *F* 會等於文字框 20-3 的 *t* 平方，兩部分的 *p* 值則相同。

20.3.3　係數及個別檢定

因為 lm() 函數並未提供標準化迴歸係數，所以先安裝 lm.beta 程式套件，lm() 建立的模型（fit）標準化，並輸出模型摘要。此外，也可以先用 scale() 函數，將資料標準化（平均數為 0，標準差為 1），再建立模型，所得結果即為標準化迴歸係數。

文字框 20-3　模型摘要與係數信賴區間

```
> library(lm.beta)                              # 載入 lm.beta 程式套件
> fit.beta<-lm.beta(fit)                        # 將 fit 標準化，放入 fit.beta 中
> summary(fit.beta)                             # 輸出模型摘要
Call:
lm(formula = 閱讀素養 ~ 性別 + 讀書很難 + 父親教育, data = example20)

Residuals:
     Min        1Q   Median        3Q       Max
-134.103  -54.536   -2.025    43.538   135.117

Coefficients:
             Estimate Standardized Std. Error t value Pr(>|t|)
(Intercept) 417.48141      0.00000   67.46037   6.189 3.89e-07 ***
性別          18.68705      0.09942   24.95159   0.749  0.45876
讀書很難     -37.00449     -0.32925   15.73088  -2.352  0.02424 *
父親教育      12.55906      0.43128    3.88659   3.231  0.00263 **
---
Signif. codes:  0 '***' 0.001 '**' 0.01 '*' 0.05 '.' 0.1 ' ' 1

Residual standard error: 73.39 on 36 degrees of freedom
Multiple R-squared:  0.4498,    Adjusted R-squared:  0.4039
F-statistic:  9.81 on 3 and 36 DF,  p-value: 7.219e-05
```

```
> confint(fit, level=0.95)                              # 輸出未標準化迴歸係數的信賴區間
                2.5 %     97.5 %
(Intercept) 280.665434 554.297381
性別         -31.917120  69.291228
讀書很難     -68.908201  -5.100786
父親教育       4.676688  20.441436
> zexample20<-data.frame(scale(example20))                    # 將資料標準化並轉為資料框架
> zfit<-lm(閱讀素養~性別+讀書很難+父親教育, data=zexample20) # 以 zexample20 資料建立模型
> zfit                                                        # 列出模式摘要
Call:
lm(formula = 閱讀素養 ~ 性別 + 讀書很難 + 父親教育, data = zexample20)

Coefficients:
(Intercept)         性別      讀書很難      父親教育
  7.311e-17    9.942e-02   -3.292e-01     4.313e-01
```

報表的第一部分先列出迴歸模型，依變數是閱讀素養，自變數是性別、讀書很難、及父親教育。接著顯示殘差的極小值、四分位數、極大值。

第二部分是分析所得的係數，除列出迴歸係數外，並檢定個別變數的顯著性。由未標準化係數可得知，本範例的迴歸方程式為：

$$\hat{Y}_{閱讀素養} = 417.48 + 18.69 \times \text{性別} - 37.00 \times \text{讀書很難} + 12.559 \times \text{父親教育}$$

由未標準化係數來看，在其他自變數保持恆定的情形下：

1. 如果受試者覺得「讀完一本書很難」的程度每增加 1 分，則閱讀素養成績就降低 37.00 分。愈覺得讀完一本書很難的學生，閱讀素養就愈低。
2. 父親受教育年數每增加 1 年，則子女的閱讀素養成績就提高 12.559 分。父親受教年數愈多，子女的閱讀素養就愈佳。
3. 性別的未標準化加權係數為 18.69，表示性別代碼為 1 者（女性）比代碼為 0 者（男性）的閱讀素養成績高 18.69 分，不過，由 p 值（0.45876）來看，此差異並未達 0.05 顯著水準。
4. 常數項為 417.48141，t 值為 6.19，雖然也達到 0.05 顯著水準，不過，研究者通常比較不關心常數項的檢定。

至於迴歸係數是否顯著不等於 0，則使用 t 檢定：

$$t = \frac{\text{未標準化係數}}{\text{係數的標準誤}}$$

性別迴歸係數的 t 值，即為：

$$t = \frac{18.68705}{24.95159} = 0.749$$

在自由度是 36（見文字框 20-2 殘差的自由度）的 t 分配中，t 的絕對值要大於 0.749 的 p 值為 0.45876，因為 $p > 0.05$，不能拒絕虛無假設，所以迴歸係數 18.68705 與 0 並沒有顯著差異。由第四部分未標準化迴歸係數的 95.0% 信賴區間也可以看出，性別未標準化係數 18.68705 的 95% 信賴區間為 [–31.917120, 69.291228]，包含 0，表示 18.68705 與 0 沒有顯著差異。因此，在同時加入其他兩個預測變數時，性別無法預測閱讀素養成績。其餘兩個預測變數的 p 值分別為 0.02424 及 0.00263，都小於 0.05，因此可以顯著預測閱讀素養成績。

將預測變數及效標變數都標準化（化為 Z 分數）之後，可算得標準化迴歸係數，當預測變數之間沒有太高的相關時，它可以大略表示對效標變數的重要性。性別變數是虛擬變數，因此一般只看未標準化係數，標準化係數並無意義。

未標準化的係數主要用來直接代入迴歸模型進行預測，在實際應用時比較實用；標準化迴歸係數主要用來比較變數的相對重要性，在建立理論時比較適用。

第三部分的 R^2 為：

$$R^2 = \frac{\text{迴歸}SS}{\text{總和}SS} = \frac{158518}{352431} = 0.4498 = 44.98\%$$

由 3 個預測變數可以解釋閱讀素養變異量的 44.98%。調整後 R^2 為：

$$\hat{R}^2 = 1 - (1 - .4498)\frac{40-1}{40-3-1} = .4039 = 40.39\%$$

迴歸的估計標準誤為 73.39，由文字框 20-2 中殘差的 MS 取平方根而得，

$$\sqrt{5386} = 72.7370$$

第四部分列出整體檢定的 F 值，在自由度為 3 及 36 的分配中，F 大於 9.81 的 p 為 7.219×10^{-05}，因此三個自變數可以聯合預測依變數。

最後是標準化的迴歸係數（以科學記號表示），與第二部分的結果相同。

20.3.4 預測值及殘差值

文字框 20-4 先列出自變數、依變數、未標準預測值、及殘差值，再計算六個變數間的相關矩陣。

文字框 20-4　預測值及殘差值

```
> x<-example20[,c(1,2,3)]                  # 指定用於預測的自變數
> 預測值<-predict(fit)                      # 計算預測值
> 殘差值<-residuals(fit)                    # 計算殘差
> output<-data.frame(x, 閱讀素養=example20$閱讀素養, 預測值, 殘差值)
                                           # 輸出結果
> head(round(output,3))                    # 輸出 output 中前 6 位受訪者資料，並保留 3
                                           位小數
  性別 讀書很難 父親教育 閱讀素養  預測值   殘差值
1    0        2       14   559.86 519.299   40.561
2    1        1       12   436.11 549.873 -113.763
3    1        3       14   584.98 500.982   83.998
4    1        1       16   679.19 600.109   79.081
5    0        1       14   629.28 556.304   72.976
6    0        2       14   499.65 519.299  -19.649
> round(cor(output), 4)                    # 輸出相關矩陣，保留 4 位小數
            性別 讀書很難 父親教育 閱讀素養  預測值 殘差值
性別      1.0000  -0.3567   0.2004   0.3033  0.4522 0.0000
讀書很難 -0.3567   1.0000  -0.3696  -0.5241 -0.7815 0.0000
父親教育  0.2004  -0.3696   1.0000   0.5729  0.8542 0.0000
閱讀素養  0.3033  -0.5241   0.5729   1.0000  0.6707 0.7418
預測值    0.4522  -0.7815   0.8542   0.6707  1.0000 0.0000
殘差值    0.0000   0.0000   0.0000   0.7418  0.0000 1.0000
```

報表中的第一部分，為各個受試者在自變數、依變數、預測值、及殘差值的數值。以第 1 位受試者為例，由報表可看出，他在 3 個預測變數的數值分別是 0、2、14，

代入公式可得到未標準化預測值 $\hat{Y}$ ：

$$\hat{Y}_{閱讀素養} = 417.481 + 18.687 \times 0 - 37.004 \times 2 + 12.559 \times 14 = 519.299$$

而第 1 位受試者實際的閱讀素養是 559.86 分，因此未標準化的殘差值就是：

$$殘差值 = 559.86 - 519.299 = 40.561$$

再以第 2 位受試者為例，她在 3 個預測變數的數值分別是 1、1、12，代入公式可得到未標準化預測值 $\hat{Y}$ ：

$$\hat{Y}_{閱讀素養} = 417.481 + 18.687 \times 1 - 37.004 \times 1 + 12.559 \times 12 = 549.873$$

而第 2 位受試者實際的閱讀素養是 436.11 分，因此未標準化的殘差值就是：

$$殘差值 = 436.11 - 549.873 = -113.763$$

以迴歸方程式對第 1 位受試者進行預測，會低估他的閱讀素養成績（實際值大於預測值，殘差值為正）；第 2 位受試者進行預測，則會高估她的閱讀素養成績（實際值小於預測值，殘差值為負）。

第二部分是六個變數間的相關矩陣。三個預測變數與閱讀素養的相關係數分別為 0.3033、–0.5241、0.5729，正負號與迴歸係數一致，應無抑制變數存在。三個預測數與預測值的相關係數分別為 0.4522、–0.7815、0.8542，此稱為**結構係數**。閱讀態度與預測值的相關係數為 0.6707，就是 R，即 $\sqrt{R^2} = \sqrt{0.4498} = 0.6707$。殘差值與自變數及預測值的相關係數都是 0。閱讀素養與殘差值的相關係數為 0.7418，等於 $\sqrt{1-R^2} = \sqrt{1-0.4498^2}$ ，稱為**疏離係數**，代表自變數無法解釋的變異。

20.4　計算效果量

在多元迴歸分析中，一般常用的效果量是 R^2，它代表預測變數可以解釋效標變數變異量的比例，依據 J. Cohen（1988）的經驗法則，多元迴歸分析 R^2 值之小、中、大的效果量，分別是 0.02、0.13、及 0.26。在本範例中，$R^2 = 0.45$，調整後 $R^2 = 0.40$，為大的效果量。

20.5 以 APA 格式撰寫結果

以性別、讀書困難、父親教育年數對閱讀素養成績進行多元迴歸分析。整體效果是顯著的，$F(3, 36) = 9.81$，$p < .001$，$R^2 = .45$。個別變數分析，讀書困難 [$\beta = -0.329$，$t(36) = -2.35$，$p = .024$] 及父親教育年數 [$\beta = 0.431$，$t(36) = 3.23$，$p = .003$] 可顯著預測閱讀素養成績。性別則無法顯著預測閱讀素養成績，$b = 18.69$，$t(36) = 0.75$，$p = .459$。

20.6 多元迴歸分析的假定

20.6.1 獨立性

觀察體獨立代表各個樣本不會相互影響，假使觀察體不獨立，計算所得的 p 值就不準確。如果有證據支持違反了這項假定，就不應使用多元迴歸分析。

20.6.2 多變量常態分配

此項假定有兩個意涵：一是每個變數在各自的母群中須為常態分配；二是變數的所有可能組合也要呈常態分配。當樣本數在中等以上規模時，即使違反了這項假定，對於多元迴歸分析的影響也不大。

20.6.3 等分散性

在自變數的每個水準之所有可能組合中，依變數都要呈常態分配，而這些常態分配的變異數也要相等。如果違反此項假定，則分析所得的 F 及 p 值就不精確。幸好，如果不是嚴重違反此項假定，仍然可以使用多元迴歸分析。

20.7 多元迴歸分析與變異數分析

前面 21.1.4 節說明類別變數如果要當成預測變數，須先轉換為虛擬變數；本節則要說明，虛擬變數的多元迴歸分析與變異數分析結果相同。

文字框 20-5 先載入第 10 章單因子變數分析的資料，自變數是睡眠剝奪時間，先轉為因子，接著再以它當做預測變數，此時，R 會預設以第 1 組當參照組，轉為 3 個虛擬變數，編碼情形可用 contrasts() 函數檢視，效標變數是手部穩定性。其次，以睡眠剝奪時間為自變數，手部穩定性為依變數，進行變異數分析。比較兩個模式的 anova() 摘要，可以看出它們完全相同，$F(3, 28) = 7.4975$，$p = 0.0007824$。因此，睡眠剝奪可以預測手部穩定性（迴歸分析），或是睡眠剝奪時間不同，手部穩定性平均數有顯著差異（變異數分析）。

對照迴歸分析的係數及其 95% 信賴區間，與變異數分析的 LSD 多重比較，可以發現：

1. 由迴歸分析的係數來看，常數（Intercept）為 3.00，此是對照組（第 1 組，睡眠剝奪 12 小時）手部穩定性的平均數。
2. 睡眠剝奪 18 小時的估計值為 0.50，代表 18 小時組的手部穩定性平均數比 12 小時組高 0.50 次，等於多重比較中 18 小時−12 小時的 diff 值。p 值都是 0.503644，95%信賴區間都是 [−1.0117229, 2.011723]，因此兩組手部穩定性的平均數沒有顯著差異。
3. 睡眠剝奪 24 小時的估計值為 1.25，代表 24 小時組的手部穩定性平均數比 12 小時組高 1.25 次，等於多重比較中 24 小時−12 小時的 diff 值。p 值都是 0.101407，95%信賴區間都是 [−0.2617229, 2.761723]，兩組手部穩定性的平均數也沒有顯著差異。
4. 睡眠剝奪 30 小時的估計值為 3.25，代表 30 小時組的手部穩定性平均數比 12 小時組高 3.25 次，等於多重比較中 30 小時−12 小時的 diff 值。p 值都是 0.000141，95%信賴區間都是 [1.7382771, 4.761723]，兩組手部穩定性的平均數有顯著差異。
5. 迴歸分析的 $R^2 = 0.4455$，調整 $R^2 = 0.3860$，分別等於變異數分析的 η^2 及 ε^2（見第 10 章第 235-236 頁）。
6. 不過，LSD 多重比較比迴歸分析多 3 個比較，此可透過分別將第 2、3 組當成參照組，再另外進行兩次迴歸分析獲得。

總之，變異數分析是迴歸分析的特例，第 10 章的變異數分析也可以使用本章的多元迴歸分析，結果會一致。分析的方法取決於研究者的興趣，當依變數是定量變數時，如果自變數都是類別變數，而又想了解變數間的交互作用，一般會進行變異數分析；如果自變數有類別變數及定量變數，或是全為定量變數，一般會進行多元迴歸分析。多元迴歸分析也可以透過將預測變數相乘，得到交互作用，不過，一般主要用來分析調節作用。

文字框 20-5　多元迴歸分析與變異數分析

```
> load("C:/mydata/chap10/example10.RData")                # 載入 example10 資料集
> example10$睡眠剝奪<-as.factor(example10$睡眠剝奪)       # 將睡眠剝奪轉為因子
> model1<-lm(穩定性~睡眠剝奪, data=example10)             # 進行迴歸分析，設為 model1
> contrasts(example10$睡眠剝奪)
       18小時 24小時 30小時
12小時      0      0      0
18小時      1      0      0
24小時      0      1      0
30小時      0      0      1
> anova(model1)                                          # 列出 model1 的 anova
Analysis of Variance Table

Response: 穩定性
          Df Sum Sq Mean Sq F value    Pr(>F)
睡眠剝奪   3     49 16.3333  7.4973 0.0007824 ***
Residuals 28     61  2.1786
---
Signif. codes:  0 '***' 0.001 '**' 0.01 '*' 0.05 '.' 0.1 ' ' 1
> model2<-aov(穩定性~睡眠剝奪, data=example10)            # 進行變異數分析，設為 model2
> anova(model2)                                          # 列出 model2 的 anova
Analysis of Variance Table

Response: 穩定性
          Df Sum Sq Mean Sq F value    Pr(>F)
睡眠剝奪   3     49 16.3333  7.4973 0.0007824 ***
Residuals 28     61  2.1786
---
Signif. codes:  0 '***' 0.001 '**' 0.01 '*' 0.05 '.' 0.1 ' ' 1
> summary(model1)                                        # 列出 model1 的摘要
Call:
lm(formula = 穩定性 ~ 睡眠剝奪, data = example10)
```

```
Residuals:
   Min     1Q Median     3Q    Max
 -3.25  -1.00  -0.25   0.75   3.75

Coefficients:
               Estimate Std. Error t value Pr(>|t|)
(Intercept)      3.0000     0.5218   5.749  3.6e-06 ***
睡眠剝奪18小時   0.5000     0.7380   0.678 0.503644
睡眠剝奪24小時   1.2500     0.7380   1.694 0.101407
睡眠剝奪30小時   3.2500     0.7380   4.404 0.000141 ***
---
Signif. codes:  0 '***' 0.001 '**' 0.01 '*' 0.05 '.' 0.1 ' ' 1

Residual standard error: 1.476 on 28 degrees of freedom
Multiple R-squared:  0.4455,    Adjusted R-squared:  0.386
F-statistic: 7.497 on 3 and 28 DF,  p-value: 0.0007824
> confint(model1, level=0.95)                      # 列出係數的 95%信賴區間
                     2.5 %   97.5 %
(Intercept)      1.9310505 4.068950
睡眠剝奪18小時 -1.0117229 2.011723
睡眠剝奪24小時 -0.2617229 2.761723
睡眠剝奪30小時  1.7382771 4.761723
> library(DescTools)                               # 載入 DescTools 程式套件
> PostHocTest(model2, method = "lsd")               # 以 model2 進行 LSD 多重比較
  Posthoc multiple comparisons of means : Fisher LSD
    95% family-wise confidence level

$睡眠剝奪
                diff      lwr.ci   upr.ci    pval
18小時-12小時 0.50 -1.0117229 2.011723 0.50364
24小時-12小時 1.25 -0.2617229 2.761723 0.10141
30小時-12小時 3.25  1.7382771 4.761723 0.00014 ***
24小時-18小時 0.75 -0.7617229 2.261723 0.31821
30小時-18小時 2.75  1.2382771 4.261723 0.00087 ***
30小時-24小時 2.00  0.4882771 3.511723 0.01135 *

---
Signif. codes:  0 '***' 0.001 '**' 0.01 '*' 0.05 '.' 0.1 ' ' 1
```

第 21 章
卡方適合度檢定

卡方（χ^2, chi-square）適合度檢定在考驗一個變數中，每個類別所占的比例（或人數）是否符合某種比例，適用的情境如下：

變數：一個包含兩個或更多類別的變數，為**質的變數**。

21.1　基本統計概念

21.1.1　目的

卡方適合度檢定只有一個變數，是單因子的卡方檢定，可以用來檢定實際觀測的比例（或次數）與理論或母群比例的適配度（goodness-of-fit）。常用的檢定值有以下四種（B. H. Cohen, 2007）：

1. **各類別都相同**。例如，要小朋友從四種顏色不同但外形相同的玩具中，任意挑選一種，此時我們通常會假定選擇各種顏色的人數相等。
2. **已知的母群比例**。例如，不經人為控制，那麼新生嬰兒男性與女性的比例大約是 105：100。我們可以依此檢定某個國家新生嬰兒是否符合這個比例。
3. **某種分配形狀**。例如，標準常態分配各部分的比例如圖 21-1，我們可以依此檢定臺灣成年男性的身高是否符合這個比例。
4. **理論模型**。在驗證性因素分析中，我們可以檢定觀察的共變數矩陣與理論模型是否適配，此時，我們通常期望接受虛無假設。

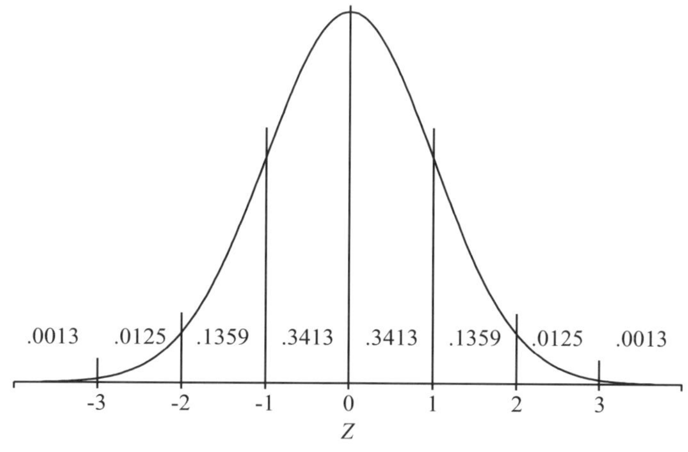

圖 21-1　標準常態分配

21.1.2 分析示例

以下的研究問題，可以使用卡方適合度檢定：

1. 臺灣患某種疾病的比例是否與先進國家相同。
2. 某所大學新生的居住縣市，是否符合各縣市 18 歲人口的母群比例。
3. 三家公司的茶飲市占率是否符合某一特定比例。
4. 某件產品的使用壽命是否符合常態分配。

21.1.3 統計公式

研究者想要了解一般人對數字是否有特別偏好，於是找了 40 名受訪者，請他們從 1～4 的數字中選擇一個號碼，整理後得到表 21-1。試問：民眾對數字是否有特別偏好？

表 21-1　40 名受訪者實際選擇的數字

數字	1	2	3	4
觀察次數	7	9	18	6

21.1.3.1 虛無假設與對立假設

在此例中，待答問題是：

民眾對數字是否有特別偏好？

虛無假設是假定母群中選擇每個數字的比例相等：

$$H_0: P_1 : P_2 : P_3 : P_4 = 0.25 : 0.25 : 0.25 : 0.25$$

取整數，則寫成：

$$H_0: P_1 : P_2 : P_3 : P_4 = 1:1:1:1$$

對立假設寫成：

$$H_1: P_1 : P_2 : P_3 : P_4 \neq 1:1:1:1$$

綜言之，統計假設寫成：

$$\begin{cases} H_0 : P_1 : P_2 : P_3 : P_4 = 1:1:1:1 \\ H_1 : P_1 : P_2 : P_3 : P_4 \neq 1:1:1:1 \end{cases}$$

21.1.3.2　計算卡方值

卡方檢定的定義公式為：

$$\chi^2 = \sum \frac{(f_o - f_e)^2}{f_e} \qquad \text{（公式 21-1）}$$

其中 f_o 是實際觀察次數，f_e 是期望次數。

在表 21-1 中，由於有 4 個數字，受訪者有 40 人，假設大家對數字沒有偏好，則選擇每一種數字的期望次數就是：

$$40 \times \frac{1}{4} = 10$$

結果如表 21-2。

表 21-2　40 名受訪者選擇的數字之期望次數

數字	1	2	3	4
期望次數	10	10	10	10

將表 21-1 及表 21-2 的數值代入公式，得到：

$$\begin{aligned} \chi^2 &= \frac{(7-10)^2}{10} + \frac{(9-10)^2}{10} + \frac{(18-10)^2}{10} + \frac{(6-10)^2}{10} \\ &= \frac{9}{10} + \frac{1}{10} + \frac{64}{10} + \frac{16}{10} \\ &= \frac{90}{10} \\ &= 9 \end{aligned}$$

計算後得到 χ^2 值為 9。至於能否拒絕虛無假設，有兩種判斷方法。第一種是傳統取向的做法，找出在自由度為 3（等於類別數減 1）的 χ^2 分配中，$\alpha = 0.05$ 的臨界值。由圖 21-2 可看出，此時臨界值為 7.815（留意：χ^2 檢定的拒絕區在右尾），計算所得的 9 已經大於 7.815，要拒絕虛無假設，所以民眾對數字有特別的偏好（注：在 R 中輸入 qchisq(0.95,3)，即可得到臨界值）。

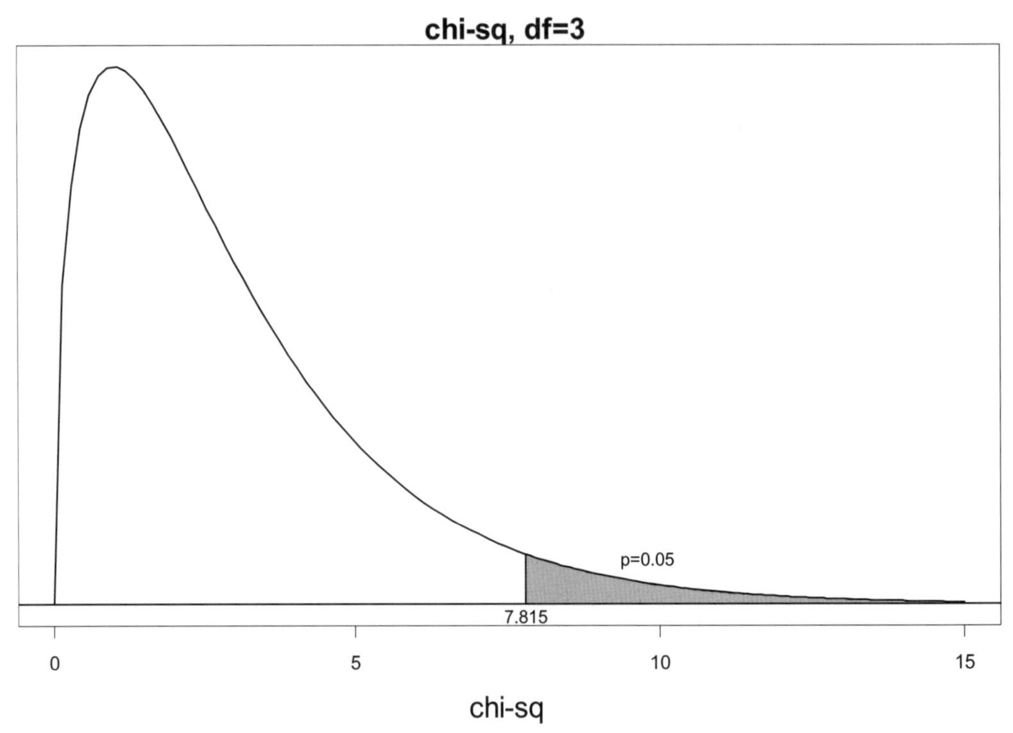

圖 21-2　自由度為 3 的 χ^2 分配中，$\alpha = 0.05$ 的臨界值是 7.815

第二種是現代取向的做法，找出在自由度為 3 的 χ^2 分配中，χ^2 要大於 9 的機率值。由圖 21-3 可看出，此時的 $p = 0.02929$，小於 0.05，應拒絕虛無假設，所以民眾對數字有特別的偏好（注：在 R 中輸入 1–pchisq(9,3)，即可得到 p 值）。

細格中的觀察次數減期望次數稱為殘差，由殘差來看，受訪者選 3 的人數較多（$18 - 10 = 8$）。

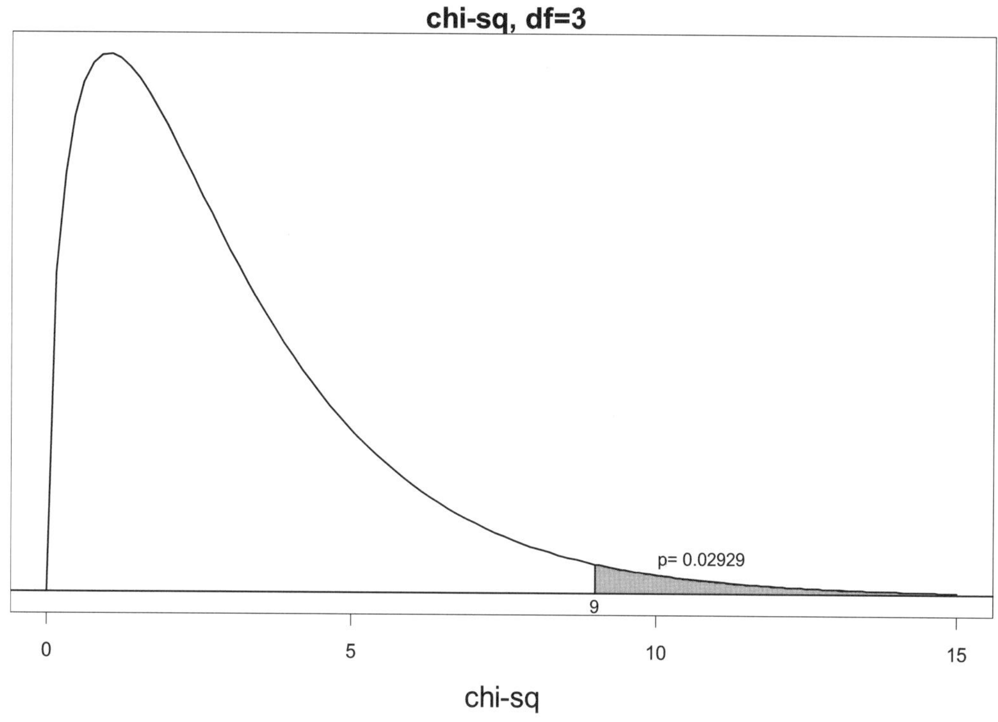

圖 21-3　自由度為 3 的 χ^2 分配中，$\chi^2 \geq 9$ 的機率值是 0.02929

21.1.3.3　效果量

卡方適合度的效果量公式為：

$$w = \sqrt{\frac{\chi^2}{N(k-1)}} \qquad \text{（公式 21-2）}$$

其中 k 是類別數。

代入前面的數值，

$$w = \sqrt{\frac{9}{40(4-1)}} = 0.274$$

依據 J. Cohen（1988）的經驗法則，w 的小、中、大效果量為 0.10、0.30、0.50，本範例為中度的效果量。

21.1.4 在 R 中輸入資料的方法

要使用 R 分析表 21-1 的資料，可以使用兩種輸入方法，一是使用彙整後數據，二是使用原始數據。

21.1.4.1 彙整數據

如果研究者獲得的數據是已經彙整好的資料（他人研究或報章雜誌），則應使用此種方法輸入。此時，需要界定兩個變數，其中一個用來輸入變數的類別，另一個變數則用來輸入觀察次數。表 21-1 的資料輸入如圖 21-4，由於提供 4 個數字讓受訪者選擇，因此總共輸入 4 列數值，「數字」變數表示 4 種數字，「人數」則是選擇該數字的受訪者數（分別為 7、9、18、6 人）。

R 資料編輯器

	數字	人數
1	1	7
2	2	9
3	3	18
4	4	6
5		
6		

圖 21-4　彙整數據資料檔

語法如文字框 21-1。分析時使用 table21_1 資料框架中的「人數」變數，由於假設各數字的比例相等，因此不必另外設定檢定的比例。分析後得到 $\chi^2(3)=9$, p = 0.02929。

文字框 21-1　使用彙整數據進行分析

```
> load("C:/mydata/chap21/table21_1.RData")        # 載入資料
> chisq.test(table21_1$人數)                      # 進行卡方適合度檢定

        Chi-squared test for given probabilities

data:  table21_1$人數
X-squared = 9, df = 3, p-value = 0.02929
```

21.1.4.2　原始數值

如果是未經彙整的原始數據（通常來自實驗或調查所得），則應使用此種方法輸入。此時，只需要界定「數字」這一個變數，用來依序輸入每位受訪者選擇的數字。由於有 40 位受訪者，所以需要輸入 40 列資料，其中有 7 個 1、9 個 2、18 個 3、6 個 4。圖 21-5 僅顯示前 10 位受訪者的回答情形。

資料編輯器

	數字	var2
1	1	
2	3	
3	2	
4	4	
5	4	
6	2	
7	2	
8	1	
9	3	
10	3	

圖 21-5　原始數值資料檔（部分）

語法如文字框 21-2。分析時先統計 table21_2 資料框架中的「數字」變數各類別的次數，再進行卡方檢定。分析後得到 $\chi^2(3)=9$, $p = 0.02929$。

文字框 21-2　使用原始數據進行分析

```
> load("C:/mydata/chap21/table21_2.RData")        # 載入資料
> chisq.test(table(table21_2$數字))               # 進行卡方適合度檢定

        Chi-squared test for given probabilities

data:  table(table21_2$數字)
X-squared = 9, df = 3, p-value = 0.02929
```

21.2　範例

某研究者調查了歐洲兩個地區 762 位居民的頭髮顏色，得到表 21-3 之數據。請問：該比例是否符合 0.30：0.12：0.30：0.25：0.03？

表 21-3　762 名受訪者的髮色

髮色	金 (fair)	紅 (red)	中棕 (medium)	深棕 (dark)	黑 (black)
人數	228	113	217	182	22

資料來源：Base SAS 9.2 Procedures Guide: Statistical Procedures, Third Edition.

21.2.1　變數與資料

表 21-3 是彙整好的資料，有二個變數，一個是頭髮顏色，另一個是實際調查到的人數。在 R 中，應設定兩個變數，一個名為「髮色」，另一個名為「人數」。由於要檢定的各種髮色比例並不相等，因此可以另外輸入一個「期望人數」變數，如果不先設定，則分析時再另外設定亦可。

21.2.2　研究問題

在本範例中，研究者想要了解的問題可以陳述如下：

居民的五種髮色是否符合 0.30：0.12：0.30：0.25：0.03？

21.2.3　統計假設

根據研究問題，虛無假設宣稱「居民的五種髮色符合 0.30：0.12：0.30：0.25：0.03」：

$$H_0: P_{金}: P_{紅}: P_{中棕}: P_{深棕}: P_{黑} = 0.30:0.12:0.30:0.25:0.03$$

而對立假設則宣稱「居民的五種髮色不符合 0.30 : 0.12 : 0.30 : 0.25 : 0.03」：

$$H_1: P_{金}: P_{紅}: P_{中棕}: P_{深棕}: P_{黑} \neq 0.30:0.12:0.30:0.25:0.03$$

21.3　使用 R 進行分析

21.3.1　資料檔

完整的 R 資料檔，如文字框 21-3。

文字框 21-3　範例分析資料檔

```
> load("C:/mydata/chap21/example21.RData")     # 載入本例資料
> example21                                     # 展示本例資料
  髮色 人數
1   金  228
2   紅  113
3 中棕  217
4 深棕  182
5   黑   22
```

21.3.2　卡方適合度檢定

由於在資料檔中並未包含檢定的比例，因此文字框 21-4 先輸入「期望比例」，再以「人數」與「期望比例」進行卡方適合度檢定，並存在 fit 中。fit 中包含觀察值、期望值、殘差值等數值，可以另外儲存或調用。

文字框 21-4　卡方適合度檢定

```
> 期望比例=c(0.30, 0.12, 0.30, 0.25, 0.03)         # 輸入期望比例
> fit<-chisq.test(example21$人數, p= 期望比例)      # 進行卡方適合度檢定，結果存在 fit 中
> fit                                               # 顯示 fit 內容
        Chi-squared test for given probabilities


data:  example21$人數
X-squared = 6.0853, df = 4, p-value = 0.1929
> 期望人數<- fit$expected                          # 將 fit 中的 expected 存為「期望人數」
> 殘差值<-round(fit$observed - fit$expected, 2)    # 將 fit 中的觀察人數減期望人數，取小數 2
                                                    位，存為「殘差值」
> table21<-data.frame(example21, 期望比例, 期望人數, 殘差值)
                                                    # 將期望比例、期望人數，及殘差值加入
                                                    example21 人，存成資料框架，名為 table21
```

```
> table21                                    # 顯示 table21 中資料
  髮色 人數 期望比例 期望人數 殘差值
1   金  228     0.30   228.60  -0.60
2   紅  113     0.12    91.44  21.56
3 中棕  217     0.30   228.60 -11.60
4 深棕  182     0.25   190.50  -8.50
5   黑   22     0.03    22.86  -0.86
```

報表中第一部分是檢定結果，$\chi^2(4) = 6.0853$，$p = 0.1929$。第二部分提供了計算 χ^2 所需要的統計量，其中「人數」是實際調查所得的數據，「期望比例」分別為 0.30 : 0.12 : 0.30 : 0.25 : 0.03，而調查到的居民有 762 位，所以各種髮色的「期望人數」為：

金：　$762 \times 0.30 = 228.60$

紅：　$762 \times 0.12 = 91.44$

中棕：$762 \times 0.30 = 228.60$

深棕：$762 \times 0.25 = 190.50$

黑：　$762 \times 0.03 = 22.86$

殘差值是由觀察個數減期望次數而得，所以「金色」髮色的殘差值為：

$$228 - 228.6 = -0.60$$

其餘依此類推。將數值代入公式 21-1 後得到

$$\begin{aligned}\chi^2 &= \frac{(228-228.6)^2}{228.6} + \frac{(113-91.44)^2}{91.44} + \frac{(217-228.60)^2}{228.60} + \frac{(182-190.50)^2}{190.50} \\ &\quad + \frac{(22-22.86)^2}{22.86} \\ &= \frac{(-0.60)^2}{228.60} + \frac{(21.56)^2}{91.44} + \frac{(-11.60)^2}{228.60} + \frac{(-8.50)^2}{190.50} + \frac{(-0.86)^2}{22.86} \\ &= 6.0853\end{aligned}$$

分析所得 $\chi^2 = 6.08530$，在自由度 4（5 種髮色減 1）的 χ^2 分配中，$p = 0.1929$，並未小於 0.05，不能拒絕虛無假設，因此，該地區居民的髮色比例，與整個歐洲的 0.30 : 0.12 : 0.30 : 0.25 : 0.03 並無顯著不同。

21.4　計算效果量

將前述的數值代入公式 21-2，得到：

$$w = \sqrt{\frac{6.0853}{762(5-1)}} = 0.0447$$

在 R 中輸入 sqrt(6.0853/(762*4))，即可得到 0.04468209。由於 w 值小於 0.10，因此效果量非常小。

21.5　以 APA 格式撰寫結果

研究者調查了歐洲兩個地區居民的髮色，經卡方適合度檢定，五種髮色比例與整個歐洲並無顯著差異，χ^2 (4, N = 762) =6.0853，p = .1929，效果量 w = .0447。

21.6　卡方適合度檢定的假定

卡方適合度檢定，應符合以下兩個假定。

21.6.1　觀察體要隨機抽樣且獨立

觀察體獨立代表各個細格間的觀察體不會相互影響。如果受訪者同時被歸類在兩個類別中（如，既是金髮又是黑髮），則違反獨立的假定。

觀察體不獨立，計算所得的 p 值就不準確，如果有證據支持違反了這項假定，就不應使用卡方適合度檢定。

21.6.2　期望值大小

當只有兩個類別（自由度為 1），而且期望次數少於 5 時，所得的 χ^2 值就不是真正的 χ^2 分配，最好使用 $\chi^2 = \sum \frac{(|f_o - f_e| - 0.5)^2}{f_e}$ 公式校正，以獲得更精確的 χ^2 值。

第 22 章

卡方同質性與獨立性檢定

卡方同質性與獨立性檢定都在檢定兩個質的變數之間的關聯，為雙因子的分析，適用的情境如下：

自變數與**依變數**：各自包含兩個或更多類別的變數，均為**質的變數**。

22.1 基本統計概念

22.1.1 目的

前一章的卡方適合度檢定只分析一個變數，但是在實際的研究中，很少只關注一個變數，而會更關心兩個（或以上）變數之間的關聯。

當兩個變數都是量的變數時，研究者通常會使用 Pearson 積差相關（本書第 16 章）或簡單迴歸分析（第 19 章）。如果自變數是質的變數，依變數是量的變數，則會進行 t 檢定或變異數分析（第 9 到 13 章）。如果兩個變數都是質的變數，則可以做成列聯表（contingency table），進行同質性或獨立性檢定。

同質性檢定旨在分析一個變數在不同母群間的分配是否相同（同質），而獨立性檢定則在分析兩個變數是否有關聯。兩者在概念上有差異，但是計算方法仍相同，所以本章並不嚴格加以區分。

22.1.2 分析示例

以下的研究問題，可以使用卡方同質性與獨立性檢定：

1. 四家超商的消費者年齡層（分為五個類別）是否有差異（同質性）。
2. 三所大學學生的住宿情形（住校、賃居、在家）是否有差異（同質性）。
3. 父母的婚姻狀況（離婚與否）與孩子的婚姻狀況是否有關聯（獨立性）。
4. 選民籍貫與支持的總統候選人是否有關聯（獨立性）。

22.1.3 統計公式

某大學想要了解學生對「導師經常與同學溝通互動」的意見，於是請各學院學生填答問卷，整理後得到表 22-1。試問：不同學院學生的意見是否有差異？

表 22-1　790 名大學生的意見

	理學院	工學院	文學院	教育學院	列總數
非常同意	53	20	30	77	180
同意	77	74	61	103	315
普通	97	45	42	51	235
不同意	29	13	7	11	60
行總數	256	152	140	242	790

文字框 22-1 先輸入各細格人數，再增加兩個維度的變數及類別名稱。

文字框 22-1　輸入彙整後資料檔

```
> table22 <- as.table(rbind(c(53, 20, 30, 77), c(77, 74, 61, 103), c(97, 45, 42, 51), c(29, 13, 7, 11) ))
                                                    # 輸入各細格人數到 table22 中
> dimnames(table22) <- list(意見 = c("非常同意","同意", "普通", "不同意"), 學院 = c("理學院", "工
學院", "文學院", "教育學院"))                      # 在 table22 中增加兩維度的變數及其類別名稱
> table22                                           # 列出 table22 資料
          學院
意見       理學院 工學院 文學院 教育學院
  非常同意     53     20     30       77
  同意         77     74     61      103
  普通         97     45     42       51
  不同意       29     13      7       11
```

22.1.3.1　虛無假設與對立假設

在此例中，待答問題是：

不同學院學生的意見是否有差異？

虛無假設是假定四個學院學生的意見沒有差異：

H_0：不同學院學生的意見沒有差異。

對立假設寫成：

H_1：不同學院學生的意見有差異。

22.1.3.2　使用定義公式計算卡方值

卡方檢定的定義公式為：

$$\chi^2 = \sum \frac{(f_o - f_e)^2}{f_e} \qquad \text{（公式 22-1）}$$

如果使用定義公式來計算 χ^2 值，則需要算出每個細格的期望次數。以下用理學院回答「非常同意」這一細格為例，說明期望值的計算方法。

如果不考慮學生來自什麼學院，則全校學生非常同意「導師經常與同學溝通互動」的比例是：

$$\frac{180}{790} = 0.228$$

理學院回答的學生有 256 名，依據 0.228 的比例，則理學院學生持「非常同意」意見的人數（期望次數）應有：

$$256 \times \frac{180}{790} = \frac{256 \times 180}{790} = 58.329$$

因此，某個細格的期望次數等於：

$$fe_{ij} = \frac{\text{第}i\text{列總數} \times \text{第}j\text{行總數}}{\text{總人數}} = \frac{F_i \times F_j}{N} \qquad \text{（公式 22-2）}$$

計算後，期望次數如文字框 22-2。

文字框 22-2　期望次數

```
> Xsq <- chisq.test(table22)                    # 進行卡方檢定，將結果存在 Xsq 物件
> round(Xsq$expected,3)                         # 列出 Xsq 中的期望次數，取 3 位小數
         學院
意見        理學院  工學院  文學院  教育學院
  非常同意   58.329  34.633  31.899   55.139
  同意      102.076  60.608  55.823   96.494
  普通       76.152  45.215  41.646   71.987
  不同意     19.443  11.544  10.633   18.380
```

將文字框 22-1 及 22-2 的數值代入公式 22-1，得到：

$$\chi^2 = \frac{(53-58.329)^2}{58.329} + \frac{(20-34.633)^2}{34.633} + \cdots + \frac{(7-10.633)^2}{10.633} + \frac{(11-18.380)^2}{18.380}$$
$$= 0.487 + 6.183 + \cdots + 1.241 + 2.963$$
$$= 46.404$$

在 R 中提供各細格的 Pearson 殘差，其公式為：

$$\text{Pearson 殘差} = \frac{(f_o - f_e)}{\sqrt{f_e}}$$

Pearson 殘差的平方就是各細格的卡方值，如果大於 3.841（等於 1.96 的平方）表示該細格的殘差值較大，應加以留意。各細格的卡方值如文字框 22-3。

文字框 22-3　細格卡方值

```
> round(Xsq$residuals^2, 3)                  # 將 Pearson 殘差取平方，得到細格卡方值，並取 3 位小數

          學院
意見       理學院  工學院  文學院  教育學院
  非常同意  0.487   6.183   0.113    8.667
  同意      6.160   2.959   0.480    0.439
  普通      5.708   0.001   0.003    6.119
  不同意    4.698   0.184   1.241    2.963
```

檢定後得到 $\chi^2 = 46.404, p = 5.067 \times 10^{-7}$（文字框 22-4）。而自由度的公式是：

$$df = (\text{行數} - 1) \times (\text{列數} - 1) = (4-1) \times (4-1) = 9 \qquad \text{（公式 22-3）}$$

文字框 22-4　卡方檢定結果

```
> Xsq                                         # 列出 Xsq 的結果


        Pearson's Chi-squared test

data:  table22
X-squared = 46.404, df = 9, p-value = 5.067e-07
```

至於能否拒絕虛無假設，有兩種判斷方法。第一種是傳統取向的做法，找出在自由度為 9 的 χ^2 分配中，$\alpha = 0.05$ 的臨界值。由圖 22-1 可看出，此時臨界值為 16.92，計算所得的 64.404 已經大於 16.919，要拒絕虛無假設，所以四個學院學生的意見有顯著不同〔注：在 R 中輸入 qchisq(0.95,9) 即可得到臨界值〕。

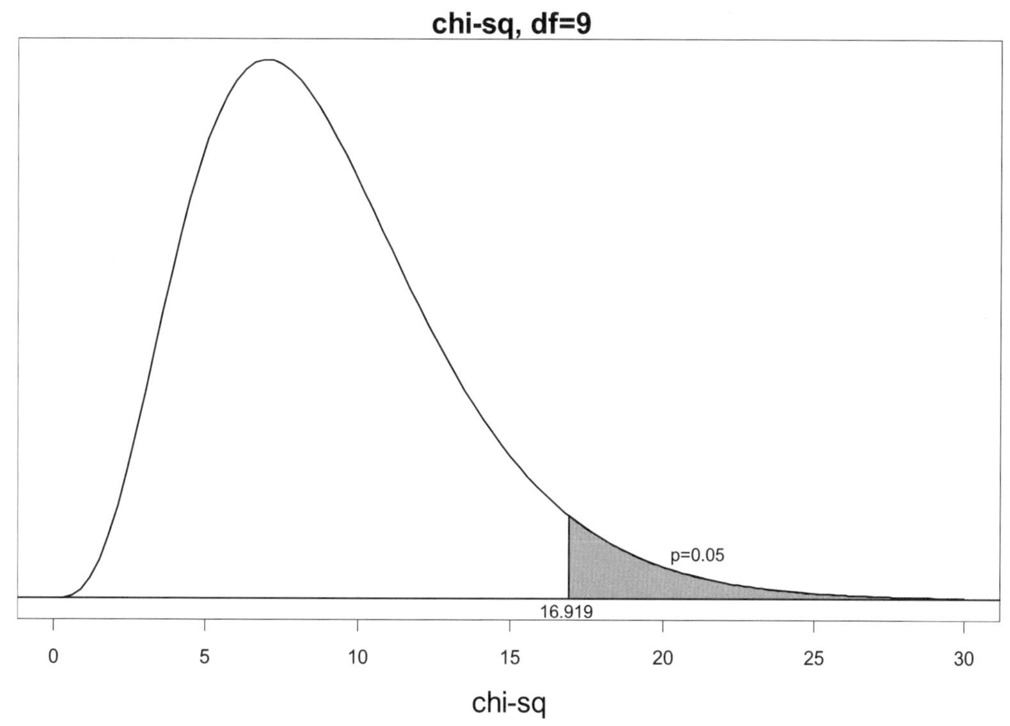

圖 22-1　自由度為 9 的 χ^2 分配中，$\alpha = 0.05$ 的臨界值是 16.919

第二種是現代取向的做法，找出在自由度為 9 的 χ^2 分配中，$\chi^2 > 46.404$ 的機率。由圖 22-2 可看出，此時的 $p < 0.001$（圖中的 5.067E-07 代表 5.067×10^{-7}），已經小於 0.05，應拒絕虛無假設，所以四個學院學生的意見有顯著不同〔注：在 R 中輸入 1−pchisq(46.404,9) 即可得到 p 值〕。

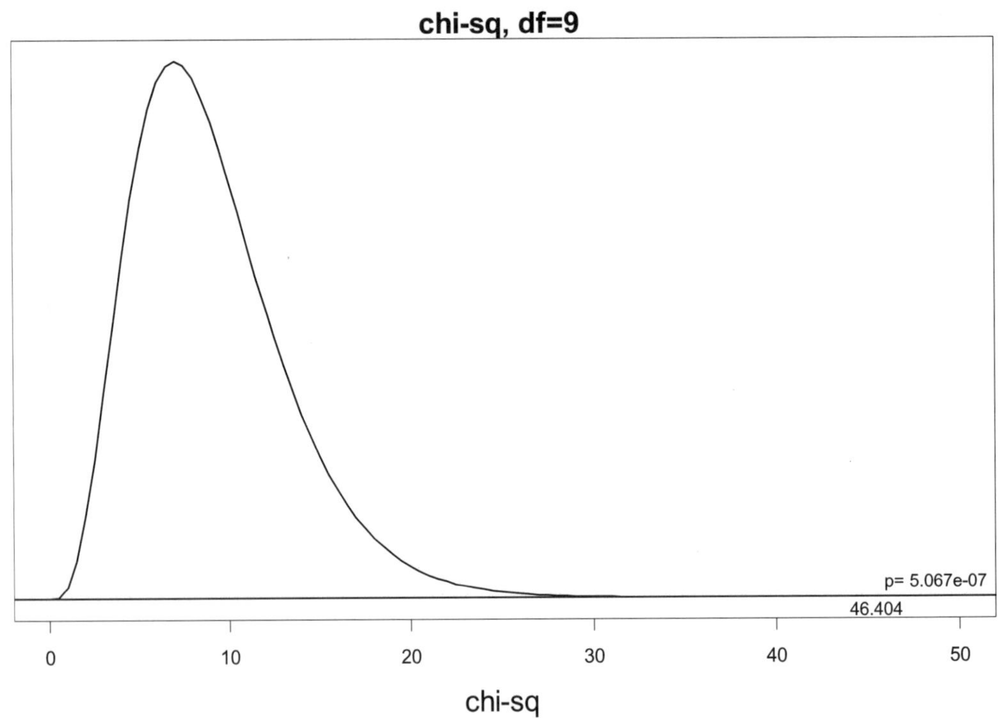

圖 22-2　自由度為 9 的 χ^2 分配中，χ^2 > 64.404 的機率值小於 0.001

22.1.3.3　使用運算公式計算卡方值

使用定義公式計算 χ^2 值雖然可行，但是因為要計算各細格的期望次數，因此並不方便。此時，我們可以改用運算公式，直接使用各細格的觀察次數加以計算 χ^2，它的公式是：

$$\chi^2 = \left(\sum \frac{fo_{ij}^{\ 2}}{F_i \times F_j} - 1 \right) \times N \qquad \text{（公式 22-4）}$$

代入表 22-1 的數值，得到：

$$\begin{aligned}\chi^2 &= \left(\frac{53^2}{180 \times 256} + \frac{20^2}{180 \times 152} + \cdots + \frac{7^2}{60 \times 140} + \frac{11^2}{60 \times 242} - 1 \right) \times 790 \\ &= (1.05874 - 1) \times 790 \\ &= 46.404\end{aligned}$$

使用兩個公式的計算結果相同。

22.1.4　標準化殘差值

整體檢定顯著後，可以進一步分析細格的殘差，以了解學生意見的差異情形。殘差的公式為：

殘差 ＝ 觀察次數 － 期望次數

計算後得到文字框 22-5。細格中殘差值為正數者，代表觀察次數高於期望次數，也就是受訪者的意見比較偏向此細格；反之，殘差值為負數，代表觀察次數低於期望次數，也代表受訪者比較不傾向細格的意見。由報表可看出，理學院學生比較傾向回答「普通」及「不同意」，工學院與文學院學生比較傾向回答「同意」，教育學院學生比較傾向回答「非常同意」。

文字框 22-5　原始殘差

```
> round(Xsq$observed-Xsq$expected, 3)          # 以觀察次數減期望次數得到殘差值，取 3 位小數
          學院
意見        理學院   工學院  文學院 教育學院
  非常同意  -5.329 -14.633  -1.899   21.861
  同意     -25.076  13.392   5.177    6.506
  普通      20.848  -0.215   0.354  -20.987
  不同意     9.557   1.456  -3.633   -7.380
```

然而，原始殘差值並無法反映差距的大小。例如，6 與 1 的差異是 5，100 與 95 的差異也是 5，但是 $\frac{6-1}{1}=5$，而 $\frac{100-95}{95}=0.053$，兩者的相對差異是不相等的。此時，我們會將殘差值除以期望次數的平方根，得到 Pearson 殘差，公式為：

$$\text{Pearson 殘差}=\frac{\text{觀察次數}-\text{期望次數}}{\sqrt{\text{期望次數}}}=\frac{\text{殘差}}{\sqrt{\text{期望次數}}} \qquad \text{（公式 22-5）}$$

計算後得到文字框 22-6。

文字框 22-6　Pearson 殘差

```
> round(Xsq$residuals, 3)
          學院
意見       理學院  工學院  文學院  教育學院
  非常同意 -0.698 -2.486 -0.336    2.944
  同意     -2.482  1.720  0.693    0.662
  普通      2.389 -0.032  0.055   -2.474
  不同意    2.167  0.428 -1.114   -1.721
```

R 又另外提供了標準化殘差，它以行與列的比例加以校正，公式為：

$$
\text{標準化殘差}=\frac{\text{觀察次數}-\text{期望次數}}{\sqrt{\text{期望次數}\left(1-\frac{\text{第}i\text{列總數}}{\text{總人數}}\right)\left(1-\frac{\text{第}j\text{行總數}}{\text{總人數}}\right)}}
=\frac{\text{殘差}}{\sqrt{\text{期望次數}(1-\text{第}i\text{列比例})(1-\text{第}j\text{行比例})}} \quad \text{（公式 22-6）}
$$

文字框 22-7　標準化殘差

```
> round(Xsq$stdres,3)
          學院
意見       理學院  工學院  文學院  教育學院
  非常同意 -0.966 -3.149 -0.422    4.023
  同意     -3.893  2.469  0.985    1.026
  普通      3.467 -0.042  0.072   -3.543
  不同意    2.742  0.496 -1.278   -2.150
```

標準化殘差成 Z 分配，因此可以使用 ±1.96 為臨界值。由文字框 22-7 可看出，理學院學生比較傾向回答「普通」及「不同意」，工學院學生比較傾向回答「同意」，教育學院學生比較傾向回答「非常同意」。

22.1.5　卡方同質性檢定與卡方獨立性檢定

在前述的例子中，由於是從各學院學生中抽取一定的樣本，已經知道學生的學院別及人數，所以「學院」這一變數為**設計變數**（design variable），是自變數，而對「導師經常與同學溝通互動」的意見則為**反應變數**（response variable），是依變數，其主要目的在於了解四個學院的學生對「導師經常與同學溝通互動」意見是否有不同。因此虛無假設為：四個學院的學生對「導師經常與同學溝通互動」意見沒有不同。此時，稱為**卡方同質性檢定**。

如果是隨機從該所大學中選取一些學生，然後詢問他們的「學院」及對「導師經常與同學溝通互動」的看法，此時兩個變數都是**反應變數**，沒有自變數與依變數的分別，行與列的次數（或人數）都不是事前先決定的，需要等到實際調查後才能得知，就適用**卡方獨立性考驗**。此時，研究目的在於了解「學生學院別與對導師制的看法是否有關」，虛無假設為：學生學院別與對導師制的看法無關（也就是兩者獨立）。

總之，如果一個變數在調查前就已知，只調查另一個變數，就適用同質性檢定；如果兩個變數都是由調查而得，則適用獨立性檢定。雖然研究目的有所差別，但是計算 χ^2 值及自由度公式都相同，使用 R 分析的過程也一樣。

22.1.6　效果量

如果是 2×2 的列聯表，則 χ^2 檢定的效果量可用 ϕ 表示，

$$\phi = \sqrt{\frac{\chi^2}{N}} \qquad \text{（公式 22-7）}$$

如果不是 2×2 的列聯表，則可以改用 Cramér 的 V 係數，它是比較廣泛用途的 ϕ 係數，公式為：

$$V = \sqrt{\frac{\chi^2}{N(k-1)}} = \frac{\phi}{\sqrt{k-1}} \qquad \text{（公式 22-8）}$$

其中 k 是行數與列數中較小者，如果行或列其中一個變數只有兩類時，則 $V = \phi$。

代入前面的數值，

$$V = \sqrt{\frac{46.404}{790(4-1)}} = 0.140$$

依據 Cohen（1988）的經驗法則，ϕ 與 V 的小、中、大效果量如表 22-2，本範例為小的效果量。

表 22-2　Cramér *V* 的效果量

自由度	小	中	大
1	.10	.30	.50
2	.07	.21	.35
3	.06	.17	.29

22.2　範例

美國 2012 年綜合社會調查（general social survey），得到表 22-3 之數據。請問：教育程度與年收入是否有關？

表 22-3　690 名美國受訪者的資料

	教育程度	初中以下	高中	學院大學	研究所	列總數
年收入	12999 元以下	21	80	33	8	142
	13000-29999 元	16	118	35	6	175
	30000-59999 元	9	103	65	32	209
	60000 元以上	4	40	71	49	164
行總數		50	341	204	95	690

22.2.1　變數與資料

表 22-3 是由原始數據彙整好的資料，有二個變數，一個是年收入（美元），同樣分為四個等級，另一個是教育程度，分為四個等級。由於使用原始資料，因此在 R 中只要設定兩個變數即可，一個名為「年收入」，另一個名為「教育程度」。

22.2.2　研究問題

在本範例中，研究者想要了解的問題可以陳述如下：

教育程度與年收入是否有關？

22.2.3 統計假設

根據研究問題，虛無假設宣稱「兩個變數沒有關聯」：

H_0：教育程度與年收入無關

而對立假設則宣稱「兩個變數有關聯」：

H_1：教育程度與年收入有關

22.3 使用 R 進行分析

22.3.1 資料檔

部分的 R 資料檔如文字框 22-8，由於是原始資料，因此可以直接進行分析。

文字框 22-8　資料檔（部分）

```
> load("C:/mydata/chap22/example22.RData")     # 載入本例資料
> head(example22, 15)                          # 展示前 15 個觀察體資料
        年收入    教育程度
1     60000以上     2:高中
2   13000-29999     2:高中
3   30000-59999     2:高中
4     60000以上   4:研究所
5     60000以上     3:大專
6     60000以上   4:研究所
7     60000以上     3:大專
8     60000以上   4:研究所
9     60000以上     3:大專
10    60000以上     3:大專
11    12999以下 1:初中以下
12  30000-59999     3:大專
13    60000以上   4:研究所
14  30000-59999   4:研究所
15    12999以下     2:高中
```

22.3.2 觀察次數

由於 example22 是資料框架，分析時先轉存為表格，再依需要計算邊際總數。

文字框 22-9 觀察次數與邊際總數

```
> table22<-table(example22)                    # 將 example22 轉成表格
> table22                                      # 展示表格資料
              教育程度
年收入          1:初中以下 2:高中 3:大專 4:研究所
  12999以下             21     80     33        8
  13000-29999           16    118     35        6
  30000-59999            9    103     65       32
  60000以上              4     40     71       49
> addmargins(table22)                          # 計算邊際總數
              教育程度
年收入          1:初中以下 2:高中 3:大專 4:研究所 Sum
  12999以下             21     80     33        8 142
  13000-29999           16    118     35        6 175
  30000-59999            9    103     65       32 209
  60000以上              4     40     71       49 164
  Sum                   50    341    204       95 690
```

文字框 22-9 為各細格的觀察次數，表中對角線粗體部分的人數總和為 253 人，占所有樣本的 36.7%（$\frac{253}{690}\times 100\% = 36.7\%$），三分之一以上美國民眾的教育等級與收入等級是相同的。從直行來看，粗體部分幾乎都是同一行當中數字最大者（除了「大專」這一行例外），由此大略可看出，教育等級與收入等級有正向關聯，至於是否顯著，則要看文字框 22-10 的卡方檢定。

22.3.3 卡方檢定

文字框 22-10 先使用 table22 資料進行卡方檢定，存於 Xsq 物件。Xsq 中包含卡方值、自由度、*p* 值、觀察次數、期望次數、Pearson 殘差、及標準化殘差。

文字框 22-10　卡方檢定

```
> Xsq<- chisq.test(table22)                    # 進行卡方檢定，結果存於 Xsq
> Xsq                                          # 展示 Xsq 內容

        Pearson's Chi-squared test

data:  table22
X-squared = 123.03, df = 9, p-value < 2.2e-16
```

計算所得 Pearson 的 χ^2 為 123.03，自由度為 9，$p < 2.2 \times 10^{-16}$，因此應拒絕虛無假設，表示受訪者的教育程度與其收入等級是不獨立的，換言之，也就是兩個變數有關聯。

22.3.4　效果量

要計算 Cramér 的 V 係數，要先加載 vcd（Visualizing Categorical Data）程式套件，接著使用 assocstats() 函數分析 table22 的關聯量數，而 summary() 函數則是列出比較詳細的結果摘要（多了報表中的前 4 列）。命令與輸出見文字框 22-11。

文字框 22-11　關聯係數

```
> library(vcd)                                 # 載入 vcd 程式套件
> summary(assocstats(table22))                 # 計算 table22 之關聯量數

Number of cases in table: 690
Number of factors: 2
Test for independence of all factors:
        Chisq = 123.03, df = 9, p-value = 3.193e-22
                    X^2 df P(> X^2)
Likelihood Ratio 125.77  9        0
Pearson          123.03  9        0

Phi-Coefficient   : NA
Contingency Coeff.: 0.389
Cramer's V        : 0.244
```

效果量 Cramér 的 V 係數為：

$$V=\sqrt{\frac{123.03}{690(4-1)}}=0.244$$

是大的效果量。

22.3.5 直行百分比

在本範例中，教育程度視為自變數，年收入則當成依變數。因此，文字框 22-12 中先以維度 2（教育程度置於「行」）計算比例，再計算維度 1（列）的總和。最後將比例乘以 100 得到百分比，並保留 2 位小數。

文字框 22-12　直行百分比

```
> round(addmargins(prop.table(table22,2),1)*100, 2)
              教育程度
年收入          1:初中以下 2:高中 3:大專 4:研究所
  12999以下          42.00  23.46  16.18    8.42
  13000-29999        32.00  34.60  17.16    6.32
  30000-59999        18.00  30.21  31.86   33.68
  60000以上           8.00  11.73  34.80   51.58
  Sum               100.00 100.00 100.00  100.00
```

由收入為 60000 元以上這一橫列來看，初中學歷以下者只有 8.00%年收入在 60000 元以上，高中學歷有 11.73%可以獲得此收入，但是有研究所學歷，則有半數以上（51.58%）年收入在 60000 元以上。再由 12999 元以下這一橫列來看，42.00% 初中以下學歷者只能獲得這個收入，但是研究所學歷者則只有 8.42% 的年收入在 12999 元以下。綜言之，教育程度與年收入有關，教育程度愈高者，年收入也愈高。

22.3.6 期望次數

文字框 22-13 為 Xsq 中的期望次數（expected）。

文字框 22-13　期望次數

```
> round(Xsq$expected, 2)                    # 展示期望次數
```

```
                 教育程度
年收入          1:初中以下 2:高中 3:大專 4:研究所
  12999以下          10.29  70.18  41.98   19.55
  13000-29999        12.68  86.49  51.74   24.09
  30000-59999        15.14 103.29  61.79   28.78
  60000以上          11.88  81.05  48.49   22.58
```

22.3.7 原始殘差值

Xsq 中並無原始殘差，因此用觀察次數減去期望次數得到原始殘差值。

文字框 22-14　原始殘差值

```
> round(Xsq$observed-Xsq$expected, 2)
                 教育程度
年收入          1:初中以下 2:高中 3:大專 4:研究所
  12999以下          10.71   9.82  -8.98  -11.55
  13000-29999         3.32  31.51 -16.74  -18.09
  30000-59999        -6.14  -0.29   3.21    3.22
  60000以上          -7.88 -41.05  22.51   26.42
```

22.3.8 Pearson 殘差值

Xsq 中已包含 Pearson 殘差（residuals），平方之後即為細格的卡方值。

文字框 22-15　Pearson 殘差值

```
> round(Xsq$residuals, 2)
                 教育程度
年收入          1:初中以下 2:高中 3:大專 4:研究所
  12999以下           3.34   1.17  -1.39   -2.61
  13000-29999         0.93   3.39  -2.33   -3.69
  30000-59999        -1.58  -0.03   0.41    0.60
  60000以上          -2.29  -4.56   3.23    5.56
> round(Xsq$residuals^2, 2)
                 教育程度
年收入          1:初中以下 2:高中 3:大專 4:研究所
  12999以下          11.15   1.38   1.92    6.82
  13000-29999         0.87  11.48   5.42   13.59
  30000-59999         2.49   0.00   0.17    0.36
  60000以上           5.23  20.79  10.45   30.91
```

第一部分是 Pearson 殘差，如果超過 ±1.96 的細格就要留意。第二部分是細格卡方值，大於 3.841 就是觀察次數與期望次數相差較大的細格。

22.3.9 標準化殘差值

Xsq 中已包含標準化殘差（stdres），可以直接列出。

文字框 22-16 標準化殘差值

```
> round(Xsq$stdres, 2)
             教育程度
年收入        1:初中以下 2:高中 3:大專 4:研究所
  12999以下         3.89   1.85  -1.85    -3.16
  13000-29999       1.12   5.52  -3.21    -4.59
  30000-59999      -1.96  -0.05   0.58     0.78
  60000以上        -2.72  -7.34   4.41     6.86
```

文字框 22-16 中用粗體標示的部分是標準化殘差大於 1.96 的細格，表示觀察次數顯著高於期望次數。由此觀之：

1. 初中以下民眾的年所得較多是在 12999 元以下。
2. 高中學歷者的年所得多數在 13000–29999 元之間。
3. 初級學院以上者（含研究所），年所得多數在 60000 元以上。

22.3.10 使用 gmodels 程式套件的 CrossTable 函數

以上的分析可以使用更簡便的 gmodels 程式套件之 CrossTable() 函數來完成，而交叉表格式可以設定類似 SPSS 或 SAS 報表，語法及結果如文字框 22-17。

分析後得到 Pearson $\chi^2(9, N = 690) = 123.0349$，$p < 0.001$，其他的數值與前面所述相同。

文字框 22-17 類 SPSS 報表

```
> library(gmodels)                                    # 載入 gmodels 程式套件
> CrossTable(example22$年收入, example22$教育程度, chisq=T, resid=T, sresid=T, asresid=T,
  digits=3, format=c("SPSS") )                        # 進行卡方檢定，並列出各種殘差
```

```
  Cell Contents
|-------------------------|
|                   Count |
| Chi-square contribution |
|             Row Percent |
|          Column Percent |
|           Total Percent |
|                Residual |
|            Std Residual |
|            Adj Std Resid |
|-------------------------|

Total Observations in Table:  690

             | 教育程度
      年收入 | 1:初中以下| 2:高中   | 3:大專   | 4:研究所  | Row Total |
-------------|-----------|-----------|-----------|-----------|-----------|
   12999以下 |        21 |        80 |        33 |         8 |       142 |
             |     11.15 |      1.38 |      1.92 |      6.82 |           |
             |    14.79% |    56.34% |    23.24% |     5.63% |    20.58% |
             |    42.00% |    23.46% |    16.18% |     8.42% |           |
             |     3.04% |    11.59% |     4.78% |     1.16% |           |
             |     10.71 |      9.82 |     -8.98 |    -11.55 |           |
             |      3.34 |      1.17 |     -1.39 |     -2.61 |           |
             |      3.89 |      1.85 |     -1.85 |     -3.16 |           |
-------------|-----------|-----------|-----------|-----------|-----------|
 13000-29999 |        16 |       118 |        35 |         6 |       175 |
             |      0.87 |     11.48 |      5.42 |     13.59 |           |
             |     9.14% |    67.43% |    20.00% |     3.43% |    25.36% |
             |    32.00% |    34.60% |    17.16% |     6.32% |           |
             |     2.32% |    17.10% |     5.07% |     0.87% |           |
             |      3.32 |     31.51 |    -16.74 |    -18.09 |           |
             |      0.93 |      3.39 |     -2.33 |     -3.69 |           |
             |      1.12 |      5.52 |     -3.21 |     -4.59 |           |
-------------|-----------|-----------|-----------|-----------|-----------|
 30000-59999 |         9 |       103 |        65 |        32 |       209 |
             |      2.49 |      0.00 |      0.17 |      0.36 |           |
             |     4.31% |    49.28% |    31.10% |    15.31% |    30.29% |
             |    18.00% |    30.21% |    31.86% |    33.68% |           |
             |     1.30% |    14.93% |     9.42% |     4.64% |           |
             |     -6.14 |     -0.29 |      3.21 |      3.22 |           |
             |     -1.58 |     -0.03 |      0.41 |      0.60 |           |
             |     -1.96 |     -0.05 |      0.58 |      0.78 |           |
```

```
--------------|-----------|-----------|-----------|-----------|-----------|
    60000以上 |        4  |       40  |       71  |       49  |      164  |
              |     5.23  |    20.79  |    10.45  |    30.91  |           |
              |    2.44%  |   24.39%  |   43.29%  |   29.88%  |   23.77%  |
              |    8.00%  |   11.73%  |   34.80%  |   51.58%  |           |
              |    0.58%  |    5.80%  |   10.29%  |    7.10%  |           |
              |    -7.88  |   -41.05  |    22.51  |    26.42  |           |
              |    -2.29  |    -4.56  |     3.23  |     5.56  |           |
              |    -2.72  |    -7.34  |     4.41  |     6.86  |           |
--------------|-----------|-----------|-----------|-----------|-----------|
 Column Total |       50  |      341  |      204  |       95  |      690  |
              |    7.25%  |   49.42%  |   29.57%  |   13.77%  |           |
--------------|-----------|-----------|-----------|-----------|-----------|


Statistics for All Table Factors


Pearson's Chi-squared test
------------------------------------------------------------
Chi^2 =  123.0349     d.f. =  9     p =  3.192773e-22


       Minimum expected frequency: 10.28986
```

22.3.11 馬賽克圖及棘狀圖

R 提供馬賽克圖，可以較直觀呈現細格的比例。文字框 22-18 以「教育程度」為直行，「年收入」為橫列畫出馬賽克圖（mosaic plot）。

由圖 22-3 中直行的寬度來看，高中學歷的受訪者最多，其次為大專（初級學院與大學），最少者為初中以下。由各直行的長度來看，初中以下者年收入較多在 12999 元以下，大專及研究所學歷者年收入較多在 60000 元以上。

棘狀圖（spinogram）與馬賽克圖類似，使用 vcd 程式套件的 spine() 函數繪出，為節省篇幅，不列出圖形。

文字框 22-18　馬賽克圖及棘狀圖

```
> mosaicplot(教育程度~年收入, data=example22, main="馬賽克圖")
> table22_1<-table(example22$教育程度, example22$年收入)      # 前者在列，後者在行
> library(vcd)                                                # 載入 vcd 程式套件
> spine(table22_1)                                            # 繪製棘狀圖
```

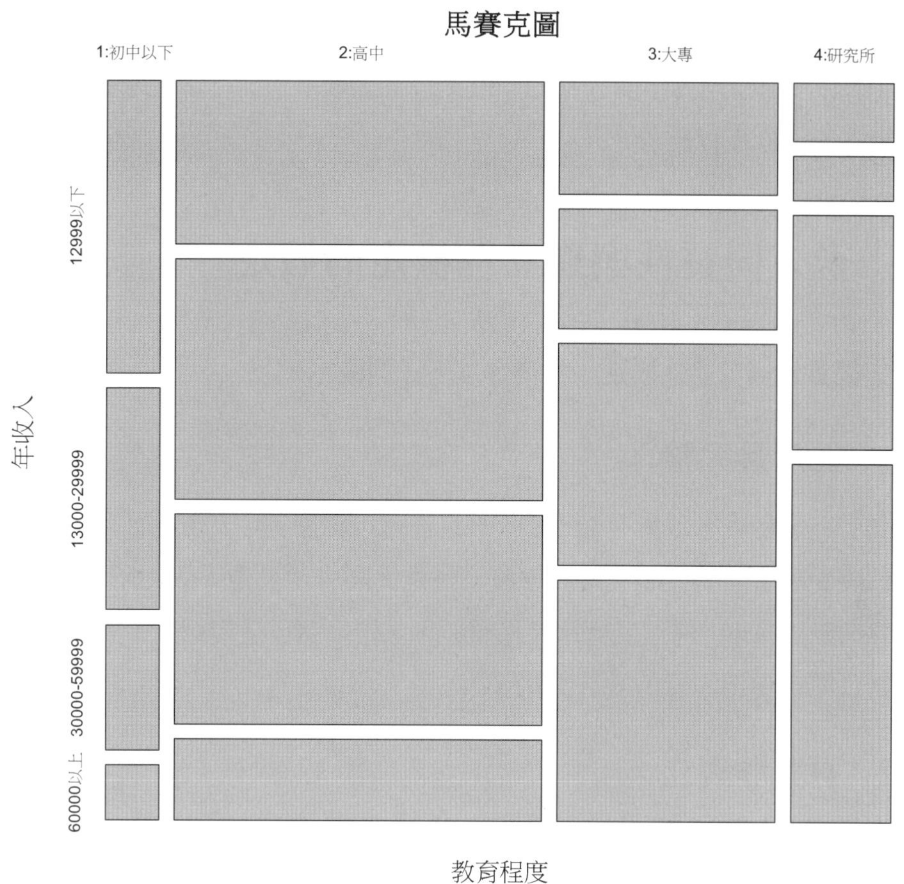

圖 22-3　馬賽克圖

22.4　計算效果量

文字框 22-11 已有效果量 Cramér 的 V 係數 0.244，依據 Cohen（1988）的經驗法則，本範例為大的效果量。

22.5　以 APA 格式撰寫結果

對美國民眾所做的調查發現，教育程度與收入有關，教育程度愈高，年收入也愈多，χ^2 (9, N = 690) = 123.035，p < .001，Cramér 的 V = .244。經進一步分析發現，初

中以下學歷者年收入在12999元以下者較多;高中學歷者多數年收入在13000~29999元之間;學院大學學歷者年收入在60000元以上者較多;具有研究所學歷者,半數以上年收入在60000元以上。

22.6 卡方同質性與獨立性檢定的假定

卡方同質性與獨立性檢定,應符合以下三個假定。

22.6.1 互斥且完整

受訪者在兩個變數的所有類別中,一定都可以歸屬其中一類,而又只能歸於一個類別。假設受訪者回答他的「最高學歷」既是「高中」又是「研究所」,或是年收入資料不詳,無法歸類,則違反互斥且完整原則。如果題目是複選題,則選項就不是互斥,此時就不應使用本章的統計方法。

22.6.2 觀察體獨立

觀察體獨立代表各個細格間的觀察體不會相互影響,如果受訪者同時被歸類在兩個類別中(可以複選),則違反獨立的假定。

觀察體不獨立,計算所得的 p 值就不準確,如果有證據支持違反了這項假定,就不應使用卡方同質性或獨立性檢定。

22.6.3 期望值大小

當兩個變數都只有兩個類別(細格數 2 × 2,自由度為 1),而且期望次數少於 5 時,最好使用 $\chi^2 = \sum \frac{(|f_o - f_e| - 0.5)^2}{f_e}$ 公式校正,以獲得更精確的 χ^2 值。

不過,即使自由度大於 1,但是如果 20% 細格的期望值小於 5,最好就要更謹慎使用卡方檢定。如果類別數很少,而且大部分的類別中次數又太少,就要考慮合併類別(Cohen, 2007)。例如,回答「不同意」或「非常不同意」的人數如果太少,可以把兩者合併為「不同意」。

第23章

試探性因素分析

因素分析常被用來分析測驗或量表的**構念效度**（construct validity，或譯為**建構效度**），本章簡要說明試探性因素分析（exploratory factor analysis, EFA）的概念及報表，詳細的統計方法，請見程炳林與陳正昌（2011b）的另一著作。

23.1　基本統計概念

試探性因素分析主要用來分析題目（item，或稱項目）背後的構念（construct），主要用來建立模式。如果研究者在編製量表時並無明確之理論依據或預設立場，或是以往僅有少數的相關研究，則使用試探取向的因素分析會較恰當。

進行試探性因素分析有以下四個步驟：

一、選擇抽取共同因素的方法（extraction）

在 R 當中，有主成分法（principal components; pc）、主軸法（principal axis; pa）、最大概似法（maximum likelihood; ml）、各種最小平方法（minres、uls、ols、wls、gls）、及 alpha 等抽取因素的方法。如果是生手，一般常使用主成分法（初始共同性設定為 1），會較容易分析；如果是專家，則建議使用主軸法（預設使用 SMC 法估計初始共同性）會較符合理論要求。不過，這兩種方法所得結果通常都極為類似。本章先選擇較容易解釋的主成分法，再使用較符合理論的主軸法。

二、決定因素個數

一般常用的標準有：

1. 取特徵值大於 1 者，這是許多統計軟體內定的標準，也是研究者常採用的規準。如果使用主軸法，則特徵值應取大於 0 者。
2. 採陡坡圖考驗（scree plot test），保留陡坡上的因素。
3. 保留一定累積變異數之因素數。在社會科學中，一般建議最少要達到 50% 以上的累積解釋變異量。
4. 使用統計考驗。
5. 如果相關研究可供參考，則在事前決定因素數目。
6. 使用**平行分析**（parallel analysis），比較模擬數據與真實資料，找出適當的因素個數。此部分請詳見程炳林與陳正昌（2011b）的著作。

三、**因素轉軸**（rotation）

在進行因素分析過程中，為了符合簡單結構原則，通常需要進行因素轉軸。轉軸的方法可分為**直交轉軸**（orthogonal rotations）及**斜交轉軸**（oblique rotations）兩種，前者設定因素間沒有關聯，後者則允許因素間有關聯性。直交轉軸後只會得到一種因素負荷量矩陣，斜交轉軸後則會得到**樣式矩陣**（pattern matrix）及**結構矩陣**（structure matrix）。樣式矩陣是因素對項目的加權係數，結構矩陣則是因素與項目的相關係數。

在 R 中，提供十多種轉軸方法，其中直交轉軸較常使用者有 varimax 及 quatimax 兩種。quatimax 常會得到解釋量最大的因素（綜合因素），如果想要得到解釋量平均的因素，最好採用 varimax 法。斜交轉軸較常使用者有 oblimin 及 promax 兩種。

轉軸時應採直交或斜交，學者有不同的意見。一般建議，以斜交轉軸為主，如果因素間的相關係數小於 ±0.30，則改採直交轉軸。

四、**因素命名**

最後，根據因素負荷量將項目歸類，參酌因素負荷量之絕對值大於 0.30 之項目，對因素加以命名。如果是直交轉軸，以轉軸後之因素負荷量矩陣為準；斜交轉軸，則建議以樣式矩陣為準。

23.2 範例

研究者依據科技接受模式（technology acceptance model, TAM）編製了一份 Likert 六點形式的智慧型手機使用量表（題目見本章最後之表 23-3），40 名受訪者的回答情形如表 23-1，請以此進行試探性因素分析，並對因素加以命名。

表 23-1　40 名受訪者的填答情形

受測者	A1	A2	A3	A4	B1	B2	B3	B4	C1	C2	C3	C4
1	5	5	4	4	4	4	5	5	4	4	5	5
2	4	4	4	4	4	4	4	4	3	3	4	4
3	6	4	4	4	4	4	4	4	5	5	5	5
4	5	5	4	4	5	5	5	5	5	5	4	5
5	6	6	6	5	5	5	5	5	5	5	5	6
6	6	6	6	6	6	6	6	6	6	6	6	6

表 23-1（續）

受測者	A1	A2	A3	A4	B1	B2	B3	B4	C1	C2	C3	C4
7	5	5	4	4	5	5	5	6	5	5	5	5
8	6	6	6	6	4	4	4	4	4	4	4	4
9	5	5	4	4	5	5	5	6	5	5	5	5
10	6	6	4	5	5	5	5	5	5	5	5	5
11	6	6	6	6	6	6	6	6	6	6	6	6
12	6	6	5	5	6	6	6	6	6	6	6	6
13	6	6	5	5	3	3	3	3	6	6	6	6
14	5	4	3	3	2	3	2	2	3	3	4	4
15	5	5	3	4	3	3	3	3	4	4	6	4
16	5	4	4	3	3	4	4	1	4	4	4	4
17	6	6	6	6	6	6	6	6	6	6	6	6
18	6	6	6	6	5	5	5	5	5	5	5	5
19	6	6	4	6	6	6	6	6	6	6	6	6
20	6	6	4	5	4	4	4	4	5	5	5	5
21	6	5	1	6	6	6	6	3	6	6	5	6
22	6	6	6	6	5	5	4	4	5	5	5	4
23	6	6	5	6	6	6	6	5	6	5	6	6
24	6	6	6	6	5	5	5	5	5	6	4	6
25	6	6	4	5	6	6	6	6	6	6	6	6
26	5	4	4	4	5	5	5	5	4	4	4	3
27	5	4	3	4	4	4	4	3	4	3	3	4
28	6	6	4	6	5	5	5	5	5	5	5	6
29	5	5	4	5	5	5	5	5	6	5	5	5
30	5	5	5	5	5	5	5	5	5	5	5	5
31	5	5	4	4	4	4	4	3	4	4	4	4
32	6	6	4	6	6	6	6	5	4	4	4	4
33	5	5	3	4	5	5	5	5	4	4	3	4
34	6	6	4	6	4	6	5	5	5	5	5	5
35	6	6	6	6	5	5	4	2	6	6	6	6
36	6	6	6	6	4	4	3	5	6	5	6	6
37	6	6	4	5	4	4	4	3	5	5	5	5
38	6	6	6	6	6	6	6	6	5	5	6	6
39	6	6	6	6	1	1	1	1	2	5	2	4
40	6	5	5	5	5	5	5	4	3	3	3	4

23.3 使用 R 進行分析

23.3.1 資料檔

完整的 R 資料檔，如文字框 23-1。

文字框 23-1 試探性因素分析資料檔

```
> load("C:/mydata/chap23/example23.RData")      # 載入本例資料
> example23                                     # 展示本例資料
   A1 A2 A3 A4 B1 B2 B3 B4 C1 C2 C3 C4
1   5  5  4  4  4  4  5  5  4  4  5  5
2   4  4  4  4  4  4  4  4  3  3  4  4
3   6  4  4  4  4  4  4  4  5  5  5  5
4   5  5  4  4  5  5  5  5  5  5  4  5
5   6  6  6  5  5  5  5  5  5  5  5  6
6   6  6  6  6  6  6  6  6  6  6  6  6
7   5  5  4  4  5  5  5  6  5  5  5  5
8   6  6  6  6  4  4  4  4  4  4  4  4
9   5  5  4  4  5  5  5  6  5  5  5  5
10  6  6  4  5  5  5  5  5  5  5  5  5
11  6  6  6  6  6  6  6  6  6  6  6  6
12  6  6  5  5  6  6  6  6  6  6  6  6
13  6  6  5  5  3  3  3  3  6  6  6  6
14  5  4  3  3  2  3  2  2  3  3  4  4
15  5  5  3  4  3  3  3  3  4  4  6  4
16  5  4  4  3  3  4  4  1  4  4  4  4
17  6  6  6  6  6  6  6  6  6  6  6  6
18  6  6  6  6  5  5  5  5  5  5  5  5
19  6  6  4  6  6  6  6  6  6  6  6  6
20  6  6  4  5  4  4  4  4  5  5  5  5
21  6  5  1  6  6  6  6  3  6  6  5  6
22  6  6  6  6  5  5  4  4  5  5  5  4
23  6  6  5  6  6  6  6  5  6  5  6  6
24  6  6  6  6  5  5  5  5  5  6  4  6
25  6  6  4  5  6  6  6  6  6  6  6  6
26  5  4  4  4  5  5  5  5  4  4  4  3
27  5  4  3  4  4  4  4  3  4  3  3  4
28  6  6  4  6  5  5  5  5  5  5  5  6
```

```
29  5  5  4  5  5  5  5  5  6  5  5  5
30  5  5  5  5  5  5  5  5  5  5  5  5
31  5  5  4  4  4  4  4  3  4  4  4  4
32  6  6  4  6  6  6  6  5  4  4  4  4
33  5  5  3  4  5  5  5  5  4  4  3  4
34  6  6  4  6  4  6  5  5  5  5  5  5
35  6  6  6  6  5  5  4  2  6  6  6  6
36  6  6  6  6  4  4  3  5  6  5  6  6
37  6  6  4  5  4  4  4  3  5  5  5  5
38  6  6  6  6  6  6  6  6  5  5  6  6
39  6  6  6  6  1  1  1  1  2  5  2  4
40  6  5  5  5  5  5  5  4  3  3  3  4
```

23.3.2　KMO 及 Bartlett 球形檢定

文字框 23-2 先載入 psych 程式套件，並使用其 KMO() 及 cortest.bartlett() 函數計算 KMO 量數與進行 Bartlett 球形檢定。

文字框 23-2　KMO 及 Bartlett 球形檢定

```
> library(psych)                              # 加載程式套件 psych
> KMO(example23)                              # KMO 檢定
Kaiser-Meyer-Olkin factor adequacy
Call: KMO(r = example23)
Overall MSA =  0.86
MSA for each item =
  A1   A2   A3   A4   B1   B2   B3   B4   C1   C2   C3   C4
0.89 0.85 0.82 0.85 0.87 0.87 0.79 0.90 0.80 0.87 0.86 0.93
> cortest.bartlett(example23)                 # Bartlett 球形檢定
R was not square, finding R from data
$chisq
[1] 484.471


$p.value
[1] 5.433929e-65


$df
[1] 66
```

第一部分是 KMO（Kaiser-Meyer-Olkin）取樣適切性量數，依據 Kaiser 及 Rice（1977）的建議，KMO 的判斷準則如表 23-2，本範例為 0.85，相當理想。個別題目的取樣適切性量數（MSA）除了 B3 小於 0.80 外，其他各題都大於 0.80。

Bartlett 球形檢定在檢驗矩陣是否為單元矩陣（identify matrix），也就是對角線為 1，其他元素為 0 的矩陣，亦即變數間的相關係數為 0，不適合進行因素分析。檢定所得 $\chi^2(66, N=40) = 484.471$，$p < .001$，表示此 12 個題目間有相關，適合進行因素分析。

表 23-2　KMO 判斷準則

KMO	建　議
0.90 以上	極佳的（marvelous）
0.80 以上	良好（meritorious）
0.70 以上	中等（middling）
0.60 以上	普通（mediocre）
0.50 以上	欠佳（miserable）
0.50 以下	無法接受（unacceptable）

23.3.3　決定因素數目

文字框 23-3 在繪製陡坡圖，同時使用 PC 法及 FA 法進行平行分析。

文字框 23-3　陡坡圖與平行分析

```
> fa.parallel(example23, fa="both")                # 繪製陡坡圖並進行平行分析
Parallel analysis suggests that the number of factors =  3
and the number of components =  2
> abline(h=0, lty=2)                               # 在水平軸 0 處畫一條虛線
```

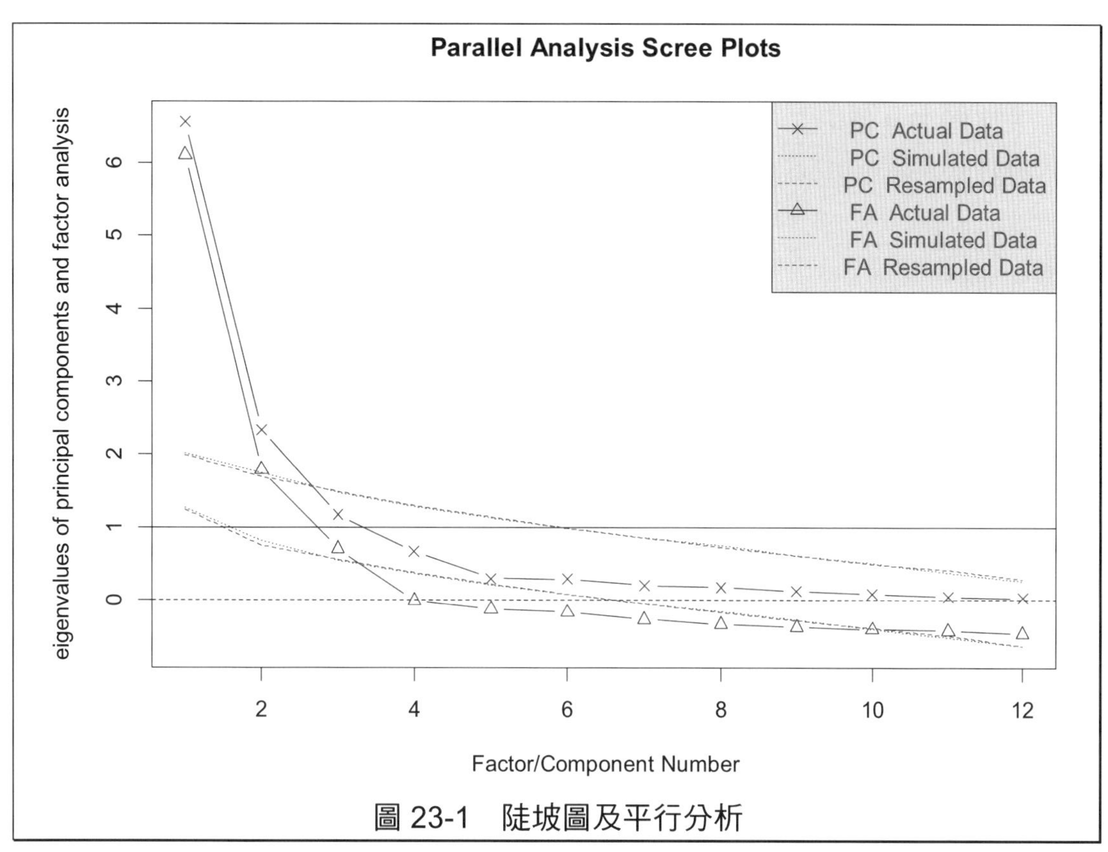

圖 23-1　陡坡圖及平行分析

圖 23-1 為 Cattell 的陡坡考驗圖。圖中橫坐標是因素及主成分數目，縱坐標是特徵值。陡坡考驗圖可以幫助研究者決定因素數目。判斷的依據是，取陡坡上的因素而不取平滑處的因素。由此圖可知，有 3 個因素（以Δ表示）或主成分（以×表示）位於陡坡上，所以應抽取陡坡上的 3 個因素或主成分較為適宜。

報表同時進行平行分析，圖中實線部分是使用本範例分析所得的特徵值，而虛線則是使用模擬資料及再抽樣分析之後得到的特徵值。Δ實線高於虛線的因素數目為 3，×實線高於虛線的主成分數目為 2，因此以客觀的方法進行分析，建議取 3 個因素或 2 個主成分較適當。

基於 TAM 理論及便於因素命名，本範例將採特徵值大於 1 的標準（主成分法，橫實線所示）或是特徵值大於 0 的標準（主軸法，橫虛線所示），並參酌平行分析結果，保留 3 個因素／主成分。此外，psych 程式套件的 vss() 函數提供 MAP（Minimum Average Partial）的判斷方法（詳見程炳林、陳正昌，2011b），分析後也顯示比較適合的因素數目是 3 個〔此處不呈現報表，讀者可以使用 vss(example23) 命令進行分析〕。

23.3.4　轉軸前因素負荷量（主成分法）

文字框 23-4 使用主成分法進行因素分析，設定因素／主成分個數為 3 個。

文字框 23-4　轉軸前因素負荷量

```
> library(psych)                                        # 載入 psych 程式套件
> library(GPArotation)                                  # 加載 GPArotation 程式套件
> pc1<-principal(example23, nfactors=3, rotate="none")  # 萃取主成分，不轉軸
> pc1                                                   # 顯示 pc1 的結果
Principal Components Analysis
Call: principal(r = example23, nfactors = 3, rotate = "none")
Standardized loadings (pattern matrix) based upon correlation matrix
    PC1   PC2   PC3   h2    u2 com
A1 0.66  0.55  0.17 0.77 0.234 2.1
A2 0.73  0.53  0.20 0.86 0.139 2.0
A3 0.40  0.55  0.36 0.60 0.399 2.6
A4 0.72  0.46  0.34 0.85 0.150 2.2
B1 0.80 -0.51  0.22 0.95 0.051 1.9
B2 0.78 -0.54  0.21 0.93 0.066 1.9
B3 0.73 -0.61  0.22 0.95 0.050 2.1
B4 0.69 -0.46  0.22 0.73 0.267 2.0
C1 0.86 -0.07 -0.42 0.93 0.075 1.5
C2 0.82  0.26 -0.32 0.84 0.163 1.5
C3 0.74 -0.01 -0.50 0.80 0.198 1.8
C4 0.84  0.15 -0.36 0.85 0.151 1.4

                       PC1  PC2  PC3
SS loadings           6.55 2.34 1.17
Proportion Var        0.55 0.19 0.10
Cumulative Var        0.55 0.74 0.84
Proportion Explained  0.65 0.23 0.12
Cumulative Proportion 0.65 0.88 1.00

Mean item complexity =  1.9
Test of the hypothesis that 3 components are sufficient.
```

```
The root mean square of the residuals (RMSR) is  0.05
 with the empirical chi square  11.77  with prob <  1

Fit based upon off diagonal values = 0.99
```

文字框 23-4 的分析結果包含三大部分。第一部分是 12 個題目在 3 個因素上未轉軸的因素負荷量矩陣。由矩陣可以重新計算每一變項的共同性、特徵值、因素解釋之百分比。

以 A2 這題為例，3 個因素的負荷量分別為 0.73、0.53，及 0.20，橫列 3 個負荷量的平方和，就是這一題的**共同性**（h^2），即：

$$(0.73)^2 + (0.53)^2 + (0.20)^2 = 0.86$$

以 1 − 0.86 = 0.139，即是**唯一性**的變異數（u^2）。

共同性（Communality）代表每個題目被因素（在此有 3 個）解釋變異量的比例，最少應大於 0.50（表示有一半的變異量被共同因素解釋）。萃取之後的共同性均大於 0.50，表示所有題目被 3 個因素所解釋的部分都大於唯一性。

第二部分是特徵值及解釋百分比。第一部分直行因素負荷量的平方和會等於特徵值，由 PC1 這一直行來看，12 個題目的因素負荷量分別為 0.66、0.73……0.74、0.84，第 1 個因素的特徵值 6.55 即為：

$$(0.66)^2 + (0.73)^2 + \cdots\cdots + (0.74)^2 + (0.84)^2 = 6.55$$

三個因素的特徵值分別是 6.55、2.34、1.17，總和是 10.09。因為有 12 個題目，標準化後的總變異為 12，其中第 1 個因素的解釋變異量是：

$$6.55 / 12 = 0.55 = 55\%$$

三個因素對 12 個題目的解釋量分別為 0.55、0.19、0.10，總和為 0.84。在 3 個因素中，個別因素的解釋量分別占 0.65、0.23、0.12，第 1 個因素的解釋量最大。

第三部分是「非常簡單結構」（Very Simple Structure, VSS）的指標。如果題目沒有交叉負荷（cross-loading）的情形，則複雜度為 1。文字框 23-4 中，轉軸前平均複雜度為 1.9，轉軸後平均複雜度為 1.3（見文字框 23-5）。

由文字框 23-4 中每一橫列來看，12 個題目在第 1 個因素的負荷量都是最高，也就是 12 題都是屬於第 1 個因素，並不符合研究者原始的規劃，因此再進行因素轉軸。

23.3.5 直交轉軸後因素負荷量（主成分法＋最大變異法）

文字框 23-5 使用 varimax 法進行轉軸。

文字框 23-5 直交轉軸負荷量

```
> pc2=principal(example23, nfactors=3, rotate="varimax")   # 使用 varimax 法進行轉軸
> pc2
Principal Components Analysis
Call: principal(r = example23, nfactors = 3, rotate = "varimax")
Standardized loadings (pattern matrix) based upon correlation matrix
    PC3  PC1  PC2   h2    u2 com
A1 0.08 0.33 0.81 0.77 0.234 1.3
A2 0.15 0.35 0.85 0.86 0.139 1.4
A3 0.00 0.03 0.77 0.60 0.399 1.0
A4 0.25 0.22 0.86 0.85 0.150 1.3
B1 0.92 0.27 0.15 0.95 0.051 1.2
B2 0.92 0.26 0.11 0.93 0.066 1.2
B3 0.95 0.21 0.04 0.95 0.050 1.1
B4 0.82 0.21 0.13 0.73 0.267 1.2
C1 0.41 0.85 0.17 0.93 0.075 1.5
C2 0.19 0.78 0.44 0.84 0.163 1.7
C3 0.26 0.85 0.12 0.80 0.198 1.2
C4 0.26 0.81 0.35 0.85 0.151 1.6

                       PC3  PC1  PC2
SS loadings           3.71 3.23 3.12
Proportion Var        0.31 0.27 0.26
Cumulative Var        0.31 0.58 0.84
Proportion Explained  0.37 0.32 0.31
Cumulative Proportion 0.37 0.69 1.00

Mean item complexity =  1.3
Test of the hypothesis that 3 components are sufficient.

The root mean square of the residuals (RMSR) is  0.05
 with the empirical chi square  11.77  with prob <  1

Fit based upon off diagonal values = 0.99
```

文字框 23-5 是使用 varimax 法轉軸後的負荷量，橫列的平方和同樣代表題目的共同性，與文字框 23-4 一致，直行平方和可以重新計算因素的解釋量。轉軸後，因素三（PC3）的解釋量為 0.31，因素一（PC1）的解釋量為 0.27，因素二（PC2）的解釋量為 0.26，累積解釋量仍為 0.84。

比較每一橫列的負荷量，將最大的值以粗體標示後，可以看出 A1 ~ A4 屬於第 2 個因素，B1 ~ B4 屬於第 3 個因素，而 C1 ~ C4 屬於第 1 個因素。而未使用粗體標示的**交叉負荷量**，多數都在 0.35 以下，因此大致符合簡單結構原則。

參酌題目內容，我們可以將因素三命名為「易用性」，因素一命名為「使用意願」，因素二命名為「有用性」，符合科技接受模式（TAM）的理論。

23.3.6　斜交轉軸後因素負荷量（樣式矩陣）

文字框 23-6 使用 oblimin 法進行轉軸，並顯示樣式矩陣。

文字框 23-6　斜交轉軸後樣式矩陣

```
> pc3=principal(example23, nfactors=3, rotate="oblimin")    # 使用 oblimin 法進行轉軸
> pc3
Principal Components Analysis
Call: principal(r = example23, nfactors = 3, rotate = "oblimin")
Standardized loadings (pattern matrix) based upon correlation matrix
     PC3   PC1   PC2   h2    u2 com
A1 -0.06  0.17  0.80 0.77 0.234 1.1
A2  0.01  0.17  0.83 0.86 0.139 1.1
A3 -0.04 -0.17  0.85 0.60 0.399 1.1
A4  0.17 -0.02  0.88 0.85 0.150 1.1
B1  0.94  0.03  0.05 0.95 0.051 1.0
B2  0.95  0.03  0.01 0.93 0.066 1.0
B3  0.99 -0.02 -0.05 0.95 0.050 1.0
B4  0.85 -0.01  0.05 0.73 0.267 1.0
C1  0.16  0.90 -0.07 0.93 0.075 1.1
C2 -0.07  0.80  0.25 0.84 0.163 1.2
C3  0.00  0.94 -0.11 0.80 0.198 1.0
C4  0.01  0.84  0.15 0.85 0.151 1.1
```

```
                           PC3  PC1  PC2
SS loadings               3.65 3.33 3.08
Proportion Var            0.30 0.28 0.26
Cumulative Var            0.30 0.58 0.84
Proportion Explained      0.36 0.33 0.31
Cumulative Proportion     0.36 0.69 1.00

 With component correlations of
     PC3  PC1  PC2
PC3 1.00 0.52 0.25
PC1 0.52 1.00 0.48
PC2 0.25 0.48 1.00

（…以下刪除部分報表…）
```

文字框 23-6 是採 Oblimin 直接斜交法轉軸所得的因素樣式矩陣（即樣式負荷量矩陣）。斜交轉軸後因素矩陣有兩個，一是因素樣式矩陣，一是因素結構矩陣，這兩者都是因素負荷量。根據 Sharma（1996）的建議，如果研究者採用斜交轉軸，應以樣式負荷量來解釋因素分析的結果較為恰當。由於斜交轉軸後，兩個因素的夾角不再是 90°，因素樣式有可能大於 1。因素樣式在性質上類似於迴歸係數，反映每個因素對各個變項的貢獻。

根據歸類結果及原始題意，因素一可命名為「使用意願」，因素二命名為「有用性」，因素三則是「易用性」。

第三部分因素的相關矩陣。斜交轉軸後，因素與因素的相關不再是 0，從此處可知 3 個因素的交互相關為 0.48、0.52、0.25，有兩個相關係數高於 ±0.30，表示因素間應有相關，顯示本範例應採斜交轉軸較為恰當。然而，由於直交轉軸所得的分類結果與斜交轉軸相同，基於直交轉軸可以計算因素解釋量，且容易解釋，建議採用直交轉軸的結果即可。

23.3.7 斜交轉軸後因素負荷量（結構矩陣）

文字框 23-7 顯示斜交轉軸後的結構矩陣。結構矩陣是由樣式矩陣乘以因素間相關矩陣而得。

文字框 23-7　斜交轉軸後結構矩陣

```
> pc3$Structure                                    # 列出 pc3 中之結構矩陣
      TC3    TC1   TC2
A1 0.2320 0.527 0.865
A2 0.3105 0.576 0.915
A3 0.0796 0.214 0.755
A4 0.3752 0.490 0.909
B1 0.9722 0.550 0.304
B2 0.9659 0.534 0.265
B3 0.9730 0.481 0.189
B4 0.8550 0.462 0.259
C1 0.6162 0.950 0.407
C2 0.4152 0.886 0.621
C3 0.4687 0.890 0.341
C4 0.4832 0.912 0.553
> pc3$loadings%*%pc3$Phi                           # 樣式矩陣乘以因素相關
（…不顯示報表…）
```

斜交轉軸後的因素結構，是題目與因素間的簡單相關，它的平方代表題目被某個因素以及此因素和其他因素的交互作用共同解釋之變異（Sharma, 1996）。在此，結構係數分類的結果與樣式矩陣相同。

23.3.8　以主軸法進行因素分析及轉軸

接著以比較符合理論的主軸法進行因素分析，文字框 23-8 中使用 psych 程式套件的函數是 fa()，括號引數設定 fm="pa"，表示以 principal axis 法抽取因素，第 1 次不轉軸，第 2 次以 varimax 進行直交轉軸，第 3 次則以 promax 法進行斜交轉軸。讀者也可以設定 fm="ml"，改用最大概似法進行因素分析。

文字框 23-8　主軸因素法及轉軸

```
> fa1<-fa(example23, nfactors=3, fm="pa", rotate="none")     # 以 pa 法抽取因素，不轉軸
> fa1                                                         # 列出 fa1 摘要
Factor Analysis using method =  pa
Call: fa(r = example23, nfactors = 3, rotate = "none", fm = "pa")
Standardized loadings (pattern matrix) based upon correlation matrix
```

```
    PA1   PA2   PA3   h2    u2  com
A1 0.63  0.52  0.20 0.71 0.295 2.1
A2 0.72  0.54  0.24 0.87 0.134 2.1
A3 0.37  0.43  0.21 0.36 0.637 2.4
A4 0.71  0.46  0.37 0.86 0.145 2.3
B1 0.81 -0.51  0.20 0.96 0.042 1.8
B2 0.78 -0.53  0.19 0.93 0.068 1.9
B3 0.74 -0.62  0.20 0.97 0.034 2.1
B4 0.66 -0.39  0.12 0.60 0.398 1.7
C1 0.87 -0.04 -0.45 0.96 0.044 1.5
C2 0.80  0.27 -0.27 0.79 0.214 1.5
C3 0.72  0.02 -0.42 0.69 0.309 1.6
C4 0.82  0.17 -0.32 0.80 0.197 1.4

                       PA1  PA2  PA3
SS loadings           6.38 2.14 0.96
Proportion Var        0.53 0.18 0.08
Cumulative Var        0.53 0.71 0.79
Proportion Explained  0.67 0.23 0.10
Cumulative Proportion 0.67 0.90 1.00
[…以下刪除部分報表…]
> fa2<-fa(example23, nfactors=3, fm="pa", rotate="varimax")        # 以 varimax 法轉軸
> fa2                                                               # 列出 fa2 摘要
Factor Analysis using method =  pa
Call: fa(r = example23, nfactors = 3, rotate = "varimax", fm = "pa")
Standardized loadings (pattern matrix) based upon correlation matrix
    PA3  PA2  PA1   h2    u2  com
A1 0.09 0.79 0.28 0.71 0.295 1.3
A2 0.15 0.87 0.31 0.87 0.134 1.3
A3 0.00 0.59 0.10 0.36 0.637 1.1
A4 0.24 0.87 0.18 0.86 0.145 1.2
B1 0.93 0.16 0.26 0.96 0.042 1.2
B2 0.92 0.13 0.25 0.93 0.068 1.2
B3 0.96 0.05 0.21 0.97 0.034 1.1
B4 0.72 0.13 0.25 0.60 0.398 1.3
C1 0.40 0.20 0.87 0.96 0.044 1.5
C2 0.20 0.47 0.72 0.79 0.214 1.9
C3 0.28 0.18 0.76 0.69 0.309 1.4
C4 0.27 0.39 0.76 0.80 0.197 1.8
```

```
                         PA3  PA2  PA1
SS loadings              3.60 2.99 2.90
Proportion Var           0.30 0.25 0.24
Cumulative Var           0.30 0.55 0.79
Proportion Explained     0.38 0.31 0.31
Cumulative Proportion    0.38 0.69 1.00
[…以下刪除部分報表…]
> fa3<-fa(example23, nfactors=3, fm="pa", rotate="promax")      # 以 promax 法轉軸
> fa3                                                           # 列出 fa3 摘要
[…不顯示報表…]
```

第一部分是 fa1 的摘要，由因素負荷量來看，除了 A3 屬於第 2 個因素（PA2），其餘 11 題屬於第 1 個因素（PA1）。橫列的平方和就是共同性 h^2，$1-h^2$ 就是唯一性，除 A3 外，其他 11 個題目的共同性都大於 0.5。直行的平方和就是 SS loadings，除以題目數 12 之後，等於因素對題目的解釋變異量，3 個因素分別為 53%、18%、8%，累計為 79%。3 個因素中，各因素分別占 67%、23%、10%。

第二部分是 fa2 的摘要，為 varimax 轉軸後的負荷量。3 個因素的解釋變異量分別為 30%、25%、24%，已經相當接近。累積解釋量仍為 79%。B1 ~ B4 屬於 PA3，A1 ~ A4 屬於 PA2、C1 ~ C4 屬 PA1，因素可分別命名為有用性、易用性、及使用意願。

第三部分是斜交轉軸的指令，由於斜交轉軸的結果與直交轉軸相似，且於前面已說明重要概念，因此不再重述。留意：本範例資料如果使用斜交轉軸，會產生 Heywood case，也就是標準化係數絕對值大於 1 的情形，解釋時要小心。

23.4　撰寫結果

研究者自編 12 題 Likert 六點量表，以測量使用者對智慧型手機的看法。經使用主軸法進行因素分析，參酌平行分析及陡坡圖，得到 3 個共同因素。採用最大變異法（varimax）進行轉軸，3 個因素分別命名為**有用性**、**易用性**、及**使用態度用**，解釋量分別為 30%、25%、24%，總解釋量為 79%。3 個因素的負荷量分別介於 0.72 ~ 0.96、0.59 ~ 0.87、0.72 ~ 0.87 之間。摘要如表 23-3，粗體字部分表示該題目所屬的因素。

如果要刪除題目，可先考慮 A3。

表 23-3　因素分析摘要表

題　　目	因素			共同性
	1	2	3	
A1 使用智慧型手機上網，可以隨時獲得想要的資訊	0.09	**0.79**	0.28	0.71
A2 使用智慧型手機，能讓生活更便利	0.15	**0.87**	0.31	0.87
A3 使用智慧型手機，能提升工作績效	0.00	**0.59**	0.10	0.36
A4 使用智慧型手機中的應用程式，可以解決許多問題	0.24	**0.87**	0.18	0.86
B1 智慧型手機的作業系統很容易上手	**0.93**	0.16	0.26	0.96
B2 智慧型手機的操作方法簡單易學	**0.92**	0.13	0.25	0.93
B3 要熟練智慧型手機的操作，是容易的事	**0.96**	0.05	0.21	0.97
B4 我不需要別人協助，就可以學會使用智慧型手機	**0.72**	0.13	0.25	0.60
C1 智慧型手機是值得使用的	0.40	0.20	**0.87**	0.96
C2 使用智慧型手機是個好主意	0.20	0.47	**0.72**	0.79
C3 我對使用智慧型手機的態度是正面的	0.28	0.18	**0.76**	0.69
C4 使用智慧型手機有許多好處	0.27	0.39	**0.76**	0.80
解釋量	30%	25%	24%	79%

第 24 章

驗證性因素分析

驗證性因素分析（confirmatory factor analysis, CFA）也常被用來分析測驗或量表的構念效度。在 R 中要進行驗證性因素分析，可以使用 lavaan（Latent Variable Analysis）或 sem（Structural Equation Models）程式套件。本章簡要說明驗證性因素分析的概念及報表，詳細的統計方法，請見程炳林、陳正昌、陳新豐（2011）的另一著作。

24.1　基本統計概念

驗證性因素分析主要用在模型（模式）之驗證，如果研究者在編製量表時，已有明確之理論依據或是預設立場，或已經有許多相關研究，則使用驗證取向的因素分析會較恰當。

驗證性因素分析，比較常用的步驟有五項：

一、發展理論模型（formulation）

圖 24-1 是試探性因素分析的示意圖，在圖中共有 6 個觀察變數（V1 ~ V6），分析時設定為 2 個潛在因素（F1 及 F2）的測量指標，因此共有 12 條（2 × 6）單向箭頭。

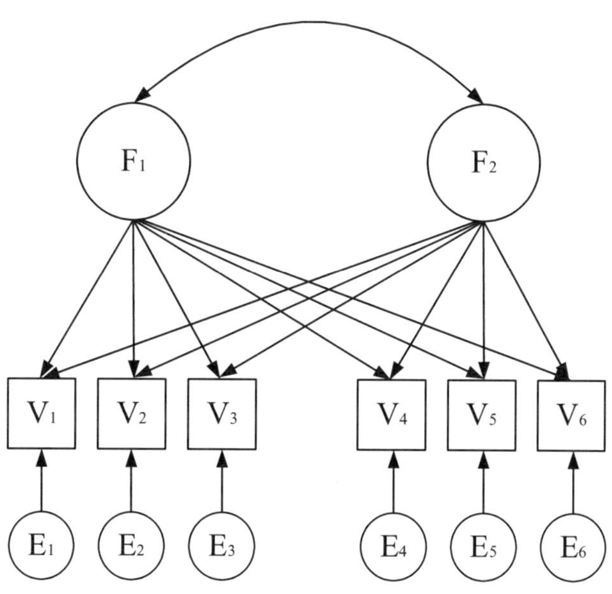

圖 24-1　試探性因素分析-1

經過因素分析後，可能 V1 ~ V3 在 F1 的因素負荷量較高，而 V4 ~ V6 在 F2 的因素負荷量較高，此時會將 V1 ~ V3 歸為第一個因素（F1），而 V4 ~ V6 歸為第二個因素（F2）。然而，F1 對 V4 ~ V6，F2 對 V1 ~ V3 的因素負荷量（圖 24-2 中淺色虛線）並不等於 0。

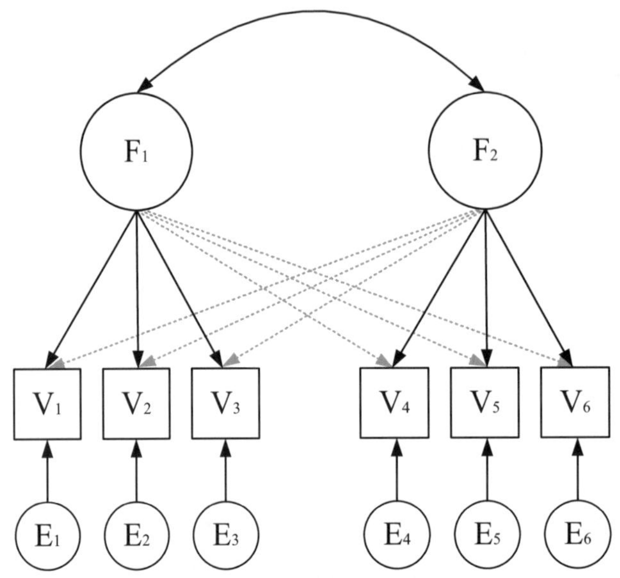

圖 24-2　試探性因素分析-2

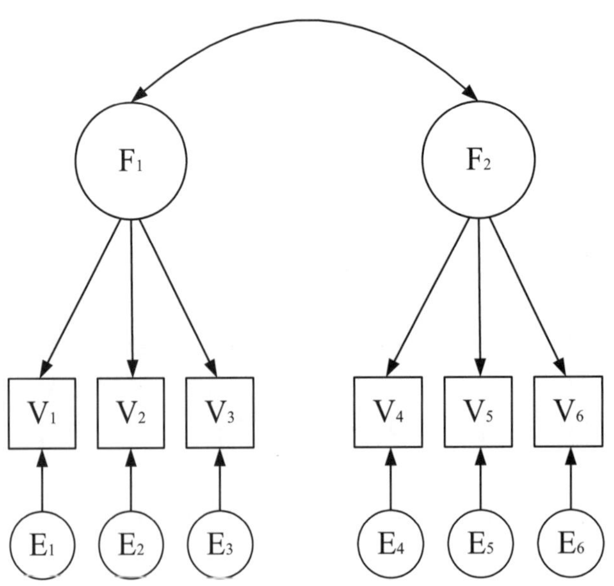

圖 24-3　驗證性因素分析

圖 24-3 是驗證性因素分析的示意圖，此時，研究者依據理論設定 V1 ~ V3 是 F1 的測量指標，而 V4 ~ V6 是 F2 的測量指標，所以只有 6 條單向箭頭。此時，V4 ~ V6 不是 F1 的測量指標，V1 ~ V3 也不是 F2 的測量指標，所以並沒有單向箭頭連接它們。

圖 24-4 是根據圖 24-3 所繪的理論模型。在繪製理論模型時，有幾點需要特別留意：

1. 圓形或橢圓形代表潛在變數（latent variable），是不可觀測的變數（unobserved variable）；方形或矩形代表可觀察的變數（observed variable），是因素的指標（index）。
2. 因素與指標間使用單向箭頭連接，方向是由因素指向指標（一般稱為**反映性指標**）。因素的名稱（在此為 F1 及 F2）自行設定，但是不可以與要分析的資料檔中變數名稱相同，而指標的名稱（V1 ~ V6）則一定要在資料檔中。也就是說，觀察變數名稱須包含在資料檔中，潛在變數名稱則不可以與資料檔的變數名稱相同。
3. 每個因素（潛在變數）須設定一個參照指標，加權係數設定為 1。圖 24-4 中，F1 及 F2 是潛在變數，它們的參照指標分別為 V1 及 V4。如果未特別設定，通常以第 1 個觀察變數當參照指標。
4. 因素間一定要有雙向箭頭連接，如果是直交，則可以再設定參數值為 0。
5. 每個觀察變數須有一個測量誤差（分別為 E1 ~ E6），使用單向箭頭連接，加權係數設定為 1。測量誤差同樣是潛在變數，名稱自行設定。
6. 在模型中，凡是被單向箭頭所指的變數稱為**內因變數**（endogenous variables），未被單向箭頭指到的變數稱為**外因變數**（exogenous variables）。

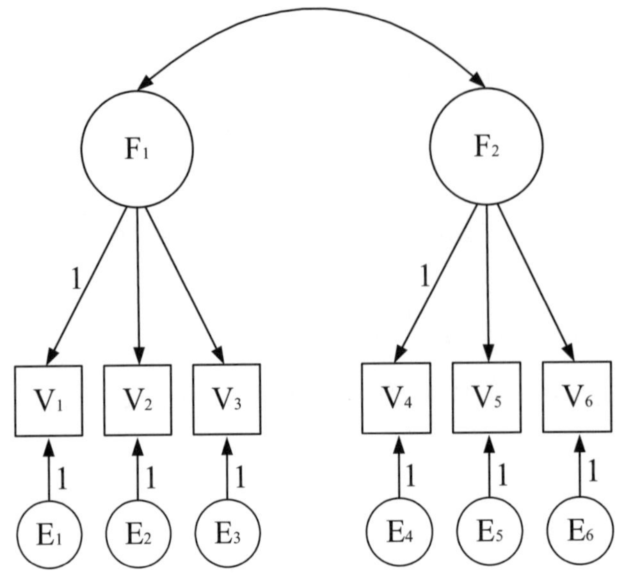

圖 24-4　理論模型

二、評估模型的辨認（identification）

此步驟是使用不同方法辨認參數是否有解，在此，僅說明自由度的計算方法，因為自由度應大於或等於 0，才可以得到參數解。圖 24-4 中，有 6 個觀察變數，因此提供的訊息量為：

$$6 \times (6 + 1) / 2 = 21$$

圖 24-4 中要估計的參數有 13 個，其中因素負荷量（又稱迴歸加權）有 4 個（2 個參照指標不需要估計參數），所有潛在變數的變異數有 8 個，F1 及 F2 的共變數（標準化之後為相關係數）有 1 個，因此：

$$4 + 8 + 1 = 13$$

以訊息量減去要估計的參數就是自由度，因此在圖 24-4 中自由度為：

$$21 - 13 = 8$$

三、進行參數估計（estimation）

如果資料符合各項假設，則使用最大概似法（maximum likelihood method）會得到較佳的解。圖 24-5 為估計所得之標準化係數。

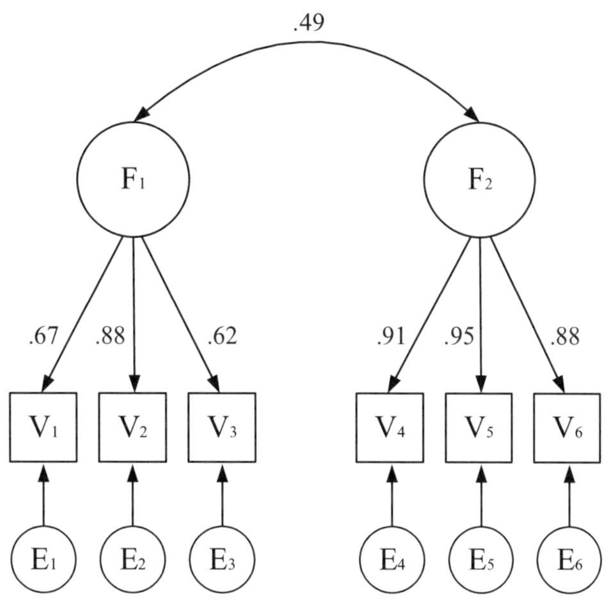

圖 24-5　估計的標準化係數

如果可能，最好使用原始資料進行參數估計。如果是彙整後的資料，則使用觀察變數的變異數—共變數矩陣會較理想。假使只有相關矩陣，則最好也能找到觀察變數的平均數及標準差。只使用相關矩陣進行分析，是最後的選擇。使用結構方程模型的論文，目前建議最好能附上變數間的變異數—共變數矩陣或相關係數矩陣，以利後續研究者重新檢證。

四、評鑑模型的適配度（evaluation）

結構方程模型分析的過程，在縮小 $\mathbf{S}$ 與 $\hat{\Sigma}$ 的差異，使得 $\mathbf{S}=\hat{\Sigma}$。其中 $\mathbf{S}$ 是樣本的變異數—共變數矩陣，也就是觀察到的資料，$\hat{\Sigma}$ 是由理論模型估計所得的隱含變異數—共變數矩陣（implied variance-covariance matrix），也就是由理論模型所複製的資料，兩者的差異稱為殘差的變異數—共變數矩陣。結構方程模型的統計假設為：

$$\begin{cases} H_0 : \mathbf{S} = \hat{\Sigma} \\ H_1 : \mathbf{S} \neq \hat{\Sigma} \end{cases}$$

參數估計完成後，可以得到各種參數估計值及模型適配度。由於結構方程模型（包含驗證性因素分析）並沒有唯一的指標，因此需要參考各種適配度指標來判斷理論模型是否適配觀察到的資料。這些適配度指標可以分為四類：

(一)絕對適配指標（absolute fit indices）

絕對適配指標是直接比較 $\mathbf{S}$ 與 $\hat{\Sigma}$ 的差異，也是將理論模型與飽和模型（saturated model，是適配度最佳的模型）加以比較，常用的指標有：

1. 模型的 χ^2 值：χ^2 值愈大，表示 $\mathbf{S}$ 與 $\hat{\Sigma}$ 的差異愈大，因此為缺適度指標（badness of fit index）。我們會期望 χ^2 檢定的 p 值大於 0.05，也就是不能拒絕虛無假設，此時才表示 $\mathbf{S}=\hat{\Sigma}$。
2. χ^2 與自由度的比值：由於 χ^2 值會受到樣本數的影響，經常會拒絕虛無假設，因此可以將 χ^2 除以自由度，如果比值小於 3，表示理論模型的適配度良好。
3. 適配度指標（goodness of fit index, GFI）：代表理論模型所能解釋的變異量，介於 0 ~ 1 之間，大於 0.9 表示理論模型的適配度良好。
4. 調整適配度指標（adjusted goodness of fit index, AGFI）：將自由度納入考量之後的 GFI，介於 0 ~ 1 之間，大於 0.9 表示理論模型的適配度良好。
5. 殘差均方根（root mean square residual, RMR）：殘差矩陣是由樣本變異數—共變數矩陣減去再製後的變異數—共變數矩陣而得，將殘差的絕對值相加再求平均並取平方根，就是 RMR 值。RMR 值最小為 0，最大則沒有上限。
6. 標準化殘差均方根（standardized root mean square residual, SRMR）：RMR 標準化之後即是 SRMR，由殘差相關矩陣計算而得，小於 0.08 則模型為可接受的適配度，小於 0.05 則是適配良好。
7. 近似誤差均方根（root mean square error approximation, RMSEA）：RMSEA 也是缺適度指標，如果小於 0.05 代表有良好的適配度，0.05~0.08 之間代表有不錯的適配度。
8. Hoelter 的臨界 N 值：如果大於 200，表示樣本適當。

(二)相對適配指標（relative fit indices）

相對適配指標是比較理論模型與基準線模型（baseline model，也稱為獨立模型，就是適配度最差的模型），計算理論模型比基準線模型改善的比例，數值最好能大於 0.9，常用的指標有：

1. 標準適配度指標（normed fit index, NFI）：介於 0 ~ 1 之間，大於 0.9 表示理論模型比基準線模型有更佳的適配度。

2. 非標準適配度指標（nonnormed fit index, NNFI），或 Tucker-Lewis 指標（Tucker-Lewis index, TLI）：不是介於 0 ~ 1 之間，最好大於 0.9。

3. 相對適配度指標（relative fit index, RFI）。

4. 增值適配度指標（incremental fit index, IFI）。

5. 比較適配度指標（comparative fit index, CFI）。

(三)精簡適配指標（parsimony fit indices）

如果兩個模型都可以適配觀察資料，則愈精簡的模型愈好。精簡適配指標主要用來代表模型精簡的程度，數值最好能大於 0.5，常用的指標有：

1. 精簡調整 GFI（parsimony-adjusted GFI, PGFI）。

2. 精簡調整 NFI（parsimony-adjusted NFI, PNFI）。

3. 精簡調整 CFI（parsimony-adjusted CFI, PCFI）。

(四)訊息標準指標（information criterion indices）

此類指標適用於不同模型之間的比較，數值愈小，表示模型的適配度愈好，常用的指標有：

1. Akaike 訊息標準（Akaike information criterion, AIC）。

2. 一致 Akaike 訊息標準（consistent Akaike information criterion, CAIC）。

3. Bayesian 訊息標準（Bayesian information criterion, BIC）。

4. Browne-Cudeck 標準（Browne-Cudeck criterion, BCC）。

5. 期望交互效化指標（expected cross-validation index, ECVI）。

除了以上四類的適配指標外，還需要對**聚斂效度**（convergent validity）及**區別效度**（discriminant validity）加以分析。依據 Hair Jr.、Black、Babin、及 Anderson（2009）的建議，如果符合以下四項標準，則量表就具有聚斂效度：

1. 標準化的負荷量（迴歸加權）至少要在 0.5 以上，最好在 0.7 以上。

2. 個別題目被因素解釋的變異量要在 0.5 以上。

3. 每個因素的平均抽取變異量（average variance extracted, AVE），也就是因素對題目的平均解釋量，要在 0.5 以上。

4. 每個因素的組成信度（或稱構念信度，construct reliability）要在 0.7 以上。

此外，如果兩因素間的相關係數平方，小於個別因素的 AVE，則具有區別效度。

五、進行模型修正（modification）

如果理論模型與觀察資料的適配度不佳，有些研究者會重新設定或修正模型，不過，從嚴格驗證取向的觀點，此步驟仍有爭議。假使可能，最好先提出幾個競爭模型，參考適配指標選出一個適配度較好的模型，此稱為競爭取向的分析。

24.2 範例

研究者依據科技接受模式（technology acceptance model, TAM）編製了一份 Likert 六點形式的智慧型手機使用量表（題目見第 23 章的表 23-3），其中 a1～a4 在測量第一個因素，b1～b4 在測量第二個因素，c1～c4 在測量第三個因素，理論模型如圖 24-6，請以此進行驗證性因素分析。

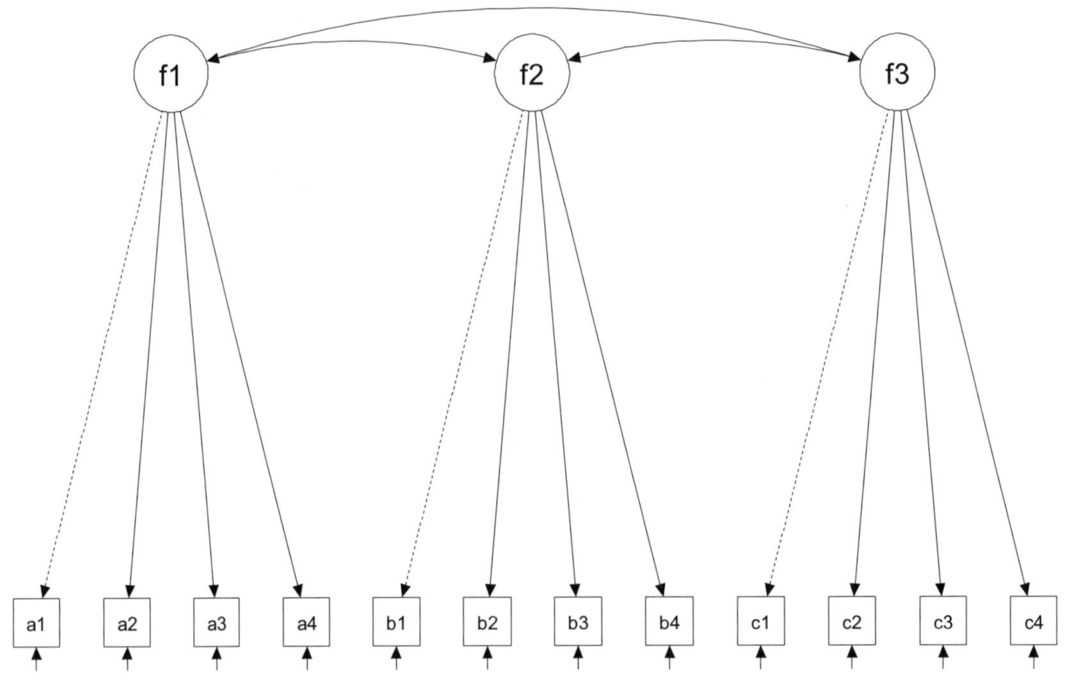

圖 24-6　理論模型

24.3　使用 R 進行分析

以下分四部分說明如何使用 R 軟體進行驗證性因素分析。

24.3.1　分析資料檔

文字框 24-1 是部分的資料檔。包含 a1 ~ a4、b1 ~ b4、c1 ~ c4 共 12 個變數。

文字框 24-1　部分資料檔

```
> load("c:/mydata/chap24/example24.RData")     # 載入本例資料
> head(example24)                              # 展示前 6 筆資料
  a1 a2 a3 a4 b1 b2 b3 b4 c1 c2 c3 c4
1  6  5  4  5  5  5  4  6  6  6  6  5
2  6  6  3  6  6  6  6  6  6  6  6  6
3  5  5  4  5  5  5  5  4  4  4  4  4
4  5  6  5  5  5  5  5  6  5  5  5  6
5  5  5  4  4  4  4  5  5  4  4  5  5
6  6  6  6  6  6  6  6  6  6  6  6  6
```

24.3.2　參數估計

文字框 24-2 使用 lavaan 程式套件的 cfa() 函數進行分析。首先設定理論模型，=~代表迴歸模型，=~之前為潛在因素，=~之後為觀測指標，內定第 1 個變數為參照指標，因素間自動設定有相關。以 cfa() 函數估計參數後存為 fit 物件，並以 summary() 函數列出結果，加上 standardized=TRUE，可得到標準化參數估計值，rsquare=TRUE 則可得到每個題目的信度。

文字框 24-2　估計參數

```
> library(lavaan)                               # 載入 lavaan 程式套件
> cfa.model <- 'f1 =~ a1 + a2 + a3 + a4
                f2 =~ b1 + b2 + b3 + b4
                f3 =~ c1 + c2 + c3 + c4 '        # 設定模型命名為 cfa.model
> fit <- cfa(cfa.model, data=example24)         # 進行參數估計
> summary(fit, standardized=TRUE, rsquare=TRUE)
                                                # 列出估計所得結果，含標準化參數及 R²
```

```
lavaan 0.6-3 ended normally after 43 iterations

  Optimization method                           NLMINB
  Number of free parameters                         27

  Number of observations                           308

  Estimator                                         ML
  Model Fit Test Statistic                     102.592
  Degrees of freedom                                51
  P-value (Chi-square)                           0.000

Parameter Estimates:

  Information                                 Expected
  Information saturated (h1) model          Structured
  Standard Errors                             Standard

Latent Variables:
                   Estimate  Std.Err  z-value  P(>|z|)   Std.lv  Std.all
  f1 =~
    a1                1.000                               0.469    0.657
    a2                1.374    0.116   11.871    0.000    0.644    0.844
    a3                1.668    0.165   10.116    0.000    0.781    0.676
    a4                1.656    0.147   11.281    0.000    0.776    0.777
  f2 =~
    b1                1.000                               0.833    0.916
    b2                1.004    0.036   28.010    0.000    0.836    0.939
    b3                1.033    0.042   24.369    0.000    0.860    0.886
    b4                0.901    0.065   13.935    0.000    0.750    0.661
  f3 =~
    c1                1.000                               0.800    0.910
    c2                0.996    0.039   25.322    0.000    0.797    0.919
    c3                0.921    0.047   19.536    0.000    0.737    0.813
    c4                0.777    0.043   18.194    0.000    0.622    0.783

Covariances:
                   Estimate  Std.Err  z-value  P(>|z|)   Std.lv  Std.all
  f1 ~~
    f2                0.200    0.031    6.489    0.000    0.511    0.511
    f3                0.257    0.033    7.658    0.000    0.684    0.684
  f2 ~~
    f3                0.346    0.046    7.457    0.000    0.519    0.519
```

```
Variances:
                  Estimate  Std.Err  Z-value  P(>|z|)   Std.lv  Std.all
   a1                0.289    0.026   10.920    0.000    0.289    0.568
   a2                0.167    0.022    7.482    0.000    0.167    0.288
   a3                0.725    0.067   10.753    0.000    0.725    0.543
   a4                0.395    0.042    9.324    0.000    0.395    0.396
   b1                0.133    0.016    8.250    0.000    0.133    0.161
   b2                0.094    0.014    6.678    0.000    0.094    0.119
   b3                0.203    0.021    9.619    0.000    0.203    0.215
   b4                0.726    0.061   11.852    0.000    0.726    0.563
   c1                0.133    0.017    7.963    0.000    0.133    0.172
   c2                0.116    0.016    7.407    0.000    0.116    0.155
   c3                0.279    0.026   10.698    0.000    0.279    0.339
   c4                0.243    0.022   11.025    0.000    0.243    0.386
   f1                0.220    0.036    6.104    0.000    1.000    1.000
   f2                0.693    0.067   10.382    0.000    1.000    1.000
   f3                0.640    0.063   10.206    0.000    1.000    1.000

R-Square:
                  Estimate
   a1                0.432
   a2                0.712
   a3                0.457
   a4                0.604
   b1                0.839
   b2                0.881
   b3                0.785
   b4                0.437
   c1                0.828
   c2                0.845
   c3                0.661
   c4                0.614
```

報表開頭說明樣本數為 308，使用 ML（maximum likelihood）法進行估計，Minimum Function Test Statistic 即為 χ^2，等於 102.592，卡方檢定的 p =0.000，小於 0.05，因此應拒絕虛無假設，表示理論模型無法適配觀察資料，所以研究者提出的理論模型並不適當。然而，χ^2 會受到樣本數的影響，因此應再參酌其他的適配指標。

本範例中共有 12 個觀察變數，因此提供的訊息量為：

$$12 \times (12+1) / 2 = 12 \times 13 / 2 = 78$$

自由度是 51，表示要估計的參數為 78 − 51 = 27。這 27 個參數包含 9 個因素對變數的迴歸係數、3 個因素間的共變數（相關）、15 個潛在變數的變異數。

其次是參數估計結果，分為三個部分：1.因素對變數的迴歸係數（負荷量）；2.因素間的共變數；3.因素的變異數。

每個部分都有 6 欄數值：

1. 第 1 欄 Estimate 是參數估計值（未標準化），其中有 3 個參照指標，固定為 1。圖 24-7 是以 semPaths 所繪的估計結果，固定參數以虛線表示（詳細說明見 24.3.4 節）。

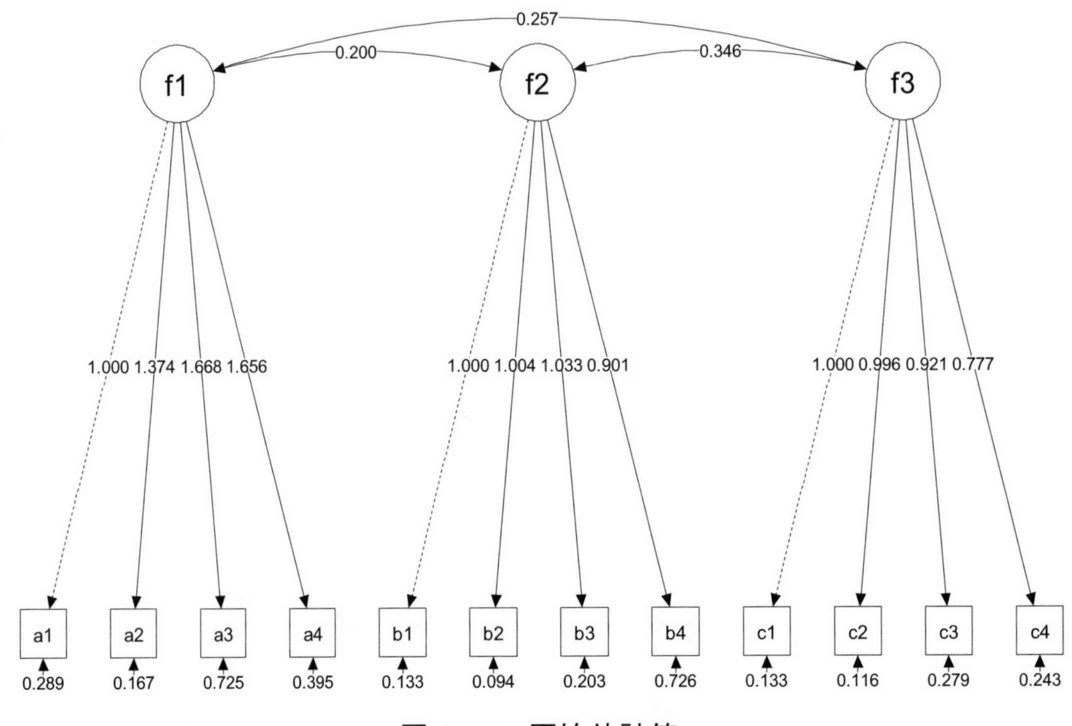

圖 24-7　原始估計值

2. 第 2 欄 Std.Err 是參數的標準誤，固定參數沒有標準誤。

3. 第 3 欄 Z-value 的公式是：

$$Z = \frac{\text{原始估計值}}{\text{標準誤}}$$

Z 值大於 1.96 則達 0.05 顯著水準。報表中 27 個 Z 值均大於 1.96，表示所有參數都顯著。

4. 第 4 欄 P(>|z|)是 Z 的 p 值，都小於 0.001。
5. 第 5 欄 Std.lv 是將潛在因素標準化所得的參數，一般較少使用。
6. 第 6 欄 Std.all 是將所有因素及變數都標準化後所得的估計值，通常在研究結果會呈現此部分的數值。圖 24-8 是以 semPaths 所繪的估計結果，其中有 3 個負荷量未大於 0.70 的標準，不過，至少都大於 0.60。

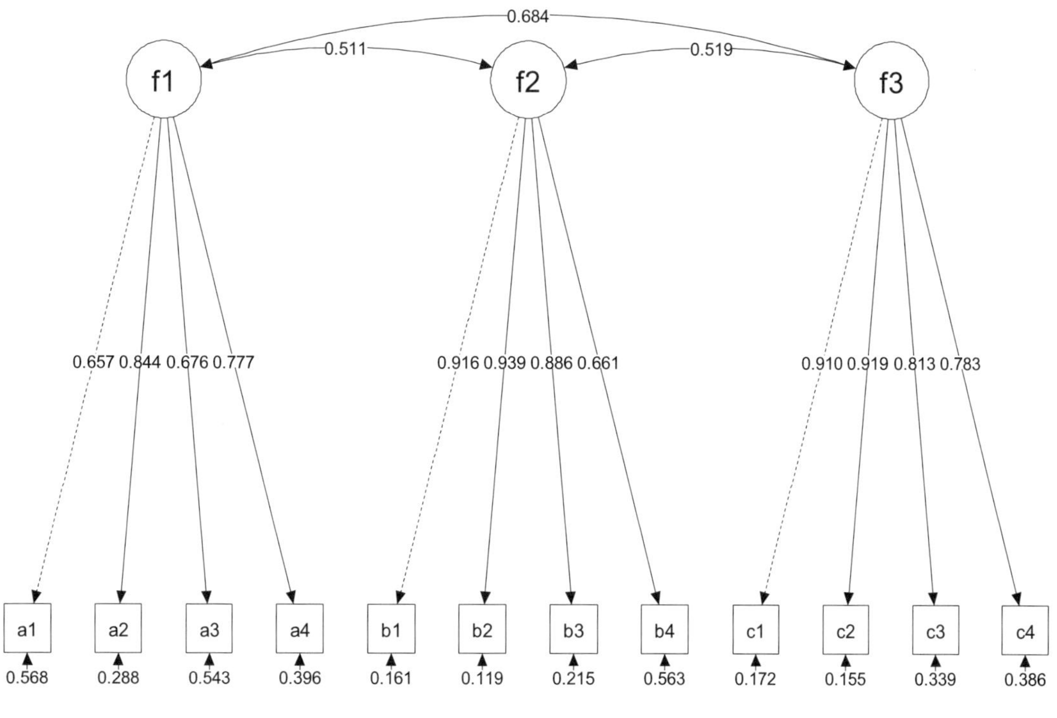

圖 24-8　標準化估計值

文字框 24-2 最後的 R-Square，是標準化負荷量的平方，a1、a3、b4 未達 0.50。由於 R 軟體並未提供計算平均抽取變異量（AVE）及構念信度（CR）的函數，因此筆者設計了本文框 24-3 兩個函數，只要在函數後輸入模式估計結果（在此例中為 fit）及因素名稱（分別為 f1、f2、f3），即可求得 AVE 值及 CR 值。

文字框 24-3　計算 AVE 值及 CR 值之函數

```
> fit <- cfa(cfa.model, data=example24)                    # 進行參數估計
> AVE = function(fit, xlst)                                # AVE()函數
        {
        p = parameterEstimates(fit, standardized=T)
        a = sum(p$std.all[p$op == "=~" & p$lhs %in% xlst]^2)
        b = length(p$std.all[p$op == "=~" & p$lhs %in% xlst])
        ave = a/b
        return(ave)
        }
> AVE(fit, "f1")                                           # f1 之 AVE 值
[1] 0.5514365
> AVE(fit, "f2")                                           # f2 之 AVE 值
[1] 0.7357318
> AVE(fit, "f3")                                           # f3 之 AVE 值
[1] 0.7369677
> CR = function(fit, xlst)                                 # CR()函數
       {
       p = parameterEstimates(fit, standardized=T)
       a = sum(p$std.all[p$op == "=~" & p$lhs %in% xlst])^2
       b = sum(1-(p$std.all[p$op == "=~" & p$lhs %in% xlst])^2)
       cr = a / (a + b)
       return(cr)
       }
> CR(fit, "f1")                                            # f1 之 CR 值
[1] 0.8295233
> CR(fit, "f2")                                            # f2 之 CR 值
[1] 0.9163159
> CR(fit, "f3")                                            # f3 之 CR 值
[1] 0.9177221
```

計算後平均抽取變異量分別是 0.5514、0.7357，及 0.7370，都大於 0.50；構念信度分別是 0.8295、0.9163、、及 0.9177，均大於 0.70。整體而言，本量表具有良好的聚斂效度。

將 3 個因素間的相關係數取平方之後分別是 0.2611、0.2694、及 0.4679，代表兩因素的互相解釋量，它們都小於 3 個因素 AVE 的最小值 0.5514，因此本量表具有良好的區別效度。

24.3.3　適配指標

在上一節中，如果設定 summary(fit, fit.measures=TRUE)，就可以同時得到各項適配指標，不過，缺少 GFI 及 AGFI 等指標，如果使用文字框 24-4 的命令，則可以得到較詳細的適配指標（注：此指令在 lavaan 0.6-5 版後不適用）。

文字框 24-4　適配指標

```
> lavaan:::print.fit.measures(fitMeasures(fit))        # 列出較詳細的適配指標

  Number of observations                            308

  Estimator                                          ML
  Minimum Function Test Statistic               102.592
  Degrees of freedom                                 51
  P-value (Chi-square)                            0.000

Model test baseline model:

  Minimum Function Test Statistic              2687.073
  Degrees of freedom                                 66
  P-value                                         0.000

User model versus baseline model:

  Comparative Fit Index (CFI)                     0.980
  Tucker-Lewis Index (TLI)                        0.975
  Bentler-Bonett Non-normed Fit Index (NNFI)      0.975
  Bentler-Bonett Normed Fit Index (NFI)           0.962
  Parsimony Normed Fit Index (PNFI)               0.743
  Bollen's Relative Fit Index (RFI)               0.951
  Bollen's Incremental Fit Index (IFI)            0.980
  Relative Noncentrality Index (RNI)              0.980
```

```
Loglikelihood and Information Criteria:

  Loglikelihood user model (H0)              -3588.584
  Loglikelihood unrestricted model (H1)      -3537.288

  Number of free parameters                        27
  Akaike (AIC)                                7231.168
  Bayesian (BIC)                              7331.880
  Sample-size adjusted Bayesian (BIC)         7246.248

Root Mean Square Error of Approximation:

  RMSEA                                          0.057
  90 Percent Confidence Interval          0.041  0.073
  P-value RMSEA <= 0.05                          0.215

Standardized Root Mean Square Residual:

  RMR                                            0.030
  RMR (No Mean)                                  0.030
  SRMR                                           0.037

Other Fit Indices:

  Hoelter Critical N (CN) alpha=0.05           207.158
  Hoelter Critical N (CN) alpha=0.01           233.327

  Goodness of Fit Index (GFI)                    0.947
  Adjusted Goodness of Fit Index (AGFI)          0.919
  Parsimony Goodness of Fit Index (PGFI)         0.619

  McDonald Fit Index (MFI)                       0.920

  Expected Cross-Validation Index (ECVI)         0.508
```

以下依指標分類說明所得結果，請讀者自行尋找相對應的數值。

絕對適配指標，分別為：

1. 理論模型的 $\chi^2(51) = 102.592$，$p < 0.001$。χ^2 與自由度的比值為 102.592 / 51 = 2.0116，小於 3，尚可接受。
2. GFI = 0.947，AGFI = 0.919，都大於 0.9。
3. SRMR = 0.037，小於 0.05。
4. RMSEA = 0.057，90%信賴區間為 0.041 ~ 0.073。檢定 H_0: RMSEA ≤ 0.05，得到 p =0.215，所以不能拒絕虛無假設，表示模型適配度良好。

相對適配指標是將理論模型與基準線模型比較之後得到的指標，依標準應大於 0.90（最好大於 0.95）。由此觀之，本範例的相對適配指標都符合此項標準：

1. NFI = 0.962。
2. NNFI = 0.975，TLI = 0.975。
3. RFI = 0.951。
4. IFI = 0.980。
5. CFI = 0.980。
6. MFI = 0.920。

精簡適配指標，分別為：

1. PGFI = 0.619。
2. PNFI = 0.743。

訊息指標（AIC、BIC、ECVI）主要提供不同模型間的比較，數值愈小，表示模型適配度愈好。由於本範例不進行模型間比較，因此可忽略此項報表。

最後，Hoelter 的臨界 N 值，最好大於 200，本範例為 207.158，符合此項標準。

24.3.4　繪製模型

使用 semPlot 程式套件中的 semPaths() 函數可以繪製模型圖，設定 whatLabels = "no"可以得到理論模型，whatLabels="est" 可得到未標準化估計值，whatLabels="std" 則可以得到標準化估計值。加上 style="lisrel" 則是以 Lisrel 的形式繪圖（見文字框 24-4）。繪製圖形如圖 24-6、圖 24-7、及圖 24-8，不再重複列出。

文字框 24-4　繪製模型

```
> library(semPlot)                                    # 載入 semPlot 程式套件
> semPaths(fit, what="path", layout="tree2", whatLabels="std", style="lisrel", edge.color=c("black"),
nDigits=3)                                            # 設定繪圖參數
```

24.4　撰寫結果

研究者自編 12 題 Likert 六點量表，以測量使用者對智慧型手機的看法。本量表共有 3 個分量表，各有 4 題，分別在測量有用性、易用性、及使用意願。經使用 R 進行驗證性因素分析，得到 $\chi^2(51, N = 308) = 102.592$，$p < .001$。$\chi^2$ 與自由度比值為 2.005，GFI = .947，AGFI = .919，RMSEA = .057，SRMR = .037，CFI = .980，表示理論模型適配度良好。三個因素的 AVE 分別為 .5512、.7357、及 .7367，都大於 .50；構念信度分別是 .8294、.9163、及 .9176，均大於 .70。整體而言，本量表具有聚斂效度。三個因素間的相關係數分別為 .511、.519、及 .684，取平方都小於 AVE 的最小值 .5512，因此本量表具有良好的區別效度。標準化估計值如下圖，因素負荷量都在 .60 以上。

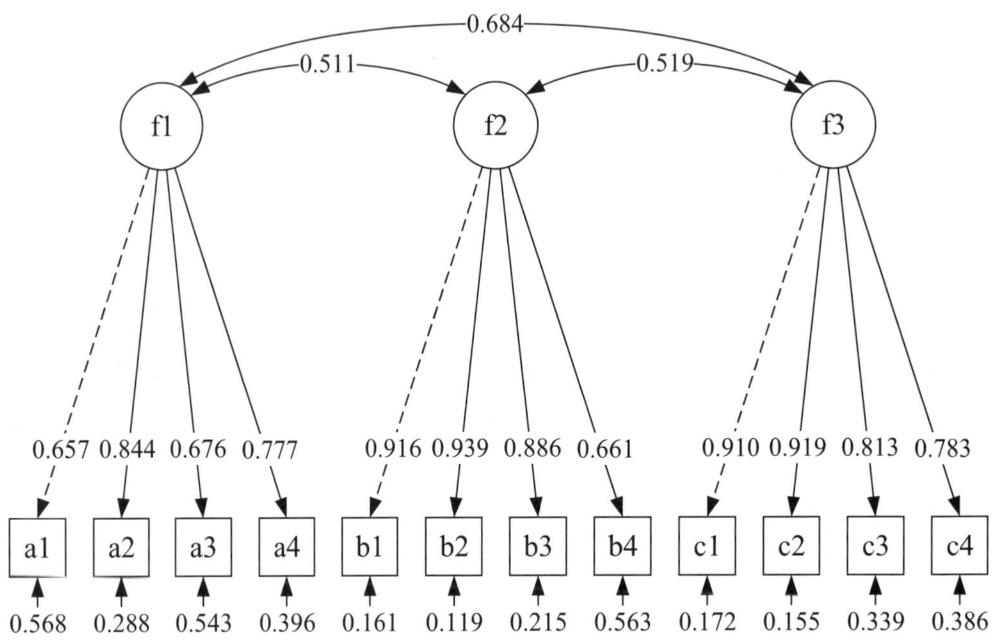

第 25 章

信度分析

信度類型中之重測信度及複本信度，甚至折半信度，都可以使用 Pearson 積差相關係數 r 代表，此部分請見本書第 16 章的說明。本章旨在說明如何利用 R 進行 Cronbach α 內部一致性信度之分析。

25.1　基本統計概念

內部一致性信度（internal consistency reliability）是用來測量同一個向度的多個項目（題目）一致的程度。此處所指的「同一個向度」，是這些項目都在測量相同構念，由於受試者具有某種構念（想法），所以他在這些項目的反應就具有一致性。

例如，研究者編製了一份 Likert 六點形式的智慧型手機有用性量表，題目如下：

1. 使用智慧型手機上網，可以隨時獲得想要的資訊。
2. 使用智慧型手機，能讓生活更便利。
3. 使用智慧型手機，能提升工作績效。
4. 使用智慧型手機中的應用程式，可以解決許多問題。
5. 使用智慧型手機讓我更方便與朋友聯繫。
6. 我認為智慧型手機並不實用（反向題）。

假如一位受訪者認為智慧型手機非常有用，那麼他在第 1 ~ 5 題的回答應該是「6」 或非常接近「6」（非常同意）。第 6 題是反向題，所以他應該回答「1」（非常不同意），才與其他 5 題的反應一致。反之，如果另一位受訪者認為智慧型手機並不實用，所以在 1 ~ 5 的回答是「1」，那麼他在第 6 題的回答應是「6」。

最常被用來估計內部一致性信度的統計量數是 Cronbach 的 α 係數，是所有可能折半信度的平均數，介於 0 ~ 1 之間，數值愈大，代表內部一致性信度愈高。它的公式是：

$$\alpha = \frac{K}{K-1}\left(1-\frac{\sum_{i=1}^{K} s_i^2}{s^2}\right) \qquad \text{（公式 25-1）}$$

其中 K 是題目數，s^2 是整個量表的變異數，s_i^2 是每個題目的變異數。

在計算 Cronbach 的 α 係數應留意：

1. 量表應是單一向度，也就是所有的題目是在測量同一個潛在構念，不同構念的題目不要合併計算 α 係數。
2. 反向題（如上述的第 6 題）應先反向計分。此部分請參考本書第 3 章 3.2 節之說明。
3. 如果要刪除不佳的題目，應一次刪除一題，不要刪除多個題目。
4. Cronbach 的 α 係數適用於多選的題目（如，三選一或六選一等），如果是二選一的題目，則應採 Kuder-Richardson 的 20 號公式（簡稱 KR 20）。在 R 中並不需要區分 Cronbach α 或是 KR 20，因為 KR 20 是 Cronbach α 的特例，所以得到的係數是相同的。

Cronbach α 係數的適切性標準，如表 25-1。

表 25-1　Cronbach α 係數的適切性標準

Alpha	適切性
0.90 以上	優良（excellent）
0.80 ~ 0.89	好（good）
0.70 ~ 0.79	尚可（acceptable）
0.60 ~ 0.69	不佳（questionable）
0.50 ~ 0.59	差（poor）
0.49 以下	不能接受（unacceptable）

25.2　範例

研究者依據科技接受模式中的「有用性」，編製了一份 Likert 六點形式的智慧型手機使用量表（題目見表 25-3），表 25-2 是 30 名受訪者的回答情形，請以此計算內部一致性信度（注：第 6 題已完成反向轉碼）。

表 25-2　30 名受訪者的填答情形

受訪者	V1	V2	V3	V4	V5	V6
1	5	5	4	5	6	6
2	5	5	4	4	4	3
3	5	5	4	4	6	5
4	6	6	6	6	6	5
5	6	6	6	5	6	4
6	5	5	4	4	6	4
7	6	6	5	4	5	4
8	6	6	5	5	6	3
9	5	5	5	4	5	4
10	6	5	5	4	5	5
11	5	5	4	4	5	3
12	5	3	5	3	4	5
13	6	6	4	5	5	4
14	6	6	6	6	6	6
15	5	5	4	4	6	4
16	6	6	6	6	6	4
17	6	6	6	6	6	5
18	5	5	5	5	5	5
19	6	5	4	4	4	4
20	6	5	5	5	6	6
21	6	4	3	4	5	6
22	5	6	5	5	6	4
23	6	6	6	6	6	5
24	5	4	3	4	4	4
25	6	5	4	6	3	4
26	6	6	4	6	6	3
27	6	6	6	6	5	6
28	4	4	3	3	3	2
29	5	5	3	6	4	3
30	5	4	3	4	4	3

25.3 使用 R 進行分析

25.3.1 資料檔

完整的 R 資料檔，如文字框 25-1。

文字框 25-1 信度分析資料檔

```
> load("C:/mydata/chap25/example25.RData")    # 載入本例資料檔
> example25                                   # 展示資料檔內容
   V1 V2 V3 V4 V5 V6
1   5  5  4  5  6  6
2   5  5  4  4  4  3
3   5  5  4  4  6  5
4   6  6  6  6  6  5
5   6  6  6  5  6  4
6   5  5  4  4  6  4
7   6  6  5  4  5  4
8   6  6  5  5  6  3
9   5  5  5  4  5  4
10  6  5  5  4  5  5
11  5  5  4  4  5  3
12  5  3  5  3  4  5
13  6  6  4  5  5  4
14  6  6  6  6  6  6
15  5  5  4  4  6  4
16  6  6  6  6  6  4
17  6  6  6  6  6  5
18  5  5  5  5  5  5
19  6  5  4  4  4  4
20  6  5  5  5  6  6
21  6  4  3  4  5  6
22  5  6  5  5  6  4
23  6  6  6  6  6  5
24  5  4  3  4  4  4
25  6  5  4  6  3  4
26  6  6  4  6  6  3
27  6  6  6  6  5  6
28  4  4  3  3  3  2
29  5  5  3  6  4  3
30  5  4  3  4  4  3
```

25.3.2　信度分析

文字框 25-2 先將 6 個題目加總得到量表總分，並計算量表的平均數及標準差。其次使用 psych 程式套件的 alpha() 函數進行信度分析。

文字框 25-2　信度分析——Cronbach alpha

```
> attach(example25)                                # 綁定資料
> T=V1+V2+V3+V4+V5+V6                              # 將各題加總
> mean(T)                                          # 計算量表平均數
[1] 29.46667
> sd(T)                                            # 計算量表標準差
[1] 4.083046
> library(psych)                                   # 載入 psych 程式套件
> alpha(example25)                                 # 進行 alpha 信度分析
Reliability analysis
Call: alpha(x = example25)

  raw_alpha std.alpha G6(smc) average_r S/N   ase mean   sd
      0.83      0.85    0.89      0.48 5.6 0.093  4.9 0.68

 lower alpha upper     95% confidence boundaries
0.65 0.83 1.01

 Reliability if an item is dropped:
   raw_alpha std.alpha G6(smc) average_r S/N alpha se
V1      0.81      0.82    0.86      0.47 4.4    0.110
V2      0.79      0.81    0.79      0.45 4.2    0.116
V3      0.77      0.80    0.86      0.45 4.1    0.119
V4      0.80      0.82    0.86      0.47 4.5    0.112
V5      0.80      0.82    0.85      0.48 4.7    0.113
V6      0.85      0.86    0.86      0.56 6.3    0.099

 Item statistics
    n raw.r std.r r.cor r.drop mean   sd
V1 30  0.74  0.78  0.72   0.66  5.5 0.57
V2 30  0.79  0.81  0.82   0.69  5.2 0.81
V3 30  0.84  0.82  0.78   0.73  4.6 1.04
V4 30  0.76  0.77  0.73   0.62  4.8 0.97
V5 30  0.76  0.75  0.70   0.63  5.1 0.97
V6 30  0.62  0.58  0.52   0.41  4.3 1.09
```

```
Non missing response frequency for each item
     2    3    4    5    6 miss
V1 0.00 0.00 0.03 0.43 0.53    0
V2 0.00 0.03 0.13 0.43 0.40    0
V3 0.00 0.17 0.33 0.27 0.23    0
V4 0.00 0.07 0.40 0.23 0.30    0
V5 0.00 0.07 0.20 0.27 0.47    0
V6 0.03 0.20 0.37 0.23 0.17    0
```

文字框 25-2 第一部分顯示 30 個受訪者在整個量表的平均分數為 29.46667，標準差為 4.083046。

第二部分顯示量表原始的 Cronbach α 係數（raw_alpha）為 0.83，

$$\alpha = \frac{6}{6-1}\left(1 - \frac{0.57^2 + 0.81^2 + 1.04^2 + 0.97^2 + 0.97^2 + 1.09^2}{4.083046^2}\right) = 0.83$$

如果把 6 個題目先標準化，則標準化的 Cronbach α 係數（std.alpha）為 0.85。α 係數介於 0.80 ~ 0.89 之間，內部一致性信度相當高。Guttman 的 $\lambda 6$ 等於 0.89，它是由每個題目的 SMC 計算而得，公式為：

$$\lambda 6 = 1 - \frac{\Sigma e_i^2}{s^2} = 1 - \frac{\sum\left(1 - r_{smc}^2\right)}{s^2}$$

其中 SMC 是以某一個題目為依變數，其他五題為自變數進行多元迴歸分析所得的 R^2。

average_r 是 6 個題目間 15 個 Pearson r 值的平均數，為 0.48。S/N 是訊號與雜音比，公式為：

$$S / N = \frac{K\bar{r}}{1-\bar{r}} = \frac{6\times 0.48}{1-0.48} = 5.6$$

所有題目的平均數是 4.9，標準差是 0.68（由 30 個受訪者在量表的平均得分計算而得）。

如果要計算 Cronbach α 係數的信賴區間，比較常用的公式為：

下限：$1-(1-\alpha)\times F_{(1-\alpha/2,\ N-1,\ (N-1)(N-K-1)}$

上限：$1-(1-\alpha)\times F_{(\alpha/2,\ N-1,\ (N-1)(N-K-1)}$

計算結果為 0.72 ~ 0.91，與報表不一致，是因為所用公式不同。

第三部分是刪除某一題後，量表的 α 值。一般情形而言，量表的題目愈多，信度愈高，因此刪除題目通常會使得信度降低。然而，刪除第 6 題後，其他 5 題的原始 α 值反而增加為 0.85，10 個 r 值平均數增為 0.56，如果第 6 題的內容不是非常獨特或重要，可以考慮刪除此題，以提高量表的 α 值。

第四部分是每個題目的統計量。其中 mean 及 sd 分別是 30 個受訪者在該題回應的平均數及標準差。raw.r 是某一題與量表總分的相關係數，由於量表總分是由六個相加而得，因此 raw.r 會包含到題目的自身相關。r.cor 是以 SMC 校正後的 r，r.drop 則是某一題與其他五題加總之後總分的 Pearson 積差相關，相關係數最好在 0.50 以上。以第 1 題為例，將 30 個受訪者在第 2 ~ 6 題的得分相加（假設命名為 SUM26），再計算 V1 與 SUM26 的相關係數（報表中為 0.66）。如果 r.drop 較低，表示受訪者在該題的反應與其他 5 題較不一致，因此可能會使得整個量表的內部一致性信度降低。第 6 題與其他 5 題總分的相關係數為 0.41，是 r.drop 最低者，因此將第 6 題加入，有可能反而降低了量表的 α 值。

第五部分是受訪者在 6 個題目的反應。以第 1 題為例，53%的受訪者（16 人）回答 6（非常同意），43%（13 人）回答 5（很同意），3%（1 人）回答 4（有些同意），回答其他三個選項者都為 0。

總之，如果保留全部的題目，則量表的 Cronbach $\alpha = 0.83$，如果要刪題，可以優先剔除第 6 題，如果想保留 V6 這個反向題，則可以考慮去掉 V1 這題。

25.4 撰寫結果

研究者自編六題「智慧型手機有用性量表」（第 6 題為反向題），量表的 α 係數為 .83，表示題目間有很高的一致性。個別題目的平均數介於 4.30 ~ 5.50，總量表的平均數為 29.467，標準差為 4.083。

表 25-3　量表題目

題號	題　　目
V1	使用智慧型手機上網，可以隨時獲得想要的資訊
V2	使用智慧型手機，能讓生活更便利
V3	使用智慧型手機，能提升工作績效
V4	使用智慧型手機中的應用程式，可以解決許多問題
V5	使用智慧型手機讓我更方便與朋友聯繫
V6	我認為智慧型手機並不實用

參考書目

林清山（1992）。**心理與教育統計學**。臺北：東華書局。

范德鑫（1992）。共變數分析功能、限制及使用之限制。**師大學報，37**，133-163。

陳正昌（2004）。**行為及社會科學統計學**（三版）。高雄：復文。

陳正昌（2011a）。多元迴歸分析。輯於陳正昌、程炳林、陳新豐、劉子鍵（合著），**多變量分析方法**（六版）（頁 27-92）。臺北市：五南。

陳正昌（2011b）。區別分析。輯於陳正昌、程炳林、陳新豐、劉子鍵（合著），**多變量分析方法**（六版）（頁 195-256）。臺北市：五南。

陳正昌（2013）。**SPSS 與統計分析**。臺北市：五南。

陳正昌、張慶勳（2007）。**量化研究與統計分析**。臺北市：新學林。

程炳林、陳正昌（2011a）。多變量變異數分析。輯於陳正昌、程炳林、陳新豐、劉子鍵（合著），**多變量分析方法**（六版）（頁 317-368）。臺北市：五南。

程炳林、陳正昌（2011b）。因素分析。輯於陳正昌、程炳林、陳新豐、劉子鍵（合著），**多變量分析方法**（六版）（頁 393-448）。臺北市：五南。

程炳林、陳正昌、陳新豐（2011）。結構方程模式。輯於陳正昌、程炳林、陳新豐、劉子鍵（合著），**多變量分析方法**（六版）（頁 539-704）。臺北市：五南。

賈俊平（2014）。**統計學－基于 R**。北京：中國人民大學出版社。

賈俊平（2017）。**統計學－基於 R 的應用**。臺北市：五南。

Aron, A., Coups, E. J., & Aron, E. (2013). *Statistics for Psychology*(6th ed.). Upper Saddle River, NJ: Pearson Education.

Bachmann, K. et al. (1995). Controlled study of the putative interaction between famotidine and theophylline in patients with chronic obstructive pulmonary disease. *Journal of clinical pharmacology*, *35*(5), 529-535.

Cohen, B. H. (2013). *Explaining Psychological Statistics* (3rd ed.). New York, NY: John Wiley & Sons.

Cohen, J. (1988). *Statistical Power Analysis for the Behavioral Sciences* (2nd ed.). Hillsdale, NJ: Lawrence Erlbaum Associates.

Delacre, M., Lakens, D., & Leys, C. (2017). Why psychologists should by default use Welch's *t*-test instead of Student's *t*-test. *International Review of Social Psychology, 30*(1), 92-101.

Girden, E. R. (1992). *ANOVA: repeated measures*. Thousand Oaks, CA: Sage.

Green, S. B., & Salkind, N. J. (2014). *Using SPSS for Windows and Macintosh: Analyzing and understanding data*(7th ed.). Upper Saddle River, NJ: Pearson Education.

Hair, Jr. J. F., Black, W. C., Babin, B. J., & Anderson, R. E. (2009). *Multivariate Data Analysis* (7th Ed.). Upper Saddle River, NJ: Prentice Hall.

Kaiser, H. F., & Rice, J. (1974), Little Jiffy, Mark IV. *Educational and Psychological Measurement*, *34*, 111 -117.

Kabacoff, R. I. (2015). *R in Action* (2nd ed.). Shelter, NY: Manning.

Keppel, G. (1991). *Design and analysis: A researcher's handbook*(3rd ed.). Upper Saddle River, NJ: Prentice Hall.

Kim, Soyoung (2010). Alternatives to analysis of covariance for heterogeneous regression slopes in educational research. *Korean Journal of Teacher Education*, *26*, 73-91.

Kirk, R. E. (2013). *Experimental design: Procedures for the behavioral sciences* (4th ed.). Los Angeles, CA: Sage.

Levine, T. R. & Hullett, C. R. (2002). Eta squared, partial eta squared and the misreporting of effect size in communication research. *Human Communication Research*, *28*, 612-625.

O'Connor, B. P. (2000). SPSS and SAS programs for determining the number of components using parallel analysis and Velicer's MAP test. *Behavior Research Methods, Instrumentation, and Computers*, *32*, 396-402.

Owen, S. V., & Froman, R. D. (1998). Uses and abuses of the analysis of covariance. *Research in Nursing & Health*, *21*, 557-562.

Page, M. C., Braver, S. L., & MacKinnon, D. P. (2003). *Levine's guide to SPSS for analysis of variance* (2rd ed.). Hillsdale, NJ: Lawrence Erlbaum Associates.

Pierce, C. A., Block, R. A., & Aguinis, H. (2004). Cautionary note on reporting eta-squared values from multifactor ANOVA designs. *Educational and Psychological Measurement*, *64*, 916-924.

Tabachnick, B. G., & Fidell, L. S. (2007). *Using multivariate statistics* (5th ed.). Boston, MA: Pearson.

Tamhane, A. C. (1979). A comparison of procedures for multiple comparisons of means with unequal variances. *Journal of the American Statistical Association*, *74*, 471-480.

國家圖書館出版品預行編目資料

統計分析與R／陳正昌，賈俊平著. -- 二版.
-- 臺北市：五南，2019.10
面； 公分
ISBN 978-957-763-663-8（平裝）

1.統計套裝軟體 2.統計分析

512.4 108015479

1HA4

統計分析與R

作　　者 — 陳正昌、賈俊平
發 行 人 — 楊榮川
總 經 理 — 楊士清
總 編 輯 — 楊秀麗
主　　編 — 侯家嵐
責任編輯 — 李貞錚
文字校對 — 石曉蓉
封面設計 — 王麗娟
出 版 者 — 五南圖書出版股份有限公司
地　　址：106台北市大安區和平東路二段339號4樓
電　　話：(02)2705-5066　　傳　　真：(02)2706-6100
網　　址：http://www.wunan.com.tw
電子郵件：wunan@wunan.com.tw
劃撥帳號：01068953
戶　　名：五南圖書出版股份有限公司
法律顧問　林勝安律師事務所　林勝安律師
出版日期　2016年4月初版一刷
　　　　　2018年3月初版二刷
　　　　　2019年10月二版一刷
定　　價　新臺幣650元

經典永恆·名著常在

五十週年的獻禮——經典名著文庫

五南，五十年了，半個世紀，人生旅程的一大半，走過來了。
思索著，邁向百年的未來歷程，能為知識界、文化學術界作些什麼？
在速食文化的生態下，有什麼值得讓人雋永品味的？

歷代經典•當今名著，經過時間的洗禮，千錘百鍊，流傳至今，光芒耀人；
不僅使我們能領悟前人的智慧，同時也增深加廣我們思考的深度與視野。
我們決心投入巨資，有計畫的系統梳選，成立「經典名著文庫」，
希望收入古今中外思想性的、充滿睿智與獨見的經典、名著。
這是一項理想性的、永續性的巨大出版工程。
不在意讀者的眾寡，只考慮它的學術價值，力求完整展現先哲思想的軌跡；
為知識界開啟一片智慧之窗，營造一座百花綻放的世界文明公園，
任君遨遊、取菁吸蜜、嘉惠學子！